长三角社会学优秀硕士论文选编

（2020）

张文宏　毛丹　主编

CHANGSANJIAO SHEHUIXUE
YOUXIU SHUOSHI LUNWEN XUANBIAN

中国社会出版社
国家一级出版社 · 全国百佳图书出版单位

图书在版编目（CIP）数据

长三角社会学优秀硕士论文选编．2020／张文宏，毛丹主编．—北京：中国社会出版社，2020.8

ISBN 978-7-5087-6386-6

Ⅰ.①长…　Ⅱ.①张…②毛…　Ⅲ.①社会学—文集
Ⅳ.①C91-53

中国版本图书馆 CIP 数据核字（2020）第 143647 号

书　　名：长三角社会学优秀硕士论文选编（2020）
主　　编：张文宏　毛　丹

出 版 人：浦善新
终 审 人：李　浩
责任编辑：陈　琛

出版发行：中国社会出版社　**邮政编码：**100032
通联方式：北京市西城区二龙路甲 33 号
电　　话：编辑室：（010）58124835
销售部：（010）58124836
传　真：（010）58124836
网　　址：www.shcbs.com.cn
shcbs.mca.gov.cn
经　　销：各地新华书店

中国社会出版社天猫旗舰店

印刷装订：北京虎彩文化传播有限公司
开　　本：170mm×240mm　1/16
印　　张：28.25
字　　数：520 千字
版　　次：2020 年 10 月第 1 版
印　　次：2020 年 10 月第 1 次印刷
定　　价：108.00 元

中国社会出版社微信公众号

长江三角洲社会学论坛
主席团成员名单

（按姓氏拼音排序）

成　　员： 陈义平、成伯清、范和生、何雪松、李向平、李友梅、李　煜、刘　欣、毛　丹、施国庆、王毅杰、文　军、肖　军、张文宏、赵鼎新、周晓虹

首任主席： 周晓虹（2018—2019 年）

轮值主席： 张文宏（2019—2020 年）

候任主席： 刘　欣（2020—2021 年）

长江三角洲社会学论坛
学术委员会委员名单

（按姓氏拼音排序）

委　员： 曹锦清、陈阿江、范　可、冯　钢、李向平、仇立平、汤夺先、翟学伟、张海东、张乐天、赵鼎新、周　怡

主　席： 赵鼎新

副主席： 翟学伟

星垂平野阔　月涌大江流

——《长三角社会学优秀硕士论文选编（2020）》序

张文宏[①]

长江三角洲社会学论坛首任轮值主席周晓虹教授在《长三角社会学优秀硕士学位论文选编（2019）》的序言《八月长江万里晴》中，就长三角地区社会学的历史发展脉络、长江三角洲社会学论坛的由来、长江三角洲社会学论坛各联盟高校社会学一级学科博士点的现状以及长江三角洲社会学论坛成立以来所开展的学术活动做了详细的陈述。我的序言将聚焦于新时代长江三角洲地区经济社会发展的特点和长三角地区社会学学科的未来发展谈谈自己的认识。

长三角地区在中国经济社会发展进程中一直发挥着举足轻重的战略引领作用。在计划经济体制时期，长三角地区为中国的初步工业化作出了重要的贡献。进入改革开放时期，浦东开发开放将上海乃至中国的经济社会发展引入了转型创新发展的快车道。2014 年 5 月，习近平总书记在考察上海时强调，继续完善长三角地区的合作协调机制，加强专题合作，拓展合作内容，加强区域规划衔接和前瞻性研究，努力促进长三角地区率先发展、一体化发展。2016 年 6 月，国务院批复的《长江三角洲城市群发展规划》指出，长三角城市群将构建“一核五圈四带”的网络化空间格局，逐步发挥上海龙头带动的核心作用和区域中心城市的辐射带动作用，推动都市圈、发展带的同城化发展。2018 年 11 月，在首届中国国际进口博览会开幕式的主旨演讲中，习近平总书记提出将支持长江三角洲区域一体化发展并上升为国家战略。2019 年《政府工作报告》将长三角区域一体化发展上升为国家战略，提出到 2035 年，长三角一体化发展达到较高水平。现代化经济体系基本建成，城乡区域差距明显缩小，公共服务水平趋于均衡，基础设施互联互通全面实现，人民基本生活保障水平大体相当，一体化

---

① 张文宏，“长江三角洲社会学论坛”第二任轮值主席（2019—2020 年）。上海大学社会学院院长、二级教授、博士生导师。入选教育部长江学者特聘教授（2013—2018 年）、国家万人计划哲学社会科学领军人才（2016 年）、中宣部文化名家暨“四个一批”人才（2016 年）。

发展体制机制更加完善，整体达到全国领先水平，成为最具影响力和带动力的强劲活跃增长极。

2019年长江三角洲一市三省的地域面积35.9万平方千米，占全国的1/26；生产总值达23.7万亿元，占全国的23.9%，同比增长6.4%，高于全国增速0.3个百分点。常住人口2.27亿，约占全国人口的16.2%。常住人口的城镇化率，上海市、江苏省、浙江省和安徽省分别为88.1%、70.61%、70.00%和55.81%，除安徽省以外，其他两省一市均高于全国60.60%的平均水平。在长江三角洲地区的城市中，上海、苏州常住人口超过千万，属超大城市，杭州、南京、宁波、合肥、南通、盐城、无锡、台州、金华、绍兴10市超500万人，属特大城市。

长三角区域一体化上升为国家战略，为长三角地区社会学学科的发展提供了难得的历史机遇，成立"长江三角洲社会学论坛"是响应长三角区域一体化国家战略的一个具体举措。长三角地区作为中国率先发展的区域之一，其在今天所面临的问题，有可能是明天中国其他区域将要面临的问题。因此，在这个意义上可以说，研究长三角地区经济社会发展中的重大问题，就是研究中国发展的重大问题。立足于长三角地区改革开放的伟大实践，讲好"长三角故事"，推动有中国特色的社会学学科体系、学术体系和话语体系的建设，将有力地促进有中国特色的社会学理论、社会学学派走出去，并将在国际社会学界乃至社会科学界发挥重大的影响力。

从社会学的视角来看，未来一段时期，长三角地区的社会学工作者更有责任和义务率先就长三角区域一体化过程中的重大社会问题开展理论研究、实证研究、决策咨询和社会服务。我认为，长三角区域一体化进程中的重大问题至少包括：长三角城市群的国内外比较，长三角基于城市带建设，社会结构优化与中等收入群体的扩大，阶层认同与阶层流动，社会治理共建共治共享的推进机制，平安和健康长三角建设中的社会化、法治化、智能化、专业化，社会治理创新的长三角模式及经验提升，区域性的社会治理地方性法规和政府规章的建设，覆盖长三角区域的公共服务体系建设，城市治理和社会治安防控体系建设，城市公共安全风险防控标准体系和规划体系，区域性重特大安全生产事故、重大灾害事故和重大突发公共卫生事件、安全生产责任体系的联防联控机制和联动长效机制，重点城市和长三角都市圈防灾减灾救灾一体化，基层社会治理网络的区域全覆盖，区域文明程度提升，文明城市、文明乡镇、文明村庄创建等。此外，在上海青浦、江苏吴江、浙江嘉善率先启动的长三角生态绿色一体化发展示范区建设，包括上海、嘉兴、杭州、金华、湖州、苏州、合肥、宣城、芜湖等9个城市的G60科技走廊建设将为长三角区域一体化的社会学研究提供良好的田野调查和实验基地。

这本文集是"长江三角洲社会学论坛"成立以后的第二本优秀硕士学位论

文选编。2020年入选的12篇优秀论文，涉及历史社会学、环境社会学、经济社会学、劳动社会学、移民社会学、文化社会学、文化人类学、健康社会学等分支学科。按照其研究内容可以大致分为三个类别：第一组的三篇论文偏重于社会变迁的宏观视角。**南京大学陈仲阳同学的《“大院”与集体认同的建构——以某大型国有企业为案例的社会学研究》**，从历史社会学的视角出发，通过对河南省洛阳市某大型国有工厂的深描，探究“大院认同”的形成及其建构的过程与逻辑。作者将单位人这种对于大院的依附、归属和依赖称作“大院认同”。20世纪40年代末50年代初在全国城市范围内广泛确立的单位体制，被认为是中国有史以来规模最为浩大的“空间重组”。通过国家的总体调配，将不同地域、身份背景也不尽相同的人们重新组合到一起，建立起了一个生产与生活紧密结合的“单位共同体”。作为单位制重要组成部分的大院，则几乎承载了单位成员生命历程中日常生活展开的所有丰富性。在相对闭合的单位空间内，人们的公共活动、邻里互动、福利享有以及生活观念的塑造都在单位大院内展开，并由此形成了大院成员特有的归属感和认同感。“大院认同”并非一种凝固的情感状态，而是一个伴随着不同时期不断调整与新生的动态性过程。“大院认同”并非一种纯粹的生活社区式认同，而是包含了大院成员在国家制度生产下对国家和单位的依附性认同、单位成员多元互动下产生的社区认同以及基于身份自觉而产生的身份认同所综合作用下的嵌套型认同。这一认同的建构也是一个由众多因素共同作用所发生的过程和逻辑，它不是单向的集体塑造产物，而是双向互构的结果。作者认为，虽然单位大院存在着明显的结构性弊端，但我们绝不能因此而否定大院对于人们生活归属感和认同感塑造的独特意义。尤其是在现代社区的建设中，需要重新审视作为社区历史前身——单位大院在“共同身份”的建构、公共空间和文化的塑造以及社区照顾体系的建立等方面的积极作用；**上海大学乐鹏举同学的《上海美影厂艺术创作模式的历史变迁探析——制度环境、工作模式与艺术生产》**，基于霍华德·贝克尔的“艺术集体行动”理论，从宏观制度环境和微观工作模式两个层面探讨了上海美影厂的艺术生产变化，试图回应社会经济结构与艺术生产之间的关系这一艺术社会学的重要议题。通过深入的个案访谈和历史文献的分析，作者发现在国家强力控制的“黄金时期”，稳定的资源保障和艺术惯例共识塑造了共同体内的集体行动，促使创新作品大量涌现。而在改革开放以后，随着原有国家支持体系的逐步消失，分裂的工作模式导致艺术共同体逐步瓦解。上海美影厂在向现代文化产业的转型中，艺术创作随之失去特色而流于平庸；**河海大学王园妮同学的《温柔的“革命”派——民间环保组织的行动策略研究》**，以民间环保组织“绿色潇湘”为个案，通过参与观察和个案访谈等研究方法，描述和分析了民间环保组织参与当地环境治理的行动策略和逻辑。根据“绿色潇湘”与政府所处的不同关系阶段而采取的行动策略，作者划分为借社会舆论之势的“倒逼”阶段、站在政府对面而非对立面的“协商”阶段、新形势下的“依法”探索阶段进行了过程分析。在“倒逼”阶段，民间组织通过新媒体平台的技术赋权、志愿者的“线下做事”与契合政策导向的“顺势而为”的“闹大”策略，在推动政府部门自上而下地解决环境问题的同时，与政府部门建立了相互信任关系。“协商”阶段是“倒逼”阶段的发展与顺延，在该阶段民间组织和当地环保部门之间的信任关系初步形成，在行动的过程中建立了“协商”机制。为了保证“协商”关系的持续有效，民间组织开启了“站在政府对面而非对立面”的原则，运用“唱白脸”和“唱红脸”等行动技巧，以实现自身的行动目标的“柔化”策略。“依法”探索阶段是民间环保组织在“协商”机制的基础上，依据现有的法律法规所进行的探索，是对“柔化”策略的更进一步加码，从而确保民间环保组织更加有力地参与当地环境治理。“绿色潇湘”之所以能够有效参与当地环境治理，是其将“闹大”和“柔化”的行动策略进行有机的融合。“闹大”是其获取社会公众信任，构建与政府之间关系的起点，“柔化”是“闹大”的延续，是其在面对政府或企业威胁和诱惑时，不改初心地对问题解决进行持续推动，是在追逐使命和自主性的同时，理性地处理与政府部门的关系，从而在有限的政治空间内实现利益最大化平衡，这也是称其为温柔的“革命派”的主要原因。

第二组的四篇论文聚焦于经济与社会的关系问题。**南京大学邬静同学的《规矩、关系和非正式经济——以重庆市H站“黑车”为例》**，通过详尽的田野调查展示了一幅“黑车”的运营逻辑和关系网络与“正规客车”高度相似甚至相互借鉴、相互亲和的图景。“黑车”作为一种“非正式经济”，依靠“非正式”的管理和揽客群体、“非正式”的营运模式和制度，构建起一个灵活经济的关系网络，给人们提供了大量的出行服务，冲击着所谓的与其相对的“正式经济”，并面临着后者的打击。作者认为，无论是黑车还是其背后的“非正式经济”都绝非一个天然固有的范畴，而是一个带有主观价值判断的标签，背后隐藏着国家监管、权力等关键词。而市场经济的规则和制度，即市场经济的“道德”也并非价值中立，是存在于一定的情境之中，并随着情境的改变而改变。这不仅表明构成“非正规经济”的要素因时间和情境而异，在一定情境下表现为非正式的经济而在另一种情境下可能完全合法。甚至即使是相同的活动也可能会改变其位置并跨越“正式经济”和“非正式经济”之间的鸿沟，还表明国家和民间社会之间的关系形塑了“非正式经济”的特征，这些“黑车”被“洗白”的过程也是地方政府试图与民间社会协调的过程；**华东理工大学沈锦浩同学的《互联网平台经济下外卖骑手的劳动控制研究——基于上海市M外卖的田野调查》**，从劳动过程理论出发，通过对上海市M外卖平台的民族志考察，勾勒了外卖骑手的群体肖像，探讨了外卖骑手劳动控制的运作机制、制造同意和回应策略，立体呈现了外卖骑手劳动过程的完整图景。研究发现，在互联网平台经济中，互联网技术、平台工作的特点以及劳动者的身份特质等因素深刻影响了外卖骑手的劳动过程。外卖骑手的劳动控制问题，在很大程度上可以看作是农民工劳动问题在互联网平台经济下的延续与加剧。不可否认，加入平台工作，使部分农民工获得新的就业机会，并得以提高收入，但这些都是建立在隐形的剥削与自我剥削的基础之上的，其劳动境遇不容乐观。以外卖骑手为代表的农民工，在互联网平台经济下的生存处境，是一个值得政学两界深入探讨的重要议题；**华东师范大学胡秋爽同学的《国家、资本与工人：劳务派遣工的身份生产研究——以长三角地区为例》**认为，在法律与话语层面，劳务派遣工拥有了劳动合同的保护，且在正规部门进行就业登记，看似获得了一定的“正式”与“合法”身份。但是在实践层面，派遣员工与同企业正式员工同工不同酬、福利差别明显等现象仍然存在于很多企业中，派遣工的身份常常与“临时工”“非正式工”画上等号。在国家—资本—工人的理论框架之下，通过对相关法律文本的分析和对用工企业中的劳务派遣工、正式工以及劳务派遣公司员工的访谈，探讨了在结构转型中，国家是如何在劳动法的逻辑下对劳务派遣工进行身份设计的，资本又是怎样在市场经济的逻辑下对劳务派遣工进行身份实践的，最后论述了劳务派遣工矛盾身份背后的身份生产路径。主要发现如下：第一，国家保障的矛盾状态形成了身份实践未能完成身份设计预期目标的基础，在劳动合同法理化的转型过程中，劳动契约的发展并没有终结劳动身份的差异，反而促成了新身份的产生，依据合同期限的长短与形式，劳动身份出现了等级差异，造成了“从契约到身份”的转变。第二，劳动力的进一步商品化是劳务派遣工身份实践与身份设计产生偏差的根本所在，用工单位的差序用工、派遣机构的割裂用工以及与正式员工的身份边界促成了派遣工身份的一步步“临时化”与“非正式化”。第三，派遣工的身份产生来源于国家与资本联盟的宏观基础以及劳动力市场分割的中观通道，形成了最终的微观表象，即碎片化的不稳定雇工；**上海大学杨波同学的《青年白领群体的规训与自我管理——以C公司青年白领的劳动与消费为例》**，通过对青年白领群体的田野调查发现，从初入职场的青年员工到成为具备“职业素质”的白领，存在基于职业认同、群体认同、文化认同的社会身份转变的过程，转变的主要动力来自工作空间的组织制度与白领群体内部的微小权力，后者渗透在青年白领的工作空间和私人消费领域，围绕着“白领认同”，在微观个体的层面对青年白领进行教育、规训和塑造，完成白领群体新成员的再生产。微小权力依托于现代企业制度与消费市场发挥作用，从职业技术、职场经验、消费行为与习惯等方面教育青年白领，实现青年白领个体的社会身份转变与认同。白领群体逐渐发展为被锁定在工作空间与消费领域的群体，在群体内进行自我管理、自我塑造、自我宰制，成为市场经济环境下一个稳定的为社会创造财富、为消费市场注入资本的群体。

第三组的五篇论文与文化和社会的关系密切相关。**安徽大学刘强同学的《宁国畲族民间信仰研究》**，以安徽宁国畲族民间信仰为研究对象，探讨畲族民间信仰在畲族民众迁入宁国之后的变迁。传统时期，受到以汉族为主体的“夷汉”思想的影响，畲族民众在与汉族杂居相处的过程中，多是采借汉民族群众的民间信仰为本民族所用，畲族民间信仰中较多地蕴含着汉民族民间信仰的因子。作为从迁入地带来的民间信仰，宁国畲族民间信仰同样内含着汉民族民间信仰的因子。随着改革开放和社会主义新农村建设的深入推进，宁国畲族地区为争取经济发展的资源而大力“复兴”畲族传统文化，使得原本处在“隐藏”或是消失状态的畲族文化又重新在畲族民众生活中“活跃”起来。民间信仰作为畲族传统文化的主体，将在很长一段时间内活跃于宁国畲族民众的民俗生活中。无论是传统时期的“采借”，还是新时期的“复兴”，宁国畲族民间信仰都是以当时的社会语境为基础而选择自己的生存状态的；**复旦大学丁畎同学的《网络亚文化视野下反智主义的类型及变迁——基于微博大数据与访谈的混合研究》**，在公众获得更低门槛和个性化的公共话语空间的网络社会背景下，网络反智主义作为一种网络亚文化在近年风潮渐起，它与主流的崇智文化形成鲜明对立，且发展出形态各异的多元化反智表现。作者采用微博大数据语义网分析与质性访谈的混合研究方法，借鉴亚文化理论的分析视角，即基于网络反智亚文化的抵抗性、符号表达、动态性三个分析维度，对中国当代网络反智主义进行了自下而上的探索性研究。基于2013、2016、2017年微博文本语义网分析，结合深入的质性考察，作者归纳并讨论了中国网络空间的五种典型反智主义类型，分别为反知识精英、反知识分子、反知识论、反科学、娱乐主义，不同类型间呈现出核心对抗内容和符号表达特征的显著差异。基于动态变迁角度的比较研究发现，三年间不同类别的意义边界逐渐变得清晰，网络反智亚文化的话语符号由泛化走向分化，部分反智类型也在表达内容侧重点上发生了转变。此外，反科学和娱乐主义作为网络场域下新崛起的反智主义类型，具有鲜明的时代和社会动态特征；**复旦大学于佳煖同学的《分歧的意义理解——作为一种文化符号的广场舞》**，则以近年来非常流行的广场舞为研究对象。作者认为，不同共同体当中的意义理解机制差异导致了我国公共领域和广场舞群体对广场舞现象产生了迥异的理解。通过将公共领域所代表的中国社会视为“想象共同体”，作者将广场舞群体视为“简单共同体”，进而探讨两种共同体当中不同的意义生成逻辑。首先，公共领域对广场舞的理解发生了“从正面到负面”的转向。在2013年11月以前，公共领域往往用积极的道德话语相关的评价来衡量广场舞。而自2013年11月起，当它的形象与潜在文化结构的负面道德话语相联结时，其公众形象也就随之发生转变，而广场舞参与者对广场舞的理解则始终是绝对正面的。

由于广场舞参与者在广场上已经通过共享的场地、互动和经历形成了新的“简单共同体”及相应的新的身份认同，因此，广场舞对她们来说也更是新的集体价值（例如健康、友谊和团结）形成的场所；**浙江大学陈玲同学的《支持网络与社会融合——基于在杭外国人调查的分析》**，首次聚焦社会支持网络对于在华移民融合的影响状况，探析不同结构和性质的社会支持网在移民心理与行为融合上的效应。使用“2018 年杭州外国人调查”（SFRC 2018）数据，通过列联表分析、潜类分析以及多元对数回归分析，发现在华移民的社会人口属性、人力资本和社会资本对社会融合发挥了关键作用。同时，桥接社会资本对于提高移民融合具有关键作用，纽带社会资本的作用则不显著。该发现对普特南提出的桥接/纽带社会资本的差异化理论做了一定拓展。首先，在网络类属的研究层面上，移民与原生国家亲缘性非正式支持的联系相对微弱，且对于在华移民而言，亲缘的非正式社会支持对其社会融合的影响并不显著，而在华的正式社会支持网络从医疗、组织等方面为移民的在华行为及心理融合提供重要支持。其次，个体网络规模与社交能力及交往意愿有关，移民的本地化网络、族群化网络、国际化网络存在相关性，但亦存在异质性。在健康、均衡的网络特征下，不论来源国属性，网络规模对移民的行为融合均有正向作用。但族群化网络具有双向作用，较强大的族群化网络预测了移民在行为上的社会疏离。而只有本地化网络规模越大，移民心理融合程度才能越高。族群化/国际化网络规模，并未能显著提高移民心理融合程度。**华东师范大学徐刚同学的《中国老年人自评幸福度对死亡风险的影响研究——基于 1998—2014 年 CLHLS 数据》**，研究基于大样本（>35000）、追踪期数和时间较长（1998—2014 年共 7 期）的中国老年人健康长寿影响因素调查（CLHLS）数据，以 65 岁及以上老年人口为研究对象，应用生存分析中的 Cox 比例风险模型，探究自评幸福度的三个子维度积极情感、消极情感和生活满意度对死亡风险的影响力度、方向及差异。研究发现，在控制社会人口特征、身体健康、社会支持、认知能力、社会参与等风险因素后，积极情感、消极情感、生活满意度的变化、生活满意度与婚姻状况的交互作用显著影响老年人的死亡风险。积极情感高，消极情感低，生活满意度保持稳定或变好，死亡风险低。有无配偶在生活满意度影响死亡风险的过程中发挥了决定性作用，有配偶的老人即使生活满意度较差，其死亡风险也较低。自评幸福度对死亡风险的影响在短期研究和长期研究中存在较大差异，长期研究中积极情感、消极情感、生活满意度的稳定不变显著影响老人的死亡风险，短期研究中自评幸福度的三个维度对死亡风险均无显著影响。随着老人年龄的增长，积极情感有所降低，消极情感则升高，生活满意度较为稳定但略有升高。将积极情感、消极情感、生活满意度作为非时变变量会误估它们对死亡风险的影响，在模型显著性、系数、作用方向和模型拟合优度方面表现更差。

最后需要特别指出的是，这本文集的遴选和编辑工作主要是由作为当值主席单位的上海大学社会学院组织完成的，作为当值秘书长，上海大学社会学院博士后研究员项军博士付出了辛勤艰苦的组织、联络、编辑和修改工作。作为共同主编，浙江大学毛丹教授也对于文集的修改和编辑提出了若干建设性的意见。同时该文集的出版受到上海大学社会学院高水平大学建设项目的资助，上海大学社会学院还为优秀论文的作者及其指导老师支付了微薄的稿酬，重在激励硕士研究生的学术热情和探索精神。本年度的优秀硕士论文遴选继续坚持“长江三角洲社会学论坛”主席团和学术委员会通过的公开、公正、优中选优、宁缺毋滥的原则。11 位学术委员会委员陈阿江、范可、冯钢、李向平、仇立平、汤夺先、翟学伟、张海东、张乐天、赵鼎新、周怡等各位教授对各校推荐的 24 篇硕士学位论文进行了匿名评审，从中评选出 12 篇优秀硕士论文。由于篇幅所限，我们要求入选论文的字数不超过 3 万字，在编辑定稿的过程中请作者自行忍痛割爱，做了再次压缩、修改、提炼和完善。最终入选的 12 篇优秀论文，2019 年毕业的占 70%，2018 年毕业的占 20%，其他年份毕业的占 10%。星垂平野阔，月涌大江流。呈现在读者面前的这本文集，集中展现了“长江三角洲社会学论坛”各联盟高校硕士研究生教育的学术成果。希望收录在这本文集中的论文成为各位优秀论文作者学术生涯或职业历程中一个重要的节点，也希望这些论文所提出的研究视角、研究思路和研究发现能够为后来的硕士生提供一些有价值的启发和参考。

不积跬步，无以至千里。我相信，如果坚持数年，每年推出一本优秀硕士论文集，未来一定可以打造成一个与《北大清华人大社会学硕士论文选编》相媲美的另一个学术品牌，为推动长三角地区和中国的社会学研究生教育事业的繁荣和进步作出自己的贡献。

目 录

支持网络与社会融合
——基于在杭外国人调查的分析

陈玲（浙江大学）

◎ 指导老师：曹洋 范晓光

摘　要：社会融合（social integration）是移民研究的经典议题。中国作为非传统移民输入国家，近年来国际化的加速趋势，使得在华移民的社会融合成为新的研究方向。本文首次聚焦支持网络对在华移民融合的影响状况，探析不同结构和性质的支持网在移民心理与行为融合上的效应。

本研究使用“2018年杭州外国人调查”（SFRC 2018）数据，通过列联表分析、潜类分析以及多元逻辑斯蒂回归分析，发现在华移民的社会人口属性（迁出国家类型、年龄）、人力资本（中文水平）和社会资本（网络规模、网络类属）对社会融合起到关键作用。同时，研究发现桥接社会资本（bridging social capital）对于提高移民融合具有关键作用，纽带社会资本（bonding social capital）则不然。该发现对普特南提出的桥接/纽带社会资本的差异化理论做了一定拓展。

首先，在网络类属的研究层面上，移民与原生国家亲缘性非正式支持的联系相对微弱，且对在华移民而言，亲缘的非正式社会支持对其社会融合影响并不显著，而在华的正式社会支持网络从医疗、组织等方面为移民的在华行为及心理融合提供了重要支持。其次，个体网络规模与社交能力及交往意愿有关，移民的本地化网络、族群化网络、国际化网络存在相关性，但亦存在异质性。在健康的、均衡的网络特征下，不论来源国属性，网络规模对移民的行为融合均有正向作用；但族群化网络具有双向作用，较强大的族群化网络预测了移民在行为上的社会疏离；而只有本地化网络规模越大，移民心理融合程度才能越高；族群化/国际化网络规模，并未显著提高移民心理融合程度。

关键词：社会融合；支持网络；国际移民；桥接社会资本；纽带社会资本

第一章 绪论

一、移民研究背景

中国出现国际移民的时间较短，因此学术界对外国人移民群体的关注还不多。随着近年来奥运会、亚运会、G20 峰会在中国举办，以及“一带一路”倡议红利影响，中国的国际地位不断提高，吸引了大量外国人。《2017 年国际移民报告》显示全球目前约有 2.58 亿移民人口，较 2000 年增长了 49%。2017 年居住在我国境内的外籍人员约达 100 万人，比 2015 年增加了 2.2 万人[①]。中国当前具有一定国际移民早期阶段的发生表征[②]，越来越多的外国人将中国作为移民的目标国；但我国对于外国人的社会研究、政策尚不完善，在跨文化族群问题、宗教问题中存在的社会风险，隐藏的冲突与融合尚未得到清晰的认证。中国要吸引、留住优秀外籍人才，特别要关注移民社会融合问题，从移民在华的融合情况中，挖掘外籍人口的需求，为他们提供更好的制度与社会支持。

移民的社会融合问题是移民社会学领域的经典议题，其理论解释维度包括了人力资本因素、社会资本因素、个体心理因素以及国家制度性因素等。移民的教育程度、专业技能、语言能力、心理效能、乐观的态度在个体的融入过程中起到重要作用；同时移民网络理论提出，社会网络可以为其提供必要的信息支持，以降低迁移成本，降低文化适应难度，扶助新移民寻找工作，建立收入初步预期；帮助新移民节省各类开支等，在各方面提供社会支持[③]。然而在社会网络资本上，不同性质的社会资本对于个体融合的正负效应并不一致。桥接社会资本（bridging social capital）和纽带社会资本（bonding social capital）的差异，要求我们将移民的支持网络分门别类进行融合作用的探究。以上理论都是在欧美等成熟的移民国家中得到验证的总结，理论的适用性尚待检验。正如我们日常生活的经验所得，外国人在中国的生活与心理调适离不开他所生活的环境为其所搭建的支持网络。一方面，在社会外部力量的影响下，包括组织力量、政府力量对其施加影响，为其构建出社会层面的支持网。另一方面，个体可以通过主动结交朋友或依赖亲缘支持，而获得个体层面的支持网。然而根据经验

---

① https://www.un.org/development/desa/publications/international-migration-report-2017.html.

② 梁玉成：《在广州的非洲裔移民行为的因果机制——累积因果视野下的移民行为研究》，载《社会学研究》2013 年第 1 期，第 134—159 页。

③ Aguilera M B & Massey D S. Social capital and the wages of Mexican migrants: New hypotheses and tests. *Social forces*, LXXXII (Dec. 2003), pp. 671-701.

观察，移民总是和其迁出国的行动者共同活动，并形成派系，致使其社会交往的范围有限，相应催生了笔者的问题意识，本文意在探求移民的社会支持网在其融入中国社会过程中的作用及发生机制。

二、研究目标与方法

本文希望通过描述统计分析，呈现在杭外国人总体特征，并重点关注其社会支持网络和多维度社会融合现状，以研究在华外国人的支持网络与融合水平。

进一步，通过多元统计模型分析外国人社会融合的影响因素，确定支持网络与社会融合的因果关系，分析不同性质的社会支持网络对于社会融合的影响方向与效力，并预测未来发展中外国人对杭州的归属感与社会整合水平。以此为基础，本文对促进外国人社会融合的议题给出若干建议。

三、研究思路

研究主体思路如图 1-1 所示，首先通过中国国际移民的现实背景分析与已有相关研究的回顾，提出明晰的研究问题。其次系统整理归纳移民社会融合的相关理论，并回顾移民社会支持与移民社会融合的研究成果，同时参考中国国内移民（Internal Migration in China）研究，如农民工研究等，以找出国内外移民研究的共通点，为本文提供理论借鉴。

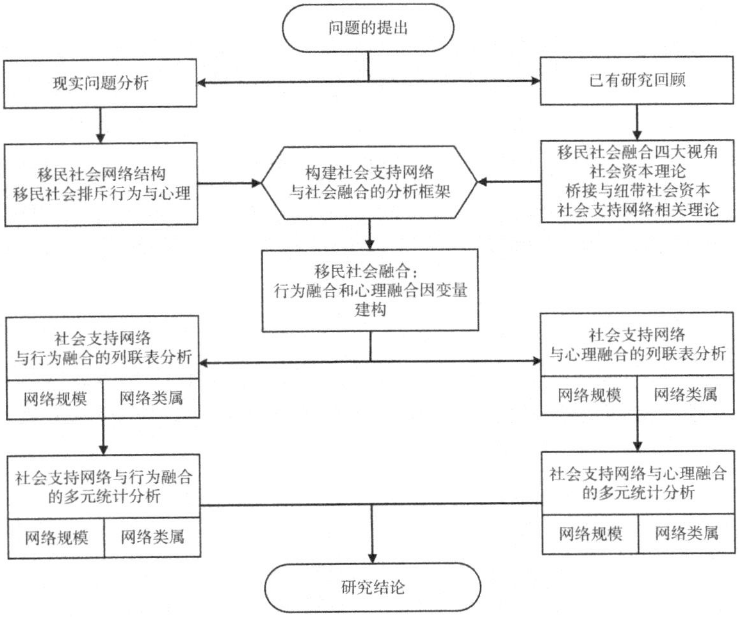

图 1-1　研究主体思路

本文利用“2018在华外国人调查”（SFRC 2018）数据进行分析，测量上将融合划分为心理融合与行为融合两大层面，并通过潜类分析的方式回归结构文化观点寻找融合的理想类型。分析当前在杭外国人的社会支持网络特征与社会融合现状，进一步探究外国人社会支持网络对社会融合多维度的影响情况，得出分析结论，并结合现实情况提出合理的促进外国人融合的建议。

第二章　文献回顾

一、相关概念及文献回顾

（一）何谓移民

人口迁移、出生与死亡是影响区域人口结构与变动的三大因素，但人口迁移一直以来都因其现象本身的复杂性而在概念界定上未达成共识。由于我国并非移民国家，只有很少人获得了长期永久居留身份，所以我们无法通过“是否获得长期永久居留身份”作为是否移民的操作化测量①。本文所研究的在华国际移民，是指其跨越了主权国家边界，并在华生活、工作、学习的外籍人口（不包括回流外国人）。

（二）社会支持网络

人自出生开始就在社会提供的种种支持下得以成长，实现社会化，而这种复杂的社会关系被称为社会支持网络。社会支持网络是个体能借此获得相应资源支持的社会关系网，这其中的资源包括正式组织所提供的制度保障与生活便利，也包含非正式个体提供的情感、友谊、钱财等，人们可以通过社会支持网的帮助，更好地解决日常生活中的问题，度过生活危机并维系生活正常运转②③。

社会支持网络对个人幸福感的直接积极影响已被广泛认同④，而社会支持网络对于移民群体的重要性亦已经在近期诸多学者的研究中得到了验证。但是早前的研究更倾向于将社会支持网作为一个整体性的概念，而忽略了社会支持网

① 梁玉成：《在广州的非洲裔移民行为的因果机制》，第134—159页。

② 贺寨平：《国外社会支持网研究综述》，载《国外社会科学》2001年第1期，第76—82页。

③ 丘海雄、陈健民、任焰：《社会支持结构的转变：从一元到多元》，载《社会学研究》1998年第4期，第12页。

④ Komproe I H & Rijken M & Ros W J G, et al, Available support and received support: Different effects under stressful circumstances, *Journal of Social and Personal Relationships*, XIV (Feb. 1997), pp. 59-77.

本身的差异性，其差异来自成员本身属性的差异及网络特征的不同。

不同的网络关系属性其传递的支持内容亦不同，包含了实物支持，如提供物资、金钱等有形帮助；行为支持，如分担劳动、提供服务等；亲密互动，表达尊重、认同等；提供信息，如给出建议、帮助传递信息等；反馈应答，给对方的行为、想法和感受以回馈；交际互动，提供娱乐等①。

社会资本理论运用于移民领域，需要特别关注个体网络关系特征上的区分，Gittell 等将社会资本区分为纽带社会资本、桥接社会资本②。普特南对两种社会资本做了更多深入的研究③。纽带社会资本是指彼此间有紧密联系人群间的关系，如家庭成员间、种族内部间的关系等，常通过情感产生互动，具有较强的义务规范；后者针对处于不同社会阶级地位的人群，具有结构性差异的群体，如不同种族和民族的人们之间的关系，其彼此之间是相对松散的关系。Lin 在将各种形式的社会资本视为“同质构成”（homophilous）和“异质构成”（heterophilous）间的互动来明确这一立场，“嗜异性”社会支持网络的作用在质量上不同于“同源性”社会支持网络的相互作用④。根据对在华移民的社会支持网络现状的观察和理论支持，可以从网络类属的正式与否、网络规模的国籍所属对社会支持网进行类型划分。

1. 网络类属：正式支持网络与非正式支持网络

移民亲属为移民提供远程或所在地的社会支持，保护其心理健康，同时民族社区及当地的社会、政治组织也对移民群体提供相应的支持，为其编织了制度体系下的社会支持网络。移民研究人员通常将移民网络定义为将亲属、朋友和社区成员连接到其原籍地和目的地的人际关系。除此之外，移民与机构、组织有联系，帮助他们以其他方式移民，获得工作或适应目的地国家的社会。这些机构包括学校、社会组织、宗教组织、政府组织、介绍所、公司等⑤。

“社会支持（Social Support）既存在家庭内外的供养与维系，也涉及各类正式与非正式的帮助。社会支持是施者和受者两个有意识主体间的资源交换”⑥。在本文中，受者是来华生活、工作的移民，根据施者提供的支持形式上是否正

---

① Barrera M & Ainlay S L, The structure of social support: A conceptual and empirical analysis, *Journal of community psychology*, XI (April 1983), pp. 133-143.

② Gittell R & Vidal A, Community organizing: Building social capital as a development strategy, (California: Sage publications, 1998), pp. 13-52.

③ Putnam R D, Bowling alone: The collapse and revival of American community, (New York: Simon and Schuster, 2000), pp. 31-148.

④ Lin N, Social capital, pp. 29-54.

⑤ Poros M, Migrant social networks: vehicles for migration, integration, and development. *Migration Policy Institute*, XXX (March 2011).

⑥ 丘海雄、陈健民、任焰：《社会支持结构的转变：从一元到多元》，第 12 页。

式可以将支持类型分为正式与非正式社会支持，向移民提供正式社会支持的有市场、企业、政府、学校等；提供非正式支持的有其血缘、亲缘、地缘与私人关系。不同类属的关系均存在向移民提供有形或无形支持的潜在可能。研究发现，移民的社会支持网络较为单一、脆弱，来自政府层面的正式社会支持相对缺乏，导致个体对非正式社会支持网络依赖性极强，最终容易导向形成一个封闭化的群体①。本文将从正式支持网络及非正式支持网络的比较视角来看，并将其拆解为不同关系主体在移民新环境中的存在与否，作为衡量支持水平的标尺，这对以往国际移民的社会支持网络研究的视角会起到一定扩充作用。

2. 网络规模：本地化、族群化与国际化支持网络

Manchin 和 Orazbayev 认为社会网络是影响迁移意愿的重要因素，在国外有亲密的朋友或亲人会显著增加移民意愿，广泛的社会网络增加了国际移民的意愿②，除此之外，移民支持网络的种族/国家构成也有所不同。之前的研究倾向于单独解决族群或本地支持网络，而非一起解决。因此，我们需要同时研究不同种族构成的社会支持网络（如本地网络、族群网络和国际网络）③。

在移民的早期阶段可能会有一些族群网络，包括朋友和家人，此时支持网络内的本地化社会人士的可能性非常有限。在一项针对以色列移民的研究中发现，71%的苏联犹太移民在他们五个最好的朋友中没有以色列出生的朋友④。支持网络中来自本地社会的人们可以帮助移民适应当地社会，移民与更广泛的社会接触有助于他们的心理健康，能提供更广泛的社交网络支持。

社会支持网的强弱，取决于存在网络中可以被运用的社会资本存量情况。伯特认为，社会网络提供的社会资本大小取决于关系网络是不是非剩余，而非关系的强弱程度，网络有效规模、网络限制（network constrains）、密度（density）和等级制等因素共同影响社会资本的网络结构⑤。通常，网络规模越大，网络内个体占有结构洞的可能性越大，从而可拥有更丰富的社会资本，相应社会资源越多，工具性行动效果越好。而存在于社会网络中的社会资本不仅是信息，更不可忽视的是其间的规范性因素，同时还传递着价值观，包含着人

---

① 王亮：《断裂与重构——广州市非洲裔群体社会支持网络的现状及对策》，载《学理论》，2015 年第 6 期，第 58—61 页。

② Manchin M & Orazbayev, Social networks and the intention to migrate. *World Development*, CIX (Sept. 2018), pp. 360-374.

③ Jasinskaja-Lahti I, et al, Perceived discrimination, social support networks, and psychological well-being among three immigrant groups. *Journal of cross-cultural psychology*, XXXVII (May 2006), pp. 293-311.

④ Al - Haj M, Identity patterns among immigrants from the former Soviet Union in Israel: Assimilation vs. ethnic formation. *International Migration*, XL (December 2002), pp. 49-70.

⑤ Burt R S, The network structure of social capital. *Research in organizational behavior*, XXII (2000), pp. 345-423.

与人之间的信任。我们关注移民的社会支持网络对其生活产生的影响时，需要在网络规模的维度上拆解不同的种族属性，以探究细分网络的构成及其效应如何。

以往针对国际移民的支持网络研究，极少数有同时将本地化网络、族群化网络以及国际化网络放到同一个研究框架中，除了近些年，Jasinskaja-Lahti 将三种群体的支持网络基于受歧视的经历作为调节变量与移民文化适应的关系作研究外，均只关注到单一某种群体支持网络的正负效应①。本研究将社会支持网络，从国籍文化角度分为移民的迁入国资源、迁出国资源以及其他国家资源，并通过社会网络规模作为承载资源的指标。Jasinskaja-Lahti 关注到不同种族构成其支持网络的作用差异性，而本文正是对此视角的一种支持与延续。

为了更全面地理解移民社会支持网络的构成情况，以及不同类型的社会支持网络发挥的作用异同，本文以两大维度——网络类属和网络规模及五种网络类型进行了剖析。

（三）社会融合

社会融合概念最初由涂尔干在《自杀论》中提出，他认为好的社会融合水平是个人与社区中其他个体保持紧密联系的状态，整体社会保持团结状态，这可以有效防止因社会因素而诱发的自杀行为。不同学科的学者都对社会融合进行了深入研究。伴随着人口大规模流动的出现并诱发了一系列相关社会问题，西方学者逐步将移民的社会融合作为一个重要的研究议题纳入议程中，同时将学术成果运用于政策建议中去，此类研究在实际运用中影响了西方社会的结构塑造、政治实践及其演变路径。

在社会融合理论的发展过程中，学者们围绕着融合说、多元文化论、区隔融合论等多种论断展开了理论争鸣，这些理论都解释了移民在迁入地的行为、文化心理适应以及身份认同的过程和结果。融合说当以 Park 为代表，他认为融合是个体或群体相互渗透、相互融合的过程，在此融合过程中彼此共享历史，获得对方的记忆、情感，接受对方的态度，整合于一个共同生活体中②。然而，这一大熔炉的理念受到欧美新移民研究学者的批判，他们认为融合理论不分种族差异和移民社会经济背景，以居住时间的延长，语言、经济、文化等逐渐融合，最终得到的是移民完全融入美国主流社会中去，但事实并非如此。多元文化论者强调多民族、多文化与多语言在同一个社会中共生，移入地的文化应当有更大的包容性，新移民可以维持其原有的文化价值，并在新的定居地塑造其

---

① Jasinskaja-Lahti I & Liebkind K & Jaakkola M, et al, Perceived discrimination, social support networks, and psychological well-being among three immigrant groups, pp. 293-311.

② Park R E, Human migration and the marginal man. *American journal of sociology*, XXXIII (May 1928), pp. 881-893.

身份的认同，以此来打击带有种族歧视的同化论。区隔融合论更加突出了移民人力资本以及进入迁入地最初遭受到的对待方式等因素，他们认为这与移民融合模式存在一定关联，迁入地的移民政策及社会成员表现出对待移民的态度，如敌意或厚待等，都对移民的融合过程与结果产生显著的影响，该论点实质上是传统融合论的一种补充①。

究竟融合是单向还是互动的过程，本文基于当前中国国际移民人口比例较少的现状，预设国际移民融合的重点应放在移民单向适应情况上，即移民的社会融合是外国人来华后，在行为上适应中国的社会环境；在日常生活的社会交往中，不排斥中国人，积极参与当地制度框架下的社会组织活动；在心理层面上，与中国人心理距离较近并且认同中国的社会价值。

融合与距离是同一件事情的两面性，社会距离近，对应社会融合水平则高，反之亦然。社会距离概念最初由塔尔德提出时被运用于衡量阶层间的差异上，强调不同社会群体间的客观差异②。西美尔指出，社会距离是描述自我与外在客体间的特定关系，是一种具有内在倾向性的精神关联为这一概念增添了主观色彩③。美国学者帕克强调社会距离的主观性，强调心理上的区别和隔离状态，并把社会距离运用到当时的美国种族关系研究中④。鲍格达斯就如何测量社会距离给出相应的方法，他提出社会距离是存在于行为人心理空间中的以及行为人与其他主体之间的心理距离，可以通过考察主体是否有意愿与其他社会群体展开交往，来测度社会成员对于其他社会成员之间的距离。社会距离自此成为移民议题中的主要研究视角⑤。

在我国的国内移民研究中，有学者明确指出："社会距离是个体与个体之间、群体与群体之间，在社会互动过程中所表现出来的否定性的看法与评判，是行动者间互相倾诉内心、理解彼此、交往行为频率，和向处于经济困难方提供物质帮助的频率，以及居住结构、职业构成比例。"并在研究中将社会距离分解成客观距离（行为距离）和主观距离（心理距离）两个方面，分别进行了指标化测量⑥。

而关于社会融合如何定义和操作化，学术界对此展开了持续的讨论。西方研究者通过多维度概念和类型化的方式对社会融合进行测量。其中最具代表性

---

① Portes A & Zhou M, The new second generation: Segmented assimilation and its variants. The annals of the American academy of political and social science, DXXX (Nov. 1993), pp. 74-96.

② 塔尔德：《模仿律》（何道宽译），北京：中国人民大学出版社2008版，第42页。

③ 西美尔：《货币哲学》（陈戎女等译），北京：华夏出版社2002版，第3—19页。

④ Park R E, Race and culture, (New York: Free Press, 1950), pp. 87-88.

⑤ Bogardus E, Measuring social distance. *Journal of Applied Sociology*, IX (1925), pp. 299-308.

⑥ 卢国显：《差异性态度与交往期望：农民工与市民社会距离的变化趋势——以北京市为例》，载《浙江学刊》2007年第6期，第50—54页。

的是 Gordon 的“二维度”模型，即“结构性”与“文化性”的二维度。结构性社会融入，是指移民在制度和组织层面的社会参与度的提高，即迁入地社会的正式制度规范下的各种社会组织，如教育体系、劳动力市场、市民组织；而文化性融合指向移民在价值取向与社会认同上的变化过程①。这种划分方法主要将确定性的指标与观念心理因素指标进行了区分，也是最为经典的一种划分方式②。Scott 提出与 Gordon 模型本质相似的论断，社会融合主要分为两个方面：一是，成员对群体的情感，包括他们对社会群体的共同价值的认同，对群体及其他成员投入时间、精力等各类资源的意愿；二是指行为上，行动者之间交往的频率和强度，即社会距离，当社会距离较小，其互动的频率越高时社会融合的水平就越高③。在理论不断地完善中，更多的因子被纳入研究范围，但核心框架依旧是结构-文化框架，即客观和主观的划分④。

目前，中国在国际移民融合方面的研究仍处于探索期，张文宏等借鉴国外相关研究经验，结合中国的具体情况，通过对 14 个主客观指标的探索性因子分析，考察了迁入上海的新移民社会融合结构⑤。任远等在对义乌流动人口进行社会融合现状的研究中对融合进行了四个维度的划分：自我身份的认同、与本地人的互动、对城市的态度、所感知到的社会态度，考虑到国内移民存在困难群体被歧视的情况，而有针对性地构建了指标⑥。

但既有文献多混淆了融合过程、状况、影响因素及构成要素等。在研究中将融合的影响因素和后果与社会融合本身进行区分至关重要，重新回到行为和态度两个维度着手对社会融合展开研究，将成为新的研究趋势。故本文采用二维度作为在杭外国人社会融合的具体层面，重点关注移民的心理和行为两个维度的融合情况，试图探索心理和行为融合间的一致性及差异性。

二、社会融合的主要影响因素

当前，对社会融合影响因素的解释范式主要集中于人力资本、社会资本、

① Gordon M M, Assimilation in American Life: The Role of Race, Religion, and National Origins, (New York: Oxford University Press, 1964) . p. 276.

② Heisler B S. The future of immigrant incorporation: which models? which concepts? *International Migration Review*, XXVI (June 1992), pp. 623-645.

③ Scott R A, Deviance, sanctions, and social integration in small-scale societies. *Social Forces*, LIV (March 1976), pp. 604-620.

④ 梁波、王海英：《国外移民社会融入研究综述》，载《甘肃行政学院学报》2010 年第 2 期，第 18—27 页。

⑤ 张文宏、雷开春：《城市新移民社会融合的结构、现状与影响因素分析》，载《社会学研究》2008 年第 5 期，第 117—141 页。

⑥ 任远、乔楠：《城市流动人口社会融合的过程，测量及影响因素》，载《人口研究》2010 年第 2 期，第 11—20 页。

心理资本和制度结构等四个方面。

（一）人力资本

教育程度、语言能力、专业技能等人口学因素，在人力资本理论看来是影响个体融入社会的关键变项。国外研究者发现，移民在迁移之前的社会经济特征会影响其在新社会的适应，其中教育、专业技能以及移民的语言学习情况等人力资本因素的影响最为突出①。针对在美国的华人，周敏和林闽钢也发现，拥有丰富人力资本的新移民能够更好地融入美国主流社会②。无独有偶，王昺和梁晓在做温哥华华人研究时，同样得出人力资本对移民社会融合正面影响的结论③。

（二）社会资本

社会资本理论认为，移民在迁入地所搭建起的社会关系网络及具有的社会资源对于其在新社会融入具有双重作用。一方面，移民的社会资本与社会网络对移民起到了一种正向的社会支撑作用，研究者们发现了嵌于移民网络内部的关系资源对移民社会融合的促进作用④⑤⑥。正如周敏等对于移民教育融合的研究表明，移民族群的社会资本对于子代达成社会适应十分重要，在某种意义上，比传统人力资本有更为重要的作用⑦。Concha 等人研究了父母、配偶、子女、亲戚和朋友的社会资本支持措施如何影响迈阿密-戴德拉丁裔移民的文化适应压力。他们发现，随着时间的推移，结果并不是一成不变的，在迁移后的第一年、第二年和第三年，不同的关系在增加或减少压力方面发挥着不同的作用⑧。

另一方面，社会资本无论对于国际还是国内移民在新社会的融入，也会有难以避免的限制，甚至产生消极影响。艾略特发现基于共同种族的社会资本，

---

① Goldlust J & Richmond A H, A multivariate model of immigrant adaptation. *International Migration Review*, VIII (Summer 1974), pp. 193-225.

② 周敏、林闽钢：《族裔资本与美国华人移民社区的转型》，载《社会学研究》2004 年第 3 期，第 36—46 页。

③ 王昺、梁晓：《温哥华华人新移民的社会融合》，载《世界民族》2003 年第 4 期，第 29—37 页。

④ 王春光、Jean Philippe BEJA：《温州人在巴黎：一种独特的社会融入模式》，载《中国社会科学》1999 年第 6 期，第 106-119 页。

⑤ 赵延东、王奋宇：《城乡流动人口的经济地位获得及决定因素》，载《中国人口科学》2002 年第 4 期，第 10—17 页。

⑥ 赵定东、许洪波：《“关系”的魅力与移民的“社会适应”：中哈移民的一个考察》，载《市场与人口分析》2004 年第 4 期，第 22—28 页。

⑦ Zhou M & Bankston III C L, Social capital and the adaptation of the second generation: The case of Vietnamese youth in New Orleans. *International migration review*, XXVIII (Winter 1994), pp. 821-845.

⑧ Concha M & Sanchez M & Rosa MD. A longitudinal study of social capital and acculturation-related stress among recent Latino immigrants in South Florida. *Hispanic journal of behavioral sciences*. XXXV (Nov. 2013), pp. 469-85.

提供的工作机会导致美国移民的工作收入更低①。朱力等对农民工的研究发现，以初级群体为基础的社会网络会给农民工在城市的发展带来交往限制，它会不断强化农民工群体生存的亚社会生态环境，对农民工产生城市认同与归属感造成阻力②。

社会资本对社会融合产生正向影响以及负向影响，是研究者们普遍发现的，然而对于这种双重性，何时会产生差异，差异背后的作用机制，如何为这种差异搭建完整框架并进行合理的解释，现有文献并未进行过多的挖掘。

（三）心理资本

最近也有关注心理层面的学者，提出要在经典范式上增加心理资本的解释因素。心理资本是个体层面上，继人力资本与社会资本外的另一重要因素③。

埃维等认为，心理资本高的个体拥有更多的权利意识，能够降低人群的流动意愿。研究认为心理资本具有相对的稳定性，它是个体潜在的、隐含的部分④。人力资本、社会资本与心理资本彼此相互影响、相互作用，共同对移民的社会融合行为发挥着作用。心理资本通过自我效能感、乐观、韧性以及希望四大内核发生作用⑤。

（四）制度结构

制度取向的理论主要强调国家或地区政策对于移民融合的影响。在制度归因解释下，迁入地的移民政策和相应制度方向、历史环境是影响移民能否在行为与心理上融入新环境的决定性因素。

在国外的研究中，有研究者通过对美国移民融入政策发现，美国政府高度管控的移民政策并不利于移民的社会融合⑥。美国政府曾通过媒体散播大量关于移民清除的报道以期对其他可能移民的人起到强大的威慑作用，对移民融合造成了心理上的影响⑦。

在国内移民环境下，户籍制度成为阻碍进城务工者融入城市的主要排斥性因素，作为一种实质上的“社会屏蔽”制度，它将社会上一部分人排斥在共享

① Elliott J R. Referral hiring and ethnically homogeneous jobs: How prevalent is the connection and for whom? *Social Science Research*, XXX (Sept. 2001), pp. 401-425.

② 朱力：《论农民工阶层的城市适应》，载《江海学刊》2002 年第 6 期，第 82—88 页。

③ 陈延秋、金晓彤：《心理资本对新生代农民工社会融入的影响——基于社会距离的中介作用》，载《青年研究》2016 年第 1 期，第 30—38 页。

④ Avey J B & Hughes L W & Norman S M, et al, Using positivity, transformational leadership and empowerment to combat employee negativity. *Leadership & Organization Development Journal*, XXIX (March 2008), pp. 110-126.

⑤ 张洪霞：《新生代农民工社会融合的内生机制创新研究——人力资本、社会资本、心理资本的协同作用》，载《农业现代化研究》2013 年第 4 期，第 412—416 页。

⑥ http://www.urban.org/publications/410227.html.

⑦ https://cmsny.org/publications/cutlip-mason-crisis-management/.

城市的社会资源之外，增加了农民工在身份和职业等领域与迁入地社会融合的困难[①]。也有研究强调，影响农民工社会融合的关键是制度问题和经济障碍[②]。

国际移民由于国情的不同，再社会化的过程需要清晰的准则来对他们的行为规范、处事边界进行制度层面的界定，他们参与各类商务活动、纳入社会保障商业保险的范围等，也均有赖于制度支撑。

三、支持网络与社会融合

（一）实证研究中的主要争辩

作为理性人的移民个体，在朋友选择上遵循着“机会、回报和成本”模型。移民迁移前，人际交往的选择往往是来源于族群社会的初级社会关系，他们选择同质群体的实质是选择信任、获得社会支持，而他们移民后，在陌生的社会环境中，必须寻求社会支持来帮助自己适应并融入城市社会，而此时亲属、同族等强关系网络便能发挥重要的作用，当遇到困难时移民原来的亲缘、地缘关系是他们首选的支持网络。但高同质性的关系网络容易形成“亚社会生态”，而不利于移民与当地居民产生良性互动，进而发展成社会交往的内卷化，加剧社会隔阂状态，阻碍进一步的融合过程。据此，关于移民族群化网络对其完成社会融合是正向作用还是负向影响的疑惑便跃然而出。

来自族群或是亲属的社会支持网络作为一种社会资本如何影响移民的社会融合问题，当前存在两方面的争议。

一方面的理论认为，移民在迁入地所具有的建构的社会网络中包含他们生活所需要的、可动用的社会资源，这有助于移民社会融合。移民的社会资本与社会网络通过信息支持与情感支持给予了移民一种支持作用。持此观点的具体研究有：Zhou 等人所做的关于在新奥尔良的越南青年学习适应的研究中她们发现强大、积极的移民文化取向是促进价值整合和建设性行为的社会资本形式，为移民弱势儿童提供了适应性优势，强大的族群社会网络提供的社会资本是至关重要的，对于年青一代移民的成功适应、融入当地教育环境，比传统的人力资本更重要[③]。Jacobs 和 Tillie 等人研究发现族群社会资本在少数族群的政治参与方面变得越来越重要，特定种族群体的联系网络越密集，他们将拥有越多的

① 李强、唐壮：《城市农民工与城市中的非正规就业》，《社会学研究》2002 年第 6 期，第 13—25 页。

② 丁宪浩：《农民工社会融入问题分析》，载《财经科学》2006 年第 10 期，第 99—104 页。

③ Zhou M & Bankston III C L. Social capital and the adaptation of the second generation: The case of Vietnamese youth in New Orleans, *International migration review*, XXVIII (Winter 1994), pp. 821-845.

政治信任，他们就越会参与政治[①]；Portes 和 Sensenbrenner 等人在研究移民的经济行动时，运用“嵌入性”概念，发现移民的经济融入状况很大程度上取决于他们的网络结构，并且其资金网络与族群网络具有高度重合情况，他们的资金得到汇集并用于投入经营机会，从而获得较好的族群经济力量，实现经济在当地的融合[②]。

另一方面的理论认为，移民在缺乏当地有效的社会资本的情况下，原有的社会资本在提供部分情感与工具性支持外，也会产生限制作用，移民嵌入族群社会网络越深，形成稳定的派系后，会限制他与外在社会的互动和融合[③]。譬如，Dietz 对在德犹太人的研究，他发现在德国社会中，有一部分犹太人并未放弃苏联文化传统，相反形成了俄语系的社会网，与当地普通犹太社会产生了隔离[④]；而同样的移民飞地社区正在许多移民国家形成，导致当地的文化多元化，主流社会文化受到冲击[⑤]。

（二）桥接社会资本与纽带社会资本

社会资本与社会支持网络是一对不可分割的概念。林南认为“社会资本是内嵌于社会网络中的资源，行为人在行动时可以获取并使用这些资源”[⑥]。一定程度上人越多，彼此相互信任就越多，个人和集体就越具备优势[⑦]。然而，社会资本是一个复杂且具有丰富含义的概念，后来者们在 Granovetter 的基础上，发现强大的社区联系给予团体和家庭一种认同感和共同的目标[⑧]，他同时强调即使没有社区间的关系，那些基于宗教、阶级、种族、性别和社会经济地位等社会区隔的基础，强大的横向联系也会成为追求狭隘的宗派利益的基础。社会资本

---

① Jacobs D & Tillie J，Introduction：social capital and political integration of migrants. *Journal of ethnic and migration studies*，XXX（Jan. 2007），pp. 419-427.

② Portes A，Sensenbrenner J. Embeddedness and immigration：Notes on the social determinants of economic action. *American journal of sociology*，XCVIII（May 1993），pp. 1320-1350.

③ Cheong P H & Edwards R & Goulbourne H，et al. Immigration，social cohesion and social capital：A critical review，*Critical Social Policy*，XXVII（Feb. 2007），pp. 24-49.

④ Dietz B. Jewish immigrants from the former Soviet Union in Germany：History，politics and social integration，*East European Jewish Affairs*，XXXIII（Dec. 2003），pp. 7-19.

⑤ Remennick L. Language acquisition，ethnicity and social integration among former Soviet immigrants of the 1990s in Israel，*Ethnic and Racial Studies*，XXVII（May 2004），pp. 431-454.

⑥ Lin N，Social capital：A theory of social structure and action（2003 edition）.（Cambridge：Cambridge University Press，2001），pp. 29-54.

⑦ De Souza Briggs X，Brown kids in white suburbs：Housing mobility and the many faces of social capital，*Housing policy debate*，IX（Jan. 1998），pp. 177-221.

⑧ Astone N M & Nathanson C A & Schoen R，et al. Family demography，social theory，and investment in social capital，*Population and development review*，XXV（March 1999），pp. 1-31.

是一把双刃剑①，而这种双刃结果，正好可以从纽带社会资本与桥接社会资本的差异中得到解释。

关于桥接社会资本与纽带社会资本对于社会融合作用的分异，我们需要从两个方面进行理解。首先，纽带社会资本可以为内部成员提供高价值的服务，包括生活照料、经济支持到工作介绍等。但也存在成本，因为这些相同的关系会对成员的义务和承诺感产生强烈的非经济性主张，并带来负面后果。小群体内部忠诚度可能非常强，以至于将群体成员与更丰富就业机会的信息、社会价值理念隔离开来，在当前移民普遍存在的现象中，老移民支持来自本国的新移民，而使纽带资本不断延续②。其次，需要将社会资本的来源与其产生的后果区分开来。如果仅将理想的结果归于社会资本，或将其等同于社会资本，忽略了这些结果可能由另一个层面上的群体付出巨大代价而获得的可能性，其结果相比较下可能是次要的，或者今天获得的理想结果是以明天的重大成本为代价的。对于社会资本的评估应从个体扩展至群体，从小群体扩展至主流群体。根据 Beugelsdijk 和 Smulders 的说法：纽带社会资本可能对属于这个封闭的社会群体或网络的成员产生积极影响，但对整个社会将产生负面影响③。对于移民而言尤其是桥接社会资本往往会产生正向回报④。

综上，本文采用社会资本理论中关于桥接社会资本与纽带社会资本的假说，从两个角度解释资本来源对资本效果的影响，关注到了移民的社会关系网络等中观理论层面的结构性因素，通过两组竞争性观点分析支持网络对融合的影响。我们认为，既有研究结论的差异性，主要由以下原因所致：（1）对于适应和融合的操作化测量不同。（2）对社会资本如何发挥效应的解释机制运用不同。社会资本的两重特性是该概念提出时就受到学者极为重视的问题，但在后续移民融合的经验研究上，现有的文献未能给出充分的阐释。目前少有文献将桥接社会资本与纽带社会资本的本质性差异在测量方面区分开来，并将社会资本两重特性放在同一框架之中。我们发现，针对社会网络的各种维度的类型划分，都无法绕开社会资本的内部差异性，即桥接与纽带社会资本的分异。从网络类属角度来看，由亲属提供的非正式社会支持是纽带型社会资本，有“向内”的特征，同质性与排他性强，而由组织机构提供的正式社会支持，符合“向外”的

---

① Woolcock M & Narayan D, Social capital: Implications for development theory, research, and policy, *The world bank research observer*, XV (Aug. 2000), pp. 225-249.

② Portes A & Sensenbrenner J. Embeddedness and immigration: Notes on the social determinants of economic action, *American journal of sociology*, XCVIII (May 1993), pp. 1320-1350.

③ Beugelsdijk S & Smulders S. Bridging and bonding social capital: which type is good for economic growth? ERSA conference papers ersa, European Regional Science Association, (September 2003), pp. 517.

④ Lancee B. The economic returns of immigrants' bonding and bridging social capital: the case of the Netherlands. *International Migration Review*, XLIV (Spring 2010), pp. 202-226.

特征，跨越熟人边界，依赖于对陌生人的信任；从种族网络规模来看，对于移民而言来自同一个国家具有同一种族特征的“老乡”是内群体，比如当地的中国人是具有相对优势地位的外乡人，此时同为移民进入者的国际非中国人对于移民彼此而言，享有共同的情感特征，但又不具有相同的种族身份，国际化网络则介于桥接社会资本与纽带社会资本之间。

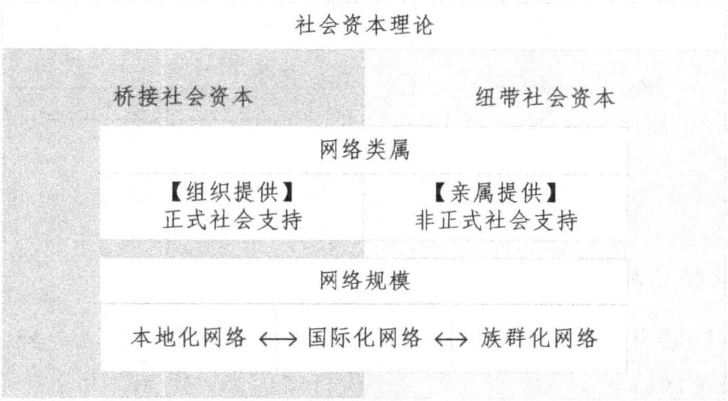

图 2-1　社会资本与支持网络结构图

此外，两种社会资本在移民的不同发展阶段、针对差异性经历的移民群体、不同层面的社会融合上究竟如何发挥作用，尚有待进一步的实证研究。

本文试图围绕社会资本的正负两种效应，对话桥接与纽带社会资本，以社会支持网络的测量与分析为切入口，剖析其对移民社会融合的影响机制。

第三章 研究设计

一、研究框架

本研究将使用 2018 年杭州外国人调查（SFRC 2018）进行详细的数据分析，旨在明确当前杭州外国人的社会支持网络结构与社会融合情况，社会支持网络结构对于社会融合的影响，支持网络在何种情况下发挥积极作用，何种情况下会产生负向作用？

具体的理论框架如图 3-1 所示。

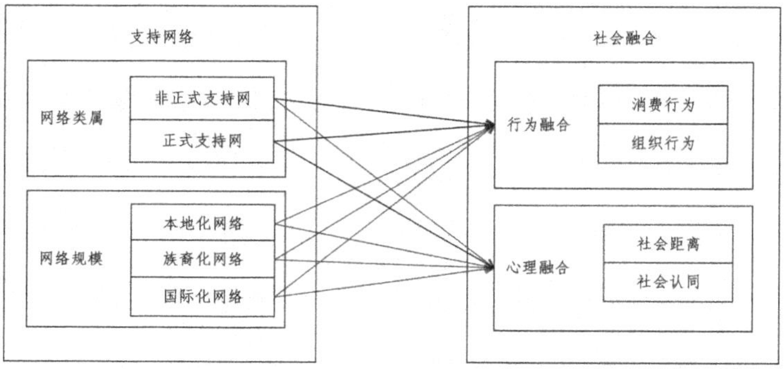

图 3-1　研究框架

二、数据资料

由于不同城市间移民发展的历史阶段与人口结构存在较大差异，若将所有外国人不分地区地加以笼统研究则会错失许多信息，例如，北上广等城市具有相对长的移民历史，而有更多的中国城市面临类似于杭州的移民发展趋势，相较北上广一线城市，在杭州开展移民研究自然规避了文化因素带来的历史影响，对研究在华外国人的社会融合问题是一个难得的天然实验场，其所得结论也能对新一线城市与中国其他更多地区有借鉴意义。

由此，本文以杭州地区的外国人为研究对象。该调查为中山大学主持的“2018 年在华外国人调查”（SFRC 2018）的子调查。数据由浙江大学课题组于 2018 年 7—8 月历时 4 周收集完成，共计回收问卷 1132 份，有效问卷 1034 份。调查显示，来杭外国人人口年龄主要在 18 至 75 岁之间，男性多于女性，性别比高达 220. 2：100。在杭外国人以留学生群体为主。人数前十的国家分别是：巴基斯坦、赞比亚、韩国、也门、津巴布韦、印度、坦桑尼亚、美国、尼日利亚、俄罗斯等，来自发展中国家的人数高于发达国家人数。

三、操作化与测量

（一）因变量

本文的因变量为社会融合，下文将分别从行为和心理融合两大方面展开分析。其中，行为融合方面，我们从日常生活的消费行为依赖与排斥的现状，以及社会组织的参与情况两类行为表现进行测量；心理融合变量由移民对中国人心理上的社会距离与对中国的评价两个因素构成。上述四大表现维度均以量表形式收集信息。

（1）行为融合

选用消费行为依赖对象量表的原因在于，研究发现移民所构建起的具有自己族群特征的飞地经济社区（ethnic enclave），通常有自己的消费服务体系、劳动力市场、社会网络、传播媒体等设施①。由于消费是建构认同的原材料，人们通过消费行为表达认同，行动者在世界系统范围内的消费总是对认同的消费②。本文认为消费行为上是否依赖于中国人或者排斥中国人只依赖外国人，是判断移民在行为上融入当地社会的重要依据。

在 SFRC 2018 中，消费行为依赖对象量表的具体测量如下："您在有以下需求的时候，主要是依靠哪类服务提供者"，经过重新编码，样本分布情况如表3-1所示：

表 3-1 消费行为依赖对象量表样本分布情况

	不依赖中国人（%）	较依赖中国人（%）	依赖中国人（%）	未使用（%）	合计
餐馆服务	15.0	39.5	41.8	3.7	1011
物流服务	11.2	24.2	57.2	7.4	1007
金融服务	13.5	22.5	54.0	10.0	1009
购物服务	10.9	26.6	58.2	4.3	1009

社会组织参与的程度，则体现了移民在多大程度上通过实际行动主动融入社会群体中去，在社会结构中实质性地与当地居民相互渗入，是社会认同感与主人翁意识的集中映射。通过"您是否参加过杭州的商会/宗教聚会/兴趣群体/志愿者聚会"对四个组织机构的活动进行社会参与度评估。结果表明，在中国有社会组织经历的外国移民相对占少数，他们更多人参与到了兴趣组织中去。

表 3-2 社会组织参与量表样本分布情况

	没有（%）	有（%）	合计
商会组织	82.1	17.9	1017
宗教组织	73.3	26.7	1015
兴趣组织	62.9	37.1	1016
志愿组织	73.5	26.5	1014

① Remennick L, Language acquisition, ethnicity and social integration among former Soviet immigrants of the 1990s in Israel, *Ethnic and Racial Studies*, XXVII (May 2004), pp. 431-454.

② Friedman J. Cultural identity and global process. (London: Sage, 1994), p. 104.

(2) 心理融合

本问卷采用了鲍格达斯量表测量社会距离，通过对“您愿意和中国人一起聊天/工作/做邻居/做好朋友/和中国人结婚（让您的儿女和中国人结婚）吗?”的回答我们可以发现，在聊天、共事、做邻居、交友方面移民的表现较为开放，而对于通婚则产生了较明显的抵触情绪。

表 3-3 社会距离量表样本分布情况

	绝不愿意（%）	不愿意（%）	无所谓（%）	愿意（%）	非常愿意（%）	总计
聊天意愿	0.6	1.7	12.4	43.7	41.6	1010
共事意愿	0.6	3.5	11.2	45.5	39.2	1007
邻居意愿	0.8	6.3	15.6	39.5	37.8	1009
交友意愿	0.6	1.1	8.5	42.6	47.2	1005
结婚意愿	8.1	22.2	30.2	19.6	19.9	1003

移民群体对于国家与社会层面的评价，包含了他们对于中国的认同感和在中国生活的满意度，根据国家社会认同理论与马斯诺需求层次理论中归属感的建构，本文在心理融合的测量上选择了对中国的各维度评估量表作为其中一个方面。Bouge 的推拉理论认为，移民流动的动力因素是迁入地较好的生活环境，以及迁出地的排斥性因素，通过对受访者在国家层面上的主观评价，我们可以预测移民自愿融入和后续是否定居的情况。

量表的呈现方式为“对比您的母国，您对中国在以下环境、设施等方面的评估是?”具体包括了“发展机会/民族关系/家庭情感/安全状况/社会道德观念”五个方面，回答选项包含“中国更优/母国更优/中立”。样本分布情况见表 3-4。

表 3-4 国家/社会评估量表样本分布情况

	母国更优（%）	中立（%）	中国更优（%）	合计
发展机会	14.6	31.4	54.0	1005
民族关系	38.2	43.0	18.8	1004
家庭情感	41.4	45.6	13.0	997
安全状况	11.4	21.6	67.0	1002
社会道德观念	32.4	46.4	21.2	1000

（3）通过潜类分析构建社会融合类型

为了进一步展开社会支持网络对社会融合的影响分析，我们需要更具操作性的因变量，本调查收集了外国人在华的消费参与、组织参与、社会心理距离以及国家主观评价等量表题，变量信息复杂但总体指向移民的心理和行为上对中国当地社会的融合水平，是心理融合和行为融合的外显变量，为集中探索移民的心理和行为融合状态，我们选择潜在类别分析的方法进行数据预处理。

潜在类别分析（Latent Class Analysis，LCA）是通过分类的外显变量和潜在变量之间建立统计模型，并根据模型参数得到的各种潜在类别对应具体外在表现特征的概率水平。在社会科学领域，由于多数研究变量的特征，则要求研究者通过外显指标来估计潜在变量。这种方式适用于二分变量、有序类和李克特量表等类型的数据①。

本文使用 R 软件 poLCA 包完成行为融合与行为融合的潜变量建构。由于在 R 中使用潜在类别模型要求变量赋值从 1 开始，故本研究在数据管理的过程中对量表变量均采用由 1 开始的赋值。且对于变量中的每一个编码，程序自动判定为一个类别。

表 3-5 和表 3-6 分别列出了行为与心理融合各 8 个模型的适配估计指标，可以发现随着类别数目越多，模型适配的似然比卡方统计量呈现下降趋势。行为融合的 BIC 值从基准模型到第 4 个模型逐渐减少，到第 5 个模型开始波动上升。在行为融合 8 个模型中，4-cluster 模型有较低的 BIC 值，综合各指标可选择模型 4 作为理想模型；在心理融合 8 个模型中，我们选择第 3 个模型作为理想模型。

表 3-5　行为融合不同潜在类别模型的适配指标

行为融合模型	AIC	BIC	G^2	X^2
1-cluster	13510.4	13588.9	3526.5	87150.4
2-cluster	12304.5	12466.4	2286.6	39212.5
3-cluster	11957.0	12202.4	1905.1	429266.8
4-cluster	11667.7	11996.5	1581.8	27113.8
5-cluster	11611.4	12023.6	1491.5	12840.6
6-cluster	11396.8	11892.5	1242.9	7647.3
7-cluster	11353.9	11933.0	1166.0	4270.5
8-cluster	11350.7	12013.3	1128.8	4180.3

① Paul F. Lazarsfeld, & Neil W & Henry, Latent structure analysis. *American Sociological Review*, (Jan. 1968), p. 1.

表 3-6　心理融合不同潜在类别模型的适配指标

心理融合模型	AIC	BIC	G^2	X^2
1-cluster	21331.7	21478.2	8577.6	8670261057.0
2-cluster	19080.5	19378.3	6264.4	1871307720.0
3-cluster	18617.1	19066.3	5739.0	2486210256.0
4-cluster	18488.4	19089.0	5548.4	2499862527.0
5-cluster	18342.1	19094.0	5340.0	94968515.0
6-cluster	18199.0	19102.2	5134.9	860015.5
7-cluster	18238.0	19292.6	5111.9	252615.6
8-cluster	18178.8	19384.8	4990.7	305939.2

接下来需要对行为融合与心理融合各自的潜在类别进行命名。

表 3-7 列出了根据移民行为特征挖掘作出的分类，对应条件概率和潜在类别概率。图 3-2 展现了各类别的特征情况。观察在不同条目上 Class 1-Class 4 的分布情况，我们可以发现 Class 1 在生活消费场景上更多选择 3（依赖中国人），在社会组织参与情况上相对更多选择 1（无参与）；Class 2 在生活消费场景上更多选择 2（中立），在社会参与情况上选择 2 的相对于 Class 1 更多，但较 Class 4 则更少，相应也是一种中立状态；Class 3 在生活消费场景上选择 1（不依赖中国人）和 4（无该经历）更多，在社会组织的参与上，类似于 Class 2；而 Class 4 在生活服务上选择 3（依赖中国人），在社会组织上选择 2（参与）的人最多。由此可以发现 4 个类别间的主要差别是在消费行为和社会参与行为上中的差异性，其中 Class 1 是消费融合而组织疏离，Class 2 是双重中立，Class 3 是双重疏离（消费疏离明显），Class 4 是双重融合。可见对于移民而言仅实现消费融合是更为容易的，但是组织融合建立于总体较好的融合水平之上。

表 3-7　行为融合 8 个条目的条件概率和潜在类别概率（%）

题目	反应值	Class = 1	Class = 2	Class = 3	Class = 4
餐馆服务	1	4.4	9.4	61.2	8.9
	2	22.5	84.9	20.7	31.1
	3	69.2	5.7	2.9	59.2
	4	3.9	0.0	15.2	0.8

续表

题目	反应值	Class = 1	Class = 2	Class = 3	Class = 4
物流服务	1	1.0	6.6	62.7	1.6
	2	6.0	82.0	7.7	4.0
	3	83.4	11.1	4.0	93.4
	4	9.6	0.3	25.6	1.0
金融服务	1	3.6	10.6	57.0	6.1
	2	4.7	74.2	8.4	6.4
	3	81.7	12.2	2.0	83.1
	4	10.0	3.0	32.6	4.4
购物服务	1	2.2	12.1	45.4	2.3
	2	6.4	70.1	27.3	13.5
	3	87.8	17.8	8.8	82.2
	4	3.6	0.0	18.5	2.0
商会组织	1	96.0	86.6	85.6	57.6
	2	4.0	13.4	14.4	42.4
宗教组织	1	93.7	73.9	72.0	46.4
	2	6.3	26.1	28.0	53.6
兴趣组织	1	88.7	64.7	64.7	25.7
	2	11.3	35.3	35.3	74.3
志愿组织	1	97.2	72.2	69.6	46.0
	2	2.8	27.8	30.4	54.0
潜在类别概率		35.0	24.3	14.1	26.7

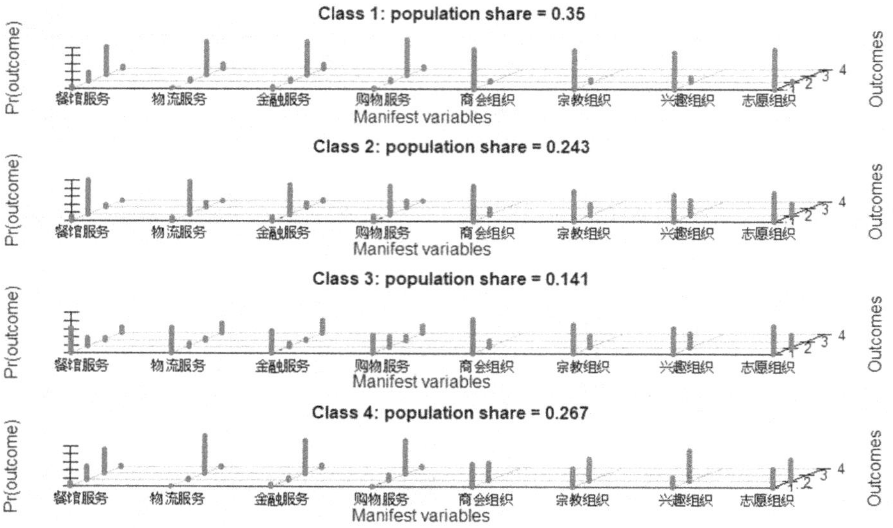

图 3-2 行为融合条目概率分布图

表 3-8 列出了根据移民心理特征挖掘作出的分类，Class 1 在聊天/共事/结婚等意愿上与中国人保持着相对疏离感，对中国的各维度评价也都相对于其他 Class 更多选择了 1 选项（母国更优）；Class 2 在社会距离上的 5 题上更多选择 5 选项（非常愿意与中国人产生交往关系），在对中国的评价问题上，相较于其他两个类别更多了 3（中国更优）；Class 3 则在与中国人的交往意愿与对中国各维度的评价上都表现得相对中和。可以发现在心理融合的 3 个类别中，社会距离与社会/国家认同的条目选择倾向具有一致性，据此我们将 Class 1 命名为心理疏离，Class 2 为心理融合，Class 3 为心理中立。

表 3-8 心理融合 10 个条目的条件概率和潜在类别概率

题目	反应值	Class＝1（%）	Class＝2（%）	Class＝3（%）
聊天意愿	1	4. 1	0. 0	0. 0
	2	6. 0	0. 0	1. 7
	3	58. 3	1. 9	6. 9
	4	23. 3	7. 0	82. 9
	5	8. 3	91. 1	8. 5

续表

题目	反应值	Class = 1 （%）	Class = 2 （%）	Class = 3 （%）
共事意愿	1	4. 2	0. 0	0. 0
	2	10. 3	0. 8	3. 5
	3	64. 8	1. 2	3. 2
	4	18. 3	7. 6	87. 8
	5	2. 4	90. 4	5. 5
邻居意愿	1	4. 9	0. 3	0. 0
	2	14. 6	1. 6	8. 4
	3	69. 0	3. 4	8. 2
	4	8. 8	5. 5	80. 2
	5	2. 7	89. 2	3. 2
交友意愿	1	4. 2	0. 0	0. 0
	2	3. 9	0. 2	1. 0
	3	53. 0	0. 0	1. 9
	4	25. 9	1. 7	83. 9
	5	13. 0	98. 1	13. 2
结婚意愿	1	15. 7	6. 4	7. 2
	2	29. 8	10. 4	29. 5
	3	44. 3	23. 6	31. 2
	4	4. 8	17. 6	26. 9
	5	5. 4	42. 0	5. 2
发展机会	1	20. 7	14. 6	12. 8
	2	34. 1	30. 2	31. 8
	3	45. 2	55. 2	55. 4
民族关系	1	50. 4	33. 8	37. 6
	2	38. 4	42. 1	45. 2
	3	11. 2	24. 1	17. 2
家庭情感	1	41. 5	34. 3	46. 9
	2	45. 4	48. 7	43. 2
	3	13. 1	17. 0	9. 9

续表

题目	反应值	Class = 1 (%)	Class = 2 (%)	Class = 3 (%)
安全状况	1	16.3	10.7	10.6
	2	22.0	23.2	20.2
	3	61.7	66.1	69.2
道德观念	1	43.0	28.0	32.5
	2	46.7	47.7	45.7
	3	10.3	24.3	21.8
潜在类别概率		14.6	40.3	45.0

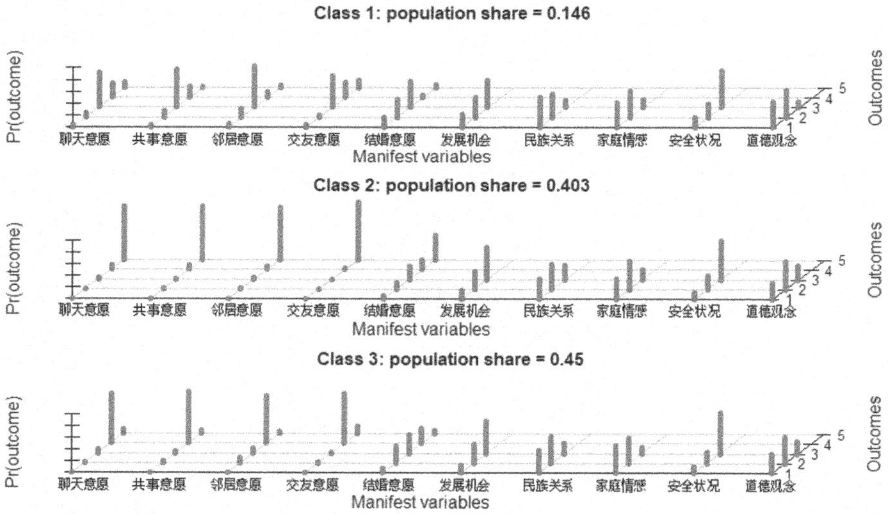

图 3-3 心理融合条目概率分布图

综上，本文对于行为融合和心理融合的具体类别划分如表 3-9 所示。

表 3-9 因变量构建表

维度	命名	Class	占比（%）	样本量
行为融合	双重疏离	Class = 3	14.1	1000
	双重中立	Class = 2	24.3	
	组织疏离	Class = 1	35.0	
	双重融合	Class = 4	26.6	

续表

维度	命名	Class	占比（%）	样本量
心理融合	心理疏离	Class = 1	14.6	975
	心理中立	Class = 3	45.1	
	心理亲和	Class = 2	40.3	

（二）核心解释变量

本研究将社会支持网络拆解为网络类属和规模两个角度分别选取变量进行回归分析。其中网络类属主要考察不同类型的支持主体提供支持是否对社会融合均有显著影响；网络规模角度则从构成整体网络的本地化、族群化与国际化网络的规模大小分别探究它们对于不同融合的维度影响效应如何。

1. 网络类属

（1）正式社会支持网。首先介绍网络类属的操作化过程，本次研究根据向移民提供社会支持的“施者”特征属性，从正式社会支持网和非正式社会支持网展开网络类属的效应研究。正式社会支持网一般由政府、社区、市场机构、事业单位等组成，他们给移民提供的是稳定的制度化支撑，在个体非正式网络作用不足时，正式社会支持网往往起到安全网的兜底作用。

移民在离开祖国之前，由其国家政府、社会组织向他们提供有关交通、教育、医疗、住房等各个方面的支持，并在突发性事件中为国民提供社会救助，这些支持保证了他们在自己的祖国生存和稳定的发展，而他们一旦离开原有的生活环境，其母国的正式支持网相对断裂，移入国是否能提供全方位的社会支持，对其在当地社会的生活具有决定性影响①。本文选用组织支持、正式接待支持、医疗支持、制度排斥（护照查验）等四个方面作为正式社会支持网络对移民的支持表征。

组织支持，即移民来华是否有工作或学习生活于正式的组织机构中，包括工作单位、学校/培训机构等，人是社会关系的总和，工作组织或学习组织中的社会角色是个人重要社会角色之一。该变量为多分类变量，对没有工作单位也没有学校支持的移民，赋值为1，有学校组织的赋值为2，有工作单位支持的赋值为3。

正式接待支持，即对移民首次来华的接待情况，该变量来自问卷题目“您第一次来中国，抵达时是否有人帮助您安排接待？”本文将相关回答重新编码为多分类变量，自行安排赋值为1，亲友接待赋值为2，客户、中介公司以及“其

① 许涛：《广州地区非洲人社会支持的弱化、断裂与重构》，载《南方人口》2009年第4期，第34—44页。

他”中备注为组织机构的赋值为3。

医疗支持，即移民自己汇报关于“在中国期间，有无医疗保险保障您在中国的医疗支出”，若无赋值为0，若有赋值为1。

制度排斥则从反向维度意在探索中国对移民的安全保障制度是否会造成正式支持网上的负向影响，根据美国一项研究发现，许多美国白人会依据来源国家、社会地位、有无犯罪记录等因素，来判断一个人是否为非法移民，但这种判断通常是充满偏见和错误的，在合法性判断上，许多国家都会通过查验护照来实施。对于题目“在杭州生活工作过程中，您是否遇到警察查验护照”，若无则认为他在护照查验这一问题上没有制度排斥的经历，并赋值为0，若有则赋值为1。

（2）非正式社会支持网。非正式社会支持主要是基于个人关系的个体力量所提供的工具性支持、情感性支持。在本部分，非正式社会支持网主要关注个体在来华前就潜在存在或非移民后经营才获得的人脉。

在此，选用亲友在地陪伴、亲友来华经历与非正式接待支持作为非正式社会支持网的表征变量。

其中采用亲友在地陪伴是基于对初级社会群体可以给移民经常性的工具支持与较强的情感支持力度，若在地陪伴的关系类型越多，支持力度相应越大，从而可以促进移民融合。对于该变量，先对是否有孩子、伴侣、父母、其他亲属，四种关系类型的在地陪伴状态进行二分变量赋值，再通过加总与线性变换得出范围在1至5间的亲友在地陪伴变量。

亲友来华经历，旨在考察移民的亲友如有来华的经历，那么相似的移民经历则在信息指导和情感理解上是否可以作出更正向的支持①。如无来华经历赋值为0，有来华经历赋值为1。

非正式接待支持则与正式接待支持共用一个变量，在后续处理中拆解为多个虚拟变量。

2. 网络规模

网络规模变量来源于问卷问题“您认识并且目前在浙江的人中，一共有多少中国人?”“您认识并且目前在浙江的人中，一共有多少来自您祖国的人?”“您认识并且目前在浙江的国际移民，一共有多少人?”，填答选项为定序的“1—5”“6—10”……“451—500”“500及以上”，根据描述统计，三种类型的总体回答以“1—5/6—50/50以上”存在较明显的规模差异，大致比例在20%，50%，30%。对三类网络规模的定序回答，我们进行重新编码，1—5赋值为低，

① Palloni A et al. Social capital and international migration：A test using information on family networks. *American Journal of Sociology*. CV（March 2001）, pp. 1262-1298.

6—50 赋值为中，50 以上赋值为高。

（三）控制变量

依据人力资本理论控制变量部分，我们需要控制人力资本相关人口学指标，它们对于移民融入具有重要的影响。并且移民进入新的社会空间前所在的社会环境，让他形成了固有的观念和意识形态，也容易对移民的融合产生显著的影响。

本研究将最基本的个人属性，包括性别（男性=0，女性=1）、年龄（连续变量），与体现个人人力资本的教育水平（大学以下=0，大学及以上=1）、中文语言水平（完全不懂=1，掌握很少=2，可应付日常=3，流利=4）以及来源国家的国家类型进行控制。其中国家类型变量本文依据联合国划分标准进行类别划分（发达经济体=1，转型经济体=2，发展中经济体=3）作为模型的控制变量①。

以上变量概括了在杭外国人的基本特征，其中男性 707 人，女性 321 人。来自发达经济体的移民有 166 人，转型经济体 92 人，发展中经济体 768 人，91.37%的受访者具有大学及以上学历，平均年龄 29 岁。其中特别引起注意的是，学生人数占六成以上，而大部分学生来自发展中经济体，来自发达经济体的在杭移民有工作的比例更高。

第四章　网络类属与社会融合

一、网络类属假设

基于网络资源效应，理论上对社会支持网络正式与否的划分，本文将从不同网络类属——正式社会支持网络与非正式社会支持网络两种类型，探究其对行为融合以及心理融合的影响。并根据移民的社会资本与社会网络对移民起到了一种支持的作用，包括：信息支持，人们拥有的社会资源越多，工具性行动的结果越理想；情感支持，可以舒缓移民在华的不适应状态，解决移民的后顾之忧。社会支持网络不仅提供信息和情感还有社会价值规范，帮助个体更好地认同自己所处的社会，从而在情感上融入当地。根据以往的研究发现，不同类属的关系，无论是正式支持还是非正式支持网络均存在向移民提供有形或无形支持的潜在可能。我们可以初步假设两种类属网络间彼此没有竞争性关系，正

① UNCTAD（The United Nations Conference on Trade and Development）：World economic situation and prospects 2014［R］，pp. 143-150.

式支持网的强大不会对非正式社会支持网产生挤压，即使非正式社会支持网相对比较丰富，个体对于正式社会支持网同样存在需求，故我们假设二者都在一定程度上对个体的行为与心理融合产生助益，也即假设为：

假设 1.1：正式社会支持网可以显著提高行为融合的水平。

假设 1.2：非正式社会支持网可以显著提高行为融合的水平。

假设 2.1：正式社会支持网可以显著提高心理融合的水平。

假设 2.2：非正式社会支持网可以显著提高心理融合的水平。

二、模型设定

不同网络类属对于社会融合的影响将通过多元统计分析进行探究，由于因变量是基于潜在类别模型 LCA 生成的多分类行为融合与心理融合，自变量是分类变量，故我们在回归分析部分选用多类别逻辑斯蒂回归模型（Multinomial logit model，下文简称 Mlogit），该方式是分析社会科学研究中非次序响应变量的最常用方法之一[①]。Mlogit 模型背后的基本想法是一次比较两个结果，因此模型结果会较为庞大复杂，本文将在展现时选择更为核心的信息图表。

以网络类属对行为融合的影响 Mlogit 模型为例，i 代表第 i 个移民，令 yi 为包含 4 个类别的行为融合变量，与每个类别相联系时的一个相应概率（Pi1，Pi2，Pi3，Pi4），代表第 i 个移民属于特定类别的可能性。

在四个类别的情况下，概率情况分别如下：

$$\Pr(yi = 1 \mid xi) = Pi1 = \frac{1}{1 + \exp(x'i\beta_2) + \exp(x'i\beta_3) + \exp(x'i\beta_4)}$$

$$\Pr(yi = 2 \mid xi) = Pi2 = \frac{\exp(x'i\beta_2)}{1 + \exp(x'i\beta_2) + \exp(x'i\beta_3) + \exp(x'i\beta_4)}$$

$$\Pr(yi = 3 \mid xi) = Pi3 = \frac{\exp(x'i\beta_3)}{1 + \exp(x'i\beta_2) + \exp(x'i\beta_3) + \exp(x'i\beta_4)}$$

$$\Pr(yi = 4 \mid xi) = Pi4 = \frac{\exp(x'i\beta_4)}{1 + \exp(x'i\beta_2) + \exp(x'i\beta_3) + \exp(x'i\beta_4)}$$

这里 β_2、β_3、β_4 表示第二、第三、第四个类别相对于第一个类别的协变量影响。而 Pi1 = 1-（Pi2 + Pi3 + Pi4）。而心理融合的 Mlogit 模型也类似于此，由 3 种类型作为响应变量，故不作重复。

---

① 鲍威斯、谢宇：《分类数据分析的统计方法（第二版）》（任强等译），北京·社会科学文献出版社，2009 年版，第 235—250 页。

三、描述统计

（一）网络类属分布情况

依据网络类属划分，来杭移民的正式社会支持与非正式社会支持的支持网络特征（见表4-1）显示，无亲友来华经历和在地陪伴的移民占多数比例，大部分移民初次来华时无人接待，有约1/3的移民有亲友等非正式社会支持，少数有正式社会支持接待。1/10的人没有相关组织身份，属于无业者，而大多数在杭移民有学校组织作为支持后盾，小部分在杭移民有工作单位作为支持后盾。

表4-1 支持网络类属特征

变量	编码	频率（%）	样本量
亲属来华经历	0（无）	66.0	1033
	1（有）	34.0	
亲属在地陪伴	1（无亲属陪伴）	55.5	1034
	2（有，1类亲属）	30.4	
	3（有，2类亲属）	10.8	
	4（有，3类亲属）	3.1	
	5（有，4类亲属）	0.2	
接待情况	1（无人接待）	45.6	1010
	2（非正式接待）	34.5	
	3（正式接待）	19.9	
医疗保障	1（无）	22.2	1007
	2（有）	68.4	
	3（不清楚）	9.4	
组织支持	1（无）	12.2	1034
	2（学校类）	64.3	
	3（工作类）	23.5	
制度排斥	0（无）	43.6	986
	1（有）	56.4	

（二）网络类属与社会融合的列联表分析

1. 行为融合方面

对网络类属的各变量与行为融合分别进行列联表分析，可以发现在亲人来华经历和亲人在地陪伴、移民在杭期间是否遭遇护照查验（制度排斥经历）三项上，与行为融合的相关性并不明显，而首次来华的接待情况以及是否有医疗保障、是否有组织对个体提供支持均与行为融合有显著关联性。

表 4-2 网络类属与行为融合列联表（%）

网络类属		行为融合					
	选项	双重疏离	组织疏离	双重中立	双重融合	总计	统计值
亲人来华经历	无	10	25	15	16	66	chi2 = 2. 15 Pr = 0. 541
	有	4	12	9	9	34	
	总计	14	37	24	25	100	
亲人在地陪伴	1	8	20	14	13	55	chi2 = 9. 34 Pr = 0. 674
	2	4	10	7	9	30	
	3	2	5	2	3	12	
	4	0	2	1	1	4	
	5	0	0	0	0	0	
	总计	14	37	24	26	101	
接待情况	自行安排	5	15	11	15	46	chi2 = 29. 42 Pr = 0. 000
	非正式接待	6	12	9	8	35	
	正式接待	3	9	4	3	19	
	总计	14	36	24	26	100	
医疗保障	无	3	9	6	4	22	chi2 = 25. 27 Pr = 0. 000
	有	9	25	15	20	69	
	不清楚	2	3	3	1	9	
	总计	14	37	24	25	100	
组织支持	无组织	2	6	2	1	11	chi2 = 101. 71 Pr = 0. 000
	学校组织	10	17	16	22	65	
	工作组织	2	14	5	3	24	
	总计	14	37	23	26	100	
制度排斥	无	6	15	10	13	44	chi2 = 6. 08 Pr = 0. 107
	有	8	22	14	12	56	
	总计	14	37	24	25	100	

2. 心理融合方面

从网络类属的各变量与心理融合的列联表分析结果发现，在亲人来华经历和亲人在地陪伴两项上，与心理融合的相关性同样表现不明显，首次来华的接待情况、是否有医疗保障、是否有组织对个体提供支持以及是否遭遇护照查验（制度排斥经历）则均与心理融合有显著关联性。

表 4-3　网络类属与心理融合列联表（%）

网络类属	选项	心理融合				统计值
		心理疏离	心理中立	心理亲和	总计	
亲人来华经历	无	10	30	26	66	chi2 = 1.36 Pr = 0.505
	有	5	15	14	34	
	总计	15	45	40	100	
亲人在地陪伴	1	9	25	21	55	chi2 = 9.59 Pr = 0.295
	2	5	14	12	31	
	3	1	4	5	10	
	4	0	2	2	4	
	5	0	0	0	0	
	总计	15	45	40	100	
接待情况	自行安排	7	21	17	45	chi2 = 9.75 Pr = 0.045
	非正式接待	5	16	14	35	
	正式接待	2	8	10	20	
	总计	14	45	41	100	
医疗保障	无	4	11	8	23	chi2 = 17.11 Pr = 0.002
	有	9	30	29	68	
	不清楚	2	4	3	9	
	总计	15	45	40	100	
组织支持	无	2	5	4	11	chi2 = 31.14 Pr = 0.000
	学校组织	11	31	24	66	
	工作组织	2	9	12	23	
	总计	15	45	40	100	
制度排斥	无	8	17	19	44	chi2 = 7.9153 Pr = 0.019
	有	7	23	26	56	
	总计	15	40	45	100	

四、多元统计分析

(一) 网络类属对行为融合的影响

表4-4、表4-5说明了移民不同网络类属对行为融合的影响，表格汇报了相对风险比（RRR，Relative-Risk Ratios）①。在因变量中行为融合的水平以双重疏离最低，双重融合最强，组织疏离与双重中立次之。本文仅展示以双重疏离和双重融合为对照组的回归结果。

结果表明，是否有来自迁出国的经历经验支持与亲属的在地陪伴对个体在行为上融入当地并无明显影响，也即初级社会支持在杭州外国人的行为融合上无显著影响。个体若有初次来华接待经历，则能够预测他更可能存在消费和组织参与上的疏离可能性，这与参照组（自行安排行程的移民）相比，凸显出独立展开行动的行为能力和意向特征可以帮助个体更好地在后期完全在行动上融入中国环境。而在正式社会支持中，数据显示参照无医疗保障的群体，有医疗保障的群体更可能是双重融合，其相对风险比是双重疏离的1.55倍，是双重中立可能性（概率）的2.05倍。参照于无组织依靠的群体，具有学校组织作为背书的群体更有可能是双重融合，其相对于双重疏离的可能性为3.31倍。工作组织对于个体社会支持的效果在统计中虽不显著，但也较无组织支持的个体更倾向于融合状态。

在控制变量中，我们发现，国家类型和中文水平、年龄在不同组别间的概率存在显著性差异。参照发达经济体、发展中经济体更倾向于双重疏离，相对于组织疏离的相对风险比为3.19倍，发展中经济体倾向于双重融合而非组织疏离、双重中立的概率比分别为3.50倍、5.75倍，也即发展中经济体移民组织疏离的可能性小。年龄越大的个体更倾向于组织疏离，是双重疏离概率的1.031倍。而中文语言水平达到可以应付日常与流利群体（参照完全不会说中文的群体），倾向双重融合的可能性更大，相对于双重疏离风险比分别为3.91倍、10.39倍。

---

① Mlogit模型报告相对风险比，同时转换标准误差和置信区间。此选项会影响结果的显示方式，而不会影响估算结果。具体计算公式参见：https：//www.stata.com/manuals14/rmlogit.pdf，第3—5页。

表 4-4 网络类属对行为融合的影响（以双重疏离为参照组）

变量	组织疏离 vs 双重疏离		双重中立 vs 双重疏离		双重融合 vs 双重疏离	
	RRR（SE）	P>|z|	RRR（SE）	P>|z|	RRR（SE）	P>|z|
亲人来华经历	0.885（0.225）	0.631	1.276（0.338）	0.358	1.001（0.268）	0.997
亲人在地陪伴	1.151（0.182）	0.374	1.063（0.183）	0.721	1.255（0.213）	0.180
接待情况（以无接待为参照）						
非正式接待	0.888（0.229）	0.647	0.933（0.250）	0.796	0.598（0.162）	0.058
正式接待	0.571（0.177）	0.071	0.486*（0.165）	0.034	0.483*（0.164）	0.032
医疗保障（以无保障为参照）						
有保障	0.856（0.235）	0.571	0.757（0.218）	0.332	1.547（0.475）	0.155
不清楚	0.534（0.219）	0.126	0.785（0.328）	0.563	0.658（0.317）	0.384
组织支持（以无组织为参照）						
学校组织	0.917（0.330）	0.809	1.618（0.643）	0.226	3.306**（1.508）	0.009
工作组织	2.003（0.821）	0.090	2.040（0.945）	0.123	1.992（1.054）	0.193
制度排斥	1.142（0.259）	0.559	1.087（0.260）	0.727	0.819（0.195）	0.400
女性	0.937（0.230）	0.792	1.354（0.346）	0.236	1.163（0.304）	0.562
国家类型（以发达国家为参照）						
转型中经济体	0.621（0.338）	0.382	0.743（0.44）	0.616	1.025（0.662）	0.969
发展中经济体	0.313**（0.122）	0.003	0.49（0.212）	0.099	1.094（0.521）	0.850
教育水平	0.724（0.314）	0.457	1.023（0.477）	0.961	0.839（0.387）	0.703
年龄	1.02（0.015）	0.196	0.987（0.017）	0.446	0.989（0.019）	0.570
中文水平（以完全不懂为参照）						
掌握很少	1.054（0.423）	0.895	2.401（1.187）	0.076	2.919（1.824）	0.086
可应付日常	0.996（0.416）	0.992	2.468（1.252）	0.075	3.909*（2.465）	0.031
流利	1.270（0.657）	0.644	1.787（1.108）	0.349	10.338**（7.176）	0.001
_cons	4.992（4.576）	0.079	1.376（1.415）	0.756	0.208（0.243）	0.178
Prob > chi2 =		0.000				
Pseudo R2 =		0.091				

注：＊P<0.05，＊＊P<0.01，＊＊＊P<0.001；括号中数值为估计系数的标准误。（下同）

表 4-5 网络类属对行为融合的影响（以双重融合为参照组）

变量	组织疏离 vs 双重融合		双重中立 vs 双重融合		双重疏离 vs 双重融合	
	RRR（SE）	P>丨z丨	RRR（SE）	P>丨z丨	RRR（SE）	P>丨z丨
亲人来华经历	0.884（0.188）	0.562	1.275（0.283）	0.275	0.999（0.268）	0.997
亲人在地陪伴	0.917（0.116）	0.492	0.847（0.120）	0.242	0.797（0.135）	0.180
接待情况（以无接待为参照）						
非正式接待	1.486（0.322）	0.068	1.561*（0.352）	0.048	1.673（0.454）	0.058
正式接待	1.180（0.336）	0.560	1.004（0.315）	0.989	2.069*（0.701）	0.032
医疗保障（以无保障为参照）						
有保障	0.553*（0.136）	0.016	0.489**（0.125）	0.005	0.646（0.198）	0.155
不清楚	0.812（0.348）	0.628	1.194（0.509）	0.678	1.521（0.733）	0.384
组织支持（以无组织为参照）						
学校组织	0.277**（0.107）	0.001	0.489（0.207）	0.092	0.303**（0.138）	0.009
工作组织	1.005（0.432）	0.990	1.024（0.492）	0.960	0.502（0.266）	0.193
制度排斥	1.394（0.264）	0.079	1.328（0.267）	0.159	1.221（0.290）	0.400
女性	0.806（0.168）	0.300	1.164（0.250）	0.481	0.86（0.224）	0.562
国家类型（以发达国家为参照）						
转型中经济体	0.606（0.284）	0.285	0.725（0.374）	0.532	0.975（0.630）	0.969
发展中经济体	0.286***（0.099）	0.000	0.447*（0.174）	0.038	0.914（0.435）	0.850
教育水平	0.864（0.305）	0.678	1.22（0.473）	0.608	1.192（0.551）	0.703
年龄	1.031*（0.016）	0.045	0.997（0.017）	0.873	1.011（0.019）	0.570
中文水平（以完全不懂为参照）						
掌握很少	0.361（0.206）	0.075	0.823（0.524）	0.759	0.343（0.214）	0.086
可应付日常	0.255*（0.146）	0.017	0.631（0.403）	0.472	0.2568（0.161）	0.031
流利	0.123***（0.073）	0.000	0.173*（0.118）	0.010	0.097**（0.067）	0.001
_cons	23.957（23.123）	0.001	6.606（7.004）	0.075	4.799（5.588）	0.178
Prob > chi2 =		0.000				
Pseudo R2 =		0.091				

（二）网络类属对心理融合的影响

通过Mlogit模型，我们发现在心理融合的状态预测上，正式社会支持网中工作组织支持对个体心理融合有显著的提升作用，其中外国人在华，参照无组织依靠群体，有工作组织依靠的移民心理融合的可能性更大，是心理疏离概率的3.78倍，心理中立的可能性是心理疏离的3.06倍。学校组织在心理融合的促进作用并没有明显统计显著性。但是，制度排斥的影响效应与预期不符，遭遇制度排斥越多的个体，心理融合程度越高，这与中国的护照查验场景相关。一般而言，移民个体参加集体活动、公众场合暴露的频次越高，其被查验护照的概率越大，因此，护照查验并不能直接与个体心理上感受到被主流文化排斥相联系，而是作为衡量其社会参与的一项指标，而非正式社会支持在统计上没有体现出对心理融合的明显帮助。

在控制变量上，国家类型和中文水平对心理融合具有显著影响。转型中经济体、发展中经济体，相较于发达国家更倾向于心理疏离。而转型中经济体的心理疏离可能性是心理融合的6.76倍，发展中经济体的心理疏离可能性是心理融合的2.09倍。中文水平在预测外国人是心理融合/中立还是心理疏离上的能力更强，我们发现中文水平流利的外国人，心理融合的可能性是心理疏离可能性的10.96倍，其他类目间的比较依次递减。

表4-6　网络类属对心理融合的影响（以心理疏离为参照组）

变量	心理亲和 vs 心理疏离		心理中立 vs 心理疏离	
	RRR（SE）	P>｜z｜	RRR（SE）	P>｜z｜
亲人来华经历	0.948（0.233）	0.829	0.907（0.214）	0.679
亲人在地陪伴	1.289（0.206）	0.111	1.241（0.190）	0.158
接待情况（以无接待为参照）				
非正式接待	1.403（0.346）	0.170	1.242（0.289）	0.352
正式接待	1.676（0.563）	0.124	1.184（0.389）	0.608
医疗保障（以无保障为参照）				
有保障	1.438（0.380）	0.169	1.189（0.294）	0.485
不清楚	0.637（0.251）	0.252	0.568（0.203）	0.114
组织支持（以无组织为参照）				
学校组织	0.872（0.321）	0.710	1.043（0.367）	0.905
工作组织	3.767**（1.709）	0.003	3.058*（1.367）	0.012
制度排斥	1.876**（0.414）	0.004	1.685*（0.354）	0.013
女性	0.686（0.160）	0.107	0.877（0.193）	0.550

续表

变量	心理亲和 vs 心理疏离		心理中立 vs 心理疏离	
国家类型（以发达经济体为参照）				
转型中经济体	0.148***（0.077）	0.000	1.25（0.605）	0.644
发展中经济体	0.479*（0.178）	0.048	1.468（0.573）	0.325
教育水平	2.074（0.78）	0.052	1.82（0.628）	0.083
年龄	0.987（0.015）	0.365	0.995（0.014）	0.701
中文水平（完全不懂为参照）				
掌握很少	2.640*（1.081）	0.018	2.400*（0.913）	0.021
可应付日常生活	3.714**（1.570）	0.002	2.462*（0.970）	0.022
流利	10.964***（6.052）	0.000	6.046**（3.188）	0.001
_cons	0.400（0.349）	0.294	0.252（0.214）	0.104
Prob>chi2=	0.000			
Pseudo R2=	0.076			

五、网络类属对社会融合影响情况小结

在杭外国人的社会支持网络构成较为复杂，既有初级社会群体为其提供非正式社会支持，也有次级社会群体为其提供正式社会支持。数据结果显示，具有来自原生国家初级非正式社会支持网的移民占少数，他们主要通过新的社交环境编织新的网络关系，而具有正式社会支持网的移民占多数，其中包括中国及其迁出国以及中介机构提供的各方面保障性措施，从支持的类型到覆盖的比例均较全面。

对在杭外国人而言，如果假设1.2和假设2.2未得到支持。那么，其原生国家的初级社会群体所搭建的非正式社会支持网，在新的移民环境中便无法对移民在当地的行为、心理融合提供明显的帮助。在心理融合方面，若亲人在地陪伴程度越高，个体心理融合便相对倾向亲和状态，但这并无统计上的显著性。

正式社会支持网对于移民社会融合的作用更为清晰明显，如假设1.1和2.1得到部分支持，那么组织支持（学校和公司）均对个体的社会融合提供正向影响，其中学校作为规训及教育机构在行为融合的塑造上表现显著，公司作为劳动获益组织在心理融合上的助益更为明显。医疗保险作为移民的风险保障性措施，在行为上可以更好地帮助移民参与到社会活动中来，减少与中国人的行动距离。

第五章　网络规模与社会融合

一、网络规模假设

根据网络结构与社会支持传递的信息、资源差异性，本文将从网络对应国籍的角度，通过网络规模等级去测量相对结构的影响差异性——即本地化网络规模、族群化网络规模、国际化网络规模分别对心理融合、行为融合的影响。

网络规模越大，个体可能获得的社会资本越多，因此，无论是桥接社会资本还是纽带社会资本，都能相应地提供工具性支持，可以帮助移民在较为初级的需求层次实现融合，促进移民提高社会参与，更好地运用当地的消费基础设施，而不会由于网络结构带来的资源差异而明显不同。

假设 3. 1：本地化社会网络规模可以显著提高行为融合水平。

假设 3. 2：族群化社会网络规模可以显著提高行为融合水平。

假设 3. 3：国际化社会网络规模可以显著提高行为融合水平。

但在较高层次的心理认同、价值承认方面，则会由于不同国籍网络传递的社会信任、情感支持而产生方向性差异，并且由于个体整体网络规模存在上限，使本地化网络、族群化网络与国际化网络存在竞争性，如果移民族群网络与国际化网络规模大，个体纽带社会资本过强，那么就会影响本地化网络的扩展与运用，不利于移民与本地网络完成融合，故本文提出如下假设：

假设 4. 1：本地化社会网络规模可以显著提高心理融合水平。

假设 4. 2：族群化社会网络规模可以显著降低心理融合水平。

假设 4. 3：国际化社会网络规模可以显著降低心理融合水平。

二、模型设定

网络规模对于移民的行为及心理融合影响亦采用多类别逻辑斯蒂回归模型，基础模型同上，但在核心自变量上使用三组来源国的网络规模。

三、描述统计

（一）网络规模分布情况

依据移民认识的人际网络国籍所属划分，来杭移民的社会网络结构分布情况如表 5-1 所示，本地化、族群化以及国际化网络形成了三高、三低以及不均质网络结构状态。杭州的移民其网络规模在不同国籍间的结构呈现显著的一致性特征，但也仅在其族群或是国籍网络规模上经营较好。不同网络结构既是个体主观选择的结果，也是一定的结构性因素影响下的产物。

表 5-1　支持网络规模分布表（%）

		国际化网络规模								
		低			中			高		
	族群化网络规模	低	中	高	低	中	高	低	中	高
本地化网络规模	低	6.4	2.6	0.6	2.3	3.2	0.9	0.1	1.4	1.1
	中	6.6	5.9	2.4	5.9	14.2	4.0	1.0	5.0	6.5
	高	2.2	4.0	1.6	2.2	5.7	2.1	2.0	4.3	5.9

表 5-2　本地化网络规模与族群化网络规模交叉分析（%）

本地化网络规模	族群化网络规模			
	低	中	高	总计
低	8.8	7.2	2.5	18.5
中	13.4	25.1	12.9	51.4
高	6.5	13.9	9.7	30.1
总计	28.7	46.2	25.1	100.0

* Pearson chi2（4）= 49.9960　Pr=0.000

表 5-3　本地化网络规模与国际化网络规模交叉分析（%）

本地化网络规模	国际化网络规模			
	低	中	高	总计
低	9.6	6.4	2.5	18.5
中	14.9	24.1	12.5	51.5
高	7.8	10.0	12.2	30.0
总计	32.3	40.5	27.2	100.0

* Pearson chi2（4）= 3.8543　Pr=0.000

表 5-4　国际化网络规模与族群化网络规模交叉分析（%）

国际化网络规模	族群化网络规模			
	低	中	高	总计
低	15.2	12.5	4.6	32.3
中	10.4	23.1	7.0	40.5
高	3.2	10.6	13.4	27.2
总计	28.8	46.2	25.0	100.0

* Pearson chi2（4）= 179.7933　Pr=0.000

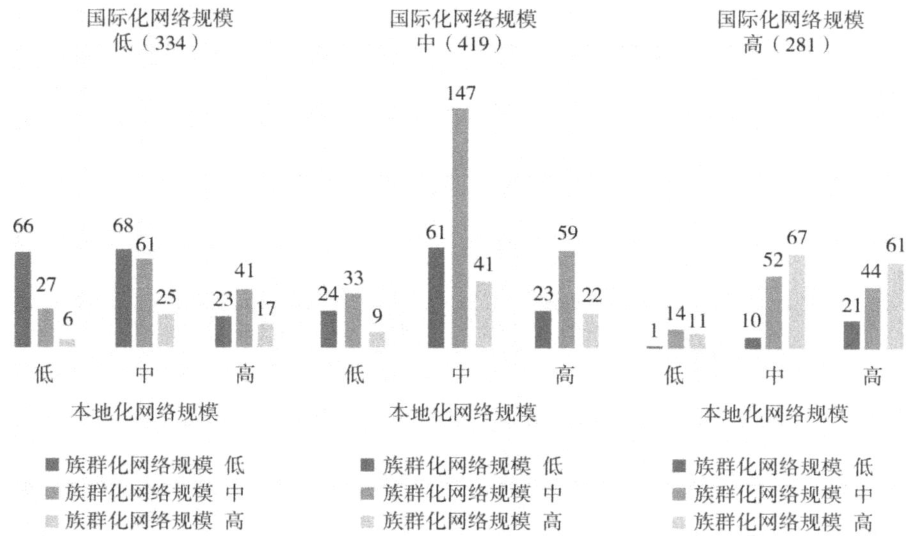

图 5-1　三类网络规模分布图

（二）网络规模与社会融合的列联表分析

（1）行为融合方面

表 5-5 展示了不同国籍成分下的网络规模与行为融合间的关系，可以发现，无论是本地化网络规模，抑或是族群化、国际化网络规模均与行为融合具有强相关性，这进一步佐证了社会支持网作为一种社会资本对于个体在行为融合上的塑造作用，但是三种不同成分的网络对于行为融合究竟呈现正向帮助还是负向影响还需要更深入的回归模型来帮助厘清。

表 5-5　网络规模与行为融合交叉列联表

网络规模	行为融合						
	选项	双重疏离	组织疏离	双重中立	双重融合	总计	统计值
本地化网络规模	低	3.6%	8.1%	4.4%	2.4%	18.5%	chi2 = 24.9541 Pr = 0.000
	中	7.0%	18.5%	12.7%	13.7%	51.9%	
	高	3.4%	10.1%	6.7%	9.4%	29.6%	
	总计	14.0%	36.7%	23.8%	25.5%	1000	

续表

网络规模	行为融合					
	选项	双重疏离	组织疏离	双重中立	双重融合	总计	统计值
族群化网络规模	低	3.0%	15.8%	6.5%	3.6%	28.9%	chi2=94.09 Pr=0.000
	中	7.7%	15.1%	11.7%	11.2%	45.7%	
	高	3.3%	5.8%	5.6%	10.7%	25.4%	
	总计	14.0%	36.7%	23.8%	25.5%	1000	
国际化网络规模	低	4.1%	15.8%	7.4%	5.0%	32.3%	chi2=50.50 Pr=0.000
	中	6.0%	14.3%	9.5%	10.7%	40.5%	
	高	3.9%	6.6%	6.9%	9.8%	27.2%	
	总计	14.0%	36.7%	23.8%	25.5%	1000	

（2）心理融合方面

根据表5-6的结果呈现，网络规模与心理融合同样存在明显的相关性，但其中以国际化网络规模没有出现统计相关性，本地化和族群化网络规模对于个体心理建设上具有潜在影响。

表5-6 网络规模与心理融合交叉列联表

网络规模		心理融合				
	选项	心理疏离	心理中立	心理亲和	总计	统计值
本地化网络规模	低	3.2%	8.3%	6.6%	18.1%	chi2=14.32 Pr=0.006
	中	8.5%	24.5%	19.4%	52.4%	
	高	3.0%	12.2%	14.3%	29.5%	
	总计	14.7%	45.0%	40.3%	975	
族群化网络规模	低	3.9%	10.6%	13.8%	28.3%	chi2=15.90 Pr=0.003
	中	7.4%	22.8%	15.8%	46.0%	
	高	3.4%	11.7%	10.6%	25.7%	
	总计	14.7%	45.1%	40.2%	975	
国际化网络规模	低	4.2%	14.2%	13.2%	31.6%	chi2=1.87 Pr=0.759
	中	6.1%	19.1%	15.7%	40.9%	
	高	4.4%	11.8%	11.3%	27.5%	
	总计	14.7%	45.1%	40.2%	975	

四、多元统计分析

（一）网络规模对行为融合的影响

表5-7、5-8报告了不同国籍成分的网络规模对于行为融合的影响情况。与假设相一致的是，在控制了性别、国家类型、教育水平、年龄以及中文水平等变量的情况下，个体本地化网络规模越大，行为融合程度越倾向于双重融合。参照本地化网络规模低的移民，本地化网络规模中等的外国人，行为上双重融合的可能性更大，是双重疏离可能性的2.45倍；本地化网络规模为高的外国人，行为上双重融合的可能性更高，是双重疏离可能性的2.63倍；而族群化网络规模越大，个体更倾向于双重疏离，族群化网络规模中等的外国人，会将个体的消费生活场景更多依赖于族群化网络群体，倾向于双重疏离的可能性是组织疏离的2.20倍，族群化网络规模为高的外国人，相应比值为2.00倍。但我们也应当注意在族群化网络规模为高的群体中，他们倾向于双重融合而非双重疏离的可能性会更高。族群化网络规模越大，外国人从属于组织疏离或双重中立而非双重融合的可能性越小，这在统计上达到了显著，我们发现族群化网络规模为中等的外国人从属于双重融合的可能性是组织疏离的1.90倍，族群化网络规模为高的其比值为3.91倍。国际化网络规模为中等的外国人是双重融合的可能性是组织疏离的2.18倍，国际化网络规模为高的外国人比值为2.28倍。

而参照于行为双重融合型移民来说，本地化网络规模越大，越不可能是双重疏离型移民，族群化网络越大越不可能是组织疏离型，而越有可能是双重融合型移民。国际化网络规模越大，外国人是双重融合的可能性就会高于组织疏离型和双重中立型的可能性。

也即在行为融合上，个体本地化网络发挥始终是正向作用，而族群化网络则在不同方向上存在拉动力，一方面族群化网络规模的扩大会驱动移民结识更多人，让个体有更多机会接触到结构洞，拥有更多资源，拉动移民在行为上融合进来，但是另一方面族群化网络规模也在一定程度上限制了个体，成为其实现个体异地生存的保护伞，不利于其在行为上进一步接触中国社会。

控制变量中，中文水平依旧有着强有力的影响水平，中文水平越好，从属于双重融合的可能性就会越高，甚至是其从属于双重疏离的可能性的5至20倍左右。

表 5-7　网络规模对行为融合的影响（以双重疏离为参照组）

变量	组织疏离 vs 双重疏离		双重中立 vs 双重疏离		双重融合 vs 双重疏离	
	RRR（SE）	P>∣z∣	RRR（SE）	P>∣z∣	RRR（SE）	P>∣z∣
本地化网络规模（以低为参照）						
中	1.398（0.383）	0.221	1.686（0.496）	0.076	2.451**(0.799)	0.006
高	1.306（0.436）	0.424	1.774（0.629）	0.106	2.631*(0.990)	0.010
族群化网络规模（以低为参照）						
中	0.455**(0.127)	0.005	0.600（0.181）	0.091	0.867（0.286）	0.666
高	0.498*(0.175)	0.048	0.632（0.233）	0.213	1.943（0.736）	0.079
国际化网络规模（以低为参照）						
中	0.747（0.192）	0.256	0.854（0.236）	0.568	1.632（0.479）	0.095
高	0.663（0.203）	0.180	0.963（0.305）	0.906	1.514（0.491）	0.200
女性	1.010（0.236）	0.965	1.298（0.315）	0.283	1.085（0.271）	0.744
国家类型（以发达经济体为参照）						
转型经济体	1.073（0.547）	0.890	1.472（0.817）	0.487	1.711（1.038）	0.376
发展中经济体	0.441（0.149）	0.015	0.942（0.358）	0.875	1.746（0.752）	0.196
大学教育	0.658（0.268）	0.305	0.89（0.388）	0.789	0.771（0.334）	0.549
年龄	1.032（0.015）	0.033	0.987（0.017）	0.440	0.986（0.017）	0.436
中文水平（以完全不懂为参照）						
掌握很少	1.693（0.619）	0.150	2.611*(1.117)	0.025	4.489*(2.708)	0.013
可应付日常	1.500（0.570）	0.286	2.396*(1.053)	0.047	5.477**(3.328)	0.005
流利	2.038（0.997）	0.146	2.003（1.131）	0.219	20.157***(13.635)	0.000
_cons	3.077（2.263）	0.126	1.177（0.978）	0.844	0.103（0.101）	0.021
Prob > chi2 =		0.000				
Pseudo R2 =		0.092				

注：* $P<0.05$，* * $P<0.01$，* * * $P<0.001$；括号中数值为估计系数的标准误。(下同)

表 5-8 网络规模对行为融合的影响（以双重融合为参照组）

变量	组织疏离 vs 双重融合		双重中立 vs 双重融合		双重疏离 vs 双重融合	
	RRR（SE）	P>∣z∣	RRR（SE）	P>∣z∣	RRR（SE）	P>∣z∣
本地化网络规模（以低为参照）						
中	0.57（0.164）	0.050	0.688（0.208）	0.217	0.408**（0.133）	0.006
高	0.496*（0.16）	0.030	0.674（0.229）	0.247	0.380*（0.143）	0.010
族群化网络规模（以低为参照）						
中	0.525*（0.134）	0.012	0.692（0.192）	0.184	1.153（0.380）	0.666
高	0.256***（0.075）	0.000	0.325***（0.102）	0.000	0.515（0.195）	0.079
国际化网络规模（以低为参照）						
中	0.458**（0.108）	0.001	0.523*（0.133）	0.011	0.613（0.180）	0.095
高	0.438**（0.115）	0.002	0.636（0.174）	0.099	0.660（0.214）	0.200
女性	0.931（0.188）	0.724	1.196（0.249）	0.389	0.922（0.230）	0.744
国家类型（以发达经济体为参照）						
转型经济体	0.627（0.282）	0.299	0.86（0.427）	0.762	0.585（0.355）	0.376
发展中经济体	0.253（0.084）	0.000	0.539（0.202）	0.099	0.573（0.247）	0.196
大学教育	0.853（0.281）	0.630	1.154（0.413）	0.689	1.297（0.562）	0.549
年龄	1.046（0.014）	0.001	1.001（0.016）	0.970	1.014（0.018）	0.436
中文水平（以完全不懂为参照）						
掌握很少	0.377（0.215）	0.088	0.582（0.353）	0.371	0.223*（0.134）	0.013
可应付日常	0.274*（0.157）	0.024	0.437（0.266）	0.174	0.183**（0.111）	0.005
流利	0.101***（0.060）	0.000	0.099***（0.065）	0.000	0.050***（0.034）	0.000
_ cons	29.931（25.155）	0.000	11.455（10.464）	0.008	9.728（9.602）	0.021
Prob>chi2 =		0.000				
Pseudo R2 =		0.092				

（二）网络规模对心理融合的影响

网络规模对于心理融合的影响与理论预期相同，在控制了其他变量后，本地化网络规模越大，个体心理融合程度越高，若是个体的本地化网络规模达到了较高的水平，那么其为心理融合的可能性是心理疏离可能性的1.907倍。但是族群化网络规模和国际化网络规模却并不能对心理融合提供明显的正向影响。族群化网络处于中等规模的移民群体比族群化网络规模低等水平的群体更不可能是心理亲和的。国际化网络规模的心理融合影响效应并不显著，但可以看出相应负向趋势。

国家类型及中文水平对个体的心理融合具有明显的影响，转型经济体和发展中经济体在心理上较发达国家更倾向心理疏离。中文水平越好，则可预测其心理融合水平越强。

表5-9　网络规模对心理融合的影响（以心理疏离为参照组）

变量	心理亲和 vs 心理疏离		心理中立 vs 心理疏离	
	RRR（SE）	P>|z|	RRR（SE）	P>|z|
本地化网络规模（以低为参照）				
中	1.112（0.311）	0.705	1.126（0.298）	0.654
高	1.907（0.659）	0.062	1.466（0.491）	0.253
族群化网络规模（以低为参照）				
中	0.732（0.200）	0.254	1.050（0.281）	0.855
高	1.134（0.380）	0.707	1.300（0.428）	0.425
国际化网络规模（以低为参照）				
中	0.791（0.209）	0.375	0.880（0.224）	0.614
高	0.646（0.195）	0.148	0.635（0.186）	0.122
女性	0.712（0.157）	0.124	0.867（0.182）	0.496
国家类型				
转型经济体	0.117***（0.058）	0.000	1.028（0.472）	0.951
发展中经济体	0.288***（0.100）	0.000	1.062（0.391）	0.870
大学教育	1.471（0.516）	0.271	1.388（0.457）	0.319
年龄	0.997（0.014）	0.845	1.003（0.014）	0.813
中文水平（以完全不懂为参照）				
掌握很少	2.334*（0.892）	0.027	1.896（0.66）	0.066
可应付日常	3.106**（1.237）	0.004	2.037（0.743）	0.051
流利	7.501***（3.904）	0.000	4.453**（2.193）	0.002
_cons	2.841（2.023）	0.143	0.975（0.68）	0.971
Prob>chi2=	0.000			
Pseudo R2=	0.059			

五、网络规模对社会融合影响情况小结

在杭外国人所拥有的社会网络，由中国人、其本国人以及来自其他国家的移民共同构成。从移民的社会网络结构分布上，我们可以发现大部分移民的本地化网络规模、族群化网络规模以及国际化网络规模具有一致性，同时仍有一些移民会存在网络结构不均衡的情况，或是本地化网络规模高但族群化网络规模低，或是族群化网络规模高，而本地化网络规模低。移民由于其独特的生命历程相较于非移民拥有更多样性的网络结构，他们也面临更多选择和制约性因素。

在网络规模效应下，我们可以看到，本地化网络规模无论是在行为融合上还是心理融合上都对个体呈正向拉动作用，假设 3.1、4.1 得到支持。但是族群化网络规模强大的移民群体在融合或是疏离上显现出了更突出的主观能动性，他们或刻意避开中国服务人员而选择外国服务者，在组织上也选择避而不参加；或通过消费和组织参与双重融合的方式，结识了更多人，其中也包含了来自其本国的移民，假设 3.2、4.2 未得到支持。国际化网络规模强的移民，也相应地参照组织疏离型更倾向于双重融合型。而在心理融合方面，族群化网络规模和国际化网络规模对于移民融入中国社会则无正向效果，假设 3.3、4.3 未得到支持。

第六章　研究结论

基于对“2018 年在杭外国人调查”（SFRC 2018）资料的分析，我们发现移民在当地社会的融合情况，存在复杂的交叉状态。融合状态的差异由多种社会资本、人力资本以及制度资本因素所影响。本文重点关注社会支持网络因素，并基于社会资本理论，对话桥接社会资本与纽带社会资本差异性理论。本文认为在正式制度内的社会支持是一种正式的桥接社会资本，该类支持网络对合法移民给出的是无关乎亲疏远近的帮扶，非制度范围内的、以家庭血缘为核心的非正式支持网络，是向内看的，对移民个体有较强的情感义务要求，是一种纽带社会资本，此二者间不存在此消彼长的对抗性；而在基于国籍的内外群体网络规模方面，来自同一国家的移民具有抱团效应，他们具有相同的故土眷恋、相似的文化背景，来源于非本地的国际移民间具有相似的移民经历，同是在华的异乡人在某种意义上接近纽带社会资本。而本地化的网络，是移民直接连接到本地社会的桥梁，是一种桥接社会资本。故本文提出了两组假设：其一，非竞争性制度内正式支持网络与制度外非正式支持网络对于移民个体在华的行为与心理融合均有裨益；其二，由于规模效应而存在竞争性的社会资本——族群

化支持网络、国际化支持网络以及本地化社会网络在工具性支持的初级层次质量上毫无二致，对行为融合的影响无明显差异。然而，在心理层次上由于不同网络国际化的差异情况，价值传递与情感信任上会存在不同，本地化网络规模越大，移民对中国的心理融合越强，族群化网络和国际化网络规模越大，移民对中国的心理疏离越明显。

Mlogit 分析结果显示：首先，于网络类属维度而言，正式社会支持网与非正式社会支持网提供了种种支持。正式社会支持对个体行为、心理上融入当地社会具有关键性作用，特别是医疗保障在预测移民行为双重融合类别上具有正向作用，学校以及工作组织提供的正式社会支持可以帮助个体在行为上具有更多融合表现，工作组织对心理融合具有较高的助益作用，这印证了正式桥接社会资本为移民进入中国，融入中国提供了最基础的生存、生活保障的假设。正式社会支持网的提供者——组织机构作为移民与新社会连接的桥梁，是重要的桥接社会资本，在移民的心理和行为融合上发挥着重要的显著作用。然而，在华移民与其原生国家的亲缘性支持关系相对微弱，在样本中具有丰富非正式支持的外国人居于少数，并且本研究发现来自移民迁出国的亲属支持对移民的行为和心理融合并无帮助，因此对进入中国的移民而言，亲属层面的纽带社会资本并不是其融入中国社会的关键因素，在移民融合方面没有明显作用。移民管理部门应促成来华移民拥有正式组织关系，敦促其购买社会保险与医疗保险等，这些举措不仅可以使其获得相应组织提供的基础性服务，更可以帮助移民提高在中国的生活水平和满意度。中国的各类社会组织应更多发挥主动性，并借鉴他国移民融合经验，如宗教信仰组织等，应为改善移民融合状况，为移民福祉和赋权工作①。

其次，移民的网络规模与社交能力有关，而其交往的对象属性则与其交往意愿有关，移民网络内的本地化网络规模、族群化网络规模、国际化网络规模间存在相关性，但亦存在异质性。结果表明，在行为融合上，若移民在健康、均衡的网络特征下网络规模越大，且不论来源国属性，那么，对移民的行为融合均有一定正向帮助；但族群化族群网络存在多向作用，强大的族群化网络在一定条件下，预测了移民在行为上的社会疏离。在心理融合维度，只有本地化网络规模越大，移民心理融合程度才会越高，而族群化/国际化网络规模大，并未能显著提高移民心理融合程度。本地化网络作为移民的桥接社会资本，为移民融入当地社会提供了持续的正向资源支持。这提示我们，移民要实现与中国社会的融合，不能仅依赖亲缘（以家庭为基础）和地缘（以种族为基础）的纽

① Kerwin D. Pope Francis and a Catholic Vision of Immigrant Integration ［R/OL］. Annual Meeting of Justice for Immigrants Campaign. 2015. ［2019/3/9］ https：//cmsny. org/cms-research/catholicintegration/。

带社会资本，还必须重构新型本地化的社会支持网络。这种社会支持网络的再构建，重点在将主要社会关系转化为以友缘和业缘为纽带的当地社会关系。社会支持网络中制度保障、组织支持与本地社会网络构成的桥接社会资本越多越强，对移民的行为与心理融入主流中国社会越具有积极意义，移民自身和移民管理部门应进一步加强移民的桥接社会资本。

因此在支持网络与社会融合的议题中，本文认为需要辩证地看待桥接社会资本与纽带社会资本。正式制度内与制度外的桥接社会资本，均能对移民的行为和心理融合产生正面的影响。迁入国的政府、组织、市场应加强移民支持方面的制度建设，当地居民应保持一种开放的态度，尊重移民习惯，增加与移民的良性互动，为移民构建良好的桥接社会资本环境。而在亲属层面上的纽带社会资本，我们无法探测到其对移民心理与行为上融入当地社会有何影响，这与以往的研究或有不同，而在网络结构上，族群化网络规模的复杂效应值得我们深思并对照以往的研究加以对话。总之，就网络国籍归属维度而言，纽带社会资本对移民具有重要意义，但对整体社会环境移民网络可能是影响整合的关键节点。既有西方国家的研究发现，移民的纽带社会资本只能起到“帮助找到工作”但无法“帮助找到更好的工作”，通过共同种族和家庭成员网络获得的资源，无法提供本地化的非剩余信息，因此，他们不能帮助移民向上流动，如果移民只是嵌入于种族网络中，向上流动的可能性会受到其族群社区的义务规范压力而形成相应的限制①。理论的关键突破点在于找到突破族群网络的封闭性和向内的群体压力的方法，让它成为引荐桥接社会资本的渠道。

最后，人口学属性对移民的融合水平具有影响作用。性别因素上，女性在心理上表现出对原迁出地更深厚的依恋，在社会距离及社会认同方面存在较差表现。其次来源国国家类型对社会融合呈现多样化影响，来自发展中经济体的移民倾向于双重融合而非组织疏离、双重中立，但是在心理融合上，来自发展中经济体的群体更倾向心理封闭。年龄越大，在行为上更偏向于组织疏离而消费融合的状态，对于年长者而言参与到组织中去相对需要更多精力。由于来杭的大部分移民均有较高学历，故通过样本数据，我们无法发现教育水平对于社会融合的影响究竟有多大。而中文水平作为重要的移民人力资本，对行为融合和心理融合两方面均有正向影响，中文水平越高，移民的行为融合便会倾向双重融合、心理融合倾向亲和状态。故此，中文语言能力应作为进入中国工作学习的重要考察因素，不仅是其完成工作、学习任务的工具，也是构建移民融合型社会的基础。

---

① Portes A. Social capital: Its origins and applications in modern sociology. *Annual Review of Sociology*, XXIV (1998), pp. 1-24.

“大院”与集体认同的建构

——以某大型国有企业为案例的社会学研究

陈仲阳（南京大学）

◎ 指导老师：周晓虹

摘　要：20世纪40年代末50年代初在全国城市范围内广泛确立的单位体制，被认为是中国有史以来规模最为浩大的“空间重组”。通过国家的总体调配，将不同地域、身份背景也不相一致的人们重新组合到一起，建立起了一个生产与生活紧密结合的“单位共同体”。而作为其重要组成部分的单位大院①，则几乎承载了单位成员生命历程中日常生活展开的所有丰富性。在相对闭合的单位空间内，人们的公共活动、邻际互动、福利享有以及生活观念的塑造都在单位大院内展开，并由此形成了大院成员特有的归属感和认同感。笔者将单位人这种对大院的认同和依赖称作“大院认同”。本研究通过对洛阳市某大型国有工厂②的深入挖掘，来探究“大院认同”的形成及其建构的过程与逻辑。

“大院认同”并非一种凝固的情感状态，而是一个伴随着不同时期不断调整与新生的动态性过程。在对单位成员“大院认同”动态性和整体性的把握基础上，本研究尝试对“大院认同”的构成进行探索性分析。笔者认为，“大院认同”并非一种纯粹的生活社区式认同，而是包含了大院成员在国家制度生产下对国家和单位的依附性认同、单位成员多元互动下产生的社区认同以及基于身份自觉而产生的身份认同所综合作用下的嵌套型认同。而这一认同的建构也是一个由众多因素共相作用所发生的过程和逻辑，它不是单向的集体塑造产物，而是双向互构的结果。

最后，虽然单位大院存在着明显的结构性弊端，但我们绝不能因此而否定

① 单位大院，简称“大院”，一般泛指的“大院”具有三重含义：一是形容进深很大、房屋众多的院子；二是多户居民聚居的院落，如居民大院；三是特指大机关的职工家属区，如工厂大院等。本研究出现的“大院”特指第三种含义，由于文中出现“大院”的次数较多，为不影响阅读语感，除标题外，全文提到的“大院”将不再用引号强调和注明。

② 为方便叙述和阅读，也基于学术惯例中对研究对象进行技术处理的原则，下文将该厂统称为T厂。

大院对人们生活归属感和认同感塑造的重要意义。尤其是在现代社区的建设中，我们需要重新审视作为社区历史前身——单位大院在“共同身份”的建构、公共空间和文化的塑造以及社区照顾体系的建立等方面的意义。

关键词：单位制；大院；集体认同；形成过程；认同建构

第一章　绪论

一、问题提出

随着市场经济体制的确立及发展，与计划经济体制相伴生的单位体制也趋于瓦解，而与之相适应的一系列制度安排、道德秩序以及空间结构也随之转型。市场经济的发展焕发了经济增长的新活力，却也酿造了新的社会危机。强调竞争性和开放性的社会主义市场经济促进了个体化的发展，使中国的集体意识日渐式微，社会关系的个体化不断加速和加剧，走向一个充满动荡的自由和各种各样的不确定性/流动性的风险社会（阎云翔，2016：301）。单位制的解体以及个体化的发展使生活在集体时代、单位组织下的“单位人”霎时之间成为没有归属的原子化个体，由此产生了强烈的文化震惊（周建国，2009）。而当单位大院转型为商品化小区后，众多社区认同和集体意识的议题和研究更是纷至沓来，当然，这一方面是缘于我国现代社区的研究发展较晚，几乎与单位制度变迁同时登场（田毅鹏，2007：121）；另一方面，却也反映出单位制度的解体对社区的发展和建设所带来的剧烈冲击。因此，本研究问题的提出主要基于以下三个方面：

首先，笔者在近年来多次的田野实践中发现，老年群体对现代社区表现出高度不适，并由此触发了他们对单位大院的集体怀旧。单位大院具有典型的封闭性和集中性等特征（江立华、王寓凡，2017：100），个体之间保持着极高的互动频率，极易因共同的生活经历和共鸣性的公众议题而建构出深层次、高质量的人际关系。单位大院解体后，伴随着社区管理模式的转型以及人口流动性的增强，社区空间由封闭转为开放，原有的“熟人社会”变为“陌生人社会”，社区认同感难以形成。与此同时，老年群体因身心机能的衰退，对舒适、稳定的社区依赖感增强，因此在单位大院向现代社区的转变中，尤其容易产生抵牾情绪（江立华、王寓凡，2017），这一历程的转换也逐渐唤醒了他们对原有单位大院的认同感（张晓溪，2015）。

其次，学界近20年来有关“社区认同”“社区共同体”“社区治理”等议题研究热度的攀升，表明这些议题背后所反映出的社区认同感的匮乏、人际关系的冷漠、社区治理低效等社会问题仍然亟待解决（闵学勤，2008；孙杰，2016；张继军、陈蓉蓉，2018）。值得关注的是，社区概念与单位制度的变迁几乎同时出现成为热门，这从侧面也反映出因单位体制的解体所引发的社区治理困境，而其中最为核心的问题则是认同感和归属感的重构，即以“社区共同体”取代“大院共同体”。遗憾的是，对于现代社区的原生形态、具有高度认同的单位大院却缺乏专门性研究，尤其是大院认同的建构过程和逻辑更是被长期忽视。

最后，学界和社会近年来对集体主义精神和集体认同的呼唤和关注。虽然个体化与集体认同并非截然对立，但个体化之下集体认同的形成却需经历一个漫长且复杂的过程（Richards Jenkins，1996；王成兵，2007）。政府在推进个体化之时，又开始对其加以约束，使其与官方弘扬的国家价值、家庭价值等集体价值相维系（贝克、格恩斯海姆，2011：8）。在此框架下，对新时期集体认同的研究诉求也呼之欲出，而作为集体认同浓烈的单位体制时期，就尤为值得我们去关注。

二、思路方法

本研究以质的研究方法作为总体思路。质的研究强调研究者和被研究者之间的互动和研究者的主体体验，在时间的流动中追踪事件的变化过程，继而进行语言的“深描”，因此多从被研究者的角度获取看法，关注他们的心灵状态和意义建构。在研究主题的确立和研究方法的选取上，笔者将努力尝试把握“社会学的想象力”（米尔斯，2018）所透射出的“透过历史观照现实的审查能力”（成伯清，2015：101）与“迈向底层的学术担当”（刘威，2011：105）。因此，本研究的研究方法主要有以下三种：

（1）口述历史。口述历史，简称口述史，原本是历史学家获取民间史料的一种重要方法，通过有准备的、借助录音工具完成的采访，记述人们口述所得的具有保存价值和迄今尚未得到的原始材料（斯塔尔，1984）。作为一种历史编纂手段，口述史通过对过去事件的目击者或参与者进行调查访问，进而实现对历史的重构（罗纳德，1984）。虽然口述史也受到了一些学者的质疑，如美国学者海德就认为其“缺少哲学和理论基础”（陈献光，2003：78），但口述史在几十年的广泛实践中已经回答了其可行性和价值性的问题，它改变了传统历史研究的精英史观，借助口述采访之便可以探索和挖掘缺乏文献记载的历史，也“可以给那些原来在历史上没有声音的普通人留下记录，可以给那些在传统史学中没有位置的事件开拓空间”（熊月之，2000：5）。作为受中国体制改革和社会转型所带来的社会冲击最为严重的群体，“单位人”在宏大的社会变迁面前尤显苍白无力，当属于他们的恢宏的历史舞台谢幕后，这些人便嬗变为历史的“无名者”，基于这样的一种特殊关怀，也是为了抢救那段新中国工业发展和演进的珍贵历史。

（2）半结构性访谈。半结构性访谈首先需要访谈者在访谈开展前进行大量的准备性工作，如：了解被访者的生活背景、设计访谈提纲等。在访谈中则需不断调整和改进提问方式和具体问题，还需在访谈结束后花更多时间进行分析和阐释（Wengraf，2001：5）。同时在访谈的过程中，我们也有必要将自身的日常生活知识体系进行暂时性的悬置，并中止我们原有的自然态度和科学态度的判断（杨善华、孙飞宇，2005），包括抛弃前述"成见"并全神贯注地关注被访者的各个侧面（保尔·汤普逊，2000）。笔者在对大院和认同之间的基本问题意识和研究假设的基础上设计访谈提纲，又时刻做好调节和改进问题的心智准备。与此同时，笔者还对被访者陈述信息时语气、神态、动作的变换也做了相关文字或影像记录，力求最真实地还原被访者语言及其之外的意义系统。

（3）文献法。文献法是通过收集和分析以文字、图像、声音等形式存在的一种研究手段和方法。在本研究中，它不仅包括对单位大院相关的理论研究材料的收集和再分析，也包括对大院形成和变迁过程中的背景性材料的挖掘和梳理，为实现对研究案例——T厂单位大院的纵深性把握，笔者还查阅了T厂厂志、地方志、T厂年鉴等大量的资料性工具书。

三、研究对象及调研经过

（一）研究对象：作为典型样本的T厂

本研究选取T厂作为样本个案主要是缘于T厂的历史地位以及该厂职工大院在人口规模、空间结构、福利系统、生活配套、文化活动等多方面呈现出来的典型性和代表性，而且T厂及其大院在体制改革前后的盛衰对比，本身也是一种寓于新中国宏观的历史演进中国有工厂的典型呈现。

T厂位于洛阳市涧河以西，是一个以生产拖拉机为主的大型综合性国有工厂，是我国"一五"计划期间兴建的"156项工程"之一。那时，T厂在生产规模、经济效益、职工数量、社会影响力为洛阳乃至河南之最，由T厂生产的我国第一台拖拉机——东方红拖拉机，更是构成了一个时代的集体记忆[①]，也正是因为T厂的影响力，当时的洛阳被冠以"拖拉机城"之称。

1953年，T厂开始兴建，1957年正式投产。随着工厂建设和生产形势的发展，该厂从1954年开始修建工厂职工大院，并逐年完善院内设施和文化空间的建设。至1984年，共计兴建了十个大院生活区，累计建筑面积68.40万平方米（T厂厂志，1985）。

---

① 中国广播网。《第一拖拉机厂落户洛阳》，详见 http：//news.cnr.cn/special/cscq/pic/20141112/t20141112_ 516765295.shtml。

图1　T厂生产的我国第一台拖拉机①

从建厂一直到改制前，T厂大院都曾极大地容纳了该厂职工及其家属，20世纪七八十年代是T厂的鼎盛时期，当时的T厂职工已近4万，职工及家属更是达到十万之巨。如今，曾经繁盛的T厂大院虽早已凋敝，但在电子地图上，我们仍然能清晰地看出当年的布局结构。如下图所示，工厂生产区并未和职工生活的大院直接交接，而是被狭长的工厂公共空间连接起来，但生产区距离生活大院（即工厂公共空间的宽）依然很近，使工人上下班都极为方便，并且将生活区的安适和生产区的嘈杂隔离开来，为工人在工作之外的生活活动提供了丰富且便利的空间。T厂大院总计有十九个生活区，工厂将生活区统一命名为“街坊”，其中的数字序号则代表着“街坊”自西向东的排列顺序，后续的街坊则位于这些街坊南部并被拆除或改建。各个“街坊”依序林立，“街坊”之间有院墙阻隔，每个院墙内部有30—80栋楼不等。

随着单位制的解体，T厂原有的大院制也随之消解。尤其是住房商品化的推行，使大量的原工厂职工搬离了大院，进入到新兴的现代小区。由于T厂大院是属于该厂各个附属学校的学区房，因此又吸引了众多外来人员的涌入，曾经繁华的大院如今已然成为外来人购买学区资格的一方“空巢”。

（二）调研经过

本研究的实地调研共分为三个阶段，时间分别是2018年11月至12月，2019年1月和2019年2月至3月。

2018年11月，南京大学当代中国研究中心全面开启了“新中国工业建设口

① 图片来源：中国广播网。详见 http://news.cnr.cn/special/cscq/pic/20141112/t20141112_516765295.shtml。

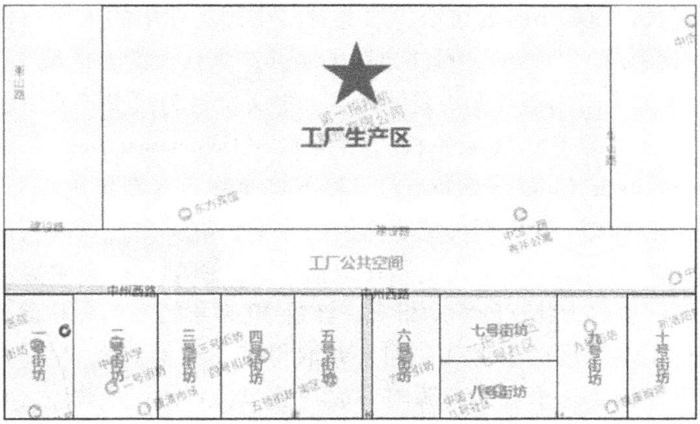

图 2　T 厂及其大院布局图

述史”项目，并将调查的第一站定为洛阳。11 月至 12 月期间，研究中心成员遴选了 70 位 T 厂职工作为被访者，其中，年龄最长者 90 周岁，最小者为 27 岁。在此期间，笔者收集了洛阳市近 70 年来的工厂发展以及城市建设脉络。在此过程中，当代中国研究中心团队还合力制定了 2019 年 1 月的调研方案以及口述史的问题提纲。

2019 年 1 月初，由周晓虹教授带队的南京大学当代中国研究中心 10 位教师、12 位博士和硕士研究生奔赴 T 厂开启半个月、共计对 60 位 T 厂职工的口述史访谈，平均每段口述史采访时间为 2.5 小时，在对 T 厂口述史录音的梳理过程中，笔者和导师最终确立以“单位大院”作为本研究选题，并在 1 月中旬开始围绕“单位大院”遴选了 30 位之前口述史的被访者进行半结构性访谈，平均访谈时间为 1.5 小时。

2019 年 2 月，在思路整理和本研究的写作过程中，笔者发现针对“文化大革命”期间和改革开放以来的访谈信息略显不足，于是再次联系先前的 12 名被访者，进行第三次的追访。在三次的口述和访谈过程中，被研究者们均表现出极大的热忱，为本研究提供了丰富的一手与二手材料。

第二章　文献综述

一、单位体制的结构与变迁

单位研究肇始于 20 世纪 80 年代，美国学者华尔德被认为是这一话题的首要发起者。1986 年，通过对 80 多位赴香港地区的曾在国有企业工作过的中国内地移民进行了长达500小时的访谈，加上对“中国工业中的工作与权威”问题的细致研究（华尔德，1996），最终出版了《共产党社会的新传统主义》［该书参照1996年牛津大学出版社龚小夏的译本，中文全名为《共产党社会的新传统主义：中国工业中的工作环境和权力结构》（Communist Neo-Traditionalism: Work and Authority in Chinese Industry），以下将简称为《新传统主义》］一书，是为单位研究之嚆矢。自《新传统主义》一书后，有关单位话题的研究和讨论便纷至沓来，在20世纪90年代更是在政治学、经济学、社会学等学科中一度风靡，构成了一道蔚为壮观的学术景观。经过30多年的发展和积淀，学者们对单位体制进行了多维度的思考和研讨，并取得了丰硕的研究成果。概而言之，大致可分为下述四类：单位的起源与形成（路风，1989；吕晓波，1997；田毅鹏、刘杰，2010；田毅鹏，2015：38；刘建军，2000：59）；单位社会的结构与特征；变迁中的单位体制；其他派生研究（张晓溪，2016；吴海琳、刘思瑶，2019；王小章、巫微涟，2009；李锦峰，2013；李汉林，1993；李培林，2001；陶宇，2011；李甜等，2011；丁学娜，2013；曾晓东、刘莉，2018）。本研究重点关注单位社会的结构与特征，以及变迁中的单位体制。

作为一种对中华人民共和国成立以来社会宏观结构的概括，单位社会的概念基本是从宏观的社会体制和制度结构的视角展开论述的。而这一视角的最早关注者即是华尔德，在《共产党社会的新传统主义》一书中，华尔德将共产党社会中工厂的权力结构模式理解为是一种“新传统主义”，即以系统利益（政治权力和经济奖赏结合）鼓励服从、单位组织内部上下级互惠的庇护主义关系、实用主义的人际关系网络为特征的分析范式（李路路等，2009）。

华尔德之后，围绕单位社会的结构和特征的各种探讨蜂拥而至。除却制度和组织的视角外，众多学者还从空间结构、工人运动、家族文化、城市化等多个侧面和角度对单位社会的特征进行了分析和阐述（比约克龙，1986；裴宜理，1997；田毅鹏，2015）。从既有研究的呈现情况来看，单位社会表现出了高组织性、高依附性、高封闭性、高平衡性和高认同性这“五高”的特征。

20世纪80年代以降，随着中国改革开放的不断深入，单位体制开始走向瓦解。学界对这一剧烈变迁过程的讨论主要集中在两方面：一方面将单位体制视为重要的制度背景，关注此背景下的社会治理秩序与单位组织结构的变化（刘平，2012；田毅鹏，2015）；另一方面，沿着单位制度研究的制度主义传统，围绕“变迁”展开关于单位制度是否变迁、为何变迁、如何应对等一系列问题的探讨（李汉林，2007；田中重好、朱安新，2010）。

二、单位大院研究

总体说来，关于单位大院的研究主要可分为两类：单位大院的空间特征及形态演变，社区发展与治理。

单位大院的空间形态及特征是城市规划领域的一项研究内容。既有研究多从城市总体布局和建筑设计的角度并借助某一城市或某类大院作为案例来解剖麻雀，体现出一种技术路线的特色，然理论层面却较为匮乏，例如，王乐、梁江选择学校、部队和医院三类不同性质的单位大院作为样本案例，总结出大院空间形态演变的扩张、缩小、向外搬迁、内部更新的四类模式（王乐、梁江，2010）；乔永学则考察了北京市不同时期和形态下的单位大院，认为单位大院的空间秩序则是对北京传统的院落体系的传承（乔永学，2004）；杜春兰等人从“邻里”的视角对单位大院和居住小区进行了对比，认为大院内部的空间模式有着更多的土地利用空间要素，能满足居民多样化的需求（杜春兰等，2012）。

在社区发展及治理这一议题框架下，单位大院主要是作为分析社区变迁过程的“过客式”角色出现，针对单位大院的专门性研讨或追问则付之阙如。

早期研究更容易关注到从“单位大院”向“现代社区”转型的机制分析及其对策探讨，呈现出对现代社区发展的向往之感（李汉林，1993；卢汉龙，1999；李培林，2001；何海兵，2003）。随着社区发展的深入，新的社区研究文献则更偏向于对单位大院的认可与借鉴：原单位制社区比商业小区更有利于凝结社区群体的社会资本，居民幸福感也更强（詹婧、赵越，2018）。

三、国内外关于社会认同与集体认同的研究

在正式展开关于集体认同的文献追踪之前，我们有必要先厘清“社会认同”“集体认同”“群体认同”等应接不暇的“认同”概念。社会认同毫无疑问是一个宽泛而复杂的概念。就其内容而言，社会认同包括四重含义：基于个人或自我身份的认同、基于关系或角色的认同、群体认同和集体认同。基于个人的认同指向自我认知；关系认同（角色认同）则是形成自我与他人之间关系的认同；群体认同是个体相对于群体规范而形成的认同；集体认同也是一个宽泛的概念体系，它常被用来代替社会认同，主要指向个体在群体内基于共同的利益、经历和经验而形成的心理认知，它也常常被运用到社会运动领域，指向行动者参与集体行动的精神依据。

总体来看，国内关于认同的研究主要分为：政治认同（孙溯源，2003；孔德永，2007；林尚立，2013）、民族认同（王希恩，1995；贺金瑞、燕继荣，2008；王沛、胡发稳，2011）、组织认同（宝贡敏、徐碧祥，2006；魏钧等，2007；孙健敏、姜铠丰，2009）等。在集体认同方面，国内集体认同方面的研究主要出现在政治学、历史学和社会学等学科中，这些学科借助集体认同这一概念对学科内的某一现象进行探索和分析，如孙溯源（2003）将集体认同运用到国际政治方面研究；田毅鹏（2007）认为单位制度的变迁使原单位群体的集

体认同模式也出现了转换；马建标（2010）考察了“五四”期间学生群体集体认同的形成。

在社会学或社会心理学领域，研究集体认同通常还绕不开另一个与之密切相关的概念——集体记忆，薛亚利（2010）认为集体记忆是连接仪式和集体认同的中介工具；艾娟与汪新建（2011）认为对集体记忆与集体认同之间的关系应当谨慎，既不能否定二者之间的关系，但也不能对其过分夸大，应将集体记忆作为集体认同形成的一种重要的文化资源，并将二者与社会、文化的结构联系起来，在功能上讨论方可。

四、文献评述

围绕单位社区和集体认同，既有研究呈现出非常丰硕的成果。作为国内学界中较为成熟的研究领域，单位制度无论是在其历时态的起源及变迁、抑或是共时态下的制度、组织以及其他派生性研究上，都开启了丰富和完备的话题。而与单位制度紧密相关的社区、认同等议题，也成为新时期社会科学的热门领域。虽然单位大院并未受到学界的重视，但从近年对单位及社区的研究趋向来看，重新审视单位大院重要性的议题亦呼之欲出。综合来看，目前关于单位大院的研究，主要存在以下几点局限：

单位大院研究中认同视角的缺席。既有的关于大院的研究主要是从空间视角和制度视角展开的，忽视了大院主体——人在其中的意义及作用，围绕单位大院的探讨，“单位人”始终是研究中最为核心的部分。而在这其中，认同视角的引入尤为关键。认同始终都是针对空间与制度的结构型产物的核心切入点，也是作为人的主体体验的焦点部分。已有的研究中，我们倾注了太多心力去关注单位和制度对人的认同塑造的重要意义，却忽视了源自生活空间的大院对于“单位人”认同的形塑作用。

社区研究的局限性。现有社区研究忽视了对其主体承继的原生形态——单位大院的关注，从原来具有高度认同感和归属感的单位大院演化到现今的社区，其间所经历的裂变与新生，不仅充满了文化的碰撞与利益的冲突，还伴同着巨变的失落以及超越的艰难。因此，当我们试图拨开社区认同的迷雾去重塑社区认同之时，有必要对社区的原生形态——单位大院进行重新审视和剖析。

单位大院的历时态研究。单位大院并非一个全然一体、一成不变的生活空间，伴随着单位制度的起承转合，单位大院也经历了它的时移世易，若想实现对单位大院的综合性了解，纵观单位大院起源及变迁的全程则尤为必要。既有的研究呈现出空间有余而时间不足的问题。

综上，本研究将在对单位制理解和审视的基础上，从历史的视角探讨单位大院的演变过程，并分析不同时期人们对大院的认同感的变化情况及其影响因素。在对大院及人们对其认同感的转化有一个动态性和整体性的掌握后，本研究将进一步探讨"大院认同"的构成性要素及其建构逻辑，力求对单位大院有一个较为清晰完整地呈现，并形成关于大院与集体认同建构的初创性研究，以期对现代社区和集体主义的建设提供一定的指导和借鉴。

第三章　大院的历时态演变及其认同的转化

20世纪40年代末50年代初在全国城市范围内广泛确立的单位体制，被认为是中国有史以来规模最为浩大的"空间重组"，其不但包括城市地理空间的变化，还包括与之相配套的社会控制体系和社会关系的重构（田毅鹏，2007）。而在这场"空间重组"过程中，不仅衍生了作为生产空间的工厂，还伴随着作为生活空间的单位大院的建立与发生。单位制框架下的"大院制""大院文化"和"大院认同"并非一蹴而就形成的，而是随着时间的进程在不同时期呈现出了不同的形态和特征，以及人们与之相应的集体记忆。

一、创业维艰：工厂大院的兴建与形成

中华人民共和国成立后为应对中国社会面临的"总体性危机"，实现对社会的有效整合并强化控制，单位体制逐渐确立（揭爱花，2000）。1953年的"一五"计划中，苏联援建的156个建设单位（又称"156项工程"）直接推动了我国工业体系雏形的形成（刘振华，2009：82-83）。这156项工程散布全国，而洛阳就占据了其中的7项。其中，又以T厂的生产规模、经济效益、职工数量、社会影响力为当时洛阳乃至河南之最。

（一）T厂大院以及福利设施的建设

1953年7月，T厂成立建厂筹备处，并下设工程组、财务组、人事组等9个组别部门（T厂厂志，1985：5），正式筹备建厂。1954年9月，T厂开始建设单位大院，当年即建成4900平方米的住宅。到1959年，建成院楼85栋，平房170栋，总建筑面积25.88万平方米。1960年至1965年，除国家拨款兴建的7.3万平方米大院外，1963年T厂还组织工人盖接头房160间，建筑面积2408平方米。1964年至1965年，T厂发动职工在厂区附近加盖了简易平房47栋8970平方米（T厂厂志，1985：507）。在此期间，除国家的支持外，T厂职工大院的兴建工作主要依靠厂里的组织动员以及工人的积极参与。

早期的居住条件是十分艰苦的，先遣来的工人只能住在工地附近的工棚中，晚上搭棚，白天拆棚，有工人结婚没有住房，就只能在周围的农村租赁村舍作为临时的婚房。一直到1959年第一期建厂工程完成时，这一情况才有所改善。

大院的住房分为三种类型，分别是套房、职工宿舍和平房。T厂早期的大院规划是按照人均10平方米的住房标准设计的[①]，但随着工厂建设的投资负担增加以及工人体量的加大，最后实际上是按户均10平方米的标准来落实的。大院建筑为两至三户共用一厨，三至八户共用一公厕，通走廊。厨卫共享这种空间模式的运用从套房又延伸到了单身宿舍和平房之中，多户共用一个厨房或公厕，在一定程度上压缩了工人的私密空间，但也促进了邻里之间的日常互动，对他们的日常交往产生了深刻影响，形成了他们特有的日常生活特色。

我们院里那会儿是多家灶，什么是多家灶呢？就是好几户人家共用一个灶，像我们家那会儿只有一个单间，就十二三平米，我们家就是一个三家灶，和左右邻居只能共用一个灶，大家到点都会一起做饭，谁家做了点好吃的都会往另两家送去，哪家工作忙没来得及做就在另一家吃了，这都是常有的事儿。(04ZF73)

在大院住宅楼不断扩建的同时，工人的生活配套设施也不断得到改善。T厂的生活福利设施非常齐全并具有超前性，涵盖了衣食住行乃至子女抚养等生活的各个方面，甚至在五六十年代就有了“灯光球场”“职工之家”俱乐部、话剧院、溜冰场、舞场、游泳池等各类运动场所和文娱场所，还包括从幼儿园到职工大学一整套完整的教育体系。

我们那会儿（20世纪60年代）生活基本不用出厂区，所谓的“从摇篮到坟墓”，我觉得说的就是T厂，我们那会儿出生有医院，厂里刚建时就有了，长大点有哺乳室，里面有500多个阿姨，号称“天下第一科”，上学进学校，从幼儿园到技校毕业都可以，生活吃喝拉撒都管了，基本出不了厂区，就连违法犯罪我们这里还专门设了一个派出所，打官司厂里也设了法院和检察院，像我父辈那一代人就说，除了死后进火葬场，其他的都可以在T厂里做了。(07GM89)

可以推断，T厂大院在60年代即已成为一个成熟、完整的生活社区，职工在厂区内即可完成“从摇篮到坟墓”的一系列生活需求，而这种完整又相对独立的城市小空间，使工人们在生产和生活活动的日常互动上进行了多维度的关系重叠，客观上也为工人公共意识和集体认同的塑造创造了条件。

（二）工人的社区互动与文化塑造

早期的T厂工人主要来自上海、东北等地（丁一平，2013：216）。此时的工人阶级刚经历完艰难困苦的革命斗争实践，原来的军事共产主义生活方式使得他们在个人与集体关系的认识上，集体意识远远高于“个人功利意识”（王联斌，1992），而广大的农民阶层也刚从原来的受压迫阶级中解放出来，感受到了新中国相比于旧社会的制度优越性，在社会主义建设中呈现出了当家做主的

① 洛阳市第一档案馆，全宗67，卷1，“洛阳市涧西区总体规划说明本”。

"主人翁"意识（彭正德，2010）。五湖四海的工人为共同的目标走到了一起，不同地域文化和共同价值观念的碰撞与融合势必激荡起这座新兴社区的生命力。因此在早期的大院内部，呈现出了本土与外地、城市与农村、东方与西方（苏联）等多种生活方式和文化形态的杂糅与对立。

刚来的时候有点不习惯，但是已经在汽车厂锻炼过了，基本都知道了。还是有些不一样。一般来说上海到这里来的，人家看我们都是外国人一样，我们从上海来的穿中山装，有四个兜，都比较好，一看都好像是外国人一样，这里工资低，另外生活条件比较差，对不对？这里都不吃鱼，把鱼打死，扔掉。去买鸡鸭，一只鸡多少钱，不论大小一只多少钱，5毛钱一只鸡。都是上海人买鸡，他们吃鸡都将鸡头、鸡翅膀扔掉……但是我们当时也都没有觉得有啥，大家都是工人兄弟，也都是为了祖国建设做事业，心理都很自豪。（09DM83）

工厂及大院的建立将来自五湖四海的工人都包含在内，在这方相对封闭的城市小空间中，T厂职工几乎全部的生产、生活活动都在此徐徐展开。社会空间的重组必然产生新的社会关系和社区文化。列斐伏尔和哈维曾分别用"空间生产"与"地理学想象"的概念说明这一内容，空间并非一个静止的几何"容器"或空洞的收纳"平台"，而是蕴含着文化和意义生成的"社会空间"（包亚明，2003：87），我们应"分析个人之间和组织之间的事物关联是如何受到分离他们空间的影响，去正确评价由他者创造的空间形式的意义"（约翰斯顿，2004：253）。如果说前述的公共空间和大院布局，为工人公共意识和集体认同的形成创造了客观条件，那么单位体制下的组织制度与集体生活则构成了大院文化及其认同生成的直接动因。

1. 高密度的集体学习

中华人民共和国成立初期，为巩固执政基础并迅速推进社会主义建设，中国共产党在全国范围内大举开展工农教育运动。T厂自成立一直到"文化大革命"前夕，都持续进行着高密度的集体学习活动。1960年，厂党委提出"一年普及小学，二年普及初中，四年普及高中（中专），八年普及高等教育"。当年的入学率就达到了87.5%（T厂厂志，1985：479-480）。

那个时候我们的学习热情都很高，一是旧社会很多人都上不起学，现在有机会学习了，都很积极，二是我们刚上岗很多业务知识都不懂，你晚上不好好学技术，白天上班的工作就会很麻烦。（11WF89）

工人的学习通常是自愿的，除少数文化程度或技能素质较高的群体不需参加外，绝大部分的工人都参与到了工厂组织的学习活动之中，因此当时开展的补习学校入学率都极高，有些时间段甚至接近90%。T厂职工总体的数量庞大，能分管的教师和教育干部又有限，因此绝大部分的学习活动都是以车间、科室等大集体的形式展开的，学习的密度都很高，除周六日外，每天下班后都至少要学习1.5小时。

那个时候，晚上活动是固定的，周一是党团活动，周二是工会活动。我们在厂里面工作的时候，晚上9点钟之前都不到家，小孩都是老婆管，如果老婆上班，我母亲回去了，小孩就自己躺在地上。党团活动，学党章什么的，还有开生活会，就是互相提意见。（14YM83）

集体学习活动从建厂初期一直持续到“文化大革命”时期才被迫停止，为工厂职工的思想意识的统一和技能业务的提高都发挥了重要作用，并形成了老一辈工人所特有的集体记忆。

2. 统一的生活景观与公共生活

在相对独立的厂院内，工人们的生活节奏和生活情景也趋于一致。在工厂的生产安排上，实行三班倒的连续生产制度。下班后又进行固定时间和内容的集体学习、厂区内部的文娱生活。情景的统一有利于观念意识的融合。封闭的空间和统一的生活情景将不同阶层的人发生碰撞的可能性缩小，也就不太可能产生其他的文化，即所谓的“世界缩小”了（三浦展，2007：219）。

我们那时上班是三班轮着倒，国家建设需要啊，当时全国就我们一个拖拉机厂，需求量大啊，很多人排着队都买不到，所以工厂基本是24小时不停工的。下班就去学习，学习完从哺乳室接完孩子回家，晚上就去厂区参加一些活动，厂里面（的工人）其实生活步调都很一致。（11WF89）

统一的空间景观也在一定程度上形塑了职工的集体意识。厂区是由苏联支援专家参照苏联哈尔科夫拖拉机厂设计的，在空间布局上呈现出理想式的规整性和协调性，而职工大院无论是外部的结构排列还是内部的空间安排上，都趋于统一和一致。空间景观对于人的观念塑造发挥着重要影响。我们必须意识到，“景观并非影像的聚积，而是以影像为中介的人们的社会关系”，在相同的生活景观内部，人们的互动形式和活动内容都将趋向规整（德波，2007：3）。

工厂当时是请苏联专家来设计的，1955年10月1日开始动工，包括厂房、生活间、仓库和办公楼，都是签订的合同。苏联人他们的建筑讲究左右对称，中间高，两边低，几个建筑之间排列也十分整齐。像我们的职工大院，最早的也是由苏联人设计的。（15LM74）

3. 集体组织的文体活动

建厂以来，T厂还通过工会组织开展了多种形式的业余文体活动。20世纪60年代初，T厂已有俱乐部一座，图书馆、阅览室10个，露天电影放映点2个，文化室27个，总面积为4000平方米。

图 3　工厂早期俯瞰图①

我们那会儿厂里很支持，投入力度相当大，工人的积极性也都很高，当时的项目也很多，像文艺创作方面还出了很多的工人作家、诗人、画家那些，有一个叫李清联的，你可以上网搜一下他的名字，他本来也是我们厂的工人，后来因为写作出了名，就成为职业作家了。你像还有很多职工运动啊，乒乓球、篮球这是比较受欢迎的，每天的比赛都有很多场，那个时候（60 年代）是 T 厂文艺的巅峰期。(16JM80)

在文艺创作方面，工人们也涌现出了极高的创作热情，在市、省和全国的报纸、杂志和出版社，都发表和出版了大量的小说、散文、诗歌、报告文学、曲艺、戏剧、歌曲、摄影、美术、书法、篆刻、剪纸等作品。1956 年，T 厂还成立了业余文工团，专门负责文艺演出以及演出兴趣小组的培养。文艺演出包括民间文艺、文艺会演、戏剧演出等多种形式和内容。

1956 年，T 厂成立了体育委员会，逐渐形成了厂级男女篮球队、排球队、乒乓球队等 20 余个体育队。T 厂每年还组织各种形式的体育竞赛，在市级以上的竞赛项目上收获了众多荣誉。

---

① 《留住洛阳工业发展的音符》，引自大河网，详见 http://jdwt.dahe.cn/bqjd/t20080508_1301543.html。

表1　T厂参加市级以上比赛荣誉情况①

时间（年）	比赛级别	名称	项目	取得名次
1957	市	田径运动会	田径	总分第一名
1958	市	田径运动会	田径	男、女总分第一名
1958	市	篮球冠军赛	篮球	男、女冠军
1958	省	游泳运动会	游泳	总分第二名
1959	市	游泳锦标赛	游泳	总分第一名
1960	市	篮球赛	篮球	男、女冠军
1960	市	足球赛	男子足球	冠军
1962	市	游泳赛	游泳	冠军
1962	市	篮球赛	篮球	男、女冠军
1962	市	乒乓球赛	乒乓球	女子团体冠军
1963	市	足球联赛	足球	第二名
1964	市	第二届运动会及职工运动会		总分第一名
1965	省	航模冠军赛	航模	总分第四名
1965	部	篮球邀请赛	篮球	男队冠军、女队亚军
1965	市	职工羽毛球赛	羽毛球	女子团体第二名、女子双打第二名
1965	市	青年足球赛	足球	亚军
1965	市	田径运动会	田径	总分第一名

丰富的文化体育生活不但激发了工人的生产热情，还促进了工人之间的良性互动以及公共意识的形成。通过各项文体活动，工厂将工人有限的可支配时间“占用”，实现对工人在生产工作期间之外的二度整合，物理距离的拉近而促使的密切互动也有助于社区公共生活的建立。工人们在多种形式的文化体育生活中，形成了除单位工作关系、大院邻里关系之外的趣缘群体关系，多重关系的重叠也强化了T厂工人内部的集体认同。

60年代初期也是我们文艺活动最活跃的时期，我从1959年拿起照相机，每天都能拍上100多张精彩的照片，当时还没成家，每晚冲洗照片都要弄到晚上12点以后，那时大伙儿的积极性都很高昂，应该说，厂里的文体活动对于活跃

① 笔者根据T厂厂志整理而成，《T厂厂志》，1985，475-476页。

职工文化生活起了非常重要的作用，因为演出和体育项目促进了大家生产的干劲。(16JM80)

综上，单位制时代为单位成员提供了从员工到家属的整套福利，从个体互动到公共生活的全面保障，从积极亢奋的生产建设到友爱祥和的大院氛围，使单位成员获得了一种真实的、有价值、有归属的体验。创业时期是一个物质贫乏与精神丰满并存的时期。这样一种特殊年代的集体氛围缘于中华人民共和国成立后人们将革命斗争实践转化为社会主义生产建设的"革命"热情，以及受压迫阶级被唤醒的当家做主的"主人翁"意识。而创业时期的大院生活，也成为第一代T厂人生命史中最热血动情的生活体验。

二、"文革之殇"：院墙之内的冲突与协调

1966年5月，中共中央政治局扩大会议通过了《五·一六通知》，标志着以阶级斗争扩大化为基本路线的"文化大革命"汹汹展开。阶级斗争的触角很快延伸到了全国各个领域，而在作为建设"主力军"和社会"老大哥"的工人阶级中开展得尤为激烈（林超超，2016：181-199）。

国家意识下的矛盾与协同

1966年8月15日，T厂开展"文化大革命"运动。"文化大革命"最初表现在工厂的生产方面，但在单位体制下，人们的生产和生活是紧密结合的。很快，工人"造反派"运动由工厂蔓延到大院内部。

1. 政治的强化

作为国家意志的重要实践主体，国有工厂的责任无疑是重大的。"文化大革命"开始后，除了生产的停滞，为配合"斗、批、改"运动的政治需要，T厂内部出现了"筹委会"和"二七公社"两大派，并先后还出现了众多小的派系。"筹委会"又称"保守派"，主张拥护工厂老一辈领导，主要由工厂领导阶层及其子弟、各部门行政人员组成；"二七公社"又称"造反派"，主张推翻工厂原领导阶层，打倒一切"牛鬼蛇神"，进入"无政府状态"，主要由工人群体组成。

由于"造反派"获得了中央"文化大革命"的支持，在"造反派"的干预下，T厂很快进入到"无政府状态"，工厂党委也被迫陷入瘫痪状态。为强化工厂内部的政治意识，拥护"文化大革命"的政治和组织路线，工人们在工厂车间和派系内部纷纷成立了"读报小组""毛泽东思想学习委员会"等政治理论学习小组，主要研读毛泽东语录以及党章、党报等内容。

时至今日，T厂职工对"文化大革命"的追忆，大部分还突显在工厂内部展开的"运动""口号""大字报"等内容上。"文化大革命"期间，当权者借助这些话语和符号传输着当时的核心价值观与主流精神。

2. 院内冲突与家庭矛盾

工厂早期的大院具有居住空间狭仄而庭院空间广阔的特征，这促使院内居民的互动变得稠密。而“文化大革命”开始后，原初的邻里往来和院内的良性互动也逐渐出现裂痕，众多互动开始以冲突的形式进行。

那时候院里面也都分成两派，其实整个洛阳这个地区也是属于斗得很厉害的。你像有些还是两边的头子，在院子里打起来的都有，当时大家都很热血。(06WF67)

由于T厂内部的机构庞杂，不同的部门和组织奉行着不同的政治主张，而职工及其子弟的政治思想教育又主要以分支单位（学校、车间、部门等）的形式展开，这也导致众多家庭内部（代际、夫妻）因受到的政治规训不同而政见相左的现象出现。

有些家里夫妻观点还不一样，有丈夫是“保守派”，妻子是“二七公社”（“造反派”）的，两个人在家里还就这个吵起来的，有的父母是“保守派”，子女是“造反派”的，都嚷嚷着要写父母的大字报，就冲动嘛。(19CM81)

3. 国家意识的操练

“文化大革命”时期，我国国有企业的运转其实质是一种“营房式社会主义”，一种建立在低生产发展水平上的、带有浓厚集体封闭主义色彩的社会主张(田毅鹏、漆思，2005：33)，这样的一种运转模式导致了大院内部虽然一方面延续着创业时期朴素友爱的风气，但另一方面人们的思想意识在阶级斗争的话语和符号系统下，表现出对“群氓式”政治运动的麻木与服从，破坏了大院的稳定和谐。

毛泽东时代通过“文化大革命”时期阶级斗争的符号话语系统，对单位职工形成一系列的外在制约和内在规范（陶宇，2011：80），人们对毛主席的尊崇与忠诚达到了无限崇拜的程度，在日常生活中表现出绝对服从，甚至是压抑个人心中的想法。大量“文化大革命”的符号话语系统也进入大院，人们在“辩论”“标语”“大字报”等符号与仪式中被进一步规训和强化。

单位大院绝非与时代和政治绝缘的封闭城堡，而是作为国家整合与控制地方社会的重要载体。在那个国家努力建成一个高度统一化、严密组织起来的社会，在那个弘扬集体主义、压制个性的时代，个体往往淹没于国家话语和集体意识的浪潮中，个体话语也往往是国家意志的延伸与表达。与西方学界对工厂政治和社会秩序的研究不同，“文化大革命”时期的工厂集体意识得以巩固和强化的原因并非布若威式的“制造同意”，而是建立在工厂职工对国家的绝对服从中，在对国家意识和话语的认同和实践中。

三、落日余晖：“文化大革命”后大院秩序的重建

1976年，随着“文化大革命”的结束和被否定，T厂的生产和企业管理逐

渐恢复正常，T厂大院的政治阴霾也得以遣散。伴随着物质福利的提升和改革开放思潮的涌入，人们在思想解放和生活互动中重塑着新一轮的大院关系。

（一）大院生活秩序的恢复

“文化大革命”结束后，T厂进入了恢复和重整期。“文化大革命”期间的政治性仪式和符号也伴随着人们对“文化大革命”的否定和反思而得以消解，大院终于从“阶级斗争”的大后方重新回归到单位组织下的生活净土，而“政治”的退场也使得大院的生活秩序得以恢复和重塑。

1. 思想解放与福利提升

1976年10月下旬，T厂全厂职工举行集会和游行，热烈庆祝粉碎“四人帮”（T厂厂志，1985：35）。1977年12月，中央组织部发动广大干群平反“文化大革命”期间的“冤、假、错”案，T厂也随即开启了对“文化大革命”问题的清理，并着手全面恢复工厂的生产和秩序。生产方面，制订学习大庆计划，重塑创业时期的“求实奉献”精神，并开启新一轮的生产计划，进入到生产建设的新高潮。

对“文化大革命”的否定和反思使人们固有的政治认识和思想观念得以重塑，在工厂重新组织的教育培训上，断续执行了近20年的“政治理论教育”也最终下线，而文化教育和业务培训则被奉为至要。生产的重振也促进了职工福利水平的提升。从1977年到1984年，T厂共建单位大院30.92万平方米，七年建筑面积相当于“文化大革命”十年的4.5倍（T厂厂志，1985：598）。T厂职工的住宅面积较原来普遍提高了两倍以上，曾经公用厨卫的组合居住模式也改变为每户都享有的独立厨卫。此外，工厂还在食堂、学校、幼儿保教、医疗、园林绿化等文化和生活保障设施方面进行了大量的丰富和完善工作，职工的福利水平得到显著提升（T厂厂志，1985：522-531）。

2. 关系修复与秩序重建

在大院内部，经久的“阶级斗争”热潮逐渐远离了人们的生活，居民们也摆脱了派系对立的负担而重新回归到曾经友爱的“同事”和“邻里”关系。被访者J曾是“文化大革命”时期的“造反派”积极分子，因为政见矛盾曾和邻居L（“保守派”成员）展开多次辩论，甚至不惜大打出手，这也成了“文化大革命”期间大院的极端案例。“文化大革命”结束后，双方在对这段历史的审查和反思中逐渐淡化了对彼此的“政治仇恨”，在生活往来中很快便恢复了曾经的邻里友谊。

我们其实关系本来很好的，那都是老邻居嘛，那会儿事情都已经过去了，都知道那时候是冲动，是政治观点不成熟的表现，“文化大革命”后就慢慢恢复来往了。（23ZM82）

在“国家—单位—个人”的组织和行动框架内，个体的意识和行动都依据国家和单位的意志来展开。国家承认“文化大革命”错误并为此实施的“平反”“纠正”等一系列举措，直接影响着各级单位及其所包含的个体之间的思想意识和行动策略。1978 年 8 月开始，T 厂陆续为“文化大革命”期间遭受迫害的职工进行平反，并对在“文化大革命”期间犯下刑事案件等严重错误的员工进行追责和处理（T 厂厂志，1985：36），而 T 厂职工也在对“文化大革命”的反思和批判中重新建构着个体关系和集体认同。

除却对于“文化大革命”错误的批判和纠正，生活空间的转换也对单位大院的关系和秩序产生着重要影响。厨卫共用的组合居住模式的终结也宣告了大院内部一个时代关系类型的结束。在独立厨卫的新住宅中，大院邻里间的日常相处模式也发生了变化，隐私空间的扩充使得人们生活互动的空间和机会相对减少。人们日常关系的展开主要依赖于之前的邻里互动惯性以及彼此对“T 厂职工”“同一街坊（大院）”的身份认同之上。

只要是一个院子里的，都是一个厂里的人，基本上都是认识的，叫不出名字也都说得上来，即使厂里大大家不认识，下了班一个街坊里的还容易组织活动呢，打球、跳舞、体育这些，大家经常一块儿，那时候我们职工生活还比较丰富，厂里这些设施也都齐，你看现在的三号街坊那儿，以前是我们的俱乐部，邻里关系那会儿其实都老好了。(01XM84)

（二）改革初期的生活微澜

1978 年开始改革开放，国家经济委员会等六个部门选取了八家国有企业进行扩大企业自主权的尝试（周叔莲，2012：70）。1984 年，中共中央十二届三中全会通过的《关于经济改革的决定》中明确提出要进行经济体制改革，并扩大企业的自主权（肖冬连，2004：60）。但作为“限制介入性国有企业”的 T 厂，国家出于经济和资源等安全目标的考虑仍旧保留了对它的调控能力（刘平等，2008：60），因此改革开放初期的 T 厂仍然保留着单位体制的典型特征，但改革的思潮已悄然渗入了院墙之中，并激荡和困扰着大院内的“单位人”。

改革开放初期，一大批个体和私营商如雨后春笋般汹涌而出。彼时的 T 厂还延续着国营经济的惯性机制，工厂职工依然散发着社会“老大哥”的荣光，而厂院外围摊贩商的与日俱增，也开始冲刷着 T 厂人的信念与执着。在市场和单位的各相拉扯之下，大院居民逐渐陷入了新一轮的迷思。

党的十一届三中全会后，全党的工作重心转移到了经济建设上，T 厂在企业整顿后又焕发出新的生机。生产经营体制得到完善，产品质量和技术创新上均取得了辉煌成果，并形成了覆盖全单位职工和家属的“全包福利”。T 厂进入到建厂以来的鼎盛时期。对于这一段历史，曾担任厂长助理的 Y 总结道：

在改革开放后的这十年，应该说是工厂最好的十年，在这一时期，工厂既有困难，又有辉煌。(12LM77)

不仅在领导高层眼中，在普通职工眼中，20世纪70年代末80年代初也构成了他们的“最难忘记忆”。

那时候还发油、带鱼，这就是硬菜呀，确实不容易。其他单位可能春节就是发一些糖啊、瓜子、米、油……可能也是T厂当年的这些各种各样的福利，让我们觉得生活有了保障，那时候是工厂最好的时候，T厂的工人说出去那都是很有面子的，那时候流行“下海”，其他厂里可能很多人都“下海”出去了，我们厂里很少。(26CM45)

T厂的鼎盛时期也让T厂人获得了极大的认同感。尽管受改革思潮的影响，当时已有不少单位体制内的职工开始“下海”经商，但绝大部分的T厂人却依然选择留在T厂。在国家的政策保护和工厂的励精图治之下，T厂造就的鼎盛十年也成为工厂高峰历史的末章。但须明晰的是，T厂的繁荣是建立在改革过渡时期国家调控安排下的，当市场改革的冲击波直面而来之时，单位也并非永远如斯温情脉脉的理想城堡，共同体式的大院生活也即将发生新的变化。

四、物换星移：走向终结的“大院共同体”

作为“限制介入性大型国有企业”，T厂对经济改革的感知明显滞后于其他企业。但随着改革的深化，T厂也逐渐进入了国有企业改制的步伐。从1985年至1995年的十年间，T厂正式完成了向自主经营型企业的转变（T厂厂志，2015：63-65），这也标志着过去对职工“大包大揽”式的单位体制走向了瓦解。

（一）大院居民结构的置换

企业改制的影响首先体现在员工上，过去在单位体制的庇护下，职工只需完成工厂所规定的生产任务，单位掌管着职工个体乃至家庭生活的方方面面，在工厂和大院所组成的单位空间内，职工可以完成“从摇篮到坟墓”的所有行动。企业改制后，T厂大院与工厂的依附关系也逐渐消解，住房商品化更是直接推动了大院原有的“T厂人”与外部人员的流动和置换。

1. 住房改革

自1998年后，国家全面停止福利分房，真正意义上进入到住房货币化阶段（王振霞，2018：128-136）。1991年，T厂也针对福利房进行改革，不再以租赁的形式提供给职工居住，而是以优惠性价格变卖给职工，以售代租。

1994年，国务院发布并实施《关于深化城镇住房制度改革的决定》，明确提出将“住房实物福利分配的方式改变为以按劳分配为主的货币工资分配方式”，并指示要稳步出售公有住房，“房改房”的概念由此产生（卢嘉，2013：41）。据职工回忆，房改本质上就是职工购买自身原本居住的房产。在具体的执行过程中，部分职工由于价格和居住需求等考虑，也会选择和其他职工进行换房购买。1993年，T厂大院的公房已悉数变卖完毕。据T厂原房产处处长介绍，在民住房成本价的基础上再扣除工龄和房屋折旧的差价等，因此房改房的购买价要远低于市场价，很多职工可以再以市场价转卖出去，赚取差价。

虽然住房改革只是将原本分配给职工居住的公房变卖给职工个人，但并未改变大院的居民结构，而房改的意义在于打破原有的一系列资源垄断——大院之内的住房不再为T厂人所专有，而是可以进行自由买卖。院墙之外的“外来人”“社会上的人”通过与院内职工进行住房交易，即可实现在教育、医疗、休闲等诸多方面的便利，从而也导致了大院人口流动性和异质性的增加。

2. 外部人员的流入

住房改革使得大院住房的售卖和租赁成为可能，随着住房商品化以及90年代末至21世纪初T厂“减员增效、下岗分流”的展开，T厂的原职工开始大量迁出大院，而外部人员也纷纷涌入到大院之中。

笔者总结访谈资料发现，主要是下述几种情况导致大院住房的买卖和租赁：一是工厂的领导干部或退休高层有经济条件在外购买新的商品房，于是选择搬出大院；二是在“减员增效、下岗分流”中被遣散的职工由于生活压力，选择和父母同住或搬往开发区，将原有住房出售或出租；三是部分住房年久陈旧，职工不得不另择他处，部分人在子女的安排下搬出了大院。

在访谈中，一位退休领导干部的子女在T厂住房改革初期就已搬出大院，在洛阳市的中心城区购买了高层新房；而大部分退休高层则更愿意帮助子女在外购置新房，自己选择留守在厂院；一部分职工在内退后选择“下海”或务工，在外重新安家；更多的被访者告诉笔者，如今T厂在职领导都在外购买商品房，选择了搬进现代化小区。众多居民的流出使大院的住房出现了空置，也为住房的买卖和出租提供了可能性。笔者从社区的管理干部处了解到，如今原T厂大院的住房出租率超过20%，可以推断，实际上大院原职工的住房变动将远远超出这一比例。

现在很多房都租出去了，大概得有个四分之一、五分之一吧，外面的人进来的，什么样的人都有，所以现在这里就不比以前，以前这里是职工家属区，风气就比较好，T厂的人素质都很高，现在外面进来的人多了，就比较乱了。(27LF35)

与此同时，进入到大院的外部人员主要有两类：一类是外来务工人员，由于T厂附近有两处贸易市场，大量的农村或外地的商贩和务工者都就近租房；另一类则是买房群体，以学生家长为主，在就近入学制度的干预下，为了子女的教育而选择购买拥有优质教学资源的大院住房。

总而言之，住房改革和下岗减员等综合作用，使大院的人员流动性增加，大院内部的住房流转和人员置换，也使得自中华人民共和国成立后建立起来的体制内和体制外之间的高墙逐渐消解。外部人员的流入增加了大院的异质性，原初作为“熟人社会”的大院生活圈已不复存在。随着旧房改造和房地产项目的开发，老的大院住宅也在经历着拆除和重建，伴随着一代人集体记忆的T厂大院正黯然地退出历史舞台。

（二）公共生活的凋零

随着国企改制的进行，国有工厂对职工“大包大揽”式的生活福利关照也大为削减。其中，在空间上则表现为公共空间的收缩，即围绕职工所建立的一系列生活福利设施和集体性公共生活的减少。公共空间的凋零意味着大院居民赖以发生互动、营造集体生活的物理条件的湮灭，而私人生活的变革也使人们自我意识提升和社会交往需求减少，并由此导致社区公共性的衰落以及居民社区认同的式微。

1. 旧房改造及商品楼的兴建

在住房改革的过程中，由于大院公房变卖为私人所有，T厂的房产处也失去了作为职工居住福利承担者的意义，1997年房产处正式解散。从此，T厂生活区的建设和管理全部移交给由T厂控股的房地产开发公司。房地产开发公司对T厂生活区的影响走过了如下步骤：首先是对众多的大院老旧住宅进行拆除改造或重建；其次为整顿厂区生活环境以及推进社区的重建，房地产开发公司又负责原大院的物业管理及公共空间的设施运营；最后，作为市场企业的房地产公司又拆除了众多公共设施以便开发新住宅，导致居住区的容积率极大增加，造成生活区住宅楼之间的“拥挤”，原来用于职工集体活动的公共设施都被拆除，公共空间几近凋零。

2. 私人生活的变革

除却公共空间中福利设施的拆除导致了居民公共活动的减少外，另外就是私人生活的变革。进入到20世纪90年代以来，现代化家居和生活方式的兴起和生活条件的改善，人们有条件在自己家中就可以满足过去只能在集中的空间下才可能实现的日常活动需求。电视就是一个十分典型的例子。

那时候工厂有专门的电影场，露天的、室内的都有，每周都会放八一电影制片厂、长春电影制片厂的电影，每回放的时候可热闹了，那是人挤人，要想看下了班就赶紧去占位置。你看现在就方便了，家家都有电视机，想看哪个点哪个。（29ZM51）

私人生活的变革在刚性需求方面也表现得十分明显。如洗澡，多家灶时代以及单门独户早期居民由于居住空间逼仄，只能在厂区的澡堂内洗澡，而随着居住环境的改善，人们在家中即可安装热水器洗澡。

改革开放以来私人生活的转型使公共生活退化，并将个体的休闲活动转为以家庭为中心，推动了自我中心式的个人主义发展（阎云翔，2006：41）。大院时期，由于居住空间的逼仄和生活资源的匮乏，人们需要在公共生活中才能获得生活资源，这反而促进了人们的社会交往。当人们的生活质量改善，并由此推进自我意识提升和私人生活的变革，但也使得人们公共生活和集体互动的平台及机会减少。

（三）高福利生活的消解

由于20世纪90年代以来T厂陷入经营困境，只得通过内退和裁员等形式不断“瘦身”，在职工福利方面更是“江河日下”。随着福利的不断削减，工人的生活保障主要依靠低廉且浮动的薪资来提供，大量的工人或被分流下岗或主动离职“下海”，在高福利生活下所建立起来的集体认同也遭遇危机。

笔者在访谈中，众多T厂老职工在回忆过去工厂福利之时，反复用“硬”这个字眼来加以形容。工厂的“硬”福利主要从两方面来理解：第一，主要指T厂的硬件福利设施及其相应的制度体系非常完备；第二则是形容工厂的福利非常稳固和优渥。与职工身份直接相关的软性福利，指的是发放给职工以及职工家属的洗澡票、节假日礼品、话剧票等。国企改制后，设施福利和软性福利的运营与企业经济效益直接相关。由于90年代以来拖拉机等农用机械在国内进入到销售瓶颈阶段，T厂也开始陷入经营困境，为减轻企业负担，职工福利被一再缩减，硬件设施逐渐被拆除以兴建商品房，而软性福利也大幅减少。

单位制时代的T厂福利不仅针对在职员工，对于退休员工和员工家属都有顾及，这也使居住在T厂大院的职工及其家属对T厂产生了极大的归属感和认同感。而国企改制以来，福利的受众面越来越窄，现如今T厂的福利补贴基本只针对在职员工。除却软性福利的刻意缩减外，工厂高层对公共和福利设施的建设也越显漠然。90年代以来，T厂几乎不再对厂区的公共设施进行补充建设。高福利基础上曾为职工及其家属所提供完善的生活保障，也正是大院居民参与公共生活，建立企业及大院归属感和认同感的重要条件，一旦人们的生活保障消解，价值需求将退化到基本性的生存和安全需求，而认同也将逐渐瓦解。

众多老职工在说到T厂和工人的现状时都极为动情和感慨，话至深处甚至哽咽。曾经的“老大哥”称谓赋予了他们极高的自豪感和荣誉感，T厂的繁华不再以及工人社会地位的降低给他们造成了巨大的心理落差。21世纪初，陆学艺等人基于调查研究的基础上，对我国社会阶层进行了重新排序，工人阶层位列所有十大阶层的第八位，仅高于农民阶层和失业人员（陆学艺 等，2002）。当工人的薪资福利以及社会认可度都急剧下降之时，人们对从事工业劳动的意愿性也会相应降低。在T厂内，工人子弟均不愿再成为工人，这也间接导致大院稳固的居民结构走向消解，而曾在工厂和大院中所建立起来的同事、邻里、同学、趣缘、血缘等多重关系的重叠，也随着工人及其子弟的搬出而逐渐淡却，成为压垮“大院共同体”的最后一根稻草。

第四章 大院认同的构成要素与建构逻辑

一、大院认同的构成分析

单位体制时期，大院居民在工厂和社区的复合关系体下建立起了强烈的大院认同感。大院时期集体认同的塑造，是一个长期累进的过程，它也蕴含着复杂多元的结合路径。须明晰的是，所谓"大院认同"，并非一种单一的空间归属感，而是一种在多元认同凝结下的概念体系，它包含了人们在特定时期、特殊的制度属性内表现出来的，基于对国家、单位、社区以及自我身份的认同糅合。对此，本节主要探讨大院认同的构成要素，以及在各要素框架下大院认同的聚合路径。

（一）制度建设下的国家认同

国家认同被认为是现代国家建构的重要组成，现代国家建构包含了"制度建设"和"认同塑造"两部分（张燚，2016：7），前者的任务是"设计一套新的政府形式，以便有效管理国民"，后者则是培育国民对"国家及统治体系"的认同（霍布斯鲍姆，2005：80-81）。"制度建设"和"认同塑造"并非相互独立的两个向度，而是一种相辅相成的关系。中华人民共和国成立后，国家通过一系列的制度安排实现了工人阶级"当家做主"的夙愿：政治上确立了工人阶级的统治地位，经济上又将工人阶级设定为社会主义建设的主体力量，组织管理上，确立单位体制以实现单位职工（工人为主）"从摇篮到坟墓"的生活保障。工人阶级从被压迫者一举成为共和国的主人，并在国家持续输出的符号与话语系统下建立起了强烈的国家认同（武振华，2015）。这是一种建立在对新政党领导国家的合法性认同（贺东航、谢伟民，2012：11-13）。正是基于这种对国家的认同，T 厂工人才会在工厂筹建时期表现出无私奉献的创业精神，才会在"文化大革命"时期为国家意志而不惜与大院邻里甚至是至亲反目。

在建厂初期，工人们从五湖四海克服多重困难来到洛阳，却毫无怨言，并积极投身到工厂的生产实践当中，这本身就是一种为社会主义工业建设作贡献的国家认同的彰显。国家和 T 厂的符号及话语中，不断地将该厂的这些贡献涵化到 T 厂人的意识结构中，形成了 T 厂人特有的荣誉感和使命感。

单位大院作为国家为保障职工生产生活而形成的附属性安排，本身亦蕴含着一套制度建设在其中，"大院制"的设立也是国家为确保职工能全心投身社会主义建设并体现社会主义制度优越性的刻意之作。在此前提下，职工的大院认同本身即是一种对大院形成及建立背后所彰显的国家意志的认同。单位体制时期工厂职工所形成的国家认同，其本质上也是大院认同形成和产生的前提条件。

（二）组织依附下的单位认同

早在《共产党社会的新传统主义》一书中，华尔德就曾提出“组织性依附”的概念，意欲说明国企工人的组织（单位）认同来源，他认为，国家通过确立工厂的制度文化，使工人形成在经济上依附企业、政治上依附工厂的党政领导以及在个人关系上依附于工厂直接领导的生活惯性（华尔德，1996）。换言之，国家和单位通过控制和分配单位成员赖以与社会相链接的一系列资源，从而实现对他们的支配性关系，进而使其对单位形成“无条件”的认同和绝对性服从（田毅鹏，2007：120）。在这套认同体系下，国家作为资源的全面占有者和控制者，处于绝对的优势地位，单位依附于国家，而单位成员依附单位。

访谈者在谈到资源和福利分配这一部分内容时，往往容易带出一个前提，即“国家”，并将单位组织的管理和分配都推及国家的制度安排之下。由此可见，国企职工对于单位的依附是建立在对国家的理解和认同基础上的，单位是国家的派生性管理者和国家在地方社会的代理人。单位组织通过全面控制和供给单位职工生活及社会资源，形成对单位人的支配性关系（周翼虎、杨晓民，1999：277），而单位得以实现全面控制的一项重要凭借就是单位成员赖以展开生活并完成社会化的单位大院。在此意义上，单位人形成的大院认同本质上是其单位认同的延伸和拓展。

（三）多元互动下的社区认同

大院认同的实质是单位成员对生活社区及其相关的制度组织所形成的集体认同，与我们今天在市场经济视域下探讨的“社区认同”不相一致。单位属性下的大院认同，并非一种简单的物理空间归属感或是基于社区资本、意识和利益等因素的居民的社区参与程度（唐有财、王天夫，2017：74），还应当纳入制度和关系的维度。大院认同不仅建基于国家认同和单位认同之上，是制度和组织依附下产生的心理情感，还包含了单位成员在工厂、公共空间和大院内部的复杂互动下实现的关系重叠。在工厂中，单位成员在单位组织的集体生产和学习中建立起了稳定的业缘关系；在公共空间，集体组织了丰富多样的公共生活使得他们再次建立了多重的趣缘关系；而在大院内部，基于内部同质性和空间构造而产生的高频互动又使他们构建起亲密的邻里关系。多重关系最终在作为生活发生地的单位大院得以耦合，共同的生活经历以及共鸣性的公众议题加速了单位成员社区认同的产生。

单位体制时期，大院内部的居民并非简单的邻里关系，而且还包含了单位组织内的同事关系、集体组织的公共生活中形成的朋友关系，以及守望相助的邻里关系。在这种耦合性关系体中，人们的失范行为具有极高的道德风险和犯错成本，任何一个属性空间内的个体失范信息都有迅速扩大到全局的可能，这不但形塑了制度规范之外的集体规范，同时也在制度规范和集体规范下产生了集体认同。封闭空间内互动和关系的纵横重叠，使人们正式获得了"共同体"式的认同。单位、社区和个体相互联结，形塑了特有的"关系束"及社区认同，但我们并不能简单将这种社区认同等同于大院视域下的集体认同，正如不能将"大院"与"社区"完全等同。"社区"仅仅是人们居住的物理空间，以及空间范围内的关系和互动，并不承担额外的情感意义，而"大院"则不仅承担了"社区"的功能，它还包含了国家和单位、制度及组织、趣缘与业缘、群体与个体等复杂多元的承认和认同，我们在此所说的"大院"，不单是一种居住空间，还是国家、单位的派生物及其对应的关系聚合体。因此，社区认同和大院认同的显著区别在于，社区认同仅仅是社区成员对居住空间及空间内部所发生的关系的承认及依附；而大院认同，则是包纳和糅合了其成员对于国家、单位和社区的嵌套式认同。

（四）他者凝视下的身份认同

大院认同还是一种建立在"国家—单位—社区"的制度和空间体系下的身份认同。它是社会对个体的身份建构并被个体所主观内化后的产物（伯格、克曼，2009：142-147），由个体之外的"他者"（或社会）所塑造的（Tajfel、Turner，1986：9-19）。在此意义上的"他者"，不仅仅包括个体所属的内部群体，还包含了关系群体之外的外部群体。

单位时代，由于单位间处于相对平均主义的状态，在封闭的单位空间内表现出高度同质性，单位成员对单位及内部群体具有极高的认同感（田毅鹏，2007：120）。与此同时，制度偏向性的单位组织以及从生到老的全套式福利，使单位成员在与社会其他群体的对比中表现出较高的优越性，因此也获得了外部群体的承认及向往。外部群体的不可得和内部群体的均等化也形塑并强化了单位成员对自我的身份认同。

笔者在访谈过程中，国企改制前的老单位职工几乎都会表达出对进入T厂时的愉悦感和自豪感。在他们看来，成为"工人老大哥"是一种"社会地位"的跨越，意味着自身生活从此有了保障，而个体身份也能得到社会的广泛承认乃至尊崇。由此可见，身份认同在某种意义上是主观因素与客观因素双向互构的结果，既需要群体成员对其成员身份的主观认同，也需要身份群体之外客观事实的社会建构。身份群体和外部群体互构产生的身份认同，在作为国家、单位和生活社区的关系集合下的大院得以集中迸发。大院不仅是一种居住空间和关系聚合体，还是一种身份的象征，封闭的院墙如同一道横亘在体制内与体制外的有形屏障，隔绝了社会外部群体，并强化了内部的认同。

综上所述，大院认同本质上是"国家—单位—社区—个体（身份）"线性关系下的集合型产物。它并非并列独立的选择性认同，而是一种嵌套式整体认同。通过国家、单位、社区和个体的相互联结，从而形塑了特有的“关系束”以及大院认同的集合化模式。大院认同的集合化主要表现为：由国家及制度形塑而成、在个体和单位组织之间产生的依附情感；个体间交往互动所激发的“仿亲情”“仿血缘”情感（张晓溪，2016）；个体成员间身份、社会关系及资本上的“无差异”（或微差异）而产生的情感。

二、大院认同的建构逻辑

大院认同的建构是一个由众多因素共相作用所发生的过程和逻辑，它不是单向的集体塑造产物，而是双向互构的结果：大院认同既包含国家和单位组织自上而下的制度缔造、文化渗透以及封闭空间下的关系再生产；也包括单位成员建立自我身份和寻求集体归属感的本体性需求，以及时空切换下原“单位人”在集体记忆中对认同的重塑与强化。

（一）自上而下的认同塑造

1. 制度建设：“国家—单位—大院—个人”的结构关联

大院认同建构的过程，首先表现为“国家—单位—大院（社区）—个人”纵向体系的建立。在中国的制度语境下，单位之所以被视为一项制度，“是因为它是在主流意识形态和价值观念基础上建立起来的一种特殊的组织和机构形态”（李汉林，2004：7）。在资源有限的计划年代，“国家—单位—大院（社区）—个人”是一种全面的、单向纵深的依赖体系，从个体到国家，构成了一种单向的依附关系。国家作为资源的掌控者，居于绝对的优势地位，单位依赖国家，而个体又依赖单位及大院。由此，国家“主流意识形态”所主张的价值观念和行为规范，通过这种纵向控制体系得以全面贯彻和展开。

国家通过社会资源和财富的再分配，在政治、经济和文化等多个维度上实现了对单位的全面管控，并由此形塑了单位成员的政治认同。这种政治认同表现为个体对国家执政者及主流意识形态的合法性承认，并对其再生产的结构性支配来源（制度、组织和意识）亦赋予认同的力量。在这种国家或政治认同的框架内，单位及其成员表现出对国家及其派生性制度、组织的无条件拥护并服从。其次，在单位社会，单位作为国家在地方社会的派生性代理者，几乎承担了管理单位成员所需的一切职责，并借由国家的权力分流实现了对个体的资源、身份和意识的全面管控。空间的封闭性和资源相对均衡的统一安排使单位内部基本处于一种平均主义状态，具有较强的同质性，不会产生相对剥夺感，从而也增进了单位人对于单位社会的认同感。而作为单位派生的职工“生活管辖系统”，单位大院又是单位成员生活的直接依托。大院将单位和单位人之间建立起内在的制度性关联，单位是职工住房、医疗、养老、子女的抚养及教育等一系列福利的直接承担者，其所有的福利功能借由大院而得以集中发挥，由此也强化了单位人对单位、大院的依赖感。除直接的生活供给之外，单位成员的社会交往、身份认同和公共活动也主要是在单位大院的关系互动中得以建立，以此产生了共同的生活经历和共鸣性的公共议题，进一步推动了单位人对大院的依恋与认同。

综上所述，“国家—单位—大院（社区）—个人”的纵向结构是大院认同产生和形成的制度基础。

2. 文化渗透：从政治思想到生活观念的全面塑造

单位不仅承担着职工的组织管理和生活保障等功能，还具备着对其进行文化塑造的作用。作为国家社会主义建设的主体力量，国家对工人阶级思想文化的引导和规训尤为重视，借由单位和大院将国家“主流意识形态”下的价值观念和行为规范予以全方位、历时态的贯彻。首先则表现在政治意识的塑造上，毛泽东时期即单位体制的主导时期，国家通过报纸、口号、标语等符号话语系统将国家的政治精神予以濡化（林超超，2016），政治话语几乎浸入到单位社会的每一个角落，作用于每一个单位人的心理。众多类似于T厂的国有工厂甚至都开展了工人的集体学习活动，在工人每天的生产时间之外专门设置学习班级，其中一项重要的学习内容即政治思想。学习形式也较为丰富，除教师的直接授课外，还有读《人民日报》等党内刊物、开展思想生活会、党员活动等。

单位组织下的规模生产、公共活动和集体生活的过程，其本质上也是一个文化的渗透过程。单位视域下的集体生产和公共活动通过日常性的集体活动（生产、集体学习、文体活动等）和庆典型的仪式活动（文艺演出、运动会、庆祝大会等）使单位成员得以共同在场，在群体聚焦和群际互动中将个体的情感和行为标准化，以此将国家、单位的价值观念和行为规范赋予到个体，并形成一种排他性的集体情感力量，即集体认同。这种集体认同是建立在单位成员集体生活和共同在场的基础上的。而单位大院作为人们生产之外的主要依附空间，构成了人们集体生活的重要组成部分。人们在工厂中建立的相互关系和身份归属感，在大院中得以发酵和新生，通过邻际互动和公共空间下的集体活动等“互动仪式”（柯林斯，2007），人们形成了依托大院而产生的集体认同。虽然大院认同并非集体活动单一因素下的结果，但集体活动所建立的群际互动及其内部规范对集体情感的凝聚具有显著的推动作用。

3. 空间生产：单位闭合空间内的关系嵌套

单位制确立初期也适逢我国社会主义经济建设的恢复期，为了保证生产建设任务的高效完成，国家为单位职工谋划了从生产到生活的一整套福利，以切实保障单位职工能全身心投入到生产工作当中并且体现社会主义制度下工人阶级的优越性。资源的有限性以及集中分配等特点使得这样一种制度安排在集中的空间内展开，并由此形成了一个闭合的单位圈层。在相对独立和封闭的单位空间，人们实现了多重关系的交叠。首先是在生产空间中形成起来的业缘关系。由于国有工厂内部车间和班组间成员彼此的交往和依附较深（华尔德，1996），职工在工作之中建立起了密切的协作关系，以及基于共产党文化塑造的身份认同而形成的同志关系。这种深厚的业缘关系为单位成员在工厂乃至整个单位空间内集体互动的展开以及复合型关系的形成奠定了基调。职工在工厂的生产工作中交互较多，而内部成员的稳定性又较高，使长期以来形成了对同一车间、部门乃至整个分厂成员身份都彼此谙熟的情况，并将这种熟知关系作用到了工作之外。为了便利职工生产和生活的连接，单位大院通常都紧邻工厂，居住成员也都是工厂职工和职工家属。由于早期建房资源和经费有限，大院住宅面积的压缩和厨卫共享的空间布局虽然在一定程度上给人们的生活造成了不便，却反而促进了邻里之间的互动交往。多家灶和公厕将邻里之间的起居饮食紧密地结合在了一起，也使得居民的生活私密性较低。在这种生活工具共享、共用的空间布局当中，邻里之间具有较高的冲突成本，因为在这个熟人圈层中成员间处于彼此依存和配合的关系，任何一方的逾矩行为都将打破内在关系的平衡，引发的后果还将反弹到自身。

除却左邻右舍的邻里互动外，大院内部通常还会集体性地参加工厂组织的公共活动，单位制工厂一般都设立有大量的公共福利设施，以保障职工的文化体育等休闲需求，在这些俱乐部的活动中，形成了单位成员间的趣缘友谊。

综上所述，闭合的单位空间造成了人们社会关系的交叉和重叠；封闭性空间必须要满足人们生产生活的丰富实践，由此不同空间属性内形成的不同关系势将在内部空间的交合作用下发酵和新生。在单位组织的统一安排下，人们生产上相互协作、生活上密切往来，经由生产空间、公共空间和生活空间形成和建立了一种特殊的关系综合体，由此建立起人们的归属感和认同感。

（二）自下而上的集体互构

除却国家和单位、制度及组织的自上而下的认同塑造外，大院认同的建构过程中本身还包括了单位成员个体性的塑造过程。这种自我的认同塑造既包含了个体趋向群体的本能性需求，还有跨越时空的集体记忆对于大院认同的重构和强化。

1. 本体需求："身份"与集体归属感的自我追寻

人有社会交往的动机，个体也有依附群体的需求。同样，人们在群体或系统内的互动中也有寻求情感归属的意义需求，即建立起认同的动机和需要。当国家和单位通过调配将不同地域，甚至身份背景也不同的人们召集到闭合的单位空间中，人们彼时还处于身份角色模糊、社会关系不清晰的初始状态。此时，除却单位的组织和安排外，人们关系链接的建立还有赖于个体对人际互动以及集体归属的需要。当彼此的身份以及与他人的关系确立后，个体形成对内部系统（大院）的认同也并非一成不变的凝固状态，而是随着日常交往的变化呈现出一个动态的过程。以本研究的样本T厂大院为例，创业时期人们基于国家动员和社会主义工业化建设的集体目标，在大院的邻里互动中建立起了关怀友爱的关系氛围；“文化大革命”期间由于政治斗争和工厂派系冲突的延伸，大院居民中则体现出协同与对立的矛盾状态；“文化大革命”后人们在秩序的重建中恢复了以往和谐的内部关系，并伴随着改革开放初期的经济变化，社会交往观念和内部认同也逐渐在转化；企业改制后，随着单位社会的解体和大院的“消解”，人们不得不重新建立新的社区关系，以往的对于大院共同体的归属感和认同感则在集体记忆中被重新建构。在单位大院的时间轴上，人们的关系模式以及对大院的认同感也在各个历程中发生着转变。虽然不可否认国家和单位等外部条件在此起到的决定性作用，但绝对不可忽略个体自身在这一过程中角色定位和关系理解的调整和变化。

如上所述，大院认同的建立其实质是个体自我满足的过程和结果，其动机缘于个体的社会化需要，即单位成员相互之间、单位成员与大院和单位之间的协调及趋同的需要。

2. 集体记忆：认同重塑与强化的基本资源

无论是主动追求还是被动塑造，人们的集体认同几乎总是建立在对“集体记忆”的呼唤之上。在20世纪90年代之前，国有企业职工属于中国的“类中产阶级”（李强，2000），在社会上享有“工人老大哥”的称誉，而在单位内部，则享受着“从摇篮到坟墓”的福利保障。这种衣食无忧、社会尊崇的身份为他们建立起了强烈的认同感和荣誉感（李瑶，2008：78）。随着单位制的解体和住房商品化的推动，国企职工曾经赖以栖居和展开互动的单位大院也逐渐消解，人们在新的城市社区中“虽生活在咫尺之间，见面却连点头之交也没有，初级群体的亲密性也弱化了，依赖于这种关系的道德秩序也慢慢解体了”（冯钢，2002：7），使原本生活在大院中的居民产生了巨大的社会不适感。

你要说生活条件那当然是现在好一些了，但氛围肯定是以前（大院）的好，现在住一栋楼里的都不认识，平时关着门也见不上面，基本上没有交流。以前大家住的条件差一些，但是大家都熟悉啊，那时候的邻里氛围是真好啊，我倒愿意回到那时候。（11WF89）

在脱离了大院搬到现代商品化小区后，现代社区模式的陌生感和邻际互动的匮乏给原大院居民带来了剧烈的文化震荡。现代社区的生活不适应，以及对大院的集体怀旧，过去和现在的对比冲突反而更加强化了他们对大院的认同感。在这个过程中，他们淡化了大院居住条件相对落后、设备简陋等缺陷，而是将关怀友爱的邻里关系、基于社会地位的身份认同以及彼时单位人的相对优越感赋予到了大院的空间意涵之上，从而重构并再一次强化了原本意义上对于大院的认同。人们对大院的总体性肯定，在某种程度上也缘于邻际互动匮乏、社区参与欠缺、单位人社会地位下降等现代社区常见而原大院少有的问题，从而将这种对现今生活的不满从局部向外扩散，而这种异化的、否定的现实既是基于过往的认同，也是一种集体记忆作用下的结果。

第五章　余论及总结

作为单位制的派生品，大院一直以来都在单位制的批判之中被夹带入内。但作为“中国经验”框架下的一个现代化版本，大院却有着其深层意蕴。大院是现代社区的原生形态，在社区模式取缔大院模式之时，众多原大院居民出现了“社区不适应”的结构性病症。我们不可否认单位大院存在着与生俱来的缺陷和弊端，但也绝不可随着单位制的解体而将其全盘否定，我们应当看到其对于现代社区建设和集体精神塑造等众多课题的借鉴意义。

一、作为一种现代性版本的大院

长期以来，一直都有学者将单位制斥之为一种传统性在新时代僵化的表达。但单位制的建立，实际上是近代以来政治精英们对中国传统社会激烈批判和否定、建立新社会思潮演化的必然产物（田毅鹏、漆思，2005：7-13）。我们不能单纯地将其“判定为传统‘封建’社会因素的回复”，而应意识到它是“中国现代性问题的集中而且极端的表达（刘小枫，1998：387）”。

事实上，单位社会和大院是现代性框架下“乌托邦”式共产主义文明的彰显。在中国现代历史上，单位社会是在建构现代民族国家的进程中形成的，它寄托了中国人强烈的“乌托邦”情结。单位为大院居民提供的生、老、病、死、吃、喝、拉、撒、医、教等全套福利，无一不印刻着近代社会精英们对于中国理想社会和生活社区的思想痕迹。而其间的背景、具体的过程和运行逻辑，也体现出现代性框架下的制度设计理念：既为推动国家工业化建设、优势集团（共产党）为其代表的集团的资源调配，同时也为维护当时国家安全以及总体性平等与公正社会结构的社会理性要求（周翼虎、杨晓民，1999：386）。

再回看中国单位社会和大院的整个历程，我们可以将其理解为一个资源稀缺社会为实现现代化目标的社会/社区发展模式。单位制的建立，就是为了解决在资源稀缺和民族安全条件下如何实现现代化的问题。半个世纪的单位实践，已经证明以往的模式是一种低效率、强财政、高投入的经济模式（周翼虎、杨晓民，1999：382），但作为中国经验框架下的一个现代性版本，单位制完成它的历史使命之时，也为我们提供了重要的制度思考和经验教训。而单位制附属下的大院，就好比那枯枝深处的一束深情玫瑰，布满花刺的同时又暗香浮动，如何去芜取精，皆需深层思考。

二、大院对现代社区建设的启示

在我国，"社区"概念几乎与单位制度的变迁同时出现，并且很快都成为学界的热门话题。这也从侧面反映出单位制的解体对现代社区发展和建设带来的巨大困惑和冲击。当我们决意告别单位制度，向社区模式转变之时，我们就应该意识到，这绝非一场简单的空间位移和一蹴而就的模式切换，而是一种过程式的渐进转变。然而，随着社区制度在我国的快速建立，众多原大院居民出现了生活不适应和社区互动困难等问题（江立华、王寓凡，2017）。在近些年我国的社区建设和治理中，虽然我国在社区参与、社区营造等方面作出了诸多尝试和努力，但更多的还是依赖于外部经验的借鉴和本土典型的挖掘，却忽视了对社区的取代形态——单位大院的挖掘和探讨。综合来看，单位大院对社区建设的启示和借鉴可分为三点：

第一，社区成员"共同身份"的建构。身份具有塑造群体属性从而提升个体自尊并获得归属感的功能。对于个体身份的塑造即意味着对一个群体的统一编码，从而建构出一个"位置"和"精神"都具有同质性的"心灵共同体"，使得人们对此产生归属感。单位大院时期，人们具有工厂、公共组织、街坊邻里等多重共同身份的交叠，并由此建立起了一个密切互动的熟人社会，人们之间形成了高度的信任感和认同感；而在社区年代，人们的居住选择是一种市场选择下的结果，住房商品化使不同背景和身份的人建立起了物理联系，但却没有任何先赋性的情感纽带来增进人们的"集体感"或"社区感"。因此，在社区建设中，对于共同身份属性群体的"圈聚"以及社区成员"社区感"的建立尤显重要。这一方面有赖于社区管理组织的积极践履，另一方面也需要个体在居住选择和社区互动中主动有效地参与和投入。

第二，公共空间和文化的建设。笔者强调的"公共空间"和"公共生活"，并非一种纯粹西方式的远离私密生活的公共文化的营造，而是一种挖掘私密生活"公共性"并将其转化为公共生活的可能。既有研究多立足于拷贝西方的公共文化进而把它移植到社区公共生活当中，虽然在一定程度上推动了社区公共性的建设，但这种现代化的进程其实质是一种西化的过程，并没有扎根本土去深入考察中国人和中国人的关系的丰富内涵。须知，中国社会从来就不是一种"公私对立""公私分明"的行动逻辑，而是一种"化公为私""活私开公"的公私暧昧状态（王庆明，2011：65-67）。因此，当我们把壁垒分明的西方公私观强行代入到中国本土社会，势将导致公共性建设的水土不服。西方人更强调个体性，认为个人优先于关系，而中国则是关系先于个人，中国人是通过关系形成和确立的，脱离了关系的人“是没有意义的”（翟学伟，2017：39-40）。所以，当我们尝试建立中国人的公共生活时，是需要夹带一定的所谓“私密性”进去的，否则将失去其存活的社会土壤。单位大院中良性互动和密切互动的形成，一定程度上就依赖于其“公私杂糅”的空间设置。在现今社区公共文化的建设中，我们也应考虑到私人情感的交互性。

第三，社区照顾体系的提升与促进。社区照顾的概念最早是由英国提出来的，是“第二次世界大战”后英国为完善社会福利体系而倡导的一种福利哲学（吕新萍，2005：9），包括行动照顾、物质支援、心理支持和整体关怀四个方面，几乎涵盖了人们生活的各个维度。这与单位大院“从摇篮到坟墓”的全包式生活管理十分接近。单位大院解体后，原有围绕单位成员建立起来的一整套大院福利也随之消解，人们在社区福利相对单薄的现代社区体系中难以建立起认同感。社区建设的终极关怀就在于社区归属感和认同感的建立，这依赖于社区与居民个体、居民内部之间的良性互动。从社区的角度来看，社区对居民的从物质支援到心理支持的全套式照顾体系是人们获得“社区感”的重要保障，而这本身也是国家社会保障体系发展和完善的必然要求。因此，整合社会资源以加强社区照顾体系的建立与完善，亦为社区建设的应有之义。

三、总结

作为我国特定时空场域下造就的特有产物，大院表征着中国共产党对于生活安居与社会整合的治理思路，寄托着人们对共产主义的现世追求与精神向往。遗憾的是，作为热门领域的单位制和社区研究都与大院“擦肩而过”，忽视了对这一单位制时代的生活场域以及现代社区的历史原型的深入性探讨和专门性研究。本研究从认同视角切入，通过对典型样本的深入剖析，探讨了单位大院在不同时期的演变历程及大院成员相应的认同转化，并在此基础上尝试性地分析了“大院认同”的构成要素及其建构的过程与逻辑。

“大院认同”并非一种凝固的情感状态，而是一个伴随着不同时期不断调整与新生的动态性过程。单位成员的大院认同受不同时期国家的政治导向、单位的管理状态、社区的空间演变等多重因素的复合影响，呈现出了一幕起承转合、骨化风成的历史剧场。它既包含国家和单位组织自上而下的制度缔造、文化渗透以及封闭空间下的关系再生产；也包括单位成员建立自我身份和寻求集体归属感的本体性需求，以及时空切换下原“单位人”在集体记忆中对认同的重塑与强化。

虽然不可否认大院夹带着单位制中存在的天然性弊端，但我们切不可因此而将其抛诸历史的荒野。从本研究来看，单位大院对集体认同的建构其背后折射出的制度、权力、空间和文化等多重含义，从侧面反映了集体认同塑造的多元性和复杂性，而这背后的每层含义又都值得我们深挖，因为它不仅体现了特定历史时期其对人的塑造功能，也彰显了其在不同时空语境下的结构性张力。而且，大院作为一个容易触发集体怀旧的“生活共同体”，依然有着丰富的现实借鉴意义，如对于现代社区治理、新时期集体精神塑造等方面的启发和指导作用，而这些潜藏的资源仍有赖于我们的赓续挖掘和积极践履。

参考文献

艾娟、汪新建.《集体记忆：研究群体认同的新路径》，《新疆社会科学》2011年第2期。

白文飞、徐玲.《流动儿童社会融合的身份认同问题研究——以北京市为例》，《中国社会科学院研究生院学报》2009年第2期。

保尔·汤普逊.《过去的声音——口述史》，覃方明等译，沈阳：辽宁教育出版社，2000年版。

宝贡敏、徐碧祥.《组织认同理论研究述评》，《外国经济与管理》2006年第1期。

鲍曼.《共同体》，欧阳景根译，南京：江苏人民出版社，2003年版。

包亚明.《现代性与空间的生产》，上海：上海教育出版社，2003年版。

彼得·伯格、托马斯·克曼.《现实的社会构建》，汪涌译，北京：北京大学出版社，2009年版。

贝克、格恩斯海姆.《个体化》，李荣山 等译，北京：北京大学出版社，2011年版。

陈玲丽.《“中国人是集体主义的吗”：争议、分歧与解决》，《求索》2017年第6期。

陈献光.《口述史二题：记忆与诠释》，《史学月刊》2003年第7期。

陈向明.《质的研究方法与社会科学研究》，北京：教育科学出版社，2018年版。

陈映芳.《“农民工”：制度安排与身份认同》，《社会学研究》2005年第3期。

德波.《景观社会》，王昭风译，南京：南京大学出版社，2007年版。

狄景山.《“文革”与“文革”后的思想解放运动》，《当代世界与社会主义》2003年第4期。

成伯清.《时间、叙事与想象——将历史维度带回社会学》，《江海学刊》2015年第5期。

丁学娜.《职业福利补充功能的定位》，博士学位论文，南京大学，2013年版。

丁一平.《工业移民与洛阳城市的社会变迁（1953—1966）》，北京：经济管理出版社，2013年版。

杜春兰、柴彦威、张天新、肖作鹏.《“邻里”视角下单位大院与居住小区的空间比较》，《城市发展研究》2012年第5期。

冯钢.《整合与链合——法人团体在当代社区发展中的地位》，《社会学研究》2002年第4期。

方旭光.《政治认同的逻辑》，北京：中国社会科学出版社，2018年版。

哈布瓦赫.《论集体记忆》，毕然、郭金华译，上海：上海人民出版社，2002年版。贺东航、谢伟民．《中国国家认同的历程与制约因素》，《马克思主义与现实》2012年第4期。

何海兵．《我国城市基层社会管理体制的变迁：从单位制、街居制到社区制》，《管理世界》2003年第6期。

贺金瑞、燕继荣．《论从民族认同到国家认同》，《中央民族大学学报（哲学社会科学版）》2008年第3期。

胡荣、沈珊．《客观事实与主观分化：中国中产阶层的主观阶层认同分析》，《东南学术》2018年第5期。

华尔德．《共产党社会的新传统主义：中国工业中的工作环境和权力结构》，龚小夏译，香港：牛津大学出版社，1996年版。

霍布斯鲍姆．《民族与民族主义》，李金梅译，上海：上海人民出版社，2005年版。

霍耐特．《为承认而斗争》，胡继华译，上海：上海人民出版社，2005年版。

江立华、王寓凡．《单位社区解体与老年群体空间意义的变迁》，《人文杂志》2017年第12期。

金耀基．《论中国的现代化与现代性》，《北京大学学报》1996年第1期。

卡西尔．《人论：人类文化哲学导引》，甘阳译，上海：上海译文出版社，2013年版。

康有为．《大同书》，上海：上海古籍出版社，2009年版。柯林斯．《互动仪式链》，林聚任译，北京：商务印书馆，2007年版。孔德永．《政治认同的逻辑》，《山东大学学报（哲学社会科学版）》2007年第7期。

库利．《人类本性与社会秩序》，包凡一等译，北京：华夏出版社，1999年版。

李春、宫秀丽．《自我分类理论概述》，《山东师范大学学报（人文社会科学版）》2006年第3期。

李汉林．《中国单位现象与城市社区的整合机制》，《社会学研究》1993年第5期。

李汉林．《中国单位社会》，上海：上海人民出版社，2004年版。

李汉林．《转型中的整合与控制——关于中国单位制度变迁的思考》，《吉林大学社会科学学报》2007年第4期。

李锦峰．《国企改制过程中的国家与工人阶级：结构变迁及其文献述评》，《社会》2013年第3期。

李路路、王修晓、苗大雷．《“新传统主义”及其后——“单位制”的视角与分析》，《吉林大学社会科学学报》2009年第6期。

李路路、李汉林．《中国的单位组织——资源、权力与交换》，杭州：浙江人民出版社，2000年版。

李培林．《社会生活支持网络：从单位到社区的转变》，《江苏社会科学》2001年第1期。

李培林、张翼．《中国中产阶级的规模、认同和社会态度》，《社会》2008年第2期。

李强．《社会分层与贫富差距》，厦门：鹭江出版社，2000年版。

李甜、曾瑞明、齐红芳．《社会福利制度的转变：从单位福利到社区福利》，《劳动保障世界（理论版）》2011年第11期。

李瑶．《找回"面子"：下岗失业工人的自尊维持》，《中国农业大学学报（社会科学版）》2008 年第 3 期。

列宁．《列宁选集第 1 卷》，中共中央马克思恩格斯列宁斯大林著作编译局译，北京：人民出版社，2012 年版。

林超超．《动员与效率——计划经济体制下的上海工业》，上海：上海人民出版社，2016 年版。

林尚立．《现代国家认同建构的政治逻辑》，《中国社会科学》2013 年第 8 期。

林泰．《我们今天怎样弘扬集体主义精神》，《求是》2002 年第 10 期。

刘建军．《单位中国——社会调控体系重构中的个人、组织与国家》，天津：天津人民出版社，2000 年版。

刘平、王汉生、张笑会．《变动的单位制与体制内的分化——以限制介入性大型国有企业为例》，《社会学研究》2008 年第 3 期。

刘平．《单位制组织的公共事务职能与分工——北方城市除雪的启示》，《吉林大学社会科学学报》2012 年第 6 期。

刘威．《"朝向底层"与"深度在场"——转型社会的社会学立场及其底层关怀》，《福建论坛（人文社会科学版）》2011 年第 3 期。

刘小枫．《现代性社会理论》，上海：上海三联书店，1998 年版。

刘振华．《建国初"156 项"工程项目的确立》，《中国档案》2009 年第 3 期。

路风．《单位：一种特殊的社会组织形式》，《中国社会科学》1989 年第 1 期。

卢汉龙．《单位与社区：中国城市社会生活的组织重建》，《社会科学》1999 年第 2 期。

卢嘉．《我国城镇住房制度演进轨迹及其或然走向》，《改革》2013 年第 11 期。

陆学艺．《当代中国社会阶层研究报告》，北京：社会科学文献出版社，2002 年版。

吕方．《单位社会变革与社会基础秩序重构——以东北某超大型国企组织变革为个案》，博士学位论文，吉林大学，2010 年。

吕新萍．《院舍照顾还是社区照顾？——中国养老模式的可能取向探讨》，《人口与经济》2005 年第 3 期。

马建标．《学生与国家：五四学生的集体认同及政治转向》，《近代史研究》2010 年第 3 期。

毛泽东．《毛泽东选集第四卷》，北京：人民出版社，1991 年版。

曼纽尔·卡斯特．《认同的力量》，夏铸九、黄丽玲 等译，北京：社会科学文献出版社，2003 年版。米德．《心灵、自我与社会》，霍桂桓译，南京：译林出版社，2012 年版。

闵学勤．《社区认同的缺失与仿企业化建构》，《南京社会科学》2008 年第 9 期。

彭恒礼．《民间节日中的集体记忆与身份认同——以广西壮族族群为例》，《大连民族学院学报》2005 年第 2 期。

彭正德．《新中国成立初期合作化中的政治动员与农民认同——以湖南省醴陵县为例》，《中共党史研究》2010 年第 5 期。

乔永学．《北京"单位大院"的历史变迁及其对北京城市空间的影响》，《华中建筑》

2004 年第 5 期。

三浦展．《下流社会》，陆求实、戴铮译，上海：文汇出版社，2007 年版。

孙德忠．《社会记忆论》，武汉：湖北人民出版社，2006 年版。

孙健敏、姜铠丰．《中国背景下组织认同的结构——一项探索性研究》，《社会学研究》2009 年第 1 期。

孙杰．《国家、政党、社会：基于认同匮乏与公共精神短缺的价值整合》，《河海大学学报（哲学社会科学版）》2016 年第 3 期。

孙溯源．《集体认同与国际政治——一种文化视角》，《现代国际关系》2003 年第 1 期。

孙中山．《孙中山全集》（第 1 卷），北京：中华书局，1981 年版。

唐有财、王天夫．《社区认同、骨干动员和组织赋权：社区参与式治理的实现路径》，《中国行政管理》2017 年第 2 期。

陶宇．《单位制变迁背景下的集体记忆与身份建构》，博士学位论文，吉林大学，2011 年。

田毅鹏、漆思．《“单位社会”的终结——东北老工业基地“典型单位制”背景下的社区建设》，北京：社会科学文献出版社，2005 年版。

田毅鹏．《单位制度变迁与集体认同的重构》，《江海学刊》2007 年第 1 期。

田毅鹏、刘杰．《“单位社会”起源之社会思想寻踪》，《社会科学战线》2010 年第 6 期。

田毅鹏．《重回单位研究——中外单位研究回视与展望》，北京：社会科学文献出版社，2015 年版。

田毅鹏．《单位制与“工业主义”》，《学海》2016 年第 4 期。

田中重好、朱安新．《中国社会结构变动和社会性调节机制的弱化》，《学习与探索》2010 年第 4 期。

王成兵．《试论个体认同与集体认同之间的内在关系》，《理论学刊》2007 年第 8 期。

王春光．《新生代农村流动人口的社会认同与城乡融合的关系》，《社会学研究》2001 年第 3 期。

汪海波等．《新中国工业经济史》，北京：经济管理出版社，2017 年版。

王联斌．《论集体主义的价值认同和价值导向》，《中州学刊》1992 年第 2 期。

王乐、梁江．《单位大院的形态演变模式分析》，《华中建筑》2010 年第 7 期。

王沛、胡发稳．《民族文化认同：内涵与结构》，《上海师范大学学报（哲学社会科学版）》2011 年第 1 期。

王庆明．《身份产权变革》，博士学位论文，吉林大学，2011 年。

王维超、赵玉芳、陈冰．《个体主义-集体主义对双文化认同整合影响的路径分析》，《西南民族大学学报（人文社科版）》2018 年第 7 期。

王希恩．《民族认同与民族意识》，《民族研究》1995 年第 6 期。

王小章、巫微涟．《认知与认同之间——单位制解体背景下杭州市国企工人的自我身份意识》，《浙江学刊》2009 年第 1 期。

王振霞.《中国住房制度改革40年：回顾与反思》，《财经智库》2018年第2期。

魏钧、陈中原、张勉.《组织认同的基础理论、测量及相关变量》，《心理科学进展》2007年第6期。

吴海琳.《中国组织认同的单位制传统与当代变迁》，《湖南师范大学社会科学报》2016年第6期。

吴海琳、刘思瑶.《单位制度变迁中身份认同的社会建构——以S厂"三线家属工"为例》，《人文杂志》2019年第2期。

吴敏先、方海兴.《论建国初期的工农教育》，《当代中国史研究》1998年第3期。

吴清军.《国企改制与传统产业工人的转型》，博士学位论文，清华大学，2007年。

武振华.《当代中国共产党意识形态社会化研究》，博士学位论文，河南大学，2015年。

肖冬连.《1978—1984年中国经济体制改革思路的演进——决策与实施》，《当代中国史研究》2004年第5期。

熊月之.《口述史的价值》，《史林》2000年第3期。

薛亚利.《庆典：集体记忆和社会认同》，《中国农业大学学报（社会科学版）》2010年第2期。

阎云翔.《私人生活的变革》，龚小夏译，上海：上海书店出版社，2006年版。

阎云翔.《中国社会的个体化》，陆洋等译，上海：上海译文出版社，2016年版。杨佩.《集体道德"失语"与集体价值重构》，《江淮论坛》2017年第2期。

杨善华、孙飞宇.《作为意义探究的深度访谈》，《社会学研究》2005第5期。

杨祥银.《当代中国口述史学透视》，《当代中国史研究》2000年第3期。

于文波、王竹、孟海宁.《中国的"单位制社区"vs美国的YOD社区》，《城市规划》2007年第5期。

约翰斯顿.《人文地理学词典》，北京：商务印书馆，2004年版。

曾晓东、刘莉.《从单位福利到多元供给——改革开放四十年学前教育事业的发展与改革》，《教育经济评论》2018年第6期。

翟学伟.《人如何被预设：从关系取向对话西方——重新理解中国人的问题》，《探索与争鸣》2017年第5期。

詹婧、赵越.《身体健康状况、社区社会资本与单位制社区老年人主观幸福感》，《人口与经济》2018年第3期。

张帆.《社会转型期的单位大院形态演变、问题及对策研究——以北京市为例》，硕士学位论文，东南大学，2004年。

张继军、陈蓉蓉.《社区治理改革的现实困境、关键要素与模式——以第二批全国社区治理和服务创新实验区为考察对象》，《社会科学动态》2018年第8期。

张军凤.《教师的专业身份认同》，《教育发展研究》2007年第7期。

张莹瑞、佐斌.《社会认同理论及其发展》，《心理科学进展》2006年第3期。

张晓溪.《认同唤醒视角下的单位认同研究》，《学习与探索》2015年第6期。

张晓溪.《转型期单位认同的情感化探究》，《社会科学战线》2016年第6期。

张秀兰、徐晓新．《社区：微观组织建设与社会管理——后单位制时代的社会政策视角》，《清华大学学报（哲学社会科学版）》2012 年第 1 期。

张燚．《塑造国家认同：新中国成立前中国共产党民族政策宣传的历史功能》，《中南民族大学学报（人文社会科学版）》2016 年第 4 期。

赵甲明、杜增艳．《发展社会主义市场经济更需要社会主义的集体主义精神》，《思想理论教育导刊》2009 年第 5 期。

郑功成．《中国社会福利改革与发展战略：从照顾弱者到普惠全民》，《中国人民大学学报》2011 年第 2 期。

郑庆杰．《飘移之间：大学生村官的身份建构与认同》，《青年研究》2010 年第 5 期。周建国．《单位制与共同体：一种可重拾的美德》，《浙江学刊》2009 年第 4 期。周叔莲．《我对国有企业改革的研究》，《中国延安干部学院学报》2012 年第 4 期。周晓虹．《中国中产阶层调查》，北京：社会科学文献出版社，2005 年版。

周晓虹．《认同理论：社会学与心理学的分析路径》，《社会科学》2008 年第 4 期。周翼虎、杨晓民．《中国单位制度》，北京：中国经济出版社，1999 年版。

DavidK. Dunawat，WillaK. Baum.，1984，Oral History：An Interdisciplinary Anthology. *Wal nutGreek*. 转引自杨祥银．《试论口述史学的功用和困难》，《史学理论研究》2003 年第 3 期。

E. M. Bjorklund，1986，"The Danwei：Socio-Spatial Characteristics of Work Units in China Urban Society"，*Economy Geography*，Vol. 62，No. 1（Jan.），pp. 19-29.

Elizabeth J. Perry，1997，"From Native Place to Workplace：Labor Origins and Outcomes of China' s Danwei System，" in Xiaobo LV and Elizabeth J. Perry eds.，Danwei：The Changing Chinese Workplace in Historical and Comparative Perspective（*Armonk*，*NY*：*M. E. Sharpe*），pp. 42-59.

Fritsche I，Barth M，Jugert P，Masson T，Reese G. 2018，A social identity model of pro-environmental action（SIMPEA）. *Psychol Rev*. Mar；125（2）：245-269.

Hirose Y，Taresawa Y，Okuda T. 2005，Collective action and subordinate group identity in a simulated society game. *Japanese Psychological Research*，47（1）：12-22.

Henri Tajfel，1981，Human Groups and Social Categories：Studies in Social Psychology，*Cambridge*：*Cambridge University Press.*

Henri Tajfel，1982，Social Identity and Intergroup Relations，*Cambridge*：*Cambridge University Press.*

Kelly C，Breinlinger S. 1996，The Social Psychology of Collective Action：Identity，Injustice and Gender. *London*：*Taylor & Francis.*

Liss M，Crawford M，Popp D. 2004，Predictors and Correlates of Collective Action. *Sex Roles*，50（11-12）：771-779.

M . E . Shaw，P . R . Costanzo，1982，Theories of Social Psychology，2nd ed .，*New York*：*McGraw-Hill Book Company*，p. 296 .

Richard Jenkins，2004，Social Identity，London&*New York*：*Routledge*，p. 4.

Ronald J. Grele，1984，Directions for Oral History in the United States. David K. Dunaway，

Willa K. Baum. Oral History: An Interdisciplinary Anthology. *Walnut Greek*.

Smith H J, Spears R, Oyen M. 1994, 'People like us': the influence of personal deprition and group membership salience on justice evaluations. *Journal of Experimental Social Psychology*, pp. 277-299.

Tajfel H., Turner J., 1986, The Social Identity Theory of Inter-group Behavior, *Chicago*: *Nelson-Hall*, pp. 9-19.

Tsoi, WSE、Chan, WL、Shum, KMK、Lam, SF, 2018, The role of social identity in intergroup attitudes, stigma awareness, and acculturation among students from different ethnic backgrounds, The 40th Annual Conference of the International School Psychology Association (ISPA): Promoting Resilience for Children Toward Life-long Happiness, Tokyo, Japan, 25-28 July 2018. In Program & Abstract Book, pp. 160-161.

Woodward Kath, 2000, Questioning Identity: Gender, Class, Nation, *New York*: *Routledge*, p. 8.

Xiaobo Lv, 1997, "Minor Public Economy: The Revolutionary Origins of the Danwei," in Danwei: The Changing Chinese Workplace in Historical and Comparative Perspective, eds. Xiaobo Lv and Elizabeth J. Perry (*Armonk*, *NY*: *M. E. Sharpe*,), pp. 21-41.

地方志资料

T厂厂志编辑部.《T厂厂志(1953—1984)》,安徽新华印刷厂,1985年。T厂厂志编辑部.《T厂厂志(1985—2010)》,国机集团,2015年。

洛阳市涧西区志编纂委员会.《洛阳市涧西区志》,北京:海潮出版社,1988年版。

附录　被访者名单

为保护被访者的个人隐私,文中所有的被访者信息都设置了相应的编号。访谈编号的前两位为访谈材料引用的序号;第三位为被访者姓氏的大写首字母;第四位为被访者的性别代码,男性以"M"代替,女性则为"F";最后两位则是被访者的年龄。如序号为1的82岁黄姓男被访者,其编号则是"01HM82"。因部分被访者为T厂的退休干部,在其职业前均标注有"原"字,特此说明。

序号	编号	性别	出生年份	年龄	职业
01	01XM84	男	1935	84	原厂高级工程师
02	02ZM84	男	1935	84	原宣传部部长
03	03JM85	男	1934	85	原工会组织部部长
04	04ZF73	女	1945	73	退休工人
05	05ZM86	男	1933	86	原计量处处长

续表

序号	编号	性别	出生年份	年龄	职业
06	06WF67	女	1952	67	原工会主席
07	07GM89	男	1930	89	退休工人
08	08XM83	男	1936	83	退休工人
09	09DM84	男	1935	84	退休工人
10	10JM86	男	1933	86	原宣传部部长
11	11WF89	女	1930	89	退休工人
12	12LM77	男	1942	77	原副总经理
13	13WM82	男	1937	82	退休工人
14	14YM83	男	1936	83	原企管科科长
15	15LM74	男	1945	74	原书记助理
16	16JM80	男	1939	80	原宣传部摄影师
17	17ZM85	男	1934	85	原分厂副厂长
18	18HM72	男	1947	72	原厂医院医生
19	19CM81	男	1938	81	退休工人
20	20XM84	男	1935	84	原文书科科长
21	21LM62	男	1957	62	原分厂厂长
22	22LF66	女	1953	66	退休工人
23	23ZM82	男	1937	82	原分厂党组书记
24	24XM74	男	1945	74	原分厂厂长
25	25JM66	男	1953	66	退休工人
26	26CM45	男	1974	45	现分厂车间工人
27	27LF35	女	1984	44	社区干部
28	28YF55	女	1964	55	内退职工
29	29ZM51	男	1968	51	老年干部活动中心处长
30	30TM56	男	1963	56	现工会主席
31	31ZF53	女	1966	53	内退职工
32	32CM78	男	1941	78	原公安处处长
33	33XM31	男	1988	31	厂研究员

网络亚文化视野下反智主义的类型及变迁

——基于微博大数据与访谈的混合研究

丁 昳（复旦大学）

◎ 指导老师：黄荣贵

摘　要：在公众获得更低门槛和个性化的公共话语空间的网络社会背景下，网络反智主义作为一种网络亚文化在近年风潮渐起，它与主流的崇智文化形成鲜明对立，且发展出形态各异的多元化反智表现。本研究采用微博大数据语义网分析与质性访谈的混合研究方法，借鉴亚文化理论对社会文化现象的分析视角，即基于网络反智亚文化的抵抗性、符号表达、动态性三个分析维度，对中国当代网络反智主义进行了自下而上的探索性经验研究。

基于2013、2016、2017年微博文本语义网分析，结合访谈质性考察，本研究归纳并讨论了中国网络空间的五种典型反智主义类型，分别为反知识精英、反知识分子、反知识论、反科学、娱乐主义，不同类型间呈现出核心对抗内容和符号表达特征的鲜明差异。基于动态变迁角度对比发现，三年间不同类别的意义边界逐渐变得清晰，网络反智亚文化的话语符号由泛化走向分化，部分反智类型也在表达内容侧重点上发生了转变。此外，反科学和娱乐主义作为网络场域下新崛起的反智主义类型，具有鲜明的时代和社会动态特征。

关键词：网络反智主义；网络亚文化；反智主义；语义网分析

第一章　绪论

一、研究背景

随着近年网络与新媒体普及率飞速提升，微博等网络新媒体构建出一个低门槛的公共话语领域，为公众提供了广阔表达空间和信息获取范围。这一背景下，社会矛盾日益凸显，网络越发成为自由表达个人看法的平台，非主流价值群体也拥有了话语空间。形形色色的网络亚文化现象涌现，伴随着网络信息传递和社会互动过程不断冲击着主流文化。

反智主义作为其中一个类型，反映着鲜明的文化对抗特征。传统的反智主义概念发源于美国20世纪50年代，但反智倾向在中西方不同时期的文化领域几乎普遍存在。它体现为一系列与崇尚知识和理性的社会主流观念截然不同的态度，并依托于社会矛盾显现出来，成为显见的社会文化现象而受到关注。如当年“知识无用论”系列言论对知识、高等教育和学历价值的轻视，或是对知识分子群体迂腐无能的负面标签等身边所及的价值观念，等等。而在当代网络生态下，反智主义逐渐发酵愈演愈烈，发展出形态各异的文化表现：经典的读书无用论调，“砖家”“叫兽”等讽刺知识群体的网络黑称受到追捧并广为流行，人们被媒体博眼球标题党的滥俗文章乃至网络谣言误导洗脑，情绪化的“杠精式”语言暴力，无脑娱乐化的草根网红或恶搞……在这股网络反智主义的风潮下，崇尚知识和理性的主流积极社会文化受到冲击，知识精英的话语权威在瓦解，并引起网络社会中人们对科学、知识的信任危机。

随着近年“民科发现引力波”等反智代表性事件在网络的曝光与传播，网络反智主义风潮掀起，在以微博为首的网络新媒体空间逐渐引发较高的关注和讨论，由此也衍生出反智主义与其反对者广泛的网络论辩。网络反智主义随之进入主流的视野，作为一种网络亚文化成为最近数年网络社会学领域研究者关注的议题之一。

二、研究问题及意义

本研究选择网络反智主义这一当前背景下值得深入关注的网络社会现象作为研究对象，对中国当代网络语境下反智主义的内容展开自下而上的经验考察和系统分析。研究问题包括两个方面：（1）在当代网络新媒体高度发展的中国社会背景下，作为一种网络亚文化的反智主义可以区分为哪些类型？这些网络反智主义类型分别所表达的具体反智内涵和特征是什么？（2）随着近年网络生态和社会背景的变迁，网络反智主义的类型和对应表达的内容发生了怎样的变化？从这两个问题出发，本研究旨在区分并归纳当代中国网络社会背景下具有差异化内容内涵的典型网络反智主义类型，从网络亚文化的视角深入解读不同类型表达的反智内涵和特征，并结合时间动态维度，实现对网络反智主义类型及变迁的系统探索性研究和解读。

其理论意义在于，目前国内从网络亚文化视角出发，关于网络反智亚文化尚没有形成较可靠的类型化体系和内容解读，基于中国现实网络社会的具有独特性的关注是缺失的，对网络反智主义的研究或是陷入对西方反智类型体系的生搬硬套，对于中国现实状况的描述和解释不准确且碎片化，或是避开对不同反智主义内容的区分，出现理论上笼统地谈论整个现象，实证上只能指向反智的具体某一方面表现，造成这两者之间的脱节和悬空。本研究有助于解决目前国内反智研究中的上述两个困境，建立适用于国内网络社会现实的反智主义类型体系，为当代复杂的网络反智主义现象的解释研究提供类型化思考的基础。现实方面，尊重并恰当地利用自然理性和知识对于社会进步的重要性和积极性毋庸置疑，“知识型社会”势必成为未来发展的方向。因此，研究的现实意义在于帮助系统性地理解网络反智主义现象的内部差异，针对性地应对和缓解不同的反智主义现实表现，从而实现网络环境的正向积极发展。

三、概念辨析

“反智主义”（anti-intellectualism）概念是由美国社会历史学家 Richard Hofstadter 在《美国生活中的反智主义》中最早提出的。该研究展示了当时美国特殊社会环境下知识群体不受尊重的现实遭遇，并同时提出了“智性”（intellect）概念。其中“智性”广泛指代“critical，creative and contemplative side of mind”，即表现为批判性的、创造性的、思考性的理智。反智则建立在与这种“智性”的对立上，他将反智主义概念界定为：“对理智（mind）生活及那些被认为是理智代表的人群的敌对与怀疑，以及一贯贬低这种生活价值的倾向”①，成为后世对反智主义概念理解的最重要核心及表述。《大英百科全书》（*Encyclopedia Britannica*）在社会科学版收录反智主义一词的解释为“一种敌视或不信任知识分子和知识追求的态度”；美国《韦氏词典》（Webster's Dictionary）将反智界定为“对代表智性的人群或具有智性的观点或方法的反对和仇视”。国内反智主义理论研究中，学者余英时也得出了相似的理解，即“反智论”可以区分为两个相关的部分，一方面，是“对于‘智性’本身的憎恨和怀疑，认为‘智性’及由‘智性’而来的知识学问对人生皆有害而无益”；另一方面，则是“对代表‘智性’的知识分子表示出轻鄙乃至敌视”②。

以上对反智主义的定义体现出一种一般性的理解，关于反智主义现象的衍生研究基本没有脱出这种界定，即从概念上反智主义表示一种批判性和怀疑性的价值取向，且它包含了批判或怀疑的两个层面：一是，智性及其带来的知识学问；二是，具有智性特征的代表人群知识分子。因而本研究也将讨论的反智主义范畴定义为：一种存在于社会思想及文化之中的负面价值态度，表现为对智性及其带来的知识学问，以及具备智性特征的人群持有怀疑、悬置，甚至批判和敌视。它代表了与崇尚智性的主流价值文化相对立的一种社会文化。当上

① Richard Hofstadter, *Anti-intellectualism in American Life* (New York: Random House, 1963), p. 7.

② 余英时：《中国思想传统的现代诠释》，江苏人民出版社，1989 年版，第 31—32 页。

述反智价值表达呈现在网络公共空间之中，成为一种网络亚文化的形态，即为本报告研究的网络反智主义。

第二章 文献回顾与分析思路

一、网络反智亚文化研究

(一) 作为一种网络亚文化的反智主义

现有研究中基于网络亚文化视角对于反智主义的解读，主要集中在草根出发对知识精英的抵抗性所反映的亚文化特性。研究显示，“砖家”“叫兽”等对精英知识分子的污名化黑称在百度搜索得到的相关词条数量极高，以这种形式为表征的网络反智亚文化，消解了知识精英群体在传统现实社会中的话语权威性，其反映的是一种“草根”网民抵抗权威精英阶层的亚文化心态①。陈伟球教授也从亚文化角度指出了网络表达互动低门槛所引致的精英文化让位于大众文化状况。且在这一背景下，文化的娱乐化消费取得了合法性，以消费主义的形式催生了网络上“无知者无畏”的心态，造成知识异化、知识分子庸俗化，因此当代网络的反智主义风潮是伴随着消费主义而来的。此外，该研究也从反智价值观的传播、反智话语的再生产、反智的文化实践三个具体维度详细分析了网络反智亚文化的仪式抵抗过程，即把自身相对低素质、低品位的文化上升标榜为一种神圣、崇高的文化，并对其中社会底层群体的创造力无限放大②。黄鸿业副教授则对反智主义作为一种网络亚文化的话语符号表达进行了探讨，他对于反智价值倾向的草根立场的分析显示，通过网络上以“屌丝”为代表的自嘲、戏谑、反讽等话语表达，可以收获挑战精英阶层话语权的快感，从而在网络新媒体环境中不断助推反智亚文化的传播③。

综观中西方的反智主义研究，也存在对于反智主义现象根源和产生的一些其他解释。其一，以个人和社会群体心理认知形成机制解读其产生和影响。这种解释常见于西方，多采用反智倾向量表的定量方式，考察如先天基因或后天教育两者与反智主义心态形成的关系④，所处环境或周围人群的反智集体态度与

---

① 李绮：《网络亚文化视域下的草根狂欢现象研究》，华中师范大学，2016 年。

② 陈伟球：《传媒民粹化背景下的反智亚文化研究》，载《新闻与传播研究》2014 年第 4 期，第 104—113 页。

③ 黄鸿业：《论网络亚文化的“反智”传播现象》，载《传媒》2015 年第 4 期，第 76—78 页。

④ Jay Joseph, “‘Anti-intellectualism’ and genetics,” *Psychological Reports*, XCI (September 2002), pp. 231-232.

行为对个人认知和心态的影响①等。其二，从历史传统发展脉络中理解反智现象生成的文化根源，包括与法家思想融合交会的中国政治传统价值观念②，“君尊臣卑”的最高政治原则和颠扑不破的君权传统③，现代革命的民粹主义思潮中反理性的内核④。其三，以互联网新媒体因素如媒介环境、传播模式等来解释当代网络反智主义的形成与新变化，包括微观层面的自由表达和知识爆炸因素，宏观层面的新技术与传统社会文明之间的裂痕⑤。但这些解释具有局限性。第一种解释关注认知机制难以刻画出反智主义在社会群体层面复杂的互动与形成过程，基于定量量表测量的社会心理学也无法解释多元性。第二种解释的是与传统历史相关联的反智表现，而不是当代现实的全局。第三种则仅是解释在媒介传播环境影响下当代反智主义特征的新演变。

综上，理论尽管具有解释意义，但都只能解释当代网络反智亚文化现象的部分问题。在复杂的当代媒介转型背景下，不同反智类型背后的驱动力可能是不同的。探索网络反智主义的类型与多样化的内容表征，是在全局视角上理解和解释当代网络反智亚文化的重要前提。

（二）西方反智主义经典类型学分类

基于西方的社会背景，西方学者研究发展出较为系统的反智主义类型学分类，成为后世解释研究的重要参考。在反智主义研究的奠基之作《美国生活中的反智主义》中，Hofstadter 界定了反智主义概念的同时，追根溯源地详尽探究了其在美国的各种现实表现，并指出反智主义反映的是一种复杂而矛盾的态度，在不同文化、国家、领域、人群中存在不同表现⑥。美国社会学者 Rigney 基于前者的研究总结归纳了更清晰和聚焦的类型化理论框架，基于对“智识”的不同对象理解构成多种形态区分，指出 Hofstadter 研究中探讨的反智主义可以区分为三大类型：反理性主义（anti-rationalism）、反精英主义（anti-elitism）和非反思性工具主义（unreflective instrumentalism）。这三种不同类型具有反智对象上的差异，且分别源于不同的社会政治体系。在此基础上，Rigney 进一步补充提出了大众媒体文化影响的作用，及由此形成的第四种反智主义——“非反思性

① Aimee Howley, “Is anti-intellectualism a personality trait,” *Psychological Reports*, XC（May 2002）, pp. 577-578.

② 余英时：《中国知识分子论》，河南人民出版社，1997 年版，第 44—47 页。

③ 龚留柱：《思想汇流与子学时代的终结：读余英时〈反智论与中国政治传统〉》，载《中原文化研究》2013 年第 5 期，第 32—39 页。

④ 樊星：《当代文化思潮中的“反智主义”》，载《华中师范大学学报（人文社会科学版）》2011 年第 3 期，第 74—79 页。

⑤ 邵培仁、马妍妍：《论大众传播中的反智主义》，载《山西大学学报（哲学社会科学版）》2013 年第 5 期，第 78—84 页。

⑥ Hofstadter, pp. 3-27.

享乐主义（unreflective hedonism）”①，从而将反智主义推到了更具有系统性和现实解读意义的类型化理论架构水平。

具体来看，在这一经典反智主义类型理论中，四种类型分别对应基于美国现实的不同反智对象与观点。第一种“反理性主义”表现为对智性和理性思维的批判，即反对理性思维体系主导的现实态度类型，观点包括两个方面：一是站在情绪化的立场上将理性置于对立面评价，认为理性与智性不包含任何情感，是无情而冷淡的；二是认为理性在挑战绝对信仰（例如，教义中是非善恶准则的基础、社会共同体的传统规则）的神圣性，从而导致相对主义和社会解体，从宗教等绝对信仰的维护出发反对理性。第二种“反精英主义”表现为对智性群体的批判和敌意，即反对知识精英阶级优势的现实态度类型，观点通常有较强的政治色彩。在高等政治机构对知识分子的接纳背景下，知识精英站在普通民众的利益对立面，引起了对其获得权利与话语优越感的批判。另外两种“非反思性工具主义”和“非反思性享乐主义”则表现为对知识产物没有给予恰当的价值评价。前者观点是商业文化对知识的工具性价值理解，否定不能带来效益的知识追求；后者则表现为推崇低智性需求的文化生产内容，对学识素养与技术水平的文化生产内容缺乏关心，逃避反思思考和轻视知识追求。

这一类型学理论为后世考察和解释反智主义奠定了重要基础，被广泛接受并被应用于西方学术界对媒体和网络公共空间的反智主义解释研究中。Dane Claussen 在《Anti-intellectualism in American Media》一书中对 1944—1996 年美国新闻媒体报道进行了梳理，基于 Hofstadter 类型学理论区分出报道中相应的四种反智现实表现：拒绝理性思考，支持反理性话语的“反理性主义”；主张普通大众利益，将智性群体视为势利小人的“反精英主义”；不耐烦理论思考，要求降低科学研究和教育自由度的“工具主义”；以及追求低知识和理性思维需求文化活动的“享乐主义”，进而发现媒体类型中反智表达分布的差异，如民族主义杂志中反智主义最严重②。此外，这一理论也被作为个人反智主义倾向测量指标的设定依据。美国学者 McDevitt 等人探索人们对于新闻权威机构的态度中“新闻反智主义”倾向与反智文化的关系，主要研究反理性主义与反精英主义两种反智类型，也是基于 Hofstadter 反智类型体系中归纳的内涵，分别设定 10 个测量指标，建立多层线性回归模型，从而分析源自文化传统的反智主义向新闻传

① Daniel Rigney, “Three kinds of anti-intellectualism: Rethinking Hofstadter,” *Sociological Inquiry*, LXI (November 1991), pp. 434-451.

② Dane S. Claussen, *Anti-Intellectualism in American Media* (New York: Peter Lang Publishing, 2004), pp. 267-270.

媒渗透的过程因素①。

因此，这一经典类型理论可以说是西方反智主义研究的基石，也是从类型化区分的角度理解和解释现实与网络反智亚文化的重要借鉴和参考。

（三）国内网络反智主义的多元表征

与西方的类型学奠基不同，国内对现实和网络反智主义的研究没有形成系统类型体系，经验研究中对于反智内容的类型化讨论不多。

一种常见的多元化研究思路是，将西方反智主义类型理论沿用到中国，用以分析和解释不同的网络反智现象。例如，研究通过对 Hofstadter 和 Rigney 反智主义概念和类型理论的直接应用，分析反理性主义、反精英主义、过度功利化、过度娱乐化这四类在当今中国网络社会的现实表现，并由此多元化地探讨新媒体兴起对反智现象形成的影响②。它是西方反智主义理论分类在中国现实中的一种套用，因而对本土反智现实的描述是零散的、碎片化的。

也有少数研究探索了反智主义在本土的多样性划分，尝试区分出基于反智主体（普通民众和精英阶层）和对象（“智”的一阶含义和二阶含义）的分类③；或基于内涵和形式分类的几种总结，如抵制知识垄断阶层、渴望自创个性知识、纯娱乐性信息替代需求三方面④，抗拒智性文化和精英权威、挑战知识话语权威、低俗文化与“伪科学”谣言传播三维度⑤。这种思路虽然开创了本土多元化反智主义内容的解读，但研究方法简单，都是基于文献分析法结合简单的观察分析，缺乏系统实证材料支持，类型化的标准依据可靠性较弱。

最后一种思路是从特定网络反智亚文化的案例经验研究展开，从中我们也可以观察到截然不同的反智类型表现。温汉华关注以“草根”文化为导向的网络反智主义，通过对《一个馒头引发的血案》短片在网络火爆及后续引发版权问题的事件分析，详细探索了其与精英文化构成鲜明对抗的特征表现⑥。胡馨予则通过分析电视节目推动的娱乐主义“反智化”现象，描绘了迎合受众的媒体与娱乐跟风的观众之间的相互助长过程，由此构成了以低俗化、非理性为核心

---

① Michael McDevitt et al. “Anti-intellectualism among US students in journalism and mass communication: A cultural perspective,” *Journalism*, XIX (May 2017), pp. 782-799.

② 邵培仁、马妍妍：《论大众传播中的反智主义》，上引报刊，第 78—84 页。

③ 毕少斌：《反智主义思潮与当代中国法治话语体系之构建》，载《湖北社会科学》2016 年第 4 期，第 168—174 页。

④ 纪亚东：《传播生态学视野中的反智主义与反智论》，载《新闻世界》2013 年第 6 期，第 339—340 页。

⑤ 吴建彪：《浅议“互联网+”时代的反智文化》，载《中华文化论坛》2017 年第 10 期，第 28—33 页。

⑥ 温汉华：《“草根”文化对精英文化的狙击：谈“一个馒头引发的血案”》，载《学理论》2011 年第 9 期，第 125—126 页。

的网络反智表现①。可见，中国当代网络的反智类型分化是鲜明存在的，但上述研究基于简单案例分析的方法，只能从各自维度展开讨论，无法成为类型划分的归纳依据。

综上，目前国内网络反智主义研究主要尚存在几个问题：一是，方法上以文献分析法结合质性观察、案例分析为主，实证系统性薄弱，往往只能陷入对特定现象的碎片式解读；二是，通常将网络反智主义视为统一体解释，对其多样化内涵的区分意识不足；三是，类型化讨论简单套用西方理论分类，缺乏结合本土环境的自下而上归纳和对比；四是，鲜少关注现象在时间上的动态变化。因此，基于当代中国现实，以系统性的类型学对网络反智亚文化进行自下而上描绘和归纳的实证研究有其必要性。

二、分析思路：网络亚文化视野下反智主义的类型及变迁

本研究将自下而上借鉴亚文化理论对现象的分析维度，来建立网络反智主义研究的分析思路。选择网络亚文化理论视角的理由在于，从社会学的研究出发，将反智主义视为一种网络亚文化是最贴近且具有内容解释力的视角。它反映了反智者与主流主智文化的抵抗和冲突，包括“草根”与精英、娱乐与知识等多个现实维度的冲突，且反智者也具有群体认同的组织性空间，如以反智为主题的贴吧论坛空间②，具有较为鲜明的网络亚文化表征。

纵览亚文化理论发展中经历的美国芝加哥学派、英国伯明翰学派和后伯明翰阶段，对亚文化现象的研究解释涵盖了文化主义和结构主义的融合与分歧③。其中对本研究的指导价值体现在亚文化理论对社会文化现象的分析视角，可归纳为抵抗性（抵抗主流的主体和对象）、风格化（符号表意系统）、动态性（意义边界与主流收编）三个方面：

（一）抵抗性——抵抗主流的主体和对象

抵抗性，即亚文化现象呈现出对主流文化的抵制和对抗特征，对于其抵抗主体和对象的分析是理解和解释亚文化现象的一个重要维度。芝加哥学派、伯明翰学派对亚文化的理解核心均在于其抵抗性。芝加哥学派从越轨文化的角度，如科恩对越轨男孩的团伙文化研究④，指出亚文化与现存主流社会文化的背离，

① 胡馨予：《媒体反智的异化或否大众反智？——浅析后现代主义“反智化”在电视行业的表现》，载《才智》2012 年第 21 期，第 138 页。

② 陈伟球：《传媒民粹化背景下的反智亚文化研究》，上引报刊，第 104—113 页。

③ 胡疆锋、陆道夫：《抵抗 · 风格 · 收编：英国伯明翰学派亚文化理论关键词解读》，载《南京社会科学》2006 年第 4 期，第 87—92 页。

④ Albert K. Cohen, *Delinquent Boys: The Culture of the Gang* (Glencoe: Free Press, 1955), pp. 125-126.

其价值观念和行为举止表现为对中产或资产阶级正统和体面象征的一种夸张的抵制，以及与其价值体系的对抗。为解决所处底层社会阶层环境与受到中产阶级或资产阶级主导价值观念和评判标准的矛盾冲突，人们采用越轨的方式来抵抗与之相对立的主流文化①。随着芝加哥学派后期发展及伯明翰学派的兴起，对亚文化核心要素抵抗性的理解也从阶级意义上的、社会身份群体边界的抵抗，扩展到对象征意义控制的抵抗。即表现在行为的象征性层面上，通过生产和使用各种具有意识形态和价值意义的符号，来表达和实现其价值评判和抵抗意识的展示②，具有代表性的是对文化现象和群体的“标签化”过程论述。源于符号互动理论，贝克尔运用“标签理论”来分析亚文化及亚文化群体，指出“贴标签”行为的本质即在不同的话语权力分化下，规则制定的相对性③。伯明翰学派霍尔也在《通过仪式抵抗》中论述了仪式抵抗这一亚文化群体从行为符号话语的象征层面对主流群体及其文化意义系统的对抗形式④。

（二）风格化——符号表意系统

风格化，即描绘解析符号意义，从相关行为表现和符号话语的象征层面去描绘并解读构成亚文化群体特定生活方式的符号系统，是伯明翰学派从“风格”要素出发解释亚文化现象并探索其表意内容的一个分析维度。霍尔将文化定义为“以有意味的形态和形式，去实现或具体呈现群体生活的一种实践”，因此，关注文化包含的符号表现形式及其“意味”⑤。基于这种理解，结合符号学理论与葛兰西的文化霸权和文化抵抗思想，伯明翰学派发展出对亚文化“风格”的研究，即“有意味的形式”所展现的构成部分小众群体特定生活方式的符号系统。在风格的构成方面，伯明翰学派提出“拼贴”“同构”“表意实践”几个过程，以符号和意义系统的表现解释亚文化风格怎样产生。例如，赫伯迪格分析青年亚文化的符号话语意义，指出亚文化群体在自身的风格表达上具有主观意识，其中包含了对意义的“拼贴”过程，即对物品和对象的意义进行挪用或不合常规的排列组合，使原始符号的表意规则系统受到破坏或扭曲，实现在不同语境下重构其符号意义，从而传递亚文化风格体系下新的意义⑥。

---

① 杰克·道格拉斯、弗兰西斯·瓦克斯勒：《越轨社会学概论》（张宁、朱新民译），河北人民出版社，1987 年版，第 73—75 页。

② 约翰·费斯克：《关键概念：传播与文化研究辞典》（李彬译），新华出版社，2004 年版，第 285—286 页。

③ 陶东风：《亚文化读本》，北京大学出版社，2011 年版，第 326—328 页。

④ Stuart Hall & Tony Jefferson, *Resistance through rituals: youth subcultures in post-war Britain* (London: Routledge), 1991, p. 2.

⑤ Stuart Hall & Tony Jefferson, p. 2.

⑥ 迪克·赫伯迪格：《亚文化：风格的意义》（陆道夫、胡疆峰译），北京大学出版社，2009 年版，第 163—164 页。

（三）动态性——意义边界与主流收编

动态性，是基于文化现象意义系统、表达方式的变化观察，用以反映并解释亚文化对外与主流文化的抵抗和反叛，或对内自组织的形成与认同构建等社会结构关系变迁的分析维度。从结构的角度出发，布雷克指出亚文化的风格具有很强的结构特征，一方面，表达风格的群体通常处于文化意义系统的从属结构位置，回应或抵抗居于主导位置的意义系统；另一方面，亚文化群体通过抵抗和风格化试图解决的是由广泛社会现实产生的，如社会阶层、话语权力的结构性矛盾①。因此，亚文化的抵抗和风格并不是亚文化群体独有的自我表达与符号游戏，而是现存社会结构的表征，导向丰富的政治社会意义，包括与主流的仪式抵抗和收编的命运。伯明翰学派认为，当占据支配地位的主流文化受到亚文化的抵抗和风格冲击，会持续对亚文化进行对抗遏制与意识转化。这种收编包含两个动态维度，一是商品化维度的收编，将亚文化所特有的服饰、音乐等符号变为大众化的物品进行生产，使其失去作为亚文化抵抗符号的独特性；二是意识形态维度的收编，通过对异常行为贴“标签”的方式排斥打击或重新界定亚文化的仪式意义②。在这种亚文化群体与主流文化抵抗和收编的过程中，动态性成为重要的分析和解读维度。

本研究将借鉴亚文化理论视角的上述三个分析维度，展开对网络反智主义的分析思路。首先，在静态层面，描述当代网络反智主义在前两个维度的表现。一是与主流文化和群体的抵抗性，分析具体反智主义表达的抵抗内容，关注反智指向针对谁、对抗的对象是什么；二是对符号意义表达的风格解析，分析其表意的过程和拼接的符号，关注反智表达中用什么话语、从什么角度论述来支撑意识形态。基于此归纳并解读不同的网络反智主义类型，及其分别的反智内容和特征。其次，在动态层面，加入时间维度，对比分析不同年份网络反智亚文化与主流文化的结构变迁，关注不同反智类型话语表达的边界变化及主流收编的动态变化。

基于国内现有研究中对网络反智主义内容类型化和动态性的系统实证研究缺乏的问题，本研究将沿此分析思路提供较为针对性的解答，实现对网络反智主义内容的全景式动态描绘与解读。

---

① 迈克尔·布雷克：《越轨青年文化比较》（岳西宽、张谦译），北京理工大学出版社，1989 年版，第 124—126 页。

② 迪克·赫伯迪格：《亚文化：风格的意义》（胡疆锋、陆道夫译），北京大学出版社，2009 年版，第 179—181 页。

第三章 研究方法

本研究运用语义网大数据文本分析和质性访谈混合的方法对反智主义相关讨论展开研究。数据来源于“中国网络社会心态”研究的历年新浪微博数据库①，选取2013、2016、2017三年，通过年份分层的随机抽样方法，对三年等量筛选出5000万条微博博文，作为大数据文本分析使用的原始样本数据。选择微博数据的年份是考虑到网络生态的变化，2013年为新浪微博用户发展速度的顶峰时期，2016年为反智话题因事件受到高度讨论的时期，2017年为反映最新动态的时期②，可区分出相关事件的舆论活跃程度、多元化程度背景。

语义网分析包括三步：关键词语料库筛选、语义网络模型建构、语义社群侦测。首先，在三年原始微博文本数据中分别筛选包含“反智”关键词的博文。通过计算词频，挖掘高频出现且具有鲜明反智特征的更多关键词，构成拓展关键词库（网络反智主义的典型指代语）。筛选所有包含典型指代语的微博文本得到语料库，2013、2016、2017年分别有11418、2669、3148条博文，进行分词和去停用词处理。稳健性检验显示，语料库博文总量差异不会显著影响语义网模型和类型化结果③，三年结果具有可比性。其次，使用WORDij软件wordlink功能建构以词为网络节点，词对共现频数④为链接权重的加权社会网络，即语义网模型。为突出重点，本研究仅保留词频高于该年语料库总博文数1%的节点，以及词对共现频数高于总博文数0.5%的网络链接⑤。再次，将语义网模型参数导入Gephi视觉化工具，呈现出具象语义网结构。为清晰呈现类型化分析结果，本研究剔除了“反智”这一中心关键词⑥。进而通过社群侦测分析，得到若干语义子社群。最后，通过检视语义网的整体分布、构成各子社群网络的词语、词语间的共现关系，提取归纳讨论的核心内容及社群主题类型。

---

① 该数据库为新浪微博关联公司拥有，自2012年开始实时存储新浪微博数据，近6年博文数据总量达千亿条以上，实时存储避免了回溯抓取时被删除信息无法获取问题，用于历时比较研究具有参考价值。

② 本研究数据分析完成于2018年，故2017年为可获取的最新动态数据。

③ 通过随机抽取三年相等数量的博文，分别建立语义网模型，得到的核心语义社群及分布与未筛选前模型结果相比没有显著不同；为保留更多原始语义节点，结果采用未筛选的模型呈现。

④ 两个词语在同一文本语境中共同出现的次数。

⑤ 经检验，选择留存比例不影响模型和类型结果，仅以最佳可视化呈现效果确定。

⑥ 剔除研究中心关键词在语义网分析的研究中是符合常规的做法，参考Elaine. J. Yuan etal.，“Privacy” in Semantic Networks on Chinese Social Media：The Case of Sina Weibo，” Journal of Communication，LXIII（December 2013），pp. 1011-1031；黄冬：《新媒体语境下“中国梦”的语义网分析》，载《重庆工商大学学报（社会科学版）》2015年第1期，第74—78页。

为增强语义网分析结果解读的效度，本研究对应语义网的社群侦测结果，提取其中核心关键词组成的微博文本，回到原文分析解读具体的反智话语意义，以能更准确地理解语义网类型化结果。

同时，本研究对符合要求的10名受访者进行了半结构式访谈，考察站在表达者主体的立场，对网络反智现状、反智话语符号表达的真实意义的理解，挖掘背后的价值和文化意义，起到对微博文本语义网结果的解释和验证作用。选择的受访者符合三个标准：①互联网和新浪微博活跃用户；②对反智现象较熟悉，持有反智观点或参与讨论；③满足基本的理论抽样原则，即访谈者总体涵盖对反智含义不同角度内容的理解。

第四章　当代网络反智主义的典型指代语

网络反智主义的讨论不能简单理解为包含“反智”一词的表达，而是一系列包含反智语义的词汇所构成的话语符号表达总和。本研究由三年中包含“反智”关键词的共3168条微博博文出发，对出现其他词汇进行词频统计，选取总词频高于150（即总数的5%）的词汇，包括“砖家”“叫兽”“读书无用”“民科”（见表1），且在反智无关的讨论中不常见，具有较鲜明反智语境特征。

表1　反智扩展语义关键词词频（基于共3168条微博）

关键词	词频（次）
砖家	396
叫兽	162
读书无用	237
民科	276

由此得到，“反智”“砖家”“叫兽”“读书无用”“民科”，这五个语义关键词构成了当代中国网络反智主义讨论中的典型指代语（见图1），代表网络反智主义讨论的常用话语符号。本研究后续对含有典型指代语微博的语义分析，也能较充分体现人们有关网络反智主义的讨论内容。

图 1　反智典型指代语词云

第五章　四种网络反智主义
——基于 2017 年语义网的分析

在静态分析层面上，依据 2017 年可视化呈现的语义网结构与社群节点分布结果（见图 2），在结合质性文本分析的基础上，发现反智语义网共构成五个语义社群，结合内涵理解对应为四种不同的网络反智主义，由网络体现出相互间的联系，从而描绘出中国网络反智主义在抵抗对象和意义表达上的多元图景。

一、反知识精英：基于对立政治社会立场的话语权抵抗

第一种类型的反智社群（见图 2），包含了“砖家”“叫兽”等核心词汇，并关联到“专家”“教授”“公知”等主体，其抵抗的对象是知识精英群体，批判核心在于其对立政治社会立场的行为观点。这种社群类型的符号意义表达过程呈现为，讨论者从自身支持的政治社会立场出发，将知识精英立场的观点与行为视为对立面，从而抛弃客观性，形成反智主义观点。民族主义政治立场和底层群体社会立场是最常见的两种表达立场。

基于民族主义政治立场的反智表达以“中国”“美国”“西方”等民族国家相关的宏观政治词汇为中心，这部分话语探讨知识精英的言论行为有违背国家民族利益的地方，从而表达对知识精英群体的抵制和批判。一方面，在反智主义者眼中，现在大量知识精英不为争取本国利益而奋斗，反以西方为首，由此提出批判：“……社会主义中国的外交学院不应培养崇洋媚外的专家、教授、院长，摒弃那些以美帝为首的所谓‘国际社会’的奴才和一辈子站不起来的软骨

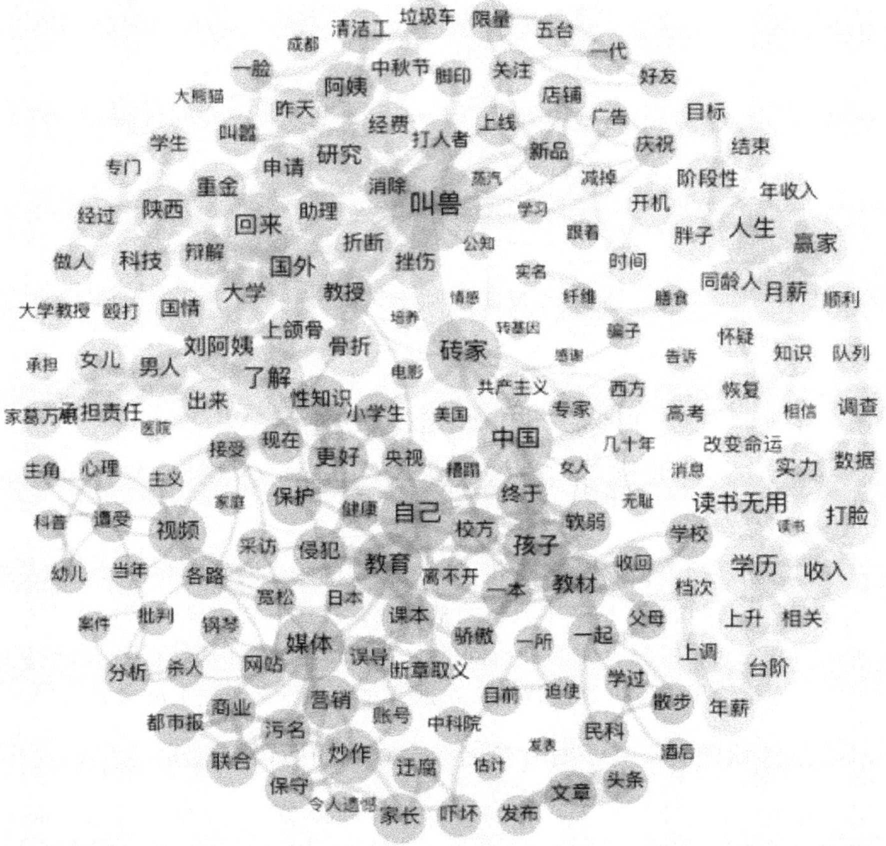

图 2　2017 年反智相关微博语义网概览①

头外交官。”（编号，170976）另一方面，当涉及跨国政治问题时，知识精英群体又因持有非本国的政治立场而受到科学性的质疑，如“美国‘砖家’诋毁朝鲜真是不遗余力。……美国人自己设计新型导弹的时候不也是这样的吗?”（编号，171861）一旦表现出亲美亲日立场更会大受批判。以转基因这一争议科学话题为例，评论中常见这类民族主义批判：“被孟山都收买，瓜分国家科研经费，为转基因摇旗呐喊、鸣锣开道的‘砖家’‘叫兽’，是一群汉奸、卖国贼，是吸血鬼、屠夫，必须让他们遗臭万年。”（编号，172038）访谈中也发现转基因话题下民族主义表达的反智理解，“虽然比较多反转基因的人也尽可能在用科学的说法来辩论，但还是可以看到一些被民族国家问题转移了注意力的情况，

① 节点颜色深浅标注为区别不同核心语义社群，节点大小代表该词与语义社群主题的接近度（closeness），链接粗细代表该词对共现频数，节点间距离代表词间关系强弱。

比如批评挺转专家是被美国收买了之类的，可能完全没看过对方说的具体内容，是比较反智的。”（访谈编号，lp）挺转基因的专家群体被指责为被西方利益团体收买，不顾国人安危的民族罪人，具有强烈的民族主义与反智意涵。

此外，也有部分反智表达的是基于底层群体社会立场对知识精英的抵抗。这类反智观点具有民粹主义倾向，极端注重底层群体的利益，将具有知识话语权力的专家群体精英阶层视为与底层人民阶层相对，知识精英发表的决策与言论观点则被批判是为精英阶层说话，违背了社会民生之根本。“都是工农兵学商最广大人民群众的死对头，他们嚣张人民群众永远抬不起头。【砖家语录】厉以宁：下岗工人到农村去！@周天勇 不能让农民工觉醒……”（编号，170183）专家学者关于下岗工人与农民工的言论被截取夸大后，被制作成“砖家语录”加以批判讽刺性的传播，将其彻底置于人民群众的对立面。受访者对于底层立场的反智主义心态这样论述：“有些人就只考虑官员或专家这些有知识又有权力的人，必须作出来决定的是对普通老百姓，特别是他自己这类（社会阶层和文化程度不高的）人是有益的，不然就要骂，但自己其实很多不太懂，我爸就是这样。”（访谈编号，tyr）基于一种知识精英远离底层人民利益的阶层隔离认知，底层社会立场话语合理化了对知识精英群体的敌对态度。

整体而言，这类反智主义对知识精英的指责将政治社会立场与科学客观性的含义混为一谈，是用符号作为文化资源来支撑意识形态话语的过程。他们以被西方利益团体收买、追逐当权者或精英阶层利益违背客观性为名进行对抗，却偷换概念，实际上以违背自己民族或底层利益的言行为靶子，恰恰背离了客观原则。

二、反知识分子群体：负面形象的夸大化建构

第二种类型的反智社群（图2）以知识分子群体的负面形象为核心形成对抗态度，对抗指向的对象包括“大学教授”“学生”“大学”“研究”等智性群体及相关场景。这种社群类型的符号意义表达过程呈现为，从一些个体负面事例出发以偏概全，上升到常见为两个领域的群体负面形象，即违背道德伦理的“斯文败类”与刻板思维的“书呆子”两种知识分子负面形象。与第一类反知识精英的区别在于，反知识分子批判的负面形象不受限于立场，而是立足于刻板印象，表达上具有以偏概全的思维特征，在对抗指向的对象上也更宽泛，囊括了广义的知识分子和相关教育机构。

违背道德伦理的“斯文败类”形象是2017年最多被夸大批判的知识分子群体负面形象。最典型的是在“归国教授殴打清洁工阿姨”事件中，引导反知识分子话语的过程十分具有典型性。当事人为陕西科技大学重金聘请归国的葛万银教授，由于蛮横殴打、事后辩解、不尊重劳动者在网络上被曝光而受到愤慨

指责：“打了人，连看病的钱都没有，不愧‘叫兽’啊，斯文败类……经和被打刘阿姨的女儿沟通，对事情的基本情况有了进一步的了解。1. 刘阿姨上颌骨骨折，牙折断，肺挫伤。葛‘叫兽’捶人的时候一点都不怂。连打带踹，阿姨身上有多处脚印……”（编号，171476）由此引发对知识分子道德败坏的批判，一时间“叫兽”“斯文败类”成为知识分子的代名词，用以讽刺空有学识却道德沦丧的形象。教授被视作恶势力愤慨指责的同时，校方和学生也因对学校的维护被质疑批评，更上升到当代大学生素质问题：“当代大学生素质……每次和学校有关的事件，就知道我国高校现在的平均智障净含量，以及用人单位为什么对大学生不如以前看中的理由了。”（编号，170236）从教授、大学到学生被描述得沆瀣一气不可理喻，对打人当事人的道德批判上升到了教授群体，乃至学生、学校在内的普遍性负面道德形象认知。且这种反智表达通常以事件为节点集中爆发，针对复旦学生在黄山逃票遇险导致救援人员牺牲，学生得救却不道歉的事件，一位受访者谈到相关网络讨论：“平时可能也不会觉得学生都那么道德败坏，但一旦事情发生了，大家的话锋都会往贬低整个学生群体去发展，加上媒体为了吸睛地添油加醋，这种普遍的批评态度就很难控制住。”（访谈编号，jyq）以事件为中心会更易于形成以偏概全，夸大知识分子群体负面印象的情境。

此外，刻板思维的“书呆子”形象也是少量被提及的一种夸大负面形象。部分人以缺乏常识思维刻板嘲讽知识研究，轻视研究结果的价值，并由此上升表达对知识分子群体的轻蔑态度。在中科院发表的关于舆情热度预测的研究结论下，有评论云：“该事件会不会扩大，还用特征预测？真是不看报的书呆子啊【‘鹿晗关晓彤’的热点你还能蹭多久?】科研人员对该事件截止到10月11日的相关微博数据进行分析，提取微博舆情预测模型做了热度预测。预测结果表明，该事件不会继续扩大，但已有热度依然持续，不会马上消退。”（编号，171488）冠之以“书呆子”，意指知识分子只会照本宣科的负面形象，中科院一篇并不荒谬的研究尚且被这样评价，其对知识分子的普遍刻板印象可见一斑。这种“书呆子”形象的批判同样带有以偏概全的夸大成分，尽管基于部分真实事件，但他们由个体现象上升到群体，具体问题夸大到整体负面形象，甚至刻意引导丑化和污名化，正如这条博文提到的现象：“真搞不懂为什么那么多小说和剧集非要把读书人和知识分子、教授塑造成‘书呆子’的弱智形象……”（编号，172130）这是对知识分子缺乏系统性认知和基本尊重的反智表现。而访谈发现，在非反智的大部分人眼中“书呆子”的含义与反知识分子的表达是有差异的，“一般‘书呆子’是用来指那些只会读书，在其他方面非常缺乏关注和能力培养的人，在现代社会这只是读书人里的非常小部分，肯定不等于所有读书人。”（访谈编号，qj）这个过程可以理解为一种对“书呆子”意义的拼贴，将常规语境下与小部分具有缺陷的读书人的关联，迁移到与整个知识分子群体的关联，扭曲了原词的意义，从而实现对知识分子负面形象的反智表意。

三、反知识论：功利主义导向的知识价值矮化

由知识价值出发的探讨，形成了第三种类型的反智社群（图 2）。这一社群讨论以“知识无用”为核心，与主智文化对知识价值的高度评价形成对抗，对抗指向“学历”“高考”“知识”等教育相关领域对象，并关联到“年薪”“收入”等衡量金钱回报的符号维度。这类反智主义有两个论述角度，一是提出读书无用的消极价值判断，二是将知识教育纯粹物质化为金钱回报的工具。两者的共同点在于，都以功利主义的思想计算和否定学习知识的收益，忽视其非工具性的价值，如理性思维能力等，对抗主智话语体系中对知识本身以及知识教育价值的非功利认同。其符号意义表达过程呈现为，提出自己不同于主智话语体系的对于知识和教育价值的评判标准，论述这种标准的合理性和现实性依据，从而支持其背后的功利主义意识形态。

第一种读书无用论思想由传统和历史中回归，表达读书受教育获取知识是没有意义或得不偿失的观点。这种“无用”是立足于现实生活，对抗知识学习被宣扬在精神理性层面的益处，认为学到的知识对于改善生活无用。正如这条博文概括的一些读书无用论观点：“1. 寒窗苦读十二年，一次高考考不好就全部白读，你会赌这一次吗？2. 上课不一定能听懂，懂了不一定能考到，你平时做的几千万题目，高考只考到几题。3. 到了大学毕业，以前学的知识全部用不到了。不可能以后买菜用到三角函数，搬砖用到压强。”（编号，171385）在表达中有选择地强调了学习的知识脱节于生活情境的无用，贬低教育带来的价值。但网络语境下对知识无用论的批判声音更多，这种反知识论调往往被间接转述并作为声讨的对象出现。在声讨者看来，读书无用观点的形成通常基于两个出发点，其一是传统思想观念：“某女同事，一向认为女孩子没必要读太多书，虽然她自己一直读到了博士。如果你反驳她，她会给你举出一大串例子，她的初中同学某某，高中同学某某某都没上过大学，但现在都比她有钱，过得轻松愉快，她自己就是一个读书无用的典型。”（编号，170484）传统观念中的“女孩子没必要读太多书”成为这位女生支持读书无用观点的思想依据；其二是读书与家庭营收的现实冲突：“我家亲戚很多年以前就说过这个论调，读大学没用，应该念技校学手艺，呵呵。【读书无用论开始在农村盛行起来了！】昨天晚饭闲聊，堂兄打算让侄女读完初中以后不念书了，跟着他做生意去，因为读书很花钱。”（编号，170392）读书花钱与做生意赚钱的现实冲突，成为知识教育被轻易地因功利考虑放弃的现实依据。而根源于传统和历史的读书无用论在网络上更多处于受到批判的位置，可能与传统思想观念式微，且大部分家庭经济条件可以基本满足教育的现实背景有关。访谈材料也印证了这一点，即这种传统观

念在现代主要出现在农村:“现在城市里和受过一定教育的人都不信读书无用,但我老家一些亲戚很多还有这种想法。主要是平时接触不到因为读大学、读研改善了生活的例子,听说的都是身边一些三流大学专业毕业了找不到工作,他们没什么文化又不懂是为什么,自然就觉得读大学没用。”(访谈编号,jry)基于日常生活环境的经验,思想和现实依据不断得到证实,并被用作宣扬反知识论的符号工具。

尽管读书无用论在网络看似人人喊打,并不意味着功利主义的反知识论已然消解,相反,另一种标榜肯定教育价值的反智主义论调出现,它在论述中将知识教育的价值完全物质化,以金钱回报作为衡量教育学历有用与否的唯一标准,体现的是变相的功利主义价值观内涵。这类表达出现在支持受高教育、拿高学历的阵营中,通过在教育的金钱回报计算上提出正向结论,来避免传统读书无用论遭遇的舆论困境:“【80后月薪多少才算同龄人中的人生赢家?】如果你年收入达到50万,那么你将顺利挤进Top1的队列。此次调查数据实力打脸读书无用论:学历与收入呈绝对正相关,学历上升一个台阶,年薪就上调一个档次。”(编号,172777)仅以年薪收入这一单一维度作为衡量知识价值的标准,而排斥知识教育的精神理性价值等评判标准,其背后还是极端功利主义的意识形态。一位受访者也表达出这种态度:“所谓‘不能输在起跑线上’之类的说法,现在大部分人都希望让小孩读得越高越好,就是因为读书能够决定以后的工作、物质收入和生活阶层。读书读不好在现代社会没有希望获得更高社会阶层,甚至保持不了原来的阶层地位,这类现象在生活中是很常见的。”(访谈编号,smh)她对于读书的理解高度功利主义,并以生活中常见的学历高与物质阶层高的关联性论证,将这种关联视为一种“自然规律”,显示出对主智文化提倡的知识教育在充实精神领域、培养理性思维等方面的价值缺乏认识,具有反知识的内涵。

四、反科学论:面向科学话语体系的挑战

在反智语义网中,存在一部分围绕科学议题论辩的社群,这是第四种类型的反智主义——反科学,它是指以非理性和无视科学规则的方式去否定、违背、推翻权威科学体系的观点及发现,对抗的对象是当前的权威科学话语体系。这一反智类型包含两个子社群,一是直接挑战权威科学体系的“民科”(图2),二是非理性价值导向的伪科学谣言(图2)。在符号意义的表达上,前者针对专业性的科学问题,基于挑战权威话语的草根价值,具有主动的对抗性;后者指向生活化的科学问题,依据的更多是传统迷信等非理性价值,其与科学体系的对抗相对消极和被动。这两者的共性在于基本科学素养与理性思维的匮乏,以至于其对抗科学话语体系的表现具有鲜明的反智特征。

作为反科学讨论中极端的代表，挑战权威科学体系的“民科”构成了第一个子社群。这一社群的核心词“民科”为民间科学的简称，用以指代通过不具有科学精神规范、不符合科学体系标准的方式进行“草根”科学活动的群体以及其提出的结果论断。这则博文介绍了一位民科发现电荷不存在的荒谬结论：他有可能是认真的，未必是为扬名。就像常有人找某探讨人工智能如何超越人，如何达到宇宙终极智能，机器人如何统治世界，统治不了世界总可以统治偏僻乡村……【又一出“自编、自导、自演”的民科戏码】5月6日，一篇《重磅，中国科学家发现电荷并不存在，将改写教科书》的文章刷爆朋友圈，称“根据最新消息，来自中国云南大学的一名科学家（凡伟）发现电荷并不存在……”（编号，170456）不参考现有权威科学结论，不遵循科学研究规则和方法，研究结果不是提交正规专业的科学机构鉴定评判，而是以朋友圈文章的形式发布于网络平台，民科做着科学专业领域的问题探索，采用的却是一切反叛权威科学体系的方式，是反科学论中主动对抗权威科学体系的典型。这种反叛甚至在网络上发展出支持和践行民科研究的小团体，究其原因，民科研究并非纯粹的哗众取宠，在背后鼓舞的是一种所谓“民间出奇才”的“草根”梦想：“有人问起‘民科’和‘野经’的起源和成因，其实大抵不离‘文化大革命’时期整个社会深厚浸染的反智情绪，整个社会，特别是底层社会有相当大的一个群体相信学者垃圾，群众很棒，虽然没正经读过书，但是能靠自身天才和苦干创造奇迹，草莽出英雄，实践出真知。反复的自我洗脑和互相洗脑更加坚定了这种带有偏执的被害妄想。”（编号，170354）民科研究的正当性，来自“草根”科学应当被放到与科学平等地位来探讨的认识，因缺乏基本科学素养和专业知识而被批判为荒谬的结论被自我感动式地洗脑为底层“草根”的不平等待遇，这种略带民粹色彩的“草根”价值导向了对权威科学体系反智式的挑战。对于民科现象有一定观察的受访者指出：“我倾向于觉得他们是有偏执倾向的人，他们很擅长利用草根情怀和对官方的敌意来进行逻辑自洽，但是对于自己的漏洞总是顾左右而言他。”（访谈编号，lmt）民科人士以“草根”和民粹色彩的价值作为论述和行为的依据，形成一套自己的理论，并通过对抗现有科学体系的形式，彰显这套自我洗脑式理论的意识形态价值。故而民科也通常被视为官方科学体系无奈却又无法杜绝的对立存在，“不发《Nature》可惜了。发现了一个非常神奇的网站——中科院下属的‘科学智慧火化’栏目，充斥着各类民科文章，估计是中科院工作人员被经年累月地骚扰崩溃了，就弄这么个垃圾场让民科们发泄……”（编号，170695）对这类反智表达的无奈与嘲讽溢于言表。

在更为生活化的情境中，非理性价值导向的伪科学谣言构成了反科学内涵的第二个子社群。这一社群中，反科学表现为伪科学形式的谣言，以及对科学辟谣或科学知识科普的排斥，相对前者不那么激进也更为被动。这一社群语义网主要由多起反科学事件构成，论述事件中非理性和伪科学的观点，而“媒体”“误导”“断章取义”作为事件以外的核心词汇，表达的是内容生产与舆论传播的媒体平台在非理性反科学风气中扮演的助推角色。在具体事件中，反科学首先体现为不真实的科普内容论述：“我们许多网媒的‘科普’就是几个自己不知道自己在写什么东西的编辑硬凑出来的。比如，刚刚上热门榜这篇@腾讯《财看见》的科普文，里面这些美国德国基本全是编辑自己‘意淫’出来的。没有一个国家会设定‘和14岁以下儿童发生性关系，一律算强奸’这种反智的法律。”（编号，170514）虐童事件中，网媒文章被指出遍布胡编乱造的“科普”内容，缺乏法律科学依据且误导读者，是科学素养的缺失，也是对科学的不尊重。这些伪科学谣言之所以有生存空间，通常是缘于科学素养缺失情况下非理性态度的主导，即不以客观可靠的科学证据论辩，而是带有误读、偏见、断章取义的盲目抵抗和批判：“只能说舆论的断章取义能够轻易引导凡夫俗子的眼光去抹黑一个人，但我见到的更多老师都和她一样，传道授业，告诉我们无论经受什么都该一如既往坚持正义。现在大家追捧转发的这个给大家科普幼儿遭受性侵后心理的视频主角，就是当年因为分析药家鑫连捅八刀的犯罪行为心理，被全网围攻称之为‘叫兽’的李玫瑾教授，当时她在央视上接受采访的话被各路网站媒体安了一个“钢琴杀人法”……”（编号，170452）“药家鑫案”中教授对犯罪心理的科学客观分析，由于事件当下情绪化和断章取义的非理性风气而受到强烈抵制，并无言行过错的教授本人备受舆论攻击，“不顺眼”的科学内容空间被挤压无几，各式“顺眼”的谣言则可以漫天横行。承担内容生产和传播功能的网络媒体平台，则被视为其中重要的助推手，而网络媒体对伪科学谣言的纵容，也与接受者排斥理性思考的需求有关：“所谓的鸡汤伪科学这些其实都是平台的生意啊，写的时候也是有意为之的。有些人去相信一些伪科学养生类的鸡汤文，是因为对相应内容的领域缺乏知识，这些文章一般都是以简单直观的文字和图片形式呈现结论，刚好满足他们不需要太多思考就可以对这一领域有所了解的需求。”（访谈编号，rk）这位受访者指出，网络媒体平台正是看中了反科学文章在特定人群中的需求市场，反映了一种将被动化为主动的反智表达。

第六章　网络反智主义的变迁（2013—2017）

在动态分析层面上，本研究以同样的分析方法建立2013年和2016年的反智语义网（见图3与图4），并与2017年语义网（见上文图2）比较分析，从而考察了三个年份间各反智主义类型的分布与对抗内涵的变迁趋势。其中，2013年反智语义发现三大类，分别为反知识精英、反知识分子群体、反知识论，其中反知识精英包含两个子语义群，即基于民族主义政治立场或底层群体社会立场。2016年发现四大类，包括反知识精英、反知识分子群体、反科学论、娱乐主义，其中反科学论包含两个子语义群，即民科和伪科学谣言。正如上文所指出，2017年反智语义的四大类为反知识精英、反知识分子群体、反知识论、反科学论，其中反科学论同样包含民科和伪科学谣言两个子语义群。比较2013、2016和2017年的网络反智主义类型可以发现：第一，反知识精英、反知识分子群体在三年中均出现；第二，反知识论主要出现在2013年和2017年，反科学论主要出现在2016年和2017年；第三，娱乐主义主要出现在2016年。

综合三年来看，可以发现共存在反知识精英、反知识分子群体、反知识论、反科学论、娱乐主义五类网络反智主义。相较Hofstadter的经典反智主义四大类型体系，既有相同之处，又有所不同。相同的是，在中国的互联网现实情形下，反知识精英（反精英主义）、反知识论（工具主义）、娱乐主义（享乐主义）也存在；不同则在于发现了两种新的反智主义类型——反科学论和反知识分子群体，表明中国的现实网络反智状况具有自身独有的特征。其中，反科学论是在国内互联网提供了主张非科学的平台，娱乐化电视节目与媒体助推的背景下，形成显性的问题，其具有部分反精英主义和反理性主义色彩，但不完全等同于单纯的反知识精英或反理性的反智表达，构成的是具有独特内涵的新反智类型，反映了对当代正规科学体系缺乏认同与信任的一种网络反智倾向；反知识分子群体则是在抵抗的对象上具有部分反精英的元素，即与智性群体的对抗，但在讨论中具有完全不同的意义出发点，是立足于以偏概全的刻板印象，而非所持的群体立场，与理论中反精英主义类型的解释存在较大差异，在批判的指向对象上也更宽泛，因而应看作一种新的反智主义类型。

以下将通过比较每年主要出现的反智主义类型，从动态的角度来考察网络反智主义的演进。分析结果显示，2013—2017年网络反智话语整体从泛化走向分化，反知识精英、反知识分子群体、反知识论在讨论的内容侧重点上发生了转变，反科学论和娱乐主义则作为新兴的反智主义类型快速崛起，这些转变反映的是网络反智主义各类型内部以及与主流文化间结构关系的多方位变迁。

一、由泛化走向分化的符号话语

整体来看，语义网中的类别边界变得更为清晰，网络反智主义话语呈现出从泛化走向分化的转变。此处泛化指的是不同类型的反智话语中存在相互引用相互支撑，常用话语会同时出现在不同反智语义子群的边界上，反智类型间的语义边界是模糊的；分化指的是不同反智类型用的话语比较独特，较少运用共通的话语，具有相对清晰的类型语义边界。

以2013、2016、2017年三年的语义网络社群的交界情况分析，可以清晰观

图 3　2013 年反智相关微博语义网概览

察到这种转变。2013 年的语义网中，可以发现较多近似同属于不同反智类型的网络社群交界的词汇。例如，“博士生”“薄识生”与“硕士”“考研”处于反知识精英与反知识论类型的交界处，但在语境中成对出现的次数不少。例如，博文：“现今中国高等教育的崩溃特征：1. 资源错置，让社会最需要的专科成了‘砖科’；2. 既不通识又无技能，让本科成了‘笨科’；3. 让对就职最没信心的部分同学以考研为缓刑，让硕士中满是‘缩士’；4. 最迷茫的考试高人通过直博稀释了最需方向感的博士生，让博士生成了‘薄识生’；5. 如此加工出有任教资格而无任教灵魂的‘叫兽’。”（编号，130234）其中多个交界词被涉及，既用以表达对知识精英的批判讽刺，也包含对高等教育价值的贬低，表明此时两种反智类型在批判对象——知识精英和高等教育内涵上的泛化。对此有两种可能的解释：一方面可能是表达者自身对其批判内涵的模糊认识，另一方面也可能是为寻求更多共识而有意泛化留出的余地。再如，“通胀”“涨工资”属于

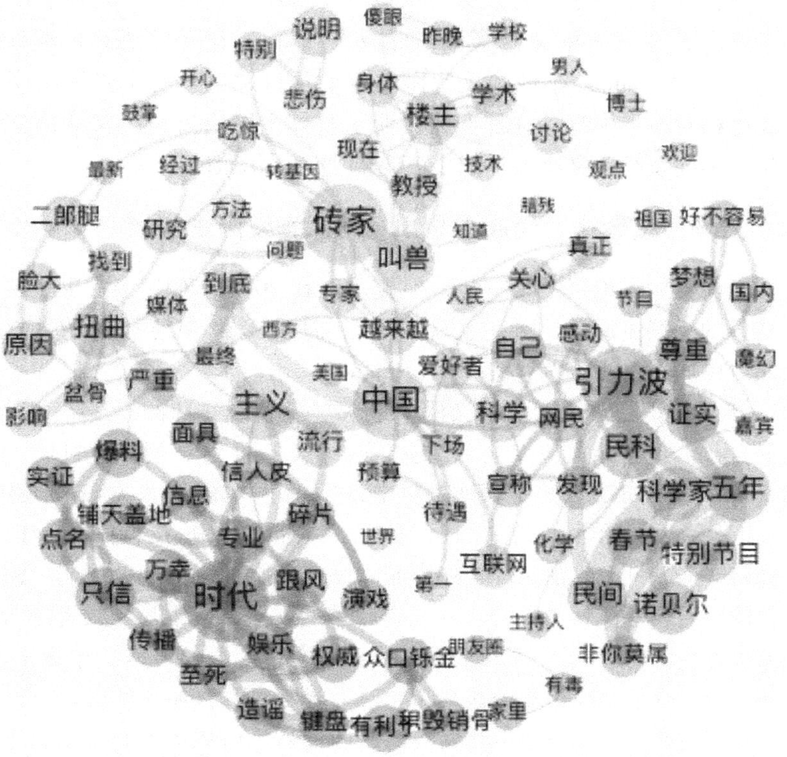

图 4　2016 年反智相关微博语义网概览

反知识分子群体与底层社会立场的反知识精英交界词，虽然属于前者社群，但语境中也具有鲜明的底层反精英色彩：“股市暴跌蒸发数万亿，‘砖家’还说了，成功控制了通胀……给老百姓发钱，‘砖家’表示不可，说这样会导致通胀；给公务员涨工资，‘砖家’表示很好，说这是高薪养廉；印钱给老百姓花，‘砖家’表示不可，说这种做法不符经济学原理；送钱给洋人花，‘砖家’表示很好，说反正外汇储备也花不掉；拼命出口将中国资源都换成美国白条，我说这是中国损失，但‘砖家’说这就是 GDP！”（编号，130365）“通胀”和“涨工资”两个议题既被用以嘲讽专家为代表的知识分子言论照本宣科脱离现实，又表达了对无视民生与老百姓作对的精英立场的批判，是两种反智批判角度的融合。

然而在 2016 年和 2017 年的语义网社群边缘，此类在内涵上徘徊于两种类别间的综合性表述减少，交界词更多只是反智主体如“砖家”“叫兽”，抑或涉及多种反智表达的事件如“科学”“引力波”“清洁工”“阿姨”等共用场景词汇。有受访者也谈道：“如果把近几年对比来看的话，对以前的反智的印象是比较模糊和笼统的，但随着网络上的表达越来越丰富和普遍，反智的表现和言论变得更明显了，而且可以清晰地感受到所谓反智有很多不同种，各有各的一套说法。”（访谈编号，lmt）不同的反智主义类型各自发展具有了更清晰明确的内涵，边界也相对不再模糊，这种变化表明了整体上网络反智主义话语在近几年渐趋分化，不同反智主义类型形成了各自的独特话语范畴。

二、立场面相聚拢：民族主义立场的反智逐渐占据核心

反知识精英的讨论延续了三年，但侧重点在2013—2017年发生了转变，其对抗所基于的立场由原先民族主义政治立场与底层群体社会立场的并重，逐渐倾斜倒向以民族主义立场为主。

2013年反知识精英类型是语义网中最大规模的语义社群，其中底层群体社会立场的自社群包含相关节点众多且遍布网络（见图5），规模超过民族主义政治立场（见图5）。底层社会立场子社群中，“人民”“真正”“关心”作为重要节点表达真正关心人民的诉求，并关联到农民工、临时工等底层群体，计生、就业、养老、食品安全等民生话题，带着强烈底层民众利益为上的民粹色彩。清华大学杨燕绥教授提出延迟领养老金缓解养老金问题的观点，被指为当权者站台，清华也被批为权力代言的机构：“每逢决策，中央都会让几个‘砖家’学者出来站台，发表一些言论，清华已经彻底沦落成了权力的代言机构，部分所谓的‘叫兽’为老不尊，真可谓悲哀。……清华教授杨燕绥称：让他们从生产企业退出来，经培训，在家附近就近参与老年服务，50—65岁男性做养老院园林义工，女性给老人做饭洗衣服，多好啊！”（编号，130201）专家学者作为具有知识话语权力的精英阶层，被置于与人民阶层相对的立场，其发表的决策与言论观点则被批判是为精英阶层说话之举，违背社会民生之根本。此类话语表达泛滥，使得2013年的网络反智话语整体都沾染上“民粹主义”色彩。

与之不同的是，2016年、2017年的反知识精英类型不再分化出两个单独的子社群（见图5），语义网络规模下降的同时，底层群体社会立场的批判话语明显减少，不再能构成单独子社群，远不及仍然占据网络话语地位的民族主义政治立场。这表明反知识精英的批判已由早期的民族主义和底层群体两个立场角度的聚焦，转变为民族主义立场，即批判知识精英违背本国利益，更占据话语主导。访谈结果也印证了这一变化：“这几年网上民族主义基本没有太削弱，因为有时候还挺符合主旋律的，所以对专家卖国的批判一直都有。但说专家是权力的走狗这种话在逐渐变得隐晦，毕竟涉及社会阶层对抗的内容，这几年网络环境一直有在整治。”（访谈编码，wdk）正如访谈所述，对于反知识精英话语中底层群体立场者的变少，一种可能的理解是与2013年至近年间以微博平台为首的网络生态变化相呼应的。自2013年起微博网络空间中裹挟政治势力冲击社

图 5　上、左、右图依次为 2013、2016、2017 年反知识精英社群语义网

会秩序的话语得到治理，“极端民粹主义”倾向的偏激言论和代表性大 V 在这期间逐渐退出舞台，其反知识精英话语也因此呈现出消匿态势。相较之下，民族主义思想在网络的发展中没有受到太大波及，反而呈现出新的发展形式及影响。

三、负面形象重构：从“书呆子”到“斯文败类”

同样存在于三个年份的反知识分子群体类型，其变迁体现为夸大塑造和批判的知识分子负面形象发生了侧重转变，由原先思维刻板的“书呆子”形象为主，转向违背道德伦理的“斯文败类”形象为主。

2013 年的反知识分子群体社群（见图 6 上方的社群），首先是对知识分子群体“书呆子”思维形象的嘲讽和批判。这集中表现为对知识分子群体违背常识的研究的嘲讽，通常以夸张的调侃方式丑化专家学者的形象："【何谓'砖家'?】为了证明螃蟹的听觉在腿上！一专家捉了只螃蟹并冲它大吼！螃蟹很快就跑！然后专家把螃蟹的腿都切了！又对着螃蟹大吼！螃蟹果然一动不动……实验证明专家的判断是正确的，螃蟹的听觉确实在腿上。"（编号，132567）这条博文以一个螃蟹研究的例子，充分凸显了专家脱离现实的荒谬形象和不知变通的思维模式，具有强烈的讽刺批判意味。该事件未必真实，表述极尽夸张嘲讽，转发讨论量却极高，在大量"哈哈哈"的背后，是对知识分子"书呆子"刻板形象的一种具有反智特征的认知共识。其次，除了思维刻板，知识分子也被认为只会纸上谈兵而不懂实干，例如："昨晚难得想看新闻，看完了之后才发现中国最多的不是人口而是'砖家'。一会分析这个国家的政治思路，一会分析那个事件的起因经过结果！我便在想，如果真的打仗了这些'砖家'会在前线举枪杀敌吗？会在中国发生灾难时慷慨解囊吗?"（编号，1311406）由专家分析政治思路上升到知识分子群体为国家实干方面的质疑，表达对其只会动口不会动手之空谈形象的批判，个体负面形象认知被以偏概全上升到了知识分子群体之上。此外，知识分子的负面形象批判，也体现为基于腐败、强奸事件对知识群体行为不检点的群体性道德指责。这个角度虽然存在，但道德问题的负面形象并不是2013年反知识分子语义社群的讨论重点。

知识分子群体负面形象的塑造在后两年发生了明显转变。2016年语义网结果显示，反知识分子社群中批判知识分子刻板荒谬言论的话语大幅减少（见图6左下方的社群），仅在转基因相关论辩中有将一些专家形容为"知识严重老化的老朽'砖家'站台"（编号，130162），其余更多为对教授负面道德形象的衍生讨论。至2017年，社群语义网的核心节点几乎均为知识分子违背道德行为的事件关键词（见图6右下方的社群），对其负面形象的讨论聚焦到道德伦理角度。围绕"归国教授殴打清洁工"的事件，引起了大量对知识分子群体道德问题的质疑和批判。至此"斯文败类"代替"书呆子"成了反知识分子话语中更主流的批判形象。多名受访者也谈及这一变化，知识分子"书呆子"的形象在逐渐弱化：'书呆子'的形容在以前比较多，过去比较注重实干，觉得整天只读书的人没用，现在已经越来越少了。"（访谈编号，zsy）；相反道德负面的形象以事件为中心不断被强化："现在曝光一些知识分子的负面事件，会有比较多对于学历高的人在道德和人品方面却做不好的指责，这种反差是很大的，加上媒体炒作就带动了舆论。"（访谈编号，jyq）这种转变可能与近年发生的多起知识分子违背伦理道德行为有关。如2013年复旦投毒事件，以及近年教授性侵等事件频

图 6　上、左、右图依次为 2013、2016、2017 年反知识分子社群语义网

繁被曝光，对比发现 2017 年性侵相关的新闻事件报道较 2013 年大幅增多①。知识分子群体形象在相关事件的影响下发生了大众认知转变，传统固守规则的表面形象被打破，反而成为逾越规则的代表人群之一。2018 年“Me Too 风暴”的网上蔓延典型地反映了这种话语转变的影响，大量知识分子被牵扯入事件中，道德负面形象越来越成为正当和普遍的智性群体批判维度。

四、功利表达转向：从读书是否有用到对读书价值的物质计算

比较 2013 年与 2017 年的语义网（见图 7），反知识论述的侧重点发生转变，从读书是否有用的争辩转向对读书价值的功利计算，喻示着传统的读书无用论

① 根据百度新闻关于“教授性侵事件”的搜索结果统计，2017 年相关报道文章数 327 篇，2013 年 121 篇，相关主题的 2017 年报道数量为 2013 年的近 3 倍。

失去了话语权，而以纯金钱衡量教育回报的功利价值则重新立足，获得较多话语支持。

2013 年的反知识社群以传统“读书无用论”为中心，否定以高等教育为首的价值，通常会从事件或个人经历出发。“【父亲反对女儿上大学 称捡垃圾都比读书强】玲玲考上了大学，家里不缺钱，父亲却坚持不让上，坚信‘读书无用’：大学四年要 8 万，如果这四年去打工，至少赚 8 万，一来一回就是 16 万。拿去读大学是‘肯定会失败的投资’。”（编号，130243）这起事件中，父亲以失败的投资作为形容表达了对高等教育强烈的价值否定，是传统“读书无用”的典型论述。硕士、博士自我表达的迷茫和没有方向感，也成为支持知识无用观点的论据。

但在 2016 年，这一类型甚至没有出现在语义网的核心社群之列。一方面，在传统读书无用论被大范围批判否定而式微的网络环境下，单纯对知识和教育的价值否定越来越难立足，逐渐失去话语力量而淡出，对其的批评讨论也成为陈词滥调而鲜被提及；另一方面，诸多新反智类型的崛起也可能是使得反知识讨论被忽略或搁置的原因。

当反知识论在 2017 年重新形成关注，其论述的侧重点转向了对读书教育金钱回报的功利计算，因此相比备受批驳的“读书无用论”具有了更强势的话语权。由于结论是正向支持受教育的，这种功利主义论述得以进入主流视野而不乏应和，讨论者钻研其中计算知识教育的金钱功利回报，而忽略知识教育真正对人培养理性思维、充实精神领域方面的价值。某种意义上，它只是“读书无用论”的一种翻新，传递的功利主义内涵未变。

这种转变与近年网络生态的商业化氛围增强，功利主义思想和话语力量的崛起不无关系。这可能也与时代对于知识的需求不断增强有关，“过去工人和读书人没什么收入差距，教育和知识也不会带来太多社会地位上的差异。但随着时代发展，现在学知识对个人发展越来越重要，原来的读书无用论很容易在经验上站不住脚，大家就都开始支持读书有用了。”（访谈编号，smh）当时代变迁将知识教育与社会经济文化地位紧密联系起来，功利主义的现实选择随之改变，但主智文化中知识教育对人的综合素质、理性精神培养的非物质价值，仍然是被轻视的。因此，如果说 2016 年的沉寂是“读书无用论”的自我话语矛盾，那么 2017 年正面评价读书金钱回报的功利主义话语重回视野，看似推翻传统“读书无用论”的背后，是与知识教育理性精神价值对抗的反知识论的一种回归。

五、网络场域下的新兴类型：反科学和娱乐主义反智主义

随着网络话语生态与现实媒体形态的变迁，2016 年开始出现了反科学论和娱乐主义这两种新兴的网络反智主义，并在 2017 年的结果中进一步得到发展。

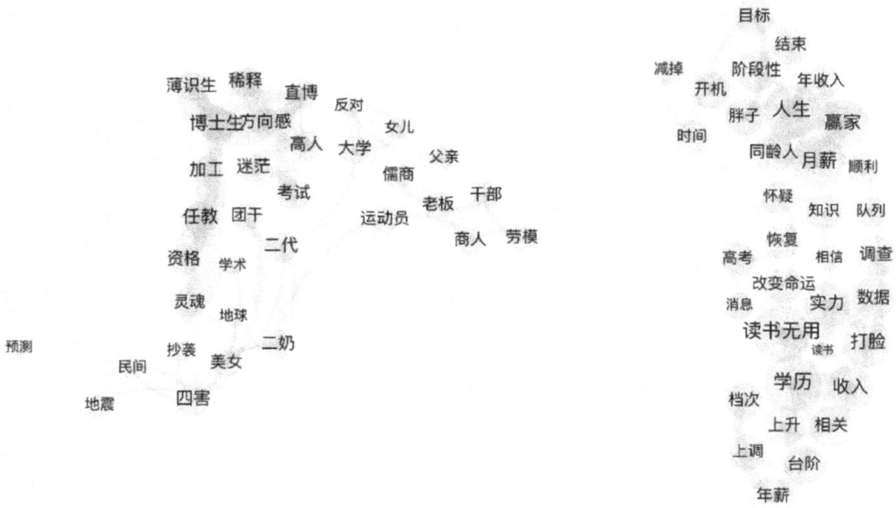

图 7　从左至右分别为 2013、2017 年功利主义反知识社群语义网

这两种新崛起的网络反智主义融合了多种极端价值意涵，与前三种表达相对单一价值意涵的传统反智类型相比，呈现出鲜明的时代性和动态特征。

与权威科学话语体系相对抗的反科学论是 2016 年语义网中初现的网络反智类型，以“民科”和伪科学谣言两种分别针对专业领域和生活领域的反科学表现为代表，并在两年中持续构成分化的两个子社群。其中，2016 年以“民科”社群为主（见图 8 左方），而 2017 年以伪科学社群为主（见图 8 右方），均展现出以事件为中心的动态表达特征。

围绕“民科”的反科学讨论，兴起于 2016 年具有极大社会影响的“郭英森引力波”事件。当年美国引力波探测项目组 LIGO 成功探测并证实了引力波的存在，而一则营销号称民间科学爱好者“诺贝尔哥”郭英森早在五年前的《非你莫属》节目就已提出引力波，却遭到当时的专家嘉宾嘲讽。很快事件反转，郭英森的发现被指出并非首次，且提出引力波与证实存在尚有很大差距，研究分析方法也缺乏基本的科学知识素养，纯属“反科学”。这起事件在网络上形成极大的传播影响，相关话语占据了 2016 年“民科”反科学语义社群，既包含支持者尊重“草根”科学梦想的诉求：“有眼不识泰山@YC：一个了不起的工人。【知识分子在中国的现状】五年前民间科学家曾提到过引力波，遭嘉宾嘲讽。巧的是五年后，引力波被证实了。他们都欠他一个道歉，请尊重别人的梦想。”（编号，161603）也有对基本科学素养缺乏的嘲讽与批判：“此‘民科’先生如果真的对科研有热情，应该在物理学领域进行深入和严谨的学习，并且将自己的研究结论送到相关的科学机构，由内行或真正的科学家们来进行评判和讨论。此人不走正途，

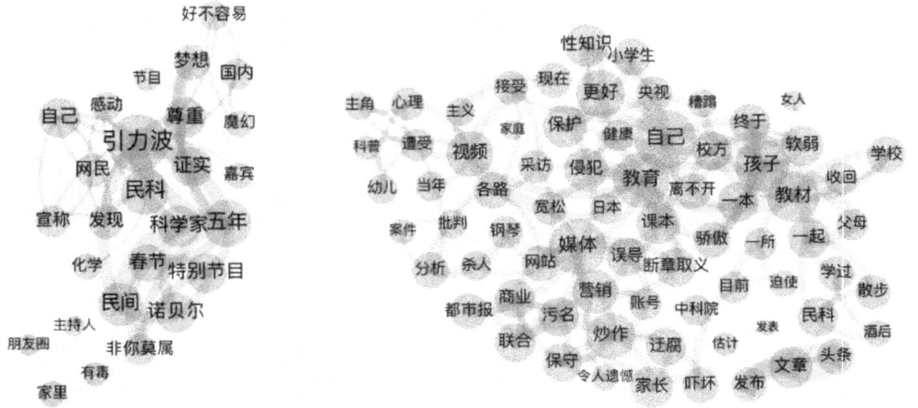

图 8　从左至右依次为 2016、2017 年反科学社群语义网

而是选择了一个和物理学‘八竿子打不着’的娱乐节目，这本身就是哗众取宠，投机取巧、妄想走捷径的小丑行径，完全不配被尊重!”（编号，161112）“民科”所代表的反科学表达，包含了“民粹主义”色彩的“草根”价值与对科学标准、科学知识的主动排斥，融合了极端的民粹反精英与传统反知识表达的内容，以对抗权威科学体系，由此构成了一种新的反智主义类型。

在时间动态上，随事件热度减弱，2017 年关于“民科”的讨论也相对减少。受访者经验感受也有同样的趋势：“2016 年是‘民科’被讨论最多的时候，不管是支持还是批判的舆论都比较多。但‘引力波事件’热度过去后，‘民科’就没那么受到关注了，但也知道那些‘民科’还在那里，偶尔看到相关的东西会吐槽或者嘲讽几句。”（访谈编号，lmt）在日常语境中，事件后的“民科”讨论的话语主要是基于一些涉及“民科”现象的文章或发现结论的论辩，内涵基本没有变化。

伪科学谣言则是在更生活化的互联网场景中新兴的一种反科学论。近年来众多伪科学的科普软文泛滥微信朋友圈、公众号和微博文章，轻视科学真相和理性判断的风气变得普遍。2016 年关于伪科学的讨论还较少，主要围绕家里长辈转发朋友圈文章，指出其中创作者以“科普”为伪装实则反科学的谣言，以及接受者缺乏科学素养和轻信谣言的反智表征。但到 2017 年，伪科学现象已大幅占据反科学话语内容，并延伸至批判媒体平台的助推角色。围绕不同的事件，伪科学谣言创作者、传播者、接受者话语的反科学内涵仍是一致的，不真实的科普内容生产，以及科学素养缺失情况下非理性判断的主导，使得真科学备受批判，伪科学大行其道，从而构成一种融合了科学知识轻视与非理性判断的反科学反智内涵。

正如语义社群中的批判，媒体平台利用人们排斥或缺乏理性思考的特征，纵容伪科学谣言的生产和传播，随意误导、炒作、污名化科学知识，轻视理性可信赖媒介环境的塑造，可能是快速助长出伪科学谣言这种反智风气的重要推动力。

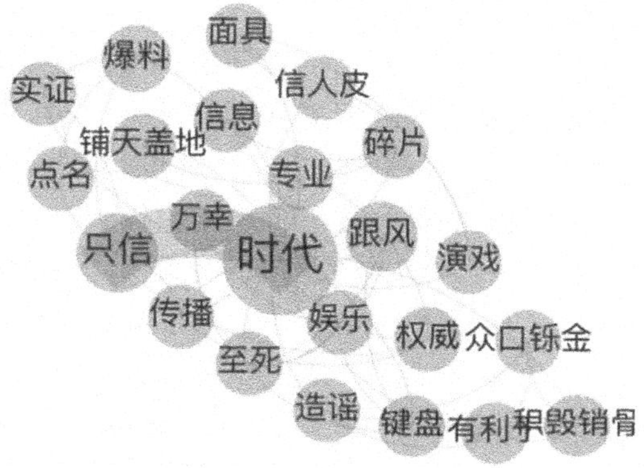

图 9　2016 年娱乐主义社群语义网

娱乐主义是另一种在 2016 年崛起的新兴网络反智主义（见图 9），体现的是当代新媒体网络背景下，极端娱乐主义与反智主义内涵的合流。该社群以“时代”为核心节点，在特征上呈现出“娱乐”“造谣”“跟风”“爆料”等形式，是关于当代网络新媒体高度娱乐化发展的时代下，极端娱乐主义价值引导知识贬值现象的讨论。

娱乐主义反智对抗和推翻的是主智文化中对信息的自主理性思辨态度，表现为无脑跟风，缺乏对信息的基本判断，只信自己乐于相信的，作为参与网络新媒体内容生产的主体，众多网民化身为“键盘侠”。在某演员因被媒体营销抹黑的一起事件中，其支持者在澄清事实的同时，揭示了娱乐主义时代有意者如何利用无脑跟风和不辨真伪的反智特征来传播谣言：“从业内爆料到脂粉极速下场到营销号联动到热搜跟进再到段蓓珊出现，果不其然露出马脚，一个本是正面形象良好的青年演员瞬间被推上风口浪尖，被扭转局面、被控制风向、被强加人设……//这是一个反智主义流行的时代，这是一个碎片信息铺天盖地的时代，这是一个信人皮面具可以演戏的时代，这是一个不信专业权威只信传播大 V 的时代。这是一个积毁销骨、众口铄金，一个最有利于造谣的时代。这是一个键盘跟风、娱乐至死的时代……”（编号，160947）访谈中也发现，网络媒体空间正在越来越向极端娱乐化的环境发展，其中结合了网民娱乐化心态与媒体平台的商业化目的：“现在网络上、微博上的消息越来越难辨真假了。很多时候大家去围观一个新闻八卦，只是看个新奇，随便发表两句评论，很少去动脑费心弄清楚真实情况。媒体为了赚钱迎合这种风气，也专门搞一些夸大的、歪曲事实的标题党来吸引眼球。这些都有反智的成分。”（访谈编号，qj）利益至上的媒体平台为吸引眼球不断再生产无脑娱乐甚至毫无根据的谣言内容，助长其愈演愈烈，两者恶性循环。这种环境下，知识和权威被人们轻易推翻，铺天盖地的信息难以分辨，于是许多人放弃思考与辨别而走向娱乐至上，与娱乐主义合流的时代性网络反智类型就应运而生。

尽管娱乐主义的反智类型在2016年占据不小的网络社群规模，但这一社群在2017年却没有持续出现。这方面的话语锐减，可能与2017年对网络环境低俗谣言的大规模整治行动有关①，极端娱乐主义、谣言泛滥、信息失真的网络话语环境正在得到清理，与之相关的反智现象或也相应得到改善。正如受访者的经验体会印证："这种过度娱乐化的反智风气给网络环境带来不少负面的影响，最近几年感觉已经在管制了，印象中去年整治过很多关于网络谣言和娱乐低俗的内容，包括标题党等，可以感受到很多太夸张的言论已经很少见了。未来趋势怎么样还要取决于之后整治的力度和方向。"（访谈编号，wdk）在新媒体持续动态发展的过程中，这种娱乐主义与反智主义的合流只会是短暂的兴起。虽然在网络大规模谣言治理后相关的讨论销声匿迹，但是还可能以其他话语形式卷土重来，因此，网络谣言是随着网络生态的进一步变迁值得持续关注的问题。

第七章　总结与讨论

本研究基于微博大数据语义网分析结合质性访谈，从网络亚文化视角出发借鉴亚文化对社会文化现象的分析视角，对中国当代网络反智主义的类型和变迁进行了自下而上的探索性经验研究，结果回应了开篇提出的两个层面的问题。

一、网络反智主义的类型结果及现实变迁

研究发现，当代中国网络空间中包含五种典型反智主义类型，分别为反知识精英、反知识分子群体、反知识论、反科学论、娱乐主义。在静态的对抗内容与符号表达特征角度，五种反智主义具有鲜明的差异。第一类反知识精英是与专家、教授、公知为代表的知识精英群体及其话语权的对抗。表达上以鲜明的政治社会立场为支撑，民族主义政治立场和底层群体社会立场是最常见的两种立场基础，构成基于对立政治社会立场的反知识精英反智意涵。第二类反知识分子群体是与广泛智性群体及大学、研究等知识相关场景的对抗。表达上以

---

① 2017年6月，中国政府开始实施《中华人民共和国网络安全法》《互联网群组信息服务管理规定》《互联网新闻信息服务管理规定》《互联网新闻信息服务许可管理实施细则》等一系列网络管理新规，均以整治网络谣言、虚假信息、低俗内容为主要目标。同时期，国内多省、市网信办公安局开展整治网络谣言专项行动。

个案出发夸大描绘，上升到知识分子群体的负面形象，违背道德伦理的“斯文败类”和刻板思维的“书呆子”两种形象为典型，构成夸大负面形象的反知识分子反智意涵。第三类反知识论是与主智文化中对学历、教育、知识等的价值认同的对抗。它包括“读书无用”的消极价值判断和将知识教育物质化为金钱回报工具的两个论述角度，通过以功利主义的思想计算或否定学习知识的收益，矮化知识教育在培养理性精神等方面的非功利价值意义，构成功利主义导向的反知识反智意涵。第四类反科学论是面向当前权威科学话语体系的对抗。表达上缺乏基本的科学素养与理性思维，并反映为两种形式的反科学反智意涵：一是“民科”在专业性科学研究领域基于“草根”价值对科学话语体系的主动挑战；二是在生活化科学场景中轻信伪科学谣言，依据传统迷信等非理性价值，与正统科学话语的消极对立。第五类娱乐主义对抗的是知识信息处理中自主理性和思辨态度。表达上呈现出无脑跟风和情绪化特征，并在媒体助推下加剧传播，导致信息真伪难辨，知识贬值，构成新媒体时代特有的娱乐主义反智意涵。

在动态变迁角度，网络反智主义则呈现出变化态势。首先，不同类别的话语边界变得更为清晰，网络反智主义的符号话语呈现出从泛化走向分化的趋势。其次，三种传统的反智主义类型在讨论内容侧重点上发生了转变：反知识精英类型的立场逐渐聚拢，而基于民族主义立场的反智主义逐渐占据核心；反知识分子群体类型中，夸大塑造的知识分子负面形象发生了重构，由“书呆子”转向“斯文败类”为主；反知识论类型中传统的“读书无用论”失去话语权，以纯金钱衡量教育回报的功利价值则重新立足。最后，反科学论和娱乐主义是网络场域下近年新崛起的反智主义类型，具有鲜明的时代和社会动态特征。

二、现实与理论对话

（一）中国网络反智主义的独特性与多元化解释

研究结果可以在中国网络社会背景下呼应西方的反智主义类型理论，对比说明中国网络反智主义的特殊性所在。本研究归纳讨论的反知识精英、反知识论和娱乐主义三种类型是对于西方经典反智类型中反精英主义、工具主义、娱乐主义的本土化内容和表达特征的解读，在反智内涵、实践表达和价值意义依据上是类似的。同时，本研究发现了反知识分子群体和反科学论这两种独特的反智主义内涵，表明中国网络反智现实具有自身独特特征，即存在反智内涵融合了多元的价值和符号表达，其代表性反智现象也是西方反智类型所没有涉及的。这证实了仅套用西方的类型体系并不能准确而完整地解释当代中国网络反智亚文化的表现，本研究的类型结果有助于弥补这一不足，为多元化解释打下类型化基础。结合本研究创新的反智主义动态分析视角，可以初步推论，当代网络反智主义现象的解释需要综合多个维度，对每种类型的解释也可能存在较大差异。网络亚文化视角目前对于反精英主义、娱乐主义类型的文化价值根源和抵抗性解释较多。反精英主义、反知识分子群体和反知识论也反映出比较鲜明的传统价值根源，而新媒体时代的社会价值变迁也在持续影响这些反智表达的侧重点。反科学论和娱乐主义则受到当代媒介环境转变的影响较大，是在网络环境中更为显著的反智主义现象，在民科的偏执心理和对伪科学谣言和娱乐化爆料的盲从心理等内涵上，也可能获得部分个人和群体社会认知角度的解释。

（二）亚文化理论与网络反智主义解读的贴合性

本研究是以网络亚文化的理论视角来系统解读网络反智主义类型化内容的创新尝试。国内已有亚文化意义上的解读，对于反智主义的概念和内涵界定非常模糊，没有具体论述其网络反智亚文化包含的内容就直接运用亚文化理论，可能存在对一些文化现象的误读，例如，混淆大众文化与反智亚文化的倾向。本研究通过亚文化分析中的对抗、符号表意、动态结构关系角度分析，明确了网络反智亚文化的类型化内涵，并且证实这些网络反智现象确实具有亚文化的话语策略和社会结构性影响等方面的特征。包括与主流崇智文化在客观阶层上的对抗——反知识精英的“民粹主义”立场，“草根”民科对权威科学体系的挑战；在符号价值意义上的对抗——对“砖家”“叫兽”等称谓的使用以及“书呆子”负面形象的意义拼贴；以及主流崇智文化在动态过程中对反智主义的收编与影响。一方面体现在直接的网络话语生态排斥上，如民粹主义立场的批判性表达和低俗谣言的整治。另一方面通过主流社会价值舆论引导反智表达向弱化冲突性的方向转变，包括知识教育的主流认同提高了受教育群体的社会地位提升，促使功利主义反知识话语对教育价值转向正面的结论，知识分子也逐步消除了迂腐无用的“书呆子”负面形象评价。本研究发现的这种贴合性证明了网络亚文化视角可以作为分析和解释网络反智主义多元化表现的一个适用理论角度。

三、局限与展望

本研究的研究还存在一些不足。首先，本研究主要从网络话语表达的角度分析反智态度和特征，无法考察到具有反智心态的人群在网络上的群体行为、组织互动模式等。关于网络反智亚文化的实践形式特征，尚需要进一步对不同网络反智类型及群体特征等方面的实证探索。其次，本研究对网络反智主义的类型化研究结果呈现出较强的动态性，在研究的2013—2017年就出现了主要类型的小部分出入。这一方面反映出网络反智主义在当代中国网络多种因素影响下快速更迭的特征，另一方面也使得本研究类型结果具有可推论性，即这种类型化的框架能否持续在长时期对中国的网络反智主义现象具有解释力，成为值得继续关注的问题。

国家、资本与工人：劳务派遣工的身份生产研究
——以长三角地区为例

胡秋爽（华东师范大学）

◎ 指导老师：文军

摘　要：随着我国的劳动法理转型以及对灵活化用工的需求，“劳务派遣”的新法律范畴首次在《中华人民共和国劳动合同法》（2008 年实施）（以下简称《劳动合同法》）中被创建。在法律与话语层面，劳务派遣工拥有了劳动合同的保护，且在正规部门进行就业登记，看似获得了一定的“正式”与“合法”身份；但是在实践层面，派遣员工与同企业正式员工同工不同酬、福利差别大等现象仍然存在于很多企业中，派遣工的身份常常与“临时工”“非正式工”画上等号。可见，劳务派遣工的身份是矛盾的。

本研究在国家—资本—工人的理论框架之下，通过对相关法律文本的分析和对用工企业中的劳务派遣工、正式工以及劳务派遣公司员工的访谈，探讨了在结构转型中，国家是如何在劳动法理的逻辑下对劳务派遣工进行身份设计的，资本又是怎样在市场经济的逻辑下对劳务派遣工进行身份实践的，最后论述了劳务派遣工矛盾身份背后的身份生产路径。

本研究的主要结论如下：第一，国家保障的矛盾状态形成了身份实践未能完成身份设计预期目标的基础，在劳动合同法理化的转型过程中，劳动契约的发展并没有终结劳动身份的差异，反而促成了新身份的产生，依据合同期限的长短与形式，劳动身份出现了等级差异，造成了“从契约到身份”的转变；第二，劳动力的进一步商品化是劳务派遣工身份实践与身份设计产生偏差的根本所在，用工单位的差序用工、派遣机构的割裂用工以及与正式员工的身份边界促成了派遣工身份的一步步“临时化”与“非正式化”；第三，派遣工的身份生产依据着国家与资本联盟的宏观基础以及劳动力市场分割的中观通道，形成了最终的微观表象，即碎片化的不稳定雇工。第四，本研究试图对盖伊·斯坦丁（Guy Standing）的“不稳定的无产者”（precariat）概念进行回应，并试图对国家—资本—工人的分析框架进行补充，引入“劳动力市场分割”来作为国家、

资本与工人进行联结的中间通道。

关键词：劳务派遣工；身份生产；国家—资本—工人；劳动力市场分割

第一章　绪论

近年来，随着用工成本的提高，全球尤其是西方国家对“弹性用工”（flexibilization of labor use）的呼声渐涨，越来越多的岗位开始使用临时性、辅助性的劳动力来替代长期劳动力。在西方，这部分群体被称之为“不稳定的无产者”（precariat：precarious 与 proletariat 的结合）。① 劳务派遣是弹性用工的主要模式之一。一方面，这是一种对劳动者“空余时间的交易”，企业可以减轻用工压力，部分劳动者也可以拥有更多的机会体验不同的工作；但是另一方面正如盖伊·斯坦丁（Guy Standing）所担心的那样，劳务派遣是否将成为“廉价劳动力隐蔽化”“剥削合法化”的一种新方式?②

一、问题的提出

劳务派遣起源于20世纪20年代的美国，随后传入西欧与日本。③ 在我国，劳务派遣在社会变迁的背景下经历了以下三个发展阶段：第一，萌芽期：20世纪70年代末，随着外国驻华机构和企业的增多，为了解决与规范外商的用工需求，劳务派遣用工形式被引入我国；第二，转型期：随着计划经济的解体，劳务派遣摆脱了原来的含义，而被用来解决国企下岗员工、农村剩余劳动力、城市流动人口的就业问题，人数规模约为2000万人，他们没有合同与保险，等同于临时工；第三，规范期：随着临时化与非法化用工问题的突出，2007年，“劳务派遣”的新法律范畴首次在《中华人民共和国劳动合同法》中被创建，指“依法设立的劳务派遣机构与劳动者签订劳动合同后，依据与用工单位签订的劳务派遣协议，将劳动者派遣到用工单位的一种用工制度”。④ 至此，劳务派遣正式法律化与契约化，劳务派遣工的权利与义务由签署的劳动合同决定，在法律层面获得了“正式”与“合法”的身份。

---

① 黄宗智：《中国的非正规经济再思考：一个来自社会经济史与法律史视角的导论》，载《开放时代》2017年第2期，第157页。

② Guy Standing, “The Precariat in China: A Comment on Conceptual Confusion”, *Rural China*, XIV (2017), pp. 165-170.

③ 白永亮：《劳务派遣的实质判定——雇佣与使用相分离的视角》，载《社会科学研究》2017年第6期。

④ 中华人民共和国劳动合同法．中华人民共和国中央人民政府网，2007-06-29. http://www.gov.cn/jrzg/2007-06/29/content_667720.htm。

因新法对劳务派遣有了更为严格的规定与约束，相关立法者预测新法颁布后，劳务派遣工的数量将减少一半。然而市场的表现与立法的预期产生了偏差：一方面，派遣工数量从2007年的2000万迅速上涨至2700万，全国总工会通过半年的调研，更是于2012年给出了3700万的数字，占职工总人数的13%，部分国企的派遣工人超过职工总数的2/3，[①]媒体上常用的数字是6000万；另一方面，从2008年1月1日截至2018年12月31日，在最高人民法院的裁判文书数据库中共有关于“劳务派遣”的民事案由案件65563起，且呈现逐年增长的趋势，其中合同纠纷成为最突出的争论点。可见，契约的保护并没有使得身份差异就此消失，甚至正因合同的不同，派遣工与正式工的差异越来越大，派遣工成为企业里的“二等公民”与“非正式工”。

因此，一方面，在推行“灵活化”用工与“合同法理”的劳动力市场转型之下，劳务派遣工拥有了劳动合同的保护，且在正规部门进行就业登记，看似获得了一定的“正式”与“合法”身份。但是另一方面，派遣员工与同企业正式员工同工不同酬、社保缴费基数差别大等现象仍然存在于大部分企业之中，派遣工的身份又常常与“临时工”“非正式工”画上等号。可见劳务派遣工的身份产生了矛盾。

本研究的研究重点是2007年新的《中华人民共和国劳动合同法》颁布之后的劳务派遣工身份生产问题。为什么劳务派遣工身份在法律层面是“正式”的，到了实践层面却变成“非正式”的了？为什么实际身份会与名义身份产生偏差？劳务派遣矛盾身份背后存在的是国家与资本的双重困境。我们需要追问的是，在劳动法理转型的背景下，劳务派遣工的身份是如何被国家进行制度设计的？又是如何在实践中被资方的力量重构的？劳务派遣工的身份经历了怎样的矛盾与转换？在这背后，体现了怎样的劳动力身份市场以及派遣工身份生产的形成路径？

二、国内外相关研究综述

（一）关于劳务派遣用工的相关研究

很长时间内，劳资之间的两者关系被认为是劳动关系的典型构造，而在劳务派遣的劳动关系中，则涉及劳务派遣工、劳务派遣公司及其用工单位三者的关系：具体为劳动者被派遣公司招募、与派遣公司签订劳动合同后，成为劳务派遣工，再被派至其他与派遣公司有过协议的用工单位，在用工单位劳动并接受其管理（见图1）。[②]如此一来，劳动者真正的雇主为劳务派遣公司，而不是

① 全总劳务派遣问题课题组：《当前我国劳务派遣用工现状调查》，载《中国劳动》2012年第5期。

② 籍林：《劳务派遣工的组织公平感知对员工建言的影响研究》，载《吉林大学博士学位论文集》，2013年。

实际的用工单位，因为劳动者是被派遣公司雇用的，并与其签订了劳动合同；至于劳动者与用工单位的关系，则仅仅是劳务用工关系。自新法颁布以来，对于劳务派遣制度的学术争论就没有停歇，在社会学层面，对劳务派遣用工的研究主要集中于以下三种研究路径：

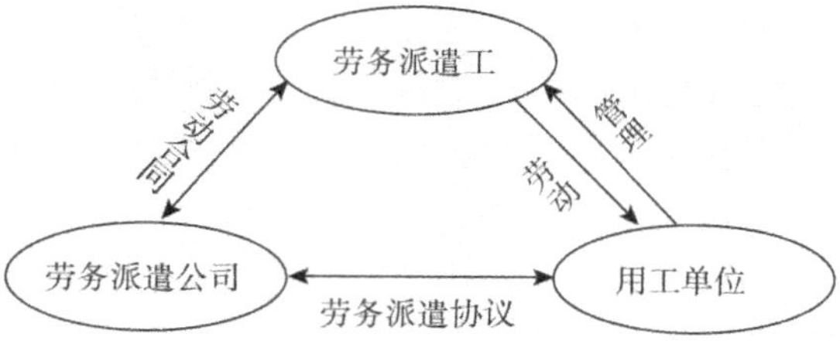

图1　劳务派遣三方关系图

1. 对劳务派遣制度本身的研究——制度社会学视角

制度分析尤其是历史制度主义中的制度变迁理论，为劳务派遣制度的研究提供了视角与框架。但是需要注意的是，一方面，这些研究大部分集中于对过程的梳理，学理性难以上升；另一方面，尽管这种路径关注环境与个体的博弈，但是缺少微观层面的补充，例如，弱化了权力关系的重要影响。

2. 劳务派遣工的组织认同问题——社会心理学与组织社会学视角

由于劳务派遣工与正式员工的身份地位存在差异，使得他们的工资与福利与正式员工也存在着明显区别，较大的差异影响着他们对企业与单位的感知和判断。这一路径侧重于对劳务派遣工工作境况与心理状况的调查和呈现，主要运用社会心理学或组织社会学的视角。尽管有些研究涉及身份，但基本都是从认同视角去论证这一群体的被剥夺感，并未从国家与资方的宏观角度去关注身份的建构与生产过程。

3. 劳务派遣工的权益保护问题——福利国家与行动视角

这一路径在近几年开始受到国内学者的关注，主要通过调查研究劳务派遣工与正式员工“同工不同酬”的现象，并在劳务派遣工的权益保护问题的基础上，去探求这些工人是如何组织起来进行维权行动的，其目的是推动劳务派遣制度的修改与完善。

通过文献综述，可以看到以往的大部分研究遇到的问题。一是学理性较弱，二是忽视了劳务派遣制度背后的劳动力市场，三是割裂了国家的结构性与劳方的能动性，弱化了国家与劳资双方的关系结构。劳务派遣制度有利有弊，但是新的《中华人民共和国劳动合同法》对它的规制，为什么反而促进了它的非正常发展？立法者的“法律规范”是否与其他参与主体对劳务派遣的“法律认知”产生了差异？国家对派遣工的身份设计为什么在实践过程中产生了偏差？正如李静君所说，福利国家与劳务保障只是资本与劳工整体历史上的一个短暂时期，如今资本、国家与劳动者之间的关联才是研究的关键。要想真正探讨劳务派遣与劳务派遣工的身份生产，这需要我们重回劳务派遣本身，探寻国家、资方与劳方对劳务派遣的不同解读与塑造。

（二）关于中国工人身份生产的相关研究

关于身份的研究在社会学中是一个重要领域。在学界中，关于中国工人身份的研究，主要分为横向与纵向两个维度：

1. 横向：工人内部分化的身份

在中国，市场社会意义上的工人阶级沿着两条不同的道路被塑造，即原国有企业工人与“农民工”。这两类工人在劳动力市场形成了激烈的市场竞争，以上差异使得很多学者开始关注到工人内部的分裂。

沃尔德认为，“国有企业正式职工、城市集体企业工人、城市企业中的临时工及其乡镇集体企业中的农村工人是中国工人的四种形态与身份。”① 佟新在研究中以市场-资本为标准把工人划分成“上岗”与“待岗”两种类型，尽管这种二分法清晰明了，但是忽视了退休职工以及“在岗”工人内部不同等级身份的利益群体。② 以国有企业中职工的身份为划分标准，吴清军把国企改制中的行动主体分成四类，即：“国有企业退休职工、全民所有制固定工、国企合同工以及国企内部的集体企业职工。”③ 根据“双轨制”用工制度的划分，也可以将劳动者分为体制内工人和体制外工人，体制外工人又可根据其工作的稳定性进一步划分为合同工、劳务派遣工以及临时工。④

2. 纵向：社会变迁中的工人身份

“不同的时期有着不同的工人阶级”。⑤ 在中国百年来的社会变迁过程中，“工人”的内涵与外延已经发生了根本性转变。“中国的经济体制改革不仅是制度层面上的利益重新分配，也是运用符号等结构性因素重建工人身份的过程。”⑥ 身份揭示工人处于结构性关系网络之中，其中国家与市场是两个关键的结构性因素。目前学术界关于工人身份的研究主要集中于计划经济时期、市场转型时期与21世纪新时期这三个阶段。随着2008年《中华人民共和国劳动合同法》的施行，大部分工人被规定在双方的劳动契约中，“对工人而

---

① 沃尔德：《共产党社会的新传统主义》（龚小夏译），牛津出版社，1996年版，第47页。

② 佟新：《延续的社会主义文化传统—— 一起国有企业工人集体行动的个案分析》，载《社会学研究》，2006年第1期，第2页。

③ 吴清军：《国企改制中工人的内部分化及其行动策略》，载《社会》2008年第6期。

④ 杨娟、李实：《最低工资提高会增加农民工收入吗?》，载《经济学》2016年第4期。

⑤ 裴宜理：《上海罢工：中国工人政治研究》（刘平译），江苏人民出版社，2001年版，第340页。

⑥ 佟新：《社会变迁与工人社会身份的重构——“失业危机”对工人的意义》，载《社会学研究》2002年第6期，第4页。

言，单位体制下的社会权利被一般公民权所替代，具有集体责任意义的劳动医疗保障体制被个体责任意义的劳动合同制取代”。[①] 他们成为完全市场化的劳动者。

身份“修辞”的转变过程既是工人身份内涵变化的过程，也是国家意识形态、法律制度、组织等多重因素重构工人身份的过程。我们可以看到随着历史阶段的演进，国家与资本关系逐渐呈现出显性化。

三、研究思路与研究方法

（一）研究思路

本研究的研究思路如图2所示，借用国家、资本与工人的分析框架，以劳务派遣工的身份生产为核心。首先，从国家制度变迁的角度分析在劳动法理转型的逻辑下，国家是如何对派遣工进行身份设计的，这部分主要着重于国家的经济体制改革以及相应的劳动体制变迁，将劳务派遣工的身份生产纳入整个劳动力市场结构变迁的大背景下进行论述；其次，从资本多维运作的角度分析在市场经济的逻辑下，资本是如何对派遣工进行身份实践的，这部分又从用工单位、派遣机构与正式员工三个维度分别对派遣工的身份生产进行阐述；最后，探寻派遣工身份生产的隐性过程与深层机制，试图对国家—资本—工人的理论框架进行部分补充。

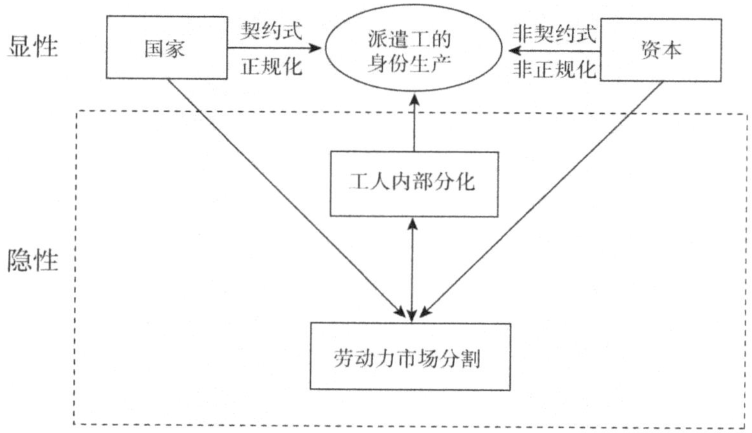

图2 研究思路图

① O’Leary G, Seldon M. “Adjusting to Capitalism: Chinese Workers and Their State”, *China Journal*, XLI (1998), pp. 184.

（二）研究方法

本研究主要使用质性访谈法中的半结构式访谈与无结构式访谈法。

其中，半结构式访谈的对象为16名劳务派遣工与4名劳务派遣公司员工。首先，笔者在长三角地区选取了4个城市：上海市、合肥市、杭州市与无锡市，在每个城市中又分别选取4个不同类型的公司/单位：政府机关、事业单位、国有企业与私营企业中的劳务派遣工进行深入访谈，访谈对象包括电子厂、汽车厂、连锁超市、银行、通信、互联网、学校、政府部门等各个行业的体力与脑力劳动者。访谈内容主要涉及他们的基本情况、工作情况、身份契约、身份执行、身份隔阂等。其次，笔者还选取了位于合肥市与杭州市的两家劳务派遣公司中的4名工作人员进行了深入访谈。这些员工都属于公司正式员工，负责劳务派遣业务已满两年，有较丰富的相关从业经历，访谈内容主要分为公司情况、曾参与过的劳务派遣招聘与劳务派遣纠纷等。

无结构式访谈的对象为8名非劳务派遣员工（正式工），同时他们也是劳务派遣工的部门同事，访谈从他们与劳务派遣工同事的日常交往、他们对劳务派遣工以及对劳务派遣制度的看法等主题出发。

第二章　国家的制度变迁：劳动法理逻辑下的身份设计

国家因素在解释工人身份的复杂性上处于重要地位，国家是工业关系制度框架的设定者，[①] 国家的一系列“态度”与“行动”塑造了工人的“政治心理”与“行为取向”。在“国家变量”中，无论是根据国家体制而决定的劳动制度（例如，劳动立法、国家与工会关系的架构，国家的劳工权利概念，处理集体争议的架构与程序，国家的阶级话语等），还是改革开放以来，国家与资本越行越近，国家与工人的轴心从单位转变为资本，都对劳动派遣工身份的形成产生了重大影响。

一、去身份化：从身份到契约

19世纪，亨利·梅因曾提出“从身份到契约”的转变是人类社会进步的标志之一。社会的变迁会引发制度的变迁，从而改变工人身份的内涵与外延。而追溯劳务派遣工的身份生产，也必须将其放置在社会的结构性变迁中去考虑，探究社会变迁与劳务派遣工个体身份生产之间的关系。

① 陈锋：《国家、制度与工人阶级的形成——西方文献及其中国劳动问题研究的意义》，载《社会学研究》2009年第5期，第171页。

(一)单位身份的瓦解

自中华人民共和国成立后，我国的计划经济体制逐步建成，单位制也随之建立。工人同国家的命运联结在一起，被单位赋予合法的社会身份，拥有这一身份的工人，享受国家与单位赋予的各类社会行为的权利。身份变为一种重要资源，且不以个人的自由意志而改变，因为并不存在其他的替换性渠道，“拥有这种身份是一种至高荣誉，而剥夺这一身份，是最为严酷的惩罚”。① 单位身份是计划经济时代社会控制体系的需要，很多情况下工作单位决定了他们的身份。② 这时，契约处于式微的阶段，工人与单位、国家之间并不存在现代契约。

当市场化改革来临之时，国家与企业的关系发生重要转变，企业自主权逐渐扩张，单位制逐步瓦解，工人群体的身份外延与内部构成都发生了巨大改变。

劳务派遣在此时开始走入大众视野，因为国家体制的变化引发了劳动体制的转变，市场化的进程释放了积蓄已久的经济活力，“灵活化”用工需求开始显现。一部分国企下岗职工与农民工以劳务派遣的形式重新进入企事业单位，他们名义上由劳务派遣机构派出，但是和劳务公司、用工单位都不存在实际劳动关系。没有劳动归属，企业解雇相对随意，且由于没有签订劳动合同，难以享受社保等社会保障与福利。这一阶段，国家对于派遣工的身份还没有明确定义，是市场初显的一种产物。

(二)现代契约的建立

现代契约指的是对个人权利与义务关系的总括，与身份最大的区别在于这些关系能够以个人的自由意志发生转变。在法律上，劳务派遣的逐步规范与国家劳动制度的法理化进程息息相关，身份逐渐向契约靠近。

1982 年，我国在全国 9 个省开始试行劳动合同制。1986 年 7 月，国家发布《国营企业招用工人暂行规定》与《国营企业实行劳动合同暂行规定》等法律，企业从政治领域退出，与常年性工作岗位的工人一律签订劳动合同；同时，国家与工人的关系也从直接行政干预转为为其提供法律保护。国家、企业与工人形成了新型契约关系，现代契约的主要形式——聘用合同制开始登上历史舞台，这也标志着国家的劳动法理正式转型，企业的用工制度逐渐被纳入市场轨道。1994 年 7 月，我国首部《中华人民共和国劳动法》(以下简称《劳动法》)颁布，并于 1995 年 1 月 1 日开始施行，其第一条便阐明了拟定此法的目的，即“为了保护劳动者的合法权益，调整劳动关系，建立和维护适应社会主义市场经

---

① 揭爱花：《单位：一种特殊的社会生活空间》，载《浙江大学学报(人文社会科学版)》2000 年第 5 期。

② 张静：《利益组织化单位——企业职代会案例研究》，中国社会科学出版社，2001 年版，第 4 页。

济的劳动制度，促进经济发展和社会进步。"[①]《劳动法》规定所有的用人单位需一律实行劳动合同制，我国的劳动合同制正式建立，劳动关系在法律的保护下正式向市场化转变。

2007 年 6 月，《中华人民共和国劳动合同法》（以下简称《劳动合同法》）在第十届全国人民代表大会常务委员会第二十八次会议中修订通过，并于 2008 年 1 月 1 日开始施行。这次修订《劳动合同法》的初衷是完善劳动合同制，促进非正式就业的正式化与合法化，其中劳务派遣首次在国家立法层面被提出。劳务派遣工在官方语境下，不再是不受合同保护的临时工，而是拥有明确契约合同，在暂时性、辅助性或替代性岗位上工作的工人。劳务派遣工与派遣公司签订正规劳动合同，再被派遣至用工单位，接受用工单位的日常管理，后由派遣公司负责薪资发放与社保缴纳。他们享有《劳动合同法》规定的相关权利与义务，获得了一定的"合法性"与"正规性"，也正式在国家的语境中被生产为"拥有契约保护的合同工人"。

可见，我国劳务派遣的出现及其发展与国家从以单位为轴心的发展模式转变为以资本为轴心的发展模式息息相关。从 20 世纪 70 年代末的改革开放初期到 20 世纪末 21 世纪初，再到 2007 年《劳动合同法》的颁布，劳务派遣的具体含义发生了转变，也经历了逐渐契约化的过程。

新的现代契约是国家"依法治国"框架中的一部分，涉及国家、资方与劳方三个主体，包括契约的缔结、履行以及终止过程中的权利与义务关系。其实现基础之一是契约双方都站在相对平等的位置上，双方的话语权都可以得到尊重，通过博弈来实现各自的经济利益；之二是国家对劳动者"国家公民"的承认，因为只有基于共同的公民认知，政策与法律的执行才有了对象与标准。平等的公民关系代表着个体与平等，是对单位身份的补偿与替代，意味着集体主义性质的劳动关系、终身就业权及其相对稳定的福利保障被劳动合同中规定的权利与义务取代。[②] 然而，我们需要追问的是：第一，契约双方的权力关系真的是对等的吗？第二，工人之间身份的差异真的随着现代契约的普及而消失了吗？这两个答案恐怕是否定的。

二、再身份化：从契约到身份

按照亨利·梅因"从身份到契约"的观点，以契约为标志的现代制度取代以身份为标志的等级制度是国家与个人的双重契约化，是国家实现法治社会的

---

① 中华人民共和国劳动法．中华人民共和国劳动部，1994-09-05. http：//www. hljcourt. gov. cn/lawdb/show. php？fid=20632。

② 李锦峰：《国企改制以来的工人身份认同——产业工人的身份、契约与劳动关系变迁》，载《太平洋学报》2012 年第 7 期。

必经之路。现代契约涉及的是国家、社会与个人，从身份到契约的改革在劳动关系中表现为企业拥有自由选择工人的权利，工人也可以自由地选择工作企业。单位身份看似随着契约化已然消解，然而笔者认为，身份这一具有多种表现形式的标签，事实上却并未完全消失，甚至由于外在契约的约束，身份被进一步明确与突显了。

（一）契约双方的权力失衡

首先，在宏观上需要探讨的是国家契约设置的背景。2007 年颁布的《劳动合同法》已完全与市场化改革前的传统不同，正如它的名称所表明的那样，新的法律完全根据现代契约的合同法理，即劳资双方的权利与义务完全依据双方所签订的劳动合同，因为国家默认被雇佣者与管理者是站在平等的地位上签订契约的，被雇佣者完全有权利、有理由拒绝签署违背自身意志的劳动合同。[①] 但是在讨论《劳动合同法》转型的同时，我们不能忘记这样一个背景，即国家权力逐渐呈现碎片化威权的特征，资本代替了单位成为国家与工人的关系轴心，国家需推动资本生产从而促进经济发展。特别是对于地方政府而言，资本的经济逻辑相对于工人的道义逻辑显然更加具有吸引力，这势必会对法律的制定、执行以及监管产生一定的影响，权力的天平向资方进行倾斜，与契约成立的基础产生了悖论。李锦峰称："通过劳动契约，国家将工人个体的痛苦引导至法律武器的官方体制中。"[②]

"我们以前哪签过什么合同，都是按手印领工资，是到前几年的时候，就前几年不记得了，领导说不能这样了，所以我们整个生产队都和 ZZ（派遣公司）有合同了。"（访谈编号：CF2）

其次，在微观上，劳务派遣工与派遣机构、用工单位的关系是不对等的。尽管《劳动合同法》对劳务派遣的形式进行了规制，对派遣工的身份进行了定义，使得部分过去缺少合同保护的临时工、非正式工通过法律强制的方式有了合同保障。但是值得注意的是劳务派遣契约涉及工人、派遣机构与用工单位三个主体，一方面，派遣工与派遣机构之间的关系虽然属于法律意义的雇佣关系，但是劳动者却缺少劳动场所和劳动内容的选择权利，其工作状态并不稳定；另一方面，在派遣工与用工单位之间，由于用工单位并不是真正的雇主，他们之间的关系很难得到法律保障，当出现劳务纠纷时，用工单位则可置身事外，这使得劳务派遣工在劳动时就与用工单位不是站在同一平等基础之上的。

所以，无论是在宏观上还是微观上，这些契约逻辑上的法律黑洞导致劳务

---

① 黄宗智：《中国的劳务派遣：从诉讼档案出发的研究（之一）》，载《开放时代》2017 年第 3 期，第 126—147 页。

② 李锦峰：《国企改制过程中的国家与工人阶级：结构变迁及其文献述评》，载《社会》2013 年第 3 期，第 222 页。

派遣工的“契约化”遭遇困境。

（二）工人身份的等级差异

不可否认，契约淡化了一些身份，但是几十年的契约历史显然没有能力使影响了社会几千年的身份等级得以消失。在不同契约之上，又再次形成了不同的身份等级，强化了某种身份以及与资源分配的关系。依据不同类型的劳动合同，工人被固定工、合同工、劳务派遣工、临时工等身份再次定义，工人内部出现了分裂与等级。接下来，我们会看到2007年颁布的《劳动合同法》是从哪几部分分割了正式员工与派遣工，从而形成工人身份的等级异化。

“我们公司现在总员工大概有3000多号人，这里面有将近1000多号人不属于正式职工，就是你说的劳务派遣，另外2000号的正式员工里也是有区别的。这中间有1000号人属于集团在册，是有一个工厂管理局发的证，有备案的，这批人都是校招进来的。然后另外1000人属于什么？属于社招。他们没有那个证，但是合同还是和我们公司直接签。”（访谈编号：CF2）

首先，在劳动合同签订时，《劳动合同法》规定正常员工享有签署无固定期限合同的权利，注意这里的正常员工是排斥了劳务派遣工的，因为《劳动合同法》第五十八条写明：“劳务派遣机构应当与被派遣劳动者订立两年以上的固定期限劳动合同，按月支付劳动报酬。”① 这变相剥夺了派遣工可以签署无固定期限合同的权利②，与正式员工产生差别。

其次，在劳动合同解除时，按照《劳动合同法》第三十七条规定，“员工提前三十天以书面的形式告知用人单位，可以解除契约关系；在试用期内提前三天告知单位，可以解除契约关系”，这是劳动者免于被强迫劳动的重要权利。而劳务派遣工的合同解除条例，则出现在第六十五条规定“被派遣劳动者可依照本法第三十六条与第三十八条规定，与劳务派遣机构解除劳动合同”，可见，第三十七条辞职权的缺失进一步分割了正式员工与派遣员工。③

另外，在合同的具体执行上，也存在着诸多差别。例如，关于工资发放，劳动法规定“劳务派遣机构应按照协议按时足额支付派遣工的劳动报酬和福利待遇”，“用工单位应按时足额支付派遣工的加班费、绩效奖金及其相关的福利待遇”。④ 可以看到尽管派遣工和正式员工在同一个单位付出劳动，但是一个由

① 《中华人民共和国劳动合同法》．中华人民共和国中央人民政府网，2007－06－29. http：//www. gov. cn/jrzg/2007-06/29/content_ 667720. htm。

② 彭小坤、冯镇波：《劳务派遣转型业务外包的法律路径——劳动法评弹（续）》，法律出版社，2016年版，第17页。

③ 《中华人民共和国劳动合同法》．中华人民共和国中央人民政府网，2007－06－29. http：//www. gov. cn/jrzg/2007-06/29/content_ 667720. htm。

④ 《中华人民共和国劳动合同法》．中华人民共和国中央人民政府网，2007－06－29. http：//www. gov. cn/jrzg/2007-06/29/content_ 667720. htm。

第三方支付工资，一个直接从工作单位领取，法律定义了不同的契约，不同的契约又形成了不同的身份。

法律的制定常常是国家为了达到某个特定目的[①]，一项法律的出台及其修订，体现着立法者对这一社会问题的规制理念与价值导向。《劳动合同法》看似是一部适用于全体劳动者的法律，然而其中的一条条“特例”无形中将劳动者划分为了不同的种类与阵营，以此为基础的合同契约自然也产生了分裂。契约不是身份的终结，反而会促成新身份的产生，工人的身份在契约的基础上产生分化、形成等级，是国家法理进程的产物。

第三章　资本的多维运作：市场经济逻辑下的身份实践

在市场化改革中，国家—单位—工人的联系转变为国家—资本—工人，国家的态度与行为很大程度上影响了资本与工人的关系结构。然而劳务派遣的身份生产并不仅仅是由国家设计而来的，法律不仅拥有国家的强制性，同样也具有社会的承认性，这两者的相互作用决定了法律的实施效果。在本章中，我们将从用工单位、派遣机构以及正式员工这三个维度讨论派遣工的身份实践，探讨在市场经济逻辑下，派遣工的身份生产是否以及如何产生与国家宏观设计差异化的结果。

一、用工单位：身份管理与差序用工

在社会科学中，劳动关系的产生伴随着工业与商业的发展，为了更好地控制与规范生产过程，雇主与劳动者之间得以形成一种结构性联系，它既是一种社会活动，也是一种社会规范的存在。按照《劳动法》的规定，雇主利用资本换取劳动者的劳动，劳动者通过自己的劳动获得劳动报酬，并且雇主与劳动者可以遵循自由平等的原则签署或者解除契约。然而，在劳务派遣中，这一普遍的劳动关系产生畸变，接下来我们将看到派遣工身份“临时化”的表现以及用工单位是怎样通过对制度的运用与变通，使得派遣工丢失了劳动法规定的权利，原法律规定的身份又是如何在实际劳动中被瓦解的？

（一）显性剥夺：等级化用工

在劳务派遣的机制下，用工单位既是劳动力的实际需求者与使用者，也是派遣工的主要劳动场所，但却不是派遣工合同的缔结方，不是法定的雇主。尽

---

① 博登海默：《法理学：法律哲学与法律方法》（邓正来译），中国政法大学出版社，2004年版，第110页。

管在名义上，国家法理的转型促使派遣工拥有了正式合同，进而获得了一定的“正规身份”，然而这个通过契约而获得的身份是要回到契约中去实现的。对于并非契约主体的用工单位来说，与派遣工之间并不存在“劳动关系”，实际产生的是支配与被支配的权力关系，用工单位通过劳动报酬、社会保障、民主权利、情感归属等，在职工内部逐渐形成“二元结构”，最终造成了劳动力市场分割与劳动力歧视。

首先，经济层面的不平等是派遣工身份“临时化”的根本表象。“同工不同酬”是等级化用工最突出的表现形式，尽管《劳动合同法》与《劳务派遣暂行规定》中都强调了劳务派遣工享有和其他员工“同工同酬”的权利，《劳务派遣暂行规定》还具体规定了其他员工的参考标准。但是一方面政府监管不严，企业违法成本较低，另一方面企业通过将同部门员工全部换为派遣工等方式来规避法律风险，这导致在具体实践中，劳务派遣工与其他员工的收入水平差距可达数倍之多。在被访问的 16 位派遣工中，有 15 位都提到了报酬不平等的问题。

“工资只有其他人的一半，我一个月要上 13 个夜班，比他们多不少，他们扣完五险一金到手还有 6000 多，我扣完三险，也没有公积金，是 2800。年底没有奖金，其他人有的，我不知道具体有多少，至少一万多。”（访谈编号：AW3）

尽管工人的工资由派遣机构发放，但是真正的出资方是用工单位。就算在有的企业中，派遣工与正式工实现了“同工同酬”，但是在福利与奖金方面，仍然差距巨大。由于派遣工大多所在的岗位都是替代性与临时性的，技术含量不高，在企业里不受重视，有些地方不仅没能做到“同工同酬”，甚至还有“多工少酬”的现象发生。

“就是感觉到低人一等，觉得劳务派遣不是正式员工，就差一个档次，在分奖金的时候就很明显。不仅奖金差别很大，而且福利也是。交通补助正式员工是 1200 元一个月，我们是一个月 100 元。餐费他们是每天 50 元，乘以 21 天，就是 1050 元，我们一个月只有 300 元，每次就感觉很不舒服。”（访谈编号：AF3）

经济上的不平等还表现在社会保障上的缺失，这进一步造成了劳动身份的不平等。派遣工的社保费用包含在用工单位支付给派遣机构的劳务费中，由派遣机构代为缴纳，缴纳险种不全、就低不就高等情况屡见不鲜。在 16 位被访者中，仅有 4 位享有全部的五险一金，有 8 位被访派遣工表示没有公积金。并且，派遣机构与用工单位的地点可以相差千里，在我国的社会保险还没实现全国统筹的情况下，依据不同地区的经济发展水平，缴费基数与费率差别较大。部分用工单位从中西部等偏远地区的派遣机构招收员工，或者直接让其员工与经济落后地区的派遣机构签订劳动合同，大大减少了社会保险开支，降低了用工成本。

“最大的区别就是不帮我们缴纳公积金，其他的社保就按照最低的标准给。虽然在上海的车厂做工，但是我的社保是在六盘水交，我又不是贵州人啊，那为什么呢，因为中介公司（派遣机构）在那边，就因为这个，我每年的社保要比其他同事少很多，派遣工没人权啊。”（访谈编号：AS3）

据了解，六盘水的基本养老保险最低缴费基数为2005元，而上海的最低缴费基数为4279元，按照20%的单位缴费比例，仅养老保险一项，企业的用工成本即可每月每人减少400余元。

其次，政治层面的不平等是派遣工身份“临时化”的隐性存在。雇佣劳动者拥有加入工会的权利，但是在派遣机构与用工单位这一复杂三角关系中，派遣工加入哪个工会即会籍的选择问题以及如何加入的问题都比其他员工更为复杂。根据广州市总工会的调查显示，仅有1/3的派遣工加入工会①。

最后，情感层面的不平等是派遣工身份“临时化”的深层表现。除了物质资源，自我归属、自我存在的意义体验及其自我实现的价值感也是身份生产的重要内容，报酬与社保的不平等最后都可转换为对用工单位的归属感危机。从内部看，派遣工复杂的合同关系就令其极易产生“心归何地”的困惑，在访谈中，大部分受访者都表示相较于派遣公司，其实更认同用工单位是自身的雇主。但是从外部看，显然大部分用工单位不是这么认为的，由于派遣工的合同关系并不在本公司，公司很难将这些工人视为自己的员工，不仅没有将他们纳入长期的人力资源规划中，还设置了种种限制，造成了派遣工身份的“不稳定性”。因为派遣工自身的发展严重受限，所以造成对用工单位的不满。

“外人看起来我是个挣得多的程序员，表面还算光鲜靓丽，实际只有我们自己内心明白，自己并不属于这家单位。比如，我的门禁卡和他们单位的人不一样，我们是蓝色的，他们是绿色的；每天下午其他员工可以一起活动，我们一般就坐在自己的格子间不参与；我的管理权限也很低，单位的核心信息我是没有权限看的，这也造成职业上升空间不大。上个季度单位因为效益不好辞了一批人，基本都是派遣工。”（访谈编号：AF2）

长期以来，我国劳动力市场保持着供大于求的局面，这不仅表现在数量上，也表现在结构上，就业岗位尤其是技术要求低的岗位竞争加剧，劳动者面对资本的议价能力较低，处于买方市场的企业享有绝对的选择权。用工单位的等级化用工造成了对派遣工权益的显性剥夺，在企业内部形成了一种新的“二元结构”。派遣工与正式工之间的不平等，促进了“强资本、弱劳工、更弱派遣工”格局的产生，劳动报酬的高低不是由工作能力决定，而是由身份决定，身份序列逐渐形成，派遣工沦为“二等公民”。尽管我国法律规定，派遣工与其他劳动

① 广州总工会：《关于劳务派遣用工问题的调研报告》，载《中国工运》2010年第11期。

者享有同等的劳动权利，然而由于涉及复合型雇主，派遣工的实际管理方只是“用工单位”，并不是实际的雇主，不需要承担合同中规定的对工人的法定义务，派遣工的劳动权利落实困难。正如王全兴等人所说：“在一定意义上，劳务派遣工代表了在劳动制度改革后已被取消的临时工的回归。”①

（二）隐性变通：风险性规避

为何拥有合同保护的派遣工会在实际语境下得不到相应保护？用工单位在管理中实行等级化用工，从而促使劳务派遣工身份脱离契约而“临时化”的过程，实际上是在对法律条文的违背以及对法律漏洞的利用中得以实现的。

第一，在理论与制度上，派遣工与正式工本应只是岗位概念上的区别，但是在实际操作中，由于这种临时性、补充性的用工形式非法扩展至长期性、核心性的岗位中，造成在同一岗位中，既存在正式工，也存在派遣工，劳务派遣被赋予身份化的特征，使得劳务派遣工形成区别于正式工的身份。用工单位将派遣工用于核心性、长期性的岗位，显然有悖于《劳动合同法》和《劳务派遣暂行规定》的相关规定：“劳务派遣仅用于临时性、辅助性或替代性的工作岗位中，其中临时性岗位指不超过六个月的岗位，辅助性岗位指为主营业务岗提供支持的非主营业务岗，替代性岗位指原劳动者因脱产学习等原因暂停工作的这一段时间内由其他劳动者代替的岗位。”② 然而不同的公司由于性质不同，辅助岗可以存在较大差别，在国家没有进行统一规划的前提下，企业也可以将很多岗位自行“设置”为辅助性岗位，如此一来便规避了法律风险。在被访的派遣工中，有互联网公司的 IT 技术人员，有银行的柜员，也有法院的法官，他们都身处在企业的核心部门，在这种情况下，“临时工”不再是岗位的差别，也不再是工作时间长短的差别，而是变成了实实在在的身份差别。

第二，用工单位大量使用派遣工代替正式工，部分企业中派遣工的比例远远超过《劳务派遣暂行规定》第四条“用工单位中劳务派遣的用工数量不得超过总用工量的百分之十”③ 的规定，对于派遣工的滥用，使得工人的临时化与危难化现象进一步加重。很多用工单位为了不达到百分之十的红线，将原有的派遣工转为外包工，原有的派遣合同转为外包合同，其他工资职位、人事关系等都未改变，管理者与用工者仍是原来的单位，有的仅仅是合同名称的改变。笔者在调查中发现，“假外包、真派遣”的用工形式存在于很多企业之中，部分劳

---

① 王全兴、杨浩楠：《试论劳务派遣中的同工同酬》，载《苏州大学学报（哲学社会科学版）》2013 年第 3 期。

② 劳务派遣暂行规定．中华人民共和国人力资源和社会保障部，2014－01－26. http：//www. mohrss. gov. cn/gkml/xxgk/201401/t20140126_ 123297. htm。

③ 劳务派遣暂行规定．中华人民共和国人力资源和社会保障部，2014－01－26. http：//www. mohrss. gov. cn/gkml/xxgk/201401/t20140126_ 123297. htm。

动者对自己的合同与身份都不甚了解，派遣工的内部身份进一步复杂化。

第三，部分用工单位还采用了逆向劳务派遣的方式，使得雇佣劳动者的身份从原来的“正式工”变为“派遣工”。逆向劳务派遣指的是原用人单位与正式工解除劳动关系，再命其与指定的劳务派遣机构签订合同，最后以劳务派遣的方式进入原工作单位的行为。通过这一转换，用人单位便摇身变为用工单位，不必再对劳动者负有身为雇主的法定义务。

被访者AW4自2008年起被聘为某大型购物中心的保洁员，直到2014年合同应再次续签的时候，AW4被告知公司不再和她签合同了，要她与某劳务派遣公司签订派遣合同。“我也算是公司的老员工了，说不要我就不要了，以前工资一年涨200，派遣后就再也没涨过了。我儿还在读高中，要给他攒学费，我也不敢辞职，辞了找不到下家。”（访谈编号：AW4）被访者AF3曾是一名资产管理公司的会计，2015年公司因经营不善被北京某国企收购，新股东占股51%，属于控股方。按照法律规定，对于股权变更的收购，收购方应无条件接受被收购方的员工，然而北京方面提出若想继续留在本公司工作，必须先与原股东解除劳动合同，再以劳务派遣的身份继续工作。“在这个事情之前，我都不知道劳务派遣是什么，当时没和我们说是劳务派遣，他们就讲收购方不太想要老员工，就说是换个身份。当时他们已经把我的社保停掉了，我还在想这不是多此一举吗？到我们交接的那一天，就是办交接的时候，他们讲我们是劳务派遣身份，不可能加入他们公司的制度那个体制内，那个时候我心里就好难受。最后跟多方了解咨询后才知道，除了工资差别很大以外，他们的福利等我们也享受不到。”（访谈编号：AF3）AF3与其他同事也因此事咨询过相关律师，但是律师方表示他们之前的劳动合同是与原股东签订的，劳务纠纷的对象应是原股东，与新股东无关。“原来的股东对我们很好，他也是因为投资失败不得不卖了公司，于情，我们不想告他，于理，告了他，他也很难再有钱赔偿给我们，我们生气的是新股东就这样规避了用工风险，我们投诉也无门，最后只能接受了劳务派遣。”（访谈编号：AF3）

《劳动合同法》第六十七条有规定：“用人单位不可通过设立派遣机构后向本单位或所属单位派遣劳动者。”① 这一条实际上是禁止用工单位使用逆向派遣，但是上有政策，下有对策。在劳动力的买方市场，资本重新形塑了工人的身份。

身份等级化的背后隐藏着的是资本的力量，雇主与劳动者都被卷入资本的逻辑之中。为什么企业会冒着法律的风险而“滥用”派遣工呢？其中固然有降低用工成本的经济因素考量，例如，前文提到的工资与社保费用支出的降低，

---

① 《中华人民共和国劳动合同法》．中华人民共和国中央人民政府网，2007-06-29. http：//www.gov.cn/jrzg/2007-06/29/content_ 667720.htm。

另外对于工伤率较高的建筑业，是为了规避工伤事故的纠纷，而大量雇用派遣工。

“直接签合同风险太大，就是那种正规的劳动合同，首先一签就要签两年三年的，按每个工地一百个人算的话，大概有一万个人那么多，流动性也很大。其次从风险上面看，尤其是我们这种企业，工伤事故比较容易发生，工人的普遍受教育程度文化水平比较低，他如果一旦出现什么事情，法律规定企业是要担责任的。而且还有很重要一点，你要请他，你就要给他交五险一金。如果签劳务派遣就可以以最低的标准给他们，这大大减少了用工成本。”（访谈编号：CF2）

但笔者在调查中发现，还有一些非经济因素同样影响了用工单位的行动选择。首先，对于政府与事业单位来说，大的方向是逐渐减少编制发放，雇用代理工、派遣工成为双轨制运行过程中的不得之举；其次，对于国企来说，虽然没有编制的压力，但是每年都需向中央政府上报一个工资总额预算，而不构成劳动关系的劳务派遣的用工支出是不占用此计划的，对于超出人员预算的企业来说，最便捷的变通之法自然是聘用派遣工；最后，对于广大的企业来说，根据2007年颁布的《劳动合同法》规定，用人单位和劳动者连续签订两次固定期限劳动合同后，在第三次续签时，须和劳动者签订无固定期限合同。这一强制性说明令许多企业在2008年新法正式实施前就“未雨绸缪”，将本公司大量正式员工转为劳务派遣。可见，除了显而易见的经济因素，其他的社会结构性因素也影响了用工单位对派遣工的选择，而派遣工在与资本的博弈中丢失了话语权，难以与市场的力量抗衡。

二、派遣机构：身份代理与割裂用工

劳动力具有人身依附性与不可分割性，这也决定了劳动者在同一劳动时间内只能拥有一个劳动关系。在劳务派遣中，派遣机构与派遣工签订合同，在法律上成为派遣工的雇主与用人单位。不过与传统雇佣方式不同的是，这里的雇主只雇人而不用人，雇用与使用的分离、合同与管理的分离是劳务派遣最重要的特征。在上一节中，我们已经看到用工单位是如何利用此特征来规避责任、形塑工人群体的，接下来，我们从派遣机构即法定用人单位的角度看派遣工的身份是如何被重新生产的。

（一）人的生意：劳动力的资本化

派遣机构在劳动力市场中充当劳动力需求、劳动力开发与劳动力供给三重角色。但是派遣机构不是公益与慈善组织，笔者在研究中发现这些单位实际上的经营内容是将“人转换为资本”。派遣公司的主要利润来源是用工单位按派遣工人头支付的管理费，对于他们来说，重要的是人力资源储备，因为“人”即利润，“人”即资本。

首先，从招聘形式来看，劳务派遣工被招入用工单位通常有两种方式。第一种是我们常规理解的方式，即参与派遣机构的招聘，被派遣机构雇用，然后通过派遣机构进入相关合作的用工单位。招聘方是派遣机构，这也是符合法律定义的方式。然而笔者在研究中发现，其实很多派遣工直接参加的是用工单位的相关招聘，被录取后并不与单位直接签订合同，而是被要求与指定派遣机构缔结合同，然后才能进入用工单位工作。也就是说，实际的招聘方其实是用工单位，劳动者也大多是看到用工单位的招聘信息而去应聘的，在面试时并不知道派遣机构的信息，这是第二种方式。

“说出来你可能不信，我是校招进的Z行柜员岗，当年我们一批进来的全部都是劳务派遣合同。一共经历了Z行的两轮面试，拿到offer时才知道不是和Z行签合同，是和HT人力签。”（访谈编号：AH3）

这种招聘方式广泛存在于各大国企与事业单位中，在“回体制内”逐渐又成为众多高校毕业生的择业追求时，就业服务中心的老师也会提醒同学们避免以劳务派遣的身份被录用：“招聘的时候，一定要看清楚是不是劳务派遣，有没有编制，劳务派遣合同可是不能落户的。”“公务员优于事业编，事业编优于国企，但是如果是劳务派遣，那就一文不值了。”（访谈编号：CS1）

值得进一步思考的是，如果按照第二种招聘方式，劳务派遣工们实际上缺失了自由选择派遣机构的权利，甚至是直到签约前都不知道真实雇主的信息，这显然违背了现代契约成立的前提条件，与劳动法保护的劳动权利不符。

“我们公司做的说是劳务派遣，其实劳务派遣人员的招聘我们是很少做的，他们现在有些公司的员工其实基本上都是他们自己招过来的，然后呢，只不过是为了规避一些用工风险，然后把他们作为劳务派遣工的身份来和我们这种劳务派遣公司签合同。”（访谈编号：BH2）

这种情况下，派遣机构直接按照工人数量向用工单位统一收取管理费，他们并不需要关心工人的能力素养，很少进行入职培训、团队建设等活动，劳务派遣工既难以认同派遣机构的雇主身份，同时又因合同的原因在新的用工单位找不到归属，在用人单位与用工单位之间，派遣工极易陷入认同危机。

其次，从派遣过程来看，由于派遣机构并不直接使用劳动力，而是通过转让的形式获取资本积累，所以有学者认为，劳务派遣实际上认同了将劳动力作为商品进行买卖和租赁，劳务派遣工实际的雇主不是劳动力的使用者，而是通过转让使用权而获得相应的利润，这是一种隐形的对人的贩卖，处于链条中间的劳动者实际上并没有选择的权利，这违背了现代社会文明的理念。[①] 笔者在某

① 侯玲玲、曹燕：《劳动派遣关系的法律规制研究》，载《法学评论》2006年第6期。

派遣公司了解到，他们的主要合作单位是上海的某大中型电子厂，旺季时每招一人，公司可得2500—4500元不等的工厂返费，若工人工作未满3个月便离职，公司会扣除工人600元误工费，若未满1个月，工人将不会得到任何报酬。还有的工厂不是直接按照工人数量给介绍费，而是直接规定了每位工人每小时的单价20元左右，但是经过大型派遣公司到小型派遣公司的层层剥夺，工人到手的工资可能只能拿到工厂开价的三分之二。

在“人”的生意背后，是“人”的消失，是“人”的资本化。笔者在形形色色的派遣机构官网上，看到很多派遣机构将使用劳务派遣的优势置于网站中较醒目的位置，例如，“劳务派遣人员的社会保险缴费基数和比例一般低于企业正式合同制职工，而且安置下岗失业人员还可以享受相应的补贴等优惠政策”“提高效率、减小风险、节省成本、促进发展”等，这些话语无一例外都是面向用工单位的，在官方网站上，我们看不到派遣工人的身影。

“说实话，干我们劳务服务业这一行的，劳工是资源，客户是大佬，劳工诚可贵，大佬价更高”。(访谈编号：BH1)

可见，对于派遣机构来说，“客户”不是与自己签订劳动契约的派遣工们，而是变成了资本市场中占优势地位的用工单位，劳务派遣工们不过是资本市场的筹码。主动权的丧失意味着主体性地位的缺失，雇佣劳动者异化成生产资料，在派遣机构的作用下，派遣工的身份与普通劳动者进一步产生区分，成为独特的社会群体。

（二）雇主的隐身：合同与管理的分离

在合同法理之下，签署契约的工人可以获得合同条款里规定的相关权益，当其合法权益受到雇主侵犯时，工人可以提供合同与证据向相关部门申请调解、仲裁或诉讼。然而，当这一法理移植至劳务派遣的劳动关系中，两者关系变为三者关系时，《劳动法》的各项规定难以在其中做到一一分解对应。区别于其他的劳动关系，雇用与使用、合同与管理之间的分离成为劳务派遣最显著的特征，在这种劳动关系之下，一方面雇主身份得以隐身，雇主责任暧昧不明；另一方面，派遣工的日常工作与派遣工个体也被分割开来，形成身份的割裂。

这种管理的分离与身份的分裂首先体现在合同的内容确定上。在劳务派遣中，劳动者签订合同的自由会受到诸多限制。由于我国的契约氛围尚不浓厚，很多劳动者的合同意识较为欠缺，特别是对于劳务派遣工群体，他们平均受教育水平较低，笔者了解到尽管一些派遣工已经签署过合同，但是他们并不拥有纸质版的劳动合同书。

“签合同的时候，只有我们单位的领导和我在，没有劳务公司的，他们把合同寄过来的时候，劳务公司已经签好名盖好章了，我们只要签上名，合同就生效了。对，一式两份。里面写的合同期限是两年，后来又续签了一年的。”(访

谈编号：AF3）

合同书通常在签署的前几个小时才送达到工人手中，合同的签署也不过仅花费几分钟，工人通常没有时间提出异议。尤其对于上文中提及的第二种招聘方式，派遣公司早已被用工单位选定好，工人无法选择法定意义上的雇主。笔者阅读了三位被访者的合同书，发现其中都未提及乙方（派遣工）具体工作的地点及时间、社会保险的费用、工作期间的劳动条件与劳动保护事项等，仅仅以“按照甲方与乙方所在用工单位订立的《劳务派遣协议》执行”这一模糊话语而概之。在工资报酬方面，由于派遣机构仅仅是帮助用工单位代发工资，他们对派遣工的工资承诺一定会受到来自用工单位的条件约束，派遣工难以有空间完全按照标准雇佣模式下求职者的方式与派遣机构进行工资谈判。

合同与管理的分割，进而导致了派遣工对于雇主认同的分裂。企业与劳动者的关系被重新定义为派遣机构与劳动者的关系。但是很多劳动者还未意识到这层关系的转变，没有意识到派遣机构不是中介，而是真正的雇主，这种误识也直接导致他们在维护自身权益时的诉求对象产生了偏差。派遣工的报酬同时也被分裂为工资与其他补贴，由不同的单位进行派发。通常，派遣工人与派遣机构最多的联系发生在每月工资的结算时，部分派遣工甚至不知道自己的工资是由派遣机构打至银行卡中的。

市场上存在大大小小不同规模的劳务派遣机构，只需满足注册资本不得少于200万元的规定即可，对人员与地点没有过多要求。这些派遣公司性质各不相同，既有国企自己设立的下属机构，也有中外合资，例如外企德科等公司，当然更多的是分散于各地的民营企业。劳务公司特别是设立于各地的办事处，通常只有一个简陋的办公场所和几位办公人员，甚至有的劳务公司仅仅是一个空壳，仅存在于公章及其派遣工的合同书中。

尽管派遣机构一般事先会和用工单位签订相关协议，但是对于注册资本在几百万元的派遣机构来说，若是出现工伤等较重大事故，他们是没有足够资金与能力进行赔偿的。在此情况下，有的派遣公司表示会作为中介帮助派遣工向用工单位进行争取，但是正如前文所提，既然用工单位对于派遣机构来说是“客户”的存在，那可想而知，他们必然不会过分“为难”客户们的，派遣工的权益还是难以得到保护，成为“危难”的阶层。

“劳务纠纷这一块的话，嗯……是这样的，一般像我们在跟用工单位签订双方的商务合同的时候，两个公司之间会在里面规定清楚，劳务纠纷如果产生的一些情况。用工单位要负担哪些部分，这些在合同里面都是规定清楚的，一般出现劳务纠纷这一块的话，当然可能还是由我们公司出面，和员工进行协商啊，或者其他的一些东西，都是员工在和我们公司进行一些沟通，产生的一些相应的赔偿啊、经济方面的一些东西，我们又要去向用工单位主张这些费用。”（访

谈编号：BF2）

劳务派遣是一种非标准化的雇佣形式，不同于其他标准化的雇佣中只有雇主与劳动者两个主体，劳务派遣涉及用工单位、派遣机构（实际雇主）与劳动者三方主体，这使得我国劳动法的各项规定在劳务派遣中难以做到一一分解对应。在这种情况下，即使派遣工有国家预防性与保护性措施的保护，在具体的司法调解中，仍会遇到各种不同的问题。正如黄宗智所说："不解决合同与管理的分离问题，便不可能扭转现今日益加剧的劳工滥用潮流。"[①] 合同与管理的分离进一步导致了派遣工日常工作与身份个体的分割，导致实际用工中的身份与合同法理中的身份产生较大偏差。

第四章　矛盾的背后：身份生产的深层机制

身份设计在身份实践环节并没有得到有效的执行，国家劳动法理逻辑下对派遣工赋予的"契约式"身份在资本的市场经济逻辑下逐渐"临时化"与"危难化"。国家的制度建构、资本的积累及现代产业工人的兴起是一个持续交织的过程，三方都在这个过程中逐渐成型，从而形成某种相互制约与影响的关系。劳务派遣工既是工人整体形态的一个特例，同时也是一个缩影，本章将从国家、资本与工人的关系结构出发，探寻劳务派遣工身份生产的矛盾背后体现了怎样的深层机制与生产过程。

一、宏观基础：国家与资本的关系实质

工人身份的兴起与转变伴随着"近代民族国家的兴起"和"自由市场的扩张"，越来越多关于工人阶级的研究从国家、资本与工人的关系与变化入手。[②]在市场化改革的过程中，国家与资本的联合已然形成，派遣工身份生产背后体现的是国家与资本的生成结构，这种结构可以从法律与权益两个范畴进行分析。

（一）法律的范畴：社会主义理念与市场化实践

国家与资本的关系是政府与市场在生产以及劳动领域关系的本质体现，两者的关系影响了工人的身份状态。正如笔者在前文论述的那样，市场化改革后，国家从全能主义退场，转而利用契约的方式构建了资本与工人的关系，并且通过相对完善的司法体系，利用预防性与补偿性措施将可能发生或已经发生的冲

① 黄宗智：《中国的劳务派遣：从诉讼档案出发的研究（之一）》，载《开放时代》2017 年第 3 期，第 126—147 页。

② 毛丹、张洪：《工人、资本与国家：理解工人阶级研究的关系视角》，载《社会》2017 年第 1 期，第 97 页。

突尽量控制在可控的范围内。然而不可否认的是，中国的市场经济改革是由国家主导的，资本的出现与兴起也与国家的推动密不可分。在发展主义的指导下，企业不再以追求社会效益为首要目标，而国家也放松了对企业的控制，特别是地方政府在财政分权以及政绩比拼中，对于可以带来较大经济效益的企业主动提供各种支持，比如，税收减免、信贷优惠等，陈致柔将这种关系称为“地方国家统合主义”（local state corporation）。[①] 劳务派遣就是在这种国家与资本的联盟背景下被提出与运用的。

从法律的设计上看，2007 年出台的《劳动合同法》明确了用人单位的各项义务，提出了无固定期限合同的规定。即劳动者在用人单位已连续工作十年或者劳动者与用人单位已连续签署两次固定期限合同后，用人单位需与其签订无固定期限合同。如此一来企业的用工成本大大增加，解聘的要求愈加严格。这时，《劳动法》中新规定的劳务派遣用工模式成为一个新的突破点，通过劳务派遣合同的方式，人为地阻隔了劳动合同的连续签订，企业避免了雇用固定工的风险。这也就不难解释为什么新法出台后派遣工的数量并没有达到立法者预期的减少，反而开始形成大规模的泛滥。

从法律的实施上看，劳务派遣的滥用首先出现在各垄断型国企中，其次才慢慢被更多的企业借用。国有资本公然对国家法律的无视，不仅体现了《劳动法》在具体实施过程中的诸多漏洞，也显现出资本权力的地位。尽管后续过程中，国家对《劳动法》进行了修订，然而最为关键的“同工同酬”与“三性”问题仍难以被抑制。

国家的法律、法规在具体施行过程中产生了一定的偏差，从而导致了派遣工的身份实践出现与国家宏观设计不同的结果。表面上看，是法律没有得到资本承认与合作的结果，实际上是国家与资本达到了一定程度上的隐性共谋，在法律的设计上，国家混合了正规与非正规经济立法，没有忘记考虑资方的利益；在法律的实践过程中，国家无力撼动资本的地位。这种情况下，劳务派遣工的身份逐渐被“非契约化”与“非正规化”。

（二）权益的范畴：符号性力量与组织性力量

“国家变量”可以从多个方面进行考量，[②] 除了对劳动制度安排的完善，国家体制上的一般特征，例如，对公民权利的规定等，也可以影响工人的形成。我们将继续分析国家与资本是如何影响劳务派遣工符号性力量与组织性力量表达的。

---

① Chen C. J. *Local institutions and property rights transformation in southern Fujian* (Palo Alto: Stanford University Press, 1999), pp. 72-101.

② 陈锋：《国家、制度与工人阶级的形成——西方文献及其中国劳动问题研究的意义》，载《社会学研究》2009 年第 5 期，第 177 页。

对于国家与资本来说，这是一场围绕法律与经济的博弈，而对于派遣工自身来说，这常常是一场围绕道德与正义展开的诉求。当“谁是雇主”的关键性问题变得模糊时，派遣工人常常不是从法律的范畴来厘清用工单位、派遣机构及其他们自身的法律关系从而明确责任主体，而是将劳动关系问题上升至道德层面。在被访者 AF3 的案例中，当他们遭受到用工单位的“逆向劳务派遣”时，他们的诉说仍都是曾经为公司作了多少贡献，为公司牺牲了多少个人利益，公司将他们转为派遣工的做法是抛弃了他们，是“不道德”“不公平”的；但是当他们有机会与用工单位对簿公堂时，他们提及的又是“往日的情分”“比失业好点”等话语，甚至甘愿放弃诉讼机会。这种矛盾的行动逻辑正是矛盾身份的体现：一是雇主与诉苦对象的分割，劳务派遣工并没有清晰地认识到谁才是法律意义上的真实雇主，往往将非合同签订方的用工单位作为诉苦对象；二是情与法的分裂，情感与道德的表达往往难以到达法律的层面，缺少事实证据，在法理化的程序中被淹没；三是与正式工相比，他们的身份固然有非正式的含义，然而与其他失业人员相比，他们的经济状况又要好上不少，能够满足最低的生活保障，不会轻易出现“衣食之忧”，再加上退出成本高，万一诉讼失败，不仅需要承担昂贵的律师费用，还面临着失业风险，在“安全为主”的生存伦理下，原“契约式”身份难以真正操作。

Chun 将这种“抗争”称为符号性力量中的“分类的斗争”（classification struggle），他认为工人可以通过对用工单位的“道德呼吁”，强调用工单位才是真正的雇主，从而在一定程度上突破国家法律以及劳动合同对其劳动关系的界定，利用道义经济吸引公众与媒体的关注，重塑原有的劳动关系，开掘改变雇佣关系的潜力。[①] 然而，笔者对此报以怀疑态度，这种道德意义上的劳动关系真的可以撼动法律意义上的事实雇佣关系吗？道德权威可以赋予行动合法性吗？首先对于国家来说，劳动法理转型中“依法治国”仍是第一要务；其次对于资本尤其是用工单位来说，派遣工的身份归属并不明确，且在数量上不占优势，难以团结其他类型工人。至少在笔者的访谈中，符号性力量的结果最后常常是不了了之。

关于另一种力量——组织性的力量，即工业公民权（industrial citizenship），现阶段也同样存在悖论：一方面，工会等工人代表性组织并未脱离国家联系，甚至是受国家领导；另一方面，受制于资本对其身份的临时化与分散化，集体谈判等方式较难实现，这种组织性力量非常微弱。

相比于其他国家在同样的历史过程中，“国家变量”在中国社会转型中扮演

---

① Mohanty R. K. Jennifer Jihye Chun，“Organizing at the Margins：The Symbolic Politics of Labor in South Korea and the United States”，*International Sociology*，XXVII（2012），pp. 223-223.

了更为关键与突出的角色。[①] 通过以上论述，我们可以看到国家与资本在一定程度上成为联盟，国家与工人的轴心从单位组织转变为资本市场。当然，国家与资本的关系结构是劳务派遣工身份生产的宏观基础，它还需要依靠其他的中间通道来对派遣工进行进一步定义。

二、中观通道：劳动力市场的分割形态

宏观背景与结构约束了中观通道与微观过程，[②] 虽然“国家变量”与“资本变量”是工人身份生产的行为主体，但是笔者认为这些变量并不完全是直接作用于派遣工个体身上的，他们还会通过对其他类型工人的生产与再生产，在分割与对比中进一步突出派遣工的身份。劳务派遣工身份生产的本质是一种分类治理与身份制度，国家与资本通过对劳动力市场的分割，形成劳动力身份市场，影响派遣工的身份生产，从而影响了整个工人阶级的产生。

（一）外生形态：劳动力市场的二元结构

身份生产在比较中得到加强，正如城乡二元户籍制度是农民工身份得以形成的重要因素，国家与资本影响下的劳动力市场分割，对劳务派遣工身份的形成也产生了深远影响。正式工人与派遣工人生存与权益状态的差异影响了派遣工的劳动与身份，同时也体现了劳动力市场的二元结构。现有的劳动力市场分割研究主要集中于城乡分割与部门分割，关于合同制分割或者说是契约分割的相关研究较少。

契约分割是2007年的《劳动合同法》出台后才正式出现的，工人依据有无合同以及合同类型被分成不同的类型，比较常见的分类有固定工、合同工、派遣工等。同一部门常常会混杂着不同类型的工人，这种分割方式不再是简单的空间性分割，因此对劳动过程以及工人的身份认同影响也往往较大。派遣工在此分类层级中处于弱势地位：经济上，他们拥有不稳定的工资来源、较低的福利待遇以及不完善的社会保障；政治上，他们加入工会与职代会的比例较小，缺少为自己“正名”的途径与身份；社会上，他们的社会资源有限，缺少归属与认同。并且，较低的社会地位以及相对匮乏的资源与技能使得他们难以改变这种位于劣势分割的被动局面，甚至会进一步拉大与正式工的差距，使正式工与派遣工在企业中形成“内部人”与“外部人”的关系结构。

国家是推动中国劳动力市场分割的制度性与结构性因素，国家通过选取发展战略以及相应的制度对劳动力市场中的各个主体进行约束，从而对劳动力市

---

① 陈锋：《国家、制度与工人阶级的形成——西方文献及其中国劳动问题研究的意义》，载《社会学研究》2009年第5期。

② 赖特等：《阶级分析方法》（马磊等译），复旦大学出版社，2011年版。

场发挥作用。有学者认为，通过劳动法的实施，国家得以通过法律与行政手段实现不同群体间的权力与利益再分配，一方面，促进部分落后企业提高管理水平，缩小企业间差异，缓解劳动力市场分割；另一方面，促进劳动合同的签订率，减少非正式用工比例，部分限制市场分割。[①] 但是笔者认为，正是新法对无固定合同以及劳务派遣形式的相关规定，造成了新的分割类型，即依据合同形式的分割。这种分割方式可以出现在同一部门之中，所以给部分劳动者带来的就业歧视及其相对剥夺感更为严重。并且受就业结构、工人组织等国家制度限制，这种分割有逐渐固化的趋势，成为急需解决的社会问题之一。

资本是推动中国劳动力市场分割的直接性与主导性因素，雇主及其管理者的决定、企业及其结构等都会直接影响被雇佣劳动者的进入、生产与退出。在市场准入中，派遣工的文化资本与社会资本本身就处于弱势地位，无论是面对派遣机构还是用工单位，他们都处于更加被动的状况。例如，在和正式员工相比时，他们的信息不对称表现得更为明显；在生产过程中，前文已从多方面论述了资本对派遣工的种种限制；在市场退出方面，受到买方市场的影响，他们的退出成本也相对较高，难以无所顾忌地跳脱。

总的来说，这种二元结构是制度性因素、市场性因素、社会性因素等多种因素综合作用的结果。不同于城乡分割而引发的“农民工”的“同质化”，以及“准无产阶级化”,[②] 这种契约式分割将劳动者整体“一分为二”，派遣工被分离出来，受到市场规律的支配。但值得注意的是，这种契约式分割并不是单独存在的，它还会与部门分割甚至城乡分割混合在一起，也就是说，尽管同样为派遣工，他们也会因为户籍、所在行业、所在岗位的区别而进一步产生不同，随着劳务派遣的不断发展，劳务派遣工的身份与内部构成也愈加复杂。

（二）内生形态：劳动力市场的身份序列

正式工与派遣工在劳动力市场中形成了一个新的二元结构，在外，其表现为劳动力市场分割的一种新形式；而在内，其本质仍是一种身份制度，依据这种身份制度，形成了劳动力市场的身份序列。

在我国，劳动力市场的身份制度一直伴随着劳动力市场的演进而发展。在单位制解体后，城镇劳动力市场的身份等级制度并没有消失，反而是越来越精致化与技巧化。例如，退休制度中的“双轨制”等。依据身份制度，一方面，国家可以根据身份类别给予不同群体差异化的关注与服务，并通过握有这种调整国民身份等级的分类权力以维护自身统治，“政府通过身份等级制度为自身的

① 张建武、高松茂：《〈劳动合同法〉对劳动力市场的影响分析》，载《中国人口科学》2009 年第 2 期，第 28 页。

② 肖潇：《中国劳动力市场分割的形成机制与形态演变研究》，人民出版社，2017 年版，第 122 页。

自利性扩张提供了可操作性与便利条件”。[①] 另一方面，劳动力市场的身份制度也令资本及其实际管理者喜闻乐见，因为通过等级化的用工，大大减少了企业成本，并进一步完善科层制的管理体系。

劳务派遣“符合国家灵活化用工需求”“促进劳动力市场多样化”，这类论述多是站在国家的功利主义与整体主义角度，通过一种合理性的阐释将法律制度合法化，我们很难看到派遣工的个体化表达。首先从社会的横向变迁来看，相比之前的“非正式”从业者，派遣工们确实获得了相对的“稳定性”，但是从劳动力市场的纵向序列来看，派遣工的这种“不稳定性”又变得尤为明显。其次，派遣机构是工人的输出方，大大小小的派遣机构在劳动力市场中织成一张严密的网，既可以多样化地满足不同用工单位的招人要求，又可以网罗进不同类型的工人，身份在工人与派遣机构签订合同后得以形成。最后，用人单位是工人的需求方，正是这些公司源源不断的用工需求才促进了这个市场的不断发展，他们从派遣机构中购入劳动力资源，而工人身份的等级化也最终在用工单位中得以显现。

三、微观表象：碎片化的不稳定雇工

国家与资本主导下的劳动力市场分割，造成了工人整体的分裂。劳务派遣工既是工人整体形态的一个特例，同时也是一个缩影。劳务派遣工的内部构成异常复杂，其中既包括部分原国企下岗职工、农民工及新时代农民工，还有各种学生工甚至是企业管理人员，他们广泛分散于不同的企业与不同的职位中，其中仍有许多问题有待深入讨论。

（一）派遣工人内部分化的表现

工人的内部分化是身份生产深层机制的微观表象。在外部，派遣工与其他和企业直接签订合同的正式工人的差异明显；而在内部，不同于农民工、下岗工人这种在个人境遇变迁中不断强化自身身份的群体，劳务派遣工分散在不同的领域与部门，属于不同的类型，内部的差异也更为明显。

首先，这种差异性体现在物理距离上。学术界对于派遣工群体有各种各样的分类，例如，以合同关系为标准的分类，分为雇佣型劳务派遣与登录型劳务派遣；以劳务派遣是否符合制度规定又可分为合法派遣与不当派遣。但是笔者认为，这些派遣分类都没有考虑到派遣工的自身情况与工作状态。通过调查与访谈，笔者认为如今劳动力市场中的劳务派遣工也可以以“白领”型劳务派遣工与“蓝领”型劳务派遣工为划分标准，前者主要的工作场所是办公室，后者

① 陈映芳：《社会保障视野下国民身份制度及社会公平》，载《重庆社会科学》2013年第3期，第18页。

的工作场所通常是工厂，主要付出体力劳动。其中，“蓝领”派遣工所占比例更高，他们也一直是社会与学术界关注的重点。这类工人通常处于同一工厂内，有集体行动发生的土壤，例如，Zhang Lu、田毅鹏等人对车企工厂派遣工人的研究。但是近年来随着“白领”派遣工数量的增多，引发了新的社会问题与讨论，不稳定的工作并不仅仅存在于农民工之中，从高校中毕业的“80后”与“90后”劳动者同样被卷入不稳定的浪潮中。这类工人权利意识相对较强，也可以动用更多的资源与能力，但是他们的物理分布较为分散，异质性较高。可以说，“蓝领”型与“白领”型劳务派遣工既面对着同样的问题，但同时由于教育背景、工作经验等方面的差异又各自面临着不同的难题。

其次，群体差异还体现在心理距离上，不同的派遣工对于自身雇佣状态的满意程度也是不同的。笔者在访谈中观察到，尽管大部分劳务派遣工对目前的身份状态是不满意的，相对剥夺感较为强烈，但是也有小部分派遣工表示不在乎这种身份差异，认为劳务派遣拓宽了他们的就业渠道，并且也可以看到转正的希望，他们对目前的工作状态较为满意。积极型与消极型的分野，使得消极型难以融入积极型，而积极型也难以响应消极型的权益诉求。当这种主观心理情感与工作类型进行进一步交叉后，笔者发现，相比于“蓝领”派遣工，“白领”派遣工中的消极型占比更大，这一群体在今后的学术研究中值得多加关注。

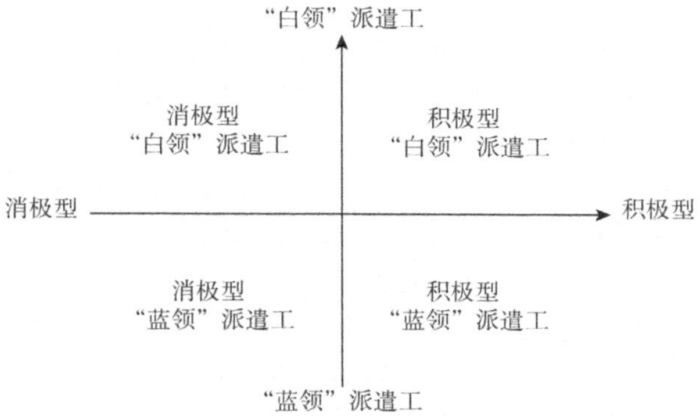

图3　派遣工内部的分裂

物理距离与心理距离的双重交叉，使得劳务派遣工的内部分裂较为明显与严重，一层又一层的分类治理，这既是身份生产的产物，是市场的推动，也是国家治理的策略。当然值得进一步讨论的是，这种内部的分裂与分类是否又会反过来影响他们自身的身份生产。

（二）碎片化对不稳定身份的影响

在国家—资本—工人的框架下，有学者注意到了单位制解体后工人身份的分裂问题，但是他们并没有进一步探究工人整体身份的分裂和碎片化对工人身份生产及其行动逻辑的影响。在身份生产中，尽管国家的身份设计与资本的身份实践对派遣工的身份状态影响重大，但是这也不意味着劳务派遣工人是被动的一群，“工人的行动也会影响着劳动体制的变化，工人与国家的互动，是工人阶级形成的重要基础”。① 尽管劳务派遣工的某些呼吁确实起到了促进法律与制度调整、改进的作用，但是不可否认，外部和内部的分裂与碎片化还是在很大程度上影响了他们的利益诉求。

从外部来看，合同契约的存在再生产了派遣工的身份，在“从契约到身份”的过程中，进行同样劳动的工人却因合同定义的身份而不能拥有同等的薪资待遇与个人发展。这一鸿沟严重影响了劳务派遣工人与公司其他正式员工的合作，在各类比较中，大部分派遣工人将正式员工视为资本的一方，认为他们是有背景、有资源的一群人，劳资对象与劳资关系被重新定义，身份的分割使得集体行动几乎难以成为可能。

从内部来看，一方面，前文提到派遣工内部有着不同分类，这种碎片化的分布使得不同领域与部门的派遣工有不同的需求与选择，甚至他们对于这一身份的认同就各不相同；另一方面，碎片性还体现在自身劳动生命历程的分散化，派遣工每份工作的停留时间要大大短于公司的正式员工，“干不长久”的心态使得他们不想花费更多时间来争取自己的权利，同时对于权利侵犯的忍耐性也更强。

总之，国家与资本形成了某种程度上的联盟，它们通过对劳动力市场的分类控制，将一部分拥有较低学历、较少工作经验的劳动者“下放”至各种“弹性工作”中，成为“不稳定劳工”。对于国家来说，“不稳定雇佣”一方面使得国家摆脱了之前沉重的福利负担，国家与工人形成一种最低限度的关系；另一方面使得工人逐渐碎片化与个体化，完成“维稳”的需求。而对于资本来说，使用派遣工这类弹性劳工不仅可以降低用工成本，提高市场竞争力，还可以在市场环境发生变化时，随时“摆脱”工人而不用承担任何责任。“不稳定雇佣”是21世纪全球各国工人所面临的共同问题，甚至取代“无产阶级”成为劳动社会学研究中的热点。尽管中国的主流学界仍认为中国工人的权力正在提升，即“赋权”（empowerment）增加，但是笔者认为如果从国家与资本的结构性视角来看，在“不稳定雇佣关系”增长的大背景下，这种工人“赋权”仍任重而道远。

---

① 陈锋：《国家、制度与工人阶级的形成——西方文献及其中国劳动问题研究的意义》，载《社会学研究》2009年第5期，第179页。

第五章　总结与反思

一、研究结论

按照经济学对于“非正式就业”的定义：一是非合法性，即没有签订书面的劳动合同；二是脆弱性，即没有养老保险、医疗保险与失业保险这三种最基本的劳动保障。签订了劳动合同，且享有一定社会保险保障的劳务派遣工拥有了一定的“正式”与“合法”身份，理应从“非正式就业”的分类中去除。然而在实际劳动中，劳务派遣工仍摆脱不了“非正式”的身份，他们处于一种“不稳定”的雇佣关系之中。围绕这一矛盾问题，本研究基于国家—资本—工人的研究框架，分别从国家与资本的角度探讨了派遣工的身份生产及其背后的深层机制。主要结论如下：

（一）国家与资本：劳务派遣工矛盾身份的形成主体

基于国家—资本—工人的研究框架，国家与资本都是派遣工人身份生产的重要影响因素。从国家与资本的社会结构中，我们可以看到派遣工的矛盾身份是如何形成与发展的。

1. 国家劳动保障的矛盾状态：关于契约与身份的讨论

劳务派遣的兴起源自国家经济体制以及劳动体制的转型，而派遣工人的矛盾身份也与国家劳动保障的复杂状态密不可分。

随着国家经济体制的转型，工人身份的内涵与外延都发生了重大改变：一方面，随着“单位制”解体，原有单位制下的劳动关系已经不再适用于新的经济形势需求，原单位制庇护下的“国家主人”急需新的“国家承诺”；另一方面，随着市场化进程释放了积攒已久的经济活力，大量的非工人群体也进入工业体系之中，社会对于新的现代化劳动制度的需求日益高涨。在社会转型的大背景下，国家利用强制劳资双方签订劳动合同这种现代契约的形式取代过去对工人的全能式包揽。不仅原正规经济中的劳动者需要与用人单位签订法定合同，一些非正规经济中的特殊用工方式，如劳务派遣，也在2007年推出的劳动合同法中被进一步规范。

然而，相较于西方国家劳动立法经多次工人运动而最终得以确立的“自下而上”形式，我国这种“自上而下”的契约式过渡具有平稳高效的优势，但也不可避免地出现了一些矛盾。以劳务派遣为例，首先在立法层面，本应适用于全体劳动者的劳动合同法中出现了一条条针对劳务派遣工的“特例”，这无形中区分了不同的劳动者；其次在行政层面，特别是在财政分权以及政绩比拼中，对于大型国企以及可以带来较大经济效益的企业，地方政府难以监管与撼动它们超额滥用派遣工的现实；最后在司法层面，劳动争议的法律评判实现了唯合同化与证据化，但派遣工合同与管理的分割导致了他们取证与维权的困难。现实中，劳动契约没有终结身份的差异，反而促进了新身份的产生。依据合同期限的长短与形式，劳动身份出现了等级差异，劳务派遣工人在等级序列中处于弱势地位，其身份再生产的过程可以归之为“从契约到身份”。

这种逆向转变，展现了国家保护劳动者的社会理念与发展经济的现实需求之间的矛盾。一方面，无论是社会主义的本质理念还是维护稳定的现实需求，国家都有保障劳动者合法权益的义务；然而另一方面，在市场化改革的过程中，国家也同样是推动资本发展的主要力量，国家与资本的联合逐渐形成，所以在劳动制度的制定与实施过程中，国家不得不考虑资方的需求与态度，这个过程又可能会忽视甚至损害雇佣劳动者的权利。国家试图在不同的利益冲突间保持张力，试图将非正式经济的立法纳入正式经济的劳动立法，但正是国家保障的这种矛盾状态形成了劳务派遣工身份实践与身份设计产生偏差的基础。

2. 资本的进一步商品化：身份实践对身份设计的背离

如果说，在国家主导的身份设计即话语层面上，劳务派遣工还是拥有了一定的“契约性”与“正规性”，是一种非正规用工的合法化，那么，结果一是使得部分原有的非正规劳动者通过劳务派遣的形式拥有了合同保护与社会保障，结果二是正式登记与注册的劳工比例显著提高。然而，在资本主导的身份执行中即实践层面上，劳务派遣工的身份生产则离原有的政策制度设定越行越远。

用工单位是劳动力的实际需求者与使用者，也是派遣工的主要劳动场所，但却不是派遣工合同的缔结方，不需要承担法律规定的主要雇主责任，这直接导致了对劳务派遣工的滥用及他们身份的“危难化”。派遣机构是劳务派遣工人的实际雇主，即法定的用人单位，其在劳动力市场中充当劳动力需求、开发与供给三重角色，但其本质经营的仍是“人的资本化”生意。在派遣机构中，派遣工不再是劳动的提供者，而变成了资本储备与资本市场的筹码，异化成为劳动资料，派遣工的身份与普通劳动者进一步产生区分。正式员工与派遣员工的身份边界，进一步强化了派遣工身份的“临时化”与“非正式化”。不可忽视的是，正式员工与派遣员工身份分化形成的本质是资本的技术治理，通过劳动力的二元结构，对雇佣劳动者进行分类治理与控制，不仅派遣工被卷入资本的洪流中，其他正式员工亦是如此。这种现状，一方面将正式工与派遣工分割开来，另一方面又激励派遣工进行转正的身份想象。

身份实践没有完成身份设计的预期目标，甚至是形成了背道而驰的身份生产，这体现了资本对国家法律的选择性执行，背后本质是资本与劳动力的进一步商品化。用法律与经济的范畴来规范劳务派遣中的劳动关系，缺少了考虑雇佣关系自身的不平等状态以及国家对资本的倾斜态度，这确立了一种差序用工与割裂用工的社会权力结构，难以创造真正自由平等的社会交往。

（二）劳务派遣工身份的形成路径

在国家—资本—工人的框架下，国家与资本的因素解释了劳务派遣工是如何在法律层面拥有了一定的“契约式”与“正规化”身份，而又是如何在实践层面一步步使得原有身份名存实亡，变为“非契约式”与“非正规化”身份的。国家的制度建构、资本的积累及其现代产业工人的兴起是一个持续交织的过程，三方都在这个过程中逐渐成型，从而形成某种相互制约与影响的关系。

国家与资本的联盟是劳务派遣工身份生产的宏观基础。劳动力市场分割是劳务派遣工身份生产的中观通道。碎片化的不稳定雇工是劳务派遣工身份生产的微观表象。劳务派遣工这一原本因劳动合同差异而从工人群体中另外分出的群体，变成了个体化的、软弱的朝不保夕者（precariat），即不稳定雇佣关系中的无产者（precarious 与 proletariat 的结合）。

二、研究反思

本研究的研究局限主要在于研究方法与概念工具运用上的局限。

第一是研究方法的局限。本研究主要采用了质性访谈的研究方法，由于访谈问题涉及工资福利、劳务纠纷等相对敏感的话题，部分被访者有较强的戒备心理，有些信息难以获取。劳务派遣工的构成相对复杂，分散在不同的企事业、机关单位，以及不同的部门与岗位中，本研究难以将不同类型的派遣工一一穷尽。

第二是对概念工具运用的局限。本研究的研究议题涉及国家、资本、身份等，都是相对抽象的概念，笔者依据研究思路将国家与资本变量进行了进一步拆分，但是这种科学性难以判断。关于身份，大部分研究都会涉及研究对象的身份认同，本研究主要从客观因素来探讨研究对象的身份是如何生产的，而非主观因素的影响，所以几乎不涉及身份认同，但是不可否认，主观的认同确实也会对身份建构产生一定的影响。

尽管由于一系列政策制度的出台，媒体与学术界对劳务派遣的讨论趋于缓和，但是仍有很多结构性问题未能得到真正解决。劳务派遣对国家与劳动者个人的影响都不容忽视，甚至随着技术进步与零工经济的发展，它以新的形式重新生根发芽。劳工问题不是一个个人选择就可以解决的问题，结构性压制需要国家立法以及更加严格的监管，如何正视劳务派遣的优势与弊端，应对劳务派遣带来的不利条件，都是有待我们进一步努力的方向。

上海美影厂艺术创作模式的历史变迁探析

——制度环境、工作模式与艺术生产①

乐鹏举（上海大学）

◎ 指导老师：严俊

摘　要：基于霍华德·贝克尔的“艺术集体行动”理论，本研究从宏观制度环境和微观工作模式两个层面探讨了上海美影厂的艺术生产变化，试图回应艺术社会学的重要议题——社会经济结构与艺术生产之间的关系。研究发现，在国家强力控制的“黄金时期”，稳定的资源保障和艺术惯例共识塑造了共同体内的集体行动，促使创新大量发生；改革后，原有国家支持体系逐步消无，分裂的工作模式导致艺术共同体逐步瓦解。上海美影厂在向现代文化产业的转型中，艺术创作随之失去特色而流于平庸。

关键词：上海美术电影制片厂；制度环境；工作模式；艺术生产

第一章　引言

上海美术电影制片厂（以下简称上海美影厂）是新中国文化事业的一个神话，也是现当代国产动画的发源地。在大众媒体与文化消费尚不发达的年代，该厂出品的各类动画片不仅俘获了几乎所有少年儿童的心②，也强烈塑造了他们的审美趣味和价值观念。时至今日，仍然有多部作品他们耳熟能详，如《神笔马良》（1955 年）、《小蝌蚪找妈妈》（1960 年）、《大闹天宫》（1961 年）、《哪吒闹海》（1979 年）、《九色鹿》（1981 年）、《天书奇谭》（1983 年）等，影响

---

① 本研究曾发表于《社会学研究》2018 年第 6 期。本研究受到上海市教育发展基金会和上海市教育委员会“晨光计划”资助（12CG75）。作者感谢上海大学社会学院严俊副教授为本研究提供的诸多宝贵意见。

② 鲍济贵：《中国动画电影通史》，连环画出版社，2010 年版。

力绵延至今[①]。上海美影厂产出的水墨片、剪纸片、木偶片、折纸片等多门类片种“争相斗艳”，不仅代表了中国美术电影的艺术巅峰，在世界动画电影史上也留下了浓重的一笔。然而，美术电影传承突然“断档”以及随之而来的国产动画艺术水准平庸化，让今时今日的动画爱好者们唏嘘不已[②]。

1957 年 4 月 11 日，上海美影厂在原上海电影制片厂美术片组的基础上正式组建，成为新中国首家、也是唯一一家创作生产美术电影的专业单位[③]。直至 1986 年，中外合资的时代动画公司在广州成立才打破其垄断地位。从某种意义上讲，上海美影厂的历史就是中国美术电影发展历程的缩影[④]。从承担政策宣传、思想教育任务的文化单位，到改革开放后文化行业中外合资的翘楚[⑤]，再到改革后期经过复杂的股份制改革与企业整合后，最终于 21 世纪初（2001 年）组建形成现在的上海电影集团有限公司。

与众多因市场化改革获得生产力解放的成功案例不同，它的故事呈现出更加复杂的逻辑。从文化单位转型为市场化运作的现代文化产业公司，上海美影厂在经济效率与市场收益方面获得了巨大提升，远超国内同行，成为当代名副其实的文化产业“巨无霸”。然而，如果将艺术价值与文化影响力纳入评判文化企业是否“成功”的标准中，上海美影厂的改革成效似乎就不那么明显了，与历史辉煌相比更是显得过于平庸。自 1985 年后，上海美影厂逐步从生产艺术短片转向动画系列剧，产量陡高但精品率却急剧下降。水墨动画《山水情》（1988 年）在国内外获得了较大反响后，再也没有极具艺术影响力的电影作品。虽然一时间获得了短期收益，但作品的创新性与艺术质量跌落谷底，至今仍然没有复苏的迹象[⑥][⑦]。事实上，经济与文化效益的错位并非阶段突变的产物，其原因根植于上海美影厂的完整历史之中。

本研究将上海美影厂 60 多年的历程划分为“黄金时期”（1957—1976 年）、“转型时期”（1977—1988 年）、“平庸时期”（1989 年至今），从宏观制度环境与微观艺术集体行动两个层面来讨论其兴衰历程，继而揭示艺术生产与政治、经济结构间的复杂联系，探讨制度土壤如何形塑艺术家群体的艺术惯例与集体行动，并最终影响艺术生产结果。

---

① 赵冬：《中国优秀动画电影 100 部》，北京：中国时代经济出版社，2008 年版。

② 知乎评论：“为什么 90 年代开始，上海美术电影制片厂的制作水准大不如前”，https：//www. zhihu. com/question/19671039.

③ 鲍济贵：《中国动画电影通史》，连环画出版社，2010 年版。

④ 范玉欣：《上海美术电影制片厂动画创作研究》，浙江大学 2011 年硕士学位论文。

⑤ 顾光青、黄复兴、戴围城、张家林：《“一厂三制”的探索：上海美术电影制片厂体制改革调查》，载《上海经济研究》1990 年第 1 期。

⑥ 周涛：《中国动画的原创困境及其成因分析》，载《云南艺术学院学报》2008 年第 3 期。

⑦ 杜秀玲：《国产动画电影的发展瓶颈及对策》，载《电影文学》2011 年第 17 期。

第二章 研究综述:“民族化”或“市场化”之殇

20世纪90年代以来，上海美影厂的迅速没落、作品的迅速“平庸化”被动画电影、美学、文化产业等诸多领域的研究者关注研究。对于上海美影厂在60年代以及80年代取得的艺术成就，各领域的研究者予以一致肯定。基于对现有研究的梳理分析，本研究试图说明引入艺术集体行动理论视角的必要性：上海美影厂的兴衰不能看作是当年艺术家们对其艺术风格选择的必然结果，也不能将其简单化为一般企业转型的失败。只有通过剖析上海美影厂在特定制度环境背景下工作模式及其变迁，才能解释不同历史时期作品所呈现出的复杂政治、经济与艺术结果，进而准确理解上海美影厂“衰退”的确切内涵①。

一、作品视角分析:“民族化”风格的利与弊

美学与动画电影史研究者共同关注了上海美影厂作品风格的流变特征。这类研究认为，坚持从传统文化和工艺美术中汲取养分、形成自成体系的民族风格是上海美影厂在“黄金时期”的重要特征，也是“中国动画学派”能在世界动画史上留下浓重一笔的根本原因。“民族化”风格在五六十年代出现、发展，到80年代逐渐完善，并最终理论化②。基于作品的“文本分析”，多数研究者认为，从中国民族文化中发掘动画创作的可能性还远未穷尽③④⑤。据此大多数研究者作出判断性结论，即上海美影厂当下的没落就是因为放弃了民族化风格与传统技艺、盲目模仿，最终导致了作品毫无特色⑥⑦。尤其是90年代的系列作品，过度“西化”、片面追求技术，导致精神内涵缺失而流于平庸⑧⑨。

有一类研究也基于作品本身展开分析，却对“民族化”风格所造成的影响

---

① 值得注意的是，虽然学界对“衰落”或“平庸化”持有基本共识，但并未严格界定判断“衰退”的标准，即作为一般产业目标的经济收益或作为文化产业的艺术成就。

② 范玉欣:《上海美术电影制片厂动画创作研究》，浙江大学2011年硕士学位论文。

③ 王磊:《论中国动画对中国美术的传承》，载《艺海》2013年第4期。

④ 马风清:《优秀的传统文化是中国动画创作的未来》，载《中国电视》2016年第8期。

⑤ 时春风、王馨:《国产民族风格动画〈骄傲的将军〉中的虚实创作实践探析》，载《电影评介》2016年第14期。

⑥ 霍娜:《从吉卜力动画特点看当前国产动画发展迷局》，载《大众文艺：学术版》2012年第3期。

⑦ 钱建平、强小柏 等:《中国动画电影的经验、困境与出路：对话美影厂厂长钱建平》，载《电影新作》2013年第4期。

⑧ 杨帆:《浅谈现代科技对动画的影响》，载《美术教育研究》2011年第10期。

⑨ 李少林:《中国动画电影民族风格研究》，西北民族大学2012年硕士学位论文。

有着不同的评判。一种观点认为，对“民族化”风格的探索历经数十年已然进入了瓶颈期，实难以突破自身。这种“内卷化”状态直接遏制了青年一代的创新，束缚了其想象力[①]，过分强调作品与传统文化的关系会使美术片陷于老套，丧失艺术生命力[②]。另一类研究从传统风格与当代审美的错位来分析过度“民族化”的负面影响。无论是题材的宣教性[③]，还是创作观念与电影手法的落伍[④⑤]，最终造成作品风格与当代潮流背道而驰，市场吸引力下降。

从美学角度对作品本身的分析，有助于我们对于上海美影厂各个时期作品特征的把握，也可以在一定程度上借鉴其评价一部美术片的方法，并在此基础上形成相对客观的指标；“内卷化”和审美错位给出的结论从某种意义上来说也是历史事实。但是，作品特征只能作为上海美影厂兴衰的结果体现，而不能视为导致其变化的内因。从上海美影厂的变迁过程中，有大量的经验性问题无法在此视角下得到解释：为什么上海美影厂建厂初期会选择“民族化”道路，并最终实现了艺术形式上的创新？在市场化背景下，为什么上海美影厂创作群体没有找到扬弃传统的方法？为什么上海美影厂最终选择了全盘放弃“民族化”道路，而陷入“平庸化”无法自拔？

二、市场转型视角分析：改革进程中的紊乱

与上文基于作品本身的分析视角不同，市场转型视角下的诸多研究仿佛走到了另一极端，即完全忽略了上海美影厂作为艺术创作主体的“文化属性”，试图将一般企业市场化改革的过程、结果作为解释上海美影厂没落的主要原因。其中，第一类研究关注了改革中原有生产体制破裂造成的后果。顾光青等人[⑥]指出，上海美影厂在20世纪80年代初改制为具有混合所有制企业，以往统一调配生产的状态被改变，管理与生产开始混乱[⑦]。同时，“来料加工”业务与计件工资制的引入导致员工收入差距迅速扩大，不公平感使得不少青年职工离开上海美影厂，厂内生产合作趋于混乱，继而引发创新能力衰退[⑧⑨]。

第二类市场化转型下的衍生问题在于企业管理者市场定位上的矛盾。研究

---

① 张耕云：《论传统文化对民族动画发展的消极制约因素》，载《电影文学》2010年第12期。

② 郑灵燕、曾学军：《中国动画发展之述评：精彩过去，苦涩当前》，载《电影文学》2009年第6期。

③ 范玉欣：《上海美术电影制片厂动画创作研究》，浙江大学2011年硕士学位论文。

④ 肖路：《国产动画电影传统美学特征及其文化探源》，上海人民出版社，2008年版。

⑤ 颜慧、索亚斌：《中国动画电影史》，北京：中国电影出版社，2005年版。

⑥ 顾光青、黄复兴、戴国城、张家林：《“一厂三制”的探索：上海美术电影制片厂体制改革调查》，载《上海经济研究》1990年第1期。

⑦ 周涛：《中国动画的原创困境及其成因分析》，载《云南艺术学院学报》2008年第3期。

⑧ 朱可：《论“中国学派”动画电影》，南京师范大学2005年硕士学位论文。

⑨ 李保传：《从美术片创作看如何打造中国动画“好品位”》，载《美术观察》2015年第8期。

者指出，上海美影厂在改革初期未能真正面对市场需求，强调文艺教化的作品无法吸引儿童观众，为国外动画大规模入侵制造了机会①；随着竞争日益激烈，上海美影厂决策层再次出现决策失误，开始全面效仿美、日等动画产业成熟国家的全年龄层受众商业模式，导致一直以来的良好口碑不复存在②。

第三类研究将问题聚焦于现代企业制度。研究者认为，虽然自90年代中后期以来上海美影厂基本完成市场化，但仍未获得高效的运营与管理能力，例如，不考虑成本和效率的计划经济思维、配套政策与行业规范缺失等问题制约着企业发展③。黄永林等人④从创意产业发展的要素出发，分析了（以上海美影厂为代表的）国产动漫的困境，包括缺乏独特文化品牌、产业化营销网络、艺术与技术兼备的复合型人才，在市场资金、版权保护等方面也存在明显短板。

毫无疑问，上海美影厂的变迁当然符合中国企业市场化转型的一般规律。但是，此类研究从组织内部管理紊乱或是从文化产业的一般性特征入手，极有可能陷入与作品分析视角相反的困境：首先，忽略了艺术作为商品的社会建构性⑤，将艺术的生产与分配简单狭义地看成一般市场过程⑥，从而得到正确但过于简化的结论。单位体制的破裂所带来的动画创作人员高流动性，将延续多年的艺术共同体传统彻底摧毁了。尽管市场雇佣制下实现了对动画所需创作人员的有效供给，然而最终的艺术生产结果却不可同日而语；其次，不能简单将管理者矛盾的市场选择视为决策层对形势的一次“误判”，而是当时上海美影厂内创作观念的分裂与群体内部冲突下的一种必然结果，是当时条件下的一种“无奈”之举；最后，假设真的存在理想意义上的高效现代企业制度，它也未必带来艺术上的收益。上海美影厂某种层次上已然具备了现代企业制度的特征，然而却始终未能挽回艺术声誉，陷入平庸陷阱无法脱身。综上，本研究认为，分析这一问题需要新的理论视角。

---

① 陈可红：《蜚声与禁忌：特伟时代与上海美术电影制片厂荣辱探因》，载《电影艺术》2011年第2期。

② 易家玉：《20世纪90年代以来中国动画艺术转型之研究》，暨南大学2011年硕士学位论文。

③ 麻楠楠：《市场经济体制下中国动画产业的发展现状研究》，东北师范大学2006年硕士学位论文。

④ 黄永林、徐金龙：《国产动漫民族化的成功之道及启示》，载《云梦学刊》2011年第6期。

⑤ 思罗斯比，戴维：《经济学与文化》（王志标，张峥嵘译），中国人民大学出版社，2011年版。

⑥ Grampp. William. D，Pricing the priceless：art，artists，and economics（New York：Basic Books，1989）.

第三章　分析框架:“艺术集体行动”理论的发展

讨论上海美影厂的兴衰首先需要界定评价艺术特征的标准。与艺术史或美学研究不同，本研究不打算探讨“艺术是什么”（what is art），而将分析重点放在“艺术何以可能”（what makes art）上[①]。承袭艺术体制论（institutional theory of art）的基本看法，本研究将在贝克尔“艺术集体行动”（art as collective action）理论的基础上提出一个包含宏观制度环境与微观工作模式的社会学分析框架。具体分析上海美影厂从辉煌到平庸的流变，着重探讨诸种社会因素到底是如何影响到美术电影生产的。

一、“艺术集体行动”理论溯源与概念内容

20世纪初，飞速发展的现当代艺术使得学术界不得不作出回应，“何为艺术的本质”再次成为艺术学、美学、社会学等各界人士争论的焦点。与黑格尔[②]、海德格尔[③]一直以来在哲学思辨意义上的讨论不同，从20世纪中叶开始，以阿瑟·丹托（Arthur Danto）、乔治·迪基（George Dickie）等人为代表的学者掀起了另一股思潮，在分析哲学界辟出了一块新地——“艺术体制论”，从而使得艺术研究领域中社会学与哲学之间的边界开始模糊。维特根斯坦的日常语言分析又为艺术体制论提供了素材，将艺术概念的内涵予以丰富，即艺术的界定并不在产生于事前的逻辑，理解与交流依然可以在日常用语的使用者中发生。因此，授予艺术以身份的社会体制才是艺术得以产生、意义界定与被感知的根源[④][⑤]。尽管这类研究一直停留在讨论艺术的身份来源与评价的标准问题层面，尚未在经验层面探讨社会体制与艺术生产之间的机制关系，但是给予了后来研究者以研究视角上的启迪，即与创作思想、观念内核与审美价值等艺术抽象概念并无直接关联的社会生产过程与身份角色，对艺术创作模式与呈现结果将会产生重要的影响。

20世纪70年代中叶，符号互动理论学派代表人物霍华德·贝克尔提出了

---

① 严俊：《艺术何以可能》，载《中国农业大学学报（社会科学版）》2010年第2期。

② 黑格尔，格奥尔格·威廉·弗里德里希：《美学（第一卷）》（朱光潜译），商务印书馆，1997年版。

③ 海德格尔，马丁：《林中路》（孙周兴译），上海译文出版社，2004年版。

④ Danto. Arthur，“The Artworld”，Journal of Philosophy（June 1964）.

⑤ Dickie. George，Art and the Aesthetic：An Institutional Analysis（New York：Cornell University Press，1974）.

“艺术集体行动”理论[1]，用来分析艺术究竟是如何在真实的社会情境中产生与传播的。从某种意义上看，这一新范式与“艺术体制论”不谋而合，但将分析引入更微观的层次，贝克尔认为，艺术并不是那些所谓“天才”才能触摸到的神秘创造物，而是在多方行动者默契的配合下才能完成的创造结果；而且制度环境将会对集体行动的组织方式、传播渠道、观念由来和社会对作品的认可等方面产生形塑作用[2]。在1982年初版的《Art Worlds》一书中，他将该思想进一步系统化，从“工作社会学”的角度来考察艺术得以可能的社会过程，提出了三个重要的分析维度：（艺术）集体行动、（艺术）惯例、资源[3]。

首先，艺术是集体行动的产物。艺术家需要合作者与支持群体共同完成作品。当他们之间的合作趋于常态化，一个所谓的“艺术界”（art world）即从边界与结构上稳定下来。虽然看似（个别）艺术家对作品本身有着绝对的控制权，但合作者们的“不起眼”的工作同样参与形塑了最终艺术形式和内容；正如艺术品顺利产出有赖于各方行动者的良好合作，而彼此的冲突矛盾则会大大干扰，更甚者会阻断艺术生产；从集体行动内部的分工方式来看，艺术本身的发展或外部客观条件的变化都将会导致相对固定的内在连接方式发生变化。

其次，如果集体行动造就了艺术，为什么彼此间协作能够有条不紊呢？贝克尔提出正是因为“（艺术）惯例”（convention）的存在，即参与艺术集体行动的各方持有同一个共识性规则。从延伸的范围上来看，惯例存在于艺术集体行动中所有合作环节，涉及合作的具体方式以及内容；从影响层次上看，惯例不仅弥散于具体的行为规范之中，更是蔓延至价值观念、抽象审美等各个领域。正如合作的顺利与否会产生不一样的艺术结果一样，整合程度越高的惯例体系越能为艺术生产的有条不紊而助力，而当其出现分裂甚至是崩溃时，艺术生产将无法持续。有趣的是，贝克尔还注意到了惯例破裂的潜在正功能：为艺术创新的萌发提供土壤。

最后，资源的内容与供给方式是艺术界运转的物质基础。从人力资源角度来看，协作者类型、质量与数量会强烈影响艺术创作的结果和可能性。从物质资源角度来看，任何的艺术生产都需要各项必备工具的辅助，艺术家的基本生活也需要在社会经济体系保障下才能得以维持。艺术研究领域方兴未艾的“赞助人”研究从一个侧面证明了这一点[4]；从观念资源来看，艺术教育与传播条件

---

① Becker Howard. S，“Art as Collective Action.” American Sociological Review（June 1974）.

② 严俊：“艺术何以可能”，载《中国农业大学学报（社会科学版）》2010年第2期。

③ Becker Howard. S，Art Worlds.（Berkley，Los Angeles，London：University of California Press，1982）.

④ 哈灵顿，奥斯汀：《艺术与社会理论：美学中的社会学论争》（周计武、周雪娉译），南京大学出版社，2010年版。

会对创作产生巨大影响。

概而言之，作为可观测对象的“集体行动”才是艺术产生在现实层面的根本原因；这一过程需要特定的资源支持，并通过内化艺术惯例的引导实现有序运行。上海美影厂创作共同体在过去60年中经历了多次重要改变，随之而来差异极大的艺术生产结果大体能够在“集体行动”思路下得到解释。然而，对于探讨艺术生产具体微观机制的经验研究来说，该理论还远不够完善，这也构成了本研究试图推进的方向：首先，尽管贝克尔借助了详尽的案例说明了上述三个关键维度，然而贝克尔“story telling”式[①]的分析却并没有给出变量间的清晰关系，也未在变量间的演变机制和各要素具体的作用方式层面展开讨论；其次，贝克尔发现了在不同维度间确实存在某种交互关系，但在论证说明这种关系模式的时候大多采取“一事一议”的方式，未能建构出一个系统性的分析框架，并对一个研究对象展开分析；再次，贝克尔不试图证明某种要素（如：惯例）的存在是因为其对维持集体行动有积极效果，进而将自己的理论区别于功能主义解释，但也没能对艺术冲突与变迁机制给出必要的解释；最后，国家对艺术生产的复杂作用似乎在贝克尔那里被低估了，在本研究的故事案例中，国家不仅能够以艺术资助、管理者等旁观身份出现，还能深度形塑艺术惯例的形成与变化过程，并可以在特定时期为参与集体行动的各方提供强大激励。

二、思路与分析框架

本研究认为，制度环境影响了具体的创作工作模式，并最终形塑了艺术生产的结果。如图1所示：从宏观层面来看，由国家或市场构成的制度环境以“合法性约束”的方式分别形塑了工作模式中三个因素（资源获取、惯例、集体行动）的边界与可能性（机制①②③）；艺术生产者在允许范围内形成特定的资源获取和惯例[②]，二者共同决定了集体行动具体的静态与动态特征（机制④⑤）；最终导致了某种艺术生产结果（机制⑥）。结合上海美影厂的经验事实，首先介绍一下图示中变量的意义和操作化各项指标，其次简单描述它们之间的联系机制。

---

① Becker Howard. S, Art Worlds (Berkley, Los Angeles, London: University of California Press, 1982).

② 虽然强调制度环境的影响，但本研究并未忽略行动者的自由度。在制度环境给定资源获取和惯例的合法性边界内，艺术工作群体最终塑造了它们的具体形态。

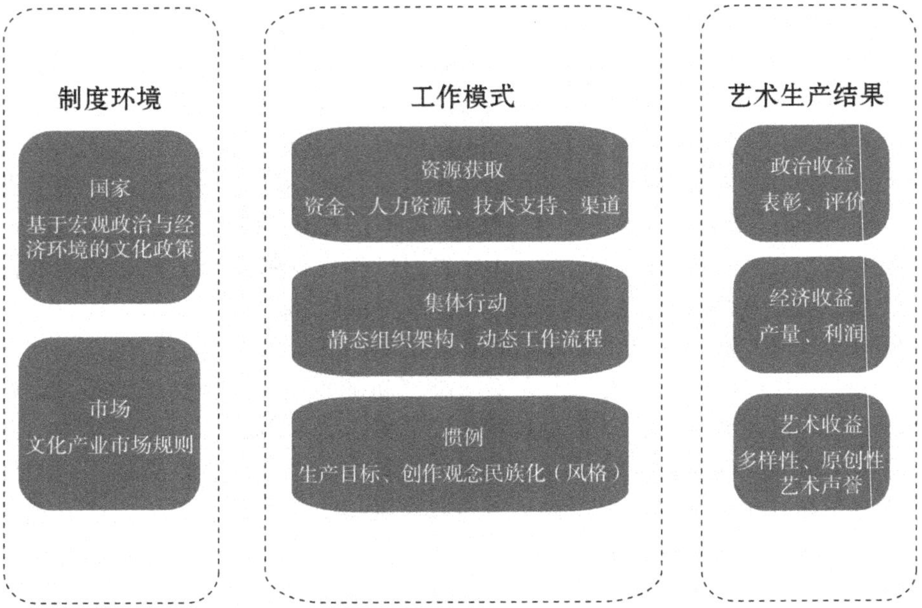

图1　分析框架

（一）变量意义的界定与操作化

本研究从“基于宏观政治与经济环境的文化政策”与“文化产业市场规则”两个维度来描述“制度环境”（初始自变量）。计划经济年代的中国并不存在实际意义上的文化市场，上海美影厂在改革开放前作为国家文化生产单位只会受到国家政策的约束。此时的文化政策内容就是特定历史阶段国家政治需要的真实反映，并与同时期其他政策制度安排具有同源性①。市场化改革时代的到来，文化产业市场萌发，成为影响上海美影厂美术电影创作的新的制度结构要素。具体来看，内容包括自负盈亏的市场主体观念、以自由竞争为核心的市场规则以及追求效率至上的现代企业制度等。需要提及的是，虽然改革后的市场化发展路径也会不可避免地受到政策的制约影响，然而仍然可以在分析层面上厘清市场规则所起到的独立作用。

源于贝克尔的艺术集体行动理论，本研究尝试将“工作模式”这一中间自变量在资源获取、艺术惯例与集体行动三个维度上予以展开描述。具体来说，资源获取包括必要的资金支持与人力资源来源，相应的技术支持保障以及艺术成品的发行与传播渠道等四个方面；艺术惯例则体现在艺术生产的目标（大原则）与创作观念（工作文化）上；集体行动维度则包括静态组织架构和动态工

① 中华人民共和国成立初期，文化政策全面体现了计划经济体制下的一般特征。而在改革开放后，市场化规则逐步成为其核心。

作流程。与贝克尔理论重点不同，本研究并不过多关注三个维度间的均衡态，而是尝试通过建构出机制性分析框架来帮助观察“分裂与紊乱”何以产生，这也是上海美影厂自步入80年代以来在美术电影创作过程中所具有的“新特征”。

为了更好地把握住上海美影厂在艺术层面上的“衰退”特征，笔者采取了较宽泛的几个指标来表述本研究的因变量——“艺术生产结果”。与通常情况下艺术家或艺术组织持有的“艺术声誉-市场收益”双重偏好①不同，作为文化单位的上海美影厂的生产结果中还应包含政治收益，并可通过上级部门表彰和工作总结来测量。关于“艺术收益”的操作化最为困难且容易引发争议，因此本研究避免使用美学价值等主观抽象概念，而是采用了作品（主题、风格与表现手法的）多样性、原创性、完整性和艺术声誉（专业奖项和公众看法）等外在指标。前者表征艺术创新的效果，后者体现主流社会评价。

（二）关于联系机制的初步描述

制度环境作为结构性约束条件存在，工作模式不可避免地受到制度环境的直接或间接地影响，表现为对其的合法性约束或引导。第一，就资源获取而言（机制①），上海美影厂建厂之初就是计划经济链条中的一个环节，也是国家的文化宣传部门，这使得上海美影厂能够在“软预算约束”条件下实现美术电影的创作，获得财政、必要人员的配备和发行等方面的全面保障。在市场改制之后，转型的压力迫使各个单位不得不自力更生，在没有国家直接支持的情形下，学习成为市场经营主体的必然之路。不过，“国家退场-市场主导”的过程是漫长而波折的，从某种意义上说，时至今日这一过程仍在持续。第二，在不同时期，上海美影厂的生产组织过程（集体行动）均表现出对制度环境的合法性模仿（机制②）。上海美影厂从建厂初期学习苏联动画创作模式建立起“准师徒制”，抑或是到市场化后期模仿业已成熟的迪士尼模式而组织创作，都可视为是上海美影厂在生产组织形式上的合法性模仿。当新旧转型期出现失范危机时，厂内的群体分裂就具备了条件。第三，艺术惯例受到的影响则更为复杂一些，它代表着正在孕育中的艺术生产形式，表现出此类生产形式的独特性（机制③）。在不同的历史时期下，国家或市场会直接给定迥异的生产目标：“黄金时期”的上海美影厂的首要任务是服务社会主义建设的需要，即以美术电影的形式为培养社会主义新儿童事业作出贡献，彰显民族自豪感；市场转型时期，创作的核心目标随即转化为在不违背政治准则下尽可能地扩大市场收益，占据最大市场份额。但是，无论是国家政策还是市场规则都没有对艺术创作的具体观念与艺术表现形式的选择作出严格规定。这使得艺术家们在遵循目标合法性的

① 严俊：《艺术世界里的经济生活：关于大芬油画村的个案研究》，北京大学2010年博士学位论文。

硬约束时，同时为艺术的创作保留了一定的自由空间①。值得一提的是，上海美影厂的历史似乎给出了某种挑战“市场优势”的反例：恰恰是在国家力量主导的时期，艺术家群体中形成了更强的创新共识。

诚然，制度环境赋予集体行动以合法性的支持，却并不能完全决定艺术集体行动的最终形式，资源（特别是人力资源）和惯例配套辅助性支持更是缺一不可（机制④⑤）。这种配套支持在“黄金时期”和“平庸化时期”尽管作用效果差别明显，但促使工作模式内部的三个要素间达成了异常稳固的均衡态，前一时期表现为“国家保障与约束下的艺术共同体不断追求创新”，后一时期则表征为“深度市场化后的现代文化企业关注短期收益”。“转型时期”则出现了三个要素间的分裂与紊乱。改革初期的上海美影厂首先必须要应对来自其他市场主体的竞争，单位的固定薪酬制再难以留住创作人才，其次来自政治、艺术创新与经济收益等诉求并存促使观念上的冲突无法调和，最后造成艺术共同体和传统的“准师徒制”再难为继。

贝克尔理论的本意，集体行动即为工作模式对艺术生产模式影响的机制表达（机制⑥）。在上文所述的三个变量维度间的关系机制得到阐明后，这一理论的分析力度将有所提升。在建厂至1976年的“黄金时期”（主要是“文化大革命”前的“十七年”时期②），上海美影厂建立起了比较完善的动画艺术培养体系——“准师徒制”，通过一系列的制度安排强化生产与学习培养共同体创作意识。通过在片种类型、艺术表现手法（表现形式）上的不断自我突破，符合政治要求的现实主义民族化风格终于确立，美术电影呈现出高度原创性、多样性和极高的完整性。一个不同于迪士尼、日本动画的“中国动画学派”诞生，作品在世界范围内（包括西方国家，如西班牙、英国）获得了艺术成就上的认可。“转型时期”的到来使得原本稳固又默契的艺术共同体出现了裂痕，工作群体划分为传统艺术片和商业加工两大阵营。该时期生产出的美术电影也呈现出两极分化的特征：一方面，民族化的美术电影发展至巅峰，迎来了艺术声誉的最后的辉煌；另一方面，系列片、加工片、合拍片等商业化片种从出现发展至成熟，为美影厂获得了较为可观的经济收益之后，却再无暇顾及美术电影一直以来的多样化风格。随之而来的“平庸化时期”则是上海美影厂逐步适应市场的历史实践。现代企业组织形式取代了原本的艺术共同体，生产组织方式也呈现出了文化产业分工的特征。虽然上海美影厂在一段时期内实现了市场收益上的增加，然而美术电影的创新探索却趋于停滞，艺术声誉几近消失。

---

① 叶拉金，尤里·波里索维奇：《驯服的艺术》（田智译），上海人民出版社，2019年版。

② 在中国现当代文学与电影研究中均有“十七年”概念（“十七年文学”“十七年电影”），特指1949至1966年这一阶段。

第四章 “黄金时期”（1957—1976）：国家保障下的艺术共同体，持续创新

中华人民共和国成立初期，文艺事业的主要任务就是政治宣传。作为国内唯一的动画制作单位，上海美影厂依赖国家全面保障的资源体系，组建了一支以“准师徒制”为基础的合作团队，在密切的生产互动中形成了高度默契的艺术创作共同体。依托这一生产模式，上海美影厂的艺术家们在政治约束下不断创新，完成了大量艺术动画片，并在题材与表现手法上积极探索“民族化”风格，获得多项国际大奖，形成了独具特色的“中国动画学派”。

一、作为社会主义文化单位的艺术共同体逐步形成

（一）国家全面保障的单一资源供给体系

1. 资金：以计划经济和政治支持为基础的稳定供给

由于动画电影在群众（尤其是少年儿童）革命教育方面具有不可替代的作用，原上海电影制片厂美术片组受到国家的高度重视，并于1957年独立组建为上海美术电影制片厂。与计划经济体制下的国有企业类似，上海美影厂享有完备的资金保障。尤其在面对政治任务时，即便不具有经济或技术合理性，强大的激励和保障仍会推动创作团队努力将其实现。

时任上海市市长陈毅对上海美影厂提出希望“让齐白石画作动起来”，并表示将全力支持创新，最终才得以将如此高成本的水墨动画实现[①②]。从1960年的《小蝌蚪找妈妈》，到全面市场化年代来临之前的《山水情》（1988年），上海美影厂共完成了4部水墨动画作品（见表1）。据上海美影厂老厂长严定宪回忆，一般动画短片根据时间长短拨款三万到五万不等，而最具中国特色的水墨动画（如《牧笛》）每部成本在30万元以上[③]。这种情况贯穿整个“黄金时期”。

① 上海美术电影制片厂：《上海美术电影制片厂：建厂30周年纪念（1957—1987）》，上海中华印刷厂，1987年版。

② 杨晨曦：《上海美影厂创作群创作思想的研究》，中国美术学院2016年博士学位论文。

③ 郭梅：《动画片〈大闹天宫〉之创作背景的分析与研究》，载《大众文艺》2015年第18期。

表 1　全部（4 部）水墨动画与制作信息

动画名称	《小蝌蚪找妈妈》	《牧笛》	《鹿铃》	《山水情》
出产年份（年）	1960	1963	1982	1988
时长（分钟）	15	20	20	19
制作人数（人）	70	50	/	60
耗时（月）	6 个月	15 个月	12 个月	18 个月
导演	特伟 等	特伟 等	唐澄 等	特伟
原画设计	齐白石	李可染	方济众	吴山明 等

（资料来源：笔者根据网络资料整理）

2. 人力资源：以分配制和单位调动为保障的稳定供给

建厂之初，上海美影厂依托苏州美术专科学校、上海电影专科学校动画专业班、北京电影学院动画班、中央美院、鲁迅美术学院的共计约 200 名毕业生，建立起一支高素质的人才队伍①。除此之外，单位间人员调动是另一重要途径。这种调动并不一定都是事先计划的结果，有时也会因为特别的生产任务临时发生，充分体现了计划经济单位制格局下人员流动的行政意志。电影作曲家段时俊回忆了他所经历的调动②：

因为上海美影厂实在缺少作曲的人手，所以我从这一年起，就被借调到了上海美影厂……1959 年底，上影厂一定要把我调回上海，还派人亲自来北京找到北影厂的领导，商讨我的去留问题，为此还开了几次会。我本人则表示服从单位的安排……1960 年初，我举家迁往上海……调入了上海美影厂。

3. 技术支持：体制内部协调的完备支持

贝克尔指出，复杂的现代艺术创作过程需要大量的辅助人员③，动画美术电影更是如此。当年各个与电影制作发行有关的单位都由上海市电影局统筹，其中上海电影技术厂负责各类影片摄制过程中的底样片洗印及后期制作，包括音乐录音、混合录音和影片大量发行拷贝的洗印任务。

上海电影技术厂为上海美影厂创新提供了重要的技术支持。1952—1978 年，为美影厂的创新提供了洗印、字母摄影、胶片生产等多项关键技术。1949 至 1980 年间，该厂共洗印美术片 207 部，全部来自上海美影厂。

电影音乐制作方面，上海美影厂同样获得了其他文化单位的支持。据段时

① 上海美术电影制片厂：《上海美术电影制片厂：建厂 30 周年纪念（1957—1987）》，上海中华印刷厂，1987 年版。

② 苗禾、卢嘉毅、段鹏飞、刘建芳：《段时俊访谈录》，载《当代电影》2011 年第 5 期。

③ Becker. Howard. S, “Art as Collective Action.” American Sociological Review (June 1974).

俊回忆，在创作《渔童》音乐的过程中，他先后得到了浙江音协、杭州文化局、上海音乐学院等多家单位的帮助[①]：

为了《渔童》的写作，我到了舟山群岛的渔村去体验生活……我从当地文化局局长那里得知要想了解真正的渔民就到沈家门去……张骏祥的夫人周小燕女士时任上海音乐学院声乐系主任，她推荐了一个上海音乐学院声乐系的学生演唱影片的序歌部分……主题歌《渔童之歌》的演唱者，是由上海音乐学院附小的吴校长介绍的一个叫朱家珍的小女生，这首歌曲是在上海市少年宫录制完成的。

4. 渠道：依托行政体系的发行与放映安排

和普通故事片一样，上海美影厂在“黄金时期”的放映渠道由国家统一安排。当时的发行放映体制是借鉴苏联模式的产物，按照行政区划逐级建立的行政管理型电影公司，其基本框架为“中国电影发行放映公司—省级发行公司—地区发行公司—县公司”[②③]。

中国电影发行放映公司成立后，规划建立了全国性的电影发行网络，并采取统一协商排片的做法，将全国分为东北、华北、华东、西北四个大区，并向各大区电影公司下达本年度城市电影院观众指标[④⑤]。依托高度计划性的渠道，上海美影厂不仅无须考虑作品的市场销路问题，而且迅速在全国获得了极高的观众认知度。

（二）政治诉求与文化探索高度融合，形成统一的“政治-艺术”惯例体系

1. 政治环境设定的生产目标：培养社会主义新儿童的文化事业

新中国很早就意识到动画片的教育意义，并设定了上海美影厂的基本目标。1949 年，时任文化部部长沈雁冰指出，“美术片主要要以少年儿童为服务对象，用社会主义思想教育他们”。同年 8 月，文化部下达文件，明确指出电影的制片方针是“为少年儿童服务”[⑥]。

上海美影厂的领导者们对这一方针高度认可，并结合工作实践给出了更为操作化的理解。时任厂长的特伟曾撰文指出：“美术片应当姓儿”，在选题内容和表现上需要考虑儿童的欣赏趣味和接受能力，并且着力塑造当代少年儿童形象[⑦]。这正是中华人民共和国成立初期上海美影厂产出大量爱国主义题材、少年革命英雄形象作品的根本原因。

---

① 苗禾、卢嘉毅、段鹏飞、刘建芳：《段时俊访谈录》，载《当代电影》2011 年第 5 期。

② 刘汉文：《回望与期待：电影院线改革十年的思考》，载《当代电影》2012 年第 6 期。

③ 曹荣荣：《试析新中国电影发行放映管理体制的演变》，载《电影评介》2012 年第 14 期。

④ 中国电影家协会：《中国电影年鉴 1981》，北京：中国电影出版社，1982 年版。

⑤ 刘思羽：《百年中国影院史论》，中国艺术研究院 2012 年博士学位论文。

⑥ 杨晨曦：《上海美影厂创作群创作思想的研究》，中国美术学院 2016 年博士学位论文。

⑦ 特伟：《创造民族的美术电影》，载《美术》1960 年第 Z3 期。

2. 政治目标与创作惯例的有机融合:“民族化”动画观念产生

值得注意的是,政治挂帅的生产目标并未限定艺术惯例的细节,留下了较大的自由发挥空间。1956年,时任中央宣传部部长周扬在上海电影制片公司创作会议上提出:“电影选材可以更广泛一些,只要对人民无害就可以了。”① 即便时任市文化局局长的夏衍表达了自身的审美偏好,称“美术电影就是政治讽刺诗”,但上级部门在题材选择、表现手法等具体环节上却鲜有干预②,这为上海美影厂团队的“纯艺术”创新提供了条件。

经过厂内领导层的反复商讨,一个结合政治宣传和艺术探索的创作观念成为共识——现实主义的民族化风格。所谓“民族化”风格,在当时的上海美影厂人看来是一种应对政治与艺术冲突的最佳选择③:新中国的美术片需要具有革命教育意义,所以必须是现实主义的;美术电影本身是一种艺术创作,也需要体现丰富的想象力。因此,在动画电影中尽可能挖掘与表现中华民族丰富的文化元素,就能同时满足意识形态和美学的需要。

如同多数艺术惯例会从创作领域扩散至道德范畴一样④,厂长特伟明确表达了“民族化”的革命意义:“这也难,那也难,就是搞外国形式不难……个别同志甚至把外国的某些作品当成是自己的最高奋斗目标,并模仿……我们要‘标民族之新,立民族之异’,要在国际影坛上以‘独创一格’的风险,攀登无产阶级艺术高峰的雄心壮志……在题材和样式上,还要不断丰富和创新……使美术电影成为党的以共产主义精神教育广大人民与新一代的有力工具”⑤。至此,上海美影厂第一次实现了制度目标与创作惯例的有机融合。

(三)以生产带培训,艺术共同体式的集体行动框架形成

1. “准师徒制”:以老带新的工作方法

社会主义建设初期,我国各行业全面效仿苏联,美术电影事业也不例外。上海美影厂不仅在创作内容上向苏联学习,而且逐步在厂内形成“准师徒制”⑥的生产与培训体系。上海美影厂团队不仅翻译了苏联动画艺术家瓦诺的《动画电影》,还对苏联动画片进行了反复临摹,甚至亲赴苏联学习⑦。方明、特伟等

① 邹杰:《中国文化生态与动画的创造力》,上海交通大学2007年硕士学位论文。

② 李娟:《20世纪50—60年代国产美术片研究》,华东师范大学2015年硕士学位论文。

③ 陈培培:《“现实性”“假定性”“民族风格”——“座谈美术电影”与新中国成立初期的动画理论》,载《当代电影》2016年第7期。

④ Becker. Howard. S, Art Worlds (Berkley, Los Angeles , London: University of California Press, 1982).

⑤ 特伟:《创造民族的美术电影》,载《美术》1960年第Z3期。

⑥ 关晶:《西方学徒制研究——兼论对我国职业教育的借鉴》,华东师范大学2010年博士学位论文。

⑦ 赵永波:《中国水墨动画片美学研究》,山东大学2012年硕士学位论文。

本厂老艺术家教授动画理论、概论和画技培训，有时还会邀请知名画家来讲授画法技巧，并组织专家为创作团队提供指导与改进意见①。王一迁详细描述了从父亲那里得知的当时的厂内“准师徒制”合作关系：

我父亲曾和万籁鸣合作过什么片子，万籁鸣是导演，他是副导演。这样实际就是带，我呢作为导演，你呢是副导演，我这个作导演的步骤啊什么的，你副导演看到我做，那么下一回你自己来做……其实就是带你出来。（访谈资料编号：20180406WYQ）

实际上，一个导演的养成需要经过动画、原画两个阶段，而原画（负责动画关键几帧创作）是真正意义上最接近创作环节的重要部分，上海美影厂的创作过程也不例外。因而，上海美影厂“准师徒制”更多表现为导演与原动画之间的代际传承上。从上海美影厂部分作品公布的导演与原画人员名单中我们不难窥见一二（见表2）。

表2　1957—1966年上海美影厂（部分）作品导演、原画人员名单

作品名称 出品时间	木头姑娘 （1958）	过猴山 （1958）	美丽的小金鱼 （1958）	黄金梦 （1958）	蜜蜂与蚯蚓 （1959）	渔童 （1959）
导演	何玉门	王树忱	万籁鸣等	王树忱	集体导演	万古蟾
原动画 （部分）	胡进庆 陆青 杜春甫 唐澄 浦稼祥	胡进庆 戴铁郎 林文肖 邬强	万籁鸣 邬强 江爱群 戴铁郎	浦稼祥 段俊 江爱群 杜春甫 唐澄	张松林 浦稼祥 段浚 杨素英 葛桂云	胡进庆 钱家骍 沈祖慰

（数据来源：笔者根据影视资料整理）

从上表我们可以看到，王树忱、万籁鸣、万古蟾等上海美影厂第一代老导演的原画团队相对固定。这将意味着，林文肖、戴铁郎、胡进庆等一批原动画将有与多个老辈导演合作交流的机会。下文将提到，该时期的部分原、动画师成为下个时期的主导演。“多个老导演带特定原动画”成为上海美影厂“以老带新”模式的真实意涵。

难能可贵的是，“准师徒制”并未受到政治运动的负面影响，甚至在“大跃进”与“文化大革命”中还有所加强，形成了该时期特有的团队模式②。以这些年轻人为基础，厂内形成了“以干带学”的新模式——“青年突击队”。一批从未担任过导演、编剧等工作的年轻人组成若干小组，以集体编写剧本、联

① 张启忠：《国产动画“民族化”的“愿”与“能”——“十七年”动画电影“民族化”的历史回溯》，载《现代传播》2015年第12期。

② 鲍济贵：《中国动画电影通史》，连环画出版社，2010年版。

名导演的方式参与创作全过程，其作品中不乏《老婆婆的枣树》《人参娃娃》等经典片。

2. 密集互动的共同体式艺术生产

很多史料记载了该时期艺术共同体的互动细节：几乎在每部作品创作初期，上海美影厂都会组织被厂内人员称为“神仙会”的集体研讨。老厂长特伟称，“‘神仙会’就是希望大家像神仙一样随随便便、无拘无束地表达自己的想法”①。这项传统一直延续至80年代。在《三个和尚》经验总结会上，特伟认为正是因为各个分工口上的同志积极讨论，才使得该作品达到了新的高度②。经典作品《雪孩子》的导演林文肖详细描述了这种密集互动的工作模式：

我参加最最具体的就是《大闹天宫》，上次严老师说过在还没有分戏的时候是五个老原画三个见习原画……那时候还没有分组，还没有分戏的时候就开始大家讨论，出点子了。对什么情景就出什么点子。上次举的那个例子，哪吒和孙悟空斗的时候……这场戏也是大家讨论出来的。至于谁出的点子好，当然是要被导演听进去并采纳吸收，有很多的戏就采用这种方法，集思广益。（访谈资料编号：20171104LWX）

一次次的攻克难关，从无到有，在上海美影厂密切的互动模式下变为“常态”。

世界第一部水墨动画《小蝌蚪找妈妈》是该时期的集体又一“奇迹”。虽然领导人承诺提供一切可用资源③，但“奇迹”实现更重要的原因在于受到激励的艺术共同体近乎疯狂的投入与密切的分工合作。据摄影师段孝萱④回忆：许多创作人员因为长期营养不良而患浮肿，但仍夜以继日创作。既有设备条件难以满足拍摄水墨动画所需，上海美影厂技术人员联合多家电影机械厂集体攻关，最终完成了从第一代动画摄影台向第二代动画摄影台的全面过渡。

导演在这个共同体中具有绝对的主导权，决定了作品的风格与形貌。林文肖访谈中提及的“严老师”正是严定宪，《大闹天宫》的动画设计与《哪吒闹海》的导演。他俩描述了上海美影厂以导演为中心的工作制度：

先有剧本，然后再成立摄制组。摄制组有导演、有原画、有动画，还有动画车间里面的都要描线上色（工人）、搞背景的……这个整套的好多人马来一起完成的。导演，他是要带动整个一个摄制组的班子，美术设计啊、原画啊、动画啊、描线上色他都要管，整个流程都要管。我刚进去是从动画原画开始，导

① 王恺：《中国水墨动画〈山水情〉的创作特色研究》，杭州师范大学2013年硕士学位论文。

② 特伟：《美术电影创作访谈》，文化部电影局《电影通讯》编辑室、中国电影出版社合编《美术电影创作研究》，北京：中国电影出版社，1984年版。

③ 赵永波：《中国水墨动画片美学研究》，山东大学2012年硕士学位论文。

④ 段孝萱：《回顾与展望——中国美术电影民族化的道路》，载《影视技术》1995年第3期。

演是要布置你画哪一个镜头，那么你就要根据导演的意图，你把它形象化地表演出来、表现出来。（访谈资料编号：20171104YDX）

从现代动画产业分工的视角来看，具有绝对主导权的导演似乎与密切交流互动格格不入。因为，前者时常干扰到交流互动的结果，抑或是密切交流互动可能挑战了导演的权威，最终使得彼此的互动趋于流表。有趣的是，在上海美影厂却实现了两种制度的完美契合。事实上，从上文暴露的具体细节来看，虽然老导演有对电影内容和形式的最终绝对权，但起初并不全然知晓最终的美术片形式究竟怎样才能更好。通过对所有讨论成果的再分析、原画师具象化表演的观察，老导演逐渐将本来难以付诸实现的创作想法明晰化、操作化了。正是在这种密切互动基础上的高度个人负责制，使得早期上海美影厂的作品同时呈现出强烈的集体攻关性与“作者电影”色彩。

二、政治约束与激励下的集体艺术创新

（一）产量攀升，政治收益明显

财政支持与政治任务激励促使上海美影厂在建厂之初快速发展。产量攀升的同时，片种类型也迅速扩充并稳定下来。1949 至 1976 年，上海美影厂总计完成了 136 部各类美术片，总时长达 2850 分钟（见表 3）。

表 3　1949—1976 年上海美影厂（及其前身）动画作品类型与产量

作品类型	单集动画电影					总时长
	动画	木偶	剪纸	水墨	折纸	
数量（部）	71	42	17	2	4	2850 分钟

（资料来源：笔者根据网络资料整理）

在文化市场尚不存在的年代，快速发展的上海美影厂收获了丰厚的政治收益。特伟认为影片产量、质量连创新高只是成绩的一方面，更大的收获在于破除迷信、发挥创造精神，突破了旧的题材，反映了革命新生活。随着观众面扩大，美术电影既成为教育儿童，培养共产主义接班人的重要工具，又是“人人喜爱，老少咸宜”的思想武器①②。1960 年，时任上海电影局局长张骏祥在“上海美术电影展览周”上讲话，高度赞扬上海美影厂的动画片“具有浓郁的民族风格，反映了时代的面貌，成为世界影坛中一颗闪亮的宝石”。

---

① 特伟：《创造民族的美术电影》，载《美术》1960 年第 Z3 期。

② 屈立丰：《理解上海美术电影制片厂“民族化”动画的另一种路径》，载《成都大学学报（社会科学版）》2014 年第 6 期。

（二）民族化风格突出，作品原创性、完成度与多样性高度发达

在上海美影厂的“黄金时期”（尤其是“十七年”时期），现存主要美术片片种基本定型，集中产生了如彩色木偶片、彩色动画片、剪纸片、水墨动画、折纸片、立体木偶片等全新类型，并尝试拍摄了大型动画电影①②，配乐、背景设计等具体手法方面的探索更是不计其数。创作群体从传统文学中挖掘素材，题材种类日渐丰富，包括古典神话、少数民族传说、儿童教育寓言、中外爱情故事、神魔怪谈，等等③。

故事性高度集成的短片化、现实主义与“民族化”风格日趋明晰④⑤。从早期模仿苏联的作品《谢谢小花猫》《小猫钓鱼》《乌鸦为什么是黑的》，到后来的《神笔马良》《骄傲的将军》等极具中国特色的杰作，上海美影厂的美术片在选题、动作与背景设计、音乐等方面都体现出浓烈的民族风格与极高的完成度⑥。

除了著名的水墨动画，这一时期的作品中还包括大量极具前瞻性的创新。王树忱导演别出心裁地创作出中国动画史上唯一的闹剧《过猴山》。值得一提的是，艺术家们的探索甚至触碰到了当时的政治边界：由于木偶片《一只鞋》将老虎拟人化并赋予“知恩图报”的优良品质，违背了“革命现实主义”原则，遭遇了批判和停播。

（三）深受国际赞誉，“中国动画学派”诞生

1957—1976年，上海美影厂共有23部作品获得各类国际动画电影奖，蜚声海内外的“中国动画学派”就此诞生。作为这一时期中国动画的名片，以《小蝌蚪找妈妈》《牧笛》为代表的水墨动画让世界各国动画专业人士叹为观止。根据段晓萱的整理，法国、澳大利亚、日本等多国动画从业者对水墨动画代表的美影厂作品作出高度评价⑦。

事实上，上海美影厂经典作品的影响力在国内也一直延续至今。在当下年轻人聚集的影视评论网站“豆瓣网”上，老动画的参评人数和得分表现都相当优异（见表4）。

---

① 周越：《动画史》，西南师范大学出版社，2013年版。
② 鲍济贵：《中国动画电影通史》，连环画出版社，2010年版。
③ 段琰玮：《中国“十七年”动画的艺术设计方法研究》，江南大学2016年硕士学位论文。
④ 邹杰：《中国文化生态与动画的创造力》，上海交通大学2007年硕士学位论文。
⑤ 赵永波：《中国水墨动画片美学研究》，山东大学2012年硕士学位论文。
⑥ 肖路：《国产动画电影传统美学特征及其文化探源》，上海人民出版社，2008年版。
⑦ 段孝萱：《回顾与展望——中国美术电影民族化的道路》，载《影视技术》1995年第3期。

表4 “黄金时期”上海美影厂部分美术片的“豆瓣网”评分

作品名称 出品时间	乌鸦为什么是黑的（1955）	神笔马良（1955）	渔童（1959）	小蝌蚪找妈妈（1961）	大闹天宫（1961）	人参娃娃（1962）	牧笛（1963）
参评人数	2332	53101	20122	56679	113501	16483	4300
评分	7.8	8.4	8.7	8.7	9.3	8.2	8.9

（资料来源：笔者根据网络资料整理）

第五章　转型时期（1977—1988）：分裂的艺术集体行动，作品多元分化

“文化大革命”后全国展开对“文艺黑线”和极“左”思潮的彻底批判，“不再提文艺从属政治的口号”，并开始推动文化市场发展①。随着改革深入，体制内职工逐步流失，厂内原有的人才培养体系日渐名存实亡。创作团队在生产目标与理念上出现严重分歧，最终导致艺术共同体解体。组织结构与生产模式变化的重要结果是该时期艺术生产呈现明显的分裂特征：一方面，坚持艺术探索与价值引领的创作仍在延续，并获得更广泛的国际声誉，使“中国动画学派”的地位得以巩固；另一方面，市场导向的商业化生产出现并逐步成为主流，为上海美影厂日后向文化产业生产者转型奠定了基础。

一、单位艺术共同体逐步瓦解，现代企业制度尚待形成

（一）资源来源分裂：国家退场，市场崛起

1. 资金：国家支持与市场新机会并存

改革开放后，思想解放与文化政策的“去阶级斗争工具化”为上海美影厂的现代企业转型拉开了序幕②。1984年，文化部正式提出“成立中国电影总公司”的体制改革方案。同年，电影业被规定为企业性质，独立核算、自负盈亏③。虽然处于过渡时期的上海美影厂仍然享受各类财政补贴，但已经开始积极拓宽收入来源。除了大多数既有政策得到保留之外，国家在20世纪80年代初按影片时长对获奖作品团队给予600至1500元不等的补贴，采用美术片出口外

① 刘江红：《中国社会结构变动与文化政策演进》，社会科学文献出版社，2016年版。

② 刘江红：《中国社会结构变动与文化政策演进》，社会科学文献出版社，2016年版。

③ 唐榕：《体制变革中的中国电影经济（之二）——电影体制改革的三个阶段（1980—1993年）》，载《中国电影市场》2008年第9期。

汇分成政策（除40%上缴财政外，上海美影厂可留下剩余部分），并不断提高美术片的收购价格①。

与此同时，上海美影厂开始通过承接国外动画企业的“来料加工”业务发展出新的收入来源。1985至1987年，仅与日本DIC公司合作就赚得加工费总计90.5万美元②。市场带来的丰厚回报极大刺激了上海美影厂的工作人员。这部看似平淡无奇的系列片制作，使得上海美影厂的原动画师、技术人员成为国内第一批具有加工片经验的动画人才，为后来共同体的分裂与瓦解埋下了伏笔③。

2. 人力资源：激烈市场竞争导致人才流失

摆脱政治束缚后的文化市场迅速发展，并很快得到了官方的承认。1988年，国家在正式文件中首次提出“文化市场”概念④，国内动画产业就此开始加速发展。80年代末，大批中外合资动画加工企业在广东、福建、江苏等地建立，并以接近10倍于上海美影厂的薪金聘用动画人才。在回忆走访深圳翡翠公司的经历时，张松林曾感慨：“（翡翠公司）从业务到原画设计，全是熟人，就如同去了以往的美影厂一样。”⑤ 王一迁在访谈中对当时个人的心态做了生动而详细的描述：

一开始走的时候，只是少量的，然后人家一看，那么好赚钱。然后说，你们那还缺人不，然后就一起过去了。原来这边人也在考虑的，这个走不走，因为这边“铁饭碗”，那边是什么还不知道。后来一看几倍的钱，就去了。原来深圳那边，动画大概800/900块，原画多一些，1000多。当时上海美影厂实行和日本那边一样的计件工资制，也没有那么多钱，多一点，动画大概100块左右，也是差了8倍了。（访谈资料编号：20180406WYQ）

最大规模的一次人才流失发生在1988年“上海国际电影节”后，段晓萱将其称为“胜利大逃亡”。据她回忆，当时许多外国人慕名而来上海美影厂招揽人才，最终总计流失各类动画制作人才达上海美影厂总数的三分之二左右。“都跑到‘太平洋’‘翡翠’等公司去了，那边的收入比美影厂高得多”⑥。此次事件的影响绝非人力资源流失这么简单，而是深刻形塑了上海美影厂后来的工作模式，后文还将详细说明。

3. 技术支持：单位间协助、组织内部化与国产工业支持

和“黄金时期”情况类似，上海美影厂在这一阶段仍然得到了体制内各个

① 周晨：《文化生态的衍变与中国动画电影发展研究》，苏州大学2011年博士学位论文。

② 鲍济贵：《中国动画电影通史》，连环画出版社，2010年版。

③ 何兵、何伟：《如烟往事——中国动画加工简史（1989—2009）》，中国传媒大学出版社，2014年版。

④ 韩永进：《中国文化体制改革35年历史叙事与理论反思》，人民出版社，2014年版。

⑤ 王恒：《二十世纪中后期中国民族动画艺术研究》，山东师范大学2009年硕士学位论文。

⑥ 杨晨曦：《上海美影厂创作群创作思想的研究》，中国美术学院2016年博士学位论文。

文化单位的支持，尤其是那些技术复杂的艺术作品。最后一部经典水墨《山水情》于1988年创作完成。除了常规的动画制作环节外，三个最能体现作品艺术特征的工作均由体制内“外援”完成：中国美术学院教授吴山明和卓鹤君两位艺术家负责原画、人物与背景设计；上海民族乐团团长龚一为主角提供古琴独奏配乐。按照惯例，上海电影乐团承担了全片的音乐演奏①。不过与建厂初期专业人才频繁依靠外部力量不同，上海美影厂经过数十年发展也已形成了一个专业分工水平较高的厂内团队，大量日常创作实现了组织内部化。

值得注意的是，迅速发展的国产电影技术产业极大地助力了高质量动画的经济化生产。1982年，上海电影技术厂完成了两项重要的技术升级。其中新的染印法生产线使得彩色影片更加鲜艳饱和，且不易褪色；自主研发的24路电影混合录音设备则大幅度提升了影片的录音质量。此外，保定化工部第一胶片厂（乐凯胶卷的前身）价廉物美的国产彩色胶片为包括上海美影厂在内的多家电影制作企业提供了重要支持②。

4. 渠道：从计划体制向市场化曲折前进

与上海美影厂的情况类似，市场化的影响同样扩散至电影发行与放映环节。1979年8月，国务院颁布《关于改革电影发行放映管理体制的请示报告》，调整了电影发行放映收入分成比例：增加用于发行放映事业的生产基金，要求各级电影发行公司在扣除成本后的留成中，利润20%上缴财政，80%留作修复、发展电影发行放映企业的基金。80年代初，电影发行放映业主体的企业性质日益突出③。

但是，局面很快又发生了反复。出于自身利益考虑，中影公司在1989年提出“电影发行收入承包方案”，并通过财政部、广电部联合颁发了《关于试行承包电影发行收入基数的通知》。这一政策造成电影发行回到过去按拷贝结算的方式，即以行政手段保证一定发行收入④，某种意义上回到了计划经济思路。

与该时期的整体特征一致，不彻底的市场化发行改革对上海美影厂的影响也是分裂的：一方面，遗留的计划体制给予了上海美影厂继续开展艺术探索的可能性；另一方面，也使得它错失了独立面对观众需求进而抢占市场的时机。

---

① 王恺：《中国水墨动画〈山水情〉的创作特色研究》，杭州师范大学2013年硕士学位论文。

② 吴光：《我国电影技术改造初见成效》，中国电影家协会主编《中国电影年鉴1983》，北京：中国电影出版社，1984年版。

③ 曹荣荣：《试析新中国电影发行放映管理体制的演变》，载《电影评介》2012年第14期。

④ 唐榕：《体制变革中的中国电影经济（之二）——电影体制改革的三个阶段（1980—1993年）》，载《中国电影市场》2008年第9期。

(二)“摸着石头过河”的市场化造成新旧惯例分裂

1. 来自政治传统与市场压力的双目标：文化事业与文化产业矛盾并存

伴随艰难的转型，上海美影厂内部也发生着微妙变化，不同生产目标之间的矛盾日渐公开。以特伟、陆青等老一代艺术家为代表的职工坚持以国家任务为导向，强调继续走“民族化”道路才是正确选择，认为承接加工片当“外包工”是美术电影工作者的“耻辱”；而多数年轻职工们则以“加快美术电影与国际接轨”为口号，追求以快速创收盈利为目标的商业化生产①。

据张松林回忆，当时一部分职工受加工片影响出现了“只求经济效益而忽视质量”的倾向，加工任务开始大规模“抢夺”厂内劳动力②。两种生产目标的冲突已经从观念演变为行动。为应对该局面，提高创作人员的生产积极性，时任厂长的严定宪主持开展了计件工资制度改革，即基本工资保持不变，另按加工任务量发放额外酬金③。虽然这一过渡或折中政策为上海美影厂带来了客观的经济收益（年产量较改革前翻了一番），却引发了严重的组织后果。分属不同阵营的职工之间收入差距迅速扩大，矛盾进一步激化。

2. 双目标压力下的创作惯例分裂：艺术探索与产业化探索矛盾并存

与生产目标的分裂类似，艺术群体的创作惯例也首次出现了分裂。同样是以特伟、阿达等老艺术家为中心的团队强调对美术片“美”的追求，坚持这一时期的工作重点应当是在传统“民族化”之外继续探索新的题材与表现手法。作为80年代“爱情悲剧片”的开创者，阿达认为“美术电影归根结底是姓‘美’的，虽然主要为儿童服务，但也应允许一部分成人艺术动画的存在”④。即便意识到市场和新渠道（如电视）对系列片/多集片存在需求，他们的创作惯例仍然带有强烈的艺术导向：80年代初，在作出压缩单集短片产量、积极发展系列片的决定后，特伟提出的十项提议中有九项与创作和专业业务学习有关，只有一条部分涉及市场考虑。

与此同时，年青一代对于产业化惯例的探索也在发生。他们在承接商业加工片的过程中观察学习，开始逐步了解市场条件下新的游戏规则。《邋遢大王奇遇记》的编剧凌纾回顾当时对于系列片的认识局限能够说明这一点：

当时我们对于系列片的理解是非常有限的，我们只是知道日本有很多系列片，但我们不知道他们是怎么搞的，所以当时有很多地方是不对的。搞系列片本身就是要快、要省，它属于商业的范畴，而我们还在把它当艺术搞。多年来

① 鲍济贵：《中国动画电影通史》，连环画出版社，2010年版。

② 杨晨曦：《上海美影厂创作群创作思想的研究》，中国美术学院2016年博士学位论文。

③ 顾光青、黄复兴、戴围城、张家林：《“一厂三制”的探索：上海美术电影制片厂体制改革调查》，载《上海经济研究》1990年第1期。

④ 蒋萍：《阿达美术电影创作的创新性研究》，华东师范大学2010年硕士学位论文。

习惯将动画片当艺术创作的思维惯性一时在这些创作者们的思想中很难被转化过来。（访谈资料编号：20180726SL）

（三）分裂的艺术集体行动：共同体开始瓦解，现代企业尚未建立

1. 从艺术共同体到现代文化企业的艰难转型

国家支持体系与市场资金的注入，使得这一时期的上海美影厂享受着独一无二的良好条件。艺术惯例层面上的悄然变化，一时间也尚未在工作组织层面上表现出来。“准师徒制”依然作为转型初期上海美影厂的主要工作模式。制度上的“路径依赖”效应，使得这一时期上海美影厂的工作模式呈现出与上一时期（“黄金时期”）的相同特征（见表5）。

表5　1977—1988年上海美影厂（部分）作品导演、原画人员名单

作品名称 出品时间	哪吒闹海 （1979）	雪孩子 （1980）	人参果 （1980）	九色鹿 （1981）	天书奇谭 （1983）	草人 （1985）
导演	王树忱 严定宪 阿达	林文肖	严定宪	钱家骏 戴铁郎	王树忱 钱运达	胡进庆
原动画 （部分）	林文肖 常光希 杜春甫 范马迪 浦稼祥 杨素英 范本新 陆光明 张澋沅	常光希 潘积耀 傅双卿	张澋沅 孙总青 范本新 陆光明	杜春甫 范马迪 陆成法 杨素英 徐玄德	范马迪 陆青 潘积耀 徐玄德	张松林 浦稼祥 段浚 杨素英 葛桂云

（资料来源：笔者根据网络资料整理）

正如上表所示，几部颇具影响力的作品仍然是在“以老带新”的分工方式下完成的。“黄金时期”的原画师，如严定宪、林文肖、胡进庆、戴铁郎等开始承担导演的创作任务。当然，王树忱、钱家骏等老一辈艺术家也尚未完全退出历史舞台，依然与青年导演一起共同创作。从原画团队成员来看，“黄金时期”就已经极为出色的陆青、范马迪、常光希等诸位原画师，依然在80年代继续完成着自己的使命。早已制度化的导演选拔，意味着若干年后的导演仍将从这批原动画师中产生。诚然，制度安排下的人才体系，注定有部分才华横溢的原画师难抒其志。对艺术才能的空置，大材小用成为这一制度下的衍生后果。

随着惯例冲突与利益分化，“胜利大逃亡”事件最终爆发①。1988年，上海

① 顾光青、黄复兴、戴围城、张家林：《“一厂三制”的探索：上海美术电影制片厂体制改革调查》，载《上海经济研究》1990年第1期。

美影厂承接了日本企业的100集动画片《西游记》的加工业务。同年底，影厂还将承办“首届上海国际动画电影节”，负责国产参赛片的任务使工作压力陡然增大。彼时处于收入分配劣势方的艺术片群体借机对加工任务发难，部分领导和老职工以日版《西游记》中人物造型不符合中国民族特色（与《大闹天宫》风格不一致）为依据，要求放弃该业务，并最终得以执行①。虽然作品《山水情》《鱼盘》在这届电影节上脱颖而出，获得多项大奖②，但“艺术胜利”的代价是巨大的组织损失：那些被迫参与“政治任务”的年轻职工们通过奖项充分证明了自己的才华后，立刻选择离开上海美影厂。在短短不到一年间（1989年），37名中青年骨干人才辞职转投深圳、广州等地的加工公司，沉重打击了业已分崩离析的传统生产模式。

2. 在传统压力下探索市场化生产流程

制度环境、创作惯例与群体的分裂，同样促成了上海美影厂工作方式的分裂：一边是位居领导层的年长艺术家们坚持的艺术创作传统，一边是加工片模式带来的“新气象”。在《宝莲灯》原画师陈海露看来，二者代表的分工逻辑截然不同：

美影厂一直有两种创作流程，一种流程就是长时间以来摸索出来的，以导演为核心，……（找）一个核心的人物帮助他一起来完成前期以后，会由原画师，大概五六个原画师来组成一个核心团队。这个核心团队和这个导演会接触的很多……还有一个就是加工的体系……所有的设计都照摄影表来完成。执行导演根据导演的意思把它书写下来的。不可以有任何的“非分之想”……你就是个机器，就是机器中的一个螺丝钉。(访谈资料编号：20180410CHL)

事实上，上海美影厂此时的加工片生产流程尚未完全成熟和独立。由于涉及大量中外合作项目，与一般“来料加工”模式类似，上海美影厂在动画前期准备、人物造型设计、后期整合与销售推广等方面都未有参与，生产团队只需负责中期加工的密集劳动部分。工作方式的巨大反差不仅让艺术家们无所适从，而且激起他们的价值厌恶。据王一迁回忆，《天书奇谭》原本计划与英国BBC合拍，但由于双方无法协调只好作罢。林文肖也表达了她对冲突的类似看法或情绪：

这个加工片呢……每一个画面都注定要什么动作……它只需要我叫你做什么你去做什么。因此我们美影厂的一些动画设计不能适应这个工作方法……经过这样这个外来加工的模式进行这个原画创作以后……他们自己就不会创作了……那你过来我们美影厂不是这样。剧本的情节内容是会写清楚……但角色

① 鲍济贵：《中国动画电影通史》，连环画出版社，2010年版。

② 王恺：《中国水墨动画〈山水情〉的创作特色研究》，杭州师范大学2013年硕士学位论文。

的表演、角色的动作的具体形象化，这本应该是动画设计者自己的工作方法。美影厂是这样的一个工作办法。（访谈资料编号：20171104LWX）

二、新旧势力拉锯造成艺术生产的两极分化

（一）艺术片持续发力，商业片快速增长，政治与市场收益并行

1977年至1988年，上海美影厂共生产了100多部动画。承袭传统教育目的和创作风格的艺术片数量达到历史极值，其传统教化目的被很好地融入了中国民族精神本体当中，带有更丰富的人文关怀①。同时，迎合市场需求的国产系列剧发展迅速。影响范围不再局限于传统的影院，而是逐步占领了兴起中的家庭电视荧屏，一度在国内动画市场获得统治地位（见表6）。

表6　1977—1988年上海美影厂动画作品类型与产量

作品类型	单集动画电影					系列动画	总时长
	动画	木偶	剪纸	水墨	折纸		
数量（部）	76	40	34	2	5	5	3800分钟

（资料来源：笔者根据网络资料整理）

（二）艺术探索达到多样化新高度，商业系列片生产水准逐步提升

总体而言，这一时期上海美影厂作品的艺术探索呈现出空前的多样化。题材选择不再限于政治宣教，涵盖了创作童话、中外神话、寓言故事、民间传说、现代科幻等多种类型②，并在主旨思想层面表现出更多的个人化和时代性色彩，诞生了讽刺当时社会现象的《超级肥皂》，富有人生哲理意味的《不射之射》《三个和尚》等佳作。在这些作品中，上海美影厂艺术家们的实验性探索展露无遗，诸如荒诞主义、象征主义的元素第一次得到正面呈现③。

与此同时，持续的“民族化”风格探索也达到了全新高度。艺术家们不仅将贴布工艺、水墨风格融于剪纸片，创作出《小八戒》《鹬蚌相争》等作品；还在《金猴降妖》中大胆运用抽象绘画和现代音乐，并尝试以陶瓷制作木偶人物，制作出新型木偶片《鱼盘》④。尤其值得一提的是（到目前为止）上海美影厂的最后一部水墨动画《山水情》。浙派国画大师卓鹤君曾受邀担任这部作品的人物与背景设计。由于他的坚持，创作团队放弃了初稿剧本中“善有善报，恶有恶报”的传统理念，转向表达更具有“普世价值”的欣赏自然、艺术与人性

① 王恒：《二十世纪中后期中国民族动画艺术研究》，山东师范大学2009年硕士学位论文。
② 颜慧、索亚斌：《中国动画电影史》，中国电影出版社，2005年版。
③ 杨晨曦：《上海美影厂创作群创作思想的研究》，中国美术学院2016年博士学位论文。
④ 鲍济贵：《中国动画电影通史》，连环画出版社，2010年版。

之善的思想主题①。

虽然加工片和系列片因其美学特征单调备受专业界诟病，但从制作技术水准来看也不乏精品②，并取得了空前的观众赞誉。其中最具代表性的两部作品是《黑猫警长》和《葫芦兄弟》。在回忆当年的创作时上海美影厂的艺术家们表示，厂内对这两部作品的艺术评价并不高，甚至认为它们在人物刻画、情节设计方面存在明显的缺陷。但是儿童的热烈反应证明，它们的确是当时最具市场吸引力的动画片③④

（三）艺术声誉："中国动画学派"步入盛极而衰

"中国动画学派"的国际声誉在这一时期达到巅峰。1978—1987年，上海美影厂的23部影片在国内获奖30次；13部影片在各类国际电影节上获奖22次。在1986年"加拿大汉密尔顿国际动画电影节"上，上海美影厂以制片单位身份获得"特别荣誉奖"，国外舆论称赞中国美术片"已达到世界第一流水平"⑤。

国际动画评论与研究界也表现出浓厚的兴趣。日本动画协会多次开展研讨会对上海美影厂的美术作品进行艺术分析，并于1981年在东京举办了"中国美术电影动画片展"⑥。1984—1987年，阿尔及利亚、法国（安纳西）、日本（广岛）、南斯拉夫、加拿大（温哥华）等地多次举办"中国美术电影回顾展"。作为上海美影厂的代表人物，特伟先后在美国15个城市和8所大学讲学，系统阐述中国美术电影历史和民族风格的特点。

与"黄金时期"类似，这一阶段的动画作品同样受到了中国当代观众的热烈追捧。因为电视荧屏的普及，它们的表现甚至更为优异（见表7）。

表7 "转型时期"上海美影厂部分美术片的"豆瓣网"评分

作品名称 出品时间	哪吒闹海 （1979）	九色鹿 （1981）	曹冲称象 （1982）	天书奇谭 （1983）	黑猫警长 （1984）	葫芦兄弟 （1986）	山水情 （1988）
参评人数	85681	51632	19458	52202	51341	67373	14223
评分	8.9	8.7	7.8	9.0	8.4	8.8	9.3

（资料来源：笔者根据网络资料整理）

---

① 王恺：《中国水墨动画〈山水情〉的创作特色研究》，杭州师范大学2013年硕士学位论文。

② 李镇：《严定宪访谈录》，载《当代电影》2012年第5期。

③ 钱运达：《孩子们为什么喜欢〈黑猫警长〉》，程季华：《中国电影年鉴1987》，中国电影出版社，1990年版。

④ 何郁文：《中国美术片在国外的反映——综合1978年以来的情况》，程季华：《中国电影年鉴1984》，中国电影出版社，1985年版。

⑤ 松林：《发扬传统，努力创新——近十年来的美术电影回顾》，程季华：《中国电影年鉴1987》，中国电影出版社，1990年版。

⑥ 颜慧、索亚斌：《中国动画电影史》，中国电影出版社，2005年版。

在艺术声誉的辉煌之下，危机也已浮现。1987年，上海美影厂选送的《金猴降妖》《草人》在“第二十五届安纳西电影节”上铩羽而归，评委会认为“故事过于冗长，手法陈旧”①。评论家金柏松当年也曾敏锐地指出上海美影厂存在现实题材断档、过分依赖传统形式等问题，应当加速转型、探索适应当代观众需要的其他可能性②。只不过面对汹涌而至的市场化进程，分裂的上海美影厂艺术共同体再也没有机会更新传统了。

第六章　平庸化时期（1989—至今）：市场化后的现代文化产业模式，趋于平庸

20世纪90年代以来，文化领域市场化改革进一步深入。行业竞争日趋激烈，日、美动漫大幅进入并占据市场优势。在此背景下，上海美影厂通过“影视动画合流”拓宽播放渠道和收入来源，以市场化方式吸引人才，借“引进外资”学习现代企业管理与文化产业经营策略，最终与其他单位合并组建上海电影集团，成为行业巨头。

上海美影厂基本放弃了“民族化”道路和实验性探索，全面模仿日、美动漫，生产出大量迎合电视观众需要的系列剧，并通过“合拍片”了解、拓展海外市场。“风格单一”“缺乏原创性”“艺术性平庸”成为评论界眼中上海美影厂作品的新标签，而普通观众则逐步对其失去了品牌认知。

一、现代文化产业模式逐步形成

（一）资源来源：市场化改革深入，现代企业特征初现

1. 资金：国家直接补贴缩减，多样化融资渠道出现

在经历连续几年削减后，中国电影发行总公司于1995年彻底取消了对美术片实行的计划指标政策，将其全面推向市场③，生产融资④成为彼时工厂面临的首要问题。面对生存压力，上海美影厂做了一系列融资方式创新。1990年，与青岛电冰箱厂（海尔集团前身）合资拍摄了国内首部具有企业宣传意味的动画片《琴岛与海尔》；1995年，自筹资金100万元拍摄了剪纸片《十二生肖》，社

① 陈可红：《蜚声与禁忌：特伟时代与上海美术电影制片厂荣辱探因》，载《电影艺术》2011年第2期。

② 金柏松：《中国美术片当代题材的断档》，载《当代电影》1988年第4期。

③ 颜慧、索亚斌：《中国动画电影史》，中国电影出版社，2005年版。

④ 在“胜利大逃亡”事件发生的1988年，上海美影厂全厂净收入仅为48万元，较1987年（170万元）下降72%。

会集资2000万拍摄了百集大型动画片《自古英雄出少年》[①]。同年，上海美影厂还完成了中国首部电脑水墨动画广告片《五粮液》，这部作品被视为上海动画产业化的开端[②]。

2007至2009年，上海美影厂的资金收入格局基本稳定下来。除了少量政策性资助或贷款外，市场营收成为绝对主体，包括各类电视播放（500万元）、动画衍生品开发（500万元）、文创设计服务（300万元）和房产出租（300万元）等。

2. 人力资源：人员流失常态化，现代雇佣制度逐步建立

激烈的市场竞争严重影响了上海美影厂人才队伍的稳定性。与80年代压力主要来自外资或合资公司不同，国内民营动画公司的威胁迅速上升，“胜利大逃亡”的故事近乎常态化。据时任厂长周克勤回忆，90年代大批人才外流使得美影厂创作人员结构出现断层（尤其是动画设计人才），造成生产能力严重受限[③]。施屹描述了这一时期“青黄不接”的状况：

1988年很多都已经走掉了。所以，真正在十年之后留下来的老原画，其实都不是老美影厂原来的创作制作构架里面的人了。这里有一个很大的断层在里面……现在人员就处于一个严重老化，新的年轻人不可能到这样一个没有生命力的企业里面来。（访谈资料编号：20180426SY）

压力迫使上海美影厂彻底改革人事制度，逐步建立现代雇佣关系。陈海露描述了自己1995年从华山美校毕业后进入上海美影厂的过程。当时的毕业生已经无法获得文化单位的“事业编制”，一律采用“签约式的企业编制”。随着老员工逐步退休，上海美影厂人事制度的现代雇佣特征得到确立。

3. 技术支持：滞后的国产工业化与集团内部化

动画电影在20世纪90年代迎来了划时代的革命：电脑三维绘图技术。与传统二维手绘或制作相比，三维动画制作大大提高了效率，并能够完成以前难以想象的动作设计与表现效果。1995年，美国动画电影《玩具总动员》进入中国市场，彻底改变了动画制作的支持体系观念，也凸显了国产动画电影技术空白的窘境。虽然试图迎合市场需求，但在国产技术研发和使用经验严重缺失的情况下，上海美影厂直到1999年才推出首部采用三维动画效果的作品《宝莲灯》，还是引进并初步消化欧美市场中流行的3Dmax软件的产物[④]。从某种意义上讲，电脑动画时代上海美影厂的“落伍”与国产配套技术发展滞后密切相关。

新旧世纪之交，原本分立的电影制作单位并未遵循简单市场化的逻辑走向

---

① 鲍济贵：《中国动画电影通史》，连环画出版社，2010年版。

② 刘飚：《上海动画产业的发展现状、问题与对策研究》，华东师范大学2009年硕士学位论文。

③ 杨帆：《“中国学派”动画艺术研究》，河北大学2008年硕士学位论文。

④ 吴限：《比较视野下的中国动画电影发展研究》，中国艺术研究院2015年博士学位论文。

独立发展，而是选择了“做大做强”的集团化路线。2001年，中央下发《关于深化新闻出版广播影视业改革的若干意见》，全国掀起了文化产业集团化浪潮①。同年，上海美影厂、上海电影技术厂等多家单位并入上海电影集团。大量原本通过计划体制下单位间的协作被以另一种形式重新整合起来。传统时代极具个人化与即兴创作风格的支持组合形式，逐步让位于体系严谨、效果可控的产业化分工模式。

4. 渠道：发行播放市场化与“影视动画合流”

1992年，中国电影发行放映业体制改革正式开始。次年1月，广电部印发《关于当前深化电影行业机制改革的若干意见》及其《实施细则》，要求电影制片发行放映等企业必须适应社会主义市场经济体制，改变计划经济中电影的“统购统销”及其带来的制片、发行、放映间经济分配的不合理②。2000年后，随着发行放映业投资限制放开、院线制得到推行，中国电影发行放映业的发展变得日益市场化。在这一背景下，以动画短片和系列剧为主的上海美影厂作品逐渐失去了大银幕竞争力，有限的动画电影市场基本被美国迪士尼动画占领。

不过在“以电视节目为中心”的动画生产政策引导下，上海美影厂开始走向“影视动画合流”。在计划指标政策终止的第二年（1996年），上海美影厂与上海电视台合并；到20世纪末，它已经同全国40多家地方电视台签署了供片合同③，同时在上海、广州、无锡等地建立了影视院线，基本解决了销售渠道问题，这一模式延续至今。2004年，国家广播电影电视总局发布《关于发展我国影视动画产业的若干意见》，提出了国产动画与外来动画播出时间占比不得低于6比4（2006年改为黄金时间19：00—22：00只能播出国产动画），并启动国产动画精品工程，要求各动画生产单位充分把握市场动向和受众需求，有针对性地开发制作适合不同年龄观众的动画片④。这一举措直接导致上海美影厂的生产全面“系列剧”化，在小荧屏市场与中外动画制作商展开正面竞争。

（二）盈利诉求与文化生产高度融合，大众化文化商品惯例形成

1. 后计划任务时代，市场盈利成为核心目标

此时电视动画市场竞争已趋于白热化。80年代进入国内电视市场的美、日动漫，在20世纪90年代展开了更为猛烈的攻势，通过近乎“倾销”的价格战轻松占领了大部分市场份额。美国动画片《变形金刚》在中国采用低价甚至是免费赠送的形式得以在上海电视台、中央电视台公映，引发了全国性的“变形

① 韩永进：《中国文化体制改革35年历史叙事与理论反思》，人民出版社，2014年版。

② 曹荣荣：《试析新中国电影发行放映管理体制的演变》，载《电影评介》2012年第14期。

③ 肖路：《国产动画电影传统美学特征及其文化探源》，上海人民出版社，2008年版。

④ 鲍济贵：《中国动画电影通史》，连环画出版社，2010年版。

金刚”热[①]。反观上海美影厂，由于产品成本过高、营销方式落后，在价格战前毫无优势。

为响应政策要求同时避免坐以待毙，上海美影厂选择全面迎合市场需求。基于在转型年代的加工业务中积累的经验，上海美影厂于1995年创造了速度的奇迹，仅用一年多的时间就完成了百集动画系列剧《自古英雄出少年》[②]，纪录至今未被打破。即便是在集全厂之力的动画长片《宝莲灯》的创作过程中，也已不再过多考虑艺术目标。从项目策划、人物设计、原画绘制到后期制作，市场反应与盈利空间都成为最重要的目标。

自此，上海美影厂彻底走出了转型时期的矛盾局面：基本放弃传统创作理念的传承，不再以追求艺术“美”或宣传教育为创作目的，而将迎合市场需求和广告商的具体要求视作中心任务[③④]。

2. 经济目标与创作惯例的融合：从“民族化”到“中国迪士尼”

如前所述，“转型时期”的上海美影厂团队已经开始探索“民族化”艺术风格之外的商业可能性。这种尝试在此时逐渐成熟，形成了一种可被称为“中国迪士尼”的创作惯例：一方面试图保留中国故事、人物形象或美学元素的吸引力，另一方面则模仿迪士尼对市场偏好的细腻把握，尽其所能地迎合观众。陈海露称，《宝莲灯》中的“望月节”片段就是对迪士尼动画“歌舞片”场景的硬性模仿，团队认为这种商业化的模式能够获得更好的市场反馈。施屹认为，传统美术片中“孩子小手拉大手”的概念已经过时了。即便是水墨动画这种“看家本事”也必须加上“迪士尼的东西”才会有“更强的商业感觉”，才能“活下去”。

（三）重新整合的集体行动：现代文化企业与细化分工

1. 以项目制为基础的高流动性雇佣团队

1990年，上海美影厂与香港亿利发展公司合资成立亿利美发展有限公司，将动画制作工序细化为三部分，通过合作与外包的方式完成[⑤]。伴随人事制度和生产目标的全面市场化，上海美影厂的生产组织基础发生了彻底改变，艺术共同体完全让位于“以项目制为基础的高流动性雇佣团队”[⑥]，对工作过程与艺术

---

① 颜慧、索亚斌：《中国动画电影史》，中国电影出版社，2005年版。

② 肖路：《国产动画电影传统美学特征及其文化探源》，上海人民出版社，2008年版。

③ 钱建平、强小柏 等：《中国动画电影的经验、困境与出路：对话美影厂厂长钱建平》，《电影新作》2013年第4期。

④ 钱建平：《激活国产经典动画大IP，传承中国经典美学》，2015年8月5日《中国电影报》，第3版。

⑤ 创作导演在上海美术电影制片厂复印件部，并负责动画制作的统筹、前期工作和后期的整合；原画的设计由香港亿利公司负责；描线上色工序则外包给了上海绘制厂完成。

⑥ 导演常光希认为，黄金时代的集体创作模式是上海美影厂宝贵的遗产，有助于生产出艺术观念与手法高度统一的优秀作品。在拍摄《宝莲灯》过程中他曾经尝试恢复这种制度，但最终归于失败。

结果都造成了深刻的影响。施屹基本否定了这种变化，他认为文化企业的持续发展必须要有稳定的工作团队：

我们的技术团队本身从架构上看，比之前也是发生了质的变化。那个时候是作坊、是家庭，有什么问题大家都在一起。之后，你的创作是割裂的，你的创作有的时候是失控的……一个企业发展需要良好的作品，被市场认可了。生产嘛，有车间、有工人……我们有没有这样的模式？我们没有嘛……本身企业良性循环的机制没有形成的情况下面，给你找再多的资源也不会起到太多的作用。（访谈资料编号：20180426SY）

2. 细化产业分工：加工片、合拍片与电脑动画

“转型时期”引入的加工片、合拍片塑造了这一阶段上海美影厂生产流程的细化分工特征。即便在自主创作的系列剧和院线片中，这一模式也具有统治地位。由于创意环节基本在海外完成，上海美影厂实际承担了毫无自主性的重复劳动，艺术创新的可能性被极大削弱。

当这种分工模式与电脑动画结合起来，缺乏集体创意的问题就会变得更加严重。通常来看，电脑技术大幅度提高了制作效率。以 10 分钟的短片为例，一般涉及导演、美术设计、原动画、拍摄等 14 人，他们在创作过程中不可避免地需要大量沟通。而电脑制作流程仅需导演和软件绘图师 2 人。如果不对质量有过高要求，完全可以独立迅速完成[①]。

二、利润激励下的模仿创作与工业化生产趋于稳定

（一）文化商品产量猛增，集团综合经济收益稳定上升

在完成市场化转型过程中，上海美影厂的艺术生产结果越发具有文化工业色彩。“影视动画合流”带来了产量剧增，系列片成为主流。2001 年，上海美影厂产出各类动画片时长达 6126 分钟，比 1988 年（510 分钟）足足高出 11 倍多。1989—2009 年，总产量时长达到惊人的 27740 分钟，年平均产量近 1400 分钟。在这 20 年间，上海美影厂共生产 16 部超过 50 集的电视系列动画，其中 2 部超过百集（《自古英雄出少年》和《封神榜传奇》）。

新的作品组合（“系列剧-合拍片-经典翻拍片”）带来了可观的经济回报。由于投放电视渠道的系列剧受政策支持，1999—2001 年，上海美影厂共获得 9000 万元国家财政补贴[②]；合拍片未必有理想的国内票房收入，但通过海外融资、风险分摊、收益分红、发行与版权控制等多种手段，上海美影厂仍能获得

① 王植民：《手工动画与计算机动画》，张兆龙：《中国电影年鉴 1993》，中国电影出版社，1994 年版。

② 鲍济贵：《中国动画电影通史》，连环画出版社，2010 年版。

不错的间接收益①②。

相比之下，近年来频繁出现的“经典翻拍片”是真正能够获得市场直接正反馈的类型。基于经典的人物设计和剧本，这类作品通常制作成本较低且观众认知度较高，因此具备绝佳的投资回报率。1999—2012年，上海美影厂（上影集团）出品的7部院线动画中就有4部“经典翻拍片”或续拍片（见表8）。

表8 1999—2012年上海美影厂院线动画片投资与票房情况

影片名称	上映时间	制作方	投资额	国内（大陆）票房	制作周期
《宝莲灯》	1999年	上海美影厂	1200万元	2400万元	4年
《梁山伯与祝英台》	2003年	上海美影厂 台湾地区 “中影集团”	1000万元	30万元	/
《西岳奇童》（续拍）	2006年	上海美影厂 上海电影集团	200万元	330万元	2年
《勇士》	2007年	上海美影厂 上海电影集团	1500万元	1000万元	4年
《葫芦兄弟》（翻拍）	2008年	上海美影厂 上海电影集团 上海文广集团	/	1000万元	/
《黑猫警长》（翻拍）	2010年	上海美影厂 “渲染”公司	/	1130万元	/
《大闹天宫3D》（翻拍）	2012年	上海美影厂 上海电影集团	/	4815万元	3年

（资料来源：笔者根据网络资源整理）

（二）商业模式探索多样化，艺术探索几近萎缩

在迅速增长的产量和市场收益背后，是上海美影厂作品多样化的商业模式和近乎萎缩的艺术探索。从类型来看，制作周期较长、创作难度较高的单集动画长/短片数量急剧下降，相对简单的劳动密集型片种系列动画成为这一时期的主流（90年代初已达到全年产量的75%）。尤其值得注意的是，在人才流失和市场“短平快”导向下，耗时耗力的传统工艺片逐步消亡。1988年《山水情》之后，上海美影厂再无新的独立水墨动画作品，同样消失的还有折纸片。而剪纸、木偶片等经典类型片数量也大幅度下降（见表9）。

① 李镇：《严定宪访谈录》，载《当代电影》2012年第5期。

② 杨晨曦：《上海美影厂创作群创作思想的研究》，中国美术学院2016年博士学位论文。

表 9　1989—2009 年上海美影厂动画作品类型与产量

作品类型	单集动画电影					系列动画	总时长
	动画	木偶	剪纸	水墨	折纸		
数量（部）	40	21	13	0	0	68	27740 分钟

（资料来源：笔者根据网络资源整理）

和类型名片同时消失的还有"民族化"风格名片。在过去数十年的艺术探索中，上海美影厂的巨大成功之一在于取得了形式和内容的高度统一。那些富含中国文化元素的作品同时传递着独特的审美风格与趣味，在世界上独树一帜。当这种文化属性不再，上海美影厂的作品呈现出千篇一律的大众流行特征，泯然于高度同质化的动画市场中。

（三）艺术声誉：跌至谷底的艺术评价，逐步淡出公众视野

与产量和市场回报形成鲜明对比的是，曾经代表"中国动画学派"的上海美术电影制片厂的艺术声誉降至谷底。"平庸化时期"作品在各类国际电影节上的表现真实反映了专业艺术评论界的看法。1989 年至今，上海美影厂仅获得 8 个国际动画奖项，远远低于 90 年代之前的成绩。如果考虑到我国与世界文化交流频繁程度的时代差异，差距则更加明显（见表 10）。

表 10　上海美影厂部分作品分时期获奖情况

时期	国际获奖作品（部分列举）	合计（部）	年均得奖（部）
黄金时期（1957—1976 年）	《乌鸦为什么是黑的》	23	1. 15
	《神笔马良》		
	《小蝌蚪找妈妈》		
	《牧笛》		
	……		
转型时期（1977—1988 年）	《山水情》	34	3. 1
	《人参果》		
	《金猴降妖》		
	《三个和尚》		
	《鹬蚌相争》		
	……		
平庸化时期（1989—至今）	《12 只蚊子与 5 个人》	8	0. 5
	《鹿和牛》		
	《强者上钩》		
	……		

（资料来源：笔者根据网络资源和文献资料整理）

普通观众对上海美影厂当前作品的评价同样不理想。事实上，观众们已经难以区分上海美影厂作品和其他国产动画的差别。以院线动画《大耳朵图图之美食狂想曲》(2017) 和系列剧《新葫芦兄弟（第一季）》(2016) 为例。前者在“豆瓣网”上的评分为 5.7 分，仅“好于 11%的动画片”①；后者的情况更糟，评分仅为 3.7 分，属于“口碑最差”的前 5%②（见表 11)。上海美术电影制片厂的艺术辉煌已经一去不复返。

表 11　“平庸化时期”上海美影厂部分美术片的“豆瓣网”评分

作品名称 出品时间	警犬救护队 (1993)	宝莲灯 (1999)	马兰花 (2009)	少年岳飞传奇 (2011)	黑猫警长之翡翠之星 (2015)	新葫芦兄弟 (第一季) (2016)	大耳朵图图之美食狂想曲 (2017)
参评人数	44	76281	666	176	2351	1165	1523
评分	6.1	7.7	4.9	5.9	5.5	3.7	5.7

（资料来源：笔者根据网络资料整理）

第七章　结论与讨论

通过回顾上海美影厂的兴衰史，本研究探讨了制度背景下工作模式与艺术生产的关系。在国家强力控制的“黄金时期”，艺术创作在刚性而粗糙的政治合法性框架内获得了发展。“准师徒制”的艺术共同体出现并生产出众多具有民族特色的优秀作品；随着改革后政治话语退场和市场规则影响上升，新旧惯例分裂导致共同体内部发生剧烈冲突并最终走向瓦解。艺术生产体现为传统延续和商业化风格的矛盾并存；20 世纪 90 年代以来，市场导向的文化政策与激励竞争促使上海美影厂向现代集团公司发展，在获得经济成功的同时，艺术声誉趋于平庸。

本研究的主要思路基于霍华德·贝克尔的艺术社会学理论。在该理论视角下，贝克尔将艺术视为可以被观察到的实在，通过分析参与艺术品创作的各方行动者互动模式，将社会学分析引入到艺术学领域。自该理论被引入中文学术

① 豆瓣网：https://movie.douban.com/subject/22232939/。
② 豆瓣网：https://movie.douban.com/subject/26809059/。

界以来，围绕其产生了大量讨论，但多数停留于观点介绍或思路辨析层面[1][2][3]，利用其核心概念开展的实证研究尚不多见。尽管如此，笔者并不满足于为既有理论提供地方性经验，更试图在“中国故事”中发现和拓展原有理论的边界。以下是本研究对艺术集体行动理论所作的部分修正与发展：

首先，区别于贝克尔对概念相对笼统的处理，本研究将“资源”“惯例”“集体行动”进行了操作化，并在分析框架中给出了包括制度环境在内的变量之间的关系和过程机制说明[4]。

其次，本研究高度关注变量间的交互关系，以及由此带来的内生变化。艺术集体行动的结构特征与流程特征并非制度合法性约束下的必然产物，而是同时受到“资源”和“惯例”的影响，最终形成工作模式内不同要素间的特征同构。

再次，为了应对贝克尔理论所遭遇的“变迁解释乏力”的批评，本研究适度引入了历史制度主义的方法，尝试在“均衡”框架之外指出不同社会背景下经济活动存在着多样化发展路径[5]，上海美影厂丰富的变迁史料使得这一工作成为可能。

最后，不同于包括贝克尔理论在内的多数艺术社会学思路[6]，本研究更全面地描绘了“国家作用”。上海美影厂的故事表明：当国家不仅充当管理者，而是作为一种特殊的“赞助人”进入创作过程，会对艺术生产造成深刻的影响。事实上，与自由市场相比，它的作用未必总是负面的。

延续该讨论，还将引出一组重要的现实问题——在文化产业高度发达的当代，如何实现经济保障与自由创作的兼容？是否存在某种制度安排能够帮助生产者越过经济效率的局限，持续保持创新活力？这是中西方艺术生产在殊途同归后面临的共同挑战，尚待深入研究给出答案。

---

① 朱国华：《艺术编码的社会条件：管窥布迪厄艺术社会学》，载《文艺理论研究》2004年第4期。

② 匡骁：《从“何为艺术”到“为何为艺术”：当代西方艺术体制理论的流变及启示》，载《学术交流》2011年第2期。

③ 卢文超：《作为标签的越轨和艺术：从标签理论解读贝克尔的〈局外人〉与〈艺术界〉之关联》，载《社会》2014年第2期。

④ 这一思路与美国文化社会学家理查德·彼得森的“文化生产视角”有类似之处。他在分析文化生产过程时，同样强调了外部结构性的重要影响；卢文超：《理查德·彼得森的文化生产视角研究》，载《社会》2015年第1期。

⑤ 道宾，弗兰克：《经济社会学》（冯秋石、王星译），上海人民出版社，2008年版。

⑥ 哈灵顿，奥斯汀：《艺术与社会理论：美学中的社会学论争》（周计武、周雪娉译），南京大学出版社，2010年版。

宁国畲族民间信仰研究

刘强（安徽大学）

◎ 指导老师：汤夺先

摘　要：以宁国畲族民间信仰为研究对象，探讨畲族民间信仰在畲族民众迁入宁国之后的变迁。传统时期，受到以汉族为主体的“夷汉”思想的影响，畲族民众在与汉族杂居相处的过程中，多是采借汉民族群众的民间信仰为本民族所利用，畲族民间信仰中较多地蕴含着汉民族民间信仰的因子。作为从迁入地带来的民间信仰，宁国畲族民间信仰同样内含着汉民族民间信仰的因子。随着改革开放和社会主义新农村建设的深入推进，宁国畲族地区为争取经济发展的资源而大力“复兴”畲族传统文化，使得原本处在“隐藏”或是消失状态的畲族文化又重新在畲族民众生活中“活跃”起来。民间信仰作为畲族传统文化的主体，将在很长一段时间内存活于宁国畲族民众的民俗生活中。无论是传统时期的“采借”，还是新时期的“复兴”，宁国畲族民间信仰都是以当时的社会语境为基础而选择自己的生存状态。

关键词：畲族；宁国畲族；民间信仰；文化复兴

第一章　绪论

一、选题缘由

中华人民共和国成立之后，我国实行民族平等政策，各少数民族民众的命运发生了极大的改变。随后，党中央“结合中国民族的实际情况，尊重本民族的意愿，慎重稳妥地逐个进行识别，以明确其民族成分，确定民族名称”。[①] 随着民族名称的确立，学术界对于畲族的研究日渐增多。纵观这些研究，笔者发现学术界多是对分布人口较多的闽粤浙赣等地的畲族进行研究。对于安徽省宁

① 黄光学：《中国的民族识别》，民族出版社，1994年版，第111页。

国畲族聚居区的相关研究则是寥若晨星。① 鉴于此，笔者选取了安徽宁国畲族民间信仰作为本研究的研究对象。

二、文献综述

关于畲族的研究，可以上溯至 20 世纪 20 年代。1949 年以前的研究多是集中在畲族独特的生活、生产等风俗习性。这一时期的国内研究者主要有沈作乾、董作宾、傅衣凌、凌纯声②，国外研究者主要有德国学者史图博（H. Stubel）③。中华人民共和国成立之后，为配合政府有效进行民族工作，学术界有关的畲族著述主要以社会历史调查和民族识别为主。④ 1980 年以来，畲族研究处在快速发展的时期，在诸多领域取得了不少重要的研究成果。结合本研究研究重点，将从畲族族源、民间信仰、婚丧嫁娶、族群认同等方面对学术界研究成果进行简要论述。

（一）畲族来源和迁徙

有关畲族的民族来源，学术界主要分为“土著说”和“外来说”。持“外来说”的相关学者主要有徐规、石光树、施联朱、张崇根、肖孝正等人。徐规首先提出畲族源于长沙“武陵蛮”。⑤ 石光树、施联朱、容观夐等人⑥则对这一观点进行了深入阐述。张崇根认为畲族是“东夷”的一支。⑦ 肖孝正认为畲族

---

① 蓝开友：《宁国县境内的畲族》，载《江淮文史》1996 年第 6 期，第 125-130 页；钱虹：《语言接触下的畲话语音变迁——以安徽宁国云梯畲话为例》，载《广西民族大学学报（哲学社会科学版）》2015 年第 1 期，第 163-167 页；雷桁：《畲族人的信仰观——以安徽省云梯畲族乡的一个葬礼为例》，载《经营管理者》2010 年第 23 期，第 382、379 页。

② 沈作乾：《畲民调查记》，载《东方杂志》1924 年第 7 期，第 56—71 页；董作宾：《说畲》，载《北京大学研究所国学门周刊》1937 年第 13 期，第 39—48 页；傅衣凌：《福建畲姓考》，载《福建文化》1944 年第 1 期，第 7—11 页；凌纯声：《畲民图腾文化的研究》，载台湾地区《国立中央研究院历史语言研究所集刊》1947 年第 16 期，第 127—172 页。

③ 史图博、李化民：《浙江景宁敕木山畲民调查记》，载《浙江少数民族志》（浙江省少数民族志编纂委员会编），方志出版社，1999 年版，第 617—675 页。

④ 黄光学：《中国的民族识别》，第 118—128 页。

⑤ 徐规：《畲族的名称、来源和迁徙》，载《杭州大学学报（人文科学版）》1962 年第 1 期，第 57—62 页。

⑥ 石光树：《试论苗、瑶、畲三族的渊源关系》，载《贵州民族研究》1983 年第 2 期，第 121—131 页；施联朱：《关于畲族来源与迁徙》，载《中央民族学院学报》1983 年第 2 期，第 34—42、33 页；容观夐：《广东畲族族源问题管见》，载《中南民族学院学报（社会科学版）》1986 年第 4 期，第 30—32 页。

⑦ 张崇根：《畲族族源东夷说新证》，载《中南民族学院学报（社会科学版）》1986 年第 4 期，第 24—29 页。

是古河南夷人的一支。[①] 雷阵鸣通过对畲族凤凰崇拜的历史轨迹的论述支持此观点。[②] 持“土著说”的相关学者主要有蒋炳钊、陈元煦、王克旺、吕锡生等人。王克旺和吕锡生持“南蛮说”，认为畲族源于广东土著。[③] 蒋炳钊在前人研究的基础上认为畲族当为越人后裔。[④] 陈元煦则认为畲族是“闽越”后裔，而非“越族”后裔。[⑤] 谢重光融合了“土著说”和“外来说”，认为武陵蛮与闽粤赣越人以及客家先民共同缔造了畲族，都是畲族的构成要素。[⑥] 不管是“土著说”还是“外来说”，对于畲族的迁徙大都认为是以闽粤赣交界的凤凰山为中心向四周迁徙。而“外来说”中的“武陵蛮说”认为畲族的迁徙还应当包括从湖南向闽粤赣地区的迁徙过程。

（二）民间信仰

畲族的主要信仰是祖神崇拜，这着重体现在畲族民众对祖先盘瓠的崇拜上。盘瓠崇拜是畲族民间信仰的核心。蓝炯熹通过对不同版本的盘瓠传说的梳理，认为不同地方对盘瓠的看法反映了畲汉互动的深浅程度和畲族的汉化程度的差异。[⑦] 邱国珍从民俗学的视角对畲族的祖先“盘瓠”做了梳理，并对盘瓠形象的变异做了分析。[⑧] 石奕龙认为霞浦畲族民众民间信仰传统日渐淡化的现象的原因，是明代以来畲族民众逐步迁入汉族地区，被汉族地区逐渐包围有关。[⑨] 林毅红通过对畲族祖图“金钟变身”中“室”禁忌的研究，其认为“室”这一禁忌的设置使得畲族民众在自身意识增强的同时不仅能够消除不敬之心，而且还会强化畲族民族的祖先信仰意识。[⑩] 曾祥慧、曾婧、雷秀武通过对贵州畲族民居中

---

① 肖孝正:《畲族渊源初探》，载《福建论坛（文史哲版）》1986年第4期，第55—60页。

② 雷阵鸣:《论畲族非出于“武陵蛮”》，载《中南民族学院学报（哲学社会科学版）》1992年第6期，第97—101页。

③ 王克旺等:《关于畲族来源》，载《中央民族学院学报》1980年第1期，第89—91页；王克旺、吕锡生:《再谈畲族族源》，载《丽水师专学报》1985年第2期，第55—60页。

④ 蒋炳钊:《畲族族源初探》，载《民族研究》1980年第4期，第39—45、21页；蒋炳钊:《关于畲族来源问题》，载《中央民族学院学报》1984年第3期，第90—95页；蒋炳钊:《闽粤赣交界地区是畲族历史上的聚居地——兼论畲族族源问题》，载《畲族研究论文集》（施联朱主编），民族出版社，1987年版，第137—160页。

⑤ 陈元煦:《试论闽、越与畲族的关系》，载《畲族研究论文集》（施联朱主编），第183—197页。

⑥ 谢重光:《畲族与客家福佬关系史略》，福建人民出版社，2002年版，第7页。

⑦ 蓝炯熹:《畲民家族文化》，福建人民出版社，2002年版，第29—31页。

⑧ 邱国珍:《畲族“盘瓠”形象的民俗学解读》，载《广西民族学院学报（哲学社会科学版）》2003年第6期，第63—70页。

⑨ 石奕龙:《关于畲族民间信仰现状的初步探索》，载《畲族民俗风情》（陈国强主编），海峡文艺出版社，1997年版，第140页。

⑩ 林毅红:《从畲族祖图中的“金钟变身”论“室”的禁忌》，载《中央民族大学学报（哲学社会科学版）》2009年第4期，第35—39页。

各式各样的“门”的考察，指出畲族的“门”文化不仅反映了贵州畲族的祖先崇拜和神灵信仰，而且也体现了畲族精神世界里的“神”“人”分野。① 麻健敏通过对惠安钟厝村畲族民众社公信仰的梳理，其认为畲族民众在畲汉族群的互动过程中由于人数的偏少，愿意接受当地汉民族的文化，但其民众内心深处的民族意识并没有轻易消失，而是以某种形式保存了下来。这种做法，不仅沟通了畲汉民众的联系，而且加强了本民族的认同心理。② 李健民指出畲族的民间信仰折射出浓厚的道教色彩。③ 蓝焰以福州、宁德畲族乡村为例，梳理了畲族民众在迁入闽东地区之后，畲族乡村巫术文化对当地的陈靖姑信仰的接受和吸纳，并由此推动了陈靖姑信仰在闽东地区的进一步传播，其认为这是畲汉民众共同推动了陈靖姑信仰的发展。④ 王逍依据对浙江景宁鹤溪镇畲族村落汤夫人崇拜的考察，认为畲族作为一个外来者和困难群体，在与当地的汉族民众交往中，会积极主动地吸收汉族文化中的有益于自己本民族文化的因子，以此强化自我认同和保持自我的独立性，由此看出了畲族文化中的开放、理性的文化认同意识，正是这种意识，成为畲族不断传承的永恒的动力。⑤

（三）婚丧嫁娶

畲族的婚姻与汉族中的客家婚姻有诸多相似之处。石奕龙以霞浦县的茶岗村为例，对福建畲族的婚姻状况进行了调查，其认为畲族的“男嫁女”就是招赘婚，与汉族地区相似，并不是所谓的“男大当嫁”。⑥ 刘兵对畲族婚礼中的“红包”做了论述，其指出畲族婚礼中的发“红包”习俗在一定程度上反映了畲族的民族文化和价值观念，具有一定的民族文化内涵。⑦ 雷弯山认为畲族的婚姻文化中依然有着原始婚姻文化的遗留，但这种文化内涵有着根本性的不同，是“族”向“房”“羞”向“美”“悲”向“喜”“苦”向“乐”“真”向“假”的转换。⑧ 雷伟红认为畲族民众在结婚时不仅要遵循本民族的习惯法，也

---

① 曾祥慧等：《贵州畲族“门”文化》，载《贵州民族研究》2014 年第 10 期，第 88—92 页。

② 麻健敏：《从惠安钟厝社公信仰看畲族的民族意识》，载《福建论坛（文史哲版）》1992 年第 5 期，第 28—31 页。

③ 李健民：《畲族民俗信仰的道教色彩》，载《中南民族学院学报（哲学社会科学版）》1996 年第 5 期，第 58—61 页。

④ 蓝焰：《畲族巫术文化中的陈靖姑信仰——以福州、宁德畲族乡村为例》，载《世界宗教研究》2007 年第 4 期，第 86—95 页。

⑤ 王逍：《畲族历史迁徙与文化认同理性——以景宁鹤溪镇“六保”畲族村落汤夫人崇拜为例》，载《民俗研究》2012 年第 3 期，第 95—105 页。

⑥ 石奕龙：《福建畲族的婚姻状况和收养关系——以霞浦县水门乡茶岗村为例》，载《民族研究》1997 年第 5 期，第 41—50 页。

⑦ 刘兵：《畲族婚礼中的红包》，载《民俗研究》1999 年第 4 期，第 94—95 页。

⑧ 雷弯山：《原始婚姻文化在畲族中的遗留与内涵的转换》，载《中共福建省委党校学报》2002 年第 3 期，第 57—60 页。

要主动采取与国家制定的法律法规符合的行为。[①] 吴东海、蓝志龙对浙江景宁畲族的“做圣科”做了详细的梳理，认为“做圣科”反映的是畲族民族文化中强烈的尊宗敬祖的思想，体现了畲族民众的祖先崇拜信仰。[②] 蓝希瑜认为畲族的“做老者”就是指人带领鬼魂、亡魂入户进祠成祖先的仪式，具有整合社会结构、加强社会团结的功能，使得畲族的族群认同得到了增强。[③]

（四）族群认同

黄向春通过对东南地区地方文献中有关文化史的重新梳理，认为畲族的历史不能仅仅看作是一种历史的继替，而应该注意到宋以后尤其是明清时期，随着东南地区民众对“汉人”正统的渴望，逐渐通过对祖先的再“塑造”寻求民族和国家的认同。这种认同的寻求，也使得东南地区的地方社会发生了极大的变迁，塑造了东南地区的族群关系的基本格局和文化面貌。[④] 周大鸣则对赣南畲族恢复族属前后的认同变迁作分析，认为族群认同是其主观心理归属的反映，而这种心理归属在很大程度上与工具利益的刺激有关。[⑤] 曹大明通过对赣南南康赤土畲族利用特色建筑实现文化的实践这一论述，认为畲族特色建筑的重新塑造作为象征资本来获得现代化进程中上至中央下至地方政府的关注，能够寻找到地方发展的资金来源途径，为地方发展注入新的活力。[⑥] 董建辉、林宏杰从工具主义的视角出发，通过对江西乐安县金竹畲族乡的考察，指出在我国当下的民族政策和特殊的国情下，即使没有族籍（无论是生物学意义上的，还是文化学意义上的）和传统的存在，只要有工具主义的好处，某些特定的人群也可能借用其他族群的族籍，来构建一个新的同时包含不同族群的民族认同。[⑦] 胡明文、古新仁通过对江西“两江”畲族移民村的调查，认为三个村落的族群关系展现着族群关系的多样化，这一过程中，各民族的生活方式和文化观念有着趋同性，但在这种多样化的过程中要注意到少数民族精英在利用国家民族政策发

---

① 雷伟红：《畲族婚姻家庭习惯法初探》，载《中南民族大学学报（人文社会科学版）》2005年第2期，第50—53页。

② 吴东海、蓝志龙：《浙江景宁畲族做圣科采录报告》，载《东南文化》2005年第6期，第63—68页。

③ 蓝希瑜：《浙江景宁畲族“做老者”仪式探微》，载《民族研究》2014年第4期，第65—76页、125页。

④ 黄向春：《“畲/汉”边界的流动与历史记忆的重构——以东南地方文献中的“蛮獠—畲”叙事为例》，载《学术月刊》2009年第6期，第138—145页。

⑤ 周大鸣：《从“汉化”到“畲化”谈族群的重构与认同——以赣南畲族为例》，载《族群与族际交流》（中南民族大学民族学与社会学学院主编），民族出版社，2003年版，第21—30页。

⑥ 曹大明：《“特色”的生成：赣南畲族族群认同下的文化实践——以南康赤土畲族乡近年来的建筑表现为中心》，载《中南民族大学学报（人文社会科学版）》2012年第1期，第11—15页。

⑦ 董建辉、林宏杰：《工具主义考量与民族身份的界定——一个畲族乡的成立所引发的理论思考》，载《中南民族大学学报（人文社会科学版）》2008年第3期，第27—31页。

展经济和文化的同时造成的差异性带来的碰撞。① 刘婷玉依据畲、瑶家族的文本资料，指出在注意畲族等少数民族在对自己本民族的民族时间、家族时间与地域时间联系上的研究的基础上，要注意到畲族等少数民族在融入中国国族时间的积极性，这为反思民族史线性书写方式，重建民族史书写范式提供了条件。②

纵观这些研究成果，可以看到对于畲族的研究已经从静态的文献资料考证到随着畲族不断迁徙而形成的动态的文化变迁研究；从20世纪80年代初期较为狭窄的畲族族源研究到近年来的畲族民间信仰、婚丧嫁娶等更为宽广的研究范围。同时应注意到这些研究成果多是集中在畲族民众聚集比较集中的浙江、福建、广东、江西等地。而同为畲族聚集地的安徽宁国受到学术界的关注较少，除中华人民共和国成立后由政府牵头组织的畲族调查外，迄今为止只有数篇有关宁国畲族的研究。本研究以宁国畲族民间信仰为例进行研究，不仅可以在理论上寻求国内有关畲族研究的支撑和指导，也能够在一般意义上构建宁国畲族变迁的内在逻辑。

三、研究方法

（一）资料的来源及分类

本研究的资料主要是来自田野调查，部分来自地方档案馆、宗教局、文史委员会等。搜集的资料大致可以分为两类：一是文字资料。这类资料一方面来自各种地方志、文史资料以及学术界的相关研究成果；另一方面来自国家各级民族部门的统计资料和存档文件。二是口述资料。本研究的口述资料主要是畲族民众对畲族传统历史文化的记忆、申请恢复畲族身份的经历、神话、传说以及对畲族恢复"三月三"歌会节的看法等。

（二）主要研究方法

本研究的主要研究方法有：一是文献资料分析方法。笔者搜集了宁国畲族民间信仰的相关文献资料，如《宁国文史资料（第八辑）》《安徽畲族文化集锦》等，对其民间信仰有一个较为清晰的认识和掌握，以此来对比宁国畲族当下的民间信仰。二是田野调查方法。畲族民众自清代末期迁至宁国后，相关的文献记载相对较少，通过田野调查可以弥补这方面的不足。在田野调查中，笔者通过访谈记录整理了一定数量的口述资料。

---

① 胡明文、古新仁：《移民孤岛与族群边界存续——江西"两江"畲族移民村研究》，载《广西民族大学学报（哲学社会科学版）》2008年第6期，第61—67页。

② 刘婷玉：《民族时间、家族时间及民族史书写范式反思——从畲、瑶家族文本研究出发》，载《厦门大学学报（哲学社会科学版）》2012年第4期，第40—47页。

四、田野点简介

（一）古邑宁国

宁国市位于安徽省东南部，属于宣城市，其东至东南与浙江省安吉县、临安市毗邻；西至西南与泾县、旌德县、绩溪县接壤；北至东北与宣州区、广德县相连。①

东汉建安十三年，即公元 208 年，孙吴把宛陵县南部地区一分为二，设置宁国、怀安两县。宁国自东汉末年建县之后，至民国元年，其先后归于故鄣郡、宣城郡（有时又为宣州）、宁安府、宁国府管辖。民国元年，即公元 1912 年废府留县，宁国县直属安徽省。②

1949 年 4 月 23 日宁国解放，1980 年 3 月，宁国县划归宣城地区管辖。1997 年 3 月，宁国县经国务院批准改为省直辖宁国市，委托宣城行署代管。2001 年 1 月，撤销宣城地区设置宣城市，宁国市继续归宣城市代管。③

（二）千秋村概况

千秋村的畲族民众主要是蓝、雷、钟三姓。根据千秋村畲民的口述，他们多是第五代、第六代甚至是第七代移民后裔。笔者在对部分了解祖先迁徙情况的畲民的口述基础上，结合 1982 年《安徽宁国县云梯公社畲族情况调查（摘录）》对千秋村畲民的族源迁徙作一说明：清光绪五年，即公元 1879 年，畲族的钟姓才最开始是由浙江省的淳安县迁入宁国县的杨山青草湖，其后来又迁徙到云梯畲族乡的千秋关定居；清光绪十三年，即公元 1887 年，畲族的雷姓直接由浙江省的景宁县迁入到云梯畲族乡的独山头定居；清光绪十九年，即公元 1893 年，畲族的蓝姓最开始由浙江省的兰溪县迁入到云梯白鹿村西坑等地定居。后来，部分雷姓、蓝姓族人又迁入千秋岭下定居④。据此可知，千秋村的畲民迁入千秋关已有百年时间，这与村中畲族民众提供的时间基本是一致的。

千秋村总面积 9.7 平方千米，辖 12 个村民组，总人口 1198 人，其中畲族人口 838 人，约占全村总人口的 70%，是安徽省内唯一的畲族村。千秋村现有耕地 2310 亩，林地 9400 余亩，经济林总面积达 8200 亩。自 2010 年 9 月，千秋村被纳入安徽省特色村寨保护与发展试点村后，该村以此为契机，坚持“美好乡村建设与乡村旅游开发、民族特色保护、民俗文化提升有机结合”的发展思路，

① 宁国市地方志编纂委员会：《宁国市志（1978—2003）》，黄山书社，2012 年版，第 32 页。

② 宁国市地方志编纂委员会：《宁国市志（1978—2003）》，黄山书社，2012 年版，第 33 页。

③ 宁国市地方志编纂委员会：《宁国市志（1978—2003）》，黄山书社，2012 年版，第 33—34 页。

④ 《中国少数民族社会历史调查资料丛刊》福建省编辑组：《畲族社会历史调查》，福建人民出版社，1986 年版，第 241—243 页。

经过三年时间的建设与发展，在特色村寨保护上取得了一定的成绩；2011 年以来，新建畲族文化广场、村口广场，以畲族文化园项目开发为龙头的畲家风情旅游正在蓬勃发展，畲族特色村寨保护项目正在进一步提升中，并实施了民族文化提升工程，村民的生活质量得到进一步提高，先后被评为“省级新农村”“美丽和谐乡村建设示范村”和“全国少数民族特色保护村寨”。

近年来，乘着“新农村建设”的东风，千秋村通过自己的奋斗，其村落经济得到迅速发展，千秋村村民的生活方式也有了极大的变化。现代化的生活方式不知不觉地渗透进了村民的日常生活中。多数村民已经告别了木结构的老房子，住进了钢筋水泥浇筑的新房子。近年来，随着通信信号台在山区的大量搭建，手机已经成为村民通信的主要工具。交通条件的改善也使得在新农村建设背景下的大部分村民几乎过上了与城市居民一样的生活，太阳能热水器、马桶、轿车逐渐进入村民家中，有的村民家中还连接了宽带，享受了网络生活。

第二章　宁国畲族凸显性的民间信仰

畲族自 7 世纪隋唐之际拉开迁徙的大幕，至清朝晚期，最后一批畲族民众迁往安徽宁国，至此，畲族民众千年迁徙的帷幕缓缓落下。在这千年迁徙的过程中，畲族民众何以能保持自己的民族特色，并且在与汉民族文化交流、融合的过程中保持自己的民族文化认同？黄光学认为，这是由于畲族民众始终保持着对始祖盘瓠的信仰，这个信仰不仅贯穿在他们世代保存的祖图、族谱、祖杖等方面，贯穿他们世代传唱的传说、山歌等方面，还贯穿于他们的日常穿着、生活习俗和年节祭祀等方面，对始祖盘瓠的信仰在畲族文化中有着相当重要的地位，对于维系本民族内部凝聚力、加强民族自我意识、保持本民族文化特点有着重要的作用。[①] 畲族先民形成了以盘瓠传说为核心的图腾崇拜。随着畲族民众不断地迁往各地，各地的畲族民众在保有自己本民族图腾崇拜的基础上，不断与各地的汉民族信仰文化接触、交流和沟通，形成了一个以图腾崇拜为核心的，包括祖神崇拜、俗神崇拜、鬼神崇拜等神灵的信仰。

有学者[②]在分析裕固族的宗教民俗时把裕固族的宗教民俗分为凸显性宗教民俗和非显性宗教民俗。凸显性宗教民俗是指裕固族过去广泛存在而现在基本消失，且宗教在其中扮演整体性角色的民俗；非显性宗教民俗是指宗教因素只参与某些民俗事象的个别环节，并在其中发挥功能的民俗。依据调查资料，笔者

① 黄光学：《中国的民族识别》，第 133 页。

② 汤夺先：《裕固族的宗教民俗》，载《中央民族大学学报》2002 年第 4 期，第 113—117 页。

认为贯穿千秋村畲族民众生活中的民间信仰也可以借鉴这种划分方式而分为凸显性民间信仰和非显性民间信仰。凸显性民间信仰则是指信仰对象在畲族民众中广泛存在的，且在民众生活中发挥整体功能的超自然的人、物和力；非显性民间信仰则是指信仰对象只参与某些民俗事象的个别环节，并在其中发挥功能的超自然的人、物和力。依据在千秋村的田野调查资料，笔者认为，千秋村凸显性的民间信仰主要表现在对祖神盘瓠、汤氏娘娘及灶神的祭祀；非显性的民间信仰主要贯穿在千秋村畲族民众的人生仪礼等日常生活民俗的事象中。本章主要探讨宁国畲族凸显性的民间信仰。

一、祖神信仰

在原始的“万物有灵”思维的影响下，人类对通过联想形成的幻想物进行崇拜，由此形成了一系列的神灵崇拜、祖灵崇拜、鬼灵崇拜等。在这些崇拜中，祖灵崇拜则在中国的民间信仰中有着十分重要的位置。作为一家一户一族的大神，祖灵崇拜有着丰富的内容。尊奉始祖神是祖灵崇拜的最古老内容。它是一个家族、一个氏族或是一个民族最早的族源象征。[①] 在汉文的文献中，有着较多的关于汉族祖灵崇拜的记述。如女娲和伏羲。女娲被汉族民众尊称为“玄母”，伏羲被尊称为“人皇”，现在的陕西仍有“人祖庙”的遗址。不仅汉族人如此，一些少数民族同样也有自己的祖灵崇拜信仰。遍布在中国南方八省的畲族则是一个很明显的例子。畲族崇拜的始祖神是盘瓠，有时候也称为龙犬、龙麒，普遍尊称为“盘王”。畲族的祖神拜则是以盘瓠传说为核心的，盘瓠传说在各地畲族民众中世代相承，广为流传。

（一）盘瓠传说源流

盘瓠传说历经沧桑岁月，依然鲜活在各地的畲族社区。长期在闽粤浙三省调查的畲族研究者王克旺在目睹了中华人民共和国成立后各地畲乡的祭祖活动后，指出“畲族对祖先神盘瓠是至为虔诚的”。[②] 依据现有的资料而言，东汉应劭的《风俗通义》当是最早记载盘瓠传说的文献典籍。晋代干宝的《晋纪》《搜神记》，南朝范晔的《后汉书》，或略或详引述了盘瓠传说。

畲族收藏的盘瓠传说文本则是畲族诸姓谱牒之首的《敕书》（或是《敕赐开山公据》），族谱的《历朝封赠》等也对盘瓠传说有所记载。畲族史诗《高皇歌》的前半部分就是对盘瓠传说进行记述的，以诗歌的形式让畲族民众进行传诵。祖图是盘瓠传说的图文形式，以连环画的形式把盘瓠传说留存下来，现存于厦门大学人类博物馆的《雷氏祖图》长卷，是至今所见到的内容较完整、

---

① 乌丙安：《中国民间信仰》，长春出版社，2014年版，第110页。

② 王克旺：《论畲族图腾文化的个性特征》，载《东南文化》1990年第3期，第32—35页。

详细，绘画较为精美的祖图。完整的祖图都有一篇讲述盘瓠故事的文字作为开头，称为“原序”，接着是连环画，顺序由右向左，将盘瓠传说以图画形式展现出来。

祖杖、祖牌是盘瓠的象征。祖杖又称“龙首师杖”，是始祖的象征物。闽东、浙南的畲族祖杖大多用连根的树干或树干制成，以带根部树干为材质的形式较为古老，制作的关键处是雕出一个含珠的龙头。祖杖有长短两种，长的四尺多，短的二尺余，放在红布袋。清同治九年编修的樟坑汝南《蓝氏家谱》中的《龙首师杖志》记载：“盘瓠王降生于帝喾高辛时，至帝尧陶唐氏二十一年六月二十一日，盘瓠王游山伏猎，二十二年正月十四日，登树杈而卒，十七日得尸而归。同朝奏上，帝思功臣生既非怀于人胎，死复不归乎中土，命将树砍回，召青州范氏刻盘瓠王颜像，名曰‘师杖’，谥为‘盘护王’。每朔望焚香致祭。”① 祖图、祖杖是畲族民众的传家之宝，只有在祭祖或与祭祖有关的祭祀仪式中才会请出来。祖牌是始祖盘瓠的另一个象征物。民国时期，史图博在景宁敕木山畲族村落看到蓝氏祠堂“供桌上放着香炉和祖宗牌位，放在牌位中央的是个最大的，即盘瓠的牌位。牌位上写着：‘龙凤高辛祖敕赐驸马护骑国盘瓠妣肖氏蓝光辉妣夏氏之位。”②

（二）畲族祭祖

畲族民众尤其推崇祖宗，祖灵崇拜在畲族民众的民俗信仰中具有普遍性。祭祖仪式也成为畲族民众民俗信仰祭仪中最为隆重的仪式。畲族民众祭祀祖先以一家一户的祭祀为主。畲族民众每家每户的堂屋正中常常贴着一张墨书红纸，称“（祖公）香火榜”或“祖公图”。《浙江省少数民族志》记载了畲族民众的祖神崇拜：“畲族民众每家每户都会有一个代表历代先人的香炉，在外出迁移的过程中，其他东西可以丢掉，唯独香炉是万万不能丢掉的。当迁移的畲族民众定居在某一处时，他们要在定居房屋的堂屋中间的照壁上摆设香龛以放置祖先的香炉，称为香火桌，在香龛的中间贴上壁联，称为香火榜，榜词常见的是‘本家夤奉堂上高辛皇氏敕封忠勇王某某郡（蓝姓写汝南郡，雷姓写冯蚁郡，钟姓写颍川郡）长生香火祖师历代合炉祖宗之位’”。③ 在闽东畲族民众聚居区，畲族民众一般派代表在宗族的祠堂举行集体祭祖，包括祭祀始祖，甚至清明节就是专门祭祀始祖的。根据蒋炳钊等人 1958 年在福建罗源县八井村的调查可知：“祭祖时，由族长或由本族名望最高的人做主祭，由每户家长一人做陪祭，

① 霞浦县民族事务委员会《霞浦县畲族志》编写组：《霞浦县畲族志》，福建人民出版社，1993 年版，第 483 页。

② 史图博、李化民：《浙江景宁敕木山畲民调查记》，载《浙江少数民族志》（浙江省少数民族志编纂委员会编），第 633 页。

③ 浙江省少数民族志编纂委员会：《浙江省少数民族志》，第 350 页。

多为男子，也有个别的女子。”“祠堂每月初一、十五定要焚香点烛，由值祭管理。全族各户依次轮流值祭”。①

在闽东和浙南畲族聚居区，畲族民众每逢过年、过节都要烧香上供品祭祀祖先神，每月初一、十五也会给祖先神上香祭拜。畲族民众日常的民俗生活中，如畲族民众中的嫁娶、诞生等喜事也会上供品祭拜祖先神。依据各地畲族聚居区畲族民众的祭祖情况可知，年节祭祀祖先神最为隆重的则是过年。在浙南畲族聚居区，除夕晚饭前，畲族民众备好熟鸡、熟肉等供品，先祭拜天神，后祭拜土地神，再祭祀祖先神，该地方民众称其为“谢年”。晚饭过后，又给祖先神上香、烧纸钱。正月初一，畲族各家户又祭祀拜谢祖先神，称其为“祭年”。初五为春节节期的最后一天，早晨给祖先神上香点烛，一手拿扫帚，一手拿畚斗，对家中各处象征性边走边扫垃圾，边念送鬼词，送往本村顺水村外路口，垃圾倒在路边，再点香烛，放鞭炮，表示年已过好。② 在闽东畲族聚居村落，畲族民众在初一的凌晨分别祭祀拜谢天地神、祖先和灶神、门神等。初五的早晨给家里的门神、祖先和灶神等分别点香、烧金元宝。③

除一家一户操办的祭祖外，畲族还有宗族或全村大规模的集体祭祖活动。“每祭祖，则四姓毕集，悬所绘狗头者，即其始祖盘瓠也”。④ 这种活动一般在公共祠堂举行。时间多半在除夕、大年初一、五月节、七月半。每三年举族大祭一次。有的地方还会形成祭祀圈，在祭祀圈内举行“迎祖”仪式，可谓热闹隆重。罗源畲族有祭祀“龙麒”的接祖活动，并成俗例。规定每 3 年以宗支为单位举行一次。接祖活动按照世系排序，将“祖杖”“祖牌”轮流传承下去。由于多种原因，罗源畲族接祖活动有一段时间处于断裂的状态。直到 20 世纪 80 年代起，罗源畲族聚居村落开始恢复其接祖活动。现笔者对这一活动进行介绍，以期大家对畲族民众祭祖活动有所了解。

接祖活动时间多在农历正月初十至十四日之间举行。接祖时，负责接祖的族人应聘请王师，准备牲醴，提前一天到达前届举行“接祖”活动的村庄（即“祖杖”“祖牌”停留的村庄），就地张挂祖图，摆供品，并请王师念咒，供奉“祖牌”“祖杖”，族人诵唱《祖宗歌》。活动从当日中午开始，至午夜结束。次日凌晨，“接祖”人员开始列队返回，走在队伍最前面的为长 3 米、宽 50 厘米黄底红边的旗幡，上书黑色“高辛加封忠勇王三爵仕武骑侯、大烈侯、护国侯”；左右两侧有红底白边长 3 米、宽 45 厘米的旗幡 2 面，左边书“安邦定国功建前朝高辛帝喾金銮殿上亲敕赐”，右边书“驸马金卿名垂后裔日月回春皇君

① 《中国少数民族社会历史调查资料丛刊》福建省编辑组：《畲族社会历史调查》，第 131 页。

② 浙江省少数民族志编纂委员会：《浙江省少数民族志》，第 331 页。

③ 石奕龙、张实：《畲族：福建罗源县八井村调查》，云南大学出版社，2005 年版，第 338 页。

④ 杨长杰等：《贵溪县志》，台北：成文出版社有限公司，1989 年版，第 2225 页。

子孙免差役”，旗幡用连尾竹（留有竹枝、竹叶）支撑。旗幡之后是大宫灯、水火棒、红凉伞、銮驾仪仗；接后为木质红底黑字书有“肃静”“回避”和黄底红边黑字“高辛世裔”“封忠勇王”牌，以及“龙驸马忠勇王”的日月牌，紧随其后又有“旨”“征番有功”“天经地义”字样和绣有龙、虎图案的旌旗，最后为“祖牌”“祖杖”以及黄凉伞。放有“祖牌”“祖杖”和香炉的神龛4人抬行。接祖队伍浩浩荡荡，一路旌旗招展，场面壮观，热闹非凡。凡沿途经过的畲族村落，不论是否同支同房皆行迎候，敲锣打鼓、摆设供品，向“祖牌”“祖杖”烧香跪拜。拜毕，便加入队伍，接祖队伍出发时往往只有几十人或百余人，回到村时逐渐增加到几百人甚至千人。接祖队伍进村，与守候村口手执《祖图》、敲锣打鼓的欢迎队伍会合，一起进入祠堂或祖厝。“祖牌”“祖杖”安放于祠堂或祖厝大门的祖宗桌后，各家各户的主妇摆上各自装饰的“斗灯”，并进香跪拜，王师继续念咒，至深夜整个接祖仪式才告结束。①

（三）千秋村祖神崇拜

安徽宁国作为畲族千年徙流的“水尾”，其祖神崇拜与其他地区基本保持一致，但在某些方面略有差别。此处将重点介绍千秋村畲族民众的祖神崇拜。

依据笔者在宁国千秋村的调查，宁国畲族民众祭拜祖神的时间多是在过年和清明两节，尤以过年祭祖为最重。对于畲族过年时候祭祖神的仪式活动，笔者依据村中的LKY② 老人的讲述整理如下：

畲族祭祖神，是在除夕的下午，吃晚饭之前。首先，各家各户要把祭拜祖神的供品在厅堂中间的供桌上摆放好。供品要有煮熟的猪头，在猪头上插上一条猪尾巴。这是因为以前的老祖宗祭拜祖神的时候用的是一头整猪，后来人们觉得一头整猪太浪费了，就用猪头肉插上一条猪尾巴来象征着一头整猪。除了猪头肉，还要有整鸡一只，鸡必须是要整鸡，不能是剁碎的。鸡的摆放也是有要求的，鸡的两只腿要直直地伸向后面，鸡头要仰着靠在鸡背上，鸡血煮熟是要挂在鸡脖子上的。此外，还要有三荤三素和三杯酒，至于三荤三素的具体菜样，则没有限制，依据各家的实际情况而定。其次则是请祖神回来，由每家每户的当家人一声声地喊回来。祖神包括祖祖辈辈的所有先人们，既有好远好远的祖先，也有很近的先人，比如我的爸爸妈妈，爷爷奶奶。请他们回来之后，给他们上香，请他们吃饭、喝酒，表达一下我们的敬意。如我喜欢讲：爷爷奶奶，爸爸妈妈，现在过年了，请你们回来过年了，你们饭要吃饱、酒要喝好啊！到现在呢，祭祖神并没有结束。我们从初一到初四的每天傍晚还是要祭拜祖神

① 福州市地方志编纂委员会：《福州市畲族志》，海潮摄影艺术出版社，2004年版，第434—435页。

② 访谈对象：LKY，76岁，教师；访谈人：刘强；访谈时间：2016年8月20日；访谈地点：访谈对象家中。

的。这几天的祭祖都是比较简单的，都是给祖先上支香，拜三拜。到初五的早晨，我们就开始送年了。天还没亮的时候，每家每户的当家人要起来了，他们起床后，要把家里在前几天屋里存放的垃圾用粪箕子挑出去。在把这些垃圾挑出去的时候，还要带上纸、香、炮仗和蜡烛。当家人走到离房屋较远的一个路口的地方，点上蜡烛和香，拜三拜，把垃圾点火烧掉，把炮仗点上放一放，这就表示送祖神走了，也就意味着祭完祖了。

每年的清明节也是宁国畲族民众祭祖的时间节点。依据在千秋村的调查资料，宁国畲族民众在从浙江迁往安徽宁国的时候，是带着先人的骨灰迁徙来的。在迁到安徽宁国后，把祖先的骨灰也安葬在了其居住地方的山上。在清明节的时候，他们也会到祖先的坟墓上进行墓祭。对于宁国畲族民众清明节的祭祀祖神的仪式活动，LKY 老人也进行了说明：

清明祭祖的时间比较随意，只要是清明前后三天都可以。每家每户的当家人定好祭祖的时间，在当天的上午或下午都可以。当家人会带着提前准备好的酒和菜前往坟地。清明祭祖和过年时候的祭祖差别不大，除了猪头肉不要之外，其他的三荤三素三酒是要准备的，还有清明粑粑。另外，还有香、纸、蜡烛、炮仗。到了坟地，当家人要把酒菜摆好，把蜡烛、香、炮仗点上。上坟祭拜的时间也是要长一点为好。你要对祖先尊重嘛，你不能到那拜一拜就走啊。你要给祖先倒酒，倒酒也是有讲究的。你要给祖先倒三旬酒。这三旬酒怎么倒呢？你第一杯酒倒满后，你要端起酒杯轻轻地洒一点在地上，然后再给酒杯倒满酒。你第二杯酒还是要轻轻地洒一点在地上，再倒满酒杯。最后一杯酒都轻轻地洒在地上。喝完酒、吃完饭之后，你再跟祖先说些话，大致是讲：我来看你们了，你们要吃好喝好啊等等之类的。这样祭祖就算结束了。

依据笔者在千秋村的调查资料可知，宁国畲族民众与以闽东、浙南、闽粤赣交界区为代表的畲族民众在祭拜祖神方面还是有略微的区别。这种区别主要体现在：祭祀是一家一户的家祭和墓祭为主，没有祠堂祭祀和集体祭祀。这是由多种原因造成的。一是迁往安徽宁国的畲族先民多是以一家一户进行的，同族中没有更多的人跟着一起迁徙过来，且在迁徙到安徽宁国之后，受到外部环境的限制，人口自然增长较慢，没能形成一个较大的宗族；二是畲族中的蓝、雷、钟姓虽然都迁到了千秋村，但我们注意到他们是从不同的地方迁徙过来的，如钟姓是由浙江淳安迁过来的，雷姓是由浙江桐庐迁过来的，蓝姓是由浙江景宁迁过来的。虽然他们同是崇拜着同一个“盘瓠王”，但是他们并没有直接的近亲血缘关系，这也在一定程度上影响了他们对集体祭祀的看法。三是受到经济因素的影响。畲族民众迁徙到安徽宁国的时间比其他地方的汉民族迁徙到这里的时间要晚，这样他们迁到宁国的时候，好的土地已经被早先到来的汉族民众开垦了，畲族民众只能往开垦较为困难的山区地带迁移。如此一来，畲族民众终年的劳作只能够维持家庭的日常开支，没有多余的钱财进行这种较大规模的祭祀活动。

虽然迁徙到安徽宁国的畲族民众由于种种原因未能像其他地方的畲族民众那样形成浓厚的祭祀祖神的氛围，但是我们应该看到祖神崇拜在宁国畲族民众中的重要内涵：一是反映了宁国畲族民众对远祖和近祖的回忆与纪念；二是宁国畲族民众定居的精神需求，其意义是非常微妙的，交织着民众祈福与避罚的矛盾信仰心理，它既可以给迁居地家庭带来福气，也同样具有信仰民俗的神圣感，这种感受是不会随着迁移而发生变化的。然而，宁国畲族民众对祖灵的祭祀并没有继续延续下去。中华人民共和国成立后的一段时间内，全国掀起了一股“去四旧”的浪潮。受此影响，宁国地区的祖神崇拜遭到了破坏。畲族祭祀时所需要的祖图、牌位基本上全被烧掉。宁国畲族的祖灵崇拜在此后的很长一段时间内从畲民的生活中“消失”了。

二、其他民间信仰

依据笔者在宁国千秋村的调查，宁国畲族民众除了畲族独特的祖灵崇拜之外，还有民间俗神信仰和家神崇拜。俗神还叫作世俗神，是与民间的群众性的信仰方式相关联的神灵，它不是那种独门独户零散奉祀的专门掌管家事的神，而是属于区域性的民众所祭祀的有群体性风俗的神灵。当地民众通常会为这类神灵建立一定规模的庙宇，并伴随有一定的祭日庙会活动。① 畲族民众在长期与汉族民众杂处的过程中，往往会受到汉族民众文化生活中的巫文化影响，因此畲族民众也普遍信鬼神，祭祀多种神灵。千秋村畲族民众信仰的俗神则是汤氏娘娘。家神是指除了本家祖先之外的那些能够保护家宅平安的神灵。这些神灵与小家小户民众的日常生活有着密切的关系。② 千秋村的畲族民众崇拜的家神则是灶神。

（一）汤氏娘娘信仰

中华人民共和国成立前，宁国畲族民众除重视祭拜祖神外，还崇信民间俗神。汤氏娘娘信仰便是其民间俗神信仰中的一个重要方面。依据笔者对LKY老人的访谈，汤氏娘娘信仰还有一个美丽的“飞升”传说：

千秋畲族村上面有个汤公山，汤公山脚下有一个汉族人叫汤员外。汤员外有很多田地，非常富有。他有两个女儿，大女儿平平常常，没什么大的本事；二女儿非常聪明，本事也非常大。有一年，汤公山大旱，河里也快没水了，田里的稻子快枯死了。汤员外非常着急。他的二女儿从外面回来了。她就跟她父

① 乌丙安：《中国民间信仰》，第137页。

② 乌丙安：《中国民间信仰》，第130页。

亲汤员外讲不要着急，我去给田里灌水。她在路上捡了芭茅草，把芭茅草一根根地从河里接到田里。她让水倒流，水就倒流了。汤员外到地里一看，果然水满了。汤员外就在那大喊：我姑娘成仙了。这时候只见他的二女儿在云头上。就这样，汤氏娘娘就有名了，被当作菩萨供起来了。久而不雨，人们就会把汤氏娘娘抬出来求雨，一求就下雨了。原来有三个菩萨，有一个老头就是她的父亲，他们一家人都是菩萨。千秋关上还有畲族民众集资造的庙呢！

据老人所讲：1949 年前，对于汤氏娘娘的祭拜还是很热闹的，方圆数十里都有人赶来求娘娘赐福，甚至上海都有人赶来祭拜。最为热闹的还是每年汤氏娘娘的诞辰日。据传，汤氏娘娘的诞辰是七月初七。每到七月初七的时候，山上更加热闹。上香的、赶庙会的、吆喝着卖东西的，人很多。不只有畲族的，还有汉族的。我小时还见过呢！1949 年后，说是迷信，就不让再搞了。

显然，汤氏娘娘是以神奇的降雨能力为人们所崇祀，但是汤氏娘娘也同样具有民众所需要的其他功能，如：送子功能，如果谁家的媳妇在结婚数年后还没有怀上孩子，那就要到汤氏娘娘庙许愿求子，心诚则灵，娘娘就会赐你一个孩子，来年你只要还愿就好了；降福功能，如果谁家遇到了不好的或不顺心的事情也会到汤氏娘娘庙祈福，祈求娘娘的庇佑，娘娘则会保佑这家人平安，等等。

在听完 LKY 老人所讲的汤氏娘娘的“飞升”传说及有关汤氏娘娘的神奇法力后，笔者猜测这与王逍所讲的浙江景宁敕木山区畲族社区的汤夫人信仰应该有着某种关联。老人接下来的话则证明了笔者的猜测。据老人讲，千秋关上早期的那座汤氏娘娘像则是从老家“偷”来的。千秋村的蓝、雷、钟三姓基本都是从浙江景宁迁徙来的，而在浙江景宁畲族村落有着浓厚的汤夫人信仰。史图博在敕木山调查时就曾对当地的汤氏崇拜有着记载：“生活在敕木山的畲族民众还有着对本地一个女神汤氏的崇拜。这种崇拜是畲族民众从汉族民众那里接受过来的，而且当地有关汤氏女神的崇拜开始于畲民在此定居之前。敕木山的蓝村主任家就曾注意照管汤氏的庙。此外，当地民众还给汤氏在敕木山山顶上建立了一块纪念碑。”① 王逍结合地方志和民间传说对景宁县敕木山区的汤夫人信仰进行了细致的梳理：汤女仙，名理，字妙元，徽宗时人，自幼神异好道，奉亲至孝，父农者，世居敕木山下，旱时，女以竹刳去节，引下水田倒流以灌上田。……南渡时以显灵运木功，高宗大喜，降敕褒奖，封灵应神女。……宋末元初，敕木山上就有了较为简陋的汤夫人庙；元顺帝至正二年汤夫人庙被重修；清宣统二年被再次重修；民国 22 年又维修了一次。现存的庙宇则是 1981 年重新修

① 史图博、李化民：《浙江景宁敕木山畲民调查记》，《浙江省少数民族志》（浙江省少数民族志编纂委员会），第 638 页。

建的。①

据此可知，安徽宁国的汤氏娘娘信仰当是脱胎于浙南畲族地区的汤夫人信仰。从畲族民众自浙南迁入安徽宁国依然没有丢掉汤夫人信仰，可以看出：一是表明了农业生产在畲族民众中的重要地位。从浙南畲族地区的汤夫人信仰和安徽宁国畲族地区的汤氏娘娘信仰产生的根由可以看出，畲族民众在历经迁徙之后，随着人口的增加和可开垦山地的减少，逐渐改变了原有的“只望青山而去”的游耕方式，开始向着定居农耕的方式转变，而农耕生产的不稳定性又使得他们不得不把目光放到了宗教上面，通过对神灵的祭祀以求得农业生产的丰收和稳定。二是体现了畲族民众与汉族民众的沟通、交流和融合。从传说故事中可知，汤氏娘娘是汉族女儿，畲族民众并没有因为汤氏娘娘是汉族人而放弃对她的宣传和崇拜，相反，畲族民众还积极地参与到汤氏娘娘信仰的“重构”过程中。可知，随着畲族民众的不断迁徙，畲族民众这种“大分散、小聚居”的散杂居模式使得他们与周围的汉族民众展开交流。在交流的过程中，畲族民众吸收汉民族文化中的有利之处，并加以改造，为本民族所用。三是强化了畲族民众的自我认同心理。无论畲族民众是迁徙到浙江景宁地区还是安徽宁国地区，面对着周围广泛分布的汉民族群体，以及汉族群体中小部分人的不友好态度，畲族民众通过对汤夫人信仰的“重塑”，塑造成一个为畲族民众所供奉和祭祀的神灵，如此就可以把周围的畲族民众纳入这个信仰体系，团结周围的畲族群众以“对抗”周围的汉族群体。而对于安徽宁国畲族民众而言，把他们口中的“老家”之地的汤夫人信仰搬迁到宁国，不仅是对迁出之地的认同，更是在某种程度上通过汤氏娘娘信仰这一共同的心理寄托把畲族民众的自我认同联系起来，以“对抗”周围汉族群体。

（二）灶神信仰

灶神，又俗称灶君，唐以来民间又称之为灶王，是中国民间信仰最普遍的神，上自天潢贵胄，下至平民百姓，每家每户都要奉祀。灶神的起源无疑是很早的，它和地、井、门等一样，因与民众日常生活中的饮食有着十分紧密的关系，所以早就成为民众自然崇拜的一项内容。自汉代以后，灶神的职能发生了变化，主要不是掌饮食，而是掌握民众的寿夭祸福。唐宋以来，对灶神的信仰出现了有趣的变化。由于灶神不仅掌握着司命大权，可越过众仙官直接对天帝负责，又与民众的日常生活最为接近，能够察看到民众日常生活的言语行状，民众既害怕它，又离不开它，甚至也不能用对付其他神的“敬而远之”的态度

① 王道：《民俗信仰的社区功能意义——以景宁敕木山区惠明寺等畲族社区汤夫人信仰为例》，载《非物质文化遗产研究集刊（第2辑）》（浙江师范大学浙江省非物质文化遗产研究基地），学苑出版社，2009年版，第304—305页。

来敷衍它。民众根据现实生活中的经验，封建官府的各级官吏都是可以通过行贿买通的，那么他们认为灶神同样也可以买通。每到祭祀灶神之日，就设法用糖黏住它的嘴，并用好话来奉承它，于是逐渐形成了独特的祭灶风俗。①

依据笔者在千秋村的调查，在1949年前，村中的畲族民众是家家户户都有灶神的。关于灶神的祭祀，LKY则讲道：

在传统社会时期，畲族民众会在灶台上给灶神做一个壁龛，把灶神请到里面。每到除夕的时候，家中的当家人会给灶神上一支香，有些家户还会给灶神供奉一些菜肴，说一些好听的话，让灶神在去天上述职的时候能够多为自家讲讲好话，祈求自家在新的一年能够顺顺利利，平平安安等。

改革开放之后，特别是近十年来，由于经济的发展，村民收入的增多，家家户户都盖起了现代化的房子，而灶神信仰便在经济发展中逐渐地消亡了，至今只有寥寥几户居民家里还有灶神。

三、小结

综观宁国畲族民间信仰，无论是由图腾崇拜演化而成的祖神崇拜还是后来与汉民族接触、交流、融合而形成的汤氏娘娘崇拜、灶神崇拜，这都是宁国畲族先民自其他地方迁徙而带入的。这些民俗信仰构成了畲族民众最重要的精神信仰，在畲族民众的民俗信仰中具有凸显性的特征。然而，受不同时代的社会环境的影响，这些凸显性民间信仰的命运也受到了深刻的影响。

第三章 宁国畲族非显性的民间信仰

在上一章，笔者对以祖神崇拜、汤氏娘娘崇拜、灶神崇拜为主的宁国畲族凸显性民间信仰进行了梳理。以祖神崇拜为核心的凸显性民间信仰在畲族民众迁徙到安徽宁国之后，在畲族民众中发挥着重要的作用，为畲族民众在安徽宁国的定居提供了精神支撑。本章则对宁国畲族非显性的民间信仰进行梳理，以期从全方位的角度来展现宁国畲族的民间信仰。

非显性民间信仰则是指信仰对象只参与某些民俗事象的个别环节，并在其中发挥功能的超自然的人、力和物。依据在千秋村的调查，笔者认为，宁国畲族非显性的民间信仰主要表现在其日常的人生仪礼和岁时节日之中。受调查资料的限制，笔者就不再对宁国畲族岁时节日中的民间信仰进行论述，只讨论其人生仪礼中的民间信仰。宁国畲族的人生仪礼中，或多或少地受到了多种民间

① 宗力、刘群：《中国民间诸神》，河北人民出版社，1986年版，第253—264页。

信仰的影响，民间信仰及其操持者积极地参与着人生仪礼民俗事象的各个环节，起到了相当重要的作用，成为宁国畲族民众人生仪礼民俗中重要的组成成分。

人生仪礼是社会民俗事象的重要组成部分，它是指人在一生中几个重要环节上所经过的具有一定仪式的行为过程，主要包括诞生仪礼、成年仪礼、婚姻仪礼和丧葬仪礼。人生仪礼与社会组织、信仰、生产与生活经验等多方面的民俗文化交织，集中体现了在不同社会和民俗文化类型中的生命周期观和生命价值观。[①] 金泽曾指出："在中国的民间文化中，成年礼早已演变成一种纯粹的民俗礼仪，甚至只剩下一个概念的空壳。"[②] 依据笔者在宁国千秋村的调查，由于畲族迁徙到宁国的人数较少，时间较短，未形成畲族特有的成年礼习俗。因此，本章有关宁国畲族的人生仪礼主要集中在诞生仪礼、婚姻仪礼和丧葬仪礼等方面。

一、诞生仪礼中的民间信仰

在民间信仰中，一个新生命的诞生并不是现在生物学上所讲的是一种生物的过程，而是由神灵所掌控着的，具有魂魄投胎转世的特征。在这新生命的诞生过程中不仅充满了神灵恩惠的神秘性，还充满了鬼怪侵犯的危险性。因此，不论是孕妇还是其家人，都在诞生仪礼的过程中遵守着某种既定的仪规。如果违背了这些礼仪，会引起神灵的恼怒，这就给鬼怪的侵犯带来了机会，从而给孕妇或者婴儿，乃至家庭和村落带来危险。在这种思维之上，形成了众多的与信仰相杂的观念，它们主要集中在求神赐子和孕期禁忌两个方面。

（一）神灵信仰：求神赐子

传统中国社会是一个封闭的自给自足的以男耕女织为生产方式的小农生产社会，这种生产方式使得民众对生产力尤其是男性劳动力有着迫切的需求，以保证农业生产的正常进行。小农经济带来的强烈求子欲是我国传统社会生育信仰形成的重要根源。在汉朝大一统中央集权的推动下，儒家思想成为社会的主流思想，儒家思想当中的"不孝有三，无后为大"等相关思想与宗族制度文化相结合，使得民众对于香火的传承有很大的祈盼，以保证家族的延续。因此产生了众多的生育崇拜，尤其是送子的崇拜和习俗。畲族虽然是以游耕为主要生产方式，然而在其祖神崇拜思想的深刻影响下，畲族民众也有着浓厚的求子意识。清朝浙南遂昌县诗人周应枚在《畲民诗》中云："九族推重缘祭祖，一家珍重是生孩"[③]，大抵便是对畲族民众浓厚的生育意识的反映。

依据笔者在宁国千秋村的调查，当地的畲族妇女在结婚多年不能生育之后

---

① 钟敬文：《民俗学概论》，上海文艺出版社，1998 年版，第 156 页。

② 金泽：《中国民间信仰》，浙江教育出版社，1990 年版，第 57 页。

③ 胡寿海等修、褚成允等纂：《（光绪）遂昌县志》，成文出版社，1970 年版，第 1196 页。

会前往汤氏娘娘庙祭拜汤氏娘娘，以求得娘娘赐子。LKY 老人则是如此讲述：

村里有结婚多年不能生育的妇女通常带着香、纸等到庙里给娘娘上香，求娘娘赐子。她们会向娘娘许愿，如果娘娘能够赐给她们一个孩子，她们来年会向娘娘还愿，给娘娘奉上丰厚的供品。在给汤氏娘娘上香、叩头之后，她们会从庙里摆放好的一堆泥娃娃里选取一个带回去。

据老人所言，他听到过有妇女去还愿的。在此，笔者姑且不论事件的真实性。笔者所关注的是在医疗条件较为落后的年代，传宗接代作为人类繁衍的头等大事，当民众对于生命的来源不能理解的时候，总是把它归为神灵的恩赐。具体到畲族妇女身上，便是向自己身边的汤氏娘娘求取。

（二）巫术信仰：孕期禁忌

当妇女所求的神灵“显灵”之后，妇女们又面临着新的麻烦：妊娠。即便是在科学技术相当发达的今天，人们也无法保证每位孕妇和胎儿的平安，何况是在医疗水平较为落后的20个世纪中叶之前的中国社会。为了保证孕妇和胎儿的平安，人们制定了各种针对孕妇的禁忌和巫术。畲族妇女在怀孕期间也有着和汉民族相类似的禁忌和习俗。据 ZYG 老人所讲：

虽然畲族妇女怀孕之后还是像往常时候一样会下地干活，但是在平时也会像汉族那样注意一些事情，像孕妇不能到有“红白喜事”的人家或场合去；孕妇忌吃兔肉啊等一类的，据说民间说法是吃过兔肉后婴儿容易长兔唇。

从老人的讲述中可以看出，这些禁忌都和巫术相关联。弗雷泽曾从两个方面对巫术最基本的法则进行了概括：一个是顺势巫术，即按照“相似”的联想而构建的；一个是接触巫术，即按照“接触”的联想而构建的。[①] 有关孕妇的禁忌，便是在这两种最基本的法则的综合影响下产生的。

在宁国畲族诞生仪礼中，无论是求神求子，还是关于孕育期的禁忌，与之相关的民间信仰，都强调要求诸超自然的神力或巫力，重视超自然的模拟和感染。

二、婚姻仪礼中的民间信仰

“婚姻是人的终身大事。当两个人结合在一起的时候，不仅意味着他们从此开始一种新的生活，而且意味着与之相关的两个家族结成一种姻亲关系”。[②] 故《礼记·昏义》云：“昏礼者，将合二姓之好。”由此，也形成了一套复杂的礼仪流程。受传统的趋利避害思想的影响，汉民族在“合二姓之好”之前，会采取一种巫术的手段来验证男女二人是否合乎天命。若合乎，则开始婚礼；若不

① 弗雷泽：《金枝》（徐育新等译），大众文艺出版社，1998 年版，第 20 页。

② 金泽：《中国民间信仰》，第 71 页。

合乎，则会取消接下来的程序。千百年来，畲族逐渐受到周围汉民族文化的影响而在婚礼礼仪上逐渐向汉民族靠拢，形成了类似于汉民族的一套婚礼礼仪。依据笔者在宁国千秋村的调查，畲族民众成婚既有经过自由恋爱也有经过媒人介绍的。1982 年，施联朱等人在宁国云梯公社的调查对此也有记载："畲族人结婚一般由媒人介绍，也有通过相识产生爱慕之情而成亲的。"① 依据千秋村二组的访谈资料，现将宁国畲族婚礼过程整理如下：

一、媒人介绍：由于畲族没有自己本民族的文字，唱歌便成了他们交流的方式。年轻的男女如果看上了对方，就会用唱歌的形式表达自己的爱慕之情，如果对方有意，则又会以唱歌的形式回应对方。

二、定日子：男女双方父母同意之后，男方家的媒人会把男孩子的八字送到女方家，女方家会请阴阳先生来测男女八字是否相合。如果不合，则这门亲事就无法结成了，婚事的程序就此结束。如果相合，则进行第二步，女方家父母还会请阴阳先生测八字与年份是否冲突，以决定结婚的日子。由阴阳先生测出的日子就是他们结婚的日子，一般情况下不得更改。

三、送日子：送日子通常是两家通过媒人商量之后决定的。送日子的主要内容就是两家商量结婚时男女双方家要备上的礼品的内容和数量。

四、迎亲：迎亲则是男女结婚最重要的一个过程。在迎亲的前一天晚上，男方家要把商量好的酒、菜、衣服等送往女方家。迎亲的当日，男方家的媒人会带上两个接亲的女孩，抬嫁妆的男子，以及四色礼：两条鱼、四斤面、四斤肉、两斤糖（至于为何要这四样以及还有斤数的限制，笔者未得到资料）。待男方迎亲的队伍走到女方家村寨口时，女方家村寨中的人会拦住道路，不让男方家迎亲的人过去。这时，男方家迎亲的人会掏出备好的喜烟、喜糖撒给拦路的村民，以便能够顺利地过去（这是带有嬉闹性质的拦路）。男方家迎亲的人到了女方家门口，则女方家来帮忙的人会用桌子堵住大门，不让男方迎亲的队伍过去。当然，男方家迎亲的人则会把备好的喜烟、喜糖撒给他们，这样他们就能顺利地过去。进了女方家门之后，女方家帮忙的人则会为男方家迎亲的人做上一顿饭菜。在做饭的同时，新娘子也要开始了自己的换装。新娘子换装通常是要站在一个铺有大红毯子的簸箕上，意味着不会带走家里的一点土。

在女方家迎亲人吃过午饭后，男方家媒人就开始催亲了。男方家迎亲的人会把女方家准备好的嫁妆（一般是箱子、梳妆台、大脚盆、小脚盆、搓衣板）抬走，嫁妆里通常会放上枣子、花生，寓意着早生贵子。在这些嫁妆里面，还有一份比较有意思的嫁妆是两个火筒，这两个火筒将在迎亲回去的路上发挥独特的作用。新娘子这时会吃一碗姐妹饭。姐妹饭即意味着和自己的姐妹们共吃

① 《中国少数民族社会历史调查资料丛刊》福建省编辑组：《畲族社会历史调查》，第 248 页。

的一碗饭。姐妹饭通常是一碗面，由新娘子和自己的姐妹们每人吃一口。吃完姐妹饭后，新娘的哥哥或弟弟会把新娘子背到轿子里。

由于男方家迎亲的队伍是先走的，他们走到离女方家一定距离的时候会停下来等待新娘的出发，而男方家的媒人则会返回去迎接新娘子。等到队伍会合之后，男方迎亲队伍就返回去了。路上则会有一个小小的活动：给火筒子点火。男方家通常会在迎亲之前于迎亲路上找一户家庭比较兴旺的人家，提前跟他们联系一下，会在迎亲返回的路上让他们给火筒子点上火，寓意着香火旺盛，绵延不绝。

五、拜堂：男方迎亲队伍到达后，新郎会出去迎接新娘子，并把新娘子背到新房里。背到新房后，则会请有福气的人（指父母健在、儿女双全的妇人）帮忙给新娘子端洗脸水洗脸，端蜜枣汤喝汤吃枣，寓意着早生贵子。接下来新娘子就可以出新房和新郎行拜堂礼了。完成之后则是入新房。宾客开始吃饭。

六、敬茶：第二天早上新娘子会早起为父母做一顿饭，并为父母敬上茶。至此，新婚仪式算是结束了。

七、回门：新娘子会在结婚后的第三天，和新郎一起带上烟、糖、花生回娘家。

八、做满月：做满月是新娘子在即将一个月的某一天会回娘家把父母接到自己的新家里看看，并和自己的公公婆婆们一起吃顿饭。

依据访谈资料可知，宁国畲族男女结婚的婚俗内涵同民众思想中的趋利避害的巫术与禁忌都有着莫大的关联。现具体分析如下：

（一）天命信仰：命中注定的姻缘

依据访谈资料可以看出，畲族民众在结婚的时候，都是请阴阳先生测“八字”的。无论男女双方的“八字”是否相合，这都是天命。所谓天命，就是“命中注定”。在民间信仰中，男女双方的婚姻是上天安排好的。有关这方面民间俗语也较多，如“千里姻缘一线牵”。即便是在科学技术较为发达的今天，人们已不再轻易地相信所谓的“命中注定”。然而，民间还是有着较为广泛的信仰生肖相生相克的说法，如“白马畏青牛”“龙虎两相斗”等，况乎是在20世纪中叶之前的中国社会？若是男女双方合乎天命便罢了；若是不合乎天命，这怕又是一场悲剧。

（二）巫术信仰：趋利避害的姻缘

无论有无信仰，人们都抱有一种趋利避害的想法，更何况是在婚姻仪礼这个最为重要的时间节点上。因此，求取吉利便是贯穿古今婚礼上的一个重要的价值取向。民间信仰中也是如此。宁国畲族在婚姻仪礼中也向一对新人表达了这种美好的意蕴。畲族民众在婚礼中从四个方面表达了对美好婚姻的祈盼。一是“定日子”。畲族男女结婚的时候会请阴阳先生“测八字与年份是否冲突，以决定结婚的日子”。这种对日子的挑选就暗含着对吉祥婚姻的渴望，因为“日子”对了，结婚的男女才会在未来的生活中不会受到邪气的侵害，生活才会圆满、和睦。二是送上面提到的“四色礼”。联想到汉民族结婚所用到的雁、鸡等礼品，笔者猜测“四色礼”虽然不具有特殊的经济价值，更多的应该是具有一种象征的意义。三是请“有福气的人”为新娘端水洗脸。所谓“有福气的人”则是父母健在，儿女双全的妇女。为新娘端洗脸水仿佛意味着经她的手端来的水就会把“福气”传给这对结婚的新人。这可以说具有一种“感染巫术”的味道。四是吃枣子和喝枣子汤。畲族新娘子在被接到夫家的时候要吃枣子、喝枣汤。这大概便是催生巫术的一种，意味着新妇能很快地生孩子。

在宁国畲族的婚姻仪礼中，无论是婚前的测八字还是婚礼过程中的送礼、新婚吃枣等仪式，与之相关的民间信仰都蕴含了天命观念和超自然力的感染。

三、丧葬仪式中的民间信仰

在传统社会中，受民间普遍传承的人生观念的影响，人们认为人死之后，他的灵魂并没有死，继续存在于另一个世界并对活人产生作用，而且按照宗教上所讲的转世观念看，人死之后还可以再次托生为人。所以，死亡不是人生的终结，而是人生的转折，它标志着一个人从此就要脱离其肉体前往另一个世界去了。人们不仅关心另一个世界的情况，而且关心死者的灵魂如何到达那里，并关注活人的世界如何调整自己与他人的关系。出于种种考虑，人们由此而形成了众多的有关丧葬礼仪的规矩和禁忌。[①] 畲族受汉民族文化的影响，也有着重视治丧的习俗，且形成了具有本民族特色的丧葬习俗。依据笔者在千秋村的调查，宁国畲族的丧葬仪式主要分为以下步骤：

一、报丧：老人过世之后，家中的孝子贤孙要报丧。如果是家中的女性长辈，则还要特别通知其娘家人。报丧之后，首先会在来帮忙的人中选一个较为熟悉本族丧葬礼仪的人作为总管，来给帮忙的人分派任务；其次还会选八个抬棺的人，称作“八仙”或“八大金刚”，有时也会选择四个人，至于为何要选八个人，则没有给出解释。他们不仅是抬棺，还要依据丧户请来的地理先生提前挖好过世老人的墓穴。

二、设灵堂停棺：老人过世后，家中的子女就要尽快把灵堂准备好。灵堂多设在家中的堂屋。家中的子女还要为老人穿好衣服，多是挑选老人生前最新的衣服穿上，一般是七件。早期，畲族中老人过世时，停棺的日期通常为七天七夜，后来在迁徙中受到自身经济实力的影响则改为三天三夜或两天两夜。如果是家道殷实的人家，依然会选择七天七夜。

三、做功德：做功德是畲族丧葬礼仪中的独特仪式。所谓做功德，即请道

① 金泽：《中国民间信仰》，第95页。

士为死者超度亡魂，引导死者进入天堂安息，并寄托着族人亲友的哀思。孝男孝女等人披麻戴孝，男子戴白帽子，女子头系白布条。做功德时间根据停棺的日期，两天两夜或三天三夜都可以。现在这种做功德仪式只剩下一个简单的空壳，只是为祈祷亡魂莫要停留在家中酿成鬼祟。

四、出棺：在出棺的时候，孝男要站在门的两边，等着“八仙”把棺材抬出去。当把棺材抬到堂屋前的空地上后，道士还要绕着棺材作法。道士作完法后，带着抬棺的“八仙”走在前面，孝男孝女及前来吊唁的亲朋好友走在后面。这时候，还会留下媳妇赶紧把堂屋厅堂打扫干净，用粪箕子把垃圾装好，打着伞一块送到墓地，等着一起烧掉。待走到已经请“八仙”做好的墓地后，亲朋好友则可以回去了，孝男孝女留下来等着“八仙”在地理先生的指导下把棺材下到墓穴中安葬。

五、做七：自下葬之后，丧户家中自“头七”开始每隔七天要前往墓地祭拜安葬的先人。做七七四十九天，第四十九天的时候，孝男孝女们要隆重地到墓地上祭拜先人。他们要准备好一些丰盛的饭菜、祭品。“七七”做完之后，则意味着整个丧葬程序宣告结束。

从上述资料可以看出，宁国畲族丧葬仪礼中包含着多种民间信仰因子，主要包含道教信仰、佛教信仰和对宗教职业者地理先生的信仰。

（一）道教信仰

作为中国的本土宗教，道教在中国民间的影响力是非常大的。在民间信仰中，民众塑造了众多的道教人物进行祭祀，如民间较为熟悉的“八仙”，就是传说中道士修炼得道而成的仙人。畲族的信仰民俗中也有着浓郁的道教信仰色彩。畲族虽然把道教信仰纳入了本民族的信仰崇拜之中，但是他们对道教的崇拜与汉民族有着很大的区别。而畲族与道教结下的不解之缘，当与他们的祖先盘瓠有关。据《高皇歌》中记载，当年，他们的始祖只身入番取得番王的首级，在归国的途中被番兵追赶，在如此险恶的情形下，幸亏有“神仙老君来相帮，腾云驾雾游过海”才得以得胜回朝；正是他们的始祖到闾山学法，才能“行罡作法斩妖精”。畲族男子成年礼中最为重要的“学师”仪式就看作是为取得太上老君的庇佑，而这个仪式未能在宁国畲族得到传承。宁国畲族中能够体现出道教信仰色彩的就是丧葬仪礼中请道士“做功德”这一仪式。

（二）佛教信仰

佛教自传入中国后，就逐渐与中国本土传统思想相接触，逐步中国化。[①] 经过数百年的交流、融合，佛教为中国广大民众所接受，并在民间信仰中为民众

---

① 洪修平：《儒佛道三教关系与中国佛教的发展》，载《南京大学学报（哲学·人文科学·社会科学版）》2002 年第 3 期，第 81—93 页。

所崇祀，如观音信仰。畲族受其周围汉民族民众的影响，也逐步接纳了佛教。有关畲族民间信仰对佛教的接纳，吴刚戟在《丽水风俗》中也给予了描写：“旧时，畲族人民在生产劳动中，为求得风调雨顺，五谷丰登，信奉神佛者多，崇拜观音佛。”[①] 宁国畲族民众也受到了佛教的影响，畲族丧葬仪礼中的请八大“金刚”抬棺就体现了其在民间信仰中对佛教的接纳。“金刚”，又称“金刚力士”，即手执金刚杵以护卫佛法的神祇，他是民间佛教信仰的显著标志。此外，据 LYC 老人讲，其母亲在生前就是信佛的。虽然，对畲族民间信仰中的佛教色彩的调查资料略显单薄，但此也可以清楚地看到畲族民众在信仰民俗之中对佛教的信仰。

（三）地理先生

从上述丧葬仪礼的过程中可以看到，除去畲族民间信仰中所蕴含的道教信仰和佛教信仰之外，仪式中还有一位很重要的宗教职能者，这就是地理先生。地理先生，又称为“先生”，兼具地理和命理先生的角色。[②] 依据访谈材料可以看出，地理先生是负责亡者墓穴的位置、朝向等方位的选定，在整个丧葬仪式中占据着重要的地位。据调查，千秋村所在乡镇的地理先生分为汉民族地理先生和畲族地理先生。然而畲、汉民族的地理先生并无差别，畲族地理先生可以为汉族民众做事，汉族地理先生也可以为畲族民众做事。笔者在千秋村调查的时候，畲族的地理先生正在上海务工，笔者就访谈了时在家中的汉族地理先生 ZJZ。据其所言，地理先生主要有三个方面的作用：一是看风水。看风水包括看房屋、看墓地，主要是为建新房的村民和建墓穴的村民选好地理位置和方向。这依靠的主要是风水理论。二是看日子。所谓看日子，就是为有需要的村民选择吉日，如建房子动工需要选择吉日；房屋建好上梁需要吉日；亡者下葬需要选日子，选定良辰吉日，以免遇到不好的事情。三是看命，俗谓算命。据了解，村落周围现在算命的人少了，多数是请地理先生看风水和看日子。

在宁国畲族的丧葬仪礼中，无论是其中包含的道教信仰色彩还是佛教信仰色彩，抑或是对宗教职能者的崇拜，这些都反映了畲族民众在面对生死之时的神秘鬼魂观念，反映了其对现世美好生活的追求。

四、小结

总之，畲族民众的民间信仰在畲汉民族的长期杂处、民俗文化不断互动中，不断地被覆盖上浓重的巫文化色彩和涂抹上醒目的道教色彩，表现出一种多元化的特征。这些民俗信仰多是畲族民众在迁入宁国之前就已经所崇祀的，并随

① 邱国珍：《浙江畲族史》，杭州出版社，2010 年版，第 213 页。

② 冯智明：《作为“整体社会事实”的宗教和巫术信仰——瑶族师公、地理先生和杠童的职能实践及其关系》，载《西南民族大学学报（人文社会科学版）》2014 年第 2 期，第 11—15 页。

着畲族民众的迁徙而移入宁国地区。随着社会环境的改变，有些民俗信仰因种种原因从历史的长河中消失了，不再为畲族民众所信奉，如诞生礼中的求神赐子；有些民俗信仰在历经岁月的洗礼之后又在民众的生活中发挥着特有的作用，如宗教职业者地理先生依然活跃在宁国畲族地区。

第四章　传统文化“复兴”对民间信仰影响

以祖神崇拜为核心的民间信仰，在宁国畲族民众的生活中发挥着重要的作用，为畲族民众在宁国的定居提供了精神支撑和心理安慰。中华人民共和国成立之后的一段时期内，宁国畲族民间信仰曾一度处于式微的状态。20世纪80年代以来，宁国畲族民间信仰又遇到了新的发展机遇而逐步“复兴”起来。笔者注意到这种“复兴”并不仅仅是针对畲族民间信仰的“复兴”，或者可以讲，民间信仰的“复兴”只是附带的结果，宁国畲族最主要的是对其以始祖盘瓠为核心的传统文化的“复兴”。

一、畲族族源记忆的“重构”

族群的历史记忆对构建其族群认同具有十分重要的作用，它是维系族群存在的根本。① 历史记忆并不是一成不变的，它也处在一个不断变化的过程中。在此过程中，历史记忆既有着其稳定性，也有着变异性。口头传说、族谱等都是历史记忆不同的表述方式。葛兆光指出，无论人们如何对待历史记忆，通常情况下，人们所采取的方式无外乎以下两种：一种是回溯本源，人们通常以回头看的方法进行着自我的文化认同，以此认定自己本身还在一个较为强大的历史空间和族群文化中，掌握着某些可以应对时代变迁的传统文化资源，自己本身也即这一传统中的一分子，依靠着突显和夸大这种传统文化与民族历史的方式；一种是斩草除根，通过挖掘历史记忆的方法来反思自己本身传统的本源，并把这种连累自身的根基挖出来并彻底断绝与其联系。② 无论是“回溯本源”还是“斩草除根”，这都是以当时新的社会语境为基础的。莫里斯·哈布瓦赫也认为，对于记忆而言，最重要的不是记忆者本身对过去所体验事件和意象的回忆，而是社会的需要促成记忆者对过往的重构。③ 宁国畲族被识别之后，其族群意识得到极大的唤醒，盘瓠传说在宁国畲族中得到了“复兴”。

---

① 曹大明：《重塑“畲人”：赣南畲族的历史记忆与族群认同》，第117页。

② 葛兆光：《思想史的写法——中国思想史导论》，复旦大学出版社，2004年版，第101—104页。

③ 莫里斯·哈布瓦赫：《论集体记忆》（毕然、郭金华译），上海人民出版社，2002年版。

据笔者在宁国千秋村的调查，在民族识别之前，大多数畲族民众是没有盘瓠传说记忆的。正如笔者在听完LNG[①]讲述的盘瓠传说的故事后，向其询问到，他是怎么知道这个故事的。LNG爽朗地说道，这是他从乡里抄来的。我又询问他以前可知道这个故事。LNG说以前并不知道这个故事。通过LNG的讲述，笔者发现，其所讲的盘瓠传说无论是主人公还是故事情节都与经典的盘瓠传说相似。笔者后来专程前往乡政府的文化宫陈列室，在那里看到了LNG抄来的盘瓠传说。陈列室以畲族的发展史为主线，通过展示实物和图片，反映畲族的历史文化、民俗风情等。这不但促进了民族叙事话语下的经典畲族文化知识的传播，还唤醒了畲族的族群意识，加强了他们的族群认同。如今，走在千秋村的乡间小道上，昔日不知盘瓠传说为何物的畲族民众说不定也能讲述一小段有关畲族盘瓠的传说故事。

在民族识别之前，居住在宁国的畲族民众，其维系族群的核心盘瓠传说也随其文化载体的淡化而“隐藏”甚至消失，大多数畲族民众“忘其所来”。民族识别之后，宁国畲族的族群意识逐渐苏醒，其“隐藏”的盘瓠记忆被畲族民众重新建构。在此过程中，国家民族叙事话语体系下的经典盘瓠传说逐渐成为族群精英重构族源记忆的范式，并通过族群精英的传播影响了普通的畲族民众。

二、畲族传统文化的“复兴”

2005年10月，党的十六届五中全会提出建设社会主义新农村的重大历史任务。2007年10月，党的十七大提出了推进社会主义新农村建设。我国许多省市陆续制定新农村建设行动规划。2010年，千秋村被国家民族事务委员会确定为“全国少数民族特色保护村寨”。2011年以来，千秋村紧抓安徽省第一批美好乡村建设中心村建设有利契机，重点开展了以畲族文化、特色保护、旅游景观为内容的美好乡村建设。

（一）畲族风情广场与三十六间彩绘墙体的建设

乡政府考虑到畲族“三月三”的举办需要一个固定的场所，就很快批复并向上级积极申请新建畲族风情广场的建议。畲族文化广场的修建主要考虑到：一是离寨门较近；二是平时可以用作休闲与集散，节会时用作大型表演场，如三月三盘歌节、二月二会亲节以及富有畲族特色的体育游戏表演。按照这两个条件，畲族文化广场建在畲族文化园生态旅游区的入口处，这里地势平坦、开阔，适合规模较大的人群的集会。对于畲族风情广场上的畲族文化标志，当地政府则选择了龙麒和凤凰，选择龙麒是因为当地畲族民众认为他们的祖先是龙

① 访谈对象：LNG，69岁，退伍军人；访谈人：刘强；访谈地点：访谈对象家中；访谈时间：2016年8月20日。

麒；选择凤凰是因为凤凰历来被赋予了美好的意蕴，代表了吉祥、祝福的意味，为当地畲汉两族民众所接受。

三十六间彩绘墙体就是畲族文化墙，因千秋村又称为“三十六间”，所以畲族文化墙又称为三十六间彩绘墙体。千秋村设想在村寨生态旅游区的主路两边的墙体上通过一些文字、图画等形式把畲族传统的历史文化展示出来，这样不仅让更多的畲族民众了解畲族的历史，而且让前来旅游的游客也能更深入地了解畲族历史文化。

（二）畲族文化礼堂的兴建

2015 年，乡政府特向宁国市民族宗教事务局发文，请求解决安徽畲族文化交流中心建设项目资金，至笔者前去做实地调查的时候，安徽畲族文化交流中心的一楼前侧两边的两间房屋已经建好并投入使用了。面对着畲族文化礼堂，左边是畲族文化大讲堂，右边是畲族特色体验馆。面对着畲族特色体验馆的大门，映入眼中的是雕刻在木结构门上的畲族始祖龙麒以及畲汉两族人民崇拜的凤凰。走入畲族特色体验馆，入门的左侧依次展览的是“前言”，主要说明宁国畲族的来源；“畲族历史”主要介绍畲族的起源；“畲族人口分布”主要介绍了我国畲族人口的迁移及区域分布；“畲族生活”主要介绍了畲族的饮食文化、服饰、建筑；“畲族祭祖的牌位”。右侧依次是“历史名人”，介绍云梯畲族乡历史上的著名人物；“畲族族谱”；“畲族祖杖”；“畲族婚俗”；“畲族节庆”；“畲族宗教信仰”。馆内中央位置还摆放着一些畲族民众的生活用品、生产工具等。

（三）畲族歌舞及畲族婚俗的组织与编排

据笔者在千秋村二组的调查，畲族民众自迁入宁国以来，虽然十分注意与当地的汉民族保持一致，但也保留了一些民族歌舞及婚俗特色。只是保留下来的歌舞及婚俗并不能进行完整的复原及展现，为此，千秋村两委会借助网络，并通过实地考察的方式组织村民学习歌舞及婚俗形式，并在节庆的时候进行展演。

三、“三月三”节日的“复兴”

畲族的“三月三”脱胎于中国传统社会中的上巳节，后来又融合了畲族历史发展进程中的民族英雄、集体赛歌等很多富有民族特点的文化活动，具有一定的族群性。与闽东、浙南相比，宁国畲族民众由于人数较少，未能让“三月三”流传下来。1992 年，云梯畲族乡成立之后，为展现畲族乡的独具特色的民族文化，每年农历三月初三特在乡政府举办歌会活动。或许是歌会活动的举办没有取得预期的效果，乡政府后期就没再举办歌会活动。宁国畲族在本民族文化活动上又一次处于“失语”的状态。这不仅不利于展示畲族乡的地方形象，还将影响到当地政府对于资源的争取。于是，选择“恢复”一个既能为畲族民众所接受，又能体现畲族特色，还能争取上级政府资金支持的传统节日，就成了村委两会以及乡政府领导所思考的问题。

E. 霍布斯鲍姆认为，被发明的传统似乎属于三种相重叠的类型：一是那些使各个集体（真实的或是虚假的共同体）的社会凝聚力或成员资格得到确立或是象征化的传统；二是那些使制度、身份或是权力关系得以确立或合法化的传统；三是最主要的目的是使信仰、价值体系和行为准则得到灌输和社会化的传统。[①] 宁国“三月三”歌会的“复兴”，虽然具有凝聚畲族认同的功能，但更多的是由地方政府主导，畲族精英、普通畲族民众以及其他各种力量共同参与的争取社会资源的方式和途径。

现依据2015年安徽畲乡·云梯“三月三”歌会为例进行介绍。2015年4月25日下午，云梯畲族乡“三月三”歌会暨“安徽最美畲乡文化旅游周”系列活动在千秋村风情广场举行。在开幕式之前，承办方还组织了一次具有浓厚畲族风味的婚俗表演活动。整个活动大体上按照畲族传统婚俗礼仪进行。婚俗表演结束后，“三月三”歌会正式拉开大幕。文艺演出是在畲族风情广场举行。整个文艺演出由12个节目组成，其中展现畲族风情的是畲族歌舞《畲乡三月三》《畲山踏春》《选种子》《春暖花开》《请到宁国畲乡来》；畲歌原生态表演唱；萨克斯独奏《畲山好》。文艺演出在篝火晚会的热闹氛围中落下帷幕。

匆匆走来，又匆匆离去。2015年安徽畲乡·云梯“三月三”歌会在一片热闹声中趋于了平静。通过节目，我们看到云梯畲族乡乃至宁国市在努力建设一个具有浓厚畲族风情意味的最美畲乡。这种努力犹如在云梯畲族乡畲汉两族民众的心海投入一粒沙子，使得两族民众平静的心海泛起了阵阵涟漪。

文化，作为早期的“文化单元”范式的核心因素，现在被当作族群性的第三位因素。文化象征被用来作为调整族群利益的工具，经常被轻易地把持以便使得认同得以合理化。[②] 当地政府通过实施优惠政策，使得当地的畲族民众甚或是汉族民众逐渐认识到了“自我”与“他人”的区别，尽管这种认识是微弱的。

依据笔者的调查，千秋村乃至是云梯畲族乡通过对畲族民族文化的“复兴”，使得畲族民众对畲族的认识发生了一定的变化。如上文讲到的LNG老人，在民族识别之后的很长一段时间内都不知道关于畲族来源的任何事情，在云梯畲族乡文化宫成立之后，才开始知道自己民族的传统文化。对于汉族民众而言，他们认为周围的畲族民众除了说话不一样之外，其他的与汉族民众没有任何差别。对于“三月三”的举办，汉族民族也是极力赞同的。在千秋村开“农家

---

① E. 霍布斯鲍姆：《传统的发明》（顾杭、庞冠群译），译林出版社，2004年版，第11页。

② 杜磊：《中国的族群认同——一个穆斯林少数民族的制造》（马海云、周传斌译）中央民族大学出版社，1999年版，第42页。

乐”的 LCZ[①] 告诉笔者：

“三月三”的开展，我们是极力赞同的。这是为什么呢？因为举办“三月三”能让村委会从市里争取来更多支持。在 2008 年之前，甚至是在 2011 年之前，我们村太穷了。那时候，村子里都是土路，哪像现在，都是水泥路。2011 年开始，我们这里搞民族旅游，我当时搞的农家乐，生活过得很好。不过，还是前几年比较好，现在来的人相对少了。外地人来这边主要是因为空气比较好。你看我们这里也没什么好看的。

可见，汉族民众对村里承办“三月三”歌会以及修建民族风情广场等还是比较支持的，这是因为他们也能享受到政府的各种优惠政策。

而这一系列的文化“复兴”活动给畲族民众的民间信仰生活带来了很大的影响，一方面，加强了对于迁徙到宁国之后仍然坚持祭祖的畲族民众的祖神崇拜意识，另一方面，改变了那些迁徙到宁国之后不再开展其祭祖活动的畲族民众的祖神崇拜意识。千秋村文化“复兴”的活动基本集中在以盘瓠传说为核心的族源来源、族源迁徙等方面，这就在某种程度上使得传统文化的复兴并未让所有的民间信仰在畲族民众的生活中再次显现出来，部分民间信仰将在民众的生活中逐渐淡化直至消失。如原有的灶神崇拜，就将在民众的生活中彻底消失。

第五章　结语

畲族民间信仰是在畲族传统文化乃至中国传统文化这块土地上生存和发展起来的。居于畲族传统文化核心地位的盘瓠传说贯穿于民族历史之中，存活于畲族民众的集体记忆之中。畲族民众因为其独特的信仰习俗使得他们在迁徙的过程中，不断受到周围的汉民族民众的“嘲笑”，这使得畲族民众产生了一种排斥的心理，致使他们不在汉族民众面前展示本民族的祖神崇拜仪式。在迁入宁国地区之后，畲族民众依然受到这种思想的影响，他们不仅在内在层次上隐藏自己的身份，不让周围的非畲族民众知道自己的始祖，而且还在外在层次上隐藏自己的身份。他们自来到宁国之后，就不再穿本民族的服饰，而是选择了和周围汉民族一样的服饰。除了极少数的畲族精英还有着强烈的始祖崇拜，在过年祭祖的时候把祖图、祖牌等请出来祭拜之外，其他的畲族民众在过年祭祖的时候，奉祀的不过是自己的近祖，与畲族传统上的图腾崇拜已经有了很大的不同。然而，宁国畲族民众却选择了把汤氏娘娘信仰引入进来。汤氏娘娘庙的修

① 访谈对象：LCZ，32 岁，个体户；访谈人：刘强；访谈地点：访谈对象家中；访谈时间：2016 年 8 月 21 日。

建不仅被周围的汉民族民众接受，甚至在某个时期内，外地的汉族民众也会前来祭拜。汤氏娘娘信仰代替了畲族原有的祖神崇拜，成为畲族民众在宁国生活的另一个精神支柱。作为畲族民众“引入”进来的民间信仰逐渐为汉族民众所接受，这也成为畲汉两族民众消除隔阂、相互接纳的一个重要手段。这正如周典恩在评述畲汉文化冲突时所指出的，基于不同因素的畲汉传统文化在交流中产生冲突是在所难免，但两者在总体上还是能够维持一种稳定的、不均衡的共生互动关系。[①] 然而，这种状况并没有持续很久。中华人民共和国成立后，宁国畲族民间信仰受到了严重的影响，被畲汉两族民众共同奉祀的汤氏娘娘庙被毁坏，在畲族民众家中仍然奉祀的象征始祖的祖图、祖牌等被烧毁，其他的民间信仰如灶神等也遭到了破坏。畲族民间信仰在“一夜之间”仿若在畲族民众的生活中“消失”了。

1992 年 11 月，云梯畲族乡成立，这给宁国畲族民间信仰的“复兴”带来了契机。为了展现畲族乡的民族文化氛围，乡政府在每年的“三月三”组织畲族民众开展歌会活动。尽管民族活动受到了政府的大力支持，然而民间未能形成有效的互动，“三月三”活动举办几次之后就未再进行下去。此次活动却让畲族的民族精英看到了文化复兴的机会。2007 年，党的十七大提出了社会主义新农村建设。千秋村乃至云梯畲族乡依据其民族身份这一有利条件，掀起了一场畲族文化“复兴”的活动。尽管这些活动并没有真正涉及民间信仰，但是应该注意到畲族民间信仰的核心就是盘瓠崇拜，盘瓠崇拜来源于盘瓠传说，盘瓠传说在宁国畲族中广泛地流传无疑在宁国畲族民众的心中种下了一粒种子，种下了一粒蕴含着祖先信念的种子，宁国畲族民间信仰最终还将会以新的面貌在宁国畲族民众中流传着。

---

① 周典恩：《清代畲汉文化冲突述议》，载《贵州民族研究》2006 年第 1 期，第 73—78 页。

互联网平台经济下外卖骑手的劳动控制研究

——基于上海市 M 外卖的田野调查

沈锦浩（华东理工大学）

◎ 指导老师：杨发祥

摘　要：本研究从劳动过程理论出发，通过对上海市 M 外卖的民族志考察，勾勒了外卖骑手的群体肖像，探讨了外卖骑手劳动控制的运作机制、制造同意和回应策略，立体呈现了外卖骑手劳动过程的完整图景。

研究发现，在互联网平台经济中，互联网技术、平台工作的特点以及劳动者的身份特质等深刻影响了外卖骑手的劳动过程。首先，外卖骑手以新生代农民工为主，时间控制是平台对骑手进行劳动控制的核心要义。在具体控制手段上，平台以薪酬制度和互联网技术为抓手，通过嵌套的计酬与激励机制、闭环的监控与惩罚机制，巧妙地改变了资方不在场的劣势，实现了对劳动者的“超视距管理”。其次，外卖骑手与资方达成共识，“同意”平台的严密控制，是基于自我考量和理性计算的一种妥协与自主。首先，由于长期受到城乡二元结构、社会阶层结构和性别关系结构的三重约束，他们已经习惯于常态的妥协并形成自助意识；其次，由于平台工作本身的灵活性、准入或退出机制的低门槛以及劳动报酬的即时可见，适应了他们的个体化需要、人力资本特征以及收入即时性要求，使他们感受到适度的自主并对工作产生相对满意感。最后，由于受到原子化劳动与非人性化管理的客观限制，骑手在面对平台的控制时，通常采取联合外卖骑手、搞定消费者以及拉拢站点管理者等妥协式回应策略，即使是“用脚投票”也很难跳出外卖行业。这些回应策略，其实是骑手在夹缝中求生存的表现。

总之，外卖骑手的劳动控制问题，在很大程度上可以看作是农民工劳动问题在互联网平台经济下的延续与加剧。不可否认，加入平台工作，使部分农民工获得了新的就业机会，并得以提高收入，但这些都是建立在隐形的剥削与自我剥削的基础之上的，其劳动境遇不容乐观。以外卖骑手为代表的农民工，在互联网平台经济下的生存处境，是一个值得政学两界深入探讨的重要议题。

关键词：外卖骑手；劳动过程；劳动控制；制造同意

第一章　导论

一、问题的提出

自2015年李克强总理在政府工作报告中首次提出“互联网+”行动计划以来，各种新兴互联网企业迅速崛起，极大地拓展了互联网经济空间。在此背景下，互联网和传统餐饮业相结合，诞生了外卖行业，出现了“美团”“饿了么”等大型外卖平台。这些外卖平台将线上技术与线下需求、服务相结合，在获得广大市场的同时，也改变了人们的生活模式、饮食习惯等。根据国家信息中心发布的《中国共享经济发展年度报告（2019）》，2015—2018年在线外卖收入年均增速约为117.5%，是传统餐饮业的12.1倍，其中2018年我国在线外卖收入约4712亿元，占全国餐饮业收入的比重为10.6%①。

伴随着外卖经济的兴起，外卖骑手成为城市生活中不可或缺的重要组成部分。据业内统计，“饿了么”拥有300万的注册骑手，“美团”也有270万的注册骑手。伴随着大量骑手出现的是他们频繁的交通违法行为。比如，上海市2019年上半年共发生涉及快递、外卖行业各类道路交通事故325起，造成5人死亡，324人受伤。为此，全国各地都已展开针对骑手交通违法行为的整治活动。

其实，外卖骑手为赶时间频繁交通违法只是问题的表象，从劳动社会学的角度来看，这背后其实是劳动控制的问题。劳动过程理论的经典问题是资本是如何将劳动力转化为有用的劳动的，但是诞生于互联网平台经济下的骑手对这一理论提出了新的挑战。这是因为在传统的雇佣关系中，资方对劳方的管理手段虽各有不同，但基本离不开空间与时间两大要素。虽然传统的服务业劳动与工厂劳动之间有明显区别②，但两者都是在资本的监管视野之内和规定时间之下劳动的。

不过，外卖骑手较之传统的服务业劳动者又有新的区别：第一，从生产空间来看，骑手提供的是按需劳动，其工作场所随消费者的变化而变化，劳动过程远在资本的视野之外；第二，从工作时间来看，骑手普遍都是线上接单、线下服务的工作形式，上下线理论上全由劳动者自由决定，工作时间脱离于资本的掌控。由此，令笔者好奇的是，在这种脱离资本监管视野和规定时间的情况

① 国家信息中心：《中国共享经济发展年度报告（2019）》，参见http://www.sic.gov.cn/News/568/9906.htm。

② 何明洁：《劳动社会学视野中的服务业研究》，载《学理论》2010年第29期。

下，平台对骑手的劳动控制是如何成为可能的？骑手对平台控制的“同意”又是如何被制造出来的？他们是否完全受制于平台的控制？他们会有哪些回应策略？

二、文献回顾

（一）劳动过程研究

马克思奠定了资本主义劳动过程研究的理论基础，1974 年布雷弗曼的著作《劳动与垄断资本》的问世则标志着劳动过程理论的正式形成。之后的弗雷德曼、埃德沃兹等人则在不同程度上对其理论加以批判、修正。布若威更是另辟蹊径，将工人的主体性引入劳动过程研究，这又引起了新一轮的讨论和批判。许多学者指出其所谓的主体性仅仅是阶级的主体性，性别、种族和公民权等社会因素并未进入他的视野。

劳动过程研究的日渐兴盛使得许多西方学者不再将目光放在本国之内，而是将目光投向改革开放后的中国大陆。赵明华、华尔德等海外中国研究者首先关注到中国的单位制和国有企业转型问题，后来随着国内社会学界劳工研究的日渐升温，许多学者开始更关注私营企业的劳动过程，不同的学者将目光放在制造、建筑、家政、餐饮住宿、交通运输等不同行业，形成了一批丰富的研究成果。不少学者在致力于将劳动过程理论应用于分析中国的劳工问题时，也注重挖掘中国社会中特有的元素，形成了劳动过程研究中的关系视角、生活视角以及性别年龄视角。

关系视角是劳动过程研究中最具中国特色的视角，最早是沈原和周潇对建筑工的研究将“关系”这一中国社会特有的概念引入其中。他们的研究发现，建筑业工人与工人、工人与管理者之间普遍存在着老乡、亲戚、朋友关系。这种建立在关系网络基础上的“关系霸权”是一种独特的生产政体，一方面实现了对工人的有效控制，另一方面也对管理者形成了一定的约束①。

生活视角强调的是作为劳动过程不可分割层面的劳工的日常生活，其背后的核心观念是“生产的政治”与“生活的政治”必须联系起来②。郭于华等认为，新生代农民工群体就业的大多数工厂政体都属于典型的“工厂专制政体”③。这种“工厂专制政体”除了依托于准军事化的车间管理模式，更依赖于

---

① 周潇：《关系霸权：对建筑工地劳动过程的一项田野研究》，清华大学 2007 年硕士学位论文。

② 沈原、闻翔：《转型社会学视野下的劳工研究：问题、理论与方法》，载《清华社会学评论（第 5 辑）》（郭于华主编），社会科学文献出版社，2012 年版，第 166 页。

③ 郭于华、黄斌欢：《世界工厂的“中国特色”新时期工人状况的社会学鸟瞰》，载《社会》2014 年第 4 期。

暂时性安置外来农民工的工厂宿舍。有学者将其概念化为“宿舍劳动体制”①。

性别年龄视角主要是基于对布若威主体性角度的反思，这一视角关注的大多为女性劳动者。比如，何明洁通过对一家酒楼的长期田野工作，考察了服务业女性农民工的“情感劳动”，提出了“性别化年龄”的概念。她发现，管理者会利用社会文化传统对女性年龄的社会性别建构及其造成的家庭角色和社会责任的差异，将不同分工的女工分为“大姐”和“小妹”，并对前者实行专制型管理，对后者实行“霸权型”管理②。

（二）互联网平台用工研究

随着“互联网+”经济的兴起，互联网平台用工研究成为当前学术界尤其是法学界的热点话题。总的来说，该种用工主要呈现出用工主体的平台性和轻资产化、用工方式的高弹性和社会化、用工管理上的“重绩效轻责任”非均衡性、就业主体的原子性和重资产化、就业方式的网约性和非标准化以及就业关系的去劳动关系化等特质③。就具体问题而言，法学界的关注点主要集中在平台用工中的风险分析和平台工人的权益保障上。前者往往从劳动关系契约的完整性入手进行辨析，主要关注网约工与平台企业之间法律关系的确定、双方权利义务的博弈与冲突。后者往往从用工关系的定性着手展开讨论，主要探讨如何从政府、企业等多方面来保护网约工的劳动权益。

（三）物流从业群体研究

从总体上来看，物流从业群体长期以来一直没有受到学术界的重视。不过，近年来快递员成为关注对象，比如，中国青少年研究中心、浙江省团校，都曾对快递员的工作状态和生活情境展开大型调查。伴随着外卖行业的迅猛发展，外卖骑手这一新兴职业群体也开始受到学术界的关注。目前为数不多的研究大致可分为两类：一类是法学界对骑手的劳动关系和权益保护研究，学者大多是从劳动关系契约的完整性入手进行辨析，主要关注骑手与平台之间雇佣关系的确定以及双方权利和义务的履行④，也有学者关注到骑手的薪酬问题⑤。另一类

---

① 任焰、潘毅：《跨国劳动过程的空间政治：全球化时代的宿舍劳动体制》，载《社会学研究》2006年第4期。

② 何明洁：《劳动与姐妹分化——“和记”生产政体个案研究》，载《社会学研究》2009年第2期。

③ 汪雁、张丽华：《关于我国共享经济新就业形态的研究》，载《中国劳动关系学院学报》2019年第2期。

④ 谭书卿：《分享经济下用工关系法律界定与制度探索——以外卖配送行业为视角》，载《中国劳动关系学院学报》2019年第2期。

⑤ 周子凡：《“互联网+”时代外卖骑手薪酬探究》，载《中国劳动关系学院学报》2018年第3期。

是社会学界从不同理论视角出发对骑手展开的多维度讨论，涉及骑手的社会适应①、社会融入②、劳动状况③、个体化行为④等多方面的问题。

（四）既有研究述评

从前文的梳理中不难看出，当前国内的劳动过程研究涉及不同行业且引入了中国社会中特有的元素，形成了许多独特的视角。但是，总的来说，正如汪建华所指出的，当前的劳动过程研究中，历史视野、结构眼光以及本土学术传统仍有待进一步拓展⑤。具体到前文所说的三种视角，在应用于理解当前中国的劳动问题时仍有不足。

关系视角注意到中国特有的“关系”概念在劳动过程中的影响，但不少研究指出，在个体化变局下新生代农民工原有的地域链接、宗族关联、社会关系处于“脱域”状态，在行为逻辑、价值诉求、情感归属等方面呈个体化的新特征⑥。“关系”对当前农民工劳动就业的影响越来越成为一个值得商榷的问题。

生活视角注重对作为劳动过程不可分割层面的劳工的日常生活的研究，但在实际研究中，大多数研究存在“重点偏移”，即研究“往往颇为详尽地描述了农民工的社区生活而忽略了他们的生产活动”，劳动生产活动远在研究者的眼界之外⑦。沈原的这一批判同样体现在对当前的外卖骑手群体研究之中。对于骑手而言，劳动过程恰恰是该群体最独特之处，值得进一步深入研究。

性别年龄视角关注到性别或年龄不平等在劳动过程中的复制，但还需要指出的是，在关于农民工的性别研究中一直存在着“男性盲视”。这样一种以女性为焦点而缺失了男性的研究取向，终究是不完整的，因为它忽略了“作为男性所承受的来自性别结构的压迫与束缚，以及认同和塑造自我性别身份过程所经历的苦痛与挣扎”⑧。因此，在劳动过程研究的性别视角下，同样应当关注到男性的劳动，而外卖骑手正是新生代男性农民工的重要组成群体。

---

① 赵莉、王蜜：《城市新兴职业青年农民工的社会适应——以北京外卖骑手为例》，载《中国青年社会科学》2017 年第 2 期。

② 黄爱玲：《上海市外来人口的社会融入及其影响因素研究》，上海师范大学 2018 年硕士学位论文。

③ 李升等：《利益诉求的表达与消解：一项关于“外卖小哥”劳动过程的调查研究》，载《中国劳动关系学院学报》2019 年第 2 期。

④ 邢海燕、黄爱玲：《上海外卖“骑手”个体化进程的民族志研究》，载《中国青年研究》2017 年第 12 期。

⑤ 汪建华：《劳动过程理论在中国的运用与反思》，载《社会发展研究》2018 年第 4 期。

⑥ 张红霞、江立华：《个体化变局下新生代农民工的“脱域”与“风险”》，载《中国青年研究》2016 年第 1 期。

⑦ 沈原：《社会转型与工人阶级的再形成》，载《社会学研究》2006 年第 2 期。

⑧ 杜平：《男工・女工——当代中国农民工的性别、家庭与迁移》，香港中文大学出版社，2017 年版，第 10—11 页。

不可否认，在互联网平台用工研究中，辨别或是确认其中的劳动关系有极其重要的现实价值，但从社会学的劳动过程理论来对其加以解释和理解，同样具有深刻的理论价值和现实意义。这既是在互联网时代延续马克思主义关注劳资关系和工人阶级的传统，也符合互联网平台用工中打工群体日益壮大的现实需求。

因此，本研究旨在研究外卖骑手的劳动控制问题，以补充上述研究中的不足。在论述过程中，本研究将秉承西方劳动过程理论的经典核心命题，并借鉴吸收国内学者对劳动过程理论应用于中国的反思，努力将时代特征与结构眼光纳入本研究的分析之中。

三、研究设计

（一）理论基础

依照汤普森和纽桑的观点，劳动过程理论可以划分为四个发展阶段①，不过它的核心关切点一直没有改变，主要有三个：首先，劳动过程理论的出发点是劳动力商品的“不确定性”，这是指劳动者劳动的努力程度是个变量，劳动力的发挥随工作环境的不同而有所变化。其次，劳动过程理论的分析目标是要把“工作场所”置于广阔的政治经济环境内，理解不断变化的劳动利用和生产系统的模式，描绘与之相匹配的历史上和当代的各种管理控制。最后，劳动过程理论的关注点是劳动过程中的结构性对抗，这是指资本与劳动之间的关系从根本上讲是剥削关系，资本与劳动之间存在根本利益的冲突，但根本利益冲突只是日常关系面临的结构性压力，它并未决定日常关系的具体形态，所以日常关系会表现出冲突、顺从、适应、合作等多种形式②。

（二）分析框架

本研究以劳动过程理论为理论基础，围绕上述三个核心特征，以“运作机制—制造同意—回应策略”为分析框架，探讨外卖骑手的劳动控制问题。在正式展开分析之前，本研究先在第二章简要勾勒了骑手的群体肖像，包括其总体性特征、基本类型等。在第三章，本研究在经验材料的基础上提炼出了外卖平台对骑手进行劳动控制的三个方面，即时间控制、薪酬控制和技术控制。在第四章，本研究则是希望在互联网时代和中国本土情境的双重背景下讨论骑手的同意是如何被制造的，以期与布若威的“制造同意”理论对话。在第五章，本

---

① 王晓晖：《劳动过程理论：简史、核心理论及在中国的运用》，载《“新一轮西部大开发与贵州社会发展”学术研讨会暨贵州省社会学学会2010年学术年会论文集》（贵州省社会学学会主编），第12页。

② 王晓晖：《劳动过程核心理论：批判和回应》，载《贵州大学学报（社会科学版）》2016年第4期。

研究概括了骑手在“同意”的过程中，对平台控制采取的多种回应策略。最后，则是对骑手劳动控制问题的总结，并对互联网平台经济下的劳动问题加以反思。

（三）研究方法

本研究的调查对象是上海市 M 外卖的外卖骑手。之所以选取 M 外卖，是因为 M 外卖是目前国内两家最大的外卖平台之一，之所以选择上海，则是因为上海是全国外卖经济最火热的城市之一。目前 M 外卖平台的配送模式包含代理商模式与众包模式，在体量与市场占有率上均拥有领先地位。ZQ 公司是 M 外卖在华东地区体量最大的代理商，S 站点则是 ZQ 公司在上海的站点之一。

本研究在方法论上采用质性研究立场，在研究方法上以参与观察和访谈法为主。本研究共进行两次田野调查，都是在 S 站点的配送范围内展开。第一次田野调查仅三天，该次调查算是一次试调查。正是在此次试调查中，笔者对外卖配送行业有了基本的认识，感受到了该行业内部的复杂性及其重要的研究价值，坚定了继续深入开展调查的决心。巧合的是，在访谈的过程中，笔者遇到一位骑手热情地邀请笔者加入其站点——S 站点，还要将笔者带到站点并介绍给站长。当时笔者未做他想，只是觉得跟过去看看也无妨，还可以深入了解一下外卖配送站的情况。正是在这种情况下，笔者得以顺利入场。

笔者在 2018 年 11 月 26 日—2019 年 1 月 22 日，正式入职 M 外卖在上海市的 S 站点，成为一名外卖骑手，在实际参与中进行观察。在面试时，笔者并未隐瞒自己研究生的身份，并表明自己来勤工俭学，体验并了解骑手的生活。在参与观察的基础上，笔者又采用了访谈法，即通过口头谈话的方式从被研究者那里收集第一手资料。还需要说明的是，虽然笔者入职成为专送骑手，但是由于外卖商家的集中和配送区域的重合，笔者得以接触到许多众包骑手，这使得笔者对外卖行业有了更全面的了解。

第二章　车轮之上的新生代农民工：外卖骑手的群体肖像

外卖骑手是怎样的一个群体？对这一问题的回答是展开进一步研究的基础，也是解释该群体如何劳动的基础。因此，本章旨在通过对骑手个人和群体信息的收集、整理和归纳，勾勒出骑手的群体肖像。需要指出的是，由于自身的资源、能力限制，笔者未能展开大规模的问卷调查来对收集到的质性资料加以补充。不过，近年来许多外卖平台企业都有发布骑手就业报告，如 2019 年初 M 点评研究院发布了《城市新青年：2018 外卖骑手就业报告》（以下简称《报告》），该报告是面向全国骑手的 11.8 万份问卷的分析结果，具有较高的可信度。因此，在本章中，笔者会较多引用该报告中的相关内容，以便与笔者的质性资料相互佐证。

一、外卖骑手的总体性特征

（一）人口学特征

首先需要把握的基本信息是外卖骑手的人口学特征，即他们的性别、年龄、户口、受教育程度、婚姻状况等。这些人口学特征在某些程度上直接决定了骑手的就业选择。《报告》显示，骑手以“80后”“90后”为主，青年特质明显；92%的骑手为男性，8%的骑手为女性；44%的骑手是初中及以下文化程度，15%的骑手拥有大专及以上文凭；25%的骑手是未婚单身状态，已婚已育的比例高达60%。上述人口学特征与笔者在S站的观察基本一致，不过在户口方面有所不同。该站中大多数骑手是外地农村户口，仅两三人是外地城市户口，没有本地户口。这可能与《报告》调查的是全国各地的骑手有关，北京、上海等大城市由于经济发达、福利待遇好，许多本地人不愿意从事过分辛苦的工作。这在《报告》中同样有所体现，仅有3%的本地人在上海从事骑手工作。

（二）社会学特征

其次，需要掌握的信息是外卖骑手的社会学特征，即他们与各种社会结构相关联的特征，例如，经济收入、社会保障、居住生活等。这些社会学特征在很大程度上直接影响到他们的教育、婚姻等状况。

在经济收入方面，《报告》显示，25%的骑手收入在5000—8000元，3%的骑手收入在8000—10000元，1%的骑手收入在10000元以上。这一点与S站点的情况有所出入。据笔者的观察和推算，S站点的大多数骑手每月工资的确都在七八千元左右，少数懒散的骑手也有五六千元，个别勤快的骑手能赚到一万元以上。笔者推测，两者之所以会有所出入，可能与上海的配送费高、单量多有关。一般二线城市的配送费每单仅3—4元，像武汉等一线城市的配送费每单也才5元多。

在社会保障方面，不同模式下的骑手各有不同。直营骑手拥有“五险一金”，各项权益能够有所保障。专送骑手在入职时就会被要求签一份自愿放弃社保缴纳声明书，如果不签，就难以入职。有些代理商虽然表示可以提供“五险一金”，但前提是配送费的降低，所以很多人都会选择放弃社保。众包骑手通过App操作接单送单，没有固定的用人单位，更不会有人为其提供社会保障。

在居住生活方面，《报告》显示，吃饭、购买生活必需品、房租是骑手最主要的花费，这同笔者的观察与访谈基本一致。对于他们而言，房子仅仅是用来睡觉的地方，租金便宜、上班方便是最重要的事情。骑手们的业余生活也十分简单，除了吃饭、睡觉、送外卖，他们基本上都在看抖音小视频、打《王者荣耀》或者是在微信群、骑手社区里吐槽一下。正如骑手WJ所说的那样，尽管一直在城市中穿梭，“什么好吃的、好玩的地方都知道，就是没钱去吃、去玩。”（WJ20181218）

（三）组织行为学特征

从某种程度来上来说，外卖骑手的人口学特征和社会学特征是相互影响、密不可分的，而这两类特征在一定程度上又决定了该群体的组织行为学特征。本研究所说的组织行为学特征，主要包括骑手的从业经历、从业时间、兼职情况、晋升渠道等。

在从业经历方面，每个骑手从事过的工作一只手都数不过来，有的人做过保安、厨师、流水线工人，有的人做过小老板、服务员、建筑工人，等等，在此不一一列举。关于不断更换工作的原因，骑手CQ的话给出了简单而又难以反驳的解释：“反正我觉得哪样有前（钱）途，我就往哪样发展。”（CQ20181116）

在从业时间方面，骑手中存在两极分化，有的骑手因为罚款太严重，没干满一周就走了，有的骑手因为路线熟、情况熟能够月入过万，干了三四年还在干，而且打算干到干不动为止。从业时间的长短与年龄有着某种联系，据笔者观察，没干多久就走的大多数是二十岁出头的年轻人，还想干下去的人大多已经人到中年。

在兼职情况方面，《报告》显示，35%的骑手有其他收入来源，如在工厂打工、做小生意或是在其他外卖平台配送。可以断定的是，拥有兼职的骑手基本都是众包骑手，因为专送骑手有较长的、固定的上下班时间，很难有时间再去从事其他工作。不过，多数众包骑手是在全职跑众包。这是因为，“别的工作也挣不到什么钱，好好跑众包、跑熟了，反倒能挣得多点！”（GXG20181115）

在晋升渠道方面，众包骑手由于没有固定的用人单位，仅通过外卖平台的App接单送单，所以不存在任何晋升的机会。对于专送骑手来说，倒是有一条从骑手—组长—站长助理—储备站长—站长—区域经理—总部工作的晋升路线。但这条路线中其实存在“玻璃天花板”，即多数骑手最多只能止步于站长这一职位，而且这还是建立在代理商开拓出新站点的前提之下。以S站点为例，该站有1名站长、1名站长助理、5名组长，其余50多人均为骑手。从骑手晋升为组长相对容易，主要是看骑手的个人能力、个人成绩、个人意愿和站长的属意，不少骑手都做过组长。从组长晋升为站长助理则相对困难，比如，现在的助理LJS很多年前就做过组长，但最近才有机会升到站长助理，要升到储备站长和站长至少分别又要两三年的时间。而要从站长晋升为区域经理，则更是难上加难。

二、外卖骑手的基本类型

外卖平台通常会在不同城市因地制宜地使用混合经营模式，基于不同城市的不同市场需求、配送单量水平、运力水平等多种因素来选择不同的配送方案，以更高效地适应当地业务发展。总的来说，自外卖经济兴起以来，外卖平台的用工模式主要有三种类型：直营模式、众包模式和代理商模式，相应模式下的骑手分别被称为直营骑手、众包骑手和专送骑手。

（一）直营模式与直营骑手

直营模式指的是外卖平台在线下自行招聘骑手，平台通常会与骑手签订正式的劳动合同，并为其支付基本工资、单量提成并缴纳社会保险。同时，配送需要的电动车、保温箱、工作服等装备均由平台提供。在用工过程中，骑手依约办事，履行应尽的责任和义务，而雇主则会针对骑手开展培训活动，以保证配送的规范有序。直营模式相比于其他两种模式而言有三个特点：一是直营站点通常设在商圈附近，而且既有配餐员，又有配送员。配餐员从不同商家取餐后放入站点带有标识的小隔间里，配送员依据自己的订单号在不同的小隔间里取餐然后送餐。二是直营骑手除了基本工资、五险一金和单量提成外，还有固定的上下班时间、节假日休息时间，这都是其他两种骑手所没有的。三是直营骑手都是人工派单，每个骑手的单量基本接近，每单的提成基本固定，不受距离的影响，因此收入也差不多，这对骑手而言比较稳定、公平。直营模式在外卖行业发展早期比较受到重视，其目的是为了抢占市场，迅速搭建起自有的配送网络。但是，随着外卖经济的飞速发展，各大外卖平台逐渐展开对直营骑手的大幅度裁员计划，尤其是在2017年，各种关于外卖平台裁员的新闻被媒体争相报道。如今，经过两年多的大幅度裁员，直营模式已基本退出外卖平台的经营模式，其运力占整体运力的比重极小。

（二）众包模式与众包骑手

众包模式指的是平台将外卖配送工作交给社会上的普罗大众完成，平台以每单提成的形式向骑手提供报酬。外卖平台引入众包模式的初衷，是希望在自建物流配送团队的基础上，借助“共享经济”的东风，试行辅助配送模式。这样一方面可以规避固定人工支出，节约用工成本，另一方面可以整合社会闲散劳动力，提供更多兼职岗位。众包骑手不受雇于固定的用人单位，只需下载平台相应的App、注册账号、上传本人身份信息，通过验证后即可接受配送任务。众包骑手的配送范围一般较大，近的单子不到1千米，远的单子5千米以上，配送费也是按照距离来确定，一般配送距离越长，配送费越高。众包骑手可以选择自己抢单，也可以选择系统派单。自己抢单的弊端是要手速快、网络快，一旦慢了，好单子就会被别人抢走。系统派单的弊端在于一旦开启自动接单，就不能拒绝送单。虽然系统一般都是按照就近原则派单，但有时候也会派发一些取餐远、送餐远的单子，这种单子是骑手不愿意接受的。理论上，众包骑手只要不上线就不用送单，而且走到哪都能接单送单，因此外界一般认为众包骑手工作时间、地点自由。但在实际上，考虑到单量和时间限制，多数众包骑手都会在固定的时间和熟悉的配送范围内跑单。众包骑手的优势在于，骑手可以在多家外卖平台上注册接单，以增加自己的收入。

（三）代理商模式与专送骑手

对于外卖平台而言，直营模式和众包模式都有各自的问题。前者的问题是某些区域的订单密度尚未培育起来，无法覆盖直营团队的固定支出和用工成本，而后者则面临着由于人手不足，无法满足高峰时期需求的可能。因此，如今的外卖平台更倾向于选择代理商模式，即在当地寻找具备本地优势的代理商，将配送经营权外包出去。不过，代理商并不一定会能够承包外卖平台在整个城市的配送经营权，尤其是在大城市中，代理商之间还存在竞争关系，因此只能承包到部分片区的配送经营权。于代理商而言，它赚取的是平台支付的配送费与向骑手支付的配送费之间的差额。在代理商模式中，由代理商自行招聘骑手，骑手与平台不签订任何协议，而是与代理商签订劳务合同。但是骑手必须配备代表平台身份的工作服和配餐箱等，按照平台管理规范要求进行送餐服务，而且由于外卖平台对代理商有 KPI 考核要求，代理商又会将考核要求细分给所属骑手，所以骑手在实质上仍然受到平台管理。不同于众包骑手，代理商招募的骑手是全职配送员，只能送所属外卖平台的订单，因此被称为“专送骑手”。专送骑手与直营骑手类似：都是系统派单，无须骑手抢单；每单的提成基本固定，不受距离的影响；有固定的排班表和上下班时间。但是，专送骑手没有五险一金，劳动权益得不到保障。

总的来说，直营骑手已经基本退出外卖配送的历史舞台，专送骑手与众包骑手是当前外卖配送的主要力量，因而下文的分析将主要围绕专送骑手与众包骑手的劳动过程展开。

第三章　超视距管理：外卖骑手劳动控制的运作机制

劳动过程理论的经典问题是，资本是如何将劳动力转化为有用的劳动的。自马克思以来，控制一直都被认为是转化过程中的重要一环。即使后来的布若威提出工人是拥有主体性的个体，资本对劳动者的管理已经由强制为主逐渐转变为同意为主，也没有人能否认控制的重要作用。但控制是资本家实现有序有效生产、积累大量资本的必备手段，不存在主动放弃控制权力的资方，有的只是控制方式的差异。在外卖行业中，快速、准时是平台对骑手配送的基本要求，因此时间控制也就成了资本对劳动者进行控制的核心要义。时间控制的有效实现依赖于薪酬控制和技术控制的辅助作用，薪酬制度构成了对骑手的经济激励，监控体系实现了对骑手的有效管理。因此，本章将从时间控制、薪酬控制以及技术控制三个方面着手，力图呈现外卖平台对骑手虽不在场但强有力的“超视距管理”①。

一、时间控制：精准的工作流程

相较于传统的雇用工作，成为一名外卖骑手显得十分容易。对于众包骑手来说，只需要在平台上注册即可。对于专送骑手来说，虽然需要经过面试、入职等过程，但是整个过程十分简单，基本上只需要满足会开电动车和会用智能手机这两个条件就会被录用。虽然成为专送骑手或者众包骑手的过程有所不同，但是外卖配送的流程基本上一致。而且，由于外卖具有“即时性消费”的特征，因而对平台来说，时间意味着效率和口碑，时间控制也就成了平台对骑手最主要的控制维度②。为了获得顾客满意度和市场占有率，平台对所有的骑手都有着精准的时间控制，这种时间控制覆盖整个外卖配送的工作流程。

（一）派单：系统设置的时间提醒

骑手接单的方式主要有两种，即系统派单和自己抢单。对于专送骑手来说，系统派单是最主要的订单来源。通常来说，专送骑手在所属站点的配送区域内且在专送 App 上线后，只要附近一定范围内有人点外卖，平台系统就会根据距离、积分、准时率等大数据信息进行计算，给计算出的最合适的专送骑手派发订单。一旦订单派发出去，App 中的语音智能助手就会提示有新的订单，这时骑手需要点击“接单”按钮。如果骑手没有及时接单，系统过一段时间就会再次发出语音提醒；如果又没有及时接单，系统就会自动拨打骑手的手机进行电话提醒；如果还是没有及时接单，站点就会亲自给骑手打电话，要求骑手马上接单。

不断的来单提醒，就是要骑手在接单时就将配送的时间规则和时间要求内化于心。此外，还需要指出的是，订单的配送时间自系统派出以后就已经确定，系统规定的配送时间并不会因为骑手没有及时接单而延后。也就是说，如果骑手由于某些原因，开始没有注意到系统给自己派发的订单，直到后来才注意到，这期间浪费的时间仍会被计算在内。事实上，骑手没有注意到订单的情况时有发生。比如骑手 WJ 就说，“我有时候都不知道系统什么时候给我派的单，打开一看，几分钟已经过去了。”（WJ20181205）总之，当系统派出订单的那一刻，就意味着平台的时间控制拉开了序幕。

---

① 赵璐、刘能：《超视距管理下的“男性责任”劳动——基于 O2O 技术影响的外卖行业用工模式研究》，载《社会学评论》2018 年第 4 期。

② 李胜蓝：《劳动的时间控制与工人的策略——以外卖送餐业为例》，华中师范大学 2018 年硕士学位论文，第 17 页。

（二）抢单：内部竞争的时间竞赛

对于众包骑手来说，自己抢单是最主要的订单来源。无论众包骑手跑到哪里，在众包 App 上线后，只要附近一定范围内有人点外卖，App 页面中的抢单大厅里就会显示订单信息。这时，谁先点击“接单”按钮就是抢单成功。虽然众包骑手并没有处在同一物理空间内，但对订单的抢夺却处在同一虚拟空间中①。众包骑手之间的“抢单”大战就像是一场场没有硝烟的战争，随着订单的不断出现，“战争”不断地爆发，又不断地结束，如此周而复始。众包骑手们想的都是，这单没有抢到“好单”，下单接着再抢“好单”②。

抢单模式的存在，至少具有两个作用。其一是引起骑手之间的内部竞争，这是最直接也是最明显的。在笔者的田野调查中，许多骑手几乎无时无刻不在低头刷新页面，生怕错过一条订单信息。其二是制造时间紧迫感，从而引起骑手之间的“时间竞赛”③。作为一个理性人，骑手都会倾向于抢“好单”，但是由于订单的不稳定、订单总数的有限，骑手不敢、也不可能一直等待着只抢“好单”。“抢单”这种形式，事实上在营造一种“你不抢，别人就抢了”的氛围。而且，需要注意的是，“抢单快”是为了“送单多”，“送单多”则要求“送单快”。由此，快速、准时送达订单成为平台和骑手共同追求的时间准则。最终，通过“抢单”这一形式，平台同样实现了时间控制的根本目的。

（三）送单：多阶段的时间确认

不管是专送骑手还是众包骑手，接单以后的工作流程基本一致，且在每个阶段都需要进行时间确认，以确保实现平台的时间控制目的。

接单之后，骑手需要做的，就是到达指定商家处。到达后，骑手又有两个步骤要做：“上报到店”和“取餐完成”。首先是在 App 上点击“上报到店”，这是确认骑手到店时间的依据。其次是在 App 上点击“取餐完成”，这是确认商家准备好餐品时间的依据。

取餐完成之后，骑手需要做的，就是将外卖送至顾客手中，并在 App 上点击“确认送达”按钮。按下“确认送达”按钮的时间，就是平台认定的最后送达时间，平台以此为依据判断骑手是否超时。

总而言之，外卖配送的基本工作流程就是“接单→上报到店→取餐完成→确认送达”这样的过程。还需要指出的是，骑手送单并非送完一单再送一单，而是手上同时挂着许多单，用外卖行业的行话来说就是“挂单”。“挂单”既可能是骑手主动而为，即骑手主动抢夺多个订单，这在众包模式中尤其突出。“挂

① 李胜蓝：《劳动的时间控制与工人的策略》，第 21 页。

② 这里所谓的“好单”，指的是取餐近、送餐近、配送费高的订单。

③ 李胜蓝：《劳动的时间控制与工人的策略》，第 22 页。

单”也可能是平台连续派出多个订单，骑手不得不接单，这在专送模式中尤为常见。外卖骑手的工作流程如图1所示。

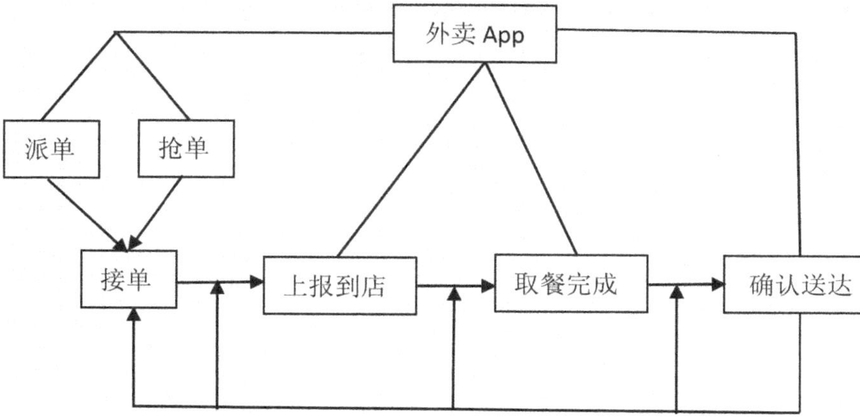

图1 外卖骑手的工作流程

二、薪酬控制：嵌套的计酬与激励机制①

薪酬制度是资本管理工人的核心制度，它对工人的工作表现有着重要作用。外卖骑手的薪资计算方式类似于布若威书中的“个人计件制”，但又有所不同。骑手一般没有底薪，而是送完一单获得一单的提成，并且达到不同的单量门槛后享受不同的单价。当然，最终获得劳动报酬还需满足一定的条件。这种薪酬制度设计的初衷，就是希望通过一系列环环相扣的、互为前提的条件来激励劳动者自发提高劳动强度、延长劳动时间，因而在本质上是一种嵌套的激励机制。

（一）薪酬的基本构成：工资与奖励

不同于大多数劳动者的固定工资、加班工资或绩效工资，外卖骑手的薪酬主要来自配送费（即“工资”）和活动奖励。虽然专送骑手和众包骑手属于不同的用工模式，但是他们的工资和奖励的构成基本类似。一般而言，骑手的配送费主要由以下三个部分构成：基本提成、时段补贴以及大额单补贴。

外卖骑手的另一部分收入来源于平台的活动奖励。这些奖励措施同样会因为骑手所在城市、代理商、劳务公司的不同而有所差异，而且每周、每月都有新变化。一般来说，专送骑手的奖励主要由三部分构成②：周冲单奖励、月冲单

① 本研究关于外卖骑手的工资与奖励的分析，均以笔者入职期间的政策为基础。其中，专送骑手的情况以S站的骑手为例，众包骑手的情况则以笔者接触到的上海市的部分骑手为例。

② 众包骑手与专送骑手的周奖励规则和月奖励规则有所不同，主要是奖励的单量门槛要求、时间统计区间有所不同，为节约篇幅，在此不详述。

奖励以及个人表现奖励。

（二）薪酬的发放条件：出勤率与单量门槛

通过将影响骑手最终薪酬的各种因素进行整理后，呈现如下图 2[①] 所示。

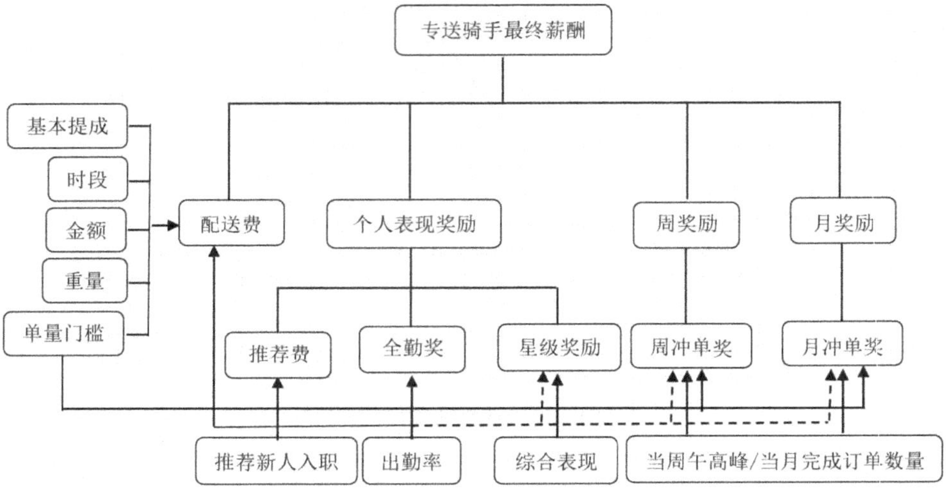

图 2　专送骑手薪酬体系

从图 2 中可以看出，骑手的最终收入由四部分组成：配送费、周奖励、月奖励以及个人表现奖励。配送费由基本提成、时段、金额、重量以及单量门槛共同决定。周奖励或月奖励由骑手当周午高峰或当月完成的订单数量和单量门槛共同决定，单量门槛每周、每月都会有所调整。个人表现奖励包括推荐费、全勤奖和星级奖励：推荐费须推荐新人入职并达到考核要求；全勤奖要求每月满勤 28 天；星级奖励根据站点上月的星级评定情况以及骑手综合表现发放。

还要特别指出的是，虽然各部分的收入要求各有不同，但基本上都须满足两个前提条件。其一是出勤率，骑手出勤指的是骑手每天 App 在线≥8 小时且午晚高峰 App 在线≥6 小时，每天午晚高峰单量≥12 单，只有每天达到在线时长和单量要求才算是有效出勤。一方面，达不到出勤要求会直接影响配送费和全勤奖的获得，另一方面，缺勤天数过多会使得骑手难以达到周奖励和月奖励的单量门槛，而且出勤率也是获得星级奖励的重要指标。其二是单量门槛，除个人表现奖励之外，其余三部分收入都有相应的单量门槛要求，而且周期要求、数量要求各有不同。单量门槛通过梯度收入计算方式的设置，使得骑手为了获得更高的收入，努力达到单量门槛后又追求更高的单量门槛，布若威所说的

① 众包骑手与专送骑手的薪酬体系稍有区别，比如，配送费受距离影响、个人表现奖励没有全勤奖和星级奖励等，为节约篇幅，在此不详述。

“赶工游戏”由此上演。

（三）薪酬的增量途径：订单总数与高溢价单

外卖骑手们虽然不懂复杂的经济学原理，也不会勾画精密的薪酬体系图，但他们会从实践中理性寻找、比较并选择可能增加收入的配送方案。在满足底线的情况下，骑手增加收入的主要途径有两种：第一种是增加订单总数，以获得更高的基本提成和奖励金额；第二种是增加高溢价时段的订单数，如午高峰、夜宵时间的订单，以获得更多的奖励和补贴。

（1）增加订单总数：花更多的时间

骑手提高收入的最直接途径就是增加订单总数，以获得更高的基本提成和奖励金额。在S站，骑手累计完成的订单数在0—800单，每单可获得7.7元；在800—1200单，超出800单部分每单可获得8.8元；1200单以上，超出1200单部分每单可获得9.9元。基本提成的这种计算原则旨在激发骑手的配送热情。不仅如此，周奖励和月奖励采取的都是设置单量门槛的激励手段。以某周的周奖励活动为例，当周午高峰累计完成的单量达到45单以后，超出45单部分每单可获得1.5元的奖励，超出60单部分每单可获得3元的奖励，超出70单部分每单可获得3.5元的奖励。达到奖励的最低门槛值是骑手工作量的基本参照标准，为此骑手通常会将月度目标分解为每天的小目标。

我现在每天的目标是26单，一天200块钱，跑满就可以回家！这个月都快10天过去了，才跑了200单，系统不给力啊！（ZYX20190109）

仅从配送费和活动奖励的政策来看，外卖骑手的确是一份能获得可观收入的“好工作”，这正是其最初能够吸引人加入的地方。然而，送外卖不同于在工厂打工，可观的单价和奖励是一回事，是否有足够的订单以及订单派给谁又是另一回事。仅从劳动报酬难以获得对骑手工作量的直观感知，我们可以将劳动报酬换算为订单数和工作时间。“外卖骑手月入过万”的报道在新闻中屡见不鲜，那骑手获得一万元的月薪需要跑多少单呢？答案是1200单①。简单的计算过程如下：

365（月奖励②）+210（周奖励③）+800×7.7+400×8.8=10255（元）

那每月完成1200单，每天需要工作多久呢？正常情况下，加上取餐的时间，骑手完成一单一般需要15—20分钟，那么即使整个月不休息，每天也要完

---

① 这里仅以专送骑手为例，因为众包骑手的配送费主要由距离决定，不易计算。不过，笔者曾向多位众包骑手求证，大家的说法基本一致，即要想月入过万，每月至少跑1200单。

② 如果骑手当月单量在940单以上，就可以获得最高单量门槛对应的最高月奖励，即365元。

③ 正常情况下，由于系统派单的特点和人力的限制，骑手在午高峰期间平均能完成的订单在10个左右，周一至周日午高峰累计能完成的订单在70单左右，则周奖励金额=15×1.5+10×3=52.5元，该月的周奖励金额总和=52.5×4=210元。

成40单，即需要10—13个小时，每天的工作时间远远超过传统8小时工作制。这还是在订单充足的情况下，更常见的情况是，骑手想跑单，但是没有顾客点外卖，也就没有订单。这样如果骑手仍然想每天完成40单，则需要花更多的时间等单。在这种情况下，外卖骑手成了“全天候工人”。

（2）增加高溢价单：冒更大的风险

除单纯增加订单总数之外，增加高溢价单也是提高收入可行的手段。这里所说的“高溢价单”指的是午高峰和夜宵时段的订单。由于周奖励活动的设置，在达到最低门槛值后，午高峰时段的订单单价至少高出一般订单1.5元，最多甚至高出3.5元。同样地，由于夜间补贴的设置，夜宵时段的订单单价高出一般订单2元或4元。因而，许多骑手更愿意跑午高峰和夜宵时段的单子，这与平台激励骑手在午高峰和夜宵时段跑单的目标相一致。然而，在上述两个时间段内拼命跑单给骑手带来了更大的风险。

外卖行业的午高峰时段往往是骑手违反交通规则、发生交通事故的高峰时段。因为午高峰时段有明确的起止时间点，所以骑手们都希望在这一有限的时间段内完成更多的订单。结果就是，骑手们为了尽快送达订单并接收更多的订单，全然不顾道路交通秩序、自身生命安全，逆行、超速、闯红灯等违章行为在这一时间段内尤为明显。这是外卖骑手“以生命换时间”“以时间换金钱”的自我牺牲手段。在这种情况下，骑手成了“风雨极速人”。

在精细的薪酬体系中紧密联系又相互嵌套的各要素制约下，外卖骑手无法精确计算出收益最大化的方案，他们唯一能肯定的是“送得多”“跑得快”就能“挣得多”。“增加订单总数”和“增加高溢价单”这两种途径是骑手全天工作的主要努力方向。较之固定工资、加班工资或绩效工资的给付形式，这一表面上自由灵活的薪酬体系实际上在以一种更隐蔽的方式控制着劳动者。

三、技术控制：闭环的监控与惩罚机制

卡斯特曾指出，由于互联网技术的引入，网络社会中的监控更加精细、严密、隐蔽①。卡斯特的这一断言，如今已成为现实。在外卖行业中，凭借着互联网技术的远程操作，平台、代理商和消费者对骑手劳动过程的监控形成了从初始到实时、再到末端的“流水线闭环”。再加上平台精细严密的KPI考核机制，对骑手劳动过程的监控又多了一层“周期闭环”。

（一）人脸识别系统：平台的初始监控

不管是专送骑手还是众包骑手，平台都不会直接与其面对面接触。那如

① ［美］卡斯特：《网络星河：对互联网、商业和社会的反思》（郑波、武炜译），社会科学文献出版社，2007年版，第195页。

何保证跑单的骑手就是注册的骑手本人呢？App中自带的人脸识别系统使得平台的管理得以可能。所有骑手每天上线接单前的第一件事情就是接受App的“人脸识别”检测，只有根据提示完成检测并校验身份与注册人一致才能上线。面对平台的这一监控要求，骑手们尽管有诸多抱怨，也只能听之任之。

“人脸识别”系统构成了平台对骑手的初始监控。从平台的角度看来，“人脸识别”系统的应用的确在一定程度上避免了“虚假运力”（即“非骑手本人跑单”）的出现，骑手是否本人在跑单、有无穿戴工服都在平台的不定时监控下无所遁形。借助于“人脸识别”系统，平台对骑手的监控实现了从“不在场监控”向“在场监控”的初步转变。

（二）卫星定位系统：代理商实时监控

从S站点的运作来看，站长及助理作为代理商在特定区域内的代理人，所承担的一项重要工作就是在后台对骑手进行实时监控。所谓的“后台”其实就是一台安装特定技术系统的计算机，一旦骑手在App上线，计算机中的特定技术系统就会自动连接上骑手手机中的App和卫星定位系统，其所在位置、接单情况、骑行路线、送餐轨迹在后台一目了然。站长及助理每天的任务之一就是在计算机屏幕前监控每一位骑手的配送过程和订单完成情况，并在必要时对订单进行人工调度。

互联网技术的应用，使得每个骑手每分每秒的工作状态、位置移动等信息被精细地记录和反映，接单、到店、取餐、送达的全过程被轻松有效地监控，最终使得外卖配送行业的工作流程从“非标准化”逐渐走向“标准化”①。卫星定位系统被应用于外卖配送行业主要是为了满足平台及代理商实时监控的需要。与此同时，该系统也被平台用于向用户展示外卖的状态。用户下单后，通过点餐的App同样能够看到骑手是否取餐、骑手所在位置、预计何时送达等信息。对于用户来说，骑手的整个劳动过程是可预期且被全程监控的。这与平台专为顾客设置的评分系统共同构成了消费者对骑手的控制。

（三）顾客评分系统：消费者末端监控

消费者不仅可以对骑手进行实时监控，还可以对骑手的劳动过程进行干预，这主要依托于平台设置的顾客评分系统，也就是俗称的“差评机制”。在骑手将外卖送至顾客手中之后，整个劳动过程并未结束，骑手还需要在App上点击“确认送达”，接着平台就会自动向顾客发出对骑手进行评价的消息。虽然不是所有的顾客都会选择作出评价，但这一评分系统的存在对骑手来说，是一个可

① 李胜蓝：《劳动的时间控制与工人的策略》，第23页。

能引发负面结果的高度可置信威胁[①]。因为评分结果的好坏直接影响到代理商的区域业务评比，因此代理商将结果与骑手的经济收益相挂钩，促使骑手时刻注意改进消费者的消费体验。为了避免差评，代理商普遍采取“以罚代管”的手段。比如S站就规定，如果骑手在一个月内，出现1个差评罚款100元，出现2个差评罚款300元。

不可否认，这一系统在一定程度上达到了平台约束骑手的效果，但也出现了很多意外后果。比如，不少顾客仗着自己拥有评分权力，对骑手提出许多附加要求，比如带烟、带水等。而骑手则因为怕得差评，一般不敢拒绝。通过顾客评分系统，平台不仅借助消费者的力量实现了对骑手的末端监控，而且在一定程度上与消费者达成了“合谋”，使得骑手不得不完成超出劳动合理要求的内容。

（四）KPI考核机制：平台的周期监控

人脸识别系统、卫星定位系统、顾客评分系统都是平台或代理商对骑手的直接管理手段。而平台对代理商的管理主要依靠KPI考核机制，即每月对不同代理商承包的不同区域、不同站点的数据进行评比考核，具体的指标包括出勤率、配送准时率、严重超时率、提前点送达率等，尤其是差评率和异常取消率最为重要。平台和代理商对站点的管理采取的是“星级评比”的方式，即每月根据各项指标对站点进行星级评定，站长及助理的工资与站点星级直接挂钩，骑手们能否获得星级奖励也与之有关。对代理商而言，所辖站点的各项指标情况不仅关乎自身是否会被平台罚款，而且还关乎以后能否获得平台的招标。正因为这些指标对代理商和站点极为重要，他们又将这些指标分解给骑手，并同时辅以惩罚手段来督促骑手达到指标要求。以S站点为例，骑手严重超时直接罚款200元；提前点送达第一次不处罚，第二次直接罚款200元，第三次直接罚款1000元；客户投诉直接罚款500元；等等。

通过KPI考核机制，平台实现了对代理商和骑手的周期监控，这种监控是比“在场监控”更方便有效的“不在场监控”。平台通过指标的制定与分解，间接性地将所有的骑手纳入管理体系之中，再加上各种奖惩措施，简单、方便、快捷、有效地实现了对骑手的控制。而骑手也将考核的周期要求内化于心，许多骑手每天想的都是“今天跑了多少，明天要跑多少”，如图3所示。

---

① 赵璐、刘能：《超视距管理下的“男性责任”劳动》，上引报刊。

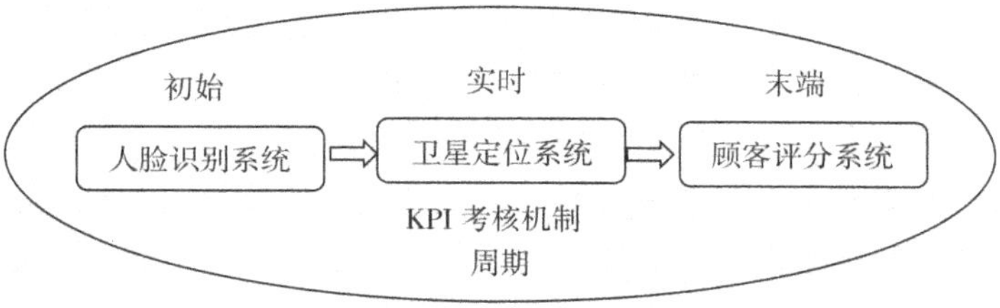

图 3　闭环的监控体系

第四章　妥协与自主：外卖骑手劳动控制中的制造同意

在劳动过程理论的发展脉络中，布若威的突出贡献是将工人的主体性带回劳动过程之中。布若威认为，劳动过程研究应当去考察工人的体验，即工人对剥削的“同意”。随着垄断资本主义的到来，资本主义社会通过国家力量的介入和工会力量的发展来进行自我改良，缓和阶级矛盾①。然而，将布若威的制造同意理论置于中国本土情境下考察可以发现，虽然“赶工游戏”已被各行各业的资本运用于生产过程之中，但是内部劳动力市场和内部国家在中国的多数企业中即使存在，也并没有发挥应有的作用。对于许多农民工而言，能找到一份收入满意的工作已是幸事，自然不会奢求在企业中的晋升。同时，广大农民工游离于中国的工会组织之外，也是一个不争的事实。具体到外卖行业，外卖骑手的“同意”到底是从何而来呢？本研究认为在考察“同意”的形成机制时，既应当注意工作本身的特点，又应当注意工人所处的整体结构。因此，本章将从骑手的劳动过程及其所面临的结构约束入手，也可以说是从“同意”的主动认可和被动接受两个层面来对“同意”的制造机制加以考察。

一、被动接受的“同意”：结构约束与常态的妥协

布若威认为，进入垄断资本主义时代后，内部劳动力市场和内部国家的不断完善，加上工厂内部“赶工游戏”的意识形态力量，共同塑造了工人的“同意”。虽然布若威并未在书中明说，但其潜在的意思其实是认为工人的“同意”主要是由工人主动形成的。然而，在田野中，笔者发现外卖骑手的“同意”很大一部分来源于工人在结构约束下的被动接受。外卖作为一个以男性农民工为

---

① Burawoy, Michael, *The Politics of production: Factory Regimes Under Capitalism and Socialism* (London: Verso, 1985), pp. 123-126.

主的行业，这些骑手其实都承受着来自城乡二元结构、社会阶层结构和性别关系结构的三重约束，使其不得不妥协于这份工作。

（一）身份约束：新生代农民工的职业类属

据统计，75%的骑手来自农村地区，82%的骑手为“80后”和“90后”，这说明骑手本身是新生代农民工群体的一部分。虽然学界对新生代农民工和老一代农民工之间的差异已有诸多讨论，但在城乡二元体制之下，农民工在制度上的次等身份始终没能改变：他们既不属于农民，也不属于工人。

皮奥里曾提出二元劳动力市场分割理论，将劳动力市场划分为初级市场和次级市场。前者具有工资高、就业稳定、工作环境良好、管理与晋升机制规范等特征，后者则相反①。进城打工的农民工群体由于其外来人口的身份、相对较低的人力资本以及薄弱的社会关系网络等因素，毫无疑问，只能进入次级劳动力市场。因此，服务员、建筑工人或是工厂流水线工人等成为吸纳农民工的主流行业。骑手WC曾经在一家毛巾厂工作过一年，枯燥的工作内容、固定的工资收入以及高强度的工作压力，使得那段时间成为他人生中最痛苦的经历。因此，即使他现在做骑手以后经常受到风吹、日晒、雨淋，但他还是更喜欢现在的工作。

城乡之间的对立不仅在制度上被建构，而且为农民工所切身感受。带着农村“印记”出来的农民工只能在次级劳动力市场中不断地“用脚投票”，可供他们选择的职业数量是不少，但基本都是密集制造业工人或低端服务业工人。他们对自己所经受的不平等待遇早就习以为常，所以他们追求的只是能在城市中生存下去，并且用自己的汗水换取尽可能多一点的收入，以便留在农村老家的亲人们能生活得更好一点。对骑手这样的农民工来说，努力工作与对工作的认可并无太大关系，这只是他们不得已而为之的一件事情。

（二）社会结构：体力劳动阶层的无奈选择

社会阶层结构是社会结构的核心部分，社会结构变迁在很大程度上可以看作是社会阶层结构的变迁。在不同的理论逻辑之下，诸多学者对社会阶层的划分有所不同。其中，职业地位作为一个具有普遍适用性且相对简单的划分依据为学界所认可并被广泛使用。在研究当代中国社会阶层结构的40年变迁时，李路路等人又将职业阶层结构划分为管理者阶层、专业技术阶层、一般非体力阶层、工人阶层和农民阶层等五类阶层，并进一步将管理者阶层和专业技术阶层合并为高级非体力阶层，将工人阶层和农民阶层合并为体力劳动阶层②。按照李

---

① Piore M J, “The dual labor market: Theory and implications,” *The state and the poor*, ed. Beer S H, Barringer R E (Cambridge MA: Winthrop Publishers, 1970), pp. 55-59.

② 李路路等：《固化还是流动？——当代中国阶层结构变迁四十年》，载《社会学研究》2018年第6期。

路路等人的划分来看，无论是将农民工归为农民身份，还是工人身份，他们都属于“体力劳动阶层”。从调研的结果来看，这些农民工也的确是不折不扣的“体力劳动阶层”。在被问到从事过的职业时，“什么都干过”是骑手们经常说的话。

什么都干过！做过保安、卖过水果、进过工厂！（ZDG20190114）

毛巾厂工人、餐厅服务员、保安、什么都干过！（WC20190114）

从上述多位骑手的话中不难看出，虽然骑手们“什么都干过”，但是干来干去，干的都是“体力活”。这是因为这些骑手与大多数农民工一样，学历不高、缺少技术，可供选择的机会并不多。“没什么技术”“没学历、没文化”“上学学不会，别的没啥干”也是骑手在访谈中经常说的话。对此，骑手GBQ总结得特别好：

跑外卖真的是没什么前途的！我就是没什么学历，也没什么本事，所以只能跑外卖！……像我们这样四五十岁的人，做什么每个月能赚五六千块钱？……（GBQ20190116）

在“体力劳动阶层”这一身份难以改变的情况下，农民工追求的只是相对舒适的工作环境和相对可观的工资收入。尽管骑手并不是一份前途光明的工作，可对于吃过太多苦的农民工来说，已经是一份令人相对满意的工作了。

（三）家庭责任：性别分工中的男性担当

据统计，90%的骑手为男性，这充分说明骑手是一个以男性为主的职业。当我们从性别关系结构来考察骑手这一职业时，可以发现传统家庭文化中赋予男性气概的“责任意识”支撑着骑手们的繁重劳动[①]。将何明洁所说的“性别化年龄概念”反观外卖这一以男性为主的行业，同样可以发现年龄的社会性别建构以及造成的男性家庭责任的差异。

“建房子”和“娶媳妇”是未婚男青年的头等大事，随着农村“婚姻挤压”现象的愈演愈烈，“建房子”又成为“娶媳妇”的前提条件，再加上高额的聘礼和婚礼相关费用，使得大量农村青年不得不通过外出打工来积累资金。在S站里，挣够钱回家买车、买完车回来继续跑单、再多挣点钱回家相亲几乎是不断重复上演的连续画面。对于许多农村男青年来说，娶妻生子既是整个家庭的期待，也是自己的阶段性使命。

对于已婚男青年来说，“挣钱养家”又是成家后的新压力。正如杰华所指出的那样，迁移对于男性来说，更多的是一种努力承担养家糊口责任的途径[②]。在外卖行业中，这种背负着沉重家庭责任的男性十分容易辨别，因为他们往往是

① 赵璐、刘能：《超视距管理下的“男性责任”劳动》，上引报刊。

② Tamara Jacka，“Finding a place：negotiations of modernization and globalization among rural women in Beijing，” *Critical Asian Studies*，XXXVII（January 2005），pp. 51-74.

骑手中单量最多的那部分人，也往往是工作时间最长的那部分人。

不同年龄阶段的骑手有着不同的压力：年龄较长的骑手担负着养家糊口的重任，只能拼命加班争取“超额”；年龄较小的骑手渴望着成家立业，也在努力工作以积累资金。骑手们并非不知道送外卖这份工作处于社会的底端，但他们还是愿意加入外卖骑手大军，痛苦并快乐地坚持着。不得不承认，从家庭责任的角度来看，这其实是一种性别分工中的男性担当。正是由于“男性责任”的存在，骑手才会愿意接受这份遭人轻视的工作。在访谈中，一位骑手的话说出了许多骑手的心声和共识：“反正哪样有前（钱）途，我就往哪样发展，不能在一棵树上吊死，总要养活一家人!”（CQ20181116）

二、主动认可的“同意”：主体能动与适度的自主

作为农民工的骑手虽然长期受到城乡二元结构、社会阶层结构以及性别关系结构的约束，但同意的产生必然不可能仅仅来源于被动接受，其中必定包含着一个主体能动的选择过程。因为工人始终拥有“用脚投票”的权利，如果本身没有对工作的主动认可，工人的劳动也不会持久。在田野中，笔者发现外卖骑手的主动认可主要来自外卖配送工作的工作特性，这具体体现在外卖配送中的自由感、公平性和透明度。

（一）自由感：工作本身的灵活性

外卖骑手最突出的特点就在于工作的灵活性。这种灵活性主要体现在两个方面，即工作模式的灵活性和工作安排的灵活性。工作模式之所以是灵活的，是因为平台采用的是“专送+众包”的模式，骑手们可以根据个人情况从中任意选择。工作安排之所以是灵活的，是因为平台工作是以“订单”的方式分配任务，平均每完成1个订单的时间大约在15—20分钟。众包骑手可以选择在任何时间和任何地点上线开始接单或是下线停止接单，专送骑手虽然有固定的上下班时间和配送区域，但是在多数时段依旧可以通过短暂下线自我安排时间。

事实上，大多数骑手选择这份工作也正是看重它的灵活性。据统计，有42%的骑手认为，高收入比稳定更重要；上班时间灵活是他们选择做骑手最重要的原因（32%）。笔者对多位骑手的访谈也印证了这一统计结果。

跑外卖嘛！挣多挣少都在你自己。一个月万把块好挣，两三千块也好挣……也没人管你，这个就看每个人的态度了。（WX20181123）

总的来说，骑手们选择外卖行业的出发点虽然不尽相同：有些骑手选择跑专送，是因为专送订单的单价高且无须抢单。有些骑手选择全职跑众包，是因为众包主要依靠自己抢单，只要自己手速够快、路线够熟就可以挣得更多。有些骑手选择兼职众包，是因为本身已有工作，跑众包只是在闲暇时挣外快的手段。不管骑手是选择专送模式还是众包模式，也不管他们成为骑手的动机是否

有所差异，工作本身的灵活性带来的自由感为劳动者产生认同打下了坚实的基础。

（二）公平性：准入或退出机制的低门槛

共享经济本质上是劳动密集型经济①，并无过多的学历、技术要求，这就决定了互联网平台用工中准入或退出机制的低门槛及其公平性。这种低门槛首先体现在骑手招聘过程中。骑手工作的准入门槛极低，基本上只要是拥有健康证、会开电动车、会用智能手机的中青年都可以加入。

其次，体现在骑手培训的低形式化。由于平台提供先进的技术支持，传统雇佣关系中的正规培训也就不再需要，不管是专送骑手还是众包骑手基本都是如此。

培训？送个外卖还需要培训吗？自己跟着App操作就可以了！很简单的！(GXG20181116)

最后，体现在计酬与激励机制的无差别性。“能者多劳”“多劳多得”一直是平台和代理商的宣传口号。在专送模式下，每单的单价是相对固定的，即使当单量达到相应门槛后，单价会有所增长，可单量门槛对站点的所有骑手都是统一的，因而骑手的收入主要还是取决于单量。在众包模式下，每单的配送费都是由平台通过大数据计算而定的，不会因骑手原因发生变化，因而骑手的收入主要取决于其抢到订单的配送费和数量。基本工资是如此，活动奖励也是如此。

跑众包很自由，没有基本工资，送多少挣多少，送一单就有一单的钱。(YXG20180816)

此外，退出机制同样没什么门槛。尤其是对于众包骑手来说，根本没有辞职的手续，只需要不再上线或是卸载App即可。总体而言，准入、退出的低门槛及其带来的公平感也使得骑手对平台工作产生了主动的认可。

（三）透明度：劳动报酬的即时可见

劳动报酬的即时可见也是吸引外卖骑手加入的一个重要原因。不管是专送骑手还是众包骑手，基本配送费、补贴、奖励都是公开的。专送骑手的基本配送费和单量门槛以及时段补贴通常会在入职前讲明，众包骑手的基本配送费和各项补贴都会在系统发布订单时标明，只有价格符合心理预期，骑手才会抢单。针对两者的奖励活动，两者都能在各自对应的App推送消息中看到，平台对这一信息是完全公开的。

计算规则的公开是透明度的重要表现形式，单量乃至收入在App上的直观

① 闻效仪：《共享经济本质是劳动密集型经济》，参见https://www.thepaper.cn/newsDetail_forward_2716522。

变化则是透明度更直接的表现形式。众包骑手的收入结算周期是以天为单位，通常情况下当天的配送费（包括补贴）在第二天凌晨就会发放至骑手的账户，相比于按周结算或是按月结算，这种结算方式使得骑手更安心。用骑手 WDG 的话来说就是，“我每天挣多少钱都是看得见的!”（WDG20181116）专送骑手的收入结算周期虽然是以月为单位，但是骑手在第二天就能够看到昨天的单量以及本月的累计单量，这样骑手对个人的收入能有基本的预期，而且万一平台统计有误也能及时发现。

在传统用工模式中，工作量统计结果不及时公开以及下月发放工资的形式一直为工人所诟病。对骑手来说，透明的计算规则和即时可见的劳动报酬降低了交易成本，提升了交易双方的信任度。这就使得骑手们更加自觉、快速地对平台规则产生了好感，也更加深了他们对平台工作的主动认可。

第五章　夹缝中求生存：外卖骑手劳动控制中的回应策略

正如上文所述，结构约束与主体能动共同制造了骑手对平台控制的“同意”，但这并不意味着骑手会完全服从于平台的控制，表现出一种逆来顺受、任人摆布的姿态。从笔者的调研来看，骑手会采取联合外卖骑手、搞定消费者、拉拢站点管理者等方式，以便在平台控制的夹缝中寻求更好的生存。当然，也会有少数骑手选择换平台、换模式或是换行业。

一、临时性互助：联合外卖骑手

虽然平台借助于时间控制、薪酬控制与技术控制等多种控制手段实现了对骑手的“超视距管理”，但是由于平台的“不在场”，骑手在应对平台的控制时仍会有一些活动余地。为了避免超时或者差评，骑手之间往往会相互帮助，采取一些临时性互助策略，常见的有带单和转单两种。

（一）带单：利用同伴之间的时间差

带单指的是系统将订单派发给某位骑手以后，该位骑手请他人帮忙将外卖送至顾客手中，但配送费仍归该位骑手所有。带单这一策略其实是在利用同伴之间的时间差，因为通常只有时间紧张、可能超时的骑手才会请他人带单。带单一般发生在平时互动较多、信任感较强的骑手之间，因为订单仍属于原来的骑手，所以如果订单出现问题，一切责任都要由原来的骑手承担。由于带单的配送费仍归原来的骑手所有，所以请人带单的骑手通常会有所表示，这种表示既可能是直接买瓶饮料以示慰劳，也可能是口头表达谢意并许诺下次以同样方式还人情。

带单主要有两种形式：第一种是请人带单的骑手会将手机交给帮人带单的骑手，这样就能保证代为取餐和代为送达不被后台发现。这种情况更可能发生在同一站点的专送骑手之间，因为彼此几乎天天见面，联系更为紧密。第二种是骑手已经到达目的地，但是因为要等电梯上楼过于浪费时间，所以赶时间的骑手通常会在电梯口询问是否有人愿意将外卖带上楼，大多数情况下总会有骑手出手相助。这样既保留了配送轨迹和骑行路线，又节省了送餐时间。

（二）转单：利用同伴之间的空间差

转单指的是系统将订单派发给某位骑手以后，该位骑手将订单转给他人，由他人将外卖送至顾客手中，配送费及订单记录都归他人所有。转单这一策略既可能是在利用同伴之间的时间差，也可能是在利用同伴之间的空间差。前者指的是骑手在订单过多、来不及配送的情况下，除了请他人带单，也可以转单给他人；后者指的是由于系统的技术盲区，派发订单的取货点离骑手过远，接到订单的骑手将订单转给取货点附近的别的骑手。对于专送骑手来说，每天只有 3 次转单的机会，而且前提是有其他骑手愿意接单，否则只能自己接着跑。对于众包骑手来说，虽然拥有直接拒绝订单的权利，但拒绝的后果是许多骑手不能承受的（根据拒绝次数而定，少则影响下次派单，多则直接罚款）。

就转单这一操作而言，看似是平台在给予骑手选择的机会，但实际上由于必须有其他骑手接单的前提存在，骑手能否成功转单则取决于运气或是人际关系。因此，从本质来看，转单仍然可以看作是平台对骑手的强制性要求，其背后的潜在含义是“只要订单派给你了，要么你送，要么你找人送，反正由你解决”。

二、弱者的武器：搞定消费者

带单和转单是骑手之间使用的临时性互助策略，这两种策略常被骑手用于避免超时。除此之外，骑手们还有针对消费者的应对策略，以求避免差评。在可能被给差评时，骑手们往往会拿起自己作为弱者的武器，来换取顾客的同情和谅解。具体的策略有“赔笑脸”与“说好话”、提前联系、主动赔偿。

（一）“赔笑脸”与“说好话”：送餐全程的必备技能

一般而言，在外卖配送的整个过程中，骑手通常会用尊重的语气、善意的微笑、礼貌的用语等，这些都被平台统称为“骑手话术”，其实也就是我们常说的“赔笑脸”。

除此之外，“说好话”也是送餐过程中的必备技能，它一般包括两部分：承认错误与乞求原谅。在日常生活中当人们因某事而碰到强者时，常常不得不说些好话，以求尽快化解矛盾，避免演化为冲突。对于骑手来说，掌握着评分权力的顾客在很多时候就是强者，当骑手犯错时，“说好话”就成为避免差评的实用技巧。

当然，“赔笑脸”与“说好话”并非对所有的顾客都管用，很多骑手都遇到过笑呵呵地送餐、低三下四地道歉还是被给差评的事情。骑手 GWZ 有过一段受尽委屈的经历：

有次有个小姑娘问我傻不傻，我当时……想骂人，但还是忍住了，我怕再拿个差评，结果人家还是给了个差评！（GWZ20181223）

即使知道“赔笑脸”与“说好话”不一定管用，骑手们也还是尽量这样要求自己。毕竟，为了一个差评要付出的代价是很多骑手所难以承受的。对很多骑手来说，任何能够降低获得差评概率的方法都值得试一试。

（二）提前联系：预估超时的“预防针”

顾客在外卖 App 上点完餐后，系统通常就会计算出预计送达时间并显示在页面上，这样顾客就会产生相应的心理预期。然而，由于很多意外情况的存在，有时候骑手凭借人力根本无法按时配送。这时，如果不能请人带单或是转单给他人，提前联系是应对因超时被给差评的最简单有效的方法。

如果细究“提前联系”的具体作用，其实可以区分出两种：第一种是通过提前联系顾客，告知配送可能超时，让顾客形成外卖可能迟到的心理预期，以免顾客在预计送达时间没能拿到外卖而产生心理落差，进而在评分时给差评；第二种是通过提前联系顾客，告知订单即将超时，但是骑手已在顾客附近，希望能够提前点击“确认送达”按钮，以避免订单超时被平台或代理商扣钱。

正是通过提前联系消费者，努力获得消费者的理解和支持，骑手得以在与时间赛跑的过程中，缓解了平台“准时送达”要求下的巨大时间压力。虽然骑手利用这一手段在一定程度上能够避免差评或超时，但是究其本质，平台对骑手的剥削并无根本性变化，骑手只是在凭借自己的努力尽可能减少剥削的压力。

（三）主动赔偿：意外发生后的“以退为进”

对于外卖骑手来说，超时固然是要极力避免的，而差评则更是避之不及的。超时本身并不会带来过多的惩罚，骑手之所以要极力避免超时，除了平台或站点要求之外，更关键的是超时会增加获得差评的概率。对此，骑手们还有“主动赔偿”这一招。“主动赔偿”指的是骑手在送餐过程中发生意外状况，在送达后主动赔钱给顾客，常见的意外状况有洒餐导致餐品不完整、配送过慢导致顾客等太久。“主动赔偿”并非骑手真的想要赔钱给顾客，骑手们之所以如此，是因为在很多情况下，面对作为困难群体的骑手的“主动赔偿”行为，顾客是不好意思接受的，而这正是骑手所希望的。

主动赔偿是骑手在意外发生后“以退为进”的策略，很多骑手的心态是与其什么都不做，到头来拿个差评，还不如主动赔点钱，免得被罚得更多，而且有时候顾客还不会要钱。使用这一策略相当于一场赌博，骑手赌的就是顾客的人品。运气好的话，骑手既不会被给差评，又不需要赔钱。而且即使真的赔钱，如果能不被差评，也是一笔合算的买卖。从表面上看来，骑手似乎坐稳了赢家的位置，但在实际上，平台才是真正的赢家。平台借助惩罚手段，控制着骑手的一言一行，使其以自己的行动来维护平台的利益。

三、“搞关系”：拉拢站点管理者

专送骑手与众包骑手一个最大的区别在于前者受站点的管理，后者直接受平台的管理。对于专送骑手来说，站点的管理虽然是一层束缚，但有时候也可能成为一重保护。如果专送骑手在平时能够遵守规章制度，服从站点管理，主动与站点管理者搞好关系，就能在关键时刻获得站点管理者的帮助。这主要体现在两个方面：人工派单和协助申诉。

（一）人工派单：激励机制下的获利手段

除了系统派单和个人抢单，其实还存在第三种接单方式，即人工派单。这一般只存在于专送模式下，这里的“人工”主要指的是站点管理者。之所以会有人工派单这种方式，一方面是因为平台自知系统派单有不少技术盲区，尤其是在“爆单”的时候，需要专人来调度，以保证配送的有序；另一方面是因为骑手在送餐过程中不时会有意外情况，需要安排人手加以补救，以保证订单能及时送达。然而，当站点管理者拥有“人工调单”这一权力时，就不再仅仅将其用于处理突发状况，而是将其作为管理骑手的有效手段或是个人谋利的重要筹码。

在正常情况下，站点管理者不会随意人工调单。但是，当有骑手手上挂着好几单、来不及配送时，给谁调单以及调什么单都成为至关重要的问题。在S站，许多骑手都表示，站点管理者一般都是把单子调给与其关系好的骑手，这些人平常要么经常给站长及助理递烟，要么不时请他们吃饭，以求在自己需要的时候能够更容易调单。即使同样是调单，还有“好单”和“坏单”之分。自己平常不和站点管理者“搞关系”，所以就算调单拿到的也是“坏单”，而那些会“搞关系”的人拿到的都是“好单”。

（二）协助申诉：惩罚机制下的变通手段

人工派单是站点管理者在力所能及的范围之内为骑手争取利益，并以此获得信任感和个人威望的一种方式。还有一种方式是协助申诉。众包骑手与顾客发生纠纷后，通常是自己直接向平台申诉，但很多时候申诉只会石沉大海。作为跑众包多年的老骑手，WDG已经消化了这个现实。用他的话说，“全国有好几百万的外卖骑手，申诉一天不知道有多少，怎么可能都顾得过来?”（WDG20181116）专送骑手则可以通过站点申诉，相比较而言，这种申诉形式的成功率更高。

在可申诉的情况下，申诉能否成功在一定程度上取决于站点的努力程度。

这里说的“站点的努力程度”其实就是站长是否愿意帮忙以及花多大力气帮忙，这又取决于骑手平时的个人表现以及与站长的关系好坏。骑手 CYN 是中班二组组长，虽然加入 S 站不足一年，但是由于平时工作勤恳、做事稳当，就被提拔为组长，深受站长 YCB 和助理 WX 的重视。CYN 曾遇到过好几个莫名其妙的差评，都在站点管理者的协助下申诉成功，这使得他对站点及管理者比较满意。

四、“用脚投票”：纠结的“去留”选择

联合外卖骑手、搞定消费者、拉拢站点管理者都是骑手坚守在岗位上时采取的策略，但是并非所有骑手都会选择这些隐忍的方式。同大多数新生代农民工一样，骑手的流动性也极高。“用脚投票”同样是骑手的一种应对策略，他们常常纠结于换平台、换模式抑或是换行业。

（一）换平台：市场垄断下的殊途同归

在对平台工作的主动认可和被动接受之下，当骑手遇到不顺心的事情或者不公正的待遇时，骑手首先想到的是在平台之间“用脚投票”。但其实，现在仅有的 M 外卖和 E 外卖两家外卖平台早已对消费市场和劳动力市场形成双重垄断，骑手们劳动都在它们的控制之下，无论是在哪家送外卖，最后的结果都是殊途同归，骑手们始终处于被剥削的地位。而那些跑单多年的老骑手虽然不懂经济学和社会学的专有名词，但是凭借着多年的经验，他们早已意识到平台剥削的本质。用骑手 ZDG 的话来说，就是“其实跑哪家都一样，反正我们都是被压榨的，跑习惯了就行”！（ZDG20181225）

（二）换模式：专送与众包间的来回跳跃

如果选择继续留在同一家外卖平台，那骑手们还需要考虑的是跑专送还是跑众包，“专送更稳定”“众包更自由”是骑手们的共识。那到底是要稳定还是要自由？这也是骑手们经常思考、纠结的问题。骑手 ZYX 从事外卖行业一年多，目睹了许多骑手从专送跳向众包，又从众包跳向专送，在长期的观察和了解中，他也形成了自己的观点：

并不是每个人都适合跑众包的，有些东西适合你，有些东西不适合你……很多人跑了众包以后，还是出来跑专送！……你以为钱这么好挣啊？说得天上能掉馅饼似的！（ZYX20190119）

骑手 ZYX 的观点是其长期的经验总结，正是抱着这样的想法，他才在 S 站干了一年多并打算继续干下去。其实，对于那些坚定跑专送或是坚定跑众包的骑手来说，都有属于自己的一套“理论体系”，才会不愿再在不同模式之间来回跳跃。

（三）换行业：何为骑手眼中的“好工作”

除了换平台、换模式等在行业内部的“用脚投票”行为之外，骑手们也会

选择换行业。很多骑手都强调跑外卖只是“临时性工作”“有机会要找一份更好的工作”。这些骑手一般都在二十几岁左右，对未来有着美好的憧憬。不少老骑手自己已经难以转行，所以经常会劝年轻骑手学点技术。

像你们这样的年轻人不要跑外卖，去学点什么有用的技术或者知识，还有可能有更好的发展前途！跑外卖真的是没什么前途的！（ZHS20190116）

“换行业”几乎是每个骑手的想法，至少是有过的想法。从笔者的田野经历来看，骑手们口里的“好工作”一般分为两种：一种是做生意，自己当老板不用再受气；另一种是学技术，最好是走到哪都能吃饭的技术。然而，并非所有的骑手都能找到这种“好工作”，大多数骑手只能在平台、站点、消费者之间疲于应付，或是在两个平台和两种模式之间来回切换。

第六章　结语

本研究从劳动过程理论出发，通过对上海市 M 外卖的民族志考察，勾勒了外卖骑手的群体肖像，探讨了外卖骑手劳动控制的运作机制、制造同意和回应策略，立体呈现了外卖骑手劳动过程的完整图景。

一、平台资本的控制抓手：薪酬制度与互联网技术

如前所述，劳动过程理论的经典问题是资本是如何将劳动力转化为有用的劳动的。在外卖行业中，快速、准时是平台对骑手配送的基本要求，因此时间控制也就成了资本对劳动者进行劳动控制的核心要义。在具体的控制手段上，本研究发现，平台通过薪酬制度的精密设计以及互联网技术的巧妙运用改变了资方不在场的先天劣势，进而实现了对劳动者的“超视距管理”。

本研究的这一发现在一定程度上可以看作是布若威开创的“制度-观念”分析路径[①]在互联网平台经济中的延伸。该研究路径关注规范整体生产过程的制度，包括生产的政治性规范工具及其形塑的意识形态效应。正如前文所述，在外卖行业中，薪酬制度（包括奖惩制度）依旧在发挥着巨大效用。资本通过环环相扣的工资设计加上门槛叠加的奖励设置，极大地激发了外卖骑手的工作热情，使得他们自愿成为“全天候工人”和“风雨极速人”，由此保证了外卖平台所需要的有效运力。不过需要注意的是，原有的“制度-观念”分析路径主要适用于资本在场的情况下，而在互联网平台经济中，互联网技术成为平台控制

① 贾文娟、钟恺鸥：《另一种娱乐至死？——体验、幻象与综艺娱乐节目制作过程中的劳动控制》，载《社会学研究》2018 年第 6 期。

不可或缺的抓手，以弥补资方不在场的劣势。就外卖行业而言，人脸识别系统、卫星定位系统、顾客评分系统以及 KPI 考核机制都被平台用于监控，这种从初始到末端又加上周期的监控，使得骑手的劳动过程被完全掌握在平台的手中，辅之对违规行为的惩罚手段，由此形成了外卖配送中的稳定秩序。

就现有的关于平台经济劳动者的研究而言，一个普遍的现象是对薪酬制度或者互联网技术的单方面强调。比如，有学者着重考察了薪酬制度在网络直播行业中的重要作用①，也有学者详细分析了互联网技术对家政服务业的显著影响②。就本研究的分析来看，薪酬制度与互联网技术的控制作用在平台经济中是密不可分的。一个直接的表现在于，薪资的计算离不开互联网技术的支持，这既包括对劳动者工作表现的记录、工作数据的储存，又包括对大量数据的加工和计算能力，经过处理后的数据被量化为各项指标作为发放薪资的依据。因此，本研究认为，要深刻理解互联网平台经济下的劳动问题，必须关注薪酬制度与互联网技术在其中的运作机制。

二、劳资共识的混合生产：自助意识与自主意识

布若威《制造同意》一书的重要理论发现是进入垄断资本主义以后，资方对劳动过程的控制是通过意识形态支配实现的。在书中，布若威详细分析了制造同意的三大机制：赶工游戏、内部劳动力市场与内部国家。然而，在本研究研究的外卖行业中，赶工游戏的效用固然存在，但内部劳动力市场和内部国家处于明显的缺位状态，它们的同意更多来自结构约束下的自助意识和工作本身的自主意识。这两种意识混合生产出了外卖骑手的劳资共识。

外卖骑手是一个以男性农民工为主的劳动群体，城乡二元结构使得他们倾向于通过进城打工来改善生活，社会阶层结构使得他们只能通过体力劳动来获得收入，性别关系结构使得他们不得不承担起养家糊口的重任。面对长期存在的三重结构约束，骑手早已习以为常，他们不敢奢求国家为他们提供充足的福利保障，而是将希望寄予自己身上。正如笔者在田野中常常听到的："不送外卖能干什么""社保不一定有用""总要养活一家人"。这些话语的背后其实反映了骑手的自助意识，即依靠个人努力来改变命运。在某种意义上，结构约束与自助意识是一体两面的。因此，如果说内部劳动力市场和内部国家是从正面推动了工人同意的生产，伴随着结构约束而生的自助意识则是从反面逼迫着工人不得不同意。

---

① 徐林枫、张恒宇：《"人气游戏"：网络直播行业的薪资制度与劳动控制》，载《社会》2019年第4期。

② 梁萌：《强控制与弱契约：互联网技术影响下的家政业用工模式研究》，载《妇女研究论丛》2017年第9期。

当然，外卖骑手的同意并非完全是被动地接受，其中也有着主动的认可。平台工作本身的灵活性、准入或退出机制的低门槛以及劳动报酬的即时可见，使得骑手产生了一种自主意识。这种自主意识至少包括两种内涵：自由意识与纯劳动意识。自由意识指的是骑手通常认为送外卖想做就能做，不想做就能不做，可以拼命做，也可以轻松做，非常自由。在田野中，有骑手这么说道："送外卖真的是自由，干了这行你就不想换了。"（SY20181231）可见，自由意识的作用多么强大。纯劳动意识指的是劳动者卖的是具体化的劳动，而不是劳动力，其直接表现是"多劳多得"意识①。骑手的报酬主要来自一单一单的配送费的累加，因而骑手们普遍认为送外卖是公平的、透明的，全凭个人努力，送得多就赚得多。自由意识与纯劳动意识共同构成的自主意识对骑手产生了强大的吸引力，使得他们产生了相对满意的感觉。总的来说，骑手对平台控制的"同意"既有被动接受的成分，也有主动认可的成分，其中夹杂着自助意识和自主意识。

三、妥协式回应的客观限制：原子化劳动与非人性化管理

传统劳动过程研究关注的一个重要面向是劳动者的抵制乃至反抗行为。然而，从笔者的田野经验来看，骑手的抵制与反抗行为其实并不明显。在田野中，我们虽然可以看到骑手针对不同主体展开的回应策略，但这些策略在本质上都是妥协式回应。这些回应策略都是为了避免超时、差评，具有极强的个人实用性，可以看作是骑手在夹缝中求生存的表现。即使是那些选择"用脚投票"的骑手，很大一部分还是在不同的平台、模式中来回变动，真正成功离开外卖行业的人只是少数。也就是说，离开外卖行业是骑手们仅有的真正意义上的抗争手段。为什么骑手未能采取有效的抗争行动？除了上文所说的自助意识与自主意识混合生产出了外卖骑手的"同意"之外，其实还存在着两方面的客观限制。

其一是外卖配送的原子化劳动特质。这种原子化特质首先体现在骑手的分散性上。外卖配送没有固定的时间和空间，随时都有骑手在送外卖，随处都能看见骑手的身影，这就使得骑手长期处于分散的、流动的状态，难以像工厂工人一样在同一时间段聚集在同一空间中，从而难以联合起来。其次体现在骑手的独立性上。外卖配送都是线上接单、线下服务的工作方式，在整个工作流程中骑手都是独立完成相应的任务。虽然骑手之间存在互助行为，但这种互助是临时的、偶然的，骑手在绝大多数时候都是依靠个人力量。最后体现在骑手的竞争性上。众包骑手主要通过抢单来获取订单，这就决定了众包骑手之间存在明显的竞争关系。专送骑手虽然不用抢单，但是由于订单数量的有限，每个人

① 谢国雄：《纯劳动：台湾劳动体制诸论》，"中央研究院"社会学研究所筹备处，1997年版，第116页。

都希望别人少接单，系统多给自己派单，这使得专送骑手之间也潜藏着竞争关系。对于外卖骑手来说，大家普遍更在乎的是自己能跑到多少单、赚到多少钱，对于别人是否被罚款、是否发生交通意外等事情漠不关心。

其二是劳动过程中的非人性化管理。平台对骑手的管理其实是一种依托于互联网技术的非人性化管理，平台与骑手之间没有直接的接触，两者的关系基本上等同于“人-机”关系。一般情况下，平台负责下达指令，骑手负责接受指令。当骑手的利益受损时，就是申诉与处理申诉的关系。不过，骑手只能通过在线申诉或者电话申诉，申诉结果的判定权始终掌握在平台手中，骑手无法左右。虽然专送骑手可以通过站点管理者申诉，但站点管理者主要的作用还是在执行平台命令，不会为所有骑手申诉，也无法左右申诉结果。而且平台始终是各种劳动规则的单方面制定者，骑手无法和平台面对面接触或谈判，集体协商也难以实现。在田野中，笔者发现许多外卖骑手对平台有诸多抱怨，但又无能为力。由于技术屏障的存在，劳动者认可其规则就继续工作，不认可就只能选择离开。当然，更为常见的情况是，劳动者即使有些不满，也只能默默接受。在这两方面的客观限制下，骑手们的工人阶级意识没有觉醒，也难以形成有效的集体行动。

总之，外卖骑手的劳动控制问题在很大程度上可以看作是农民工劳动问题在互联网平台经济下的延续与加剧。骑手努力工作的背后，隐藏着平台的诱导和监控，夹杂着自助意识和自主意识。此外，本研究认为从劳动过程理论的发展来看，要理解平台经济下的劳动问题既应当重点关注其中的薪酬制度和互联网技术的运作机制，又要从劳动者所处的社会结构以及工作本身的特点着手分析。

温柔的“革命”派

——民间环保组织的行动策略研究

王园妮（河海大学）

◎ 指导老师：张虎彪

摘　要：本研究以民间环保组织绿色潇湘为个案，以参与观察与访谈法为研究方法，描述和分析了民间环保组织在参与当地环境治理中的行动策略和逻辑。根据绿色潇湘与政府所处的不同关系阶段而采取的行动策略，本研究将其划分为：借社会舆论之势的“倒逼”阶段、站在政府对面而非对立面的“协商”阶段、新形势下的“依法”探索阶段进行分析。在“倒逼”阶段，民间组织通过新媒体平台的技术赋权、志愿者的“线下做事”与契合政策导向的“顺势而为”的“闹大”策略，推动政府部门自上而下地解决环境问题的同时，构建与政府之间的信任关系。“协商”阶段是“倒逼”阶段的发展与顺延，在该阶段，民间组织和当地环保部门之间的信任关系初步形成，在行动的过程中建立了“协商”机制。为了保证“协商”关系的持续有效，民间组织开启了“站在政府对面而非对立面”的原则，“唱白脸”和“唱红脸”等行动，以实现自身的行动目标的“柔化”策略。“依法”探索阶段是民间环保组织在“协商”机制的基础上，依据现有的法律法规所进行的探索，是在对“柔化”策略的更进一步加码，从而确保民间环保组织更加有力地参与当地环境治理。

绿色潇湘之所以能够有效参与当地环境治理，是其将“闹大”和“柔化”的行动策略进行了有机的融合。“闹大”是其获取社会公众信任，构建与政府之间关系的起点，“柔化”是“闹大”的延续，是其在面对政府或企业威胁和诱惑时，不改初心地对问题进行持续推动，是在追逐使命和自主性的同时，理性地处理与政府之间的关系，从而在有限的政治空间内实现利益最大化平衡，这也是称其为温柔的“革命派”的主要原因。

关键词：环保志愿者组织；行动策略；“闹大”；“柔化”

第一章　绪论

第一节　问题的提出

一、研究背景

伴随着社会经济事业的发展，由环境问题引发的社会问题愈演愈烈。据统计资料显示，1995—2006年，环境信访的总数增长了10倍左右，因环境问题引发的事件以年均29%的速度递增①。为了更好地推动环境治理，中央政府虽相继推出了相应的政策制度，但由于经济的发展与环境保护之间存在着巨大的矛盾，作为政策执行方的地方政府往往会有选择性地执行，以至于当前政府所取得工作成效和社会公众所期望的成效还存在着巨大的差距。因而，如何有效缓解人们日益增长的环境公共服务需求和当前的供给不足，以及缓解经济发展和环境保护之间的矛盾，成为当前社会的主要问题。

环境作为公共物品，不仅涉及政府和企业的利益，且与公众紧密相关。在环境治理方面，我们不能单纯依靠政府与市场这二元主体的努力，还需要动员更多的社会主体积极地参与到环境治理的行列中来。民间环保组织作为社会公众的利益代表和弥补政府和市场失灵而出现的第三方，不仅发挥着唤醒公众的环保意识，提供公共服务，缓解生态环境危机的作用②，而且能够平衡民间环保组织在参与环境治理时和作为行政决策者的特权之间的“必然紧张关系”③。因而，对于探索民间环保组织如何参与到环境治理的行列中来有着重要意义。

“河流守望者”作为社会公众参与湘江治理的代表，经过数年的行动和探索，他们在如何推动地方政府部门执行环境政策，以及动员社会公众参与湘江保护方面，获得了一定的实践经验。因而，聚焦绿色潇湘河流守望者行动网络的研究，对于社会公众如何参与环境治理方面有着积极的理论和现实意义。鉴于此，本研究将主要围绕（1）在社会治理转型的背景下民间环保组织在参与环境治理时具有什么样的特点？（2）在与政府关系的不同阶段时期所采取的行动策略是什么？（3）行动策略背后的行动逻辑？这三个方面进行撰写。

---

① 谭翎飞、贺涛：《求解环境群体性事件》，载《财经》2012年第21期，第98—102页。

② 王名，佟磊：《NGO在环保领域内的发展》，载《环境保护》，2003年第5期，第35—38页。

③ Kettering Foundation. *The Public' s Role in the Policy Process: A View from State and Local Policy Makers*. (Dayton, OH: Kettering Foundation., 1989)

二、研究意义

（一）理论意义

从目前检索到的文献成果来看，研究者们一方面是从西方"公民社会"与"法团主义"的结构分析范式探讨中国民间组织的性质①；另一方面是从行动研究的范式展开，主要关注民间组织为获取自身生存和发展空间，以及推动重大环境议题的解决而采取的策略②。然而，对那些缺乏社会资本的地方性民间环保组织如何推动本土环境问题解决的行动研究则较少关注。

基于此，本研究选取了湖南省长沙市的一个地方性民间环保组织——绿色潇湘作为个案，以试图扩展当前对缺乏社会资本的地方性民间环保组织在推动环境问题时所采取的行动策略，以及延伸当前对于民间组织与政府之间的"合作"关系。（该论文主要是通过动态地探讨民间环保组织与政府之间的不同阶段所采取的行动策略，以此阐明行动策略背后的行动逻辑）。

（二）实践意义

环境问题是社会发展的重要议题，社会公众如何参与环境治理，以及怎样参与到环境治理之中是当前重点关注的问题。对民间志愿者行动网络的研究，本身就是对社会热点问题的一个关注和回应。本研究立足于绿色潇湘民间环保组织这个个案，重点关注该组织在与政府关系的不同发展阶段和制度情境下，为实现自身的行动目标，与不同主体之间所采取的行动策略。以期望本研究可以为民间环保组织在实现环境保护的目标以及自身的生存和发展方面，提供借鉴和参考的意义的同时，也为当前社会公众参与环境治理方面提供借鉴。

第二节　文献综述（从略）

一、关于民间组织的研究（略）

（一）民间组织生存与发展的困境研究

（二）民间组织的行动策略研究

二、政府对于民间组织的行动策略研究（略）

① 张紧跟：《从结构论证到行动到行动分析：海外中国 NGO 研究述评》，载《社会》2012 年第 3 期，第 228—240 页。

② 赵秀梅：《中国 NGO 对政府的策略：一个初步考察》，载《开放时代》2004 年第 6 期，第 5—23 页；Yang，Guobin. *Environmental NGOs and Institutional Dynamics in China*. The China Quarterly，181（2015），pp. 46-66.

第三节　研究设计

一、研究思路

为了分析和描述在地民间环保组织的行动策略和逻辑，本研究主要根据绿色潇湘与地方政府之间的关系以及所采取的具体行动策略的变化为依据，将其划分为借社会舆论之势的“倒逼”阶段、站在政府对面而非对立面的“协商”阶段与“依法”探索阶段，探讨民间环保组织在不同情境下的行动策略与行动逻辑。本研究的研究路径详见图1：

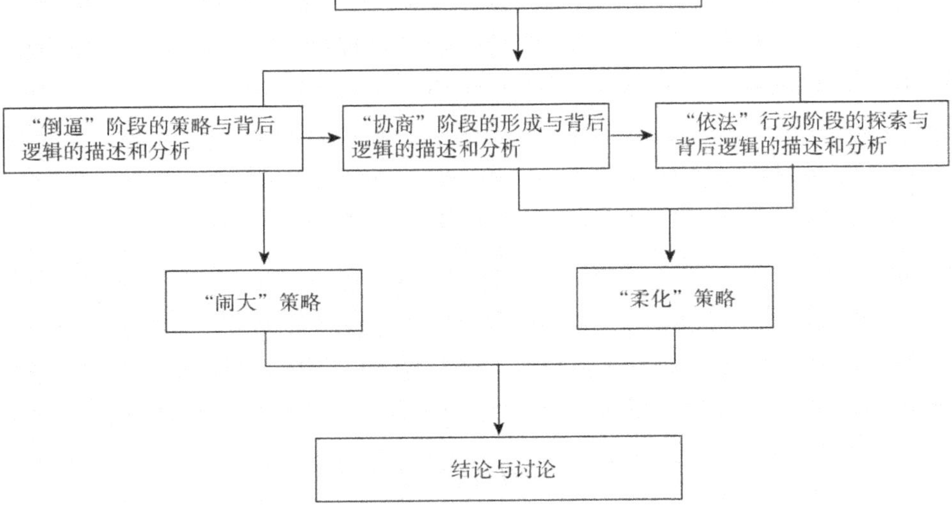

图1　研究路径

二、研究对象

2014年5月在导师的指引下笔者开始对湖南省内的民间组织进行关注。在调查前期，笔者主要通过以志愿者的身份参与一些自己感兴趣的环保组织的具体活动，达到对民间环保组织有一个初步的了解。一段时间的接触之后，笔者发现所调研的绿色潇湘民间环保组织旗下运营着一个在地民间环保志愿者行动网络，他们遍布在湖南省的各个地区，且在自己所在地区都成功地推动了一些环境问题的解决。对于这个守望者行动网络，笔者产生了较强的兴趣。在2014年到2016年的寒暑假，笔者以志愿者和实习生的身份对这个守望者行动网络开始了调研。

在调查期间，笔者首先通过在守望者行动网络所在的站点进行走访，即对守望者行动网络的核心人员（站长）进行结构性访谈和自由式访谈，了解整个守望者的发展历程、参与的原因和其所使用的行动工具和策略。其次，笔者通过志愿者的身份加入守望者行动网络和他们一起开展行动，以观察他们在日常行动中如何开展行动。最后，笔者通过绿色潇湘的实习生身份，参与不同站点和政府之间的沟通，如政府、企业和志愿者之间召开座谈会，政府部门和守望者之间的座谈，以了解政府和守望者之间的关系，从而获取与研究主题相关的资料。

本研究主要以绿色潇湘民间环保组织下的河流守望者行动网络中的 XT 站作为主要的研究对象（被访谈对象见表 1）。XT 站作为守望者行动网络最先建立起来的站点，是整个守望者行动网络的先行者。守望者行动网络的行动策略几乎都起源于这个站点的探索，因而对该站点的行动分析，可以了解绿色潇湘守望者行动网络的策略。

表 1　被访谈对象

序号	姓名	性别	职业
1	MG	男	专职环保人员
2	LHW	男	个体户
3	HW	男	专职环保人员
4	LQQ	男	工人
5	SW	男	个体户
6	PZJ	男	个体户
7	SC	男	绿色潇湘专职人员
8	PW	男	绿色潇湘专职人员
9	HXDK	男	当地环保局工作人员
10	CJ	男	当地环保局工作人员
11	TH	女	环保专职人员

三、概念界定

守望者：指认同绿色潇湘的价值理念，通过一系列的培训，经过一定时期的考核，和绿色潇湘签订一定的条款的环保志愿者。他们具有一定的职业操守和职业技能，能够在遵循绿色潇湘的一系列原则下采取行动、具有一定动员公众的能力和一定的执行力。并且能够通过开展日常环境监测、监督工业排污、推动环境执法和政府部门环境信息公开等方式，解决本地环境污染问题。

四、研究方法

本研究主要采用的是质性的研究方法。具体来讲，笔者先通过查看一些有关守望者行动网络的新闻报道以及绿色潇湘自己出版的一些文字刊物，对守望者行动网络有了一个大概的了解。再通过半结构和自由访谈的方式，向绿色潇湘的工作人员和志愿者了解有关守望者行动网络的故事。同时，以湘江守望者的身份参与守望者行动网络之中，对守望者行动进行深入的参与观察，并在不同的时间段对守望者行动网络中的核心人员进行访谈，以还原整个守望者行动网络在不同时期对行动策略的探索。

（一）文献研究法

文献研究是通过搜集和分析已经存在的，以文字、数字、符号或者画面等形式呈现的资料。笔者主要通过在中国知网上以“环境传播”“民间组织”“草根环保组织”“民间环保组织的行动策略”“社会行动”等为关键词进行文献的搜集、归纳和梳理，以对已有的研究进行了解。同时，通过搜集大量与研究对象相关的新闻报道以统计资料。此外，笔者还通过绿色潇湘对守望者行动网络所记录的文字或视频资料进行查阅。

（二）参与观察法

参与观察法是研究者参与到被研究的群体中，作为群体中的一个普通成员与其他成员一起生活或活动，同时对其他成员进行观察和记录的方法，参与观察法是质性研究中一种重要的研究方法。在具体的调查中，笔者不仅以普通志愿者身份参与了研究对象的具体行动，且以实习生的身份参与了绿色潇湘对守望者行动网络的日常管理。具体而言，从 2014 年 7 月，笔者接触到绿色潇湘，然后通过湘江守望者的身份开始和守望者一同开展活动；2015 年 7 月，笔者在获得绿色潇湘管理人员的信任之后，开始接手守望者行动网络的文化建设方面的工作。在参与观察的过程中，笔者时而充当一名普通的守望者，时而充当机构的工作人员，从而对守望者行动网络的行动策略，有一个较为全面的了解和感受。

（三）访谈法

访谈法是通过事先准备好的提纲，对所选取的个案进行有目的的谈话。笔者主要是围绕守望者行动网络在不同的发展阶段，所采取的不同的行动策略、为什么会采取这样的行动策略、这样的行动策略遇到了什么样的困难、取得了什么样的成果等，以探寻不同阶段之间他们行动策略的不同之处。当然，笔者也会通过在日常的工作和生活中和相关人员进行无结构式的自由访谈，以间接地补充和判断调查资料的真伪。

第二章 河流守望者行动网络个案介绍

第一节 守望者行动网络的基本情况

"守望者行动网络"，是绿色潇湘在2011年针对湘江流域环境污染问题动员和组织湘江流域的各个地区的在地公众参与监督当地排污口的排污，在提出的"守望母亲河"湘江流域民间观察和行动网络项目的基础上发展起来的。

一、守望者行动网络的发展概况

守望者行动网络从2011年成立到2016年8月主要经历了三个阶段："湘江守望者"行动网络阶段、"四水守望者"行动网络阶段、"河流守望者"行动网络阶段。

"湘江守望者"行动网络阶段，是守望者行动网络的成立阶段。在这个阶段，该网络主要通过传统媒体以及熟人介绍的方式在湘江沿岸寻找当地的民间环保志愿者守望家乡的河流。在该阶段，该网络成立了13个守望者行动团队，招募了90多位守望者，推动了68起环境事件。

"四水守望者"行动网络阶段，是守望者行动网络的发展扩大阶段。由于前期行动获取了社会公众与政府的认可，其社会公信度得到了显著的提高，且和政府之间有了一个较为良性的互动。在该阶段，绿色潇湘主要通过将湘江守望者行动网络的运营模式复制到资水、沅水、澧水流域，在湖南省的37个县市，通过新媒体和传统媒体相结合的方式，招募了140位守望者，建立了15个核心志愿者站，并更名为"四水守望者"。

"河流守望者"行动网络阶段，是守望者行动网络当前正在经历的阶段。在这个阶段，绿色潇湘为动员更多的社会公众加入环境问题的推动之中来，他们把着眼点放在了"河流"上，即有河流的地方就有河流守望者。通过在地宣讲、熟人推荐、新媒体、传统媒体等渠道，绿色潇湘在湖南省内的12个地市州，60个区县级城市，招募了382名在地守望者，成立了43个核心团队。

二、守望者行动网络的特点

（一）以"当地人解决当地环境问题"为发展模式

"当地人解决当地环境问题"，即绿色潇湘通过动员当地对环境保护感兴趣且有行动力的本土居民加入守望者行动网络，协助其在当地成立行动小组，以应对当地的环境问题。由于不同区域的环境问题会因当地的产业结构、地理特征以及流域分布的不同而各异，要推动当地环境问题的解决，动员当地的直接利益相关者参与到当地环境治理的过程，是推动当地环境问题改善的最佳方法。如该项目负责人所描述的：

作为在地的居民，他们和这里的环境是息息相关的也是有感情的，因而他们是最在乎这里环境的好坏，也最愿意有所行动的。同时，他们也是最了解这里环境的人，最方便和懂得如何去监督的人。（调查日记，2015/1/12）

基于这样的情况，绿色潇湘通过熟人推荐、新媒体、传统媒体等方式，在不同地区寻找组织或者对保护环境感兴趣的群体，通过对其进行集中宣讲和培训，动员他们加入守望者行动网络的同时，将动员起来的公众建立站点，对在地企业和政府的环境行为进行监督。截止到 2016 年 8 月，绿色潇湘已经在湖南省的湘江、资江、沅江、澧水四大流域建立了 43 个核心团队，拥有 382 名当地守望者（见图 2）。

图 2　2016 年河流守望者分布图①

① 图片来源：绿色潇湘民间环保组织。

（二）以绿色潇湘为平台的扁平化管理模式

守望者行动网络是依托绿色潇湘为平台，将各个地区的行动站点组织连接起来的环保志愿者行动网络，因而，在管理该网络时绿色潇湘主要以机构的文化和价值理念为基础，即签订《河流守望者公约》① 和合同，以各个地区的站长为连接点，进行扁平化的管理，即通过直接赋权于各个在地站长对当地守望者进行管理（见图3）。

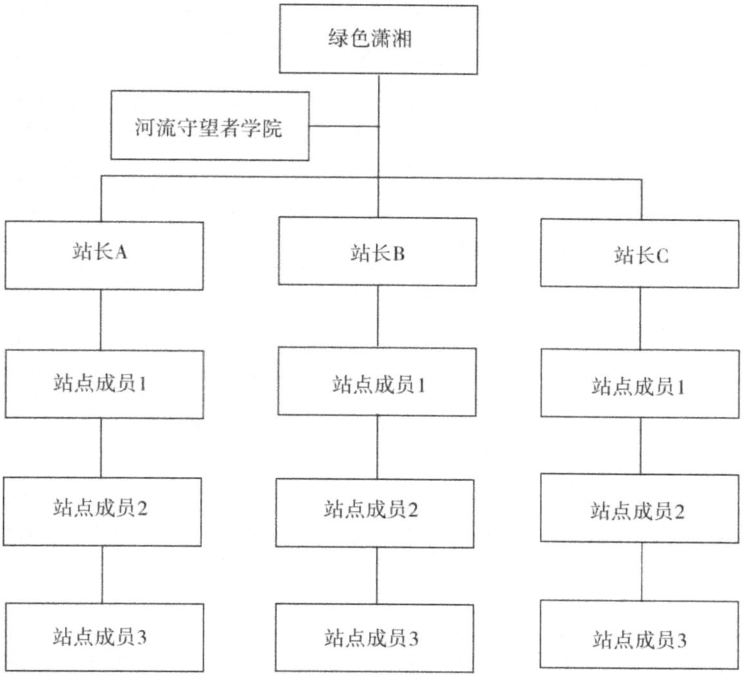

图3　河流守望者行动网络的组织管理框架

（三）以新媒体作为沟通和互动的工具

由于守望者行动站点遍布在湖南省的各个地区，各个站点或者一个站点的成员之间，都存在着一定的地理距离，因而不管大的守望者行动网络还是小的行动站点都不能经常通过线下的活动而相聚。为了能够聚合守望者之间的力量，绿色潇湘不仅通过以新媒体为代表的微博将整个行动网络的行动力量进行聚合，

① 《河流守望者公约》：第一条：遵纪守法，依法监督。第二条：勇承社会责任，传播正能量。第三条：相互包容，相互尊重。第四条：直面问题，倡导良性互动。第五条：守正不阿，光明磊落。第六条：实事求是，诚实守信。第七条：珍惜声誉，自觉维护团队形象。第八条：团结协作，共同进步。第九条：倡导环保生活，反对铺张浪费。第十条：自愿参与，平等为本。

而且通过建立微信群加强守望者行动网络的内部互动，以加强守望者行动网络内的联系和动员。

在守望者的培训中，网络社会媒体的使用是作为最基础的工具进行培训。以微博为例，绿色潇湘民间环保组织的工作人员主要以为何要使用微博，如何进行微博的使用以及微博发布的内容应该是什么三个方面做了专门的培训（见图 4）。如一位守望者所描述的：

我们的微博都是有自己的特点的。每一条微博都会打上其专有的标签：*代表守望者，#代表自己所在的流域；在书写内容上也有一定的规范，如果所做的是排污口的日常监测情况，那么包含的内容为监测时间、发现环境问题的描述以及附上相应的图片；同时，我们在发布的最后还要通过@ GH 和较为有影响力的守望者或 @ 相关职能部门，动员他们的转发或注意。在守望者发出微博之后，总部的人就会通过 HL 守望者的公众微博号进行转发。这个微博号和所有的 HL 守望者都有互相关注，因而各个站点的情况都通过 HL 呈现在守望者的公众微博号上，守望者只要打开自己微博的朋友圈就能看到守望者行动网络内各个站点的情况，并通过点赞或转发的方式与不同站点之间的守望者伙伴进行互动。如果某个监测的地方出现异常情况，那么只要我们把微博转发到守望者网络的微信群里，并表明需要伙伴的支持，那么这条微博将会在最短的时间内得到群内的微博大 V 们的转发和支持，让其尽可能地传到管理者或公众的耳中。（访谈整理，2015/02/02MG）

以新媒体作为沟通和互动的工具，不仅有利于民间环保组织对不同地区民间环保志愿者的管理和动员，而且能把社会公众分散的力量进行聚合形成较大的影响力。

（四）守望者的职业多元化，以中产阶级居多

根据笔者对该行动网络问卷的调查显示（见表 2），守望者行动网络内的环保志愿者的职业呈现多元化，有公务员、事业单位工作人员、个体工商户、自由职业者，等等。根据陆学艺通过职业划分出来的社会经济等级划分标准来看，守望者中以中产阶级为主。这在一定的程度上表明，河流守望者的大多数人员都拥有稳定的经济收入和一定的自由时间。

图 4　河流守望者行动网络微博范例

表 2　2016 年河流守望者职业分布表

职业	人数	z
公务员	7	5.2%
事业单位工作人员	21	15.6%
企业管理人员	10	7.41%
个体工商户	18	13.33%
公司职员	29	21.48%
自由职业者	27	20%
学生	12	8.9%
农民	4	3%
退休	4	3%
家庭主妇	3	2.2%
合计	135	100%

第二节 守望者行动网络XT团队概况

一、XT团队的基本情况

XT团队成立于2011年，是河流守望者最早成立的团队之一，也是在守望者网络内最有影响力的团队。在2011年守望者行动网络成立之初，该站点只有3人，2016年时该团队发展到20多人，并在这20多人的队伍中，有10多个核心人员对当地环境问题进行经常性的监督。当前该团队不仅在XT本地可以推动一系列环境问题，而且团队内的成员也积极地参与推动国内一些环境问题的解决，并取得相应的成绩。

在河流守望者XT站成立的初期，该站点主要是由绿色潇湘招募的3个人组成，一个是绿色潇湘通过熟人的推荐而找到的MG，另外两个是绿色潇湘通过在报纸上刊登的招募信息而加入的LHW和DL。

伴随着守望者行动网络的发展，XT站的队伍也通过其成员利用自身的行动对身边的朋友产生影响而得到扩大。如通过带领公众去对排污口进行查看和监测，邀请公众参加环境推动活动，进而动员其加入这个志愿者团队，因而在这个团队内出现了较多的师徒关系。如当地的守望者所描述的：

我的环保意识应该是由MG挖掘出来的，以前的时候我最不喜欢参加什么环保组织的活动了，即使参加也就是吃个饭、拍个照，有纪念品就拿纪念品，后来和MG一起推动XG的排污的时候，我才真正发现这才是环保行动。（访谈整理，2016/02/17LQQ）

我是MG的第一个徒弟，2012年的时候我和朋友在ZFB钓鱼，发现排污口的颜色有点不正常，排出的水是红色的，我从来都没有看到过这样的颜色，就觉得很可怕，于是我就开始关注这一块了。刚开始的时候就是给省里面写举报信，他们来了就不排了，一走就继续排，我觉得很难搞。后来我认识了我师傅，他亲手教我一些策略和推动方式。（访谈整理，2016/02/17SW）

我应该是MG把我带进来的吧！那个时候我根本就不知道还要去看排污口之类的，后来他就带我过去看，因为那个排污口的水是直接排到湘江的，这个水是我们直接要喝的，这可怎么得了，我就觉得去监督这个是保护我自己，后来进圈子以后，大家就陆陆续续进来了。（访谈整理，2016/02/17PZJ）

二、XT团队的特点

XT团队是一个没有明确规章制度和上下级的团队。这个团队以推动环境问题的解决为目标，以实实在在地做事，有钱的出钱、有力的出力，有时间的出时间，有人的出人为原则来运行。在这样的目标和原则之下，该团队灵活运用了每一个队员的个性和特点，形成了强有力的团队。

（一）“柔”与“硬”的性格中和

对于环境问题，需要各种各样性格和特点的人相互配合才能更好地推动。在XT团队中，MG是XT环保协会副秘书长，雨湖区人大代表，全职环保工作者，拥有将近20年的环保经历，性情温和柔软、大度。在面对环境问题时，能控制整个团队的全局，让XT团队保持在可以和政府进行良性沟通的状态。HW，绿叶环保的创办者，绿色潇湘的快反成员，专职环保工作者，在踏入环保之前从事媒体策划，拥有广泛的人脉圈子，性格较为火暴、坚韧。在出现环境问题时，负责制造社会舆论。在XT团队内主要是策划各种活动，以及在全国推动环境问题的解决。SW，个体户，性格较为冲动，又名“鞑子”，较强的行动力，对于环境问题的看法是针针见血，对企业和政府进行挑刺。PZJ是一名退伍军人，后来成为XT的个体工商户，学习能力强，且做事执着，对于环境问题会很执着和透彻地去分析，在团队内相当于“法律顾问”，擅长于各类信息公开。LQQ，湘钢的全职工人，性格较为温和，有自己的主见和看法，团队内的技术顾问，例如各种微信和微博的新型功能均由他来寻找。在这样的性格配合下，XT站能更好地和环保部门进行博弈。就如一位守望者对这个团队所描述的：

我们团队的配合是非常好的，MG脾气较为温和，所以在所有的事情上都会控制一下局势，同时会更理性地去思考问题，不会像我们太感情用事。所以我们一些柔和一些火暴的人在一个团队内，是非常好的组合。（访谈整理，2016/02/17）

（二）环境问题中的明确分工合作

明确的分工可以更有效率地推动问题的解决。在这个团队内每个成员根据自己的特点和优势，为自己谋了一份“职”，以更好地配合团队的行动。如团队的人员所描述的：

LQQ主要负责的是监督XG的排污问题，因为我在里边上班，能够里应外合地推动当地解决污染大户所引起的环境问题。LHW主要做农药化肥的生意，因而他对于农田以及农民的关注较多，主要专长于农田重金属这一块，同时对农村的环境也较为关注，故主要是负责农村环境这块。SW在网上搜索的能力比较强，反应速度较快，执行力非常强，可以在第一时间内赶到现场，因而主要是负责网上的信息搜索和现场调研。PZJ对于法律有着较大的兴趣，主要专攻环境诉讼以及信息公开，因而主要负责整个团队的信息公开这块。HW主要擅长传播，且拥有较多的媒体资源，因而在团队内主要扮演着在行动过程中谋划的角色。MG在官办的民间环保组织担任秘书长，又是该地区的人大代表，在一定程度上，他是嵌入在政府部门之中的。因而在这个团队内，他主要负责协调团队和政府之间的关系，以确保团队的行动在一定的合法范围之内。（访谈整理，2016/02/17HW）

（三）拥有一定的“官方”头衔

出于志愿者的自愿性特征，XT 团队中的大部分成员都拥有着多重志愿者身份。他们不仅仅是湘江守望者行动网络中的守望者，也是 XT 环保协会中的会员，甚至一部分核心志愿者还是湖南省政府所招募的“绿色卫士”。其中 XT 环保协会在一定程度上是一家官办的民间环保组织，绿色卫士则是以湖南省政府为背景的志愿者身份。同时，伴随着 XT 团队和政府之间良性互动的增多，XT 环保局更是聘请了团队内的部分成员作为环境监督员，以协助环保局更好地解决环境问题，并使他们更好地嵌入到体制内。

第三章　借社会舆论之势的“倒逼”阶段

地方政府对于守望者行动的“忽视”是民间组织采取“闹大”行动，进而自下而上“倒逼”地方政府进行环境执法的主要导火索。“倒逼”是缺乏资源的民间环保组织与地方政府进行有效互动和合作的基础。

第一节　“倒逼”的缘起与形成

一、收效甚微的常规举报

污染举报，是国家赋予公民参与到环境监督中的一条重要的渠道，也是社会公众应尽的义务。但是，公民所拨打的每一通环境污染举报电话并非都能有所回应。以守望者在描述其对 XW 港所开展的举报为例。

XW 港位于 ZZ 市，是该市中污染最为严重的一个港口，它接纳了 QST 工业区所排放的含有大量重金属的废水，并直接汇入湘江，而对下游 XT 市、CS 市几百万人的饮用水源地造成影响。在 2011 年 10 月，守望者在日常监测时发现，XW 港出现了镉超标废水的情况，按照绿色潇湘民间环保组织的专业培训，志愿者们拨打了 12369 和 12345 等举报电话，进行污染举报、拍照和取证。但是，当地政府部门并没有在规定的日期给志愿者们任何答复，或者采取相应的行动，且志愿者多次进行污染举报，其所看到的依然是污水在直排。就如守望者所描述的：

我们对 XW 港的举报次数是非常多的，但是当地政府部门的人，一般都是没有什么反应的，他们应该知道这里排污，但是就是没有采取什么手段，对我们的举报也只是听听就算了，没有任何回复。（调查日志，2016/07/05）

二、志愿者不屈不挠的推动

在面对收效甚微的举报志愿者们开始焦虑了，他们觉得如果这个排污口的排污问题得不到有效解决，那下游几百万人的饮用水都会存在安全问题，因而一场名为"夜莺"的行动开始了。"夜莺"行动是指守望者在夜晚对湘江污染进行监测，并通过新媒体的方式把湘江的环境问题"喊"出来，就像夜莺在晚上进行鸣唱一样，呼吁社会公众的关注，进而引起政府部门的注意，推动环境问题解决的行动策略。

2011 年 12 月 1 日的下午，守望者们按着原计划在 XW 取样检测时发现 XW 闸排污口超标严重，因而，守望者们在启动连续的加密监督的同时，加强了对地方政府的举报。通过连续三天在排污口进行观测和取样，发现其检测结果依旧是重金属镉严重超标。然而，接连不断地举报，却依旧未得到地方政府的反馈。于是，12 月 8 日，他们启动了连续 24 小时的"夜莺"监测计划，即在排污口进行蹲点监测，并每隔两个小时，对排污口所排出的污水进行取样，送往专业检测机构进行检测。在持续将近 20 个小时之后，排污口开始排放出浓黑腥臭的污水。为了尊重当地政府部门的权力，志愿者们一看到排污加剧，就拨打了当地环保局的举报电话，希望他们能有所反应，但这一期望落空了，地方政府并未作出反应。因而，守望者把希望寄托于线上"炒作"。

关于线上"炒作"，守望者主要是借助网络媒体为载体的舆论制作。如当地守望者所描述的：当时，我们通过在微博上对这里的污染情况向社会公众进行曝光（见图 5），还通过论坛发布"我们的母亲河伤不起！"这样的文章来讲述这次暗访的行动，把自身和 X 江的利益诉求进行表达，希望能够引起社会公众的共鸣。同时，还利用我们团队自身的力量，不断地将这些微博和论坛的内容在网络空间内进行更新和转发，制造社会舆论。（访谈资料：2015/02/02MG）

三、不同主体的加入，推动环境问题的解决

面对守望者的发声，社会结构中的不同主体先后都加入到了这次活动之中。首先，以个人为代表的社会公众加入，在这条有关 X 江将被重金属污染的微博在 MG 的个人微博上发布的当天，105 位社会公众随即进行了转发，45 位在线网友在下面进行评论和讨论，以呼吁政府对于水环境的治理。

伴随着社会公众在网络和线下的炒作，传统媒体开始介入，将信息传递出去，让舆论升温。当地的《HN 日报》《SX 都市报》等报纸不仅刊登了此次污染问题，还对此进行了呼吁。传统媒体的加入，是对这一环节问题真实性的验证，进而再一次推动了社会舆论的发酵，是引起相关政府部门关注的主要力量。

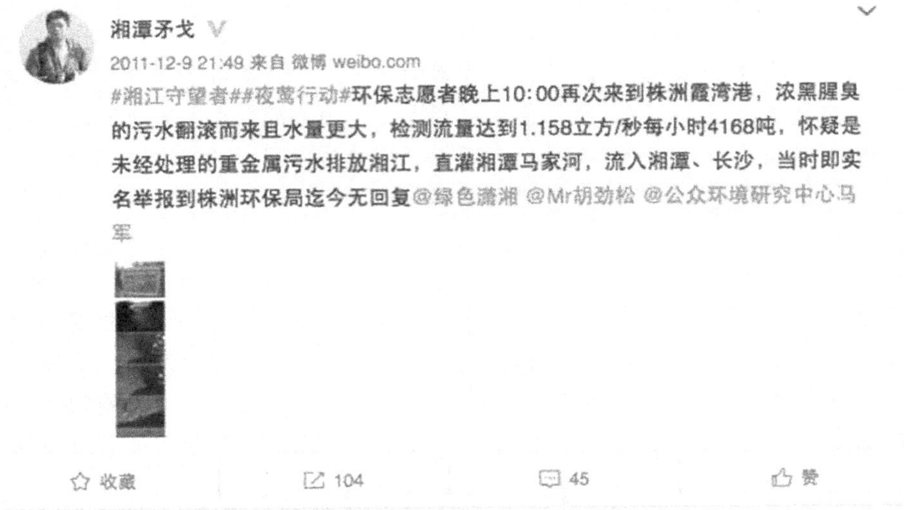

图 5　“夜莺”行动的第一条微博

在新媒体和传统媒体的曝光之后，省级政府方面摆出了正面姿态。12 月 10 日省环保厅与当地环保局组成了联合调查组，对该排污口进行调研。10 日晚上，当地环保局在网上公布了对该排污口水质异常的调查和处理情况，追究了相关责任人的行政责任。同时，当地政府部门的官员和志愿者就该起环境污染事件进行交谈，并建立了联系，表示在以后守望者发现这样的污染情况时，政府将会立即对其进行处理。12 月 27 日上午，经省环保厅和 ZZ 市环保部门调查核实，给予偷排企业罚款 94 万元的处罚。

第二节　“闹大”：“倒逼”机制的何以可能

湘江治理一直都处在湖南省环境治理中的重要地位，2011 年《湘江重金属污染治理实施方案》通过了国家的批复，湘江治理成功地披上了国字号的外衣。高层政府对湘江治理的重视，为环保志愿者有组织地加入湘江保护的行列中，提供了政治空间。但受政治结构的影响，政府内部缺乏有效和完善的监督体系，环保志愿和政府部门之间又缺乏垂直网络和有效的沟通渠道，使得环境问题难以得到改善。因而，迫于体制内所提供的渠道无效，守望者为了推动环境问题的解决，而采用了“闹大”的行动策略进行“倒逼”（具体见图 6）。

一、新媒体平台的技术赋权

绿色潇湘所开展“闹大”行动中最重要的策略是运用新媒体所提供的平台进行“造势”，即通过运用文字、图片或视频的方式在新媒体平台上进行客观的

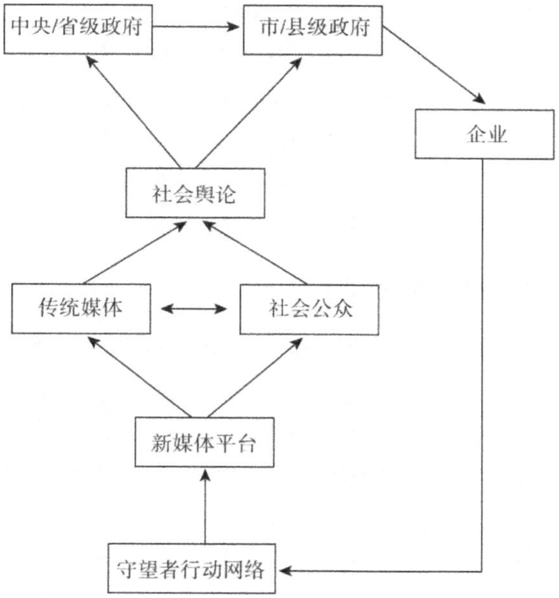

图 6　“倒逼”机制的示意图

公共环境利益表达，以动员社会公众通过转发或评论的方式参与到环境保护的行动中来，进而引起政府部门的关注重视。我们在实地调研中发现，守望者所开展的“夜莺”等推动排污口事件解决的行动，都是在经历了线下举报失败，而转向线上“闹大”的，可以说该系列行动之所以能够有效地解决，在一定程度上都依赖于新媒体所提供的技术赋权。如守望者所描述的：

微博是一个很好的方法，我还记得自己第一次发微博的时候，那个时候的手机还没有这么智能，我记得自己好像是用一条手机彩信发送的，那时是在做排查，然后看到了那里在排污，虽然那时的手机像素不高，但是依然可以看得很清楚，当时我也只是@了几个人，但是那条微博却被转发了4000多次吧！不久就有环保局的人处理了这件事。（访谈整理：2016/02/17MG）

媒体对于抗争事件的报道数量和报道框架直接影响了公共协商。[①] 在中国，传统媒体一直都是政府的“喉舌”，处于一种政府控制的状态之下，普通公民难以利用其发出声音。但随着新媒体的出现，它为每一个公民都提供了话语表达的平台，从而打破了传统媒体时代的话语不均衡现象，为处于底层的困难群体进行环境利益诉求打开了一条新的渠道。或者说，在新媒体环境下，随着舆论力量的不断增强，公共领域的不断扩大，国家与社会之间的交流和互动渠道不

① 曾繁旭：《传统媒体作为调停者：框架整合与政策回应》，载《新闻与传播研究》2013年第1期，第38—51页。

断多样化。同时，新媒体所提供的弱关系网络的动员结构，使得民间环保团体的志愿者们在网络公共场域内所展开的环境公共利益表达，能在较短的时间内得到社会公众的支持，而增强了其行动的影响力。如研究者所指出的，中央和地方在环境方面的差异、国家和城市间的利益分化和立场差异、政府内部不同部门之间的权力竞争和价值分歧以及国家信访制度与大众媒体的市场化，使得公众可以通过这些途径进入政治体系并产生相应的影响。①

二、志愿者行动的“线下做事”

“线下做事”是指守望者在实地开展环境监督的日常活动以及为推动环境问题的解决而在当地开展的造势活动。绿色潇湘之所以能够确保“倒逼”行动的成功开展，一个重要原因是绿色潇湘动员和培育了在地的社会公众参与当地的环境问题监督，从而搭建了一个扎根于社会的志愿者行动网络。该志愿者行动网络主要以监督当地排污口为日常的环境行动，这不仅为绿色潇湘的“闹大”行动进行了社会赋权，而且由于源源不断的信息更新而支撑了其在新媒体平台上的技术赋权。

或者按该团队负责人所说的“因为守望者行动网络的存在，所以我们所发布的有关环境信息可以源源不断地更新，同时，我们在线上的帖子或微博都能得到较多的转发，而不会出现类似于某些组织在推动问题解决时所出现的线上‘闹大’和线下做事都缺人，最终导致事情不了了之”。(调查日记：20150814)

这也是其能在一定程度上打破学者所提出的“网络幻象”② 的原因。“线下做事”更是守望者们获取社会合法性和政治合法性的基础。通过“线下做事”的方式，守望者们的行动会更容易得到社会的共鸣，从而能够扎根于社会。同时，由于中国是一个“人情”和“关系”的社会，而志愿者们“线下做事”更能获取与政府部门打交道的机会，从而增强政府对其的信任感。

三、契合政策导向的“顺势而为”

借社会舆论之势的“闹大”之所以能成功，是因为地方基层政府和环境政策制定之间的博弈带来了空间和机会。在我国的行政结构中，环境政策一般是由站在宏观的角度的高层政府部门制定，他们在一定程度上只是负责环境政策的制定和颁布，而对于政策如何执行以及怎么样去执行，则主要依靠地方政府

---

① 任丙强：《网络、“弱组织”社区与环境抗争》，载《河南师范大学学报（哲学社会科学版）》2013 年第 3 期，第 49—53 页。

② 王全权，陈相雨：《网络赋权与环境抗争》，载《 江海学刊》2013 年第 4 期，第 101—107 页。

（市县级政府）的落实①。然而，由于体制内缺乏对执行政府层行动的有效监督机制和让社会公众参与环境监督的有效渠道，导致国家或省级政府制定的一些环境保护政策或方案，与市县级地区的经济发展相违背，而难以落实。因而，当守望者在“闹大”过程中的行动没有涉及或者违背国家的意志，民间组织或者环保志愿者就可以通过借助和高层政府的联盟，获得推动那些忽视环境保护的地方政府与企业保护环境和解决环境问题的空间。② 如一位守望者所描述的：

很多环境问题的推动，我们都是遵守了中央或者省部级的政策和法规的，这些都是上级要求的，我们只是协助或监督其去落实。每次推动一些环境问题的解决，我们都会去查阅一些相关的政策法规，为自己的行动找到依据。按照国家的法律法规去做，是不会违背国家所规定的原则的。（访谈整理，2016/02/17PZJ）

以“夜莺”行动为代表的“闹大”，是民间环保组织借助湘江流域的社会公众力量所开启的。其在行动方式上虽与一般的“闹大”行动类似，即通过激烈的行动或利用网络、媒体等渠道将事件问题化、公开化，进而推动社会力量，特别是上层政府来解决这些问题③。但由于发起的主体不同，由民间环保组织所展开的“闹大”并非单纯的“大闹大解决”的行动，其目的并非只是为了推动某一具体问题的解决或为了某一具体利益补偿的短暂行动，而是为了环境公共利益、唤醒社会公众的环境保护意识，并争取社会公众的支持，增强自身的社会合法性，提高自身的政治合法性，进而扩大社会公共空间，获取环境治理权利而开展的行动。故而，民间环保组织开展“闹大”的行动逻辑，是借助社会公众舆论实现自身的价值，扩大自身的影响力，以获取更多社会资源。

第四章　站在政府对面而非对立面的“协商”阶段

民间环保组织与政府之间的“协商”阶段，是“倒逼”阶段的延续，是民间环保组织通过“闹大”策略所获取的阶段性成果。在这个阶段绿色潇湘与地方政府部门之间虽构建起了一定的“协商”机制，但出于政社关系的不平衡，绿色潇湘为确保“协商”关系的持续有效而在行动策略上面从“闹

① 冉冉：《中国地方环境政治：政策与执行之间的距离》，北京：中央编译出版社，2015 年版，第 129 页。

② Lin，The-Chang. *Environmental NGOs and the Anti-Dam Movements in China：A Social Movement with Chinese Characteristics*. Issues & Studies，43（2007），pp. 149-184.

③ 韩志明：《行动的选择与制度的逻辑——对“闹大”现象的理论分析》，载《中国行政管理》2010 年第 5 期，第 110—113 页。

大”转化为“柔化”。

第一节　从“倒逼”到“协商”的转变

在守望者行动网络的兴起阶段，他们通过持续不断的行动，获得了国家和社会的认可。如2013年度获取“CCTV 2013年度法治人物奖”之后，守望者成了湘江保护的代名词，从而促使其与当地政府之间联系的建立。同年，湖南省政府为发动公众参与湘江保护治理而在湘江流域地段招募“绿色卫士”，守望者通过个人的身份加入体制内，和省级政府之间建立直接联系。此外，2013年9月湖南省政府将湘江治理纳入省政府“一号重点工程”的同时，实施环保终身责任追究的制度，这在一定程度上加大了当地政府部门对环境保护的压力。在这样的背景下，地方政府开始转变了自身“忽视”的态度或策略，转而开始对守望者行动网络进行拉拢。

一、地方政府：对志愿者行动的“认可”与“惧怕”

守望者的力量虽然相对于刚刚成立之时的力量有所壮大，但其社会的影响力和公信度，还不能达到影响当地政府和企业的决策。因而，在和政府部门之间的“协商”合作开始之前，守望者行动网络持续利用“倒逼”的方式推动问题的解决，以增强自身的“影响力”。就如守望者所描述的：

我们的做法是先去污染现场进行系统的调研一次，抓住黑企业的排污现场，或者是对那些经常排污的，策划一场大型的活动，然后通过新媒体、传统媒体的轮番炒作，进行舆论发酵，引起社会公众和政府部门的注意。然后利用社会的舆论和污染的客观事实跟当地政府机关进行沟通，并表明自己的目的，以及愿意协助政府推动环境问题解决的态度，进而得到政府部门的信任，并能够和其建立一定的互动关系。(访谈整理，2016/02/17SW)

增强“影响力”的方法实质是守望者行动网络提高自身社会公信度和政治合法性的一种方式。他们通过微博等自媒体方式，持续地将自身所开展的日常环境行动，进行公开化和透明化，从而得到社会公众的支持和高层政府部门的关注。而在守望者社会影响力扩大的过程中，其会无形地给当地政府部门带来压力，促使当地政府部门对守望者的重视，进而推动了政府部门和守望者之间的合作。

起初政府部门对我们也是置之不理的，他们认为我们是“麻烦制造者”，只是后来在我们不断地坚持下，他们根据我们的举报去现场进行查看之后，发现我们是有能力的，我们的举报是真实和可靠的，并且我们的监督是抓到了问题并一直追踪，因而他们开始慢慢地信任我们，愿意和我们合作了。(访谈整理，2016/02/17MG)

在信息社会的背景下，社会公众可以通过媒体所提供的渠道，对自身的行动和利益进行表达。志愿者正是通过这样的渠道，动员社会公众制造社会舆论，得到了上级政府部门的支持和重视，并在无形中和高层政府建立了一定的联盟，从而使得地方政府部门开始对这群人的存在产生了“惧怕”。他们害怕守望者这种“倒逼”方式，会影响社会的稳定，害怕影响自身的政绩。但是，又迫于守望者已经建立起来的社会公信度和合法性，他们又不能让他们消失。因而，他们只能以将志愿者的行动放入自己可以控制的范围的方式，而和志愿者建立一定的关系。就如一位政府官员在一次座谈会上所言的：

志愿者是对环保局的补充，我们是一家，我们共同的目的都是环境保护。当前处于信息社会、网络社会，如果我们有不足，我们都会去解释。希望不要在网络上进行发言，不要造成社会的对立，当前社会是维稳社会，应维护政府的形象。（调查日记：2016/07/15）

二、民间环保组织：以推动环境问题的解决为最终目的

相对于环境受害者因环境污染问题，而为自身利益诉求所展开的环境抗争行动而言，由民间组织所搭建的守望者行动网络所开展的环境保护行动，则更多的是从当地的公共利益角度出发，以实现环境问题的改善与持续开展环境保护行动为目标。如一些守望者在描述自身的行动愿景时所说的：

我们想要改变的是我们当地的环境，我希望我的孩子能够喝到干净的水，和我当年一样在湘江里玩耍。（访谈整理，2016/02/17LHW）

我是土生土长的CS人，我喜欢在江里边游泳，对于生我养我的这块土地我是非常有感情的，并且我也关注着她的变化，我希望这里的环境越来越好，水越来越好。（调查日记，2015/07/23）

正如洪大用所说，随着改革开放和经济的增长，中国的新中间阶层得到了发展和扩大，新中间阶层的自身素质、生活水平和生活环境等因素，使其成为环保新“时尚”的追逐者和消费者①。同时，伴随着社会结构的不断调整以及公民的权利意识逐渐出现，社会各利益群体开始从“自在”走向“自为”②，他们不仅会对自身合理权益具有更加清晰的认知，而且也会利用各种方式向决策者进行施压③。

以环境公共利益为诉求的出发点，以持续有效地开展环境保护为目标的特

① 洪大用：《中国民间环保力量的成长》，北京：中国人民大学出版社，2007年版，第84页。

② 师曾志，金景萍：《新媒介赋权：国家与社会的协同研究》，北京：社会科学文献出版社，2013年版，第153页。

③ 王绍光：《中国公共政策议程设置的模式》，载《中国社会科学》2006年第5期，第42—57页。

点，注定了守望者会抓住当地政府部门所抛过来的橄榄枝。但是正如有的学者所提出的，政府与社会良性互动的动力在于双方的资源依赖关系①，只有组织有身份时，即组织自主性强时，才可能与政府形成有效的合作关系，反之则会形成操作性和逐步吞并关系②。而环境保护非政府组织，保持自身推动环境问题解决的自主性，使其能够获得社会公众的信任和支持，是获得环境政策制定者关注的前提。因而在获得和政府部门之间的沟通机会时，守望者表明了自身的态度——站在政府的对面而非对立面。即他们仍以推动环境问题的改善为最终目的，但是在处理问题上，如果政府部门愿意把解决环境问题作为自身的目标——改善当前的环境质量，那么则可以站在政府部门的后方，协助政府部门去实现这些目标，而不做“麻烦制造者”。但是，如果背离了共同目标，守望者则依旧会朝改善当地环境目标走去。因而，当地方政府在熟悉和了解了当地民间环保组织和守望者的真正目标时，地方政府便开启了与其构建“协商”合作的关系。

第二节　“柔化”：“协商”机制的何以可能

“柔化”是“闹大”策略的延续，是守望者行动网络和政府之间的“协商”关系能够持续的有效保证。“协商”是指守望者和当地环保部门在一系列的条约和规范的基础上，为缓解环境问题而开展的一系列良性互动。具体而言主要是二者之间的承诺，即当地环保部门对守望者承诺：守望者所发现的环境问题，政府部门会及时有效地去处理，如果不能及时处理的问题，也会给出相应的交代。同时，为守望者开设内部举报途径，即把执法部门的私人号码给守望者，并建立内部微信群。守望者方面则承诺地方政府部门：尽量做政府部门的帮手，一同推动本地环境问题的解决，如发现环境问题让政府部门走在解决环境问题的最前面。同时，守望者在面对环境问题时尽量通过直接向政府部门反映的方式去举报，尽量减少通过互联网或者通过影响省级政府推动问题解决的方式，以维护地方政府的形象及政绩。

一、“站在政府对面而非对立面”的谋划合作

有研究者曾指出，民间环保组织与政府的互动是一种不对等的合作关系，

---

① 汪锦军：《合作治理的构建：政府与社会良性互动的生成》，载《政治学研究》，2015 年第 4 期，第 98—105 页。

② BRINKERHOFF J M. *Government-nonprofit partnership: a defining framework*. Public Administration & Development，22（1）2002，pp. 19-30.

即双方在合作的过程中，政府明显地会占据主导地位①。在“强国家-弱社会”的背景下，民间环保组织要实现自身的行动目标，需要在与政府的合作过程中，既要有妥协，又要有坚持。然而，妥协要妥协得有智慧、有策略，坚持要坚持得有理性、有原则，只有这样才有可能在双方良性互动的基础上建立起双向互动的权力关系，才能推动“制度”与“生活”的相互建构②。为了尽可能地与当地政府部门之间形成对等的合作关系，绿色潇湘所实施的策略是“站在政府对面而非对立面”的谋划合作。

“站在政府的对面而不是对立面”是指整个守望者网络的环保志愿，在和政府的环境保护目标一致时，他们可以充当政府环境部门的帮手，协助政府部门更好地改善环境质量，而不是给政府部门制造麻烦。反之，当政府部门所做的事情违背了共同推动环境问题的改善时，守望者行动网络会从政府的对面走向政府的对立面，守望者行动网络不会放弃自身的行动策略，他们依旧会去推动问题进行解决。即绿色潇湘既会做好地方政府部门的协助者，也会做好地方政府部门的监督者。如其在组织湘江大坝蓄水项目中所展开的行动：

2014 年 10 月 29 日我们了解到，当前已完成排水口截污改造任务的共计有 50 个，整体完成率为 49.5%。也就是说，湘江库区长沙城区段“一江五河”110 个排水口中有 101 个排水口具备截污条件，截污工作仅完成一半。为了阻止湘江大坝蓄水，我们在 2014 年 10 月和 11 月在微博和微信上发布一些关于大坝蓄水条件未满足的消息，以及关于我们以前所做的一些行动的消息，如我们带着孩子们做的“上游一公里”活动时写的明信片等，希望能够唤起长株潭地区所有的公众参与到湘江长沙中和枢纽工程库区的监督中来，进行全民参与，向污染宣战。(访谈记录：2015/02/11LHW)

二、“唱白脸”和“唱红脸”的双面配合

守望者作为民间环保志愿者的身份，决定了其必须依赖政府部门的权力去推动环境问题的解决。因而，在和政府部门之间进行沟通和互动时，志愿者必须发挥出一定的主观能动性，做到既能和政府间保持友好的关系，又能保持自身的独立性和自主性。于是，绿色潇湘在“站在政府的对面而不是对立面”原则的基础上，运用了“唱白脸”和“唱红脸”的行动策略。

“唱白脸”和“唱红脸”的行动策略是在政府和守望者之间的目标将要出现偏离时，守望者以维护和当地政府之间的合作关系为前提，而展开的行动策

① 周军，唐兴霖，赵俊梅：《我国非政府组织与政府间的关系——以草根环境 NGO 为例》，载《理论探讨》2008 年第 6 期，第 141—144 页。

② 姚华：《NGO 与政府合作中的自主性何以可能？——以上海 YMCA 为个案》，载《社会学研究》2013 年第 1 期，第 21—42 页。

略。尽管，守望者和当地政府部门之间建立了一定的合作关系，但是这并不代表着他们之间的行动目标不会出现偏离。为了解决由政府部门出于某些方面的原因，而对相关环境问题采取敷衍或者拖延的方式的情况，志愿者则在合作的前提下开展了“唱红脸”和“唱白脸”的行动策略。“唱白脸和唱红脸”的行动策略分两种情境使用：一种情况是在面对具体的环境问题时，部分志愿者充当“红脸”角色，表示这个问题如果不得到合理有效的处理，那么志愿者们就利用所掌握的资源去推动①，另一部分志愿者则扮演“白脸”角色，即希望地方政府能与志愿者们进行协商，以期做到双赢。另一种情况则是在团队分工上，为了保持和地方政府之间的张力，团队内一部分志愿者扮演环境问题的找碴儿者并与当地政府部门做有意识的对抗，而另一部分志愿者则顺应政府部门的呼吁，与政府部门维持合作关系。“唱白脸和唱红脸”的双面配合是绿色潇湘大部分团队之所以能够顺利推动当地环境问题朝向好的方向发展的重要原因，也是很多团队难以发挥作用的原因。

“唱白脸和唱红脸”的双面配合是绿色潇湘大部分团队之所以能够顺利推动当地环境问题朝向好的方向发展的重要原因，也是很多团队难以发挥作用的原因。像我们 ZZ 团队就是失败于缺乏唱白脸的人，所以很多问题难以解决，甚至背上了给当地政府“抹黑”的锅。（调查日记：20170312）

地方政府需要在能控制民间环保志愿者行动的前提下，以让守望者支持其日常环境工作的开展。民间环保行动网络则需借助政府部门的权力，才能实现自身意愿和目标。在双方都对对方有需求时，“唱白脸”和“唱红脸”的双面配合则有助于协商合作持续有效。

三、“做阳谋而不做阴谋”地摆出问题

有学者指出民间组织与环保部门之间的有机合作，最好的方法是让政府环保部门永远都在解决污染问题的第一线，而民间组织则坚实地在其背后做支撑，以实现在功能上的整合。②在守望者行动网络和当地环保部门的协商期间，守望者更多的是扮演环保部门的“一线小兵”的角色，只参与发现问题，而不涉及执法问题。即接收社会公众的环境问题举报时，去污染现场了解情况，确认好各种情况之后，把信息传递给环保局，让环保局直接去污染一线进行执法。

但是在这样的协商过程中，政府部门与民间组织之间的关系是不对等的，

① 2016 年的时候，志愿者们在和地方政府的谈判失败之后，志愿者们用自己的方式去推动，在他们开始推动的第二天就引起了环保检查组的注意，并在其推动的第二天中央环保组就来人在这里进行监察和推动。

② 陶传进，刘杰：《水环境保护中的 NGO——理论与案例》，社会科学文献出版社，2012 年版，第 18 页。

如果民间环保组织仅仅只凭借自身的力量来推动和监督政府部门的行为将远远不够。同时，由于民间环保组织的行动会损害一部分人的利益，因而在这个协商过程中民间组织提出了“做阳谋而不做阴谋”地摆出问题。“做阳谋而不做阴谋”是指将环境问题及其推动进程对社会公众进行客观化、公开化和透明化的表达，从而顺利推动环境问题的解决，避免将机构置于不利的地位。如绿色潇湘一位工作人员在和守望者进行交谈时所说的：

不管是政府也好还是企业也好，当我们在一定程度上损害他们的利益时，都会被他们反击。就如L地区一样，因为志愿者损害了当地企业的利益而被安上了“敲诈勒索”的罪名，因而，在这点上我们一定要公开透明地去做这些事情。(调查日记：2016/10/17)

企业作为经济理性人，总是将利益最大化作为出发点，而作为以GDP为发展核心的政府在面对公共利益和个人利益时也会出现“文本法”与“实践法”①的脱离。因而，为促使企业和政府能够更好地履行自身的责任或职责，绿色潇湘所开展的行动策略是将环境问题作为公共问题放在“阳光”下，在社会公众的监督下开展，亦即“做阳谋而不做阴谋”。具体而言，通过微博或者微信朋友圈或其他的自媒体平台，将监测地点的监测情况，相关单位和人员附以图片进行说明，在公共空间内发出，实现环境监督信息公开化和透明化。同时，对于环境问题利用微信公众平台、微博等方式进行实时跟进，让社会公众了解事情发展的状况，以让政府环境问题的跟进透明化。

第三节　“控制”与“依赖”：“协商”背后的行动逻辑

在我国，“维稳”一直以来都是政府的第一要务，一个地区的稳定影响着这个地区政府的政绩，没有哪一个地区的领导和官员，愿意在自己的任期内出现有关稳定的问题。因而在地方政府使用“忽略”策略没有使在地的守望者团队消失时，他们将会换“拉拢”和“协商”的方式，以将守望者们的行动控制在一定范围之内。当守望者行动网络在面对政府抛出的“橄榄枝”时，民间环保组织在一定程度上会收敛自己的行动。

一、地方政府：“协商”透着妥协的“控制”

在理论上，民间环保组织作为政府与市场补充而存在的第三部门，其不仅能够唤醒社会公众的环境意识，还能与社会公众在具体环保行为上开展合作，组成监督政府环境治理行为的有效力量②。但是在现实中，由于政府部门对民间

① 陈阿江：《次生焦虑——太湖流域水污染的社会解读》，中国社会科学出版社，2010年版，第156页。

② 吕忠梅：《环境法新视野》，中国政法大学出版社，2000年版，第258页。

组织角色的定位，在地民间环保组织往往难以顺利发挥以上的作用。绿色潇湘能和地方政府部门之间构建“协商”关系，是其与当地政府部门进行多次博弈之后，是二者在环境问题的推动上进行妥协而获得的结果，其实质是地方政府带着妥协的“控制”。

守望者行动网络在没有和当地政府之间建立良好的互动关系之前，采用的是通过自媒体平台引起社会公众和上层政府部门的注意，去“倒逼”本地政府部门进行执法，如“ZB 港守夜人”“HD 港的邀请函”等行动，这在一定程度上给地方政府官员的自身利益带来不利的影响。同时，在当前所处的信息社会、网络社会的这个大背景下，守望者这样的行动方式，在一定程度上让政府的公信力不断地受到社会公众的挑战。如果政府部门作出任何不好或者不足的地方，经过网络的快速传播，就会造成社会的紊乱，在一定程度上破坏当前社会的秩序，破坏地方政府的形象和政绩。因而当地政府需要控制守望者，让其在行动上有所收敛，从而与其进行“协商”。

当地方政府和守望者在公事上进行接触之后，其会通过官员私人的身份，和守望者之间建立关系，以期通过这种私人关系的接触能够得到志愿者的理解，或者去制约或者控制志愿者在推动环境问题的解决时所采取的策略，以防止志愿者作出伤害自身利益的行动。就如守望者在描述其与地方政府关系时所讲述的：

我们和环保局的人关系都还不错，平时也会一起出来坐坐聊聊。他们一般和我们聊天的时候会说一些自身在推动环境问题的无奈，如环境问题太多，经费和人员不足等。同时，也会表明自己想推动环境问题的决心，希望我们能够和他们一起共同改善本地环境，推动环境问题的解决。（访谈整理，2016/02/17LHW）

在环境治理的过程中，环境保护部门迫于社会公众的压力和自身政绩的压力，以及资金、人力或者体制内的限制，因而需要志愿者的协助才能实现自身的职能。即环保非政府组织需要政府的认可和支持以实现其意愿，而政府职能的实现也需要环保非政府组织的帮助，[①] 就如一位环保局局长所说的：

我已经做环保将近 30 年了，以前我们的编制是 9 个人，现在我们的编制是 11 个人，但是当前对于环保的需求和发展与那个时候相比已经存在很大的差异了，那个时候公众对于环境没有那么大的需求，我们现在的人员和角色感觉已经跟不上当前的环境现状，11 个人要去监管 130 多个企业，环保队伍真的是严重不足，所以我们需要环保志愿者的支持。（调查日记整理，2016/07/08）

① 顾士颜：《中国当代社会转型与环境法的发展》，科学出版社，2008 年版。

二、民间环保组织：“柔化”透着韧性的“依赖”

“柔化”是相对于“闹大”而言的，是在推动方式上进行收敛，从以往自下而上的“闹大”进行“倒逼”变成与地方政府的“协商”合作。但这种“协商”合作并不代表着守望者会依附于在地政府，而放弃自身的对于环境问题的监督和推动的权利和工具。因而，“柔化”的实质是透着韧性的“依赖”。

在分析民间组织与政府之间的关系时，研究者曾指出民间环保组织与政府内环保部门为实现某一目的而建成的“同盟”，当两者之间的某一方达成目的时便会退出“结盟”。①在处理与政府部门之间的关系时，民间环保组织也深知在地政府会与其建立一定的合作关系是出于社会公众的压力和自身政绩的压力；同时，作为没有实权的弱者，他们只有通过监督和协助政府部门进行执法才能推动问题的解决，他们需要得到政府的支持，必须接住地方政府抛出的“橄榄枝”。就如一位守望者所阐述的：

志愿者自身是没有权力和能力去解决环境问题的，我们所拥有的只是监督和知情的权利，所以我们要用好这些权利，来保持自身的独立态度。（调查日记：2015/07/15）

因而，其在合作的过程时必然需要保持自身的自主性和独立性，这样才能使这种合作关系持续有效。面对着政府部门的拉拢，守望者行动网络并没有全盘接受，而是有意识地和政府部门进行博弈，并在其中不断探索自己的行动和发展空间。

以省政府成立的“绿色卫士”项目为例，“绿色卫士”的项目虽然在一定程度上是省级政府对于“湘江守望者”的一种认可，但实质上是为了对这个行动网络行为的一种控制。在该项目开始招募志愿者之前，省政府原本是希望和绿色潇湘组织进行合作，把整个湘江守望者行动网络项目纳入省政府名下。但是，绿色潇湘组织出于自身发展的独立性和话语权，婉拒了省政府的合作方式。而采用了守望者行动网络的成员通过个人的方式自愿申请加入“绿色卫士”的行列中，接受省级政府的领导，和省级政府建立联系。因而该项目并没有控制整个行动网络，而只是容纳了守望者行动网络中的部分人员，以协助政府部门更好地落实有关湘江的保护政策。

中国 NGO 发展离不开政府的鼓励与支持②，而政府对于与民间组织之间的

① 王信贤：《当代中国“国家社会”关系的变与常：以环保组织的发展为例》，载《政治学报（中国台湾）》2010 年第 49 期。

② Xu Ying, Ngan-Pun Ngin. *Moral resource and Political Capital: Theorizing the Relationship between Voluntary Service Organizations and the Development of Civil Society in China*. Nonprofit and Voluntary sector quarterly (2), 2011.

横向联系保持着谨慎态度[①]，因而，民间环保组织要确保自身的生存和发展不陷入困境，需要选择体制内或制度化方式开展环境行动。[②] 抑或是说，民间环保组织会为了自身的生存与发展而在一定情境下转化自身的行动方式。“柔化”是“闹大”策略的一种延续或升级，是建立在民间组织与政府之间协商或合作基础上对于自主性与依赖性的理性平衡，是其获取政府和公众双重信任的最佳选择。民间环保组织所使用的“柔化”实践在一定程度上是对皮特·何提出的“嵌入式行动主义”[③] 的深化，是其在松动的威权主义政体下所进行的进一步探索。即在与国家意志保持一致的基础上，在环境问题上对地方政府部门扮演既协助又推动和监督的角色。但又区别于“嵌入式行动主义”，民间环保组织不仅以嵌入体制内的方式获取政府资源，适应制度环境，而且通过嵌入到社会公众之中以获取社会资源，在维持自主性与独立性的同时和地方政府之间进行有机的合作。

第五章　新形势下的“依法”探索阶段

“依法”探索阶段是民间环保组织在新《中华人民共和国环境保护法》（以下简称《环保法》）实施之后的一个新的探索。在该阶段民间环保组织与地方环保部门之间的关系已经基本稳定，当地环保部门不仅信任当地的守望者，而且通过聘请守望者承担相应工作，让其嵌入政府的体制内协助其更好地开展环境管理的活动。但环境问题的解决并非单单依靠环保部门就能解决，且在与地方政府之间的协商过程中同样会因为地位的不平等而使“协商”效果打折。因而民间环保组织依据一系列新的法律法规作为行动的保证，为“柔化”策略加码，以实现参与当地环境治理的持续性和有效性。

第一节　“依法”探索的缘起

在守望者行动网络刚刚成立之初，该行动网络主要是通过新媒体平台制造社会舆论，将问题“公开化”，进而动员政府进行自上而下的“闹大”，以推动当地环境问题的改善。在这个阶段中守望者们发现，如果所有问题都是通过利用网络社会化媒介平台制造社会舆论进行推动，所冒的风险和成本都太高，甚

① Kill, B. *Government-NGO Cooperation in the People' s Republic of China: Experiences From Yunnan Province*. International Journal of Civil Society Law, 4 (62), 2006.

② 晋军：《两种环保小世界：社会转型中的民间环保组织》，《清华社会学评论》（总第五辑），社会科学文献出版社，2012 年版。

③ ［荷］皮特·何，［美］安德蒙·瑞志：《嵌入式行动主义在中国——社会运动的机遇与约束》.（李婵娟译），北京：中国社会科学出版社，2012 年版。

至这样的方式还不能推动问题的解决。因而，在此之后守望者行动网络通过提升自身的合法性和影响力，并和地方政府部门建立“协商”关系以进行推动。但是，这样的“协商”依然存在很多难以解决的问题，如跨地区的环境污染问题、拥有强大后台的企业或者涉及众多政府职能部门，等等。因而依据当前的社会情境，守望者结合当前社会情境开始了进一步的探索，即从法律的手段来对环境问题的推动进行探索。

“依法行动”是指使用当前已有的法律和法规，来对问题进行跟进和推动，是对志愿者他们提出的“依法抗争”的扩展。“依法行动”的前提是志愿者相信法律和法规，在一定程度他们对自己所运用的法律法规有一定的了解，并认为通过法律法规的方式，可以推动问题的解决。他们的行动不仅仅是将法律法规当作某种策略和手段去推动，而且也是推动法律法规的实践和落实，促使法律和法规不断完善的行为。

一、新《环保法》的实施

首先，2015 年新《环保法》的正式实施，是河流守望者行动网络在对环境问题使用法律角度进行探索的第一个开端。从内容上看，该法首次将信息公开和公众参与以国家法律的形式确定下来，明确了公众在环境方面的知情权、参与权和监督权等。这为守望者在进行信息公开以及环境监督，面对政府和企业的质疑时，找到了自身行动合法性的依据，同时也为其进行监测时提供了便利。

其次，该法明确规定了环境公益诉讼制度，并扩大了环境公益诉讼的主体范围。即对于污染环境、破坏生态损害社会公共利益的行为，具有从事环境保护公共利益活动连续五年以上且信誉良好的社会组织，可以向人民法院提起诉讼，法院应当依法受理。这条规定为守望者推动环境问题的解决提供了一种新的渠道，同时加大了民间环保组织自身的力量。即民间环保组织在与地方政府就环境问题解决的博弈过程中，多了一个地位平等且相对公正的参与手段，从而为其参与环境治理加大了筹码。此外，该法将环评是否通过作为企业是否合法的重要指标，这为守望者在进行推动环境问题时提供了新的突破口。

我现在推动一些企业排污问题的第一件事情，就是看他们有没有做环评，如果环评都没做，那这企业就站不住脚了，肯定是可以推动的。（调查日记，2016/08/14）

此外，对于污染企业的排污实施按日计罚无上限的规定，给企业的非法排污加大了成本。新《环保法》中这些新的规定，为守望者在行动策略的探索道路上，提供了新背景和新方向，同时也为守望者行动网络的策略探索提供了法律依据。

二、环保志愿者对新《环保法》的推崇

自2014年新《环保法》开始修订之时，环保志愿者就开始对该法议论纷纷，并提出自己的建议和看法，他们期望这部法律能够让中国的环保部门强硬起来，希望这部法律可以为自身的权益进行保证。同时，也希望利用它可以直接地解决当前的一些难以解决的环境污染问题。在2015年新《环保法》落地以后，各地的环保组织和志愿者，都纷纷地开始解读新《环保法》的内容，寻找其中可以利用的条例，并在日常环境问题的推动时，开始引用新《环保法》中的条例对污染企业进行教育。

2015年4月，湖南省XT市开出了湖南省首张“按日计罚”的环保罚款单之后，环保部门在自己的活动领域中见证了新《环保法》的力量。开始在微信群内对这张罚单进行讨论，认为该法律是有力量的和可行的，因而确认了凡事都要从法律的角度去考虑和推动。因而在自身的日常监督中，开始有针对性地挑出一些环境问题，对新《环保法》中的一些条例进行使用。

凡事都要从法律的角度去考虑，只要我们所做的事情没有违背法律，那我们就是没有错的。那么我们在做事情之前，就应该好好地研读我们所要运用的一些法律知识，只有掌握了这些知识，我们才会胜利。（访谈整理，2016/02/17）

同时，为了更好地对新《环保法》进行理解，政府部门开设了新环保法专题学习班组织大家学习，让更多的志愿者感受到了新《环保法》所潜藏的力量。民间环保组织则聘请了相关的专业人员，为志愿者讲解新《环保法》，教其如何运用新《环保法》来推动环境问题和保护自己的权益。志愿者则在通过电视、电脑、手机等媒介获取到新《环保法》在各个地区得到运用时，自己更是受到鼓舞。

第二节　“法”：“柔化”策略的加码

在法律还没有赋予民间环保组织拥有环境公益诉讼主体资格之前，环保志愿者在推动环境问题的解决时，都是通过向环保部门进行举报，推动和等候相关职能部门的处理和执行。但环境问题涉及诸个部门和方面，就像有的学者所说的，地方环境政策执行的能力强弱不仅取决于地方政府的内在主观动力，也取决于财政、信息、人员、监管等客观能力。同时，在面对跨区域污染，或者是大型企业污染时，会涉及不同地域的利益关系，使得问题变得复杂而难以推动。在这样的情况下就算在地的环保部门有心要配合志愿者的行动，去推动环境问题的解决，但迫于不同部门之间的压力和不同地域之间权力的划分，也会有心无力。在这样的情况下，“协商”机制不免会失去效力，因而在已有的“柔

化"策略上面，民间组织开始利用"法"来加码和推动。

一、"依法"探索的两个方向

守望者从"法"的角度，对行动策略的探索，可以分为两大块：一是通过信息公开，获取环境知情权进而推动环境问题的改善；二是利用公益诉讼的手段进行推动。

1. 环境信息公开

环境信息公开，是为维护公民、法人和其他组织获取环境信息的权益，推动公众参与环境保护，政府和企业以及其他社会行为主体向社会公众公开其相关的环境信息，其包含政府环境信息和企业环境信息。[①] 政府环境信息是指在环境管理、保护、改善、监察、调查等执法中获取或制作的以一定形式记录或保存的信息，企业环境信息是企业在生产经营活动中产生并以一定形式记录和保存的企业环境行为及环境影响相关的信息。

在新《环保法》还没有出台之前，守望者们就知道有信息公开这回事，但那个时候他们还没有意识到环境信息公开的作用，也还不知道如何进行环境信息公开。因而在前两个阶段，他们对环境信息公开保持了观望的态度。

在新《环保法》出台之后，守望者所在的组织绿色潇湘开始对环境信息公开进行专门的讲解，以告诉他们环境信息公开的重要性，以及如何进行信息公开，信息公开的方式在守望者行动网络内开始流行。当信息公开在守望者行动网络内被科普之后，守望者一遇到企业的污染问题，就会想起做信息公开，对这家企业进行了解，然后从根本处对其进行推动。

2. 公益诉讼

公益诉讼是新《环保法》中的一个重要内容，它赋予了满足国家规定的民间环保组织作为诉讼主体的资格，为其在进行环境监督和推动环境问题的解决提供了新的保障。可以说公益诉讼的开启，为民间环保组织提供了一个撒手锏，让他们能在"协商"失效之后，依然能找到新的出路，从而加大了他们"协商"的砝码。但是公益诉讼的开启，在当前的情境下由于成本和对政府的不利影响，使其依然只是作为一种辅助的工具，而没有成为主流。

环境公益诉讼主要还是那些具备了资格的民间组织提起的。但并非每一个案例都会做诉讼，在推动问题的解决时，我们一般是先和当地政府或企业进行沟通，如果能够推动，就不会采用公益诉讼的方式。公益诉讼的成本太高了，但是，公益诉讼主体资格的出现，对于民间环保组织或志愿者和企业或政府进

---

① 向欢：《环境信息公开的法理阐述与环境剖析》，载《理论与改革》2015年第4期，第150—153页。

行沟通时，提供了一种无形的力量，让企业和政府更加重视了。（调查日记：2016/09/12）

尽管开启一场公益诉讼的成本和压力都比较大，但作为当前的一种辅助性工具，它还是能够解决或者辅助推动一些以前因跨地区污染或因其他原因，民间环保组织无法推动的部分问题。

二、HN省的第一场环境“公益诉讼”

HN省的第一场环境“公益诉讼”是XT环保协会以株洲市生活垃圾焚烧发电厂大量液体渗透，直接威胁下游湘江段的饮用水安全为由，将ZZ市×××环保科技有限公司状告到株洲市中级人民法院。其实质就是XT守望者在长时间跟进与地方政府部门进行“协商”而无果的一个个案。

该个案中以民间环保组织为主体的公益诉讼，突破了以往缺乏“专业性”和缺乏参与的实质性，而增强了作为公众也能够参与环境治理主体的形象。当然，该次公益诉讼最终在协商的过程中以和解收场，但是却加强了守望者对于法律的信任，同时也加强了民间环保力量与企业及当地政府博弈时的力量。

这次公益诉讼虽然和解了，但这也是双赢的。一方面，我们让这个迟迟没能解决的问题解决了，给我们志愿者以信心；另外一方面，对于企业和当地政府也是一个很好的结局，会更有利于他们加强对环保的重视。（访谈整理，2016/02/17MG）

赋予民间组织公益诉讼的主体资格，为民间环保志愿者在推动环境问题解决时，提供了一条新的渠道和方法，从而加强了民间组织“柔化”行动的筹码。同时，这在一定程度上给民间组织或志愿者在环境监督方面进行了增权，增强了其监督的法律效力，让企业能够更加重视民间环保志愿者的环保监督，从而更好地提升企业对于环境保护的重视程度。

三、环保志愿者的体制内嵌入

在这个阶段，中央政府为了更好地让更多的主体参与到环境治理中来，出台的新《环保法》以及《环境保护公众参与办法》，为守望者行动网络参与到环境治理的行列中增加了筹码。因而在这个阶段，地方环保部门对于守望者所举报的污染信息或者所开展的活动都给予了积极的支持和配合，而让守望者嵌入进他们的体制，协助其更好地进行环境治理。

我们现在也是积极地和政府部门进行合作的，因为地方政府的工作人员不多，而要做的事情比较多，所以我们团队会积极地配合他们完成工作，像SW和PZJ还被聘为环保局的环境督查员，以协助他们的工作。（访谈整理，2016/02/17MG）

但要推动环境问题的解决，并不是环保部门一方努力就能解决的。众所周知，在环境治理上中国一直都存在"九龙治水"的问题，环保部门只是九龙中的一龙，故环保部门在改善当地的环境质量时，会受政府权力及其执行呈现"部门化"和碎片化特征的影响，各部门均从自身部门角度进行裁决，而难以推动问题的解决。但当法律赋予了民间组织公益诉讼的权利时，这在一定程度上协助了环保部门摆脱自身尴尬的境地。

有些问题不是我们环保部门说能解决就能解决的，就算我们有心解决，但是不在我们的管理范围之内，我们也没有办法，所以就算你们举报到我们这里我们也是无能为力的。甚至有些环境问题的推动，我觉得你们通过法律的方式去解决，比我们解决得更好，所以我们环保部门很期待和志愿者一起合作的。（调查日记，2016/07/17）

第六章　结论与讨论

第一节　结论

环境作为公共物品，其自身公共性的属性已经决定了其依靠政府管理和市场调控方式，都将会面临政府失灵和市场失灵的困境。要推动环境问题的解决，不仅仅需要政府和市场的加入，还需要更多的社会主体的加入。尽管我国政府一直都在积极地倡导社会公众参与到环境治理的行列中来，但是为社会公众所提供的参与机会和空间却非常有限，需要社会主体自身探求和打开参与的方式。

根据绿色潇湘与地方政府之间的关系演变与参与当地环境治理的行动策略，本研究主要将其划分为三个阶段：借社会舆论之势的"倒逼"阶段、站在政府对面而非对立面的"协商"阶段、新形势下的"依法"探索阶段。在"倒逼"阶段，绿色潇湘为推动环境问题的解决，参与当地的环境治理，主要通过新媒体平台的技术赋权、志愿者的"线下做事"与契合政策导向的"顺势而为"的"闹大"策略，从而推动政府部门自上而下解决环境问题的同时，为其构建与政府之间的信任关系打下基础。"协商"阶段，是"倒逼"阶段的发展与顺延，在该阶段，民间组织和当地环保部门建立了"协商"机制。但由于受二者之间目标差异的影响，以及两者之间的关系不平等，绿色潇湘为了确保与政府之间有效合作的持续性，而开启了"柔化"策略，即通过站在政府对面而非对立面的原则，"唱白脸"和"唱红脸"以及"做阳谋而不做阴谋"地摆出问题等行动策略，以实现自身的行动目标。"依法"探索阶段是在"协商"制度基础上，环保组织在法律法规完善的基础上所进行的探索，是对"柔化"策略的加码。

在该阶段，地方环保部门与民间环保组织之间的配合以达到契合的状态，守望者嵌入当地政府环保部门，以协助环保部门的执法行动。然而，环境问题的解决并非环保部门单一部门就能解决的问题，因而通过法律法规所赋予他们的权利，而使其在“柔化”策略时增添了撒手锏，从而确保更加有力地参与当地环境治理。

绿色潇湘之所以能够推动环境问题的解决，是其行动策略中将“闹大”和“柔化”进行有机的融合。民间环保组织“闹大”的并非为一般公众为获取自身的经济利益而采取的行动，其实质是为与地方政府之间构建信任关系，是构建“协商”关系的起点。“柔化”是“闹大”的延续，是其在面对政府或企业威胁和诱惑时，不改初心地对问题进行持续推动，对使命和自主性的不放弃和追逐的同时，理性地处理与政府之间的关系，从而在有限的政治空间内实现利益最大化平衡，这也是为何称其为温柔的“革命派”的原因。

其中，守望者的“柔”是在有限的政治空间内获得生存和发展的基础，是在他们行动策略中的外在体现。不管是该志愿者团队在发展初期借用社会舆论的“倒逼”阶段、中期“协商”阶段还是“依法”行动的探索阶段，其都呈现出了一种符合中国情境和中国人气质的“柔”性气质。但民间环保组织通过“闹大”建立地方政府之间的“协商”关系，不是其行动的终点，而是其实现自身行动目标的中点。

第二节 讨论

对于中国民间环保组织的行动策略研究，我们还需要结合中国所具有的文化特点来进行讨论。不同于西方受二元论取向的文化，即一种侧重于获取主体对客体的控制和支配，以工具理性主义和功利主义为理论基础，而遵从“零和博弈”路径，采取激烈的环境行动；中国的民间环保组织在开展环境行动时，其在儒家、道家等思想的影响下所追求的更多是如何调适和适应外部环境，因而在开展环境行动时所体现更多的是中庸、共生和“双赢”的行动逻辑①。我们在探讨政府与民间组织之间的关系时也可以发现，政府与民间组织之间不仅仅只是单一维度的对抗抑或合作关系②，而是一个充满着变动和博弈的过程，在这个过程中如何实现二者双赢是其一直探索的方向。

绿色潇湘所进行的“柔化”实践便是对“双赢”道路的探索之一。然而，“柔化”策略虽在一定程度上可以保证民间环保组织与政府之间的有效合作，约

① 张虎彪：《共生论视域下中西方环保道路的思考》，载《绿叶》2014 年第 12 期，第 49—53 页。

② 纪莺莺：《治理取向与制度环境：近期社会组织研究的国家中心转向》，载《浙江学刊》2016 年第 3 期，第 196—203 页。

束了地方政府的权力，弥补了由委托-代理模式带来的信息不对称，从而降低了环境治理的成本，提高了治理的有效性。但是，在实施“柔化”策略的过程中，主要依托于当地政府与守望者之间的赋权而展开，这在一定程度上会由于受中国“关系”文化的影响，从公对公的“事本主义”而逐步转变成与政府主要领导之间私对私的“人本主义”性质的个人关系，从而逐渐发展成固化的利益集团。同时，“柔化”策略的有效使用是其把握住了自主性与依赖性中的最佳平衡点，是一个度如何把握的问题，但这个度并非所有组织都能准确把握，因而“柔化”策略可能失效。基于此，如何有效地让社会主体积极有效地参与到环境治理的行动中，仍然需要进一步的探索。

规矩、关系和非正式经济

——以重庆市H站“黑车”为例

邬　静（南京大学）

◎ 指导老师：邵京

摘　要：“黑车”作为一种“非正式经济”，依靠“非正式”的管理和揽客群体、“非正式”的营运模式和制度，构建起一个灵活经济的关系网络，给人们提供了大量的出行服务，冲击着所谓的与其相对的“正式经济”，并面临着后者的打击。但本研究的田野调查向我们展示了一幅“黑车”的运营逻辑和关系网络与“正规客车”高度相似甚至相互借鉴、相互亲和的图景。本研究认为无论是黑车还是其背后的“非正式经济”都绝非一个天然固有的范畴，而是一个带有主观价值判断的标签，背后隐藏着国家监管、权力等关键词。而市场经济的规则和制度即市场经济的“道德”也并非价值中立，是存在于一定的情境之中，并会随着情境的改变而改变。

在2018年夏天，重庆H站的“黑车”被政府整批赋予网络预约出租汽车经营许可，但后者仍沿袭了过往“黑车”的营运逻辑和关系网络。当政府或车站相关部门试图用一系列“规矩”和“政策”对“黑车”及围绕着“黑车”的关系网络进行打击时，才发现这一套套“正式逻辑”和“高度现代化”的运作不过是“换汤不换药”的表面功夫，它们还是一样被消解在所谓的“非正式”关系网络中。这不仅表明构成“非正式经济”的要素因时间和情境而异，在一定情境中表现为非正式的经济，在另一种情境下可能完全合法；甚至即使是相同的活动也可能会改变其位置并跨越“正式经济”和“非正式经济”之间的鸿沟，还表明国家和民间社会之间的关系界定了“非正式经济”的特征，这些“黑车”被纳入监管的过程也是一个政府试图与民间社会协调的过程。

关键词：黑车、关系网络、非正式经济

第一章 绪论

一、研究背景

在当前公共交通市场中，无论是市内的出租车还是往来于城乡之间的客运车，政府都设置了很高的准入门槛[①]，但被用行政手段调控的客运市场和公共交通设施服务并不能满足人们的出行需求，在"进入限制"和迎合市场需求双重因素的作用下，许多无法进入政府所允许的客运市场的私家车铤而走险进行"非法营运"，开起了所谓的"黑车"，在重庆这座城市也不例外。主城内各大汽车站、火车站、动车站都聚集了大量的"黑车"，这些"黑车"或跑主城到各区县的短途，或跑通往邻近省市的长途，他们依靠"非正式"的管理和揽客群体、"非正式"的营运模式和制度，构建起一个灵活经济的交易网络，给人们提供了大量的出行服务，并冲击着所谓与其相对的"正式经济"。"黑车"这一类"非正式经济"处于现行体制和法规之外面临着政府的打击，如罚款、没收并统一销毁车辆等，但打击并不能消灭这个行业，"黑车"司机们在相关部门那里拿钱放车之后照样"重操旧业"。在重庆市H汽车站有两类人群与"黑车"强相关，一类是游走在车站四处喊着"垫江垫江""长寿长寿"[②]的揽客人群——"羊儿客"[③]，还有一类人群也与"黑车"强相关，但如果不去坐"黑车"就无法轻易识别出这些人，即头子[④]，头子不专职喊客，一般坐在"黑车"旁边收钱。"黑车""羊儿客"、头子三者之间更为具体和复杂的关系是怎样的，这个关系网络是如何支撑一边面临着打击一边又坚挺长盛不衰的"黑车"行业维持营运下去的？他们如何应对来自政府和车站正规客车的打击，与他们的关系是怎样的？这都是本研究首先要回答的问题。

笔者在2018年进行田野调查时，还发现早已在2017年H站就开始引进"豪华小巴"，并将其纳入"愉客行重庆市公路客运售票网"，这是重庆市政府批准建设并运营汽车票的唯一官网，他们能进站拉人，合法正规，可以说是政府针对交通压力和放宽公共交通对私人的进入限制作出的一种积极尝试，但笔者了解发现豪华小巴营运逻辑与关系网络的形式和"黑车"是一样的，它除了

① 陈明艺：《进入限制、价格管制与黑车泛滥——来自北京、上海出租车市场的经验分析》，《山西财经大学学报》，2007年第11期，第63页。

② 重庆市内的区县名称，分别是垫江县、长寿区。

③ 重庆方言，对服务于"黑车"为其揽客的群体的称呼。

④ 管控"羊儿客"的群体，即地头蛇。

每年要向车站缴纳一定的管理费之外，也要将收来的车费按照人头每人5块到10块“吐”出来给车站，而此时的车站也就同时扮演着“羊儿客”和头子的角色，帮其保证客源并打理关系。这不禁让笔者思考，“黑车”与“豪华小巴”除了名义上的“黑与白”，其在营运模式和逻辑上几乎无差，那为何“黑车”就成了“黑车”，“豪华小巴”就成了“豪华小巴”？这种定义和分类的逻辑在哪？“黑车”司机们又如何看待自己的身份，而那些乘坐“黑车”的乘客又是如何看待“黑车”这个行业的？如何看待“黑车”司机这个群体及自己乘坐“黑车”的行为的？

近年来，重庆通往各区县动车的开通使得“黑车”数量相对减少。再加上2018年，利用“互联网+”和“共享经济”的浪潮，政府在彻底取缔“黑车”之后，搭建了一个“帮车网”平台对过往的“黑车”进行收编规范，将其纳入“正规营运”范畴，在重庆H站曾经被冠以“黑车”之名的车都可以被“合法化”为网约车。但这种网约车无论是其营运模式、关系网络，还是和“正规客车”的关系，都与以前的“黑车”没有任何区别，这场针对“黑车”的大取缔实质仍是换汤不换药。这件事情是在笔者田野调查中发生并极大触动了笔者，“黑车”为何能够以可“黑”可“白”这两种看起来应该截然对立的姿态存在，当政府或相关部门试图用一系列“规矩”和“政策”对“黑车”及关系网络进行打击时，为何这一套套“正式逻辑”和“高度现代化”的运作还是消解在“黑车”原有的营运逻辑和关系网络中？而本论文的研究正是围绕着这些问题展开，厘清“黑车”的营运逻辑和关系网络，也关注其与“正规客车”的关系，将“黑车”放在一定的社会情境中进行分析，并在“黑车”变“白”为网约车这个动态的过程中去考察其背后隐藏的国家监管、国家与民间社会两者之间关系的转变。

二、研究意义和目的

首先，本研究将“黑车”作为论文展开的切入点，从横向角度来看，“黑车”有着错综复杂的生存环境，无论是他们与帮其打点关系、招揽客人的头子和“羊儿客”的关系，还是与正规大巴客车斗争对立又相互转化的关系，都彰显着“黑与白”“正式与非正式”绝非非此即彼，它们都在情境里被定义。从纵向时间的维度来看，司机们进入这个行业也并非天然“不合法”“不正规”。一位有着二十年开“黑车”经历的司机告诉笔者，在他最初开“黑车”的那几年（20世纪90年代初），自己并没有被定义为“非法营运”，也并没有谁来监管。而当“黑车”规模扩大，司机呈现出专职化、规模化，甚至衍生了一批围绕着“黑车”生存的“羊儿客”和头子群体，它的生意威胁到了所谓的“正规合法”客运生意时，“黑车”也就成了“黑车”，逃离不了被打击的命运。2018

年夏天，重庆H站的"黑车"身份又再一次反转，他们全部被规范为"网约车"，但其实质仍是换汤不换药的整改。以上过程是"黑车"从法规之外到国家监管之内被定义为"黑车"再反转成被规范为"正规网约车"的过程，其中"黑与白"的交织或者"黑对白"的消解，一方面表明"黑白"的定义并非天然固有而是存在主观立场的。另一方面也表明构成"非正规经济"的要素因时间和情境而异，国家和民间社会之间的关系界定了"非正式经济"的特征，并且这种关系是不断变化流动的。从这个角度出发，将会对"黑车"这个行业及围绕着"黑车"的相关人员有一个全新的认识，也能从本质上去认识政府对"黑车"采取的一系列动作。

其次，本研究以"黑车"为切入点，但绝非就"黑车"谈"黑车"，笔者最终聚焦的是"黑车"背后更大的标签和分类——"非正式经济"。本研究认为"非正式经济"与"正式经济"是在社会情境和权力里被定义被转换的，"非正式经济"是国家监管的产物，"黑"与"白""正式经济"与"非正式经济"这些概念是可以被解构的，"非正式经济"变为"正式经济"的过程其实质是"中立"地去描述自我雇佣和临时劳动的经济演变成去指称那些去工业化的、隐藏的、地下的、黑色的经济的过程，这个过程背后隐藏着权力、利益等关键词。

最后，因为笔者对此主题既有研究兴趣，也有研究便利。一方面，笔者从高中开始就坐"黑车"到重庆读书，大学研究生阶段更是要到重庆转车，坐"黑车"已经有八年的历史，对"黑车"的状况较为了解；而在笔者开始研究"黑车"做田野调查前前后后大半年的时间中，由以前仅是从外部乘客角度来看"黑车"转变为内部视角看"黑车"，还同时探究了"黑车"司机如何看待自己的职业和生活，乘客如何看待"黑车"司机及自己乘坐"黑车"这一行为。另一方面，在笔者的田野调查过程中，笔者还亲自感受到了重庆市H站的"黑车"被整批规范为"网约车"的这个大事件，这些田野材料都有效支撑了我的论文。笔者的邻居中就有两位"黑车"司机，笔者基本也都是坐他们的车去重庆，通过他们，笔者能较为便利滚雪球似的找到访谈对象。这个身份给予笔者进入田野并不敏感的地位。

第二章　研究综述、视角和方法

一、研究综述

（一）非正式经济

在文献综述之前，首先得对"黑车"这一概念进行界定。李正刚、晏秋等

(2011) 在《城市“黑车”问题的剖析与对策》① 一文中认为“黑车”是指未经行业主管部门批准而非法运营的各类车辆的统称，主要有这几类：克隆车、私家车、摩的、电动车和人力三轮车、无运营证件的大中型客车、旅游车等。雷梦林（2009）等学者认为对“黑车”的界定有两个必要条件：一是该车辆未取得道路运输经营许可，二是该车辆发生了经营性道路运输行为。这两个对“黑车”的定义在一点上都达成共识，即所谓的“黑车”就是未经国家权力和法规允许的经营性道路运输行为——非法营运，他们不向政府缴纳税费，往往还伴随着超载。这里就涉及一些对立的关键词——未经国家权力、法规或相关部门允许和得到国家法规政策允许的。而在本研究的研究中，笔者发现对“黑车”的定义并没有这么简单，它是在一定的情境范围内带有立场的分类，而所谓的“经过国家权力、法规允许”和“未经国家权力、法规允许”这两者之间并非非黑即白，中间可以操作的“灰度”空间很大，甚至“黑车”变成“经过国家权力和法规允许”的网约车还是依旧沿袭着“黑车”的关系网络和营运模式。由此，本研究并不准备将“黑车”看成一个分析范畴，而将其当成一个标签和称谓，“黑车”并非天然是“黑车”，黑与白也并非天然对立，“黑”并非一个不带价值判断的概念，本研究将剥离“黑车”的“黑”，深入了解并阐释“黑车”内部的经营团队、经营模式以及其与外部竞争对手对立却又暧昧的关系，探究“黑车”司机对其所从事行业以及自我的认知、乘客对“黑车”行业以及自己乘坐“黑车”这一行为的认知，从一个全新动态的、内外部结合的视角来看待“黑车”这个行业和相关人群。

而仅依靠对“黑车”定义的解析并不足以支撑本研究，因为“黑车”背后更大的分类范畴是“非正式经济”，本研究主要依靠与“非正式经济”相关的理论引出自己的观点。关于“非正式经济”（informal economy）的研究最早由美国人类学家在一篇讨论加纳城市就业的论文中由 Hart 正式提出，他在对非洲一些国家城市的经济进行研究时，发现了当地的经济是一种自我雇佣（self-employment）和临时劳动（casual labour）的经济，如果说西方经济是规则的、可预测的、可重复的、可识别的，那么第三世界的经济就是不规则的、不可预测的，变化且不可识别的。看到了这种经济模式之后，当时的人类学家、社会学家、地理学家甚至历史学家都兴高采烈地认为他们可以借助“informal”这个概念对西方经济学家提出的流行经济学理论进行“打脸”，因为这是一个在西方经济学理论之外的经济形式。也正是在这个背景下，关于“非正式经济”的研究开展得如火如荼。当时的很多学者也开始关注各类发生在法律管辖之外的经济

① 李正刚、晏秋、张政：《城市“黑车”问题的剖析与对策》，《黑龙江科技信息》，2011 年第 9 期，第 117 页。

活动，把收入分为正规收入（包括公共部门和私营部门工资以及失业补贴等转移性支付）、非正规但合法的收入（包括自由职业收入、投机收入、中介收入与人际赠与等转移支付）和非正规且不合法收入（包括高利贷等非法服务收入、赌博等转移支付），并指出在城镇化、工业化过程中必然会出现大量的剩余劳动力，发展非正式经济并不一定会给经济和社会发展造成危害，相反有可能对经济发展和就业产生积极影响，而后二元结构衍生的规模（大规模小规模）、生产力（高低）、收益方式（工资/自我雇佣）也成为当时很流行的经济学分析模式①。

但随着Hart对第三世界经济的了解和分析的深入，同时也从韦伯关于理性经济人与资本主义的关联中得到启发，他在1985年的一篇文章中推翻了自己之前的理论。他写道：韦伯认为理性和合法是新兴资本主义的保证，经济的进步会因为社会生活的不规则性和不可预测性而被抑制。而在20世纪70年代第三世界里也大量存在高度正式的经济，经济“正式化”的过程同时也是一个将战胜经济上落后的人口当成使命的过程，这些经济模式的变化（从非正式经济变为正式经济）不过是国家监管（state regulation）的产物。② 追溯非正式的（informal）这个词的思想史，Hart发现这个概念从开始“中立”地去描述自我雇佣临时劳动的经济演变成去指称那些去工业化的、隐藏的、地下的、黑色的经济的过程，其实质是第三世界在追求经济发展和国际化中，利用“正式经济”对那种自我雇佣和临时劳动的经济模式进行打压和收编的一个过程，而在这个过程中，后面这种经济就要被戴上“非正式经济”的帽子与“正式经济”相对立而存在。③ 到此，Hart清楚地提出了自己对“非正式经济”的看法，他认为“非正式经济”在任何经验的意义上（empirical sense）是根本不存在的，它只不过是以一种我们想象的要建立的正统经济学的对立面而存在，“非正式经济”和“正式经济”相对存在是一种定性的区别，而之前从规模和生产力去区分“非正式经济”与“正式经济”根本就不是固有的，只要存在着在资本主义或社会主义的路线上的全球制度化的经济学分析，就需要“非正式经济”这样的概念去补救去弥合流行的知识模型和可观察到的现实之间的差距，④ 所以“非正式经济”是一个带有立场和价值判断的标签和分类，而并非一个可以分析的范畴。由此，Hart从根本上解构了自己最初对“非正式经济”的定义。

1989年Castells和Portes也对“非正式经济”进行了定义，“非正式经济就

---

① Hart K. Informal income opportunities and urban employment in Ghana. Journal of Modern African Studies, 1973, 11 (1): 61-89.

② Hart K. The informal economy [J]. The Cambridge Journal of Anthropology, (1985), pp. 54-58.

③ Hart K. Informal income opportunities and urban employment in Ghana. Journal of Modern African Studies, 1973, 11 (1): 57.

④ Hart K. Informal income opportunities and urban employment in Ghana. Journal of Modern African Studies, 1973, 11 (1): 58.

是在正式制度边界（即法律法规、政府管制等形成的边界）以外，非正式制度边界以内的经济活动”。[①] 并且还细分了三种类型的经济活动：正式经济（以合法的方式提供合法的最终产品）、非正式经济（以不合法的方式提供合法的商品和服务）和犯罪经济（以不合法或非法的方式经营不合法的最终产品）。Castells 和 Portes 还特别提醒我们注意“社会学家清楚这一点，所谓正常与失范、合法与犯罪之间的边界是随着具体情境发生变化的”。[②] 其中 Portes 还有一篇文章是专门研究“非正式经济”的，他通过对“非正式经济”在加拿大、荷兰、墨西哥、约旦和南非等这些国家不同的表现和特征的分析认为，构成“非正式经济”的要素因国家和时间而异，国家和民间社会之间的关系界定了“非正式经济”的特征，并且这种关系是不断变化流动的。因此，在一定情境表现为非正式的经济在另一种情境下可能完全合法，甚至即使是相同的活动也可能会改变其位置并跨越正式经济和非正式经济之间的鸿沟。[③] 同时还通过具体的田野案例来说明，对于羽翼未丰的创业型企业，“非正式经济”可以作为一个具有保护性的垫子使它们能免于可能将其灭亡的繁重的政策和规定。正是“非正式经济”的积极影响可能会帮助我们解释为什么无论是先进国家还是欠发达国家的政府都对这些活动采取模棱两可的态度并容忍它们的存在，即使是暂时的[④]。2009 年，Siqueira 和 Bruton 提出“非正式经济不仅是社会现象，更反映了一种重要的社会情境”。[⑤]

张敦福在《非正式经济及其治理：上海“黑车”的案例》中也采取了 Castells 和 Portes 的观点，认为“黑与白”“正式经济与非正式经济”并非非此即彼、非黑即白。“黑车”从法律上来说的确是不合法的，但是这种不合法是多种力量作用的结果，经济、政治、社会文化方方面面都对“黑车”施加着压力。“黑车”打乱了客运公司已占据的垄断经营地位和市场秩序，因此他们当然不为垄断经营者所欢迎和接纳。[⑥] “黑车”主要被贴上了污名化的标签，但是判定“黑车”这一经济活动类型性质的主要力量来自拥有公共权力的政府及其执法部

---

① Castells, M., & Portes, A.. World underneath: The origins, dynamics, and effects of the informal economy. A. Portes, M. Castells, & L. A. Benton (Eds.), The informal economy: Studies in advanced and less developed countries. Baltimore: Johns Hopkins University Press. 1989. 11-37.

② Castells, M., & Portes, A. World underneath: The origins, dynamics, and effects of the informal economy. A. Portes, M. Castells, & L. A. Benton (Eds.), The informal economy: Studies in advanced and less developed countries. Baltimore: Johns Hopkins University Press. 1989.

③ Alejandro Portes . The Informal Economy Princeton University Press. (2010), 159.

④ Alejandro Portes . The Informal Economy Princeton University Press. (2010), 161.

⑤ Bruton DB, et al. Toward a research agenda on the informal economy. Academy of Management Perspective, 2012, 26 (3): 1-11.

⑥ 张敦福：《非正式经济及其治理：上海“黑车”的案例》，《广东社会科学》，2016 年第 3 期，第 205 页。

门。无论客车运营是正式、非正式还是犯罪的，这些部门均可从中获益：牌照费、管理费、贿赂和保护费。这些部门对“黑车”的打击，更多地出于上级部门和领导对于公共安全、降低犯罪率的严苛要求。而大多数的“黑车”经营者只不过是在未被提供合法的、正当的经济手段和就业渠道的情况下，以官方看来不合法的手段获取合法目标。①

如上对“非正式经济”的看法以及其“正式经济”之间的关系的分析，都有力地支撑了本研究的理论立足点。本研究通过具体的田野材料说明，一方面，在特定情境下，“白车”可以成为“黑车”，所谓的“黑车”和“正规客车”的营运逻辑和生存形态高度类似，两者并非铁板一块。另一方面，笔者还将展现大多数“黑车”司机都是辛苦营生，支撑一家生活的顶梁柱。“黑车”这个行业辛苦冒险但挣的钱多且不受人管制，面对这些优缺点司机们可以根据自己的情况进行选择。“黑车”司机并不是社会中的困难群体，不会受到乡里乡亲的歧视，反而在人们想带东西上重庆或遇上节假日客流量大的时候，司机们还是会被“讨好”的存在；同时司机也不是什么“黑老大”。在坐车人的眼里，他们不认为自己坐的车是政府口中穷凶极恶、毫无章法的“黑车”，而是“上重庆的车”“回家的车”，如果将“黑车”“非法营运”“非正式经济”这些关键词认定是经验层面上的存在，且将其当成一个个术语来进行分析，就会陷入自我欺骗、浮于表面的分析中。

更重要的是本研究还关注到了一个过往学者没关注或提及的现象，即当“正式经济”试图收编改造“非正式经济”将其纳入自己的范畴时，当政府或车站相关部门试图用一系列“规矩”和“政策”对“黑车”及围绕着“黑车”的关系网络进行打击时，才发现这一套套“正式逻辑”和“高度现代化”的运作不过是“换汤不换药”的表面功夫，所谓的“正规网约车”仍旧沿袭了过往“黑车”的营运逻辑和关系网络，它们还是一样被消解在所谓的“非正式”关系网络中。

（二）关系网络

谈到经济活动与社会关系网络之间的关系首先就会想到卡尔·波兰尼（Polanyi），他采取唯实主义的认识论，认为“人类经济通常都潜藏于人类的社会关系当中……经济体系嵌入于社会关系”②，并且Polanyi还担忧随着经济的发展，经济终将“脱嵌”于社会。格兰诺维特（Granovetter）虽然否定自由市场的存在，但在关系网络与社会经济应相互勾连起来这一点上分析，他和Polanyi有着相同的默契，Granovetter认为“因为关系网络既是经济活动开展必不可缺的要

---

① 张敦福：《非正式经济及其治理：上海“黑车”的案例》，《广东社会科学》，2016年第3期，第200页。

② Polanyi，K . The Great Transformation. Boston：Beacon Press，1957，1944：46、272.

素，又能产生相应的规制力量，即便在完善的市场经济中，因为信息不足、信任缺失和潜在违规的问题，经济活动依然需要依附于一定的社会关系网络”①。而在具体的研究中，强舸的《关系网络与地下经济——基于上海一个自行车黑市的研究》以一个自行车黑市为案例，“考察关系网络与地下经济活动相互作用的动态过程，并认为自行车黑市活动衍生的关系网络促进了信息传递，提升了信任水平，降低了安全风险，增加了黑市的效益，塑造了出互惠的交易模式”②。

这些研究都强调了关系网络和经济活动之间的紧密联系，谈及经济活动不能忽视对“关系网络”的研究。本研究将通过研究在所谓的“黑车”这一“非正式经济”活动中，“黑车”的内外部关系网络是如何支撑或阻碍其进行“非法营运”这门生意的，但本研究对“关系网络”研究更深入。若能谈上提供一点研究贡献的话，即本研究立意将“非正式经济”看成一种在社会情境下的标签和分类，并且认为所谓的“黑与白”“正式经济与非正式经济”之间的对立绝非铁板一块，而是在一定情境下相互转换，甚至是应当被解构的。“黑车”这一类“非正式经济”中关系网络的逻辑和形态及其对“非正式经济”的支撑或制约与所谓的“正规客车”是高度类似的，甚至相互借鉴，相互亲和。

二、研究方法

（一）访谈观察

每次调研之前，笔者都会整理一些想要了解的问题，对“黑车”司机、“羊儿客”进行半结构式的访谈，对访谈对象进行细致的分析，深入了解“黑车”司机群体的日常营运生活，了解“羊儿客”、头子揽客赚钱的逻辑和行为。除了访谈，笔者经常在田野点观察司机、“羊儿客”以及乘客的每日生活，由此发现访谈中未被注意到的细节。此外，笔者还对在公安体系工作的同学就“黑车”问题进行访谈，力图从多角度、多主体探析对“黑车”的种种看法。

（二）个案选择

在个案选择上，本研究以重庆市最大的短途客运站 H 汽车站为主要的田野调查地点。此个案的选择主要出于以下几方面的考虑：一是长途客运站和动车高铁站与汽车站相比，前者的治安环境由当地警察直管，其管控和执法力度都很严，“黑车”的行迹较为隐蔽，对自己的行为也更加保密和敏感，这使得调研的展开异常艰难，由此笔者没有选择动车高铁站；二是将目光聚焦到方便进入的汽车站之后，笔者选择了汽车站中规模最大、流动人口最多的 H 汽车站，因

① Granovetter, Mark. C. Getting a Job: A Study of Contact and Careers. Cambridge [J]. Harvard University Press, 1974.

② 强舸：《关系网络与地下经济——基于上海一个自行车黑市的研究》，2013 年版，第 21-31 页。

为这里“黑车”和揽客群体相对更为聚集，“黑车”的上下游关系链条更为集中和清晰，也具有更大的研究价值。

第三章 规矩、关系与“黑白”之间

一、众生百相之H汽车站

重庆市主城区内现在有以下几个车站：朝天门汽车站、陈家坪汽车站、H汽车站、菜园坝火车站、重庆北站、重庆西站。这几个车站都有“黑车”，据笔者对“羊儿客”的访谈，其经营模式可大致分为三种：第一种是汽车站中H站跑市内短途，政府管理较松，为了减少行政成本，政府将车站的管理权给到承包各条短途线路的客车老板们，由他们来管理车站的秩序，而这些老板下面雇的管理人员也并不是从正规院校招进来的，而是一群“打手”。正因为政府将管理权承包，且H站经营的是市内短途，政府对它的管理和整理就较为宽松，也因此H站的“黑车”比其他车站更为“猖狂”和公开。第二种是动车火车站中的重庆北站，在重庆北站的“黑车”基本上都是跑全国各地的长途，紧邻着云贵川的诸多县份最常见。与汽车站相比，火车站的人流量多，对城市印象的影响大，政府力量介入较深。政府将车站的管理权牢牢掌握在自己手中，每天都有便衣警察、社会招聘进来的特勤在北站巡逻。

笔者在田野中也真实地感受到了北站和H站“羊儿客”喊客的差异。前者不可能像后者一样明目张胆喊“垫江垫江”“长寿长寿”揽客，他们只能拿着两块钱就可以买到的小书，上面用醒目的红字写着各条路线的目的地，身上揣着跑往全国各地司机的联系方式，在候车广场上四处游走，看见拉着行李箱的、从站里面出来要换乘的人就跟随在他们身旁，小声问“走不走、走不走”，顺便掏出小书吸引乘客，看到有警察过来就马上收起来，假装自己也是乘客快步离开。但即使重庆北站的“羊儿客”喊客如此小心谨慎，也并不阻挡其成为“黑车”生意最好的地盘。北站每天发往全国各地的“黑车”有一万辆以上，围绕“黑车”的“羊儿客”和头子有几千人。而最后一种是与前两者截然不同的重庆西站，这是重庆最大的动车高铁站，拥有最先进的设备、最严格的管理，在这个地方，管理秩序的是那些从正规警察院校毕业的毕业生和民警，“黑车”和“羊儿客”的行踪更为隐秘，生存更为艰难，“你要是去了解西站的‘黑车’，我敢说没有一位‘羊儿客’肯跟你透露半句。”

以上就是重庆当前比较典型的三种“黑车”营运方式和生存环境。笔者选择H站作为田野点，具体理由在上文研究方法中的“个案选择”中已说明，但在实际调研中，笔者也关注另外两个地方的“黑车”，通过对比来厘清H站“黑车”营运模式和生存环境背后更深层次的原因，也从更为广阔全面的视角来理解司机对自己所从事的这个行业，乘客对自己乘坐“黑车”的行为和对司机的看法。同时，理解政府和车站相关部门对“黑车”的管理，以及围绕着“黑车”各方关系网络的搭建与营运码头是一个政治经济文化交织的大场景。H站也是一个码头，码头有码头的规矩，也有码头的性格，跑码头不是随随便便就能跑的。在H站这个码头赚钱，一个人想独吞、想把钱挣完是不可能的，不遵守相应的规矩也是混不下去的。依附着这个码头，林林总总的人在此谋生，他们之间相互缠绕和制衡，形成稳定而又冲突的共存状态。

图3-1　重庆北站南广场（来自网络）

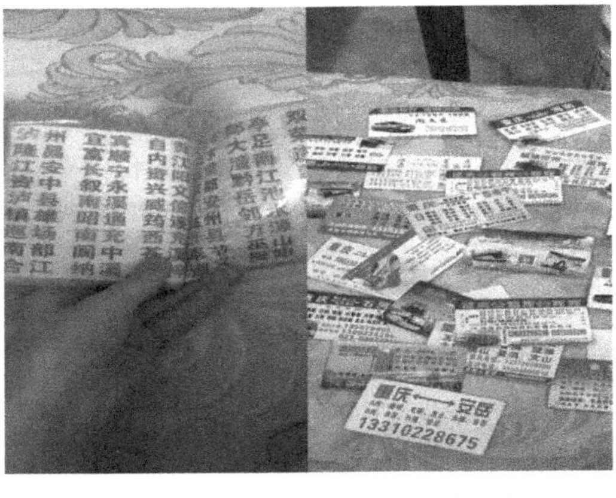

图3-2　“羊儿客”随身携带的揽客小书和司机名片（摄于2018年5月22日）

二、在上：被“允许”的空间

在H站有一个十几年来一如往常但细思却十分有趣的场景。处在高地、地盘占得最辽阔、交通最便利、视野最明亮的是H站，鲜红大牌子上印着的“售票大厅”四个大字，仿佛在昭示着它的绝对主权。密密麻麻流水般安检进站的人流，有序发出的客车，从重庆到垫江、重庆到长寿、重庆到涪陵……构成了这里几十年如一日的场景。车站里面的客车高大威猛，它们是车站最亲最嫡系的存在，车站整个地盘都是为它们打造的，它们光明正大地进入进出，被官方认可，属于重庆交通运输集团下面的各个分局垫江分局、长寿分局……私人老板买下客车承包营运权，有着被认可的营运资格和专线营运权力。这是一个被“绝对”认可和允许的空间，是最正当的存在。对于影响他们生意的“黑车”，站里面的客车老板会请“打手”专门驱赶“羊儿客”，每个月给打手发两三千元的工资，这些人的任务就是看到“羊儿客”在喊客，觉得他们做得太过分了就催“羊儿客”赶紧离开。遇到看得严的人，“羊儿客”就会很惧怕，看到他们来了赶紧收敛躲开；而也有些没有那么严的，特别是到了夏天入伏和冬天冷风吹得脸疼恨不得把整个身体都蜷缩起来的时候，还是有很多打手躲在附近的超市里闲聊睡觉偷懒。但总归来说，这批打手的存在给“羊儿客”和“黑车”上了一道枷锁，使得他们不至于太猖狂。对待“羊儿客”，这些打手一般就是吼几句呵斥赶紧离开，如果硬是遇到了特别不依教（听话）的，他们会把“羊儿客”拉到警察局，让“羊儿客”接受思想教育。被拉进警察局的“羊儿客”不会有大碍，他们被关几个小时也就出来了。“羊儿客”也知道自己不能与打手们硬碰硬，所以只要对方不是特别过分，自己还是惹不起躲得起。

图 3-3　H 站进站口（摄于 2018 年 4 月 28 日）

除了上述这种最正规的从各个区县的客运站里面发出来的客车，还有一类从垫江各个乡镇发往重庆的专线客车，它们一般一天来回一趟重庆，有固定的发车时间，从各个乡镇发往重庆，再分散到朝天门、陈家坪、沙坪坝等地方装车回家，这类车也是有营运资质的，但是它们不能来H站进站装人（H站长期固定走垫江这条线的，所以去往垫江的乘客最多），这类专线客车在节假日的时候就啥都不担心，可以顺利地装车回家，有时候甚至还会有一些乘客装不完可以盘给平日里玩得好的“羊儿客”头子。反过来，双方也是互惠互利的，在生意不好的时候专线客车司机也会把车开到H站让“羊儿客”帮他们喊人，和“黑车”司机一样，他们自己在H站这个地方也是不敢光明正大喊客，只要到了H站他们还是得求助于“羊儿客”。而抽钱的规矩也是跟“黑车”司机一样，每个乘客的车费要吐10块出来，头子分5块、“羊儿客”分5块。

从上我们可看出，专线客车和从县城里发出来的客车最多是竞争者而非敌人对手，但只要专线客车把车开到了H站装人，两者就瞬间成为冲突的对手；而这时专线客车和“羊儿客”反倒形成了互惠互利打成一片的关系。这些被政府明文规定的“黑车”“白车”之间的界限并非清晰可见且不可逾越的，客车到专线、客车到“黑车”，从理论上来说本应是一个从白到黑不可以逾越的排列，但在现实中并非如此，这三类车的“黑与白”都是存在于一定的社会情境之中的，甚至它们之间相互转化，在营运模式和逻辑上高度类似，并高度亲和相互借鉴。近年来由于“黑车”的冲击尤其是动车的开通，专线车生意也不是很好，很多专线车车主觉得开这个不是很赚钱，就自己去开“黑车”，这都是很常见的事。

另一方面，“黑车”与正规客车之间的关系也是暧昧复杂的，它们之间充满着斗争与妥协，也无处不充满着相互转化，一方畏你三分你就退一步。另一方即使站在“正规合法”的制高点也不会把路堵死，这既是因为大家都在一个场域里，不把事情做绝，今后才好相见，也因为其实大家都是在车站这个码头赚钱，今后说不定你也来开“黑车”了。这也解释了为什么笔者在调研期间目睹了好几次客车司机在自己休息的时段里会跑到头子和“黑车”司机这边来，跟他们一起吹牛闲聊，两者不会谈及开“黑车”这些敏感话题，但聚在一起闲聊几句打发时间的交情还是有的，并非老死不相往来的死对头。

三、在下：不被“允许”的空间

在H站待得久的人会注意到一个很有意思的现象，在上面这个正规合法有序运行的车站下面的各个角落，也同样运行着一个井然有序的组织，经营着一样的客运生意。只是相对正规的车站营运而言，他们是“不合法”“违规”的，这个就是以围绕着“黑车”运营与生存所勾连着一个巨大关系网络，里面包含着揽客的“羊儿客”、管束“羊儿客”的头子、“黑车”司机，甚至包含专线客车。这个“黑车”网络，虽然被政府定义为“非法营运”，但与上面的正规客运网络的营运逻辑高度相似，也一样是一个充满着秩序和规则的弹性空间。

据对“黑车”司机和“羊儿客”的访谈得知，H站最红火的那段时间，大约是1995年到2015年，每天有两三百辆客车从此发出。而2015年以后的这几年，因为动车的开通，私家车拥有量的增多以及客车班次的完善，每天从H站发出的客车只有七八十辆，主要通往三个区县：垫江、长寿、涪陵。相应地，也存在着这三个地方从事公共交通运输这门生意的“黑车”。本研究田野材料的来源和所要讲述的区域主要是垫江县。垫江区域的“黑车”头子分为王二嫂、“孙悟空”、黄毛毛三个帮派，其中王二嫂的生意做得最大最好。田野中，一位“羊儿客”给笔者讲述了王二嫂跌宕起伏的“黑车”生意发家史。20世纪80年代的时候，H站最开始喊客的人叫肖怀忠，生意做大之后，站上客车司机看不惯烦他，就请打手捅了他几刀。肖怀忠住进医院后，那时还只是“羊儿客”的王二嫂帮他付医药费，由此她才混进了这个圈子。最开始的时候王二嫂也只是和肖怀忠一起合伙当老板当头子，后来肖怀忠两口子不干了去其他行当赚钱了，王二嫂就完全接下了这块地盘。而“孙悟空”这一派现在共有三女两男（秀芳、黄三、黄福琼、皮黑老头和“孙悟空”）。“孙悟空”姓孙，大家就给他起了个丑名叫“孙悟空”。黄毛毛这派原来的头子叫张二，她因为是张二媳妇的妹妹就接了张二的班，张二在的时候生意很好，有十几个“羊儿客”帮他喊客，后来张二去黄泥磅开餐馆去了，就让他的大嫂和黄毛毛一起经营“黑车”生意，现在黄毛毛下面还有三四个散“羊儿客”跟他们一起喊客。

图3-4　三个派别头子揽客装人地盘（摄于2018年5月18日）

头子并非权贵之家（笔者调查的H站是没有的，北站更大更复杂肯定有），而是最先进入这个地盘，滚雪球日渐积累了很多通讯录且对这个地盘的人和生存方式十分之了解，于是成了头子，而一旦成了头子也就成了所谓的“地头蛇”“舵爷”，他们“靠山吃山靠水吃水”，“黑车”司机进入H站想拉客就必须要经过他们。在H站混的“黑车”司机都心知肚明且必须遵守这样一个规矩：从H站装走的乘客都要被抽走10块钱，5块“吐”给头子，5块“吐”给“羊儿客”，每到“黑车”人满发车的时候，地头蛇就会在旁边清点人数，略有点凶神恶煞地强调“每人35元，没有30元的价钱”，然后帮司机“砰”地一声关上车门，司机就出发了。如果在车上有乘客跟司机讲价说“少两三块钱噻，就当天气热拿来买瓶水喝”，司机也会打趣地回答道“你自己看嘛，那5块钱也不是我收的，你去找那个人少5块钱嘛”。乘客们勉强的讲价也就到此打住了，知道了少这几块钱是没有余地的，被抽走了钱也不是回到了司机手里，而是回到了掌控这块地盘的头子手里。由此，那些脖子上戴着金链子、穿着拖鞋、坐在板凳上玩消消乐的地头蛇就成为车上乘客的一个闲谈话题。私下一位“羊儿客”曾对笔者说过“头子有‘空手套白狼’的意味，没有车没有技术，分钱不出想当老板，当然黑白两道都要打通，背后必定背着很高的风险，要和车站里面的管理人员搞好关系，请吃饭过年过节塞红包这都是人之常情”。

相当大程度上来讲，司机必须依赖“羊儿客”帮他喊客，主要基于两个原因：一是不然司机就要直接与政府和客车老板对抗，“羊儿客”帮其喊客削减了风险和对抗的成本，“羊儿客”的一番话很好地说明了这个道理：

“H站还好点哟，站里面司机雇的人看到你，凶你几句，赶你走，严重点的把你拉到警察那儿教育一阵，这些都还好，北站那边是把你拉到综合执法那儿的空调房里没收手机关8个小时，而且我听说那边警察每个月抓多少个‘羊儿客’是有任务指标的，啧啧啧……退一万步说，我们‘羊儿客’空人一个，啥都没有，就算被抓了，抓就抓呗，大不了被教育一会就把我放出来了，夏天那(综合执法)还有空调，司机就不一样了，他们有车，被抓到了车就被没收了，生意做不了还要花几万块钱才能把车取出来，所以司机也不敢冒这么大的风险。”

二是“羊儿客”比司机尤其是新来的司机更熟悉这块地方的生态，知道怎么喊人和逃避执法，可以给司机带来好生意。“司机能像我们一样在车站四处游走喊人吗？再说了，很多乘客都是跟着‘羊儿客’去坐车，新来的司机还不一定相信他。”

总之，在H站，“羊儿客”、头子、司机三者之间互相分工协作、相互配合，“羊儿客”喊客替司机“挡刀”，头子打点关系维持秩序、也抽钱分红，司机只装人发车，形成了一个充满着规矩和秩序的“铁三角”组合和互惠互利的关系网络，一起经营着“非法营运”这门生意。

除了“羊儿客”、头子、司机三者之间的协作配合，在“羊儿客”内部喊客和分钱还有自己的规矩。H站头子分为三个帮派，帮派下的“羊儿客”们都有自己较为固定的喊客区域，司机也有自己固定的发车区域，大家都不能超越这个区域。“羊儿客”从喊客到送人上车一气呵成，口号是“垫江垫江、就差一个、小车马上就走”，坐得轻车熟路的乘客直接被“羊儿客”带到发车地点，有

图3-5 被"羊儿客"叫来正在等车的乘客（摄于2018年6月14日）

点犹豫的乘客会继续被说服"不用转车，把你送到家门口或者公交转盘"；面对实在劝不动的乘客，他们还是会带着酸人的语气说一句："那你就去坐汽车吧！"节假日生意好的时候，"羊儿客"们就固定坐在凳子上不再使劲地喊，几乎是等着乘客自己上门；人流量少的时候，就得自己游走在各个汽车站、轻轨站、地下通道出入站口去找客人，大声而有节奏地喊。这里的喊客与北站形成鲜明的对比，自然大方，不需遮遮掩掩。喊到客人之后，就把他们带到"黑车"停车的老地方，接下来就是处理分钱的事情。因为"黑车"有两个档次也对应有两个价位，一类是标准的六到九座，但被司机改装成能坐下16到二十二三个人的金杯车、面包车，这类车收费低（35元每位），超载严重，靠超载赚钱；一类是小轿车或商务车改装成为的"黑车"，这类车收费和动车客车持平（50元每位），这类车不超载或者只超载一人，他们里面有一部分是顺风车，来城里办事，因为不超载，基本就是把来回的油钱过路费赚回来。总之无论35元的价位还是50元、七八十元的价位，司机都是得固定的车费，35元司机得30元，50元司机得40元，剩下的钱（5元或10元）头子抽一半，"羊儿客"得一半。需要强调的是"羊儿客"之间是群体合作，一起平分。这样的安排乍一看觉得会导致大家吃大锅饭，长时间下去没有效率，但却是一个最经济最和平的方式。H站"羊儿客"大多是头子的亲戚，亲戚们基于面子和情谊会卖力喊客。不是亲戚的都是长期喊客的老"羊儿客"，这几个人反而会比亲戚喊得更卖力，而且由于他们长期喊客，乘客更相信他，喊的人更多。如果"羊儿客"多劳多得，会导致"羊儿客"之间相互争吵，搞割裂，不方便管理。H站的"羊儿客"是一个熟人小群体，较为固定，平分有利于整个组织长期固定的运作，这个平分制度或许可以成为解释这么多年H站"黑车"依旧兴盛的原因之一。

总的来说，"羊儿客"们如今每天可以赚到一两百，节假日赚三四百还是不成问题的，而头子每天的收入就是"羊儿客"赚的钱乘以"羊儿客"的数量。有个"羊儿客"告诉笔者，他清楚地记得在高铁没开通生意红火的90年代，他一天最多赚过 360 元，那时候的 360 元多值价，当现在小一千了，可以想见，在还不远的 20 年前这个行业是有多赚钱、多吃香了。

图 3-6　蹲守在各大路口揽客的“羊儿客”（摄于 2018 年 5 月 2 日）

四、“铁三角”组合的冲突与妥协

如上所述，黑车这个团体有着清晰明了的组织运营规矩，正是靠着这些互相认可、长期潜移默化形成的规矩，司机得以依赖头子帮其打点所有外部关系，得以依赖“羊儿客”帮他拉客挡枪，最终顺利装车安全回家，从根本上保证“羊儿客”、头子以及司机三方有较为稳定的经济来源。大家都是一根绳上的蚂蚱，都心照不宣地遵守着长久以来形成的规矩，不会轻易去打破，维持三方之间的和谐，但也会出现三者之间发生冲突的情况。

“羊儿客”和头子之间是下级与上级的关系，也是合作伙伴的关系，平日里，“羊儿客”外出喊客，头子守在“黑车”旁边看着司机装车收钱，协调各个“黑车”司机，二者各谋其职，大多时间是顺畅的，但也有发生矛盾冲突的时候。比如新来的“羊儿客”不清楚规矩，欠缺业务能力，车费跟乘客喊少了，该喊 50 元的喊成了 40 元，头子当然会生气，但最终还是会以“老大”的身份跟乘客协商，也会跟乘客说他们（羊儿客）也是要维持生活，大家都不容易，然后叫客人给他 50 块钱，一般通情达理的乘客也都会拿这 10 块钱，头子在整个事件当中依旧充满着威望。

而头子处理得较为头疼的就是司机之间的关系。每个司机当然想一到重庆

"羊儿客"就能喊到尽可能多的客人，早点开车回家休息，所以很多司机后到的重庆但却想先走。这当然是其他司机和头子不允许的，这时候站出来的也必须是头子，头子必须掌控着每个司机发车离开的先后顺序，也必须具有影响力让司机在关键时刻能听自己的话。大多数司机都会听头子的安排和劝阻，那些脾气大不听劝阻的司机，头子后续也不会管他，离开了头子的庇护和"羊儿客"替他们喊客，司机生意将会潦草收场，说不定还会面临被收车的危险。

在"黑车"日常运营的生活中，头子相当于一个调度站和信息集散地，所有与"黑车"相关的信息：谁先来谁后来，能不能来，哪些时候可能危险，上面（政府）又有什么风声，又有哪些电话业务可以给到司机……都是头子进行汇总和传达的。头子的存在约束并维持了"黑车"这个行业的秩序和规矩，他们同时掌握了对"羊儿客"和司机的控制权，使得"羊儿客"不会无序争抢顾客，也不会消极怠工，仅靠在自己那里"舔肥"来获得好感；也使得司机之间为了争抢乘客而冲突的可能大大降低，保证了司机不会一再降价恶意竞争破坏"黑车"行业的秩序；而司机相当于宿主，在这个三角关系中，能赚钱的只有司机，按理说他应该是最"硬气"的人，但没有"羊儿客"和头子，司机的生意会非常惨淡，且在这个地盘上开车，没有头子也开不长，这决定了头子而非司机才是最有话语权的群体；"羊儿客"是寄生在司机身上，有了司机开车，"羊儿客"才有生意和抽成，但"羊儿客"也不是简单地寄生，他们为"黑车"生意的兴盛和安全营运"保驾护航"。总之，"羊儿客"、头子、司机三者之间相辅相成、既斗争又妥协，他们是一根绳上的蚂蚱，"船靠水水靠船，一荣俱荣一损俱损"。

图3-7 "黑车"的一般模样（摄于2018年5月2日）

五、解构“黑与白”：“上下”之间的关系

笔者以上的田野调查无一不在说明这样一个事实：本应对立的在上的“正规客车”和在下的“黑车”之间的关系并非非黑即白。当车站或政府监管严的时候，司机和“羊儿客”们就低调行事，小心驾驶，转为更“隐”处，而当车站监管得不严的时候，“黑车”的营运往常得像十几年如一日每天都会在车站开门赚钱的早餐馆一样，也往常得像每天都会聚集在车站等候生意的“棒棒军”一样。司机、“羊儿客”、头子都是因为这个行业有利可图且盈利空间大才冒险进入，但他们随时也可以转换自己的身份。正如往返于乡镇和主城的专线客车，不来H站装客他们就是“正规的”，来H站装客就是“不合法不正规”，和“黑车”一样同样面临着驱逐，也和“黑车”一样需要“羊儿客”帮其揽客。这种流动的、相互转换的、可黑可白的角色和关系促使笔者去思考“黑车”以及其背后的“非正式经济”是存在现实经验层面上，还是只存在主流经济学或者权力利益部门的想象建构之上？如果是后者，那么过往以来，我们对“黑车”这个“黑”字的建构以及对“黑车”与“正规客车”“正式经济”与“非正式经济”之间的对立是否又可以被解构？

2017年，H站进行了客运方式多元化的探索，放开一部分客源，允许符合规定7座的商务车进入车站装人，这类豪华小巴不能超载，能进站装人，那些坐不惯客车想坐小车也愿意花高价钱不想去坐“黑车”的人，就会成为豪华小巴的客群。豪华小巴挂靠在车站，车站给予他们“正规”的名义，帮他们揽客，出了事情车站兜底，而小巴除了每年要向车站缴纳固定的管理费，也要抽取每人5块的人头费给车站，对比起来，这与头子“羊儿客”和黑车之间的关系何其类似。“作为社会结构中占据支配地位的强大力量，政府和官方主流媒体比较成功地把‘黑车’司机及服务污名化为麻烦制造者、越轨和失范，并加以压制和打击这种治理术，在缺乏科学调查研究的前提下，在供给者和消费者的声音并没有得到表达的情况下，把真实经济、非正式经济、犯罪经济之间彼此转化和变通的灵活关系机械地视为非此即彼、非黑即白的二元对立关系，既挤压了‘黑车’相关群体生存和发展的空间，又极大伤害了民间社会的活力和基础——互助互济和互信。”①

从以上种种我们可以看见，乘客、司机、“羊儿客”，包括政府和客车老板在这场围绕着乘坐“黑车”的“战役”中都有着自己的利益和考量，“利益多元化迫使现代社会中的各利益主体之间始终就各自利益的定义和定位进行着多

---

① 张敦福：《非正式经济及其治理：上海“黑车”的案例》，《广东社会科学》，2016年第3期，第191页。

方位、持续性的博弈。诺斯认为制度变迁的过程实质就是在这种自身利益最大化驱动下所进行的谈判，并最终建立新规则的过程。‘黑车’存在的原因揭示了在个体逐利型为主导的资源配置体系中，‘黑车’同现有体制间的冲突与矛盾是市场制度不断发展与个体理性日益成熟的产物，而‘黑车’问题的屡禁不止则是多方仍然未能通过博弈达成均衡结果的表现，即既定的制度安排无法使人们获得一种满足状态。在博弈中，政府作为无可厚非的制度博弈的主导方却在最终的博弈结果中使自己处于一个极其尴尬的位置。”① 也就是说，从现实来看，“黑车”因为其满足市场需求获得了经济利益上的成功，但却因为其不符合政府的规定，会超载并避税成为政府打击的对象，由此对“黑车”的治理也陷入了一个尴尬窘迫的境地，而恰恰正是这个窘迫的境地在考验着政府治理的“技术”和“艺术”。

第四章　日常情境与身份认知

一、“黑车”司机的一天

约莫凌晨两点半的样子老刘就醒了，今天还比闹钟早醒几分钟，长期养成的习惯自然就醒了，身边的妻子还在熟睡，但也隐隐约约能感觉到老刘起床了，蒙眬中嘱咐老刘开车注意安全，凌晨多穿点天冷。干了七八年的“黑车”司机，老刘也算是莲花这个乡上“黑车”的“开山鼻祖”了。两个孩子都在重庆读高中，家里的媳妇在街上卖水果，本来是要陪孩子在重庆读书的，可是老刘每天从重庆回来也要人煮饭洗衣，就留在了家里做点小生意赚点钱。一边应和着媳妇的嘱咐，一边翻身起床。第一件事就是给昨天联系自己的那些人打电话，叫他们起床在公路边等着。出门发车接乘客，这个时候街上只有路灯相伴，幸好八月重庆的凌晨凉快得比吹空调舒爽，但要是冬天就遭罪了，霜风加上低温恨不得把自己蜷缩成一个球。村与村之间的路老刘是摸透了的，即使没有路灯也能找到。七弯八拐，从这个村绕到那个村，从这个镇到那个镇，就这样兜兜转转在乡镇之间都要磨蹭一个多小时，搞到约四点才能把一车人装满上高速。

高速上车开起来很舒服，不用转头，老刘也知道车上的人睡得七七八八了，即使车里面又挤空气又差。老刘倒希望有人跟他讲话，这样醒瞌睡啊！当然，

① 毕圣洁：《城市“黑车”治理的制度经济学分析》，《经济研究导报》，2009年第33期，第148页。

每次车上总有那么一两个人全程不睡，一直讲到重庆。等到要到重庆的时候，老刘就会叫车上坐在前面稍微熟一点的人帮他收钱，每人35元。两个小时的车程说长不长，说短不短，约六点的时候，车就到了H站。人们下了车也就各自坐轻轨、公交去往各自的地方。人群散开，老刘终于可以稍微休息一下了。习惯性的，老刘在路边买点早餐，把车开到往常停靠的地方，背椅调下去，好好地睡上一觉。

图4-1　中午太阳大时打牌娱乐的“黑车”司机（摄于2018年5月15日）

能不受任何人打扰的时间也就只有那么三四个小时，上午十一二点就有人不间断给老刘打电话说要坐车，老刘话也不多，一再强调说“华山医院，两点之前要到位，最好早点”。华山医院就是H站旁边的一个医院，老刘的车也停在医院门口，这是一个绝佳的位置，前面是汽车轻轨站，来的乘客也可以在医院遮阳避雨，“黑车”大多停靠在这个地方。来早了的乘客就自觉在医院大厅里等着，等车的人有些认识，有些不认识，大家吹会牛，很默契地坐在椅子上看着发不出声音的电视等车。但每次到要发车的时候总会出点岔子，出幺蛾子的大多是那些被“羊儿客”叫过来的乘客，自己打电话过来的人一般都不是第一次坐“黑车”，他们知道“黑车”的情况。而那些被叫过来的几乎每一次都有埋怨“黑车”太挤，不安分的乘客，大多为年轻人，看穿着像有钱傲气的人。一次一位中年女乘客穿着很时髦，操着一口重庆主城的口音，一上车就说车太挤，人装得太多，讽刺司机说为什么不在车顶安个货架继续装人，跟司机顶撞起来。车上的人都在劝和说“都是一个地方的人，不要吵架伤和气，司机为了赚钱，你也是要坐车，大家都退一步”。可这位妇女语气依旧还是很强硬，鲜少动怒的老刘也生气了，出了H站老刘又倒回来，硬是把她重新放回了H车站，下车之后，车上的人提醒老刘说：“我看到她下去的时候还给车上拍了照的哦!”老刘一副不以为然的口气说：“拍就拍啊！怕她啊！她还能做出什么事来?”

曲曲折折终于从车站出发后，老刘就要提防两个地方，一个是江北高速路入口，一个是澄溪高速路出口，这两个地方警察都有可能在。老刘每次在路上都要给先发车走在前面的“黑车”司机打电话问有没有警察，问上一句“来得不”对方就懂了。如果遇上查得严就得绕远路，走以前的老路回去，但这种情况很少见，也基本就是在查得最严的春节和暑假。近十年的“黑车”司机生涯，已经把老刘磨炼得机智而敏捷，对警察具有很强的“反侦察”能力，而且老刘和几个熟识的一条线上的司机团体协作，互相分享消息——警察查得严不严，能不能上（下）高速、哪个地方出了什么问题，也会互相帮忙转运乘客。

在与交警斗智斗勇躲避其追查的过程中，司机们除了依靠走在前面的司机伙伴们，还得依靠“羊儿客”和地头蛇与司机。一次笔者坐在华山医院等车，前面坐着一个中年妇女是“羊儿客”，此时来了一个电话，听对话大概是那人说他要坐车，问今天在H站有没有车。这位妇女警觉了一下，说没有啊，她自己也不知道有没有车，还说什么这个地方早就没有车了。总之就跟对方打太极，纠缠几分钟之后，对方就把电话挂了。这时候老刘走了进来，这位妇女立马把刚才的事情跟老刘说了，说她当时一听口音就不对，明显的重庆主城口音，这还不关键，重要的是问他去哪儿，他一直说就去垫江，垫江具体哪儿呢，他半天又说不出来哪个地方，还一直在反复问我有没有车，我一听就知道对方是警察。老刘听后一笑，对“羊儿客”说“你很凶（厉害）嘛”。多年开“黑车”的经历，老刘和警察之间也不知道斗智斗勇、一来一回相互博弈了多少次，说不怕警察是假的，但是对付警察也是一套一套的。

回去的这段路就要比早上欢快很多了，虽然车内比早上还要闷热，但是天亮了可以看外面的风景，车内的人从这个龙门阵摆到另一个龙门阵，从苞谷卖多少钱一斤，谷子能不能割、重庆这万年不变的高温到重庆哪个高官下马、房价上涨到哪家人死了，哪家孩子考大学升学宴。两个小时的车程很快就过去了，回到家里虽然依旧热浪翻涌，但终于能喝口水放松下来。老刘盘算了一下，上重庆二十个人，每人三十五，回来二十一个人，每人三十，除去过路费一百块和油费近三百，今天赚了一千多。寻常也不寻常的一天就这么过去了，而这样的日子老刘还将继续过下去，直到孩子们大学上完有自己的工作之后，等到上面查得严，自己没法开“黑车”之后怎么办，这些事情老刘想了也白想，每个月两三万这种的收入在莲花乡屈指可数，其他的就顺其自然，走一步算一步，不知不觉，这“黑车”生意自己也已经干了十几年之余了。

图 4-2 拥挤的“黑车”内部（摄于 2018 年 8 月 3 日）

这些年两个孩子在重庆上高中、在重庆买房子、一家人的开支都是老刘开“黑车”赚来的，老刘这几年变化也很大，四十几的年纪却因为常年早起头发都白了。老刘也明白自己挣这个钱不容易，游走在法律边缘，还伤身体。事情也出过，前年的一个冬天，五点多要到重庆的时候，一个客人说要在鱼嘴工业区下车，老刘把他放下去，结果因为天太黑，冬天雾也很大，那个人可能瞌睡还没睡醒，脑壳也不是很清醒，过马路的时候被对面过来的一辆车拦腰撞过去，当场死亡。最后老刘、肇事司机和死者家属私了，也是赔了一二十万，具体多少老刘的邻居们也不清楚，毕竟这也不是什么光荣的事，值得拿出来讲。但可以想象，这件事情对老刘的打击有多大，在笔者的记忆中，老刘仿佛就是那一年瞬间白头的。

二、他人的认知：上重庆的车

在莲花乡周遭人的眼里，老刘的职业并没有什么不同，不会有歧视或是其他异样的想法，都是为了赚钱。提起老刘，都是说他每天固定上重庆，可以去坐他的车；说他能吃苦，能长年累月坚持每天那么早起来，尤其是冬天那么冷，甚至人们还会在赶场时去他家里买水果存点人情，以便在某天想老刘顺便带点东西给重庆的亲戚朋友时不那么欠人情。人们不会觉得老刘开的是所谓的“黑车”，而是“上重庆的车”。在互相聊天的时候，如果有人抱怨说莲花乡没有车坐不方便，想很早上重庆但是没车的时候，知道老刘的人都会将老刘推荐给人家。老刘开车赚钱，人们能坐他的车方便来回重庆，这并非什么复杂的逻辑，也并没有哪里不妥。以前莲花乡每天也有一班按时发往重庆的客车，但是后来生意不咋样，司机也不开了，转为开从莲花乡到垫江县的乡镇客车，所以在大家的眼里，老刘的车和以前发往重庆的客车没有什么两样，只是在出了一些事情之后或者看着老刘赚钱多眼红的时候，会去界定老刘"黑车"司机的身份，"不合法""遭弄了"。在平日的相处中，老刘也会时不时讲讲与警察、与头子斗智斗勇的小趣事，都是外面大城市的见闻，这时候的老刘跟那些电视里报道的凶神恶煞的形象恰恰相反，这是一群每日提心吊胆在规矩边缘试探小心翼翼的人。老刘的妻子和孩子跟周遭的邻居也都是朋友，提起自己的丈夫或者爸爸在开车也不会有什么避讳或者羞耻，像是在经营一项"犯罪生意"一样，没有人会不知趣地去强调这是"黑车"，老刘辛辛苦苦赚钱在重庆买了一套房之后还有很多余钱。其存在方便了莲花乡人民的日常生活，所以在莲花乡人的眼里，老刘并非穷凶极恶的"黑车司机"，老刘的"黑车"也并非政府那里的"眼中钉肉中刺"，老刘和大家一样，只不过是莲花乡众多奔波在生活中的平民百姓罢了。

三、自我的认知

首先，在笔者生活和调研中接触到的司机大多也都和老刘一样，有着很多相同的特性，他们当中绝大多数为男性、没有什么技术手艺，会开车就行，能吃苦，里面有没上大学二十岁出头就出来谋生的小伙子，也有三四十岁换了好几种职业背后养着一大家人的中年人。经营"黑车"的方式完全与个人风格相关，养家压力大，自己能吃苦想多赚钱、敢冒大风险的人就在平日好好经营与乘客的关系，对乘客的服务好一点，如把他们送到家门口，来坐车的时候帮他们搬运下行李，多维持点长期的电话业务，每天早起到各个地方接人，下午晚回多等一点人再发车回家。而不那么刻苦的司机，每天五六点才起来，一车只要能装个八、九、十个人就行，每天大概上午十一点就可以发车回家，回到家里也就下午一两点，剩下的时间就可以干自己的事，休息或是打打麻将，还是很自由的。从收入来说，"黑车"司机的收入是非常可观的，来回一次重庆，除去油钱180块和过路费120块共300块，剩下的一趟赚三百到七八百不等，而遇上节假日尤其是春节，跑两个甚至三个来回都是可能的，只要司机们不嫌累，扛得住。一天赚个一两千都是正常的。

其次，"黑车"司机这个团队，有着外部团结内部竞争"惊一发而动全身"的特性。"黑车"在上高速和下高速路口的时候是最为危险的，这两个路口旁有可能会有交通执法在，所以每次司机们要到高速路口，尤其是靠近主城的江北高速路口，一般会向一条线上走在前面的司机打听路上的情况。虽然某个司机的车被没收并不会直接导致自己也被没收，但会导致这个群体和行当被关注和报道，由此平日里的互相团结和帮扶是常见的。但是一个地方的司机因为存在竞争关系却得相互避讳，每年的正月初六、初八、十五都是出行的好日子，乡里面很多回来过年的人都会选择在这几天上重庆，然后坐火车动车去往全国各个城市开始新一年的生活，这几天老刘的生意就会尤其好，这些天的乘客再怎么装不下，老刘也不会转给一样开“黑车”的司机。

四、小结

通过对“黑车”司机日常生活工作情境的描述、司机对自我身份的认知以及乘客周遭人对司机身份的看法这一系列内部视角的解读，笔者最想强调的是首先对于司机来说，单纯讨论司机们“主动”或“被动”进入这个行业并没有多大意义，或者如果从这个角度思考只会掩盖问题的根本。因为这个行业辛苦冒险但挣钱多，不受人管制，面对这优缺点司机们可以根据自己的情况进行选择，既可以成为全职“黑车”司机，也可以偶尔上重庆“拉客”，甚至还可以随时退出这个行业，“黑车”司机并不是社会中的困难群体，不会受到乡里乡亲的歧视，反而在人们想带东西上重庆或遇上节假日客流量大的时候，司机们还是会被“讨好”的存在；但同时司机们也不是什么“黑老大”，某些司机可能有一些人脉帮自己解决开“黑车”会遇到的问题，但大多数司机都是辛苦营生，支撑一家生活的顶梁柱。当从事“黑车”这种“非正式经济”行业时，自己被贴上“黑车”司机的标签，他们有很多方式来应付相关部门的这些监管，也会很灵活地处理来自竞争对手客车们的打击。而“黑车”也并非天然就是“黑车”，“黑车”司机也并非天然就是“黑车”司机，“黑车”最初是以顺风车的形态发展起来的，即使是现在也仍有一部分“黑车”是顺风车而非专职“黑车”团队，但当他们进入到相关部门的视野，威胁到了某些群体的利益时，他们也就不加区分地被扣上“黑车”和“非正式经济”的帽子，而这些司机也成了所谓的“黑车”司机。一旦政府作出改变，想重新把各个群体进行定义和划定范围，“黑车”司机们可以成为滴滴司机，也可以成为网约车司机，这个行业也可以成为政府允许的行业，但你要说成了网约车司机后操作得有多么地“正规”那也不见得，或者司机们就可以永远高枕无忧，不会被打击也同样不见得。

而乘客端，在长期的日常生活和文化习惯中，他们上重庆坐动车火车去外地、走人户、打工、办事等，图的是方便，不用去买票，也不用进站等车，跟司机打个电话说自己明天要上重庆，然后明天早起等着就可以了。司机一般为本地人，乘客与司机之间并不完全陌生，大多数都是熟人，即使不是熟人，坐车多了一来二去也熟了。从乡镇出发时，因为都是熟悉的本地人，大多较为和谐其乐融融。而到了重庆之后，乘客熟知各大车站一定会有“黑车”，长期坐车也知道司机在哪，有坐得熟悉的司机电话也可以自己直接联系司机，就像一个多人共享的“专车”一样，车上的人也会图个方便撇脱，冬天冷的时候司机多装点人还会说“人多点，热乎点”。他们根本不会去想自己坐的是“黑车”还是“白车”，这也没有意义，乘客并不傻，是否乘坐“黑车”也只是他们基于各种原因在当下做出的一种选择。

第五章　变局

一、变：动车的开通

2016年，重庆主城到垫江县开通了动车，这改变了垫江人民通往重庆只能坐客车的历史，引领了人们新的出行方式，到主城的时间由原来的两小时缩短为一小时，票价五十一块，跟客车价格基本持平。不管是出于尝鲜还是方便快捷，很多乘客都转向了动车，尤其是那些接受新事物快的年轻人，由之，H站的“黑车”也经历着深刻的变化，客流的减少使得“黑车”大量减少，很多“羊儿客”也将战场转移到动车站或是另谋出路，一位“羊儿客”跟笔者说道“车来了，（‘黑车’）起码少了一半！”一位“黑车”司机也如是讲道：

“现在垫江通了动车，很多人从外省回来到达重庆北站之后，直接从北站坐高铁动车回家，虽然动车不会对我们造成毁灭性的打击，可毕竟动车对垫江人来说是新鲜玩意，快捷舒适、环境也好。我又不是不清楚爱坐我车的都是些什么人，都是些老年人细娃儿。”

“黑车”的日子不好过，客车的日子同样也不好过。动车的开通让垫江客运站发出的客车不得不被重组，重庆交通运输集团将垫江站里的车全部收回来，重组股份，当初投资的客车老板要么撤资不做这个生意了，要么转行自己来当客车司机。而交运公司也对以前投资买车的这些私人客车老板们进行补贴，一辆客车核定的服务客运年限是8年，被收回来的车按照8年来算剩下还可以运行几年，就将这几年本应得的分成补贴给客车老板。而交运公司上新的客车由原来可以容纳七八十座双层客车变为四五十坐相对较小的客车，减少乘客等待时间。动车的到来使客车老板认识到，动车不仅和客车一样便宜都是50块，而且动车更快，客车上重庆要两个小时，动车只要一个小时，“危机”的到来不得不迫使客车面对时代的洪流对自己动手。

从客群上来说，“黑车”所吸引的乘客大部分都是30岁到40岁、50岁的中年人和60岁以上的老年人，30岁以下的年轻人安全意识强一点很少坐“黑车”，而年纪大一点的坐“黑车”大多是出于省钱和方便，也愿意为了省钱和方便牺牲乘车体验感。一种新的客运方式的产生必然会导致利益格局的调整，“黑车”数量的大幅度减少，专线客车司机转变为“黑车”司机或谋求其他生计，客车进行重组这些都已切切实实改变了“黑车”生存的环境和格局，也已然对“黑车”的生意造成了相当大的打击，但殊不知，在开通动车之后，政府更大的一步棋还在后面。

二、变：“换汤不换药”的大取缔

2018 年 7 月 27 日，也正是在笔者的田野调查期间，在这座山城最燥热的时候，H 站“黑车”经历了 20 多年来最大的一次洗牌，原本还如火如荼偌大的“黑车”团队在政府的一声号令下就被整治得干干净净，“黑车”司机们恐怕也没想到“黑暗”竟然来得如此之快之凶猛。老刘、老邓的车和所有 H 站的“黑车”一样被政府没收，要花上万元的钱才能把车取出来，但这次跟往常不一样的是，车就算是取出来也不能像以前一样等风声过去再重操旧业，在 H 站，“黑车”这个行当至少在名义上已经被彻底取缔了。政府搭建了一个平台——帮车网，还想在这个行业谋生的司机就必须要花几万到十几万在政府允许的车行买新的商务车，并在“帮车网”备案注册摇身一变成为所谓的“正规网约车”，而不想再从事这个行业的司机就只能退出，不再有商量缓和重返“黑车”的余地，所有的“黑车”司机都面临着选择和阵痛。

老刘在家沉寂两个月痛定思痛还是要赚钱，实打实花了 3 万元把车取了出来，那些请吃饭送烟送酒杂七杂八花的钱老刘还不好意思说出来，但无论怎样至此老刘再也不能开所谓的“黑车”了，算是与十几年的“黑车”生涯彻底做了一次告别，老刘甚至还被作为“黑车”的典型上了报纸，“垫江的刘某某，严重超载”。这件事情对老刘家的伤害很深，这个暑假，老刘的两个儿子都考上了本科，二儿子还考上了重本，本来应该办宴席让亲戚朋友一起吃饭庆祝，因为这件事连孩子的升学宴都没有办。车取出来之后，老刘将它改装成货车，成为“货拉拉”，在重庆帮老板拉供应给永辉超市的货物，工资 9000 块一个月。老刘的妻子觉得现在老刘的收入还是可以的，虽然比以前开“黑车”少了，但是人没那么累，也不再担惊受怕了，她明年可能也打算去重庆找点活路，有个两三千块钱一个月就行了，就不在家卖水果了。而莲花乡的人，在得知“黑车”经历了这一番打击和波折，老刘也不再开“黑车”之后，也都宽慰老刘说：“管他的哦！现在还是可以了，至少你开‘货拉拉’不像以前提心吊胆，现在赚的钱都是自己的，赚一分得一分。”在开“货拉拉”的两个月后，老刘表示自己还是想开那个车，一方面虽然现在一万元一个月的工资也不算低，但还是没有以前开“黑车”赚得多，毕竟现在自己有两个孩子刚上大学，还是男孩，以后他们买房结婚要用钱的地方还很多，而且以前开“黑车”的时候不受人管控，比现在开“货拉拉”自由很多；另一方面也是考虑到媳妇在家卖水果平时还好，到了过年很忙一个人也很累，自己每天下午从重庆回来还能帮她分担一点。但是老刘的媳妇再怎么都不同意，现在网约车的门槛太高了，要购置的新车就是十几万元，另外就是网约车还是提心吊胆的，收入也不一定有现在稳定。夫妻俩一直磨磨合合，到底要不要开这个"网约车"也一直没定下来。

而老邓因为超载不那么严重，虽然车也被收了，前前后后花了两万元就把车取出来了，他将取出来的车卖了，狠心补了十几万元在政府允许的车行那里买了一辆商务车，还是做了政府手下的网约车司机，车费也由过去的每人 35 元涨到了 50 元，笔者坐过几次老邓的新车，车况好了很多，宽敞明亮没有怪味，基本不超载。原来最大的"黑车"停车场——清真拉面和宏发家具对面的那块广场和华山医院门前的空地——已经安上了花草和便民凳椅，不复往日树荫下停满"黑车"的模样，但是"羊儿客"的喊客依旧如初，地铁站口、客车进站口还是随处可见。他们帮刚刚摇身一变成为"合法网约车"的司机们喊客，规矩还是跟以前一样，他们并不在乎自己是在给"正规"的"网约车"喊客还是给"不正规非法"的"黑车"喊客，因为对于他们来说，帮"黑车"喊客也没有太危险，帮"网约车"喊客也没有显得多"正规"和"光明正大"，只要还能赚钱，还能依靠自己长期以来的技艺和人脉维持生活就可以了。

图 5-1 安上便民座椅的原"黑车"停车场（摄于 2018 年 8 月 17 日）

而如今该怎样去界定老邓的这种网约车，他基本不超载。车也是在政府特许的车行里买的车况很好的车。每次从重庆出发的时候，老邓扫码进入政府搭建的"帮车网"平台，拿着政府发的所谓的"邓××"司机证，从这些特点看起来老邓的车似乎是一个"正规"车。但深究起来，一方面与站里面的客车相比，老邓依旧不能进站装人，还是依靠"羊儿客"喊客，出了事情还是得自己而非车站帮他们掏钱解决。“交易平台能够提供充分的供求信息和有效的评价机制，缓解信息不对称问题，减少交易不确定性，从而降低由机会主义引起的交易费用”①，帮车网就是一个空壳子平台，它既不能提供给司机客源，也不能给司机提供意外事件之后的保障，营运过程中产生的大部分交易费用还是依旧得付给“羊儿客”，信息成本和不确定的机会主义也仍旧需要“羊儿客”和头子来解决。要说这个平台对“黑车”营运有什么影响和帮助，其最多是政府借助互联网、共享经济为那些以往被归为“黑车”一类的车辆提供了看似正当营运的名号和噱头，司机在外可以去跟乘客说，现在我们这个是“正规车”“合法车”，也给了司机一个潜在的约束。这个帮车网和重庆市政府批准建设并运营汽车票的唯一官网“愉客行重庆市公路客运售票网”根本就不是一回事，所谓的“正规”网约车看起来更像一种自说自话。

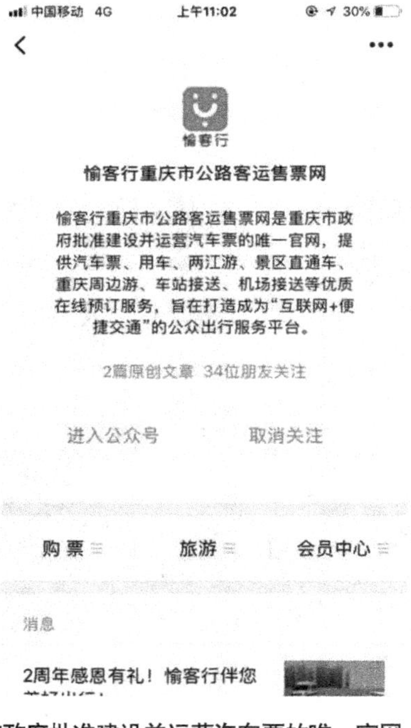

图 5-2　愉客行——重庆市政府批准建设并运营汽车票的唯一官网（截图于 2018 年 7 月 27 日）

顺着上面的逻辑再往前走一步，从交易成本这个角度来看帮车网、愉客行、头子、车站这四个角色，所谓的“正规车”和“黑车”包括网约车的逻辑是一样的，正规客车进站装人、站里面帮他揽客；正规客车缴纳管理费，车站帮他

① 杨德才，刘怡雯：《交易费用视角下分享经济发展的成因——以专车为例》，《社会科学研究》，2018 年，第 54 期。

处理突发的交通事故，而网约车或者“黑车”也是一样的逻辑，“羊儿客”帮他揽客喊人，他被“羊儿客”抽车费，头子们帮他打点关系让他能在这块地盘上赚钱。那些在红旗河沟混迹多年的“羊儿客”告诉笔者：

“他（老邓的网约车）是什么正规车，只要他不能进站，他就算不上正规车，站里面没弄他个嘛，要是弄他，他照样还是无法生存，所以还是靠点关系。”

“没进站的车，通过‘羊儿客’喊的车都不是正规的车，就这么简单！”“这个啊，就跟橡皮绳一样，中国的法律就是这样，可以说大些，网约车就一定是合法的吗？任何事情都是靠关系，有关系就该你找钱，所以政府已经做了改善了，只能睁一只眼闭一只眼，政府要是想弄你，你还不是要遭？”

由此，在经验层面上去区分“正规”与“非正规”“黑车”与“白车”并没有多大意义，这是一个带有主观价值判断的标签，其背后隐藏的是国家监管、权力、经济等关键词。无论是“羊儿客”还是司机都能认识到，要说“正规”，肯定站里面的车才最正规，政府的这种做法就是换汤不换药，他们操纵着对“正式经济”和“非正式经济”“白车”和“黑车”的定义和关系，操纵着相关人群和行业的生存方式。黑车既能处于现存的规则和体制之外，也能被“合法化”，被“改造收编”；它可以是“地下行动不见天日”像老鼠见了猫一样躲着挣钱，也可以买着政府指定的新车，拿着政府颁发的司机证对乘客说自己是被政府“允许”的“网约车”。

乘客们一时半会还不知道发生了什么，直到被“羊儿客”拉到“黑车”惯常停靠的老地方，听到车费涨到了50块一个人大吃一惊。对此老邓很急很无奈，赶忙掏出故意放在身上的网约车证件，说现在哪里还有“黑车”哟，自己的车都卖了，买了个新车，政府不让开“黑车”了，我们这个不叫“黑车”，叫网约车。有些乘客难以接受这所谓的网约车，他们认为自己坐的还是“黑车”，牺牲了乘车安全和环境来坐“黑车”就是想便宜一点，现在居然“黑车”收50块钱，还不如去坐客车，安全、位置宽敞；也还不如去坐动车，又快又安全。经过政府这一遭，网约车的生意比以往的“黑车”生意差多了，政府在既给“黑车”留了一条路的情况下又通过提高门槛的方式再次在短时间内抑制了所谓的“非法营运”这个行当，为“黑车”的车披上了一个合法的外套。政府所不被允许的“黑车”成了“网约车”，但依然不会改变人们的用车习惯，要坐车回家，要上城办点事大家还是会想到老邓的车，大家在乘坐老邓的车时不会去管自己坐的是“黑车”还是被正规化了的网约车，老邓的车依旧是“上重庆的车”和“回家（各个乡镇）的车”，在乘车的当下脑海中瞬间闪现和考虑的大多是是否方便快捷，价格怎样，这两点能满足自己的要求就坐了。坐车的“规矩”还是一如往常，只是涨了价格，整个局面，似乎除了“黑车”少了一点，

“羊儿客”少一点，没有任何变化。

第六章　分析与结论

一、市场经济与道德

针对市场经济与道德的关系，在某种程度上，学界形成了一种共识：市场经济有不可或缺的道德维度，经济学应该讲道德。①“市场是道德的产物，市场天然存在规范性。②”要而言之，即市场经济是规则经济，是按照一定规则进行交易的经济。而市场经济要实现正常运营，其规则的设计和安排势必要蕴含一定的伦理原则和价值标准，而这种伦理原则和价值标准就是所谓的“道德”③。一方面规范的市场运作需要公正和诚信的道德环境，另一方面“‘道德’一词并不是价值中立的，而是一种带有肯定意义的规定④”。本论文的研究展现了一幅市场经济并没有规范公正公平的道德环境和交易体系的画面，所谓“道德”的、“正式”的经济和“不道德”的、“不正式”的经济相互纠缠混杂，甚至相互借鉴相互亲和相互转换。这不得不促使我们思考对“道德”与“不道德”“正式”与“非正式”的定义来源和定义情境。本研究认为“非正式经济”是存在于一定情境且带有主观立场和利益的，市场经济的规则和制度即市场经济的道德也并非价值中立，也是存在于一定的社会情境之中，并会随着情境的改变而改变的。政府和相关权力部门为了维护自身，即使大多数“黑车”司机并非违法乱纪、穷凶极恶之人，大多乘客认可这种客运服务仍然将之定义为“非正式经济”予以严重打击，政府并没有建立一个公平公正的交易体系，也并没有与各主体达成交易信任，当市场经济的“道德”将自己高高在上包装起来极力排除异己的时候，市场也就蜕变成了纯粹的利益角逐地。所以本研究也意在呼唤一个拥有公平交易体系和各主体达成交易信任的“道德”框架，为市场经济的规范运作建立一个公正和诚信的“道德”环境。

二、国家与民间社会

2018年夏天，重庆“黑车”被政府整批“洗白”成为“正规网约车”，但

---

① 王小锡：《论道德的经济价值》，《中国社会科学》，2011年第4期，第56页。

② Fourcade, M. & Healy K., Moral Views of Market Society, Annual Review of Sociology, 2007, p. 299.

③ 王小锡：《论道德的经济价值》，《中国社会科学》，2011年第4期，第64页。

④ 杨充霖、张晓楹：《市场与良心——论市场经济的道德内涵》，《哲学研究》，2004年，第3期。

后者仍沿袭了过往“黑车”的营运逻辑和关系网络，当政府或车站相关部门试图用一系列“规矩”和“政策”对“黑车”及围绕着“黑车”的关系网络进行打击时，才发现这一套套“正式逻辑”和“高度现代化”的运作不过是“换汤不换药”的表面功夫，它们还是一样被消解在所谓的“非正式”关系网络中。这个“黑车”变“白”的过程也是国家①对民间社会②在存在矛盾的地方进行一定程度的调和与改善的过程。本研究对“黑车”关系网络和与“黑车”对立的“正规客车”的研究表明，“黑车”的营运绝非司机一人之力可以完成，“黑车”离开其关系网络的支撑要么生意惨淡，要么就会身处“明处”，被政府轻易发现和打击，但2018年重庆政府对“黑车”的取缔却只针对“黑车”本身，而“选择性”地忽视了对“羊儿客”和头子的打击，这直接导致了即使“黑车”变成了网约车，其营运逻辑和关系网络也没有任何改变。而同时政府对“黑车”的“洗白”也并不是彻底的“洗白”。同样是允许私人承包的进入，2018年由“黑车”转变过来的“网约车”和2017年纳入“愉客行”官网的“豪华小巴”有着本质上的差异。要而言之，在这场国家与民间社会的博弈中，前者给后者故意留了一个相当大的“说白也白，说黑也黑”的灰色空间，而这也正是国家与民间社会关系的调和与改善，使得即使相同的经济活动也可以改变其位置并跨越正式经济和非正式经济之间的鸿沟。③

本研究中的H站“黑车”大约有20多年的历史，从20世纪90年代到2018年。这20多年虽然“黑车”从不缺乏客源，生意惨淡，但其营运的过程是小心翼翼的。作为直接从事“非法营运”的黑车司机虽然在乘客中得到认可，但见了交警执法仍然像“老鼠见了猫”，即使一年赚二三十万元，但一旦车被收走，就立马丢掉几万元的收入，被定义为一种“非正式经济”使得司机开“黑车”的日子也并没有想象中容易。政府作为当前主要的公共交通运输制度的制定者，本应保持相对超然的地位，以保证其超越性与公正性，即应积极创造和疏通多种合法的表达渠道，了解并协调不同利益主体的利益诉求，建立利益博弈的合理规则，从而保障利益博弈能够健康有序地进行，以促进相对和谐的利益关系和利益格局的形成。“然而制度制定者本身也是一个利益主体，同样存在着对自身利益的追求，面对社会利益的冲突，决策者首先倾向于支持有利于维系自己统治地位的利益集团的要求，而不是考虑一种普惠的制度安排。”④ 在这种背景下，政府即使反反复复对“黑车”治理打击，H站的“黑车”依旧“野火烧不尽，春风吹又生”，政府也开始思考如何与民间社会协调，至少这次“黑车”变

① 本研究表现为管理公共交通的相关部门。

② 本研究表现为围绕着“黑车”的相关群体，主要是司机、“羊儿客”、头子这个铁三角组合。

③ Alejandro Portes. The Informal Economy Princeton University Press［J］.（2010），161.

④ 董海军：转轨与国家制度能力，上海人民出版社，2007年，第58页。

“网约车”的实践是政府迈出的又一步。而在“黑车”转为“网约车”之后，它今后还会以怎样的形式存在，会不会网约车规模越来越壮大，威胁到了正规车的利益后再一次被打回原形成为“黑车”？或者会不会后来“网约车”能像正规客车一样进入车站这个最“神圣”的地方，“彻底”转变成为所谓的“合法营运”？抑或“网约车”会不会生意变得越来越差，司机们逐渐退出这个行业，并且随着公共交通的极大发展和完善，“黑车”这个行业彻底不存在了呢？这些问题都留待时间去说明。但是终归一点，无论是“黑车”还是“网约车”，也无论网约车今后是否存在或还能以怎样的形式存在，都不能逃离国家和政府对公共交通制度的安排，也不能逃离政府与民间社会关系变化导致所谓的“非正式经济”变化这两个分析维度。

参考文献

【中文文献】

［1］毕圣洁：《城市“黑车”治理的制度经济学分析》，《经济研究导刊》，2009 年，第 33 期。

［2］陈明艺：《进入限制、价格管制与黑车泛滥——来自北京、上海出租车市场的经验分析》，《山西财经大学学报》，2007 年。

［3］董莹：《亲密关系在都市中的再创造——以上海“黑车”行业为例》，上海大学，2013 年。

［4］董海军：《转轨与国家制度能力》，上海人民出版社，2007 年。

［5］陈寅瑛，王奕：《利益分配视角下杭州市“黑车”治理的问题研究》，今日中国论，2013 年。

［6］李正刚，晏秋，张改：《城市“黑车”问题的剖析与对策》，黑龙江科技信息，2011 年，第 9 期。

［7］强舸：《关系网络与地下经济：基于上海一个自行车黑市的研究》，社会，2013 年，第 2 期。

［8］徐泳和，成柯舟：《北京市“黑车”合法化及其市场准入机制探讨——以中国欧洲对比为视角》，决策论坛——创新思维与领导决策学术研讨会论文集（上），2017 年 2 月。

［9］王小锡：《论道德的经济价值》．中国社会科学，2011 年。

［10］杨充霖，张晓楹：《市场与良心——论市场经济的道德内涵》．哲学研究，2004 年，第 3 期。

［11］杨德才，刘怡雯：《交易费用视角下分享经济发展的成因——以专车为例》，社会科学研究，2018 年。

［12］张敦福：《非正式经济及其治理．上海“黑车”的案例》，广东社会科学，2016 年，第 3 期。

【英文文献】

［1］ Alejandro Portes. The Informal Economy. Princeton University Press, 2010, pp. 130-161.

［2］ Bruton DB, et al. Toward a research agenda on the informal economy. Academy of Management Perspective, 2012.

［3］ Castells, M., & Portes, A. World underneath: The origins, dynamics, and effects of the informal economy. A. Portes, M. Castells, & L. A. Benton (Eds.), The informal economy: Studies in advanced and less developed countries, Baltimore: Johns Hopkins University Press, 1989. pp. 11-37.

［4］ Fourcade, M & Healy, K. Moral Views of Market Society, Annual Review of Sociology, 2007.

［5］ Granovetter, Mark. Getting a Job: A Study of Contact and Careers. Cambridge: Harvard University Press, 1974.

［6］ Hart K. Informal income opportunities and urban employment in Ghana. Journal of Modern African Studies, 1973, 11.

［7］ Hart K. The informal economy. The Cambridge Journal of Anthropology, 1985, pp. 54-58.

［8］ Polanyi, K. The Great Transformation. Boston, Beacon Press, 1944.

中国老年人自评幸福度对死亡风险的影响研究
——基于1998—2014年CLHLS数据

徐刚（华东师范大学）

◎ 指导老师：李强

摘　要：中国人口老龄化的进程不断加快，65岁及以上的老人占比不断增大，80岁及以上的高龄老人也已超过2000万人。老龄化的迅猛发展和可预见的医疗健康成本的上升使老年人的健康长寿问题备受关注。然而健康长寿并不仅仅指躯体的健康和寿命的累加，更意味着老人拥有更高的生命质量。自评幸福度是衡量生命质量的重要指标，研究其对死亡风险的影响，对提高老人的生命质量有重要的意义。

本研究基于大样本（>35000）、追踪期数和时间较长（1998—2014年共7期）的中国老年人健康长寿影响因素调查（CLHLS）数据，以65岁及以上老年人口为研究对象，应用生存分析中的Cox比例风险模型，探究自评幸福度的三个子维度积极情感、消极情感和生活满意度对死亡风险的影响力度、方向及差异。并且，由于长期的死亡研究相比短期的死亡研究所包含的变动信息和死亡信息多，所以两类研究的结果可能存在差异。但目前多数相关研究为短期研究（2—3期、2—6年），无法考察自评幸福度与死亡风险的长期关系，因此本研究进行长期研究和短期研究的对比分析，考察自评幸福度对死亡风险的影响在短期（4年3期、3年2期）和长期（16年7期、12年5期）的差异。此外，自评幸福度本质上为时变变量，会随着年龄的增长而发生变化，但多数研究将其作为非时变变量，容易产生估计误差。本研究在模型中将自评幸福度和协变量分别处理为时变变量和非时变变量，分析了将自评幸福度误用为非时变变量的估计误差。

研究发现，在控制社会人口特征、身体健康、社会支持、认知能力、社会参与等风险因素后，积极情感、消极情感、生活满意度的变化、生活满意度与婚姻状况的交互作用显著影响老年人的死亡风险。积极情感高，消极情感低，生活满意度保持稳定或变好，死亡风险低。有无配偶在生活满意度影响死亡风险的过程中发挥了决定性作用，有配偶的老人即使生活满意度较差，其死亡风险也较低。

研究还发现，自评幸福度对死亡风险的影响在短期研究和长期研究中存在较大差异，长期研究中积极情感、消极情感、生活满意度的稳定不变显著影响老人的死亡风险，短期研究中自评幸福度的三个维度对死亡风险均无显著影响。随着老人年龄的增长，积极情感有所降低，消极情感则升高，生活满意度较为稳定但略有升高。将积极情感、消极情感、生活满意度作为非时变变量会误估它们对死亡风险的影响，在模型显著性、系数、作用方向和模型拟合优度方面表现更差。

在以往研究的基础上，本研究深入探究了自评幸福度三个维度对老年人死亡风险的影响力度、方向及其差异，在研究内容方面进一步细化和拓展；并且探讨了自评幸福度对老年人死亡风险的影响在长期研究与短期研究中的差异，估计了将自评幸福度和协变量等时变变量误用为非时变变量的偏误，在研究设计方面论证了进行自评幸福度的长期研究和正确使用时变变量的必要性，具有一定创新性。同时，本研究所关注的自评幸福度的三个维度对老人死亡风险的不同影响，对我国制定老年政策，实施健康老龄化战略具有重要的现实意义。

关键词：老年人，积极情感，消极情感，生活满意度，死亡风险，时变变量

第一章　绪论

问题的提出

随着生育率和死亡率的持续下降，中国人口老龄化迅猛发展。65岁及以上人口的比重不断增大，“六普”数据显示，65岁及以上人口占8.87%，比2000年提升了近两个百分点；80岁及以上的高龄老人逐渐增多，2015年“小普查”数据显示高龄老人已达2339万人。随着年龄的增长，老年人的身体机能逐渐衰退，生活能力也会慢慢丧失。这也给健康和医疗资源造成巨大的挑战，据2015年医疗卫生调查估计，老年人医疗人均费用分别是少年儿童和劳动力人口的8.2倍、6.7倍，社会经济的负荷不断加重①。

鉴于此，健康老龄化（Healthy Aging）的理念受到越来越多的关注，成为

① 黄成礼、庞丽华：《人口老龄化对医疗资源配置的影响分析》，载《人口与发展》2011年第2期。

我国政府的目标之一[①]。健康老龄化更关注老年人的生命质量（Quality of Life），认为提升幸福感和生活满意度能抵抗老龄化带来的身体机能的衰退，从而拥有高质量的晚年生活[②]。幸福感，实际上是自评幸福度（Subjective Well-being，SWB）的通俗说法。自评幸福度是一种态度和感受，包含着人们对生命质量的认知判断和对生活的情绪体验，是一个多维度、综合性的概念，一般由生活满意度、积极情感和消极情感三个维度构成[③]。自评幸福度是生命质量的“晴雨表”，能较好地衡量生命质量。同时，老年人的生命质量受到生理健康状况的极大影响，因此老年人的自评幸福度与生理健康可谓密不可分。

自评幸福度与健康两者相互影响，互为因果。老年人健康状况越好，自评幸福度可能越高，同时，自评幸福度的提升，也会促进老年人健康状况的改善，形成一个螺旋上升，相互促进的过程[④⑤]。其中大多数研究集中讨论了老年人健康状况对自评幸福度的影响，尽管研究对象的各项特征如性别、年龄、种族、居住地类型、职业等方面不尽相同，但研究结果均显示健康状况与自评幸福度或生活满意度呈正相关[⑥⑦]。但自评幸福度并不完全由健康决定，作为一种感受和情感状态，自评幸福度也容易受年龄、性别、婚姻、经济、家庭支持、活动参与等因素的影响[⑧]，因此倘若得到了良好的照护或精神的安慰，身体抱恙的老年患者或功能衰退严重的高龄老人同样可能有着相对较高的自评幸福度，而这种幸福感反过来又会对老人的健康产生影响，成为一种可能影响健康长寿的因素[⑨⑩]。

死亡风险是反映老年人健康长寿的重要客观指标，探究自评幸福度对死亡

---

① 陆杰华等：《健康老龄化的中国方案探讨：内涵、主要障碍及其方略》，载《国家行政学院学报》2017 年第 5 期。

② 李春华、吴望春：《代际互动对老年人死亡风险的影响：基于 CLHLS 2002—2014 年数据》，载《人口学刊》2017 年第 3 期。

③ 刘雪萍等：《成功老化内涵及影响因素分析》，载《心理发展与教育》2018 年第 2 期。

④ Kurland B F et al.，“Longitudinal change in positive affect in community-dwelling older persons”，*Journal of The American Geriatrics Society*，XII（2006），pp. 1846-1853.

⑤ 李德明等：《中国高龄老人的心理状况及其影响因素》，载《中国心理卫生杂志》2007 年第 9 期。

⑥ 李为群：《社区老年人主观幸福感影响因素及结构方程模型的研究》，吉林大学 2017 年硕士学位论文。

⑦ 王枫等：《老年人主观幸福感及其影响因素分析》，载《医学与社会》2010 年第 12 期。

⑧ 宋佳萌、范会勇：《社会支持与主观幸福感关系的元分析》，载《理科学进展》2013 年第 8 期。

⑨ Pressman S D and Sheldon C，“Does positive affect influence health?”*Psychological Bulletin*，VI（2005），pp. 925-971.

⑩ Yoichi C and Andrew S，“Positive psychological well-being and mortality：a quantitative review of prospective observational studies”，*Psychosomatic Medicine*，VII（2008），pp. 741-756.

风险的影响对于改善老年人健康水平和晚年生活质量有重要作用。有研究发现，自评幸福度显著影响老年人的死亡风险①。此类研究大致分为三类：第一类使用单一的、概括性的幸福度指标探究对老年人死亡风险的影响，如“你是否感到幸福”这样的综合指标②。虽然便于测量，但自评幸福度的影响较为模糊，无法深入解读；第二类聚焦于自评幸福度某个维度的指标，如乐观、幽默感、孤独、抑郁、感恩等对老年人死亡风险产生的影响③；第三类使用衡量生活评价、情绪体验、人格特征的综合性指标研究其对老年人死亡风险的影响④⑤。

这些研究推动和丰富了老年人的自评幸福度与健康长寿关系的研究，但是，尚未有研究深入探讨自评幸福度的三个维度对死亡风险的影响。如前所述，生活满意度、积极情感和消极情感衡量自评幸福度的不同维度，它们各自体现不同的侧重点，所以对死亡风险的影响均有所差别。积极情感与快乐、乐观、幽默感等情绪和感觉相联系，多项研究证实增加积极情感可以降低死亡风险⑥，促进健康长寿；消极情感的研究集中在抑郁、焦虑、孤独等心理疾病和负面情绪方面⑦，往往会增加老年人的死亡风险。但也有研究发现，在控制了积极情感、人口学特征和健康变量后，消极情感对老年人死亡风险的影响并不显著；生活满意度对老年人死亡风险的影响力度和作用方向也有较大争议。多数研究发现老年人较高的生活满意度与低死亡风险相联系⑧，但也有部分针对中老年和认知障碍人士的研究认为，生活满意度不能显著影响死亡风险⑨。还有研究认为，生活满意度的变化相对于生活满意度水平，对老年人的死亡风险具有更强的预测

① Maier H and Smith J, “Psychological predictors of mortality in old age”, *Gerontol B Psychol Sci Soc Sci*, I (1999), pp. 44-54.

② Liu B et al., “Does happiness itself directly affect mortality? The prospective UK Million Women Study”, *Lancet*, I (2016), pp. 874-881.

③ Courtin E and Knapp M, “Social isolation, loneliness and health in old age: a scoping review”, *Health & Social Care in The Community*, III (2017), pp. 799-812.

④ Kern M L et al., “Lifelong pathways to longevity: personality, relationships, flourishing, and health”, *Journal of Personality*, VI (2014), pp. 472-484.

⑤ Tilvis R S et al., “Positive life orientation predicts good survival prognosis in old age”, *Arch Gerontol Geriatr*, I (2012), pp. 133-137.

⑥ Diener E., “Subjective Well-Being”, *Psychological Bulletin*, III (1984), pp. 542-575.

⑦ Zhong B et al., “Loneliness and Cognitive Function in Older Adults: Findings From the Chinese Longitudinal Healthy Longevity Survey”, *Journals of Gerontology Series B-Psychological Sciences And Social Sciences*, III (2017), pp. 120-128.

⑧ Henry J. D et al., “Well-being: The Foundations of Hedonic Psychology, New York Russell Sage Foundation”, *Journal of Socio-Economics*, III (2006), pp. 585-587.

⑨ 陆杰华、李月：《中国大陆轻度认知障碍老人死亡风险的影响因素研究》，载《人口学刊》2015 年第 5 期。

效果①。

以往的研究在设计方面或多或少存在一些缺陷，使得研究结果不尽如人意。比如，多数研究使用的纵向追踪数据大多为2—3期，不过2—6年的追踪时长，难以考察自评幸福度和死亡风险的长期关系②。在死亡风险研究中，观测期越长，意味着死亡数可能越多，研究结果也更稳定，而短期追踪研究所包含的变动信息和死亡信息相对较少，所得的结果与长期追踪研究相比可能会有一定差异；再如，自评幸福度的变化虽然相对稳定，但是它的变动及影响也是不容忽视的③。此类变量称之为时变变量（Time-Dependent Variables），但是以往的研究中多将之设置为非时变变量（Time-Independent Variables）。在风险模型中将时变变量当作非时变变量，会造成相对风险的估计偏差④。

鉴于此，本研究在以往研究的基础上，主要考察三个问题：（1）自评幸福度的三个子维度积极情感、消极情感、生活满意度对死亡风险的影响力度和作用方向如何？不同维度间的影响是否存在差异？（2）自评幸福度三个维度对死亡风险的影响在短期和长期是否存在差异，具体差异如何？（3）在风险模型中将自评幸福度和协变量等时变变量当作非时变变量，是否会造成相对风险的估计偏差？偏差有多大？

第二章　国内外研究现状回顾

一、自评幸福度的定义、测量及影响因素

自评幸福度是一种主观的态度或心理感受，具有主观性、综合性、稳定性等特点⑤。有的学者将其分为正向情感与负向情感，而有的学者认为自评幸福度不仅包含情感（或情绪体验），还包括更高层次的内容，如自我接纳程度、生活目的性、自我成长和环境适应性等方面⑥；除此之外，还有学者认为自评幸福度

---

① 王殿玺、姚林：《中国老年人的心理健康对死亡风险的影响研究》，载《西北人口》2018年第2期。

② Guven C and Saloumidis R, "Life Satisfaction and Longevity: Longitudinal Evidence from the German Socio-Economic Panel", *German Economic Review*, Ⅳ (2014), pp. 453-472.

③ Li Z et al., "Psychological Mechanism of Subjective Well-Being: A Stable Trait or Situational Variability", *Social Indicators Researc*, Ⅱ (2014), pp. 523-534.

④ Austin P C et al., "Quantifying the impact of survivor treatment bias in observational studies", *Journal of Evaluation in Clinical Practice*, Ⅵ (2010), pp. 601-612.

⑤ 吴明霞：《30年来西方关于主观幸福感的理论发展》，载《心理学动态》2000年第4期。

⑥ 陈姝娟、周爱保：《主观幸福感研究综述》，载《心理与行为研究》2003年第3期。

是一种衡量生命质量的综合性指标，包括对生活的认知与丰富的情绪体验。这一观点后来被大部分研究者认同，并逐渐发展出自评幸福度的三个子维度：生活满意度是对生命质量的整体认知判断；积极情感（如快乐、乐观、兴奋、骄傲）与消极情感（如沮丧、孤独、悲伤）则反映了个体对生活的情绪体验。这也是本研究所倾向并采用的自评幸福度的定义。

作为一种综合性、多维度的概念，自评幸福度主要通过综合量表来测量，分为整体性测量与维度性测量两类。总体幸福感量表（General Well-Being Schedule，GWB）、主观幸福感量表（Subjective Happiness Scale，SHS）以及牛津主观幸福感问卷（Oxford Happiness Questionnaire，OHQ）等量表采用综合指标测量整体幸福度，得分高则自评幸福度高[①]。而维度性量表用于测量自评幸福度的子维度，如生活满意量表（Satisfaction With Life Scale，SWLS）用于测量生活满意度；积极与消极情感量表（The Positive Affect & Negative Affect Scale，PANAS）用于测量积极情感与消极情感；纽芬兰纪念大学幸福度量表（The Memorial University of Newfoundland Scale of Happiness，MUNSH）从短期和长期情感反应测量被试者的幸福感水平，应用较为广泛。不同的量表指向性不同，在不同人群中亦有区分。如抑郁自评量表（Self-rating Depression Scale，SDS）就适用于抑郁人群。

老年人自评幸福度受多种因素影响，主要分为主观因素与客观因素。主观因素包括人格特质、对待事物的应对方式、自制力等，客观因素包括社会人口学因素、经济因素、家庭因素、社会支持因素、身体健康因素等。

上述影响老年人自评幸福度的重要因素，同样可能在自评幸福度影响老年人死亡风险的过程中产生作用，这为本研究中协变量的选择提供了支持。

二、自评幸福度对老年人死亡风险的影响

人口学与社会学中的死亡风险研究需要较为完整的大型追踪数据支持，并且必须明确个体的存活与死亡信息，这样较高的数据条件限制了国内该领域研究的发展。再加之国内研究多数将自评幸福度作为结果变量或因变量，侧重于考察人口特征、健康和社会因素对其的影响，较少注意到自评幸福度这样综合的情绪感受指标对死亡风险的作用，因此国内相关研究较少。国外在该领域有部分类似研究，但主要以西方和欧美国家人口为研究对象。以下为相关研究的具体介绍。

目前自评幸福度对老人死亡风险的研究主要分为三类：

第一类采用单一、概括性的幸福度指标研究幸福感对老年人的死亡风险产

① 邢占军：《主观幸福感测量研究综述》，载《心理科学》2002年第3期。

生的影响，如用“你是否感到幸福?”类似的问题测量。常见的研究结论是回答幸福的老人死亡风险较低。该类研究的优点是幸福感指标便于测量和处理，缺点是过于概括，因此相关研究多将幸福感作为控制变量之一，作为老人精神维度测量的一部分参与到死亡风险影响因素的分析中。

第二类研究聚焦于自评幸福度某个维度或相近指标对老年人死亡风险的影响。目前自评幸福度三个维度相关的研究有两个共同特点：第一是研究群体的特征差别较大，如研究男性吸烟者、修女、患病老人、残障人士、丧偶老人的自评幸福度对死亡风险的影响①，但同时包含低龄和高龄老人的研究极少，目前已知的老年群体研究的最大范围为65—90岁；第二是采用与自评幸福度三个维度相关的指标探讨其对死亡风险的研究较多。与积极情感类似的指标有愉悦、幽默、感恩、自豪等，与消极情感类似的指标有抑郁、愤怒、被隔离等，部分研究还将生活满意度作为一种积极态度归并到积极情感中②。但能使用相关量表测量得到的自评幸福度子维度指标的研究较少。此外，积极情感与消极情感虽然是情感的两个对立面，但研究发现这两类成分的功能可能相对独立，消极情感的增加并不会影响积极情感，所以应将自评幸福度三个子维度分开进行单独研究。

具体到自评幸福度三个子维度对死亡风险的影响力度和方向。在积极情感方面，多数研究的结果为诸如快乐、喜悦、灵感等积极情感与死亡风险显著负相关，在控制了人口学特征和健康、社会因素后，积极情感越高，高血压、心血管等疾病的恢复速度越快，死亡风险越低，寿命越长。Chida FaSteptoe (2003) 认为积极情感对死亡风险的影响可能在老年人中更强；在消极情感方面，研究发现消极情感与死亡风险呈显著正相关，孤独、紧张、焦虑等消极情感会增加老年人的死亡风险③④⑤，其中患抑郁、焦虑症等精神疾病的老年人死亡风险更大，但也有研究持不同意见，有研究在控制了身体健康因素后，发现消极或负面的情绪对死亡风险的显著影响消失了；在生活满意度方面，相关研究持三种不同的观点。有研究认为生活满意度与死亡风险显著负相关，生活满意度越高，死亡风险越低，这表明生活满意度能够较好地预测老人的死亡风险，

---

① Gana K et al., “Subjective wellbeing and longevity: Findings from a 22-year cohort study”, *Journal of Psychosomatic Research*, III (2016), pp. 28-34.

② 张玉静、韩布新：《影响长寿的生物、心理、行为与社会因素》，载《中国临床心理学杂志》2016年第4期。

③ 胡宓：《社会联系、社会支持与农村老年人情绪问题相关研究》，中南大学，2012年硕士学位论文。

④ 张成等：《丧偶老年人死亡风险及健康状况的研究进展》，载《护理研究》2016年第5期。

⑤ Stanley I H et al., “ Pet ownership may attenuate loneliness among older adult primary care patients who live alone”, *Aging & Mental Health*, III (2014), pp. 394-399.

而有研究发现在养老机构如养老院、康复中心生活的老人，生活满意度与死亡风险呈显著正相关，生活满意度越高，死亡风险越大①。还有部分研究发现当控制了自评健康、生活自理能力等因素时，生活满意度已不能成为一个显著的死亡风险预测指标。除了生活满意度水平，生活满意度的变化也可能对老年人死亡风险产生影响。研究发现经历生活满意度较大变化或显著下降的老人死亡风险较高，而生活满意度较为稳定的老人死亡风险较低。总体来看，自评幸福度三个子维度对死亡风险的影响力度与方向各不相同，相关结论也存在差异，需进一步探讨。

第三类研究使用结合了衡量生活评价、情绪体验、人格特征等的综合性指标对老年人死亡风险进行研究，如幸福指数、心理健康指数等。多数研究证实，该类综合指数与死亡风险呈显著负相关，指数得分越高，自评幸福度越高，死亡风险越低。这类综合指标考虑了较多与幸福感相关的因素，容易量化，便于传播与解读，并且能根据不同人群或地域的特点进行定制。

三、自评幸福度影响老年人死亡风险的潜在机制

自评幸福度三个子维度对死亡风险的影响机制有所不同。在积极情感方面，Fredrickson（2005）提出的“拓展与构建”理论可以作为积极情感与死亡风险之间的联系机制②。相关实证研究支持了这一理论，研究发现，积极情绪可以预测更好的社会互动、更好的创造力和行动广度、更健康的行为以及更快地从心血管疾病中恢复③④。此外，积极情绪还能对免疫系统产生影响。研究发现积极情绪的自我诱导增加了唾液 lgA 的水平，这为人体提供了抵御病原体的第一道防线，能有效地降低死亡风险。

消极情感被公认为是一种影响健康长寿的危险因素，能对生理功能产生不良影响，如大脑机能失调、心血管功能紊乱，消化和免疫系统受限，严重的情况下会诱发高血压、心脏病等，极大增加死亡风险。消极情感还能造成心理失衡，容易产生抑郁症、癔症等精神疾病，使得个体出现自残、自杀等行为，造

① 顾大男、柳玉芝：《我国机构养老老人与居家养老老人健康状况和死亡风险比较研究》，载《人口研究》2006年第5期。

② Fredrickson B L and Branigan C, “Positive emotions broaden the scope of attention and thought-action repertoires”, *Cogn Emot*, III (2005), pp. 313-332.

③ Fredrickson B L et al., “Open hearts build lives: positive emotions, induced through loving-kindness meditation, build consequential personal resources”, *Journal of Personality & Social Psychology*, V (2008), pp. 1045-1062.

④ Fredrickson B L et al., “What good are positive emotions in crises? A prospective study of resilience and emotions following the terrorist attacks on the United States on September 11th, 2001”, *Journal of Personality & Social Psychology*, II (2001), pp. 365-376.

成非自然死亡[①②]。

生活满意度对死亡风险影响的结论存有争议，因此其影响机制也不同。认为生活满意度对降低死亡风险有显著影响，这可能是由于生活满意度的保护效应在起作用。生活满意度高，老人就会更积极地面对生活，容易获取有利信息并保持健康行为。这实质上与积极情感的“拓展与建构”理论相似，因为生活满意度也是自评幸福度中的积极成分[③]。此外，生活满意度在影响死亡风险的过程中，还会受到年龄、性别、婚姻状况等因素的影响，如高龄、男性、无配偶的老人生活满意度低，死亡风险高[④]。而认为生活满意度与死亡风险正相关的研究则提出，面对不良的环境和身体状况，居住在养老院或者健康状况较差的老人更依赖心理调节，而非行为或生活方式的改变。这属于保护幸福感的心理调整，可能导致较高的生活满意度的情况下，死亡风险也极高。生活满意度与死亡风险无显著相关的关系，这可能是由于生活满意度是一个主观性较强的指标，表现的是对生活的整体感受，可能与健康和死亡相关性较小。

生活满意度的变化影响死亡风险，生活满意度变化越大，死亡风险越大，可能的解释是个体情绪调节能力和环境适应能力不强，容易受不良因素的影响，死亡风险增大。生活满意度变好，则可能通过改善身体状况，增加社会交往来降低死亡风险。

四、影响老年人死亡风险的协变量

众多研究显示，生物学因素、社会人口特征、身体健康、社会支持、认知能力、社会参与等对老年人的死亡风险有显著影响。虽然遗传基因等生物学因素在保持身体健康和控制疾病发展方面有极大的作用，但越来越多的研究发现，社会特征和环境影响可能导致遗传基因高达50%的变异性，从而影响死亡风险[⑤]。社会人口特征中性别、年龄、教育、婚姻、居住地类型、60岁前主要职业等因素能直接影响老年人的死亡风险[⑥]；身体健康无疑是影响死亡风险的直接

---

① Chen Q H et al., “Influence of shadowboxing on improving trainers’ condition of psychological health”, *Chinese Journal of Clinical Rehabilitation*, I (2006), pp. 36-37.

② 崔东红、王丽萍：《情绪对健康的影响及其生理机制》，载《新疆大学学报（自然科学版）》1997年第2期。

③ Collins A L et al., “The role of life satisfaction and depressive symptoms in all-cause mortality”, *Psychology & Aging*, III (2009), p. 696.

④ 李添等：《婚姻状况对空巢老年人生活满意度和抑郁情绪的影响》，载《中国老年学杂志》2018年第16期。

⑤ Rea I M, “Towards ageing well: Use it or lose it: Exercise, epigenetics and cognition”, *BIOGERONTOLOGY*, III (2017), pp. 679-691.

⑥ 曾宪新：《社会经济地位对我国老年人死亡风险的影响》，载《人口与经济》2007年第5期。

因素，身体健康指标如生活自理能力、慢性病、自评健康、视力、听力、BMI 指数和综合指标如虚弱指数都能对老年人的死亡风险有较强的预测作用①②。此外社会支持通常包括居住安排、日常照料、经济与代际支持，认知能力，社会活动参与等内容，这些因素也能影响老年人死亡风险③④⑤。

以上影响老年人死亡风险的因素相互之间也存在关系，如婚姻与健康和社会支持相关，性别在自评健康与死亡风险之间产生中介作用，健康状况差的女性死亡风险高，而健康又是影响社会参与和认知能力的重要因素。这些因素可能会影响自评幸福度与老年人死亡风险的关系，因此在研究中有必要控制以上社会人口特征、身体健康、社会支持、认知能力、社会参与等方面的因素，考察自评幸福度三个子维度对死亡风险的真实影响。

五、数据与研究方法回顾

多数死亡研究采用纵向追踪数据，其研究对象多为具有某些特征的细分群体，如修女、吸烟男士、残障人士、艾滋病患者、农村老人等，很少以整体老年人为研究对象。

此外，自评幸福度对死亡风险影响的研究大多集中于国外，因此研究对象多为西方发达国家的人口，目前本土化的自评幸福度对死亡风险影响的研究极少。

在研究方法方面，死亡研究多采用生存分析（Survival Analysis），又称为事件史分析（Event History Analysis）。自评幸福度对死亡风险影响的研究多使用生存分析中的半参数模型——比例风险模型（Cox Proportional Hazard Model）⑥。该模型对风险分布假定无特殊要求，在人口学和社会学中应用广泛。

但以往研究在研究设计上存在两个未被重视的问题：一是多数纵向追踪研究多为短期研究，追踪期数和时长较短，集中在 2—3 期、2—6 年，无法考察自评幸福度和死亡风险的长期的关系。而在死亡研究中，追踪时间越长，个体死

---

① 顾大男、曾毅：《高龄老人个人社会经济特征与生活自理能力动态变化研究》，载《中国人口科学》2004 年第 1 期。

② 位秀平、吴瑞君：《中国老年人的躯体功能对死亡风险的影响》，载《人口与经济》2015 年第 2 期。

③ 罗雅楠：《社会支持对我国高龄老人死亡风险影响的 Cox 模型分析》，载《南方人口》2014 年第 3 期。

④ 杨磊、王延涛：《中国老年人虚弱指数与死亡风险及队列差异》，载《人口与经济》2016 年第 2 期。

⑤ Pereira De et al.，“Low supply of social support as risk factor for mortality in the older adults”，*Archives of Gerontology And Geriatrics*，III（2017），pp. 77-81.

⑥ Maier H and Smith J，“Psychological predictors of mortality in old age”，*Journals of Gerontology Series B-Psychological Sciences And Social Sciences*，III（1999），pp. 44-54.

亡的数量可能越多，研究结果更稳健，长期和短期研究的结果可能会存在差异；二是自评幸福度虽然具有相对稳定性，但仍是随时间变化的变量，即时变变量。研究发现，自评幸福度中的情感（积极情感与消极情感）变化比态度（生活满意度）变化更大，因此这种变化的影响也是不容忽视的，但是以往的研究中多将自评幸福度设置为非时变变量，可能会产生相对风险的估计偏差，并且观测期越长，偏差越大。

六、相关研究小结与研究内容

老年人自评幸福度研究的不断丰富，使得自评幸福度的定义和测量更加科学合理，其现实意义也为更多的人所认识。作为一种综合性指标，自评幸福度被描述为心理感受和状态。积极自评、消极自评和生活满意度则能较好地解释自评幸福度的具体内容，提升自评幸福度有助于让老人在身体功能不断衰退的情况下，依旧保持良好的生活状态和较高的生命质量。身体健康与自评幸福度互为因果，相互促进，这一点也被学界公认。死亡风险作为客观的健康指标，能够直接反映老年人的存活状况，但探究其与自评幸福度关系的实证研究却比较少，自评幸福度对死亡风险是否有影响，较高的自评幸福度能否使得老人更加健康长寿，依旧是需要探讨的问题。

具体来看，现有相关研究在研究内容和研究设计两方面需要进一步拓展。研究内容方面，以往研究较多地将自评幸福度作为较为概括的单一指标或具体某个维度的类似指标进行研究，缺少对积极情感、消极情感、生活满意度 3 个具体维度分门别类地讨论；研究设计方面，多数采用纵向追踪数据的死亡研究多为短期研究，追踪期数和时长较短，无法考察自评幸福度与死亡风险的长期关系。相关研究也没有考虑到自评幸福度的变化，多将其作为不随时间变化的非时变变量。

第三章　数据与方法

一、数据

（一）数据来源

本研究的数据来源于“中国老年人健康长寿影响因素调查”（CLHLS：Chinese Longitudinal Healthy Longevity Study）。项目分别于 1998 年、2000 年、2002 年、2005 年、2008 年、2011 年、2014 年进行追踪调查，形成了历时 16 年，共 7 期的纵向追踪数据。该调查的范围覆盖了中国 85%的老年人口，有长期追踪数据，总体样本量大，调查质量高，对中国老年人口有着较强的代表性①。

中国老年人健康长寿影响因素调查使用多阶段不等比例随机抽样法进行抽样。调查具有“就近访问”和“超比例抽样”的两个特点：就近访问是指通过百岁老人编码的方式确定80—89岁和90—99岁老人的访问数量和比例，按照随机的原则在同村、街道、乡镇就近访问，能保证高龄老人在性别和年龄的数量、比例大致相等；超比例抽样则加大了高龄、男性、城镇老人的抽样比例，保证了样本分布的合理性②。

调查对象在不同阶段也有所变化。1998年和2000年调查的对象为80岁及以上的高龄老人，2002年调研年龄范围扩大到65岁及以上，并且在8个省份增加了35—65岁成年子女样本。后续在2008年、2011年分别增加了与被访老人无血缘关系的40—59岁对照样本和百岁老人60岁以上子女样本。并且2011年调查对于当下时段死亡的样本不新增递补，仅单纯对存活样本跟踪，2014年仅针对长寿地区死亡的样本进行递补。本研究的样本并不包括以上的子女样本及对照样本，将65岁及以上老年人的样本作为主要的研究对象。

调查内容主要包括老年人的个人特征、家庭关系、生活自理能力、躯体功能、生活方式、心理特征、社会与家庭照料方面，不同调查阶段的内容有微小的改动或扩充，但核心框架和内容基本不变。

从年龄申报的正确性和有效性、主要健康变量的信度和效度、不应答和信息缺失问题及处理这三个方面综合来看，该调查的数据质量较高③。特别在年龄申报方面，老年人的死亡风险由调查时存活老人的年龄和去世老人的死亡时间直接决定，年龄的准确与否至关重要，研究显示，调查中汉族高龄老人80—105岁的年龄申报准确可靠，少数民族的比例较小，对结果影响较小。

（二）样本

本研究的样本选取自1998年至2014年共7期数据中的65—105岁老年人。原始数据中，1998年调查9093人，2000年调查11199人，2002年调查16064人，2005年调查15638人，2008年调查16945人，2011年调查9765人，2014年调查7192人。

为了配合本研究的主题和方法，我们对原始数据进行了处理。处理过程包括数据集合并、变量处理、缺失值处理、面板数据转换四部分。

---

① 曾毅等：《健康长寿影响因素分析》，北京大学出版社，2004年版，第44—45页。

② 柳玉芝、原野：《中国高龄老人调查研究》，北京·中国人口出版社，2007年版，第76—77页。

③ 曾毅：《中国老年健康影响因素跟踪调查（1998—2012）及相关政策研究综述》，载《老龄科学研究》2013年第1期。

首先将7个原始数据集合并，即将1998—2014年所有的数据铺在一起，形成一个囊括所有样本的大数据集，数据集初始样本共44620人。

其次根据研究需要对自变量、因变量及控制变量进行重新处理，这部分将在后文变量测量部分详细说明。

再次是缺失值处理。处理后最终得到无缺失值的样本共35165人，这也是本研究使用的最终样本。

最后是面板数据转换。死亡风险研究需要明确每次观测时老年人的相关特征，数据应为长数据（面板数据）格式，以观测人次为单位，又称人年(Person-Year)①，所以我们对数据进行了转换。由于部分被访对象存在失访和死亡的情况而退出调查，部分被访者为增补样本，加入调查的时间有早有晚，所以每个被访对象被观测的次数不同，分2—7次不等。以下表1为各调查年份观测人次分布情况。

表1　样本观测人次

观测次数	频数	百分比（%）
2	35165	53.99
3	18066	27.14
4	7910	12.15
5	3348	5.14
6	518	0.80
7	120	0.18
总计	65127	100

如表1所示，观测的次数越多，所占比例越低。超过半数的样本被观测2次，2次、3次、4次观测的比例均超过10%，5次观测的比例超过5%。总体来看样本的追踪情况较好。

二、变量测量

本部分包括因变量死亡风险的测量，核心自变量自评幸福度的测量、控制变量以及非时变变量的处理情况。

① 郑莉、曾旭晖：《社会分层与健康不平等的性别差异：基于生命历程的纵向分析》，载《社会》2016年第6期。

（一）因变量测量

本研究的因变量是死亡风险，实际上包括生存状态和历险时间。在调查中，通过专门设计的老人死亡问卷，收集老年人样本死亡的具体时间（年和月）。老人死亡时间的申报主要来自家人，并且通过访问邻居、居委会或村委会来交叉验证，数据处理过程中也会校验老人的死亡信息是否存在逻辑错误。

本研究中生存状态分为存活（编码为0）和死亡（编码为1）。历险时间（Time to Event）在本研究中是指从某次调查节点开始到老年人死亡所经历的时间，在本研究中具体为老年人进入观测时的年龄至死亡或调查终止时的年龄的间隔，以死亡时或调查终止时的年份与月份减去出生年月得来。此外样本中还存在删截（Censoring）数据，即中途失访或直至调查结束仍然存活的老人。我们无法得知他们后续是否存活，因此这部分样本仅保留失访之前和最后一次调查的数据，他们的退出年龄也是最后一次调查的年龄。

（二）核心自变量测量

本研究的核心自变量为老年人的自评幸福度，包括生活满意度、积极情感和消极情感三个子维度。

生活满意度在调查中采用1个问题：“你觉得你现在的生活怎么样”，整理后为：1. 差，2. 一般，3. 好。数字越大，生活满意度越高。

生活满意度的变化在生活满意度的基础上处理得到。为了便于分析，按照变化方向分为3类：1. 变差，2. 不变，3. 变好。

积极情感和消极情感采用了调查中的7个问题来测量。7个问题中，测量积极情感的有4个问题：“不论遇到什么事您是不是都能想得开？”代表了老人的乐观程度。“您是不是喜欢把东西弄得干净、整洁？”代表了老人的生活习惯有序性。“您自己的事情是不是自己说了算？”代表了老人的个人决断力。“您是不是觉得与年轻时一样快乐？”代表了老人的快乐程度。测量消极情感的有3个问题：“您是不是经常感到紧张、害怕？”代表了老人的紧张、恐惧或焦虑程度。“您是不是经常觉得孤独？”代表了老人的孤独感或被孤立的程度。“您是不是觉得越老越不中用？”代表了老人对老化的认识和态度。以上7个问题的答案是一致的，具体为“1. 总是、2. 经常、3. 一般、4. 很少、5. 从不”。

通过因子分析，从以上7个方面的问题产生两个因子，这两个因子分别代表潜在变量（Latent Variables）：积极情感和消极情感。我们用与积极情感相关4个问题得分的均值代表核心自变量之一的积极情感，用其他3个问题得分的均值代表消极情感。

表 2　构成积极情感与消极情感的因子分析结果

变量	因子负载
积极情感	
1. 不论遇到什么事您是不是都能想得开	0.69
2. 您是不是喜欢把东西弄得干净、整洁	0.61
3. 您自己的事情是不是自己说了算	0.58
4. 您是不是觉得与年轻时一样快乐	0.63
消极情感	
5. 您是不是经常感到紧张、害怕	0.65
6. 您是不是经常觉得孤独	0.61
7. 您是不是觉得越老越不中用	0.67

注：1. N = 35165

2. 积极情感的四个问题的得分进行了重新编码

（三）控制变量测量

本研究控制的因素为社会人口特征、身体健康、社会支持、认知能力、社会参与等 5 个方面。

社会人口特征包括性别、居住地类型、受教育年限、婚姻状况、社会经济地位 5 个变量。本研究中年龄已经作为因变量死亡风险的时间变量，无须作为控制变量。与此相关的年龄组变量实际上是 1998 年基期调查时的年龄，不随时间变化，相当于出生队列。当年龄是时间变量时，就不需要将基期年龄作为协变量加入模型①。

身体健康类的控制变量包括生活自理能力、视力、听力、站立、捡拾东西、自评健康、过去两年重病情况等 7 个变量。

社会支持包括居住安排、经济支持来源、生病照料者、生病及时治疗情况等 4 个变量。这 4 个变量难以完全覆盖社会支持的所有内容，但涉及了收入来源、子女照料、邻居和其他社会组织的帮助，一定程度上能体现社会支持在日常照料、经济状况、代际支持、社会关系等方面的含义。

认知能力被认为是预测老年人死亡风险的重要因素。本研究中认知能力包含两个指标：一般的认知能力和语言的流利程度。

① Klein J P and Moeschberger M L, *Censoring and Truncation Survival Analysis* (New York: Springer New York, 1997), pp. 23-25.

社会参与在调查中测量的内容较为丰富，包括8项活动：家务劳动（做饭，带小孩），农业劳动，种花养鸟，读书看报，饲养家禽牲畜，娱乐活动（打牌或打麻将等），看电视听广播，参加宗教活动。老人的回答为几乎每天参加，有时参加，不参加3类。这些项目包括日常活动和社交活动，也能代表社会支持和社会关系的部分内容。本研究将这8个问题的得分加总，综合为一项指标，得分范围为8—24分，得分越高代表社会参与度越低。

三、研究方法

（一）生存分析方法简介

1. 概述

本研究的研究方法为生存分析（Survival Analysis），也称事件史分析（Event History Analysis）。该方法在分析事件发生的动态变化、研究因果关系和有效处理不完全数据方面具有独特的优势，是人口学和社会学中研究生育、死亡、婚姻、迁移等事件发生及其影响因素的天然的分析方法，因此在人口学和社会学领域应用广泛①②。

2. 数据特征

生存分析数据分为完全数据（Complete Data）和不完全数据（Incomplete Data）。获得完全数据需要从历险开始就进行观测，直至事件发生完成调查。但在现实的人口学和社会学研究中，因调查成本和精力所限，仅能从某一时间进入观测，在后续另一时间结束调查，所获得的数据往往为不完全数据。

不完全数据又分为删截（Censoring）和截平（Truncation）两种类型。删截是指特定事件会发生在某一时间段内，但具体时间无法获知，包括左删截和右删截。在死亡研究中，调查结束后仍有部分老人存活，因此我们无法得知所有老人的具体死亡时间，但可以确定老人的死亡时间在开始调查至后续某一时刻之间，这是右删截；截平是指定义一定条件的观测区间，在该区间发生特定事件的对象才会被观测到，具体分为左截平和右截平。在本研究中，给定的观测区间为65岁及以上至后续无限时间，只有在65岁及以上并且存活的老人才能进入观测，在65岁前死亡的老人则不属于调查对象，这是左截平。因此本研究的生存数据类型包括右删截和左截平。

---

① 李强等：《生存分析的应用误区》，载《中国人口科学》2019年第1期。

② 李强、张震：《生存分析中时间变量的选择》，载《中国人口科学》2009年第6期。

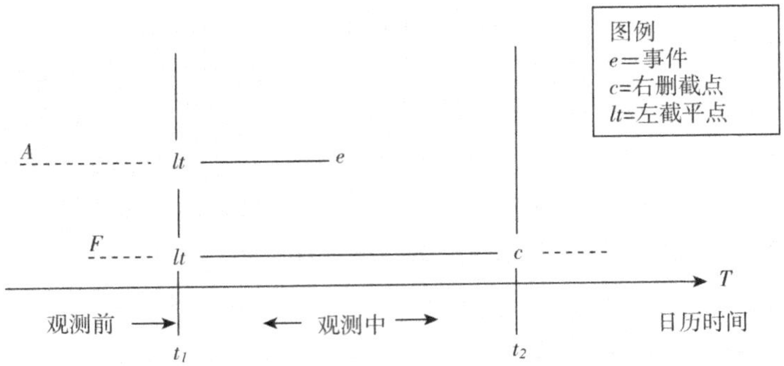

图 1　本研究生存数据类型示意图

图 1 是本研究中两种数据类型的示意图。T 表示日历时间。观测期始于 t_1，终于 t_2，为有限的时间。e 表示事件在观测期内发生，c 表示样本右删截，lt 是指在观测起始 t_1 左截平。由图可知前文所述的两种情况：（1）样本 A 是左截平，历险从观测前开始，并且在观测期内发生事件；（2）样本 F 是左截平和右删截，同样历险从观测前开始，但在观测结束时依然没有发生事件。

3. 似然函数构造

构造似然函数（Likelihood Function）是进行推断统计的关键步骤，其前提是假设历险、删截和截平时间相互独立，所以生存数据类型不同，其似然函数也不一致。在本研究中，完全数据用某时点的密度函数表示，删截数据用生存函数表示，而截平数据用适当的条件概率表示。定义以下基本函数：

完全数据：$f(t)$

右删截观测：$S(C_r)$

左截平观测：$f(t)/S(Y_L)$

左截平和右删截观测：$S(C_r)/S(Y_L)$

其中，C_r 为固定删截时间，表示右删截；Y_L 为左截平事件发生的时间点。

在构造似然函数时，将上述各函数形式组合起来：

$$L \propto \prod_{i \in D} f(t_i) \prod_{i \in R} S(C_r) \prod_{i} f(t_i)/S(Y_{Li}) \prod_{i} S(C_i)/S(Y_{Li})$$

上式中，D 代表事件发生观测集；R 代表右删截观测集。

4. 模型

生存分析模型包括参数模型、非参数模型和半参数模型。作为一种不要求总体分布形式的非参数模型，Kaplan-Meier 估计能充分利用信息，给出更准确的统计量，并能用曲线形式直观地展示两组或多组的生存率或死亡率，因此本研究使用 Kaplan-Meier 估计并搭配非参数检验方法 Log-rank 检验来进行单变量分析，考察自评幸福度与死亡风险的基本关系。

由于Kaplan-Meier估计不能控制多种因素对于老年人死亡风险的影响，也不能明确某些变量是否是影响老年人死亡的独立因素，所以本研究进一步使用半参数模型Cox比例风险模型进行多变量回归分析。Cox模型在生存分析中被广泛使用，对数据分布、残差分布都无特殊要求，也无须对基准风险函数的形状作出假定。如果定义协变量为：$X=(x_{j1},\cdots,x_{jp})^t$，是时间$t$时影响因素为$X$的风险函数，则Cox模型的数学表达式为：

$$h(t \mid X)=h_0(t)exp(\beta^t X)$$

其中，$h_0(t)$为基准风险函数，$exp(\beta^t X)$为指数形式的协变量模型。在Cox模型的结果中，系数exp（β）为风险比（Hazard Ratio），即变量控制组相对于参照组的死亡风险之比，用来解释变量的影响方向和作用大小。

（二）本研究的分析步骤

基于研究目标和内容，本研究分三步进行分析：

（1）考察自评幸福度三个子维度对死亡风险的影响力度、方向和差异：使用1998—2014年CLHLS中65岁及以上老人合并数据集，逐步纳入自评幸福度和控制变量，考察自评幸福度的三个维度对老年人死亡风险的影响力度、方向和差异。

（2）考察自评幸福度与死亡风险在长期跟踪数据和短期跟踪数据中的关系的差异：因CLHLS在1998年、2000年的调查对象为80岁及以上高龄老人，而后续2002—2014年5次调查的对象为65岁及以上老人，为了统一研究对象的范围，本研究采用80岁及以上高龄老人1998—2014年共7期的长期追踪数据和1998—2002年共3期的短期追踪数据，65岁及以上老人2002—2014年共5期的长期追踪数据和2002—2005年共两期的短期追踪数据，以人群为区分标准，分别建立两组共4个Cox模型进行长期和短期研究的对比分析。具体信息见表3。

表3　两组长短期对比分析数据情况

	第一组		第二组	
调查对象	80岁及以上老人		65岁及以上老人	
数据集	1998—2014年同期追踪数据	1998—2002年同期追踪数据	2002—2014年同期追踪数据	2002—2005年同期追踪数据
追踪期数/时长	7期/16年	3期/4年	5期/12年	2期/3年
样本数/观测人次	7672/15230	7672/11726	13502/26082	13502/13502

（3）估计将自评幸福度和协变量等时变变量作为非时变变量的偏误：以1998—2014年CLHLS中65岁及以上老人合并数据为基础，将自评幸福度和所有协变量处理为非时变变量，建立Cox模型，与将自评幸福度和其他协变量作

为时变变量纳入模型的分析进行对比，主要对比模型的显著性、系数、作用方向和 AIC、BIC 值，估计将时变变量作为非时变变量的误差。AIC（Akaike Information Criterion）和 BIC（Bayesian Information Criterion）可用于选择最优模型。两种系数越小的模型拟合优度越高。

第四章　老年人自评幸福度与死亡风险的初步分析

一、样本特征描述

表 4　样本观测人次特征描述（%）

变量	样本观测人次 = 65127
自评幸福度	
生活满意度	
差	5.63
一般	80.40
好	13.98
生活满意度的变化	
变差	10.24
不变	80.43
变好	9.34
积极情感（得分范围 1—5 分）	3.62（0.58）
消极情感（得分范围 1—5 分）	3.67（0.74）
社会人口特征	
性别	
男	42.74
女	57.26
年龄组（基期年龄）	
65—79 岁	17.88
80—89 岁	28.45
90—99 岁	31.36
100 岁及以上	22.31

续表

变量	样本观测人次 = 65127
生存状态	
存活	61.15
死亡	38.85
居住地类型	
城市	43.73
农村	56.27
受教育年限	
没接受教育（0 年）	63.58
1—6 年受教育经历	30.55
7 年及以上受教育经历	5.87
婚姻状况	
有配偶	27.73
无配偶（包括未婚、离异、丧偶）	72.27
60 岁以前从事的职业	
较高地位的职业	7.19
较低地位的职业	92.81
健康状况	
生活自理能力（ADL）	
完全能自理	72.25
有一项及以上不能自理	27.75
视力	
较差	18.12
较好	81.88
听力	
较差	33.74
较好	66.26
站立	
有困难	8.66
无困难	91.34

续表

变量	样本观测人次=65127
捡拾物品	
有困难	12.23
无困难	87.77
过去两年重病情况	
无	81.61
患过一次及以上（包括长期卧床）	18.39
自评健康	
很差	13.91
一般	38.95
好	36.53
很好	10.61
社会支持	
居住安排	
与家人同住	82.92
独居	13.56
住养老院	3.52
经济支持来源	
退休金	16.75
家人	68.93
其他	14.31
生病照料者	
家人	89.85
其他人或机构	10.15
生病能否及时治疗	
能	91.92
不能	8.08
认知能力	
一般认知能力（MMSE）（得分范围0—23分）	17.40（5.62）
语言流利程度（食物）（说出种类0—60种）	8.24（5.56）
社会参与（得分范围8—24分）	19.93（3.12）

注：积极情感与消极情感、社会参与、认知能力的特征用均值描述，括号内为标准差，其他变量特征用百分比描述。

由表 4 可知，从本研究核心自变量自评幸福度的四个指标看，老人总体的生活满意度较好。在调查期间内，大多数老人生活满意度变化不大。积极情感与消极情感得分范围均为 1—5 分，老人的积极情感平均得分为 3. 62 分，表明老人较为乐观、快乐，生活较为有序；消极情感平均得分为 3. 67 分，表明老人不会总感到孤独紧张。以上 4 个变量对死亡风险是否有独立影响有待后续分析。

从社会人口特征看，女性老年人口较男性多 14. 52%。样本观测的年龄跨度较大，高龄老人占比高。农村老人比城市老人多，但相差不大。超过 60% 的老人没有受教育经历，无配偶的老年人占比达 72. 27%。绝大多数的老人 60 岁前从事社会地位较低的职业，老人社会经济地位较低。

从身体健康的状况看，大多数的老人生活能够完全自理，超过半数的老人健康自评为差和一般，这实际上说明我国老人的身体健康状况可能并不十分理想。

从社会支持方面看，绝大多数老人与家人同住，大多数老人接受家人的经济支持。在老人患病时，接近 90% 的老人由家人照料。绝大多数的老人能够得到及时治疗，患病不能及时送医的老人仅占 8. 08%，老人在医疗方面的社会支持较好。

从认知能力看，一般认知能力（MMSE）得分范围为 0—23 分，样本观测平均值为 17. 4 分，表明老人的一般认知能力较好。语言流利程度平均得分 8. 24 分，代表老人一分钟内平均能说出超过 8 种食物，较为正常。

二、自评幸福度与各主要控制变量间相关关系

表5　自评幸福度与各主要控制变量相关系数矩阵

	1	2	3	4	5	6	7	8	9	10	11	12	13
1. 生活满意度	1												
2. 积极情感	0.32***	1											
3. 消极情感	0.24***	0.38***	1										
4. 年龄	0.06***	-0.17***	-0.16***	1									
5. 性别	-0.10	-0.10***	-0.15***	0.20***	1								
6. 婚姻状况	0.02***	-0.13***	-0.20***	0.48***	0.34***	1							
7. 生活自理能力	-0.02***	0.15***	0.17***	-0.38***	-0.15***	-0.20***	1						
8. 自评健康	0.43***	0.35***	0.30***	-0.04***	-0.07***	-0.03***	0.19***						
9. 居住安排	-0.07***	0.03***	-0.08***	-0.01	0.02***	0.24***	0.06***	-0.03***					
10. 照料者	-0.05***	-0.01	-0.06***	0.06***	0.01**	0.16***	-0.04***	-0.04***	0.48***	1			
11. 一般认知能力	0.09***	0.28***	0.23***	-0.48***	-0.26***	-0.30***	0.42***	0.22***	0.01	-0.04***	1		
12. 语言流利程度	0.08***	0.25***	0.18***	-0.35***	-0.15***	-0.21***	0.26***	0.16***	-0.01*	-0.03***	0.45***	1	
13. 社会参与	-0.07***	-0.33***	-0.28***	0.54***	0.22***	0.35***	-0.45***	-0.23***	0.01	0.06***	-0.51***	-0.39***	1

注:1. 表中变量均处理为连续变量计算相关系数,其中年龄为样本观测人次的退出年龄。

2. 样本观测人次=65127。

3. * $P<0.05$; ** $P<0.01$; *** $P<0.001$。

表 5 列出了自评幸福度与各主要控制变量的相关系数矩阵。由于没有对变量进行控制，变量间相关系数仅反映了两两变量间的简单相关关系，我们由此可以初步了解老年人自评幸福度和相关控制变量的关系，为后续分析提供参考。

在年龄、性别、婚姻三个基础特征方面，自评幸福度三个变量与年龄均显著相关，积极情感与消极情感与年龄为负相关，年龄越大，积极情感越少，消极情感越多；而生活满意度与年龄正相关，年龄越大，老人对生活越满意。性别与积极情感和消极情感显著相关，与生活满意度的关系则不显著；婚姻状况则与自评幸福度的三个维度密切相关，有配偶的老人积极情感高，消极情感与生活满意度低，无配偶的老人则与此相反。这为后文分析婚姻状况可能在生活满意度影响死亡风险的过程中产生的作用提供了参考。

在身体健康状况方面，自评幸福度与有关变量均显著相关，但其中作用方向有所区别。生活自理能力越强，生活满意度越低，消极情感越少，积极情感越多；患重病情况则与自评幸福度显著负相关；自评健康越好，自评幸福度越高。除了生活满意度与生活自理能力外，身体健康与自评幸福度的关系与以往研究和经验一致。

自评幸福度与社会支持、认知能力、社会参与变量大部分显著相关，仅与积极情感与照料者没有显著的关系。

值得注意的是，自评幸福度三个变量间也显著相关，积极情感越高，消极情感越低，生活满意度越高。除此之外，各个方面的变量大部分均显著相关，但相关系数均较低，多重共线的情况程度较轻，因此后续分析应将有关变量纳入模型中，进行控制后分析自评幸福度对老年人死亡风险的影响。

三、自评幸福度对死亡风险影响的单因素分析

为了考察自评幸福度三个子维度各自对老年人死亡风险的影响，直观展示 3 个变量在生存率上的差异，本研究采用 Kaplan-Meier 估计进行分析。

由图 2、3、4 可知，Log-rank 检验表明自评幸福度三个变量均与老年人死亡风险显著相关，而从生存曲线可以明确看到，不同自评幸福度水平的老人的生存率均具有显著差异，表明自评幸福度三个维度对老年人死亡风险有显著的影响。

具体来看，生活满意度越高，老年人死亡风险越低，但生活满意度“好”与“一般”的老人在死亡风险上差异不明显，说明应将“好”与“一般”合并为一类，本研究纳入模型的最终的生活满意度变量也是这样处理的（生活满意度分为差、一般、好 3 类）；积极情感越高，死亡风险越低；而消极情感得分越低，代表自评幸福度越高，死亡风险越低。在差异程度上，生活满意度“很好”与“差”间的死亡风险差异最大，积极情感“高”和“低”间的差异次之，消

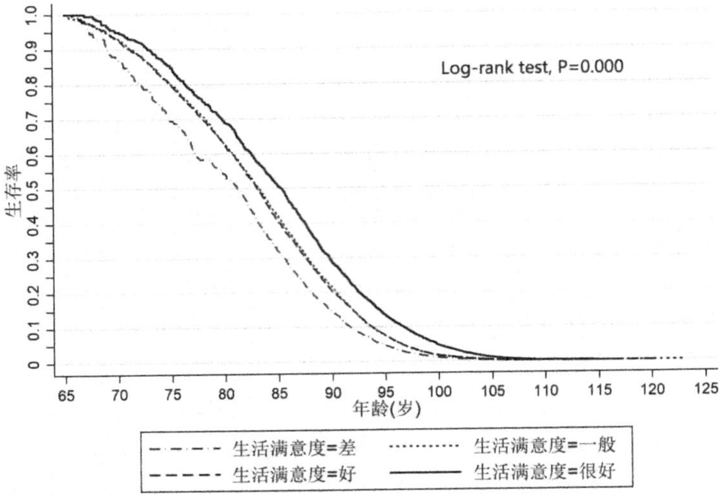

图 2　生活满意度的 Kaplan-Meier 估计与 Log-rank 检验

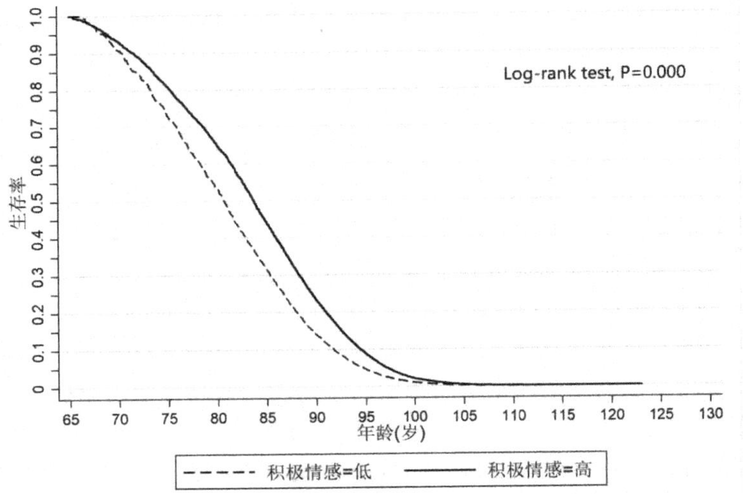

图 3　积极情感的 Kaplan-Meier 估计与 Log-rank 检验

极情感“高”和“低”间的差异最小。以上单因素分析表明了自评幸福度三个维度对老年人死亡风险的影响十分显著，这为后续自评幸福度对死亡风险影响的多因素模型提供了参考。

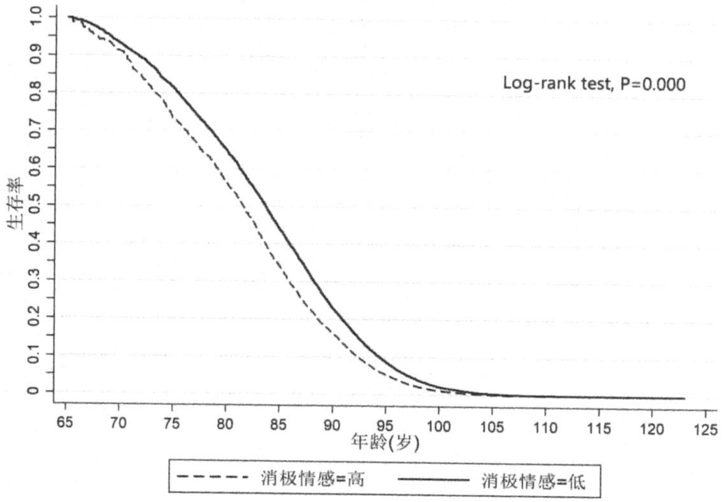

图 4　消极情感的 Kaplan-Meier 估计与 Log-rank 检验

第五章　自评幸福度对老年人死亡风险的影响

一、自评幸福度对老人死亡风险的影响

以往研究表明，社会人口特征、身体健康状况、认知能力、社会支持、社会参与等方面因素均会对死亡风险产生影响，因此本研究先后建立了 7 个模型，具体为：模型 1 为基础模型，仅包括社会人口特征变量，目的是检验不同老年人群体的死亡风险的差异；模型 2 在模型 1 的基础上纳入了自评幸福度 3 个子维度，以及生活满意度的变化，检验在控制了社会人口特征变量后，自评幸福度对老年人死亡风险的影响；在模型 2 的基础上，模型 3 到模型 6 依次加入了身体健康、社会支持、认知能力、社会参与等控制变量，检验在控制这些影响死亡风险的因素的情况下，自评幸福度三个子维度对死亡风险的独立影响；模型 7 加入生活满意度与婚姻状况的交互项，考察婚姻状况是否影响生活满意度与死亡风险的关系。

表 6　自评幸福度对老年人死亡风险的影响

	模型 1	模型 2	模型 3	模型 4	模型 5	模型 6	模型 7
女性（男性）	0.776***	0.762***	0.721***	0.713***	0.704***	0.707***	0.707***
	(0.0121)	(0.0119)	(0.0113)	(0.0113)	(0.0112)	(0.0113)	(0.0113)
乡村（城市）	1.015	0.975*	1.032**	1.026*	1.019	1.015	1.015
	(0.0132)	(0.0128)	(0.0137)	(0.0142)	(0.0141)	(0.0141)	(0.0141)
1—6 年受教育经历（0 年）	0.965**	0.987	0.997	1.002	1.023	1.053***	1.054***
	(0.0165)	(0.0169)	(0.0171)	(0.0172)	(0.0177)	(0.0182)	(0.0182)
7 年及以上受教育经历（0 年）	0.881***	0.927**	0.935*	0.943	0.975	1.029	1.030
	(0.0331)	(0.0348)	(0.0354)	(0.0359)	(0.0372)	(0.0393)	(0.0393)
无配偶（有配偶）	1.218***	1.178***	1.196***	1.190***	1.182***	1.154***	1.041
	(0.0243)	(0.0235)	(0.0240)	(0.0246)	(0.0245)	(0.0239)	(0.0694)
60 岁前从事较低地位职业（较高）	1.099***	1.059*	1.112***	1.079**	1.069*	1.029	1.028
	(0.0367)	(0.0354)	(0.0374)	(0.0377)	(0.0373)	(0.0360)	(0.0360)
积极情感（分数越高，自评幸福度越高）		0.814***	0.904***	0.910***	0.935***	0.971**	0.971**
		(0.0099)	(0.0117)	(0.0118)	(0.0123)	(0.0129)	(0.0129)
消极情感（分数越高，自评幸福度越高）		0.869***	0.945***	0.944***	0.946***	0.961***	0.961***
		(0.0083)	(0.0096)	(0.0096)	(0.0096)	(0.0098)	(0.0098)
生活满意度 一般（差）		1.045	1.091***	1.075**	1.087***	1.083***	1.002
		(0.0301)	(0.0323)	(0.0324)	(0.0328)	(0.0327)	(0.0659)
好（差）		1.146***	1.206***	1.171***	1.182***	1.168***	1.059
		(0.0341)	(0.0374)	(0.0375)	(0.0378)	(0.0374)	(0.0690)
生活满意度的变化 不变（变差）		0.821***	0.857***	0.864***	0.865***	0.856***	0.856***
		(0.0194)	(0.0204)	(0.0205)	(0.0206)	(0.0204)	(0.0204)
变好（变差）		0.907***	0.939*	0.951	0.945*	0.943*	0.944*
		(0.0290)	(0.0301)	(0.0306)	(0.0304)	(0.0303)	(0.0303)

续表

		模型 1	模型 2	模型 3	模型 4	模型 5	模型 6	模型 7
生活完全能自理（有一项及以上不能自理）				0.689***	0.693***	0.714***	0.768***	0.768***
				(0.0107)	(0.0108)	(0.0112)	(0.0123)	(0.0123)
视力差（视力好）				1.035**	1.038**	1.017	0.979	0.979
				(0.0161)	(0.0162)	(0.0159)	(0.0153)	(0.0153)
听力好（听力差）				0.848***	0.851***	0.913***	0.930***	0.930***
				(0.0124)	(0.0124)	(0.0141)	(0.0143)	(0.0143)
站立困难（站立无困难）				1.245***	1.239***	1.240***	1.209***	1.209***
				(0.0263)	(0.0262)	(0.0262)	(0.0255)	(0.0255)
捡拾困难（捡拾无困难）				1.192***	1.189***	1.160***	1.114***	1.115***
				(0.0237)	(0.0236)	(0.0231)	(0.0222)	(0.0222)
过去两年内患过重病（无重病）				1.053***	1.056***	1.057***	1.063***	1.063***
				(0.0170)	(0.0171)	(0.0171)	(0.0172)	(0.0172)
自评健康：	一般（不好）			0.874***	0.876***	0.887***	0.890***	0.890***
				(0.0169)	(0.0169)	(0.0172)	(0.0173)	(0.0173)
	好（不好）			0.752***	0.752***	0.769***	0.793***	0.793***
				(0.0165)	(0.0165)	(0.0169)	(0.0175)	(0.0175)
	很好（不好）			0.705***	0.707***	0.730***	0.765***	0.765***
				(0.0218)	(0.0219)	(0.0226)	(0.0237)	(0.0237)
居住安排：	独居（与家人同住）				0.934***	0.935***	0.971	0.973
					(0.0197)	(0.0197)	(0.0205)	(0.0206)
	住养老院（与家人同住）				1.190***	1.172***	1.140***	1.139***
					(0.0454)	(0.0448)	(0.0437)	(0.0437)

续表

	模型 1	模型 2	模型 3	模型 4	模型 5	模型 6	模型 7
经济支持来源：家人（退休金）				1.104***	1.091***	1.041*	1.040
			(0.0261)	(0.0258)	(0.0246)	(0.0246)	
其他（退休金）				0.974	0.967	0.939**	0.938**
				(0.0290)	(0.0288)	(0.0279)	(0.0279)
生病由其他人或机构照顾（家人）				1.045*	1.047*	1.040	1.041
				(0.0254)	(0.0254)	(0.0253)	(0.0253)
生病不能及时治疗（及时治疗）				0.980	0.971	0.973	0.973
				(0.0220)	(0.0218)	(0.0218)	(0.0218)
一般认知能力（分数越高认知能力越强）					0.987***	0.990***	0.990***
					(0.0013)	(0.0014)	(0.0014)
语言流利程度（分数越高认知能力越强）					0.987***	0.990***	0.990***
					(0.0016)	(0.0016)	(0.0016)
社会参与（分数越高参与程度越低）						1.078***	1.078***
						(0.0035)	(0.0035)
生活满意度一般＊无配偶（差＊有配偶）							1.100
							(0.0796)
生活满意度好＊无配偶（差＊有配偶）							1.126*
							(0.0784)
观测人次	65126	65126	65126	65126	65126	65126	65126

注：1. *** $p<0.01$，** $p<0.05$，* $p<0.1$；

2. 括号内是参照组；模型输出系数为风险比（HR），下方括号内为标准误；

3. 以上 7 个模型均通过了 PH 假定检验，满足 Cox 模型等比例风险假定。

本研究中所有 Cox 比例风险模型输出的系数均为风险比（Hazard Ratio：HR）。风险比是两个风险率（Hazard Rate）的比值，反映了单位时间内的相对风险。

模型 1 展示了社会人口特征对老年人死亡风险的影响。女性、受教育程度高、有配偶、60 岁前从事较高地位职业的老人死亡风险较低，居住在城市的老年人的死亡风险与居住在农村的老人没有显著差异。

模型 2 加入了本研究的核心自变量自评幸福度的三个维度。控制了社会人口特征后，积极情感、消极情感和生活满意度的变化都对老年人死亡风险产生了显著影响。积极情感与死亡风险呈显著正相关，积极情感每提高 1 分，死亡风险降低约 18%；消极情感得分越高，消极情感越低，自评幸福度越高。消极情感与死亡风险呈显著负相关，消极情感每提高 1 分，死亡风险降低 13%；与生活满意度差的老人相比，生活满意度好的老人死亡风险要高 14.6%，这与经验认识和相关实证研究的结论有一定出入，待后续模型逐步控制相关变量后继续考察。生活满意度一般的老人与生活满意度较差的老人的死亡风险没有显著差异；从生活满意度的变化看，生活满意度不变的老人比生活满意度降低的老人死亡风险低约 18%，生活满意度提升的老人则比生活满意度降低的老人死亡风险低约 10%。生活满意度的变化是影响死亡风险的重要因素。

模型 3 在模型 1 和模型 2 的基础上加入了身体健康状况变量。可以观察到，控制了健康变量后，积极情感和消极情感对死亡风险的影响仍然显著，但比不控制前的影响分别减少了 9% 和 7.6%，影响方向不变，但力度小了很多；生活满意度和生活满意度的方向变化，对死亡风险的影响力度也有所改变。与生活满意度差的老人相比，生活满意度一般对死亡风险的影响由不控制前的不显著变为显著，生活满意度好对死亡风险的影响比不控制前有一定增加。生活满意度保持不变和提升对死亡风险的影响比不控制前的影响均有一定减少。以上的变化表明模型 2 中自评幸福度对死亡风险的影响中其实体现了一部分身体健康状况的影响。身体健康状况也被证实是预测老年人死亡风险最重要的因素。生活能完全自理、听力和视力好、站立和捡拾无困难、过去两年没有患过重病、自评健康好的老人死亡风险较低。

模型 4 进一步纳入了社会支持的相关变量。总体而言，社会支持变量对自评幸福度的三个子维度与死亡风险的关系有一定影响。积极情感和消极情感的影响基本不变，生活满意度对死亡风险的影响相较控制前略有降低。只有生活满意度的变化中生活满意度提升的影响由控制前显著性消失。社会支持相关变量也能对老人死亡风险产生显著影响。独自居住、生活的主要来源为退休金、生病由家人照顾的老人死亡风险较低。

模型 5 在对认知能力进行控制后，自评幸福度对死亡风险的影响进一步减少。其中积极情感对死亡风险的影响比控制前的影响降低了 2.5%，消极情感、生活满意度的影响则变化不大。生活满意度的变化对死亡风险的影响在控制后重新变得显著。同时认知能力也是老年人死亡风险的预测因素，认知能力强、语言流利的老人死亡风险较低。

模型6加入了社会参与变量。纵观模型1到模型6，随着身体健康状况、社会支持、认知能力、社会参与4方面因素的逐步加入，最初在只控制社会人口特征下的积极情感和消极情感对老年人死亡风险的影响系数逐渐减小，但仍然保持了较为显著的影响。积极情感每高1分，老人的死亡风险降低2.9%，表明积极情感越高，老人的自评幸福度越高，死亡风险越低。这与国内外相关研究的结论一致。消极情感每高1分，老人的死亡风险降低3.9%，表明消极情感越低，老人自评幸福度越高，死亡风险越低，这也支持了以往的研究结论①。

生活满意度的变化成为预测老年人死亡风险的重要因素。从模型1至模型6，生活满意度的变化对老人死亡风险的影响大致上逐渐减小，最终生活满意度保持不变和变好对死亡风险的影响，比变差对死亡风险的影响分别降低14.4%和5.7%。在控制全部因素的情况下，生活满意度依然能维持对死亡风险的显著影响。与生活满意度差的老人相比，生活满意度一般和好的老人的死亡风险分别要高8.3%和16.8%，表明生活满意度越高，死亡风险越高。这种结果与经验认识不太相符。但有研究发现居住在养老机构的老人生活满意度高，死亡风险也高。这是由于居住在养老院的老人往往生活自理能力较差，健康状况不佳决定了老人死亡风险较高，只是由于幸福感的调节保护策略，生活满意度较高。这样的情况提醒我们，其他因素可能影响生活满意度与死亡风险的关系。因此我们将生活满意度和协变量进行交互，发现婚姻状况显著影响生活满意度和死亡风险的关系，而婚姻状况与生活满意度密切相关也为此提供了参考。

模型7加入了生活满意度与婚姻状况的交互项变量。该变量可以较好地解释生活满意度与死亡风险呈显著正相关的现象。与生活满意度差但有配偶的老人相比，生活满意度好却无配偶老人的死亡风险高12.6%，生活满意度一般并且无配偶这一组合对死亡风险的影响不显著，但其作用方向表明具有该组合特征的老人的死亡风险偏高。这表明生活满意度对老年人死亡风险的影响取决于老年人是否有配偶，有配偶的老人死亡风险低，无配偶的老人即使生活满意度较高，其死亡风险也高。

除此之外，部分控制变量也对老年人死亡风险有显著影响。性别显著影响老年人的死亡风险，并且系数变化较小，影响较为稳定。女性相对于男性死亡风险高，这与男性的“生存弱势”相一致②。而受教育程度对老年人死亡风险

---

① 顾大男、柳玉芝：《我国机构养老老人与居家养老老人健康状况和死亡风险比较研究》，载《人口研究》2006年第5期。

② Moreno X et al.，“The role of gender in the association between self-rated health and mortality among older adults in Santiago，Chile：A cohort study”，*Plos One.*，I（2017），pp. 55-57.

的影响较为复杂，并且受教育程度对死亡风险的影响在很多研究中都不显著①，可能是相关的人口学特征、性格和人格、社会经济等方面的因素调节了受教育程度对死亡风险的影响。60 岁前从事的职业对老年人的死亡风险没有显著影响，这表明要使老年人健康长寿，仅提供经济支持可能达不到良好的效果②。

身体健康状况能显著预测老年人的死亡风险。生活能够完全自理、听力好、站立和捡拾无困难、过去两年未患重病的老人死亡风险较低，这些与相关研究的结论一致③。自评健康在以往研究中被认为是衡量健康状况的有效可靠指标，例如通过自评健康预测的死亡率与医学和流行病学的死亡数据基本一致。本研究中自评健康最好的老人比不好的老人的死亡风险高 23.5%。

在社会支持方面，老人居住在养老院比与家人同住的死亡风险高，这存在一定的健康选择效应，即生活完全不能自理，身体健康状况较差的老人更容易被送到养老院，但某种程度上也说明我国在养老照护服务方面有待改进。得到家人经济支持的老人比使用退休金作为主要经济来源的老人的死亡风险高，这可能也存在一定的选择效应，有退休金意味着老人曾经从事过非农业工作，往往生活水平较高，健康状况较好。

认知能力能够显著预测老年人死亡风险，认知能力强的老人死亡风险低，这与以往研究一致。社会参与程度高的老年人死亡风险低④，表明老年人可以通过参与多样的社会活动来降低死亡风险，提高生命质量。

二、自评幸福度对死亡风险影响的长期研究与短期研究对比

在死亡风险的研究中，样本的追踪时间越长，意味着观测期就越长，个体在观测期内的死亡风险越大，样本中死亡的数量可能越多。因此在相同的样本条件下，短期死亡风险研究包含的变动信息和死亡信息往往比长期死亡风险研究少。再加之自评幸福度具有长期的稳定性（主要为态度，即生活满意度）和短期变化性（主要为情感，即积极与消极情感），所以长期与短期这两类研究所反映的自评幸福度与死亡风险的关系可能存在差异，相关实证研究也说明了这一点，Chida 和 Steptoe（2003）发现，在追踪时间小于 10 年的研究中，自评幸福度与寿命之间的关系比追踪时间超过 10 年的研究更为紧密。

如前文所述，以往多数纵向追踪研究多为短期研究，难以考察自评幸福度

---

① 朱荟、陆杰华：《宗教参与对我国高龄老人死亡风险的影响分析》，载《人口研究》2012 年第 1 期。

② 刘贵平：《高龄老人死亡风险的社会经济因素分析》，载《中国人口科学》2004 年第 1 期。

③ 焦开山：《中国老人生活自理能力与死亡风险的关系研究》，载《医学与哲学（人文社会医学版）》2009 年第 7 期。

④ Bowling A and Grundy E，“Differentials in mortality up to 20 years after baseline interview among older people in East London and Essex”，*Age And Ageing*，I（2009），pp. 51-55.

和死亡风险的长期关系，长期和短期研究的结果是否存在差异也不得而知。因此本研究采用 80 岁及以上高龄老人 1998—2014 年共 7 期 16 年的长期追踪数据和 1998—2002 年共 3 期 4 年的短期追踪数据，65 岁及以上老人 2002—2014 共 5 期 12 年的长期追踪数据和 2002—2005 共两期 3 年的短期追踪数据，以人群为区分标准，分别建立两组共 4 个 Cox 模型进行长期和短期研究的对比分析。

表 7　自评幸福度对老年人死亡风险影响的长期和短期研究对比

		1998—2014年长期 80 岁及以上老人	1998—2002年短期 80 岁及以上老人	2002—2014年长期 65 岁及以上老人	2002—2005年短期 65 岁及以上老人
女性（男性）		0.666***	0.654***	0.719***	0.756***
		(0.0213)	(0.0253)	(0.0273)	(0.0256)
乡村（城市）		0.998	0.988	1.054	1.017
		(0.0277)	(0.0332)	(0.0358)	(0.0305)
1—6 年受教育经历（0 年）		1.035	1.015	1.092**	1.086**
		(0.0355)	(0.0425)	(0.0429)	(0.0394)
7 年及以上受教育经历（0 年）		0.968	0.961	1.002	1.116
		(0.0687)	(0.0886)	(0.0836)	(0.0883)
无配偶（有配偶）		1.080	1.024	1.018	1.025
		(0.191)	(0.259)	(0.134)	(0.140)
60 岁前从事较低地位职业（较高）		1.167**	1.265***	1.090	1.007
		(0.0758)	(0.111)	(0.0784)	(0.0732)
积极情感（分数越高，自评幸福度越高）		0.938**	0.951	0.902***	0.984
		(0.0246)	(0.0300)	(0.0279)	(0.0283)
消极情感（分数越高，自评幸福度越高）		0.998	1.004	0.971*	0.971
		(0.0204)	(0.0252)	(0.0234)	(0.0207)
生活满意度	一般（差）	0.969	0.842	0.984	0.940
		(0.173)	(0.214)	(0.130)	(0.128)
	好（差）	0.993	0.923	0.992	1.077
		(0.174)	(0.227)	(0.131)	(0.143)
生活满意度变化	不变（变差）	0.911*	0.905	0.960	——
		(0.0434)	(0.0608)	(0.0580)	——

续表

		1998—2014年长期80岁及以上老人	1998—2002年短期80岁及以上老人	2002—2014年长期65岁及以上老人	2002—2005年短期65岁及以上老人
	变好（变差）	0.980	1.086	0.971	——
		(0.0620)	(0.100)	(0.0640)	——
生活完全能自理（有一项及以上不能自理）		0.721***	0.727***	0.724***	0.781***
		(0.0220)	(0.0268)	(0.0296)	(0.0261)
视力差（视力好）		0.974	0.979	1.008	0.962
		(0.0314)	(0.0402)	(0.0380)	(0.0330)
听力好（听力差）		0.892***	0.855***	0.930*	0.946*
		(0.0258)	(0.0295)	(0.0359)	(0.0319)
站立困难（站立无困难）		1.172***	1.266***	1.093*	1.169***
		(0.0505)	(0.0674)	(0.0565)	(0.0527)
捡拾困难（捡拾无困难）		1.138***	1.129**	1.184***	1.131***
		(0.0455)	(0.0551)	(0.0576)	(0.0487)
过去两年内患过重病（无重病）		1.079**	1.079*	1.067*	1.091**
		(0.0359)	(0.0452)	(0.0396)	(0.0377)
自评健康	一般（不好）	0.942	0.915*	0.856***	0.900***
		(0.0375)	(0.0461)	(0.0369)	(0.0361)
	好（不好）	0.795***	0.760***	0.813***	0.755***
		(0.0355)	(0.0422)	(0.0411)	(0.0349)
	很好（不好）	0.783***	0.763***	0.761***	0.737***
		(0.0484)	(0.0569)	(0.0565)	(0.0493)
居住安排	独居（与家人同住）	1.018	0.994	0.987	0.967
		(0.0456)	(0.0558)	(0.0499)	(0.0438)
	住养老院（与家人同住）	0.990	0.931	1.206**	1.156*
		(0.0712)	(0.0833)	(0.112)	(0.0887)
经济支持来源	家人（退休金）	1.032	1.036	0.905*	1.080
		(0.0493)	(0.0603)	(0.0477)	(0.0563)
	其他（退休金）	1.024	1.077	0.794***	0.949

续表

	1998—2014年长期80岁及以上老人	1998—2002年短期80岁及以上老人	2002—2014年长期65岁及以上老人	2002—2005年短期65岁及以上老人
	（0.0646）	（0.0826）	（0.0536）	（0.0621）
生病由其他人或机构照顾（家人）	1.059	1.022	1.088	1.089
	（0.0469）	（0.0531）	（0.0709）	（0.0612）
生病不能及时治疗（及时治疗）	0.890**	0.925	1.004	0.958
	（0.0465）	（0.0740）	（0.0509）	（0.0402）
一般认知能力（分数越高认知能力越强）	0.986***	0.987***	0.986***	0.991***
	（0.00263）	（0.00315）	（0.00336）	（0.00302）
语言流利程度（分数越高认知能力越强）	0.991***	0.988***	0.993*	0.991***
	（0.00287）	（0.00340）	（0.00384）	（0.00321）
社会参与（分数越高参与程度越低）	1.066***	1.077***	1.082***	1.078***
	（0.00721）	（0.00919）	（0.00813）	（0.00753）
生活满意度一般*无配偶（差*有配偶）	1.125	1.345	1.085	1.210
	（0.214）	（0.362）	（0.155）	（0.181）
生活满意度好*无配偶（差*有配偶）	1.191	1.348	1.056	1.088
	（0.218）	（0.349）	（0.146）	（0.156）
观测人次	15235	11726	26082	13502

注：1. *** $p<0.01$，** $p<0.05$，* $p<0.1$；
2. 括号内是参照组；模型输出系数为风险比（HR），下方括号内为标准误；
3. 以上4个模型均通过了PH假定检验，满足Cox模型等比例风险假定。

（一）高龄老人的自评幸福度与死亡风险的关系——长期与短期研究对比

由表7中1998—2014年长期和1998—2002年短期两个模型可知，短期研究中，自评幸福度的三个子维度对高龄老人的死亡风险没有显著影响。而在长期研究中，积极情感、生活满意度的变化显著影响高龄老年人的死亡风险。

短期研究中，积极情感对高龄老人的死亡风险没有显著影响，而长期研究中积极情感与高龄老人的死亡风险显著相关，积极情感每高1分，老人的死亡风险降低6.2%。这表明，对高龄老人来讲，积极情感能在长期产生积极作用，这表明了长期保持良好心理状态和生活习惯有助于降低死亡风险，提高生命质量。有研究发现，多样的积极经历，如其乐融融的家庭关系，参与多种社会活动，能有效延长积极情感的时间，有助于降低死亡风险①。

消极情感无论在长期或短期均不能显著影响高龄老人的死亡风险，这表明消极情感对高龄老人的死亡风险的影响有限。高龄老人寿命已经突破80岁，实现了长寿的目标。他们人生阅历丰富，心境也较为平和，通常能够及时排解和消释生活中不良事件带来的负面情绪，减小诸如焦虑、紧张和沮丧等消极情感对死亡风险的影响。

生活满意度在长期与短期研究中均不显著影响高龄老年人的死亡风险；而生活满意度的变化在长期研究中对死亡风险有显著影响，短期研究中则不显著。生活满意度在短期变化比例较小，说明生活满意度相对稳定，短期的变化不明显，因此也不显著。以上表明稳定的生活满意度水平意味着较低的死亡风险，也支持了自评幸福度越稳定老人死亡风险越低的研究结果。短期研究中生活满意度的变化信息本就较少，因此难以准确衡量生活满意度的变化与死亡风险的关系。

（二）全体老人的自评幸福度与死亡风险的关系——长期与短期研究对比

由表7中2002—2014年长期和2002—2005年短期两个模型可知，长期研究中，积极情感、消极情感显著影响全体老年人的死亡风险。而短期研究中，自评幸福度的三个子维度对全体老人的死亡风险没有显著影响。

积极情感在长期研究中能显著影响老年人的死亡风险，积极情感每高1分，老人的死亡风险降低9.8%，而短期研究中积极情感与死亡风险则不显著。该结果与上文高龄老人的积极情感的长短期影响相似，表明积极情感确实能在所有年龄段的老年群体中对死亡风险产生积极的影响，这在引导培育老年人长期保持乐观积极的心理状态的实践中具有重要的现实意义。

消极情感在长期与短期研究中对死亡风险的影响也存在差别。短期研究中消极情感与死亡风险为不显著相关的关系，而长期研究中，消极情感能够预测死亡风险，消极情感每高1分，老人的死亡风险降低2.9%，消极情感得分越高，消极情感越低，死亡风险越低，因此消极情感与死亡风险呈正相关。这表明消极情感在短时间内对死亡风险的影响较小，但却在长期对死亡风险产生负面的影响。这可能并不是因为消极情感在短期无害，而是老人对消极情感的体验和应对过程是延迟的，所以老人在经历负面事件后，对消极情感进行及时的排解疏通十分必要。

生活满意度与婚姻状况的交互作用代替了生活满意度对死亡风险的影响，

---

① Sheldon K M and Lyubomirsky S，“The challenge of staying happier：Testing the Hedonic Adaptation Prevention Model”，*Pers Soc Psychol Bull*，V（2012），pp. 670-680.

这与上文高龄老人的生活满意度的长短期影响相似。因为65岁及以上老人在2002—2005年的观测次数只有两次，实际在本研究的长数据（面板数据）中生活满意度的变化变量仅有一行值，即生活满意度的变化保持不变，所以2002—2005年短期研究中该变量对死亡风险的影响缺失。

三、将自评幸福度误用为非时变变量的估计误差

自评幸福度虽然具有相对稳定性，但仍是随年龄增长变化的变量，是时变变量。自评幸福度不同维度的变化也有一定差异，其中态度（生活满意度）相对稳定，情感（积极情感与消极情感）变化相对较大。图5展示了自评幸福度的三个维度随年龄增长的变化，积极情感和消极情感随着老人年龄增大逐渐降低，生活满意度变化不大，略有提升。因此自评幸福度变化的影响也是不容忽视的，但是以往的研究中多将自评幸福度设置为非时变变量，可能会产生相对风险的估计偏差，并且观测期越长，偏差越大。

本研究以1998—2014年中国老年人健康长寿影响因素调查（CLHLS）中65岁及以上老人合并数据集为基础，将自评幸福度和所有协变量处理为非时变变量，建立Cox模型并输出AIC与BIC的值，与将自评幸福度和其他协变量作为时变变量的总体模型进行对比，估计将时变变量作为非时变变量的误差。其中生活满意度的变化仅能作为时变变量，所以无法对该变量进行对比，因此以上两个模型中不包含此变量。

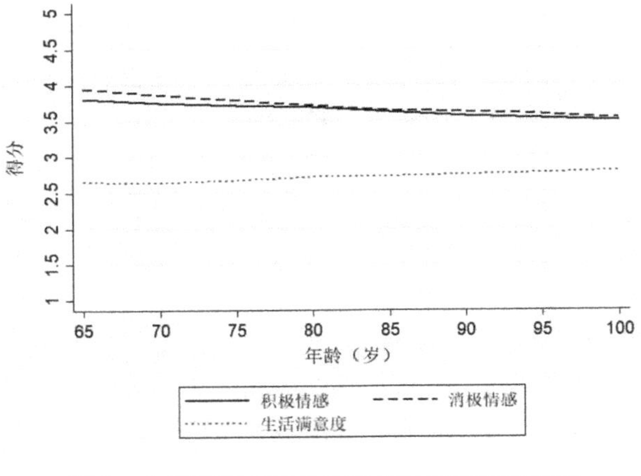

图5 自评幸福度三维度随年龄增长的变化图

表8　自评幸福度和协变量作为非时变变量对死亡风险的影响与作为时变变量的影响的对比

		自评幸福度和协变量作为非时变变量的模型	自评幸福度和协变量作为时变变量的模型
女性（男性）		0.746***	0.707***
		(0.0119)	(0.0113)
乡村（城市）		1.023	1.015
		(0.0145)	(0.0141)
1—6年受教育经历（0年）		1.048***	1.054***
		(0.0183)	(0.0182)
7年及以上受教育经历（0年）		1.005	1.030
		(0.0385)	(0.0393)
无配偶（有配偶）		1.014	1.041
		(0.0697)	(0.0694)
60岁前从事较低地位职业（较高）		1.037	1.028
		(0.0364)	(0.0360)
积极情感（分数越高，自评幸福度越高）		1.003	0.971**
		(0.0129)	(0.0129)
消极情感（分数越高，自评幸福度越高）		0.956***	0.961***
		(0.00946)	(0.00979)
生活满意度	一般（差）	1.003	1.002
		(0.0662)	(0.0659)
	好（差）	1.018	1.059
		(0.0654)	(0.0690)
生活完全能自理（有一项及以上不能自理）		0.822***	0.768***
		(0.0136)	(0.0123)
视力差（视力好）		0.980	0.979
		(0.0172)	(0.0153)
听力好（听力差）		0.953***	0.930***
		(0.0149)	(0.0143)
站立困难（站立无困难）		1.170***	1.209***
		(0.0286)	(0.0255)
捡拾困难（捡拾无困难）		1.073***	1.115***

续表

		自评幸福度和协变量作为非时变变量的模型	自评幸福度和协变量作为时变变量的模型
		(0.0245)	(0.0222)
过去两年内患过重病（无重病）		1.047**	1.063***
		(0.0188)	(0.0172)
自评健康	一般（不好）	0.893***	0.890***
		(0.0195)	(0.0173)
	好（不好）	0.825***	0.793***
		(0.0194)	(0.0175)
	很好（不好）	0.818***	0.765***
		(0.0249)	(0.0237)
居住安排	独居（与家人同住）	0.973	0.973
		(0.0206)	(0.0206)
	住养老院（与家人同住）	1.167***	1.139***
		(0.0472)	(0.0437)
经济支持来源	家人（退休金）	1.037	1.040
		(0.0248)	(0.0246)
	其他（退休金）	0.948*	0.938**
		(0.0281)	(0.0279)
生病由其他人或机构照顾（家人）		1.039	1.041
		(0.0262)	(0.0253)
生病不能及时治疗（及时治疗）		0.975	0.973
		(0.0240)	(0.0218)
一般认知能力（分数越高认知能力越强）		0.994***	0.990***
		(0.00145)	(0.00136)
语言流利程度（分数越高认知能力越强）		0.997**	0.990***
		(0.00139)	(0.00159)
社会参与（分数越高参与程度越低）		1.053***	1.078***
		(0.00323)	(0.00351)
生活满意度一般*无配偶（差*有配偶）		1.074	1.100
		(0.0792)	(0.0796)

续表

	自评幸福度和协变量作为非时变变量的模型	自评幸福度和协变量作为时变变量的模型
生活满意度好 * 无配偶（差 * 有配偶）	1.093	1.126*
	(0.0774)	(0.0784)
AIC	412938.5	410548.2
BIC	413211.0	410838.9
观测人次	65126	65126

注：1. * * * $p<0.01$，* * $p<0.05$，* $p<0.1$；
2. 括号内是参照组；模型输出系数为风险比（HR），下方括号内为标准误；
3. 以上两个模型均通过了 PH 假定检验，满足 Cox 模型等比例风险假定。

由表 8 可知，将自评幸福度和协变量处理为非时变变量纳入模型后，积极情感和生活满意度对死亡风险的影响不再显著，而消极情感的影响系数变小。自评幸福度和协变量作为时变变量的模型拟合数据更好，其 AIC 和 BIC 值均比非时变变量模型小。

具体来看，结合图 5，积极情感随着年龄的增长呈逐渐降低的趋势，将积极情感处理为非时变变量会误估其对死亡风险的影响。因为随着年龄增大，老人的积极情感会有所降低，死亡风险可能升高。但在非时变变量模型中，这些高龄老人的积极情感值还是基期的水平，因此模型中积极情感的风险比变为大于 1。同理，消极情感随年龄增长而越来越低，死亡风险升高。消极情感在非时变变量模型中会高估其对死亡风险的影响。生活满意度随年龄增长略有提升，总体上较为稳定，在两种模型中均不显著。但生活满意度高并且无配偶这一组合在非时变变量模型中变得不显著。随着年龄的增长，老人的配偶的死亡风险也逐渐增加，年龄越大无配偶的可能性就越高，所以总体上将婚姻状况和生活满意度作为非时变变量会低估老人的死亡风险。

由此可见，积极情感、消极情感和生活满意度的变动均会显著影响死亡风险，并且将自评幸福度和协变量等时变变量当作非时变变量对模型的估计有较大的影响，非时变变量模型误估了自评幸福度对死亡风险的影响。将自评幸福度作为时变变量，我们可以把握它的变化，进而把握它与死亡风险的动态关系，模型对数据的拟合更好。

非时变变量模型还低估了身体健康状况和认知能力对死亡风险的影响，这是由于年龄越大健康状况越差，认知能力也会下降。在非时变变量模型中，社会参与的影响也被低估，年龄越大身体状况会越差，参与的社会活动也会相应减少。

这一发现印证了以往的研究结论，不仅明确了自评幸福度存在变化，而且证实了将时变变量作为非时变变量，会产生相对风险的估计偏差，误估自评幸福度对死亡风险的影响。这提醒我们在进行纵向追踪研究时，应将随时间变化的变量作为时变变量纳入模型。如果数据条件不允许，研究者也应考虑到将时变变量作为非时变变量所带来的偏差，在研究中予以说明和修正。

第六章　结论与讨论

本研究使用“中国老年人健康长寿影响因素调查”1998—2014 年的纵向追踪数据，以 65—105 岁老人为研究对象，应用生存分析中的 Cox 比例风险模型，深入探讨了老年人的自评幸福度的三个子维度对死亡风险的影响力度、方向及差异。并且，使用高龄老人和全体老人的数据进行长期和短期研究的对比分析，考察自评幸福度对死亡风险的影响在短期（4 年 3 期、3 年 2 期）和长期（16 年 7 期、12 年 5 期）是否存在差异。此外，在模型中我们将自评幸福度和协变量分别处理为时变变量和非时变变量，分析了将自评幸福度处理为非时变变量时的估计误差。主要有以下几点发现：

1. 自评幸福度三个维度积极情感、消极情感和生活满意度均能显著影响老年人的死亡风险，但影响力度和方向存在差异。

控制了社会人口特征、健康变量、社会支持、认知能力和社会参与这些风险因素的情况下，自评幸福度仍然显著影响老年人的死亡风险。

积极情感的影响：积极情感越高，死亡风险越低；这一发现与以往的研究结论一致。相比于他们的研究，本研究进一步控制了认知能力和身体健康变量，有了更为合理的改进，使得所揭示的积极情感与死亡风险的关系更稳健。积极情感对降低死亡风险的作用，也响应了正在兴起的“积极心理学”研究。

积极情感对老人死亡风险的影响机制可以用“拓展与构建”理论解释。积极情感能拓宽老人的注意力和行动范围，让老人保持对有利信息（如保健养生知识、风险防范信息等）的敏感度，并能促进老人更积极地思考，作出有利于健康的决策（如及时求医的决定）和增进健康的行为。积极情感还可以驱动老人进行积极的社会互动，以更加开放的心态拓展生活圈，建立良好的社会资源。此外积极情感还能影响神经系统和内分泌水平，增强免疫能力，对生理功能产生有益的影响。通过以上身体、社会和心理资源的建立，老人后续能更好地应对不良事件的刺激，降低应激对死亡风险的影响，促进健康长寿。

消极情感的影响：消极情感越高，死亡风险越高。这与以往研究与消极情感类似的忧愁、孤独、抑郁、焦虑等负面情绪会增加老年人的死亡风险的研究结论一致。但也有研究发现消极情感对老年人死亡风险的影响并不显著。造成差异的原因可能有两方面：一是以往研究多为具有某些特征的细分群体，如高龄老人、吸烟男士、残障人士、丧偶老人等，这些特殊人群中，其他因素对死亡风险的影响可能更显著，比如残障人士，健康状况和社会支持等可能是最突出的影响因素，消极情感的影响可能变得非常微小；二是以往研究对消极情感的内涵定义有所不同，如将孤独、焦虑、抑郁、愤怒、沮丧等互相组合。

消极情感可能通过影响生理和心理两方面功能来增大死亡风险。生理方面，消极情感可能会扰乱身体的众多生理功能，如神经系统、心血管功能、消化系统。心理方面，消极情感的集聚极易造成神经系统的障碍而形成心理疾病。抑郁症、癔症、神经衰弱、丧偶综合征等。严重的心理障碍还会使老人出现自残、自杀等行为，直接威胁老人生命，极大增加死亡风险。

生活满意度的影响：控制所有因素的情况下，生活满意度与老年人死亡风险呈显著正相关，但加入了生活满意度与婚姻状况的交互作用后发现，有无配偶在生活满意度影响老人的死亡风险时发挥了决定性的作用。有配偶的老人死亡风险低，无配偶的老人即使生活满意度较高，其死亡风险也高。这一点发现从婚姻的角度解释了生活满意度对死亡风险的影响，印证了相关研究的结论。生活满意度的变化对老人的死亡风险产生显著影响。生活满意度保持不变和变好的老人死亡风险更低。

有配偶的婚姻状况可能通过选择性和保护性两种作用影响老年人的死亡风险①，选择性是指能结婚的老人往往更健康，死亡风险较低；保护性是指配偶之间可以相互照料，并给予精神支持，从而建立相对完整和谐的家庭关系，降低死亡风险。生活满意度同时也具有保护效应，生活满意度高，老人就会更积极地面对生活，容易获取有利信息并保持健康行为，从而降低死亡风险。生活满意度与婚姻状况的交互作用影响老人的死亡风险，有配偶陪伴和较高的生活满意度往往死亡风险最低，生命质量最高。生活满意度保持不变代表了老人较为稳定的生活状态，是个体情绪调节能力和环境适应能力较强的表现（Windsor et al，2015）；生活满意度提升则可能通过改善身体状况，改变悲观看法，影响社会交往来降低死亡风险。

2. 自评幸福度对死亡风险的影响在短期研究和长期研究中存在较大差异，主要集中在积极情感、消极情感和生活满意度的变化三个方面。

无论是 80 岁及以上的高龄老人还是 65 岁及以上的全体老人，长期研究中积极情感显著影响老年人的死亡风险，积极情感越高，死亡风险越低，而短期

① 穆怀中、杨志良：《婚姻状态对老年人死亡概率的影响研究——基于 CLHLS 队列数据的实证分析》，载《南方人口》2016 年第 4 期。

研究中积极情感的影响不显著。积极情感能在长期对老人产生积极作用，这表明了长期保持良好心理状态和生活习惯有助于降低死亡风险，提高生命质量。

对于65岁及以上的全体老人，消极情感在长期比短期对死亡风险的影响更大，可能是因为消极情感在体验上具有延迟性，提醒我们应该更注重对老人消极情感的疏通排解；对于80岁及以上的高龄老人，生活满意度的变化在长期研究中对死亡风险有显著影响，短期研究中则不显著，这是因为生活满意度在短期变化较小，相对稳定。以上结果表明避免较大的生活变化和精神刺激，保持较为稳定的生活状态，有助于降低高龄老人的死亡风险。

以往关于自评幸福度对死亡风险的影响的研究多为短期研究（2—3期、2—6年）。由于短期研究相比长期研究包含的变动信息和死亡信息更少，因此难以准确反映自评幸福度和死亡风险的动态关系，所以这也提醒我们在数据条件允许的情况下，应重视对自评幸福度的长期研究。

3. 自评幸福度和协变量作为非时变变量的模型，会误估自评幸福度对死亡风险的影响。

老年人的自评幸福度虽然相比年轻人更为稳定，但是也会随着年龄的增长发生变化，是时变变量。因此，如果将自评幸福度作为非时变变量考察其对死亡风险的影响，可能会造成估计偏差。

在模型中我们将自评幸福度和协变量分别处理为时变变量和非时变变量。研究发现，在非时变变量模型中，积极情感和生活满意度对死亡风险的影响不再显著，而消极情感的影响系数变小。生活满意度在两种模型中均不显著。但生活满意度高并且无配偶这一组合在非时变变量模型中变得不显著。自评幸福度和协变量作为时变变量的模型明显更为准确和稳健，其AIC和BIC系数均比非时变变量模型小，说明模型拟合优度更好。将自评幸福度处理为非时变变量会对模型的估计有较大的影响，非时变变量模型误估了自评幸福度对死亡风险的影响。将其他协变量处理为非时变变量所产生的对死亡风险的影响也出现了估计误差，低估了身体健康状况和认知能力的影响，也低估了社会参与的影响。

研究者应将自评幸福度作为时变变量进行处理分析。在数据条件有限的情况下，也应考虑到将自评幸福度作为非时变变量的估计偏差，并作出说明与修正。

4. 自评幸福度三个维度对老人死亡风险的不同影响对我国制定老年政策，实施健康老龄化战略具有重要的现实意义。

提升积极情感，及时排解疏通消极情感，有助于降低死亡风险，促进健康长寿。政府需要倡导社会和家庭尊重老人的情感和心理体验，在政策制定时可以鼓励养老机构、医疗及康复机构探索老年人的情感体验，发展心理情感相关的干预疗法。针对患病、生活不能自理、消极情感高的老人，可以通过多种心理情感治疗提高其幸福感，帮助他们积极应对缺憾、提高生命质量。

婚姻状况在生活满意度对死亡风险的影响中发挥了决定性作用。因此，对于无配偶（包括丧偶、离异）的老人，所在社区应对其进行更多的关怀和照护，同时对于有再婚条件和愿意再婚的老人牵线搭桥，实现“夕阳红”的高质量晚年生活。

除此之外，本研究还发现，身体健康和社会参与显著影响老年人的死亡风险。其中身体健康因素的影响最大也最为直接。政府应鼓励养老机构、医疗及康复机构对老人提供康复性与护理性的健康服务；社会参与程度高能显著降低老年人死亡风险，政府应制定相关的老年活动政策，社区也应提供基础的活动设备和场地，倡导老人走出家门，积极进行社会交往，参与社会活动。以上政策和措施对提高老人生命质量具有重要意义，也有利于健康老龄化的实现。

青年白领群体的规训与自我管理
——以C公司青年白领的劳动与消费为例

杨波（上海大学）

◎ 指导老师：马丹丹

摘　要：从初入职场的青年员工到成为具备“职业素质”的白领，存在基于职业认同、群体认同、文化认同的社会身份转变的过程。转变的主要动力来自工作空间的组织制度与白领群体内部的微小权力，后者渗透在青年白领的工作空间和私人消费领域，围绕着“白领共识”，在微观个体的层面对青年白领进行教育、规训和塑造，完成白领群体新成员的再生产。微小权力依托于现代企业制度与消费市场发挥作用，从职业技术、职场经验、消费行为与习惯等方面教育青年白领，实现青年白领个体的社会身份转变与认同。白领群体逐渐发展为被锁定在工作空间与消费领域的群体，在群体内进行自我管理、自我塑造、自我宰制，成为市场经济环境下一个稳定地为社会创造财富、为消费市场注入资本的群体。

关键词：青年白领；白领共识；微小权力；自我管理

第一章　绪论

近年来，描述白领生活的影视剧不断涌现，描绘社会大众对白领群体的期待：白领是社会的精英，职场的中坚力量，他们衣着整洁、收入丰厚、生活安逸、业余生活充实。影视剧终究是艺术的呈现，《猎场》中郑秋冬西装革履、风度翩翩，相比于国内猎头行业的真实现状①，反差巨大。那么我国的白领群体真实的生活境遇究竟如何呢？笔者充满好奇与探索欲。唯有身在其中，才能体会职场的真实，笔者试图进入白领职场，从基层青年白领的工作与消费为切入口，

---

① 猎聘网公布的《全国猎头猎取人才行为大数据报告》，我国现有5万家猎头机构，其中规模10人以下的公司占了五成，猎头的服务对象24.21%都是基层员工，而且他们发布的职位27.57%都在互联网行业。

尝试还原在上海这样的市场经济发达地区，现代企业内青年白领生活与工作的真实状态。

随着时代变迁，工厂职工、企业白领等新的社会群体不断涌现，人类学研究不应该将企业文化与企业内的劳动者排除在外。

笔者通过自身进入企业的田野调查，完成了一份关于基层青年白领在工作空间的行为及其消费行为的整体性研究，以展现企业青年白领在工作空间的劳动和工作之余的消费的共同作用下，转变成符合社会、企业期待的职业白领的全过程。为企业青年白领员工的整体生活状态进行了注解，说明他们的劳动和消费行为，让社会、企业关注基层白领员工的生存状态，对现代企业青年白领的发展提出建议。

白领的整体生活图景由工作和私人生活两部分构成。笔者将研究对象指向当代企业的青年白领，他们在20世纪80年代中后期出生，并接受了良好的高等教育①，在现代企业中从事具有一定技术含量的脑力劳动，收入处于社会中等水平及以上的青年工薪劳动群体②。笔者描述青年白领在工作环境中的生存状态，解释白领的消费特征与其他行为，试图全面理解青年白领的生活方式，为研究白领提供更加全面的视角和研究素材。

第二章　田野调查说明

笔者将田野点放在上海这样现代企业林立的“水泥丛林”，以一家民营私企作为田野调查的立足点，成功进入田野并完成本次调查。

一、田野调查点介绍

C公司（系代称，下同）是一家教育行业小型民营企业，主要业务为K12教学阶段素质教育，提供拓展型课程、海内外游学、幼教等服务，如企业介绍版面所说：

“C公司（集团）于2010年6月成立于中国上海，注册资本1.2亿元人民币。C公司是一家专注于研发并提供高质量教育产品的高科技现代型企业。”

C公司位于上海静安商圈，员工较年轻化，人数在85—95人（青年白领约

---

① 在C公司，以笔者所在的拓展型课程产品部门（CD部）为例，主管以下（不含主管）所有的初级员工都有硕士学位，其中不乏华威大学（Warwick）、芝加哥大学等学校的毕业生，即使招收的实习生WX也是华东师范大学的教育学硕士研究生。

② 同样以CD部门为例，初级员工的正式入职后起薪均在10000元/月（税前）以上，相对于上海市2016年平均薪资6504元/月高出不少。

占50%—60%），倾向于招收知名院校或海外留学的青年作为员工。C公司近1/3的员工拥有海外学习和外企工作经验，其核心管理层几乎都具有较优的学历（海外留学或国内985硕士）和工作履历（500强或行业顶尖公司供职），例如，主管技术的高管Chalice原供职于华为技术部门，财务部门的负责人Bobo原本是四大会计师事务所之一的高管，游学部门的负责人曾经在英国咨询公司LEK（世界排名前十的管理咨询公司）就职，他们拥有丰富的资本主义企业工作经验，并按照他们理解的世界顶尖公司的管理模式、企业制度、运营方式去运作C公司，公司的组织架构清晰，职能分工明确，等级层次制度化，具备明确的科层制运作模式①，C公司是一家基于资本主义管理逻辑的企业。

<table>
<tr><th>Job Grade</th><th>管理岗</th><th>业务岗</th></tr>
<tr><td>P14</td><td>CEO</td><td></td></tr>
<tr><td>P13</td><td>MD/GM/CFO/COO/CTO</td><td></td></tr>
<tr><td>P12</td><td>M6 VP</td><td rowspan="3">Distinguish/专家</td></tr>
<tr><td>P11</td><td>M5 Senior Director/高级总监</td></tr>
<tr><td>P10</td><td>M4 Director/总监</td></tr>
<tr><td>P9</td><td>M3 Senior Manager/高级经理</td><td rowspan="3">Principal/资深</td></tr>
<tr><td>P8</td><td>M2 Manager/经理</td></tr>
<tr><td>P7</td><td>M1 Officer/主管</td></tr>
<tr><td>P6</td><td colspan="2" rowspan="3">Senior/高级</td></tr>
<tr><td>P5</td></tr>
<tr><td>P4</td></tr>
<tr><td>P3</td><td colspan="2" rowspan="2">Junior/初级</td></tr>
<tr><td>P2</td></tr>
<tr><td>P1</td><td colspan="2">Assistant/助理</td></tr>
</table>

图2.1 C公司的职位级别架构

---

① C公司的组织架构以职位级别为基础，Job Grade分为14层，P1（助理Assistant）-P14（CEO），P7层级开始出现业务岗与管理岗的分化，管理岗除P7-P12的编号外，另有M1-M6的编号，P13、P14则为公司权力的核心，详情可见文中的“C公司职位级别架构图”。

C公司的企业性质、管理模式以及业务内容决定了其青年员工多数从事需要较强专业技能的脑力劳动，他们平均年龄不足30周岁①，接受过较好的教育，获取较为丰厚的薪资②。以课程部门Elsa为例，1993年出生，同济大学毕业后进入芝加哥大学，获得硕士学位后进入C公司；同样1993年的Layla③则在英国完成本硕学习，就读院校均是英国前十的高校；1992年出生的BY是华东师范大学教育科技专业硕士。C公司的核心产品部门，超过一半的员工拥有硕士学位，“90后”群体占绝对多数。他们进入C公司后第一年的收入基本都会超过15万元人民币。这些刚离开大学并获得白领职业的基层青年员工，尚未经历工作空间的规训，尚未从自我认知、劳动行为、消费习惯等方面转变为职业白领，依旧保留自身的独特个性和生活节奏，正处于个体性对抗企业规训的过程中。他们在工作空间接受并反抗规训，在消费领域学习白领的消费习惯和生活方式，呈现了获得白领职业到转变为职业白领的全过程，最能体现这一过程中个体的挣扎、抗争、接纳、内化的情形。

二、田野进入与调查方法

笔者通过网络求职平台，选择人数规模在100人以下的企业若干家，通过启信宝调查企业背景，筛选出非家族企业、有着比较明确的科层制结构的企业进行简历投递，最终进入其中一家企业。

笔者通过绘制企业座位图、企业职位树状图了解该企业的现状，同时借助企业的员工融入制度（生日会、员工福利、团队建设等）以及非工作时间的人际沟通，逐渐进入田野。2016年5月至2017年4月，笔者以实习生身份驻足田野点，最终成为C公司管理培训生（MT，management trainee，级别为P1），被接纳为C公司一员，与多数员工建立了稳定的人际联系。

参与观察是此次研究核心的研究方法，笔者通过应聘的方式，深入参与企业内部的运作，参与企业机能运转的部分层面与企业员工们一起工作，在企业内生存，并在此基础上，进行相应的观察记录和总结，并获得第一手资料，完成了6万多字的田野笔记，整理出一个现代企业的基层员工生存全景。

访谈作为辅助调查方式，对部分员工进行带有目的的交流，将这些材料作

① 仅以笔者所在的课程事业部门为例，16名基层青年员工（含笔者）平均年龄为29岁。

② 此处“较高的薪资水平”指的是基层员工的薪资相较于同行业的有着相似职业经历的人员，薪资较高；需要强调的是，在企业规章制度中，询问同事工薪水平是一项被禁止的行为；但是出于公司财务统计以及招聘的需要，每一级别的工作人员的薪资水平相对恒定在一个范围内，例如，P4级别的高级专员税前薪资在10000—14000元。

③ Layla，笔者在C公司同一部门的女同事，“90后”，家境非常富裕，在英国就读排名前10的学校，获得本科和硕士学位。硕士毕业后第一份工作进入C公司，月薪过万元，她是笔者的重要观察对象之一。

为参与观察的补充素材。出于维护员工隐私的考虑和减少被访谈者的顾虑，笔者未进行录音，访谈所贡献的研究资料比重不高。

笔者在进行田野调查之后，偶然间发现自身已经深深被青年白领职场的细分、微小的权力规训以及消费习惯和生活方式影响，行为、心态也发生了变化，描述职场情况时，从描述“他们”转变为“我们”。笔者将局外人对于笔者变化的情况进行描述与分析，呈现出笔者从田野工作者向职场人嬗变的过程，将自我对象化，从局外人的视角观照青年白领的工作空间和消费生活在笔者身上的影响，呼应笔者在田野调查过程中的观察与发现。

第三章　白领共识与白领的培养

社会大众认同在社会中存在着名为“白领”的一个群体，他们和体力劳动者有显著的区别，有着独特的职场文化、职业行为、职业要求，以及与之对应的生活方式、消费习惯、人际网络等。

一、白领身份的想象与构建

白领群体独特的气质与内涵，通过价值观念、行为方式、生活模式、消费习惯甚至神情、外貌表现出来，笔者沿用杨善华、李静的表述，将其称为“白领共识”。[①]“白领共识”是白领群体内部依靠着群体内的教育、管理、规训灌输给每一名白领（尤其是青年白领）的集体性的价值观念、消费习惯、生活方式以及职业技能等，是白领群体的所有成员进行个体化体验和实践的总和。“白领共识”是社会大众对白领群体的一种感性认知，雷开春发现，白领的身份认同是想象的构建，这种身份的主体建构更多缘于社会想象而不是真实社会群体的等级排序[②]，社会大众的“白领共识”包含了对白领群体的较高期待和要求。

2017年，一则“月入三万的煎饼大妈”的新闻轰动一时，行政Ruby很是感慨：

“哎哟，卖个煎饼都比我赚得多，烦！”

Vicky不以为然：

“比起卖煎饼，那么辛苦，宁可我现在当前台，至少我是坐办公室的。”

---

① 杨善华、李静：《ICT产品的应用和白领的“白领化”——一个日常生活的视角》，载《广东社会科学》2008年第3期。

② 雷开春：《青年白领移民的中产身份建构》，载《“中国中产阶级实证研究的对话与碰撞”会议论文集》（未刊），2017年版，第56—73页。

大众话语的变迁反映观念的改变。“坐办公室的”曾是对背靠行政权力、有编制、收入稳定、有社会地位、有一定的权力的公务员群体的称呼，充满民众的认同与羡慕。随着改革开放，“坐办公室的”群体内涵逐渐扩大，最早是将外企员工纳入。随着时间推移，所有白领群体同样被纳入“坐办公室的”这一褒义名词。

经过一段时间的遥遥相望，社会大众眼中的白领群体的特征被总结归纳为：衣着整洁、办公环境优质、收入相对较高、理性思维、实用主义、标准化的办公节奏等，此外一些所谓的“轻奢”“有设计感”的消费品也是白领特征，代表了商业化、有格调、追求品质的生活方式。在社会大众的感性认知里，白领群体积累了多个价值符号：受过高等教育、有知识的、高收入、西化的生活方式、格调与素质，这些符号意象将白领推向了社会认知中的较高位置，区别于普通的产业工人。

二、白领的形成是一个培养的过程

雷开春将社会认同（social identification）定义为个体对其社会身份（social identity）的确认，从学生到白领，需要对社会身份进行重新确认，包含文化认同、地域认同、群体认同和职业认同①。白领职业是白领群体形成的基础，但两者并不等同，学界对白领的认定是从其收入、职业类型等出发，过于强调白领的职业因素。白领的认定应当由外在因素和自我认同两部分共同形成。刚刚获得白领职业的青年员工，还不能称之为白领群体，他们在工作空间的行为、生活方式、消费习惯以及自我认知尚未完成从学生、自由民或者其他独特个体到职业白领的转化。转化过程中最主要的是文化认同、群体认同与职业认同。

虽然多数拥有白领职业的青年员工未必清楚白领的具体内涵，但他们认为白领是真实存在的，试图成为白领群体的一员，他们主动或被动地向“白领共识”靠近，以“白领共识”来改变、塑造自己，这是白领身份认同转化的过程。

转化的动力来自两方面，外部的强制性权力与内在的自我驱动力。外部的强制性权力来自工作空间的规训，在企业的工作空间内，规章制度等一系列手段规训青年员工的身体行为，改变青年员工的思维方式和认知，抹平青年员工原本作为独特个体的、人与人之间的差异，成为服从、驯顺、有“职业素质”的职业白领，这一过程是持续并且不断强化的。内在的自我驱动力来自青年员工对白领消费习惯的接纳，对白领职业和身份的依赖。在工作空间，青年员工无时无刻不在接受大量关于白领生活方式、消费习惯，白领群体的“非正式规则”，白领前辈的言传身教，内化、认同白领的消费与生活方式。这是一个“被

① 雷开春：《城市新移民的社会认同研究》，上海大学出版社，2008版，第62—65页。

动塑造”和“主动迎合”共同作用的过程。

第四章　在工作空间内被塑造的青年白领

追逐利润是现代企业的根本目的，创造价值的是企业员工，标准化、流水线的合作分工是获利最大化的有效途径。刚刚进入职场的青年员工，带着来自校园的自由、散漫和个性，与工具化、机械化、标准化的职业操作流程格格不入，改造他们使其符合工作空间的需求，现代企业已形成了一套行之有效的制度和手段去改造这一群棱角分明、自由跳脱的青年员工。

一、工作空间的规训及其形式

C公司制定了清晰、琐碎、完善的规章制度来塑造青年白领身体的认知、感受和行动，使其行为更具规范性。在工作空间内，规训通过多样化形式运作，企业文化、领导权威、同辈压力等，都在约束、限制和塑造着青年白领，产生更多创造价值的、高服从性的、高效率的白领身体。

在此过程中，青年员工逐渐被器具化、同质化、符号化，通过群体和个体自身的实践，内化要求和规则，转变为职业白领。青年白领以各种手段去反抗规训，但无力而微弱，他们不得不被纳入工作空间的规训，难以脱离，甚至恐惧不被纳入工作空间的规训。全面规训与微弱、非正式的反抗，是C公司青年白领工作空间的大致图景。

（一）无处不在的标准操作流程

企业规章制度是最为明确、清晰的白领行为规范，是对白领最为直接的行为管束。从他们选择接受劳动条款中的“遵守公司的规章制度”开始，青年员工同时也接受了由此可能导致的行为上的自我改变。C公司制定了一系列精细、明确的规范标准，要求公司全体员工遵守，创造一个行为标准化的环境。由此，青年员工对于自身身体行为的认知和感受度会显著提升，出现群体的规范性，消除“个性与不同”，提高工作效率，这是成为青年白领的第一步。

企业规章中最值得重视的是各种标准操作流程SOP（Standard Operating Procedure）。在C公司，人事部门负责人组织入职培训，培训新员工的内容包含两部分：公司基本情况的说明和各部门的标准操作流程SOP，SOP培训是重中之重。在行政部、人事部、采购部、销售部、IT部以及产品开发部门的各位Trainer[①] 给新员工讲解各部门的SOP前，人事部门负责人会先对新员工讲：

“公司的所有操作流程是对大家公开的，在公盘中可以找到相应的说明和流程介绍，请各位新员工注意，公司的所有事情都是有据可依的，有着一套执行的流程，从人事流程到业务执行都有……”

入职培训后，人事部门就培训内容出一份考题（针对不同部门，考题有所不同）去检验新员工对SOP的掌握程度。未能通过的员工，会被安排参加下一次入职培训，直至通过考核。

以SOP为代表的企业规章制度，是C公司对工具理性的坚持，只接受秩序化、规范化、统一化的标准流程。青年白领只有接纳这样的制度，将工具理性运用得心应手，才算是具备专业的“职业素质”。新进的青年员工在入职培训中被赋予遵守制度规范的认知，在反复的实践操作中不断强化，直至成为青年白领身体的下意识反应。

笔者曾经面对一份紧急文件需要VP（副总）签字，从办公室出来恰巧遇到VP，便试图要求VP签字，但VP头也不回地说了句“走流程”便径自离去。之后，笔者受到直属上级批评。

Kenny的上司Stewart指导工作时强调按照SOP去完成任务：

“无规矩不成方圆，有能力的人很多，有的人甚至一个人完成一个部门的事情，但是这样不会长久的，按照规矩走流程，不能因为一个人出了错导致项目完全失败……”

SOP确实让员工的操作流程有据可依，然而单独看某一项操作的SOP，却显得烦琐低效，但C公司注重的是公司整体运转的秩序化、规范化，任一员工个体就像标准化零件，可以被随时替换，且不影响公司整体的运作。只要熟悉SOP，任何人都可以被替代，C公司的工作空间并不欢迎那些挑战规章制度或者领导权威的“个性太强，不合群的人”。

福柯在《规训与惩罚——监狱的诞生》的第三章里描述了那些按照士兵要求被改造的农民，“改造了农民”令其符合“军人气派”。[②] 同理，C公司的青年员工同样被塑造成一个合格的职业白领。在工作空间的规训中，以SOP为代表的企业规章制度，操控、塑造和规训新进青年员工的身体，让他们变得服从、驯顺和配合，将要求和规则内化，变成一名具有“优秀职业素质”的，高服从性、高效率的白领。

---

① Trainer是对于各部门SOP讲解人员的称呼，并没有中文的翻译，就称为trainer，似乎师傅、指导员、训练师这类中文名字都没有trainer来得高端、大气。

② 米歇尔·福柯：《规训与惩罚——监狱的诞生》（刘北成、杨远婴译），生活·读书·新知三联书店，2003版第153页。

(二) 琐碎、细微、不间断的权力支配

时间观念也是规训的重要内容之一。C公司采用形式较“温和”的弹性工时，即上午9：00—10：00打卡上班，保证每天8小时工作时间。Layla通常临近上午10点进办公室，即使提前完成当天工作，但她依旧会在公司待着，以确保8小时工时。笔者询问原因，她回答：

“Ruby之前告诉我，最好坐满8小时，这样比较好。”

工时限制、打卡的要求，是为了能够在这一时间内强化和规训白领的身体劳动。在工作时间内，青年白领的身体是属于工作空间的，青年白领的身体只能用于劳动，而非承载个体自由意志。在这段时间内，青年白领没有对身体的自用权力，任何私人事务都被禁止。任何脱离工作的行为都会被谴责，都被认为是不合理的，离开工作岗位超过30分钟需要请假。工作时长的限定，保证了青年白领的身体被限制、约束在工位上，为不间断的规训提供了时空条件的保障。

Gloria（S的下属）曾经抱怨加班，晚上七八点才能离开公司，作为上司的S认为是Gloria不够专业、缺乏职业素质，S对下属抱怨加班嗤之以鼻，认为是缺乏职业素养：

“七八点那是正常下班啊！”

“太不专业，好员工需要专业，professional……”

“职业素质”是压制员工抱怨和规训员工意志的统治话语。笔者使用福柯对“话语”的定义，一种权力关系规定了某种社会秩序，以不同方式塑造人们的社会身份和主体位置，“旨在检验语言是如何影响社会再生产和社会变化的”。[①]而“素质”，是为了迎合市场、经济、政治因素而推行的话语权力，内含对个体或者群体的某种要求或者规范，进而对那些反对素质话语的群体进行区别与歧视。[②]将“素质”这一“话语”转移到青年白领的工作空间，就成了“职业素质”，服从管理、遵守秩序、依照SOP，掌握专业的职业技能以及能够为企业奉献，甚至牺牲个人利益被认为是具有“职业素质”的表现。“职业素质”的“话语”塑造青年白领的职场行为，也是S要求Gloria加班的权力来源。“职业素质”虽然是言语的微小力量，却也能够对青年白领的行为进行约束和控制。C公司的多数青年白领在这样的话语权力之下，自愿或者被迫地进行着加班或者延长工作时间的行为。

礼仪规章（dress code）告诉青年白领如何从穿着上体现一名标准白领员工的职业素质：

---

① 诺曼·费尔克拉夫：《话语与社会变迁》（殷晓蓉译），华夏出版社，2004版，第3页。

② 黄典林：《从“盲流”到“新工人阶级”——近三十年〈人民日报〉》新闻话语对农民工群体的意识形态重构》，载《现代传播：中国传媒大学学报》2013年第9期。

第二章 礼仪与着装

第三条 公司员工应尊重客户，尊重同事，在工作中讲文明、讲礼貌，待人热情，举止得体。

第四条 公司员工着装要庄重、整洁、协调、大方，与工作场所相适应。

第五条 公司员工在出席会议，会见和拜访客户等正式场所应着正装。

第六条 公司员工在办公时间不得衣冠不整。不得穿着背心、短裤、健身裤、七分裤、运动装、拖鞋。女性员工不得穿着吊带裙、超短裙、超短裤（热裤）等薄、露、透服装，短裙不得短于膝上2寸。化妆要自然，不得浓妆艳抹。

图4.1 C公司关于礼仪与着装的规定

Ruby不满：

“dress code肯定有必要，超短裙我理解，不过不能穿七分裤，有点……”

Layla则相对激进：

“啊！不能穿短裙、运动服，我会死的呀！什么好看的衣服都不能穿了！”

她们抱怨规定，却从未违反规定。礼仪规章（dress code）这样的细节规定，旨在去除感性的个体认知，戴有企业标志（logo）的工作牌、统一的办公用具、统一赠送带有公司标志（logo）的瓷杯，都有着相同的目的——将个体淹没在“C公司员工”的集体名词之下。

这些细微处的调整，被青年白领们轻易地接受，Ruby表示：

“有规定就照着做咯，没什么大不了。”

Layla后来曾开玩笑：

“以前自己买了一堆衣服，每天起来都要想一想怎么穿，现在好了，没选择也就不用想了，买几套一模一样的套装就好。”

类似礼仪规章（dress code）的规范，看似琐碎细微，却正符合了福柯的论断，C公司对青年白领规训的控制范围化整为零，“支配活动人体的微分权力（infinitesimal power）”，从各个细微之处着手，每一次的控制都是细小的，容易被青年白领接纳，但正是这样“不间断、持续”地“零碎敲打”①，完成了对青年白领的成功塑造。

（三）工作空间的监视

实现规训的无处不在，还需要监管和惩罚，监管青年白领的一举一动，惩

① 赵方杜：《规训权力演绎中的身体境遇——论福柯的现代性诊断》，载《理论月刊》2012年第10期。

罚那些不服规定的员工。C公司的制度明确员工的惩罚方式和途径，却没有也不会说明监管的手段，“员工有权检举违反公司制度的行为”“相互监督，互相管理”，出于人性恶意的猜想，青年白领之间保持着友好与警惕，使用客气礼貌的词汇、嘴角带着微笑，拒人千里，“同事就只是同事”这是C公司青年白领默认的准则。C公司的青年白领们再也无法形成团结一致的反抗。

Wyf是C公司的PTA（part-time assistant，C公司实习生的一种，工作时间较自由，只在必要时进公司即可），学校有临时性的活动，他请求在Layla、Kenny等人的配合下实现“逃离”。他非常担心被抓到擅离职守，即使这种可能性微乎其微。实际上由于公司的布局以及PTA的工作性质，并不会有员工去特别留意他是否在工位上。

“希望领导和老板不会注意到我不在了……”

Hellen和ZSB是“烟友”，通常会一起去吸烟区解决烟瘾，但他们总是鬼鬼祟祟地离开，一副害怕被发现的样子。

“被领导看见不太好，我没在工作。”

Hellen认为上司或者老板会实时监控自己的行为，对此感到忧虑。

工作空间内，青年白领的一举一动都有可能被关注，任何与工作无关的事情都可能成为被上司训斥，甚至成为奖金被取消的理由，尽管他们并不清楚是否一定会被上司发现，但是被发现的风险，足够让青年白领保持警惕，不论那被告知的监视是否存在，都让青年白领不敢越雷池一步。

（四）惩罚反抗者

福柯说道：“19世纪初，肉体惩罚的大场面消失了，对肉体的酷刑也停止使用了，惩罚不再具有戏剧性的痛苦表现。惩罚的节制时代开始了。”① 规训总会伴随惩罚，“文明社会”的道德让直接伤害肉体、精神尊严的惩戒从未发生在C公司，金钱的惩罚（薪资、奖金、年终奖的扣除、失去加薪机会等）、声誉的惩罚（斥责、会议上的批评、邮件通告批评等）是工作空间内的惩罚，但此时公司依旧将你视为团体的一员，而被工作空间排斥所带来的恐慌会更加强力地惩罚不服规训的青年白领。

Yinyin不愿意接受规训，被放逐在规训之外，没有任何工作，同事们忙个不停，而她无所事事，与周围格格不入，其他的同事知道她被管理层排斥，在和她交流时充满顾虑。基于8小时工作制，Yinyin无法融入又不能离开，也不能做与工作无关的事情，但她又没有工作任务。没多久，Yinyin便离职了。

被排斥在规训之外的青年白领，就像掉进狼窝的羊羔，群狼环伺却不行动，

---

① Michal Foucault, *Discipline and Punish: The Birth of the Prison* (New York: Vintage Books, 1979), p. 18.

羊羔陷入无限制的惶恐和不安中，是重新被纳入规训还是辞退，焦虑像绳子勒紧了青年白领的喉咙。①

惩罚之后，不愿驯顺的反抗者面临着两种选择：融入或者脱离。融入规训的空间，接受职业白领的塑造，转变成为温顺的、有职业素养的青年白领；脱离则意味着离职，像 Yinyin 一样离开工作空间，但这仅仅是暂时的脱离，如果她依旧进入一个资本化的职场，进入一个工作空间，这依旧是需要面对的问题。

二、碎片化的微弱抗争

C 公司的青年白领在驯顺的外表下微弱、细碎、多样化地进行着碎片化的微弱抗争，宣泄着对被规训的不满。但这更像是宣泄压力与不满的自我调适，而不是要求进行制度的革命。

（一）茶水间里的玩笑

为了保持员工的工作精力，C 公司的茶水间提供了高质量的茶歇。茶水间面积约 15 平方米，装修简约，一侧墙壁上安装了可折叠的吧台，另一侧是包含洗手池的一体柜，柜子里有洗衣机，柜台上有烤箱、微波炉、电饭煲、电水壶、净水机等机器以及常规清洁用品；茶水间提供各种茶叶、咖啡、方糖、牛奶以及零食；专人管理，打扫卫生并增补消耗品，每月采购精致的小点心作为额外福利。但是，茶水间没有坐的地方，所有行动都需要站着进行。茶水间似乎一切都好，但青年白领却没办法坐下来享用，只能短时逗留，回归工作。这里是青年白领暂时脱离工作、放松自我的场所。

在茶水间，Jennifer 和 Rayna 经常表达对上级的不满，给领导取外号，如 Stewart 被她们称为“DIU”（Stewart 的姓氏谐音），表达不满、不服、不屑：

“总不能直接说啊，听到了多尴尬，而且 DIU，多好玩，是不是很好玩?!”

她们在茶水间分享抵抗的小伎俩，Shelia 曾说：

“你们知道那个谁有多过分的，自己不下班就算了，还要拖着你也不让你走。我就专门给了他一个分组，在朋友圈发了一条状态吐槽，就给他看，我还想艾特一下他，想想忍住了……”

茶水间隔离工作的属性让青年白领愿意在这里谈论工作以外的事情，如朋友结婚随礼的行情、长假旅游、年假打算怎么用、新出的猫用营养膏使用感受、

---

① 白领的这种体验与被中产阶级规训的工人体验有着相通之处。参考马丹丹在西餐厅作为一名服务员的规训经验，当她不在流水线上时，她站立在餐厅的任何一个位置都是多余的，如坐针毡，这种流水线外的工人也会被企业排斥，因为他们如同不被规训的活棋子，他们的一举一动，哪怕是参与生产协作，也会给流水线带来威胁。参见：Ma Dandan，Yang Bo，*The Cultural Identity of Diet for the Middle Class*：*A Field Investigation of a Western Food Restaurant in Shanghai*（Journal of China Marketing，2017），p. 54.

某个明星热点等。在这个只能站着的茶水间，和并没有多少私人交情的同事礼貌而疏远地谈论无关痛痒的事情，只因为茶水间能够短暂脱离工作空间的种种束缚。

（二）青年白领寻找负面情绪的宣泄方式

在C公司的工作空间里，青年白领受到强大的工作压力，承受着规训、被约束、被监控带来的负面情绪，舒缓这些压力以及负面情绪自然就成了这些青年白领必然需要去面对的问题，在这一点上，青年白领们有着多样化的途径与方式。

青年白领会创造一个独属自我的空间，“对美好生活的选择当成生活的中心”①，塑造能够沉溺其中，将规训排除在外的私人空间，这或许解释了C公司青年白领养宠物比例极高的原因，Rayna饲养了蓝猫和布偶猫，Layla饲养了一只美短蓝猫，Elsa同样饲养了两只猫（品种未知），Vicky家中有一只短腿猫，Ben收养了两只流浪猫。上海户籍的员工有家人可以帮忙照顾，因而饲养宠物狗的比例相对高一些，ZSB饲养了一只哈士奇，Shelia家里有一只十几岁的泰迪，KK家里则有两只杂交品种的狗。他们将极大的精力投注在宠物上，沉浸在培育宠物的自我中。

除了饲养宠物，Hellen还选择了去健身房健身。

“流一身汗就舒服了，男人嘛有点肌肉不是很好吗?”

财务Yvonne是拼图狂热者，她近期在拼《纯白地狱》——1000块拼图，每一块都是白色的，仅有微小差异。Claire选择在周末去NGO做志愿者：

“做自己乐意的事情，也是好事。”

最为重要的是，笔者发现，消费或者说花钱购物是这些无牵无挂的青年白领最热衷的宣泄方式，青年白领刚刚进入职场，父母一辈尚未脱离劳动，无须他们赡养，又尚未被婚姻和育儿压力束缚，较高的收入水平让他们有着足够强大的消费能力，相应地，由于消费的独特性质与符号象征意义，追求消费带来的幸福感也成了他们最能够宣泄负面情绪与压力的方式。

青年白领寻找着不同的方式和渠道去宣泄在工作空间积累的压力和不满，但是当他们释放完负能量，又会回归到工作空间，周而复始地循环。

第五章　青年白领群体的消费行为

米尔斯认为，20世纪50年代的美国白领是高度异化的割裂个体，他们的工

① 韩平：《微观权力分析——读米歇尔·福柯的〈规训与惩罚〉》，载《河北法学》2006年第24期，第7页。

作与消费是脱离的。然而，笔者在C公司的调查表明，白领群体内部的自我管理与规训溢出了工作空间的限制，向着青年白领的私人消费领域蔓延，青年白领的消费同样受到白领群体内部的微小权力掌控。

一、工作空间的消费教育

（一）从企业福利学习白领的消费习惯

企业福利是C公司招聘新员工时的吸引点。企业福利会提供给员工一定的便利，由此让员工舒缓对工作的抵触，更加安心工作，创造更多剩余价值。例如，出租车报销制度、晚间餐饮报销制度让员工主动延长工作时间，提供工作装（带企业logo）是从外表上塑造职业白领的形象。集体生日与生日福利不仅增强了员工对于C公司的归属感，也隐晦地教育青年白领如何进行符合白领身份的消费选择。C公司人事部门的Candy认为这是现代企业的应有素质：

“在我以前的公司，我们就是这么做的，要有点level的，花点心思，有点新意，跟别人啊，不好一样的。”

CS今年的生日礼物是一张话剧兑换券，可在规定时间内兑换上海话剧中心300元以内的话剧票；Lulu收到上海音乐厅的家庭音乐会门票（Lulu已经婚育，家庭音乐会是针对幼儿培养音乐素养的特色音乐会），C公司的白领们非常喜欢这样的礼物：

“灵的，还是蛮有腔调的……”

Lulu用上海话评价，表达了非常高的热情。音乐会后的周一，Lulu在茶水间分享她对这场音乐会的感受，她认为这对于她的孩子而言，是一种极好的音乐素养的培养：

“这种音乐会蛮好的，感觉很好，价格么也不贵，我跟我老公商量了，每个月都要去一次的，这种音乐素质啊，还是要从小养起来，这样的小孩子，以后总归是不一样的。”

C公司妇女节礼物是一支护手霜，瑞典的品牌L：A BRUKET，30毫升装，均价在80元左右，不算贵但很讨员工欢心，Shelia说：

“这个牌子的特点哦，就是天然有机的，护手霜嘛肯定是滋润保湿的，比较贴心的就是它舒缓镇定的，擦伤晒伤也能挡一挡的，不过嘛我还是喜欢Byredo的，味道好闻呀。”

实习生WX静静地听Layla和Shelia讨论护手霜的品牌，Elsa偶尔也插几句话。未必要购买过，但不了解就必然无法融入聊天的话题。笔者只能静静地听着这些职场女性（office lady）讨论，显得自己格格不入。白领前辈Shelia乐意分享，她会告诉你品牌特性，理性地分析相似品牌之间的优劣势，但又似乎在暗示你：这些是你作为白领应该要知道的，如果不知道，那就好好学吧。

阿里森·普赫（Allison Pugh）的“尊严经济”（economy of dignity）概念，认为流行玩具和消费经验构成了儿童社会交往的重要话题，如果缺少被群体认可的消费经验，就容易被排除在群体生活之外，难以获得同伴的认可与群体归属感。① 这同样可以解释C公司白领的消费行为，学习白领的消费习惯，让青年白领个体能够参与群体活动并从中获取具有归属感的意义系统。鲍德里亚提出当消费本身已经能够构成一个具有文化意义的自组织领域，当物品不仅仅意味着其本身具备的功能，带有了符号意义之后，白领用它们筑起和其他群体的藩篱，并且在群体内部相互教育、相互指导，也由此获得群体的身份归属与认同。

企业福利被白领群体作为白领消费习惯的教育途径，青年员工从中学习白领们的消费习惯，去模仿、学习，从一些细微的点去强化青年员工对于白领群体该如何消费的认知，直至青年员工内化消费习惯与行为，在消费行为上符合白领群体认知的青年白领。

（二）消费行为的学习与白领的身份认同

西敏司说“你吃什么，就是什么”，食品不仅是果腹之物，也是彰显身份和品位的符号。鲍德里亚的《消费社会》提道：“在消费社会中，我们消费的并不是物的有用性，而是通过消费体现着自己的社会地位与身份的过程，因此消费是符号意义体系结构，是现代资本主义社会合法性的根据。”②

Haper 嘲讽 IT 程序员：

“过膝的七分短裤、花格子衬衫，这不就是程序员的标配嘛，土里土气的”，“按你说的白领收入，我们公司的程序员工资那么高，我看就不算白领，他们自己估计也不好意思管自己叫白领吧……”

在法餐厅里享用蔬菜色拉和在办公室里吃一份蔬菜色拉外卖，虽然消费的物品本身可能是一样的，但两种消费行为的符号差异却是巨大的。而这正是在青年白领的工作空间内被反复教育的，同样是滋润肌肤的护手霜，必然是Byredo带着香水气息的护手霜更符合白领的“调性”。

C公司白领群体的消费行为已经追求温饱脱离，不再仅限于满足基本物质需要，而是去追求一个问题：“我为什么要买这个东西？它能给我带来什么不同的意义？”将话语转变成“你是什么，你吃什么”。迈克尔·R. 所罗门等在《消费心理学》中提道：“消费者会发现，会有不同的产品与活动帮助他们定位他们

---

① Pugh Allison J, *Longing and Belonging*: *Parents*, *Children*, *and Consumer Culture* (Berkely, Los Angeles, London: University of California Press, 2009).

② 让·鲍德里亚：《消费社会》（刘成富、全志钢译），南京大学出版社，2014年版，第7页。

的角色。产品塑造了自我：你就是你所消费的东西。”① 袁浩从社会网络的角度，尝试把握新白领的阶层特征，发现融入当地社会网络支持了新白领的社会融入，而社会网络搭建和消费紧密地联系在一起。② 社会大众习惯于观察社会成员的外在去判断社会个体的个性、身份以及地位。C公司的白领不仅购买物品的有用性，还希望获得所购物品的象征意义。这是青年白领在工作空间不断学习、不断被教育的白领消费习惯的重要内容：用消费获得符号象征，明确白领身份的边界。白领的消费行为能够帮助社会其他成员评价这个人的社会群体归属，划出白领与其他社会成员不同的身份边界，强调自身所在群体的独特性，形成身份认同的行为与符号，也让青年白领建立起对白领身份的自我认知与认同。

C公司工作空间，青年白领们对符合白领身份的消费选择与消费行为的学习，似乎和企业盈利无关，而是白领群体内部的自我教育和来自白领群体内的前辈们言传身教，通过企业福利制度等途径，教育青年白领如何去消费，让这些刚刚进入职场的青年员工在一次次的教育、体验、实践中熟练地掌握符合“白领共识”的消费选择与消费行为，在消费方面成为一名青年白领。前辈白领们掌握着消费的知识与技能，同样是一种权力，带着温和的强迫性，是白领群体内部自发而进行的微小权力的规训与控制，尽管是如此的微小，但依然缓慢而稳步地渗透、改造着青年白领的消费心态与消费行为，直至这些青年白领熟练地掌握这些技巧，并利用这些基于消费知识的权力去影响他们的白领后辈们，循环着这种白领群体内部的自我教育和自我规训。

二、青年白领的消费实践

（一）青年白领的从众消费

青年白领基于“白领共识”，依托于企业工作空间，学习并被教育着利用消费的符号象征去塑造白领身份，刻画白领身份的边界。这种消费需要被群体集体认同、集体实践，才能体现其群体符号的意义。

2017年的上海涌现很多“网红”美食，“喜茶③”是其中最为知名的代表。追赶时代潮流的青年白领将购买到喜茶作为一种值得在朋友圈炫耀的事情，尽管他们未必喜欢喝，Layla对于喜茶口感的评价很有代表性：

---

① 迈克尔·R. 所罗门、南希·J. 拉博尔特：《消费心理学——无处不在的时尚》（王广新、张娥等译），中国人民大学出版，2014年版，第103页。

② 袁浩：《上海新白领移民的社会网络构成、相对剥夺感和主观幸福感——以上海市为例》，载《福建论坛（人文社会科学版）》2015年第4期。

③ 喜茶（HEYTEA）是一家起源于广东江门的茶饮料连锁品牌，在2017年的上海曾经引发排队3小时买一杯饮料，同时每人购买的饮料数量有限制的轰动效应，是2017年上海最知名最火爆的茶饮料品牌之一，被称为“网红”饮料。

“并不怎么样，要不是大家天天在朋友圈晒，我应该没有兴趣喝，它就是一杯平平无奇的茶，‘一芳’都比它好喝一些，虚头巴脑。”

然而有一天，Layla、ZSB、SQL 和 Iris 因为工作日不能离开去排几个小时的队伍，于是她们雇用排队黄牛以一分钟 0.5 元的价格帮忙排队，上海市区免费送货。将近三个半小时后，她们终于喝到了青年白领们趋之若鹜的“喜茶”，当然在喝之前需要拍个照，在朋友圈告知大家自己已经喝到了“喜茶”，虽然这之后 Layla 对“喜茶”味道的评价如前文所写，但这并不妨碍她给同事们的朋友圈一一点赞。

这不仅仅是凡勃伦的“炫耀性消费”（凭借着炫耀浪费型的消费行为去证明自身的阶级身份和社会地位），① 也是来自白领群体内部的微小权力，只需要某一位白领购买“喜茶”并且亮出“白领排队也要购买”的标签，传达出“作为白领，应当去购买喜茶”的信号，接下去就是白领群体内部的自我发酵，出于维护自己“白领共识”的缘故，彰显自身时髦的消费追求、消费能力与消费品位，购买一杯不便宜的“喜茶”似乎也是应有之义。

李春玲认为，以白领为代表的中产阶层家庭的消费是理性与追求品质的，② 而在笔者的调查中，青年白领的消费行为不同于这些成家立业的中产阶层，青年白领的某些消费行为完全被某一时期的消费热点引导控制，表现出“跟风”行为，表现出“从众”“趋中”的特点。同样地，素食也是曾经流行过一段时间的白领饮食，理由是代表着现代生活方式的白领群体需要“为身体排毒”。再如，2018 年 1 月，《旅行青蛙③》成为白领群体中最流行的游戏，朋友圈内不断涌现出稀有的明信片。然而，消费热点的寿命是很短暂的，白领的消费热点更替速度快到令人咋舌，“喜茶”最鼎盛的时间仅仅 2 个月，《旅行青蛙》在 2018 年春节之后就渐渐悄无声息。然而笔者确信，青年白领很快会找到新的消费热点，引导新一轮的从众非理性消费。

李春玲指出，在超大城市中的中产阶层将他们倡导的价值态度向全社会传播，这种文化有可能随着中产阶层人数的增加而成为社会的主导性文化④。青年白领还不具备向全社会传播中产阶层价值观的能力，他们本身还是学习者、模仿者，在从众消费中寻找白领身份的认同。他们依旧遵循着在工作空间内学到的实用主义原则和绝对的理性原则，精打细算着把自己的收入转变成为能够建

---

① 凡勃伦：《有闲阶级论》（蔡受百译），商务印书馆，2002 年版，第 203 页。

② 李春玲：《中产阶级的消费水平和消费方式》，载《广东社会科学》2011 年第 4 期。

③ 《旅行青蛙》原名旅かえる，是由游戏公司 HIT-POINT 研发的休闲小游戏，是一款放置类型手游。主角是一只可爱的小青蛙，玩家可以给它取名字。通过收集三叶草去商城买东西，有食物、幸运符、道具。青蛙带着这些东西就会出门旅行，然后旅行途中会邮寄照片，回来还会带回来当地的土特产。但是，“旅行青蛙”出不出门、什么时候出门、什么时候回来，全都是随机的。

④ 李春玲：《中国当代中产阶层的构成及比例》，载《中国人口科学》2003 年第 6 期。

立自我身份认知的符号标签，他们在能力范围内模仿那些白领群体必备的消费品，实践白领群体应该掌握的消费知识、技巧和行为，在自身收入所允许的能力范围之内，迎合着群体内部的“白领共识”，用消费将自己的外表、生活方式、品位，打造成符合白领群体内部依赖着微小权力去推行的“白领共识”所要求的形象和认同。青年白领的部分消费行为体现出从众的特点，就像已经抹去年龄、性别、阶级、肤色和种族标签的蓝色牛仔裤一样，牛仔裤代替“规范”，制造出了“普通”的概念。“‘规范’是通过个体的行为和穿着进行表达的，而不是通过我们的基因”。[①] 青年白领被白领群体内的微小话语权力裹挟着，像追赶流行趋势一样进行消费，既被动又主动，形成白领群体实践从工作空间学习到的消费习惯和行为的“舒适地带”。

（二）毫无个性的“个性化”消费

C公司的青年白领们学习符合白领身份的消费选择与消费行为，由此获得身份的认同与融入。但这些年轻人，同样不愿意放弃对自身独特个性的追求（似乎追求个体主义也是白领群体的标签），于是在符合白领消费习惯与行为的穿搭框架之下，通过“个性化”消费，购买不同于他人消费的物品来获得所谓的“个性”，希望在极其相似的白领群体中凸显自己的个体性。C公司的青年白领们以此来掩盖掉在工作空间被同质化、工具化、标签化带来的极端压抑和焦虑。

Helen热衷于日本潮流，喜好购买设计师联名款的Vans鞋（常规的Vans鞋价格在千元以内，但是设计师联名款价格在2500元左右）。

冬季空调让C公司的办公环境闷热干燥，加湿器成了必备的办公室桌上用品。KK是DSD部门的平面设计师，她购买了一个BOYOU的bottle mini（产品名，意为迷你瓶）加湿器，使用USB接口，非常适合放置在办公桌上，价格399元人民币，外观如图5.1所示：

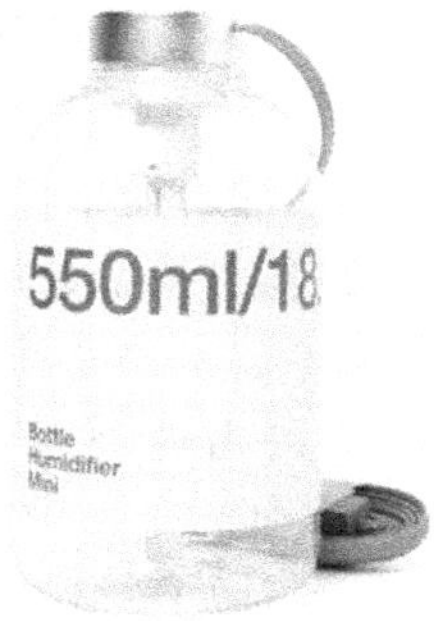

图5.1　BOYOU bottle mini 加湿器

① Daniel Miller, *Anthropology in Bluejeans* (New York: American Ethnologist, 2010).

KK说这款北欧进口的加湿器使用效果很好，能自动断电且美观，尽管她很生气瓶身标签贴纸有气泡：

“这么贵的东西，连个标签都贴不准!”

但她依然认为这是一件值得消费的物品：

“我们公司用的加湿器都差不多，这个很独特，设计感很强，我觉得还是蛮值得的。”

KK强调“设计感”的重要性。虽然之后，同一办公室的ZJ购置了同款加湿器，只是颜色不同。

Layla穿的一条裙子（并不违反C公司的dress code）遭到了Shelia的嘲笑：

“Layla，你是穿了一条腈纶被头（上海话）吗，哈哈哈哈哈哈，那你明天是准备穿个鸭绒被头（上海话）来上班吗？欸，你们看看是不是跟老底子的老伯伯、老阿姨用的腈纶被一模一样?”

Layla很生气，强调说这条裙子很贵，并且出自某位设计师之手，是一条很“厉害”的裙子，她本人非常喜欢。

KK和Layla反复提到“设计感”，她们消费的不仅是加湿器或者裙子的实用功能，更是“设计感”带来的独一无二的符号意义，她们把消费“设计感”作为界定自己和周围人不同的方式，从中找到安全感。

“代购”是C公司青年白领们经常讨论的话题，Rihanna经常代购一些限量款、设计师合作款的箱包、服装、首饰等，她对卖赝品的代购异常愤怒：

“有些买手真的很恶心，国外出了什么新款，直接买下来然后打版，然后一件件做出来卖给那些要代购的，还有更恶心的是稍微修改点地方，然后说‘哎呀，我对这个设计进行了改进’什么的，更恶心了，我觉得这些人你干啥呢，为什么要卖假货呢，让我们这些买真的人情何以堪啊!”

性别差异也会对消费行为有影响，C公司的男性白领对于电子产品的追求非常明显，Stewart在公司的休息区放置了一台任天堂Wii①，对大家说可以休息时间玩一玩，劳逸结合。这台Wii确实非常受年轻男同事的欢迎。Zak说：

“Wii是有它火的理由，可玩性很高，读书的时候就想买了，工作后有钱买了一个放家里，结果一直没时间去动它，反而公司里有一个还能抽个空玩一把。在做游戏这方面哦，任天堂真的是国内的公司追都追不上的，最新的那个Nintendo Labo你看了宣传没有，厉害吧!”

Wyf平时用的是iPhone7，但是他依旧会去购买BlackBerry最新款的智能手机：

“你知道iPhone没有烂大街以前，bb真的是手机里硬件最好的，现在也是，

① Wii是日本任天堂公司（Nintendo）在2006年11月19日推出的一款家用游戏机。

不过bb开始做软件了，但它还是最牛的，我一定要买一个试试。”

Gloria的男朋友订购了每周一送花到公司的服务，Gloria很高兴：

“都是一些杂七杂八的花，还要我自己修剪，自己插起来，也就是办公室里看着舒服点，算他有心了。”

Gloria会把每周一的午休用来修剪花枝，此时其他员工都去吃饭了，唯有她不同。

然而，“个性化”消费却是最没有个性的，他们的个性化消费统一于对于白领身份的塑造，这些所谓的“个性化”消费行为，获得的身体认知是“有品位的白领”，而不是某个独特的个人。换言之，“个性化”消费行为塑造了一个群体的身份，为白领群体增加了一个“追求独立个性”的标签，而不是某一个体的独特性。

（三）青年白领的身体消费

杰弗里·米勒在《超市里的原始人》中提道：我们不再把自己的消费定位于外在物品上，而是定位于自身的存在上，比如，我们将自己的身材或者是身体的一部分孤立出来进行保养，而这种保养的过程表面看来是对商品的消费，而实际上却正是消费着自己，消费的关键不在于拥有商品，而在于自我展示。①

工作空间的改造如此彻底，以至于青年白领在离开工作之后，很难找到替代性的身份认同。因此，青年白领们不得不利用消费在日常生活中延续自身白领身份的存在感，C公司的青年白领将大量的精力与金钱消费在自己的身体上面，给白领身份打造成一个“身体管理”的标签，并且在这个标签上增加正向的意义，管理身体，追求健康的生活方式和优质的身体状态，将身体塑造成符合白领身份偏好或者理想化的白领形象，并由此获得来自社会的认可与自我的安宁与满足。

Layla的皮肤偏黑，笔者取笑她除了脸其他部位都很黑，Layla的反应却让笔者意外：

“你知道我在这张脸上花了多少钱吗？我都不擦脖子的，反正也不会有人特别关注脖子，而且脖子真的面积太大了，我的化妆品很贵的……”“女人为了自己的脸，很拼的……比我买衣服都要拼。”“我都想‘谋杀’我交往过的男朋友，他们看过我素颜的样子。”

C公司的青年女白领们都会化着精致的职业妆容，显得干练又体面，她们即使穿着10厘米的高跟鞋，依旧可以在紧急时刻飞奔而去。

所谓“草”就是蔬菜色拉，“吃草”是青年白领常见的午餐，身体的掌控

① 杰弗里·米勒：《超市里的原始人——什么是人类最根本的消费动机》（苏健译），浙江人民出版社，2017年版，第149页。

是一件需要认真对待的事情（虽然总体来看，男性白领身材走形的多一些）。C公司附近“大开沙界”餐厅人气一直很高，Helen 常年健身，是“大开沙界”的常客。笔者跟随 Helen 在“大开沙界”就餐，发现这个为白领们开设的“食草场”将摄入的热量精细地罗列出来，就像是一个个公式一样计算着这一餐摄入的卡路里，如图 5.2 所示：

图 5.2　“大开沙界”餐厅标注食物热量的圆形牌

Helen 认为这大大简化了他对热量摄入的控制难度，清晰、简洁、明确的量化计算，让饮食成为一件雕塑青年白领身体的工具，Helen 觉得他愿意为了健身出没于健身房，然而如果还要自己准备健身餐就是一件很费心力的事情了，他是不情愿的，于是在“大开沙界”的消费就是不二之选。

青年白领从对于自身身体的消费中获得安宁感与存在感，这些消费行为便不再是一个被动的接受过程，“消费并不是这种和主动生产相对的被动的吸引和占有，消费是一种建立关系的主动模式，而且这不只是人和物品之间的关系，也是个人和集体与世界间的关系，它是一种系统性活动的模式，也是一种全面性的回应。”① 在这个意义上而言，青年白领的消费行为，以一种自觉的“强迫性”方式实现，是一个自愿进入的过程。

有趣的是，那些人到中年的白领员工，尤其是已经婚育的员工，他们虽然了解白领的消费习惯，精通如何将自己打造成社会认知中的白领精英，但是主动去掉塑造、维持白领身份而进行关于身体消费的行动力却并不高，34 岁的销售 Joey 自嘲：

“我现在哪里还算白领啊？”

① 让·鲍德里亚：《消费社会》（刘成富、全志钢译），南京大学出版社，2014 年版，第 199—222 页。

雷开春认为，投资孩子的教育，增强了白领的身份认同。① 不同于未婚未育的青年白领，中年白领上有老下有小，子女的教育需要他们投资大量的资金，他们能够看到更优质也更加昂贵的教育资源，不得不将自身的消费转移到子女的教育经费中。这些中年白领深刻地认同自身的白领身份，将注意力投射在子女能否继承自身白领身份的努力之上，为此愿意牺牲自己的部分身体消费。

三、在劳动与消费中转变为职业白领

C公司的青年员工转变为职业白领的过程中，劳动和消费起到了至关重要的作用，劳动与消费的相互协作将刚刚获得白领职业的青年员工塑造成为职业白领，并将他们固定在白领群体的身份圈子里。

现代企业工作空间内，青年员工接受着职业白领的身体、行为规训，从标准操作流程（SOP）到服装穿着的规范标准（dress code），凭借着条条框框的规章制度、时间管理，以及那些琐碎、细微却不间断的权力支配方式，无时无刻不在监控、打造着青年员工的身体与行为，乃至青年员工的待人接物和说话的方式，将他们硬塞到职业白领的标准化模子里面去。白领的工作空间不仅仅是劳动的场所，同时也是规训的实践场域，一遍遍将白领的身体与行为模式印刻到这些青年员工的下意识行动中去，直到这些基于“白领共识”的身体行为方式和要求被青年白领内化为身体的本能。这种职业白领理性而又实用的行为模式不仅仅出现在工作空间，还会影响青年员工的私人生活领域。

青年白领的工作空间除了对身体与行为的规训、塑造，也是一个传授白领生活方式、消费习惯的教育空间。在这里，青年员工们在劳动中获得如何从消费和消费行为塑造、维持白领身份的知识和技巧，而这种知识与技巧围绕着白领工作空间弥漫着的来自本群体的“白领共识”展开，青年白领们的消费和消费行为也会反馈“白领共识”，创造出新的消费要求。青年白领们通过消费和消费行为所代表的符号象征将自己的身体慢慢打造，去迎合“白领共识”的要求，并且用这些符号象征堆砌出白领群体和其他社会成员之间的界限。在社会大众的感性认知里，白领群体积累了多个重要的价值符号：受过高等教育且有知识的、高收入、优雅的品位与素质、健康的身体，以及一种商业化、有品位、追求品质的消费习惯与生活方式，这些有力的符号意象将白领推向了社会认知中的较高位置，明显地区别于普通的产业工人。此外，“白领共识”还是一种文化资本的集合，集中了白领群体有别于其他社会群体所拥有的文化资本。仇立平、肖日葵的定量研究成果表明，以高等教育获得、艺术修养文化、从事中等品位

① 雷开春：《青年白领移民的中产身份建构》，载《中国中产阶级实证研究的对话与碰撞会议论文集》（未刊），2017年，第56—73页。

的休闲活动以及其他身体文化资本（个人修养、品位等）等文化资本对于群体认同有着持续的重要影响，整体而言，文化资本存量越大、质量越高，群体认同的可能性也越大。① 在青年白领群体中，他们的职业与劳动是体面的，他们的受教育水平整体较高，他们的收入明显高于其他同龄群体，他们的消费习惯特点是精致、精细、易量化，其目标是为了更加适合白领的“自我管理”需求和目标。而这些需求和目标均来自白领群体内部的教育与规训，白领群体在内部教育群体的新成员，提炼他们对应白领群体的文化资本，从而实现青年白领群体对白领群体的整体认同感，进而更愿意接受自身的白领身份，更容易接受来自白领群体，基于“白领共识”的教育、规训和管理。因此，笔者认为，“白领共识”的产生是基于白领群体文化资本的集中，这既有可能通过客观社会地位的获得而间接作用于群体认同，也有可能对群体认同产生直接的作用。

从另一个角度而言，青年白领塑造、维持白领群体身份的身体消费和消费行为是一项大额的支出，需要强有力的经济收入作为支撑。青年白领的消费基于白领群体的实用和绝对理性，不会进行超越经济能力的消费和消费行为，精打细算着把自己的收入转变成为能够建立自我身份认知的符号标签，然而这样的消费行为依旧让青年白领的收入所剩无几，Elsa 自己还经营着 Airbnb 的民宿，用这部分收入去弥补每个月高额的支出，她这么评价白领的薪资：

“想要靠工资发财那是不可能的，养活自己就不错了，没个别的收入来源，以后真的无依无靠的。”

所幸这些未婚未育的青年白领还不需要承担起赡养老人、抚养子女后辈的重责，他们依旧可以毫无负担地享受白领消费所带来的实在感和满足感，去抵消在工作空间因为规训和高强度劳动带来的压力、压抑和焦躁情绪，去掩盖他们高度异化的人的憔悴以及剥除消费带来的暂时快感后，一无所有、荒芜、空虚的精神世界。

Helen 不满工作日的性生活：

“狗一样做了一天工作，就指望下班什么都不想，躺在床上，以后工作日放弃性生活，太累了！早上爬都爬不起来，今天回去把脑壳摘掉，直接昏过去算了。”

Layla 抱怨工作太累：

“刚从英国回来的时候，我的学位还没认证嘛，没工作，就去找朋友吃饭，结果一个个都跟我说工作很累，不出来，我问他们‘工作重要我重要?’，现在我懂了，对不起，我哪能和工作比，我轻于鸿毛，太累了，谁工作日叫我出去肯定跟我有仇，躺床上看剧才是人生!”

---

① 仇立平、肖日葵：《文化资本与社会地位获得——基于上海市的实证研究》，载《中国社会科学》2011 年第 6 期。

Elsa回应笔者对其周末行程安排的好奇，她说：

“宅啊！周六睡一天，晚上出去和朋友吃个饭，周末没有约逛街的话，就看剧吧，最近挖出一部很老的英剧，叫《Yes，Minister》，蛮搞笑的，你可以去看看的。”

CW即将离职，他笑称自己是“裸辞”：

“我准备休息一个月再找下家了，用一个月享受一下人生。”

虽然CW声称去享受生活，但他并没有回答笔者怎样去充实人生、享受生活的提问：

“这个嘛，我也不清楚，一直在工作，没想过这问题，等有空在想吧。”

Gloria和男友周末去公园散步，环绕着世纪公园走一下午。“不会无聊吗，不说话的吗?”笔者的疑问有些让Gloria无奈。

“礼拜天本来就没事做啊，哪有那么多话的咯，走路嘛就不用说话了。”

笔者本人在工作空间忙碌一天，经历早晚两次地铁的拥挤之后，身体和精神的疲惫无以复加，虽然不停地进行脑力劳动，但重复和机械化的劳动无法唤起丝毫的成就感，反而被淹没在日复一日的乏味枯燥中。

米尔斯写道：“工作中出现的异化意味着一个人生命中最活跃的时光被贡献给了挣钱‘生活’。异化意味着无趣……他们必须严肃地和始终如一地对待那些对他们来说毫无意义的东西……闲暇时光便因此具有了从工作的专制性严肃中解脱出来的轻松的自由感。”“生活中最让人心烦的是在哪工作和何时工作，而最令人兴奋的则是在哪消费和何时消费。”① 米尔斯笔下的美国白领“厌恶工作，耽于无止境的玩乐”，而C公司的青年白领则从一开始就被告知“保持对于工作的热忱”那是白领应有的“职业素质”，他们的消费行为也只是白领群体自己创造的群体内的自我管理的一种方式，充满了碎片化、引导性的微小权力的操控与支配，很难成为发泄情绪、抵抗空虚的手段，只剩下非工作时间的空虚、倦怠与乏味。Layla的宠物蓝猫被男朋友送走了，她很难受：

“我本来就不知道周末去做什么，现在猫没有了，我回家以后都不知道能做什么了。”

C公司的青年白领，大量的时间被陷入在工作中，私人生活和社交都或多或少和工作有着联系，私人生活单调而乏味，他们似乎找不到更有价值或者更值得追求的事情。这些刚刚进入白领职场的青年员工就在劳动和消费的相互循环中，逐渐被规训、塑造和转变成为符合“白领共识”认知和要求的职业白领，他们承担着高强度的脑力劳动，被消费文化裹挟，几乎没有像样的积蓄，茫然

① C. 莱特·米尔斯：《白领：美国的中产阶级》（周晓虹译），南京大学出版社，2016年版，第237页。

而又空虚，在消费的充实感过去之后，只剩下劳动的压抑和焦虑。

白领群体的劳动与生活是一个自我循环的死胡同，自我调节性差，难以应对生活方式和结构的改变。当这些青年白领年岁渐长，步入中年，面对着赡养和抚养的双重压力，尤其是子女教育资源的激烈争夺，几乎没有多少积蓄的他们充满了焦虑，牺牲了早就成为身体本能的白领群体生活方式和消费行为，将这部分支出转移到赡养老人和教育子女上，或许就像 Joey 所说的那样，认为自身失去了作为白领的品位与精致。

可悲的是，跳出白领群体的可预见成本非常高，现代企业的管理模式和白领群体的高效、实用，以及可预见的获利让越来越多的企业引入现代企业管理模式，随着社会的发展，消费社会又是来势汹汹。员工离开 C 公司的工作空间，最大的可能是进入另一个公司的工作空间，依旧被白领群体裹挟。行政 Ruby 将要离职，她对笔者说：

“其实哪个公司都一样的，我就想换个离家近一些的，你要是看工作，哪里都一样的。”

第六章　从“他们”到“我们”

一、局外人眼中田野研究者的嬗变

在田野调查深入的过程中，笔者越来越找不到作为田野研究者的存在感，难以将自身抽离出工作空间拉开距离去观察、思考。直至笔者在生活实践中将白领工作空间的身体话语和行为实践复制到和同学的相处中，与散漫、随性的校园生活形成“剑拔弩张”的激烈对抗关系，方才惊觉自身淹没在白领职场而不自知，就如同汇报田野调查工作时，起初还称呼这些企业青年白领为“他们”，后来慢慢就变成了“我们”。

局外人则很清楚地发现了笔者从田野工作者向职场人的嬗变，在他们的眼中，笔者发生了戏剧性的变化，遂对笔者身边的同学进行采访，展现田野工作者在进入白领的工作空间后，是如何在工作空间和白领群体内部的微小权力的共同规训、控制和塑造下，被深深卷入、同化到青年白领的工作与生活圈子的。

2017 年 11 月，笔者参加读书会，中途有位快递员敲门打断了正在进行的读书讨论，同学 F 和快递员进行沟通，试图提供帮助，然而 F 对该新建办公楼的结构也不熟悉，情况有些僵持。此时，笔者认为这样的沟通低效且没有任何价值，下意识地使用了办公室内的语言：

“不好意思，是这样子，我们正在开读书会，我们对这栋新楼也不熟悉的，真抱歉啊。”

笔者的回应似乎震惊了一同讨论的同学，同学L笑着说：

“本来师姐说的时候，人家还觉得有希望，想多问几句的。师兄一开口，他就知道他该走了。虽然很客气、很礼貌，但透着拒人于千里之外的冷漠。”

这句“拒人于千里之外的冷漠”引发了在场人员的共鸣，而笔者突然意识到，在白领职场学到的技巧似乎已经不再是技巧，而是一种身体的下意识反应。

“我印象最深的是上次开中间阶层会的时候。你的表现让我们觉得你对这一套流程非常熟悉，似乎已经形成了一套详尽的公式。在我们非常蒙的时候，你占据了一个领导者的角色，给我们每个人分配了各自的任务。”

笔者将企业中的工作方式嫁接到了高校的学术会议准备上，将其作为一个项目来进行安排、实施，在时间有限的情况下，强行将会务人员纳入流水线操作，在两天的时间内顺利完成了会议的筹备工作。等到会议结束，会务人员普遍爆发出了强烈的不满，对笔者的操作行为表达出异议。同学F在回忆这次事件时，是这么表述的：

“以前感觉你的想法是脱离工作环境的，有自己的生活；而现在完全融入了工作的环境与生活方式，变得和以前不一样。”

他们真切地看到，短短几个月，笔者就变得异常憔悴，像换了一个人。笔者认为，当自身过度介入到田野调查的环境中难以脱离，不能实现对自我的深度剖析时，引入局外人的观点，可能是行之有效的方式，田野研究者在进入田野之后的变化，本身也将会是田野研究的重要资料。

二、白领群体的自我管理与再生产

C公司的青年白领，不同于中牧弘允笔下那些被圈养的“企业人”，也不同于米尔斯所表述的工作与消费高度割裂的中产阶级白领，C公司的青年员工从自由的个体劳动力到同质化的职业白领，这一转变体现的是白领群体内部的自我管理与自我宰制，充溢在青年白领工作空间与消费领域的微小权力控制则是成功实现白领群体自我管理（self-governance）的重要力量。丽萨·霍夫曼（Lisa Hoffman）提出自我管理（self-governance）的概念，又可译为“自我统治”。居民主动去符合公民素质（有素质的公民是要迎合政府建设新型城市的政策要求的）的要求进行自我教育，实现社区内居民群体的自我管理，完成社区改造和治理。[①] 笔者将此处的“自我管理”理解为某一群体的成员根据特定的要求或者规范，进行个体的身体、行为的管束、治理，实现所在群体的整体目

① Lisa Hoffman, “*Urban Modeling and Contemporary Technologies of City-Building in China: The Production of Regimes of Green Urbanisms*”, *Worlding Cities: Asian Experiments and the Art of Being Global.* ed. A. Roy, A. Ong (New York: Blackwell. Hong Kong Museum of Art, 1982), pp. 30-54.

标的一个过程。

企业工作空间除了无处不在的规训、束缚、不确定的监视之外，青年白领被白领群体的职业技术、职场经验、消费行为与习惯塑造，这不仅是单方面的强压与灌输，同样也隐含着青年白领的主动学习与迎合，“职业素质”“白领共识”不仅仅是白领群体内的微小权力的规训，同样也是青年白领的自我要求，唯有对“职业素质”的要求拿捏得举重若轻，才能在职场游刃有余，这是对自身的负责，是基于“职业素质”和“白领共识”的自我管理，是对自己的行为与身体的管理。此外，青年白领对身体的管理拓展到工作空间之外，Helen 对健身的欲求（2018 年的春节之后，S 也回归到了健身房常客的行列），不仅仅是出于健康，而是对身体的精细化管理，身体的臃肿肥胖有悖于白领精致高尚的生活方式，确切说是羞耻。① 青年白领们根据“白领共识”或者“职业素质”的标准，自发地主动管理自己的身体与行为，力求将自身紧密切合在白领的身份框架内。

工作空间那些直白而明确的规训，C 公司的 SOP（标准操作流程）、各种规章制度训练了青年白领的职业技能和职场经验，打造了青年白领的大致轮廓；那些借助公司制度与企业员工福利的白领群体的知识传授、认知教育细细地填充了白领群体的内部细胞。这些琐碎、细微的权力一点点打磨着青年白领的心智与身体。对于白领进行教育和规训的微小权力，不仅弥散在工作空间，青年白领的消费领域同样被这些微小权力宰制，无孔不入。来自白领群体内部的微小权力给予青年员工什么是白领的消费习惯、消费品位和消费眼界的教导，并将其和白领的身份联系在一起，唯有接受教育并进行消费实践的青年员工，才能被白领群体认可与接纳。“白领共识”让白领群体界定明确的群体身份边界成为可能，进一步让白领有途径获得群体身份的认同，通过群体内的微小权力不间断的规训与教育，实现群体内部的自我管理与自我统治。在这一过程中，前辈白领传授了消费行为塑造白领身份边界的所有知识，白领群体在这一过程中扩充了新的成员，完成了群体的再生产。

---

① 鲁思·本尼迪克特在《菊与刀》提出日本人的“耻感文化”——“耻”作为一种外部规范潜藏在日本人的道德体系之中，贯穿于日常生活的方方面面。“耻感文化”强调外在约束力，当罪错暴露，会受到他人的谴责与惩罚，耻辱便降临到这个人头上，但假如罪错不为人知，那么也就不会有社会群体的压力，也就不足以为“耻”。参见鲁思·本尼迪克特：《菊与刀》（吕万和、雄达云、王智新译），北京·商务印书馆，1990 年版。青年白领将不能维持身体的匀称状态引以为耻，这是被其他白领明确观察到的“不健康”状态，代表着对于自身毫无控制力、不健康不精致的生活态度与生活方式，与白领群体追求的对生活与身体的自我管理的理念背道而驰，更会带来白领群体内部的负面评价，“发胖”威胁到了白领自我管理的神经中枢，是完全暴露在白领群体中的令人深恶痛绝的“罪错”，这就在白领群体中形成了一种外在的约束力，白领们以此为耻，受到了来自白领群体的外在压力，成为敦促白领进行身体的自我管理的一种外在推动力。

青年白领在前辈白领的教育下，学会了在消费中自我纾解、自我宰制，并且将这些消费行为雕琢成为新的塑造白领群体身份的符号力量，创造出新的对青年白领规训与管理的微小权力，并且进一步增加白领群体的自我认同，同时对群体外的社会成员传达出新的“白领共识”的组成因素。

以上种种都体现了白领群体内自我管理的微小权力全面管制、引导、教育着白领的消费行为，从职场到消费，微小权力无孔不入、无处不在，其统治逻辑是一致的，而白领群体内部的微小权力恰恰是实现白领群体自我管理的重要方式与手段，白领群体内的微小权力教育、引导青年白领进行对自身的自我管理（self-management），从而在群内形成群体的自我管理和内部治理，这两者是相互联系与依存的关系。

第七章　结论与展望

一、结论

在以C公司为代表的现代企业工作空间内，青年员工刚一进入，就被纳入了企业工作空间的规训，而规训的目标则是将这些刚刚获得白领职业的青年员工塑造成合格的、能够为公司创造价值的职业白领。企业文化和白领共识规训青年白领的身体与行为，凭借着完善的SOP将青年白领的手脚束缚起来，在无所不在的不确定监视下，把他们塞进预设好的职业白领的模型中一点点打造。

此外，青年白领还受到微小权力的规训，那些细碎的、不间断的微小权力的打磨更令人心惊。这些微小权力的渗透温和而坚定，缓慢而有效，无视青年白领自发进行的细微、分散又无力的反抗行为，来自白领群体内部的细碎管控将对青年白领的控制范围化整为零，从各个细微之处着手，塑造青年白领的身体与行为，改造对工作与消费的认知，每一次的控制都是细小的，更易被青年白领接纳，青年白领群体在工作空间内被归结为一个整体脸谱化的集体名词，这种不间断的零碎敲打造就了对青年白领的成功规训，甚至向他们的私人生活领域渗透。青年白领从其他白领处主动或者被动地获得消费习惯和消费行为的知识、维持白领身份的知识和技巧，围绕着“白领共识”，在不经意间塑造着白领的消费行为，让青年白领沉溺在对于白领的想象中，通过消费和消费行为所代表的符号象征将自己的身体慢慢打造，进行着自虐式的自我剥削、自我宰制，用这些符号象征堆砌出白领群体和其他社会成员之间的界限。

这些来自白领群体内部的微小权力渗透在青年白领的工作空间与消费领域，青年白领陷入了劳动和消费的相互循环中，逐渐被白领群体内部的微小权力规训、塑造和转变成为符合“白领共识”认知和要求的职业白领，他们被工作和消费驾驭，严苛地实施着对自身的自我管理，成为职业白领群体的一员。从工作空间到消费领域，秉承了一致的逻辑和手段，以微小权力渗透进青年白领工作与生活的各方面，实现白领群体自己创造规范和约束，教育青年白领实践对自身的自我管理，进而完成白领群体内部的治理和群体管理。

笔者认为，以C公司的青年员工为代表的青年白领正在成长为一个有别于工业劳动者的劳动群体，塑造过程不同于日本的“企业人”，生活状态有别于美国的中产阶级白领，这是一个在群里内部进行自我约束、自我管理与自我宰制的群体，他们不关心群体外的人、事、物，他们自己创造身份符号、塑造身份边界，以自我教育的形式在内部完成新成员的“再生产”，将群体成员的生活锁定在工作空间和消费领域。这些白领群体的生活与内心被工作与消费充斥，除此以外一片茫然，浑浑噩噩；但也是这个群体成为社会财富与社会价值稳定而持续的创造者，并且持续将自身的财富注入资本的市场，成为维护市场经济运转的稳定力量。

研究青年白领的职场经验，就职业白领的职业生涯和生命历程而言，在还没有房子、家庭、赡养老人、抚养下一代的要求，还不需要进行中产阶层的高额不动产消费之前，青年白领的单身（solo）时光非常宝贵，意味着一个与家庭隔离的个体单位（unit），同样是中产阶层社会的基石。而田野调查告诉我们，中产阶层社会的个体单位是需要在职场与消费当中锤炼出来的，它是习得的过程，也是自我剥削与自我压制的过程，同时也是消费社会对solo单位给予足够的空间位置的尊重与服务，反过来缔造了个体单位的合法性与市场的受欢迎程度。最终结果是青年白领的技术训练、职场经验的提升与消费、身份政治等方面相互综合，构成一个完整的身体政治——为中产阶层的美好生活而准备。值得注意的是，这段单身时光并不会轻易结束，或者走入家庭，或者独身终老，这是一个并行的未来趋势。“Going solo”，正是这种趋势的回应。从长时段的生命历程来看，中产阶层社会的个体单位在中产阶层已有研究并没有凸显出来，其原因和调查者本身的中产阶层身份有直接的关系，他们或者是高档小区的业主，或者是核心家庭的一分子，他们本身就是中产阶层住房与消费经验的写照，这样的调查者身份影响了他们对青年白领的了解，尤其是对青年白领职场与消费经验的探索，个体单位铸造的生活世界本身就与他们形成了一道天然的屏障，在这一田野调查接触局限之下，面对大量的中产阶层婚姻、家庭和住房的“中年”议题，青年白领作为个体单位的铸造过程无形当中被隐匿起来。而笔者所做的正是突破这一障碍，在研究与体验同时进行的青年白领“单身时光”当中，呈现中产阶层社会的个体单位的铸造过程以及它的延续性，是不因生命历程的转变而轻易中断的。相反，它继续在消费社会中“冲浪”，将重心放在个人身上，无论是人力资本还是身体控制，这一自我统治的铁律将会继续延展，发挥无可阻挡的作用。

二、展望

笔者将研究对象局限于刚进入职场的青年白领群体。在这些青年员工成为符合“白领共识”期待的职业白领之后，白领群体内部的微小权力对这些人进行影响和塑造的机制，以及已经婚育的白领又是如何应对白领群体内的微小权力的，在白领群体职业生涯的不同阶段，白领群体内部的微小权力与白领之间的互动机制、白领群体在消费和劳动中的自我剥削、自我宰制是值得笔者进一步探索的问题。

参考文献

[1] Daniel Miller. Anthropology in Bluejeans [J]. American Ethnologist，2010（03）.

[2] F. L. W Richardson，Charles R. Walker. Human Relations in an Expanding Company：Manufacturing Departments，Endicott Plant of the International Business Machines Corporation [M]. New Haven：Yale University Press，1948.

[3] H. A. Applebaum. Work in Market and Industrial Societies [M]. NY：SUNY Press，1984.

[4] James G. Abegglen. The Japanese Factory：Aspects of its Social Organization [M]. Glencoe：The Free Press，1958.

[5] Lisa Hoffman. Urban Modeling and Contemporary Technologies of City－Building in China：The Production of Regimes of Green Urbanisms [C]. New York：Blackwell. Hong Kong Museum of Art，1982.

[6] Ma Dandan，Yang Bo. The Cultural Identity of Diet for the Middle Class：A Field Investigation of a Western Food Restaurant in Shanghai [J]. Journal of China Marketing，2017（06）.

[7] Michal Foucault. Discipline and Punish：The Birth of the Prison [M]. Translated by Alan Sheridan. New York：Vintage Books，1979.

[8] Pugh Allison J. Longing and Belonging：Parents，Children，and Consumer Culture [J]. Berkely，Los Angeles，London：University of California Press，2009.

[9] S. Cunnison. The Manchester Factory Studies，the Social Context，Bureaucratic Organization，Sexual Divisions and Their Influence on Patterns of Accommodation between Workers and Management [J]. In R. Frankernberg（ed.）Custom and Conflict in British Society，Manchester：Manchester University Press，1982.

[10] W. F. Whyte. Human Relations in the Restaurant Industry [M]. New York：McGraw Hill，1948.

[11] W. F. Whyte. Incentive for productivity：The case of the Bundy Tubing Company [J]. Ap-

plied Anthropology, 1948, 7 (02).

[12] W. L. Warner, J. O. Low. The Social System of the Modern Factory. The Strike: A Social Analysis [M]. New Haven: Yale University Press, 1947.

[13] Zhang Li. After words: Flexible Postsocialist Assemblages from the Margin [J]. Duke University Press, 2012.

[14] 艾约博. 以竹为生：一个四川手工造纸村的20世纪社会史 [M]. 韩巍, 译. 南京：江苏人民出版社, 2017.

[15] 包海兵. 跨国公司、员工与社区的人类学研究——以在苏州投资的跨国公司为例 [J]. 贵州师范大学学报 (社会科学版), 2014 (03).

[16] C. 莱特·米尔斯. 白领：美国的中产阶级 [M]. 周晓虹, 译. 南京：南京大学出版社, 2016.

[17] 陈华敏. 消费符号化——消费文化构建的消费行为 [J]. 企业导报, 2010 (08).

[18] 陈月明. 商品符号与符号消费 [J]. 浙江社会科学, 2006 (06).

[19] 凡勃伦. 有闲阶级论 [M]. 蔡受百, 译. 上海：商务印书馆, 2002.

[20] 韩平. 微观权力分析——读米歇尔·福柯的《规训与惩罚》[J]. 河北法学, 2006 (24).

[21] 黄典林. 从"盲流"到"新工人阶级"——近三十年《人民日报》新闻话语对农民工群体的意识形态重构 [J]. 现代传播：中国传媒大学学报, 2013 (09).

[22] 杰弗里·米勒. 超市里的原始人——什么是人类最根本的消费动机 [M]. 苏健, 译. 杭州：浙江人民出版社, 2017.

[23] 卡梅隆·奎因. 组织文化诊断与变革 [M]. 谢晓隆, 译. 北京：中国人民大学出版, 2006.

[24] 孔欣. 日本企业文化特点与我国企业文化建设 [J]. 兰州商学院学报, 2006 (05).

[25] 雷开春. 城市新移民的社会认同研究 [D]. 上海：上海大学社会学院, 2008.

[26] "中国中产阶级实证研究的对话与碰撞"会议论文集 [C]. 未出版, 2017.

[27] 李春玲. 中产阶级的消费水平和消费方式 [J]. 广东社会科学, 2011 (04).

[28] 李春玲. 中国当代中产阶层的构成及比例 [J]. 中国人口科学, 2003 (06).

[29] 李友梅. 社会结构中的"白领"及其社会功能——以20世纪90年代以来的上海为例 [J]. 社会学研究, 2005 (06).

[30] 鲁思·本尼迪克特. 菊与刀 [M]. 吕万和, 雄达云, 王智新, 译. 北京：商务印书馆, 1990.

[31] 洛夫格伦, 弗雷克曼. 美好生活——中产阶级生活史 [M]. 赵丙祥, 译. 北京：北京大学出版社, 2011.

[32] 马丹丹. 西餐厅与中产阶级的文化认同——上海某西餐馆田野调查 [J]. 甘肃行政学院学报, 2016 (01).

[33] 马丹丹. 在理性与幻想之间——中国中产阶级兴起的制度与话语考察 [M]. 北

京：中国社会科学出版社，2016.

［34］迈克尔·R. 所罗门，南希·J. 拉博尔特．消费心理学——无处不在的时尚［M］．王广新，张娥，译．北京：中国人民大学出版社，2014.

［35］梅琼林．符号消费构件消费文化——浅论鲍德里亚的符号批判理论［J］．学术论坛，2006（02）.

［36］米歇尔·福柯．规训与惩罚——监狱的诞生［M］．刘北成，杨远婴，译．北京：生活·读书·新知三联书店，2003.

［37］诺曼·费尔克拉夫．话语与社会变迁［M］．殷晓蓉，译．北京：华夏出版社，2004.

［38］欧静辉．对某私营企业职员交往的人类学思考［D］．北京：中央民族大学，2006.

［39］潘天舒，洪浩瀚．上海"麦工"意义世界的人类学解读——基于田野体验的视角与洞见［J］．社会，2011（05）.

［40］潘允康．"白领"与现代社会结构［J］．社会科学战线，1999（03）.

［41］仇立平，肖日葵．文化资本与社会地位获得——基于上海市的实证研究［J］．中国社会科学，2011（06）.

［42］乔治·E. 马尔库斯，米开尔·M. J. 费彻尔．作为文化批评的人类学［M］．王铭铭，蓝达居，译．北京：生活·读书·新知三联书店，1998.

［43］让·鲍德里亚．消费社会［M］．刘成富，全志钢，译．南京：南京大学出版社，2014.

［44］孙秀林，张璨．上海青年中产阶层的奢侈品消费研究［J］．青年研究，2014（5）.

［45］佟新．跨国资本与中国中产阶级的生产——以在华跨国公司中方高端劳动力为例［J］．社会，2008（04）.

［46］王宁．消费与认同——对消费社会学的一个分析框架的探索［J］．社会学研究，2001（01）.

［47］王向华．经营理念与经营风土：香港八佰伴经营的人类学研究［J］．日本学刊，2008（04）.

［48］吴咏梅．日本的经营人类学［J］．广西民族大学学报（哲学社会科学版），2010（05）.

［49］郗杰英．解读"新白领"［J］．中国青年研究，2001（06）.

［50］徐华．华人企业中的家族主义——港台地区华人企业组织结构、原则分析［D］．北京：中国社会科学院，2000.

［51］颜景高，贺巍．论符号化消费的社会逻辑［J］．山东社会科学．2013（09）.

［52］杨善华，李静．ICT产品的应用和白领的"白领化"——一个日常生活的视角［J］．广东社会科学，2008（03）.

［53］杨雄．上海"白领"青年职业生活研究［J］．青年研究，1999（06）.

［54］殷鹏．"霍桑试验"与"曼城工厂研究"——企业人类学研究的方法回顾、比

较与反思［J］. 杭州师范大学学报（社会科学版），2014（04）.

［55］袁浩. 上海新白领移民的社会网络构成、相对剥夺感和主观幸福感——以上海市为例［J］. 福建论坛（人文社会科学版），2015（04）.

［56］袁同凯，陈石，殷鹏. 现代组织研究中的人类学实践与民族志方法［J］. 民族研究，2013（05）.

［57］张继焦. 企业人类学的新探索：近年的学术活动及其研究动向［J］. 创新，2015（03）.

［58］赵旦迟. 仪式化过程体验：S 培训机构课程对企业员工组织认同的影响研究［D］. 金华：浙江师范大学，2016.

［59］赵方杜. 规训权力演绎中的身体境遇——论福柯的现代性诊断［J］. 理论月刊，2012（10）.

［60］中牧弘允. 经营人类学序说——企业的"民族志"和工薪族的"常民研究"［J］. 曹建南译. 学术界，2001（05）.

［61］中牧弘允，日置弘一郎. 企业博物馆的经营人类学［M］. 上海：东方出版，2003.

［62］中牧弘允. 公司的神与佛：经营与宗教的人类学［M］. 东京：讲谈社，2006.

［63］中牧弘允. 公司葬礼的经营人类学［M］. 上海：东方出版社，1999.

［64］庄孔韶，李飞. 人类学对现代组织及其文化的研究［J］. 民族研究，2008（03）.

分歧的意义理解

——作为一种文化符号的广场舞

于佳煖（复旦大学）

◎ 指导老师：周怡

摘　要：广场舞是目前非常流行的一种群众休闲活动。然而，近年来，对于广场舞，不同的群体持有不同的理解。本研究指出，不同共同体当中的意义理解机制差异导致了我国公共领域和广场舞群体对广场舞现象产生了不同的理解。本研究通过将公共领域所代表的中国社会视为“想象共同体”，并将广场舞群体视为“简单共同体”，来探讨这两者当中不同的意义生成逻辑。首先，公共领域对广场舞的理解发生了“从正面到负面”的转向。在 2013 年 11 月以前，公共领域往往用积极的道德话语相关的评价来衡量广场舞。而自 2013 年 11 月起，当它的形象与潜在文化结构的负面道德话语相联结时，其公众形象也就随之发生转变。其次，广场舞参与者对广场舞的理解则始终是绝对正面的。由于广场舞参与者在广场上已经通过共享的场地、互动和经历形成了新的“简单共同体”及相应的新的身份认同，因此，广场舞对她们来说也更是新的集体价值（例如，健康、友谊和团结）形成的场所。

关键词：广场舞；理解；意义；文化结构；共同体

第一章　引言及问题提出

在我国，广场舞是一种近年来十分流行的群众性休闲活动。广场舞参与者多为中老年女性，在每天的清晨和傍晚，这些参与者会随着背景音乐跳动作整齐的舞蹈，旁边还时常有围观者。

然而，在中国社会中，人们对于“广场舞”存在着截然不同的理解方式。首先，广场舞近年来在舆论中总是以一种“非主流”的负面形象出现。自 2013 年开始，各类媒体文本不乏将广场舞与历史上的社会主义革命时期对于人们的影响，或是现实生活中的“权利意识缺失”等社会性问题相联系的冲动。一个典型例子是凤凰网发布于2013年11月的“中国老人，为老不尊?”专题。在这组评论中，作者批评性地将中国老人称为由于受到革命年代影响而“精神贫穷”的一代。这样的精神贫穷一方面可能导致她们缺乏规则意识[①]，也同时可能导致她们对于集体主义精神的强烈怀恋与依赖[②]。

但又有相当一部分人对广场舞持有截然不同的看法，这类人群以广场舞参与者及其亲朋好友为典型代表。如果关注以广场舞及其参与者为研究对象的实证研究，会发现这一人群在高度赞赏广场舞对于健康、社交、精神状态方面的助益之余，对与广场舞中的公共秩序和团队建设问题也有较为明确的认识[③]。广场舞在她们眼中是一种具有强烈的积极意义的“呼声很高的群众性娱乐活动”。她们对舆论中的批评感到非常陌生，并且她们中的许多人对于上述评论中所提到的社会历史要素也并不敏感，甚至并不熟悉。

那么，为什么在同一个社会中，对于相同的群体行为会产生两种截然不同的解读呢?以上事实反映出，基于价值判断的理解和意义对于“是否展开行动”的指引作用不容小觑。人们对于同一行为的符号的不同理解会带来不同的意义，并最终指向不同的态度和行为。在这一过程中，“广场舞”这一群体性活动的存在与形貌，即它的符号性特征，还有人们认为它所能代表的“意义”，不仅仅是一类客观事实，更是能够对于人们的行为造成影响的主观认知的“社会事实”。由此，本论文的研究问题即为：为什么中国社会围绕着广场舞这一现象产生了截然不同的理解?进一步地，这些分歧的理解的具体内容分别是什么?为了回答以上问题，本次研究将基于与不同共同体中意义生成方式的差异相关的理论，将公共领域视为中国社会这一“想象共同体”的代表，并将每个广场舞群体视为“简单共同体”，来对广场舞持有不同理解的不同人群作出区分，并在此基础上分别阐述这些理解对于不同人群的意义产生过程。

本论文总共由五章组成。第一章（即本章）指出本论文的研究背景及研究问题。第二章将就对群体的意义理解的相关理论文献做一梳理，由此提出本研究分析框架。第三章阐述研究方法。第四章分析中国社会的公共领域对于广场舞的理解的产生与变化过程。第五章在对两种理解的比较基础上展开总结、讨论与反思。由于第三四章所关注的共同体类型及相应操作化手段不同，因此研究方法的具体细节将在每章中分别交代。

---

① 《中国老人，为老不尊?》，2013年11月19日《凤凰网》。http://news.ifeng.com/opinion/special/weilaobuzun/。

② 《跳好“三支国标”再谈“广场舞统一”》，2015年3月25日《红网》。http://news.sina.com.cn/o/2015-03-25/000331641101.shtml。

③ 于佳煖等：《上海大型广场舞组织的个案研究》，载《上海公共文化服务发展报告（2017）》，上海人民出版社，2017年版，第137—153页。

第二章　理论脉络与研究框架

群体的象征符号（如共享的群体风格、图腾等）作为群体存在的要素（下文简称群体符号），既是群体内部认同感和凝聚力的推动要素①，也是外界对其理解、认识和评价的重要依据②。因此，群体符号对于与群体行为相关的各类行动者都具有确实存在的“意义”。总体来看，群体符号的意义研究由单一的、实质性的视角逐渐发展出多元的、建构主义的视角，其研究对象也从符号与实质性的群体行为逐渐扩展到与之相关的社会意义。

第一节　群体符号的意义及其理解

在本研究中，“意义”指人们对特定事物所赋予的含义。“理解”则是与行动者的主观世界密切相关的概念，指代行动者对于意义把握、了解与内化，或生成自己的观点的过程。总体来看，对于群体及其相关文化现象的研究经历了从假定意义总能反映现实，且具有统一性到关注意义被形塑与建构，且不可避免地具有多元性的过程。

一、意义与现实的关系：从“客观反映事实”到“社会建构事实”

文化社会学领域在谈论意义与社会事实本质的关系时，最初着重于发掘客观事实特征，但也逐渐意识到社会建构过程群体内部对于符号性特征的认知的重要作用。反映客观事实的研究总体上秉持现实主义的立场，认为一个群体被其他人所感知到的特征能够反映它的本质特征或是群体成员的真实动机。罗伯特·帕克（Robert Park）基于对芝加哥城市地区的调查指出，基于不同的种族、移民和劳工群体，现代社会的城市地区被分割成不同的区域。由于很难有效控制所有的分割区域，因此各种各样的越轨行为群体（deviant groups）就会在这些区域内产生③。沿袭这样的现实主义取向，英国的伯明翰学派在对于青年亚文化的研究当中，认为战后的青年具有强烈的对于主流文化的抵抗意识。因此，这些青年组织起亚文化群体来表达他们对于自身价值的认同和对主流社会的反抗④。

---

① 柯林斯：《互动仪式链》（林聚任、王鹏、宋丽君译），商务印书馆，2019 年版。

② Stanley Cohen. *Folk Devils and Moral Panics*（New York：Routledge，2011）. p. 9

③ Robert E. Park et al.，*The City*（Chicago：University of Chicago Press，1925）. pp. 99-112.

④ Stuart Hall and Tony Jefferson，*Resistance Through Rituals*，*Youth Subcultures in Post-War Britain*（London：Harper Collins Academic，1976）. p. 17.

而建构主义立场的研究对于上述研究提出了颠覆性的挑战。以霍华德·贝克尔（Howard Becker）的标签理论（labeling theory）为代表的建构主义理论指出，社会中本没有所谓的“越轨行为”，是否“越轨”的标准纯粹是被社会上的支配集团——即“道德提倡者（moral entrepreneurs）”——所定义和标签化的结果①。例如，斯坦利·科恩（Stanley Cohen）在对英国社会中“摩登族”和“摇摆族”青年所产生的“道德恐慌（moral panic）”的研究中指出，英国社会对于这些群体的负面印象主要来自媒体的建构。虽然他们总是在大街小巷成群出现，但其中大多数并没有开展越轨行为的动机。但由于个别负面事件的出现，这些青年群体便被大众媒体以夸张的修辞、极端化的案例建构成了被称为“民间恶魔（folk devil）”的负面形象②。自科恩的研究开始，建构主义的视角被应用到各种群体的研究中，包括移民③、青年群体④、社会组织成员⑤、越轨行为群体等⑥。

上述两种立场的并存反映出，人们对于某一种群体的符号性特征的理解，既有可能反映出它的真实特性，也有可能是一种与它的本质特征并不完全重叠的主观推断。理解既有可能反映真实的情况，也有可能基于行动者的判断而独立存在。本次研究将思考这两种可能性，并与广场舞的情况对照。

二、意义理解的结果：从整合的功能主义到分化的解释主义

那么，对于同样的一个群体，人们是否总是能够建立共识呢？从社会整合理论的视角来看，“共享的意义”的创设是不证自明的，并且也是一个运转良好的社会系统应该具备的必要条件。对于整合的追求始于涂尔干的早期理论中对于失范社会的讨论。在《社会分工论》中，涂尔干指出，失去价值整合的社会会陷入名为“失范”的异常状态，从而导致一系列社会问题的产生⑦。由共享的文化符号来实现社会整合的一个实证分析的尝试是爱德华·希尔斯（Edward Shils）和迈克尔·杨（Michael Young）关于加冕礼对英国社会认同形成的研究。

---

① Howard Becker, *Outsiders, Studies in the Sociology of Deviance* (New York and London: The Free Press, 1963). pp. 147-164.

② Stanley Cohen, p. 9.

③ Joshua Greenberg and Sean Hier, “Crisis, Mobilization and Collective Problematization: ‘Illegal’ Chinese Migrants and the Canadian News Media,” *Journalism Studies*, II (December 2001), pp. 563-583.

④ Susanne Alm and Anders Nilsson, “Cause for Concern or Moral Panic? the Prospects of the Swedish Mods in Retrospect,” *Journal of Youth Studies*, XIV (October 2011), pp. 777-793.

⑤ Arnaud Dandoy, “Towards a Bourdieusian Frame of Moral Panic Analysis: the History of a Moral Panic Inside the Field of Humanitarian Aid,” *Theoretical Criminology*, XIX (November 2014), pp. 416-433.

⑥ Erich Goode and Nachman Ben-Yehuda. *Grounding and defending the sociology of moral panic* (Moral Panic and the Politics of Anxiety, New York: Routledge, 2011), pp. 20-36.

⑦ 涂尔干：《社会分工论》（渠东译），生活·读书·新知三联书店，2000年版。

希尔斯和杨认为，加冕礼能够让观看的人对女王产生敬意。由于这一活动具有强烈的仪式性，并且被全英国的几乎所有人共同分享和庆祝，因此这一行为能够增强国家的社会整合①。

然而，持冲突取向的研究者认为，虽然从结构功能的视角来看，共享的意义的确有助于通过维持共享的价值来达到社会整合的目的，但从社会现实来看，特定的群体或行为对于社会中的各类行为所产生的意义并不总是共享的，甚至会存在针锋相对的分歧。格尔茨对于爪哇社会中的斯拉梅坦葬礼仪式的研究显示，由于城市社区中的其他成员已经接受了新的价值观，并且也已经经历了现代化变迁，因此仍然固守着葬礼传统程序的小社群就会在大的城市社群中显得格格不入。传统社群相信人们应该平静地接受葬礼，因为在葬礼上表现出激烈的情绪会妨碍死者通往阴间的路；而受西方价值观影响的大城市居民则认为情绪应该被公开表白出来，平静和沉默是“缺乏精神支柱”的表现。因此，这两类人在葬礼上发生了严重的分歧，但两者都认为自己对于葬礼仪式的看法是更合理的②。

第二节　理解分歧：不同类型共同体意义生成的分化

由理论脉络可知，围绕着同一种群体所生成的意义在整个社会中并不总是统一的，而且这种多元性未必会走向融合。联系到与本研究广场舞有关的现象，也不难发现，至少在上文中所讨论的两种具有代表性的行动者（广场舞参与者与公共舆论中的讨论者）之间，其分歧和相互隔离的现实也更接近于冲突主义者所讨论的那种“社会现实”。如上文所述，群体是“社会的整体中所区分出来的共同体”。参照这一定义，本研究即试图基于有关共同体类型的分化及其对成员的意义形成机制的影响的理论视角，来讨论群体间意义理解的分歧的生成机制。

共同体之间存在类型的分化，并且不同类型的共同体中意义产生的机制完全不同。一种比较常见的思路为根据共同体的复杂性将其划分为：一种是复杂的，要通过“想象”共同体的存在才能在共同体成员之间构建认同的“想象共同体（imagined Communities）”（例如，民族国家成员需想象其共享的“民族”特征才能确认并维持其共同体认同，而非仅通过直接的互动）和另一种简单的仅依靠某种直接纽带（例如，血缘、地域或周期性集体行为）便可构建的“简单共同体”。例如，在《想象的共同体》中，本尼迪克特·安德森（Benedict Anderson）指出，“民族”即是一种基于所有成员的共同想象，而并非真实的接触所维系的“想象的共同体”。而与之相异的是一些能够经常面对面接触的小型

① Edward Shils and Michael Young, “The Meaning of the Coronation,” *Sociological Review*, I (December 1953), pp. 63-81.

② 格尔茨：《文化的解释》，译林出版社，2014年版。

群体（例如，原始村落）[①]。下文将会使用“想象共同体”与“简单共同体”来指代两种层次不同的共同体。

由于维系的基础不同，两种共同体中对于群体自身以及特定事物的认知不仅是结果意义上的不同，并且构建逻辑也不同。想象共同体通过观念、意识形态和对共同体存在的想象等文化要素来塑造与共同体有关的意义，并且这些文化要素以文本形式的文化结构[②]存在，通过与各类符号、社会事件或叙事相勾连而对人们的认知和判断起到形塑作用。而与之相反的是，在简单社会中，成员通过直接共享某种特定同质性较强的行为、崇拜体系或其他纽带（例如，血缘或地域）来获得在群体中的认同和意义[③]。因此，成员对于共同体的意义理解会通过直接互动而产生。

若将中国社会的公共领域作为一个总体——一种较为复杂的“想象共同体”，并将一个个的广场舞群体这类成员之间面对面相见，且规模相对小的共同体视为“简单共同体”，则本次研究中意义产生的机制分化问题，就可被视为由于不同种类共同体的意义生成机制不同而导致的分歧过程。对于公共领域中的那些未参与广场舞活动的成员，他们的理解过程源于“想象共同体”中相关的评价标准，而对于广场舞参与者来说，在中国社会所共享的文化结构之外，她们在自己的广场舞群体中，对于这一“简单共同体”又有另一重的认同及其形成机制。围绕与“广场舞”有关的社会事实，本次研究大致区分出两种基本角色：一是，中国社会中其他并未直接参与到与广场舞相关的活动，但对其采取过关注，或有一定看法的中国社会成员。这类人群的意见主要反映于以互联网媒体为代表的中国公共领域（以下简称公共领域）。二是，对于广场舞活动本身有直接联系的群体，主要指代广场舞参与者（以下简称广场舞群体）。对于两种行动者的意义理解过程的具体分析方式如下：

第一，对于公共领域，本研究将首先对中国社会的文化结构做一梳理。在此基础上，本研究通过收集相关的媒体文本，并借助特定的文本分析方法，呈现其对广场舞的群体符号的理解变化的大致趋势，并借助已梳理出的文化结构对这些变化结构作出“深描”的叙事分析。

第二，对于广场舞群体，本研究则会关注她们由自身所处的“简单共同体”成员身份所导致的意义形成过程。本研究阐述这些群体如何在她们所共享的群

---

① 安德森：《想象的共同体：民族主义的起源与散布》增订版（吴叡人译），上海人民出版社，2016年版，第6页。

② Jeffrey C. Alexander and Philip Smith, “The Discourse of American Civil Society: a New Proposal for Cultural Studies,” *Theory and Society*, XXII (April 1993), pp. 151-207.

③ 格罗斯：《公民与国家——民族、部族和族属身份》（王建娥、魏强译），新华出版社，2003年版，第20页。

体及其活动场所中，通过直接互动与重复的行为来体验参与广场舞活动的意义。在完成这两方面的分析后，文章将基于这两种理解的生成机制和结果的不同，来具体描述关于广场舞的理解分歧的现状及由其导致的“难以对话”的原因。

第三章　公共领域中“广场舞”的形象转变

本章主要探讨公共领域对于广场舞的理解变化过程。总体来看，公共领域对广场舞的理解经历了一种从正面到负面的转化过程。自2013年开始，中国社会的各类媒体对于广场舞的批评一波未平一波又起，将广场舞定义为一种具有负面特征的社会现象，并反思广场舞这一活动所折射出的“时代问题”[①]。

但数年之前，人们对广场舞的理解是非常正面的。在当时，一些学者认为，广场舞“以健康向上的内容、群众喜闻乐见的形式，把对主旋律的赞美和弘扬呈现给广大人民群众”[②]；而从广场舞活动本身的特性来看，广场舞也被视为一种具有社会性、多样性、群众性特征的活动，是一种对身心健康都很有好处的活动[③]。

那么，广场舞的公众形象经历了怎样的变迁过程，其内在的逻辑又是什么？对于这一问题，本章采用基于结构主义解释学[④]（Structural hermeneutic）的方法来进行分析，将文化结构视为“想象共同体”中意义形成过程的一种根本的推动要素。结构主义解释学认为，在社会生活中，文化通过被社会中的成员共享的道德话语（moral discourse）来发挥作用。这些道德话语会形成公开的可利用的资源，通过这些资源，行动者的行动能够被典型化或获得道德解释[⑤]。

在复杂社会（即“想象共同体”）的世俗的生活及社会团体中，在徽记、图腾等明确的符号以外，更重要的象征符号为代表着社会所共享的，用于判断是非善恶的准则，例如观念、价值观和社会规范，它们在现代社会中往往表现为公共领域中的道德话语和观念。在“想象共同体”中，作为集体表征的话语和观念会形成复杂且具有内在逻辑的体系，它们所形成的体系即为一个社会所共享的“文化结构”。文化结构能够成为人们基于共同体身份而确认的，发起行

---

① 张兆曙：《个体化时代的群体性兴奋——社会学视野中的广场舞和“中国大妈”》，载《人文杂志》2016年第3期，第116—122页。

② 王芳：《广场舞在群众文化建设中的地位和作用》，载《科技创新导报》2012年第29期，第241页。

③ 刘星：《洛阳市广场舞开展现状及对策研究》，上海师范大学2012年硕士论文学位。

④ Jeffrey C. Alexander and Philip Smith，pp. 151-207.

⑤ 周怡：《强范式与弱范式：文化社会学的双视角——解读J.C. 亚历山大的文化观》，载《社会学研究》2008年第6期，第194—213、246页。

动或评判事物的原则，因而能够直接支配人们的行为和秩序①。例如，美国社会中对于政治事件或商业行为的评判往往围绕着一系列有关于“民主”和“反民主”的道德话语而展开②。

然而，与西方的经验不同的是，当代中国的文化结构并不能被简单地归结于围绕着某种单一维度价值观而组建起来的话语体系，而是存在特殊历史文化经验所导致的多元性和矛盾性③。本章将基于已有的相关研究，对当代中国文化结构中的道德话语做一梳理，以用作对行动者构建其理解过程的解释资源。在确立了这一分析框架后，本章以在中国互联网中收集的相关文本材料为主要分析对象，首先通过基于 LDA 主题模型的内容分析方法了解文本材料的主要内容，其次对于文本中的主要内容作基于深描方法的叙事分析来揭示文化结构的贯穿性影响力。此外，为了进一步验证文化结构对于广场舞的公众形象的建构作用，一些实地访谈及观察资料也将被用于解释过程。

第一节　公共领域的文化语境：现当代中国文化结构

根据已有的一些理论性研究，本研究将由一系列道德话语组成的当代中国的“文化结构”分为三种。第一种为发源于中国传统价值观的“传统结构”，其构成以儒家文化为主；第二种则为由新民主主义革命始开的，由社会主义和马列主义构成的“社会主义结构”；第三种为发源于近代新文化运动，并在改革开放时期再度复兴的，以自由主义等西方价值观为主的“市场经济结构”④。这些结构对于当代中国的政治文化⑤、政策法规⑥、国族认同⑦等都有重要的影响。

传统结构由以儒家文化为主的传统价值观构成。在日常生活当中，源自传统结构的价值观主要分为两部分。一是每个人应内化自己在日常生活中的等级关系里应有的角色，这类要求以“三纲六纪”为典型代表。这一原则不仅要求在等级关系中处于低位的角色“遵守规则”，更要求处于高位的角色通过维持较高的道德和心智水平来为其自身获得合法性⑧。二是每个人应自觉维

---

① 亚历山大：《迪尔凯姆社会学：文化研究》，辽宁教育出版社，2001 年版，第 255—305 页。

② Jeffrey C. Alexander and Philip Smith, pp. 151-207.

③ Lo Mingcheng and Yun Fan. “Hybrid Cultural Codes in Nonwestern Civil Society: Images of Women in Taiwan and Hong Kong,” *Sociological Theory*, XXVIII (June 2010), pp. 167-192.

④⑤ 王沪宁：《转变中的中国政治文化结构》，载《复旦学报（社会科学版）》，1988 年第 3 期，第 55—64 页。

⑥ Ding Xiaodong et al. , “Towards A Thick Description of Chinese Family and Political Culture: Consucianism, Socialism and Liberalism,” *Frontiers of Law in China*, IX (September 2014), pp. 425-445.

⑦ 甘阳：《通三统》，生活·读书·新知三联书店，2014 年版，第 5 页。

⑧ Peng Yusheng, “Kinship Networks and Entrepreneurs in China ’ s Transitional Economy,” *American journal of sociology*, CIX (March 2004), pp. 1045-1074.

护关系的“和谐”，尤其是被称作“君子”的那些具有较高道德水平的人，更应该基于自身的较高道德水准，以“仁”的处事方式来维系关系与地方和谐。总而言之，中国社会的传统价值观注重内心世界和外在表现的同一性，关注共同体（包括家庭、国家和地方社会）中基于伦理原则的等级秩序以及人际关系的和谐。

第二类结构是由马克思列宁主义和社会主义价值体系所组成的“社会主义结构”。该结构发源自民主主义革命时期，兴起于国内的社会主义革命。首先，社会主义结构强调一种致力于保护“人民群众”的利益的平等主义。在这一结构中，保障以工农为主的无产阶级的利益的价值观具有很高的地位。经年累月，民主主义革命逐渐确立起一套“纯洁的无产阶级”与“危险的资产阶级”相对立的分类体系。此外，遵循集体主义的逻辑，该结构认为人民群众应该自发为集体作出贡献。但由于历史中的一些特殊阶段，一些“集体主义”的行为也被或明或暗地判定为“非理性”的，因此对于集体主义的话语，“理性的集体主义”才被视为是正面的，而“非理性的集体主义”则形象偏向于负面。

“市场经济结构”起源于20世纪初中国知识分子与西方社会的知识交流，兴起于改革开放后。市场经济结构强调制度、权力与制衡，与之相关的典型事件是新文化运动。从1910年起，一些知识分子强调，“科学”“民主”和“自由”能够将中国从道德、学术和观念的黑暗中拯救出来①。与传统价值中对于伦理秩序的强调不同，市场经济结构强调：（1）每个个体的独立性和自由意志；（2）正式制度的明确管束；（3）制衡的作用。市场经济结构崇尚基于科学技术和自由主义意识形态的社会治理模式。

人们在依据各类道德话语作出评价时，其道德话语往往以对行动者、行动者间关系及制度的评价标准为三个维度而组织起来②。若依据这三个维度进一步对三种文化结构中的具体话语作出整理，则三种结构中所包含的核心道德话语见表1：

① Chen Na, “Why Is Confucianism Not a Religion? The Impact of Orientalism,” *Zygon*: *Journal of Religion and Science* (*East Asian Issue*), LI (February 2016), pp. 21-42.

② Jeffrey C. Alexander and Philip Smith, pp. 151-207.

表1　三种文化结构中所包含的核心道德话语

维度	传统结构		社会主义结构		市场经济结构	
	正面	负面	正面	负面	正面	负面
行动者	内在品德与外在合法性的统一	外在合法性与内在品德不相称	理性的集体主义	非理性的集体主义	独立性/自由意志	侵犯自由
行动者间关系	伦理原则与等级秩序	违反伦理原则	平等主义	破坏平等	制衡	基于规范的"人治"
制度	"和谐"	破坏和谐	"人民群众"（无产阶级）利益	特权阶级或特殊部门利益	正式明确的制度管束	制度缺失

这些结构中所提倡或不提倡的价值和观念，是解释中国社会中各种思潮、政策、社会心态变迁的重要依据。改革开放后，中国社会的价值形态仍主要由这三种文化体系构成①。虽然这三种结构在人们评价事物时，往往会导致具有内在冲突的价值评判，但人们往往仍会作出一个总体性的判断，由此我国社会对于很多事物的看法并不稳定，并往往引起争论。本研究中所探讨的与广场舞相关的舆论转向与争论就是其中一例。

第二节　公共领域对广场舞意义理解的变迁

一、资料来源与分析方法

本次研究的文本来自互联网中的文本材料，收集自新浪门户网站中的新闻页面。通过网页爬取的方式，在去除重复内容、图片新闻和没有文字内容的标题新闻后，共获得了2265篇标题包含"广场舞"的新闻和评论文章。以这种手段收集资料的原因是，首先，由于新浪网是中国最大的门户网站之一，因此它发布的文章可以达到较高的流行度和知名度；其次，由于互联网资讯门户需要时刻监测热点话题来维持知名度，因此其关于某一话题的文本选取能够代表这一话题在整个公共领域中的发展趋势。

为了了解文本内容变化的基本趋势，本次研究采用基于非监督型机器学习的LDA主题模型来抽取文本中的话题②。LDA话题模型能够将文本处理为"语

---

① 周晓虹：《从青年入手重塑中国人的价值观——中长期青年发展规划（2016—2025年）的精神启示》，载《中国青年研究》，2018年第3期，第35—40页。

② David M. Blei et al., "Latent dirichlet allocation," *Journal of Machine Learning Research*, III (January 2003), pp. 993-1022.

料库”，基于对语料库的计算输出一组包含一定数量“关键词”的主题[①]，它假定，基于词语在话题中的比例和话题在文本中的比例，话题在语料库中的出现频率服从一定的分布，因此文本是基于对于话题的“选择”而产生的。每个话题与文本的关联度以“概率分布”的形式给出[②]。因此，可以通过计算不同时间段内媒体文本中各主题出现的平均概率来监测同一话题下文本中不同主题的时间变化趋势。在解读每个主题的意义时，研究者一般先根据词语本身来判断该主题的内容，再结合由模型所识别出的涉及该主题的文本得出进一步理解。文本收集与模型拟合使用了 Python3. 6 和 Excel 2016。

由上文所述，媒体文本中所讨论的内容实质上是人们基于文化结构中的话语所做出的理解。因此，在辨认文本中的话题后，本章基于主题模型所归纳出的文本核心内容，在此基础上阐释性地对这些核心内容进行叙事分析，以发掘文化结构中的各类话语对公共舆论的推动作用。

此外，为了更好地体现公共领域中对于广场舞的形象的理解方式，本次研究也将引入一些通过实地访谈和观察所获得的研究资料来辅助说明这一过程。本次研究访谈或观察了上海市的 11 个广场舞群体（为了保护受访者隐私，分别采用字母 A—K 作为代号，其中 A—F 团体为核心观察对象），逾 100 名广场舞者接受了笔者及研究团队的直接访问。访谈详细情况见附录 1。

二、研究结果

（一）公共领域对于“广场舞”的印象：基于主题模型的分析

表 2 报告了 LDA 主题模型 1—8 个主题模型拟合结果，每一主题中列出了 10 个出现频率最高的关键词。部分主题的内容会有些相似（主题 2 和主题 3、主题 7 和主题 8），参考以往研究的处理方法，表 2 列出了 LDA 主题模型 1 所输出的原始结果，但在主题解读和后文的解释过程中会视情况合并讨论相似的主题[③]，但不直接合并报告由 LDA 主题模型所输出的主题[④]。

---

① Paul Dimaggio et al. , “Exploiting Affinities Between Topic Modeling and the Sociological Perspective on Culture: Application to Newspaper Coverage of U. S. Government Arts Funding,” *Poetics*, XLI (December 2013), pp. 570-606.

② 黄荣贵：《网络场域、文化认同与劳工关注社群 基于话题模型与社群侦测的大数据分析》，载《社会》，2017 年第 2 期，第 26—50 页。

③ 模型使用者需要根据各类指标及语义的清晰度来判定合适的主题数。本次研究采用混乱度（perplexity）和一致性（consistency）这两个指标，结合输出主题的意义可解读性来选取主题数（参照黄荣贵 2017）。混乱度和一致性的相关信息详见附录 2。

④ Paul Dimaggio et al. , pp. 570-606.

表 2　与广场舞相关的媒体文本中的 8 个主题（基于 LDA 主题模型 1）

1——噪声与政府治理	2——老年人与社区	3——老年公共场地纠纷	4——中西文化差异
噪声	大妈	大妈	大姐
部门	健身	大爷	活动
健身	老年人	场地	美国
健身活动	居民	老年人	中国
活动	小区	噪声	社区
管理	公园	公园	队伍
社会	老人	健身	英雄
场地	场地	活动	运动
体育	社区	中国	音乐
公园	声音	篮球场	母亲
5——互联网商业	6——性别与世代	7——娱乐性比赛	8——竞技性比赛
大妈	大妈	文化	健身活动
中国	活动	活动	健身
淘宝	中国	大赛	体育
市场	队伍	队伍	大赛
消费	运动	社区	活动
经济	暴走	健身	社会
用户	比赛	中国	场地
网购	中老年人	比赛	队伍
群体	参加	生活	全国
视频	生活	全国	全民

主题 1 与针对噪声的政府治理和社会控制密切相关。这一主题表明，在大众传媒中，广场舞的负面形象在其公众形象中所占的成分不容忽视。一些关于政府和社会问题的关键词清晰地反映出了这一特征。

主题 2 和主题 3 与老年人在社区和公共空间中的负面形象直接相关。从主题中所报告的关键词来看，这两个主题所反映的更多是假定老年人作为一类社会群体对社会所产生的影响，但这种影响多以一种负面的形式出现。

主题 4 主要讨论广场舞的特征与中国的传统文化和习俗的联系，并且也试图探讨中国与西方妇女的差异。这一主题对“传统文化”非常质疑，认为我国强调集体、弱化规则。例如，有评论文章中称，广场舞反映了老一辈人的集体主义价值观，但这种集体主义的行为是“明日黄花的擂台，迟暮英雄的战场”①

主题5讨论如何通过与广场舞有关的商业活动来盈利。例如，许多商家认为广场舞的流行会带动相应的服饰、音箱和道具产品的畅销，因此试图在广场舞这一领域创业②。

主题6讨论了广场舞参与者较为客观的人口学特征，认为广场舞参与者主要为“中老年妇女”。有些时候，这些妇女也通过“暴走③”来开展活动。

主题7和主题8与广场舞有关的各种娱乐和体育赛事有关。许多赛事受到来自政府部门或是私有部门的企业的赞助。在这类文本中，广场舞往往以一种正面的、应该被社会各界支持的群众活动的面貌而存在，而社会各界的一种重要的支持形式即为举办和赞助各种各样的舞蹈比赛。

图1和图2显示每一个主题从2009年到2018年在文本中出现概率的变化趋势，在接下来的部分，本章将基于上文中所提到的文化结构的影响来解释这些主题的变化趋势及其对广场舞的公众形象的转变的推动作用。结合图1和图2，广场舞的公众形象的变化历史可以大致被分为三个阶段：

（1）2013年之前。在这段时间内，广场舞主要作为一种“积极的集体活动”而存在。在这段时间内，在各个主题中占据压倒性优势的是与广场舞的各类比赛、活动相关的“娱乐性比赛”和“竞技性比赛”（主题7与主题8）。代表老年人的负面形象的主题2与主题3的占比很低，而代表与政府控制有关内容的主题1“噪声与政府治理”则几乎没有出现。在这段时间，与广场舞有关的公共和私人活动往往被作为一种对社会非常有益的活动而开展。

（2）经历巨大转变的2013年。在这一年可以明显看到的是，尤其是在11月份，代表广场舞负面形象的主题1、主题2和主题3的概率突然上升，并在11月形成了第一个较高的峰值。而主题7和主题8的概率则迅速下降，并再也没有回到2013年之前的水平。这一转变体现出广场舞在这一年中，公共形象发生了较大转变。

（3）社会控制持续介入的2014—2015年，直至2015年之后逐渐淡出公众视野。由图1和图2可以看到，虽然各主题在进入2014年后有一定波动，但总体上的比例基本维持不变。与广场舞比赛有关的主题7和主题8并未回升至

---

①《广场舞从城市到乡村遍地开花 部分由政府推动》，2013年11月28日《时代周报》。http：//news. sina. com. cn/c/2013-11-28/092728834674. shtml。

②《广场舞创业进入洗牌期，只因没看懂其实是领队经济》，2017年12月15日《创业邦》。https：//tech. sina. com. cn/roll/2017-12-15/doc-ifypsvkp3485954. shtml。

③“暴走”也是当前我国城市地区的一种十分流行的健身活动，其开展形式为参与者组团在马路上快速走路，有时也伴随背景音乐。根据媒体文本，“暴走”的主要参与者也是中老年人。因此它的形式和参与者群体和广场舞有相似之处。

2013 年以前的水平，但与此同时，对主题 1 至主题 3 的讨论则经常出现局部峰值。值得注意的是，主题 5“互联网商业”逐渐产生了一些关注度。这与广场舞在公共领域中持续受到关注有一定关系，限于篇幅本章不对这一主题展开讨论。

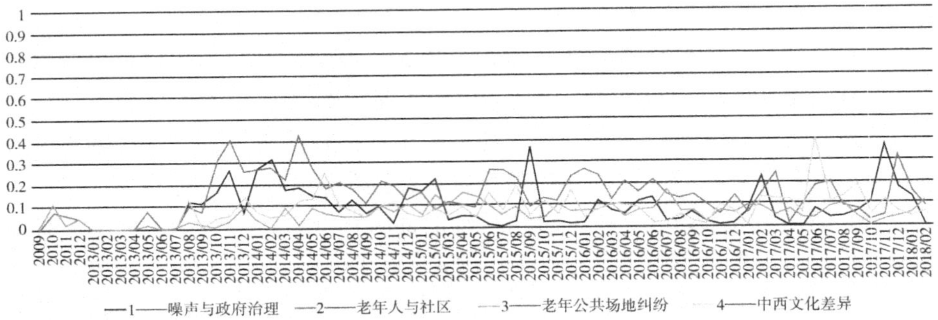

图 1　与广场舞有关的媒体文本中前四个主题的概率均值变化趋势

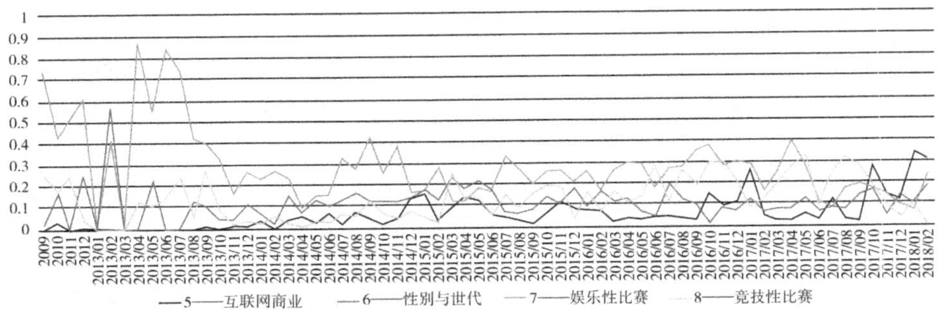

图 2　与广场舞有关的媒体文本中后四个主题的概率均值变化趋势

综上所述，参照 8 个主题的变化趋势，图 3 为由两张概率变化趋势图及文本所得出的广场舞公众形象变化的大致时间线。下文对于公共领域对其群体符号及群体意义的感知即围绕着图 3 的时间线上所体现的变化趋势而展开。

（二）2013 年之前：作为一种“积极的集体活动”的广场舞

许多广场舞群体的领舞都提到，她们是从诸如电视、报纸和杂志这样的媒体中听说广场舞这一活动的。例如，E 广场舞于 2012 年开始活动。在那时，在她们所居住的街道附近的某大型商业广场主动邀请她们来使用广场上的空地。E019 提到，在她们的广场舞团队刚建立时，这个广场想通过接纳广场舞群体在广场上跳舞来活跃气氛，吸引顾客。因此，她和她的朋友们就选择这个广场建立了她们的群体（E019201407）。

在那个时候，广场舞并不是一种会被周边社区排斥、抵制或是“管理”的活动，而是一种被广泛接受的活动。新浪网中最早的标题含“广场舞”的文章

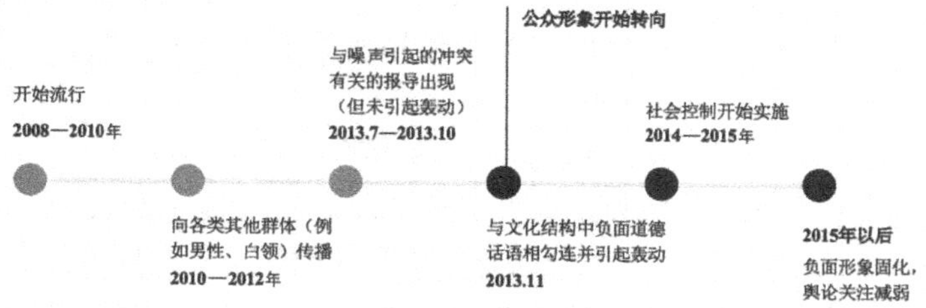

图3　广场舞公众形象转变的时间轴

发布于2009年9月17日，该新闻报道了一次举办于南京市的娱乐性广场舞大赛，超过200支“辣妈”队伍参加了这一赛事。[①][②]

在2010—2012年，广场舞甚至具有变为一种能够吸纳各类人群的“国民运动”的潜力。许多老年男性、儿童和年轻在职人群也有逐渐开始参与广场舞活动的倾向[③]。这是因为，在这一时期，不管从何种文化结构来看，人们都采用文化结构中代表着“好”和“善”的那些道德话语来解读它。首先，从传统结构来看，基于它规模较大、动作统一的视觉特征，广场舞被视为一种表现传统文化中“和谐”价值观的活动。在2012年，厦门市在春节公共庆祝活动上展演了广场舞，将广场舞视为中国传统文化的象征[④]。其次，从市场经济结构来看，由于广场舞团队往往具有成员准时到场，自发维持团体运行的特征[⑤]，因此它被理解为一种体现信任和契约精神的活动。最后，由于广场舞是一种能够将所有人都平等地纳入体育活动的好方法，它也被视为一种属于“人民群众”的活动，乃至被视为一种“社会主义”的活动。然而，如上文所示，广场舞的公众形象在2013年发生了巨大转变。

（三）急剧转变的公众形象：发生于2013年的大转折

甚至在2013年上半年，都只有极少文本在讨论广场舞的负面形象。然而，始于2013年下半年，大众媒体对于它所引发的实际问题和它所可能隐含的道德

---

① 本研究中所采用的文本绝大部分直接来自新浪，少部分为新浪网中的文章多次引用或提及的媒体文本。这些文本的原始创作机构往往并不是本文获取它们的这些网页，因此，为了更准确地在文中汇报文本出处，本研究对于媒体文本的来源标注均采用来源网页上所报告的首发媒体和首发时间。

② 《豆维家俏妈周末炫舞东水关广场》，2009年10月17日《扬子晚报》。http://news.sina.com.cn/o/2009-10-17/022216450828s.shtml。

③ 《广场舞：夜幕下舞动幸福节拍》，2010年12月21日《荆楚网-楚天金报》。http://news.sina.com.cn/o/p/2010-12-21/044721678049.shtml。

④ 《海沧市民广场年味浓 全家齐上阵舞出龙年好彩头》，2012年1月26日《厦门日报》。http://fj.sina.com.cn/xm/news/ms/2012-01-26/095530143.html。

⑤ 《广场休闲舞风行小县城，准时“赴约”舞出新生活》，2012年10月8日《大江网》。http://news.sina.com.cn/o/p/2012-10-08/170925315006.shtml。

意义均做了讨论，而后者最终引发了中国社会对于广场舞的极大关注。在这一章，我们将对广场舞所引发的实际问题与道德考量引发的公共关注的剧烈程度作出比较。

1. 从 7 月到 10 月：对于“实际问题”的零星讨论的出现

已有新闻传播学领域研究显示，大众媒体自 2013 年起开始提及广场舞所引发的噪声和扰民问题。① 然而，虽然大众媒体在此期间发布了数条关于广场舞噪声问题的报道，但从图 4 所显示的来自两个网站的话题热度总体变化趋势来看，这并没有引起整个公共领域对于广场舞问题的大讨论。在这期间，不管是大众媒体还是政府部门，都并没有将广场舞视为一种本质上“有问题”的活动。新浪网媒体文本材料中所提及的第一个关于广场舞活动的争议性事件，是发生在美国纽约的一例广场舞参与者被警察逮捕的法律案件。这篇文章认为，“被称为‘中国式健身’的‘广场舞’在中国十分常见”，而警方的执法方式也值得商榷。这种因为文化差异而引发的摩擦，如果各方都能用平和心态去反省自身的做法，会更有助于问题解决②”。2013 年 10 月还有两起舆论事件。第一起事件为：由于无法忍受广场舞的背景音乐声，一个中年男子鸣枪并向广场舞群体放了三只藏獒③；第二起事件则报道了居民区内一广场舞群体被高楼住户泼粪的事件④。

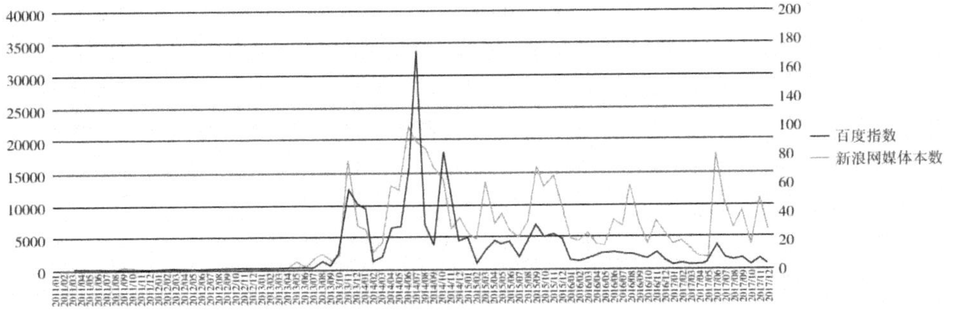

图 4　百度指数和新浪网中广场舞话题热度变化趋势

直至 10 月，《经济学人》中的文章仍然这样描述广场舞在中国社会中的状

① 镇涛：《“妖魔化”的广场舞——广场舞媒介形象建构与反思》，载《中外企业家》，2015 年第 1 期，第 252—254、268 页。

② 《中国“广场舞大妈”被铐引发热议》，2013 年 8 月 9 日《北京青年报》。http：//news. sina. com. cn/w/2013-08-09/000027902552. shtml。

③ 《广场舞扰民，别让居民用法外手段获得法定权力》，2013 年 10 月 12 日《北京青年报》。http：//hb. ifeng. com/dfzx/detail_ 2013_ 11/01/1405148_ 0. shtml。

④ 《武汉一小区居民不满广场舞扰民 高楼泼粪抗议》，2013 年 10 月 25 日《武汉晚报》。http：//wh. bendibao. com/news/20131025/47041_ 2. shtm。

态，认为广场舞并没有引起特别的关注度和社会治理的转变：

“许多人抱怨大妈们以及她们扰民的歌曲，经常发生争吵。中部省份安徽合肥的市长热线今年已经收到了超过200次的广场舞投诉。但是官方通常不愿意介入。一个地方政府的网站上写着：跳舞的大妈比那些沉溺在麻将等不良活动中的人好多了①。”

从这些报道中可以得出三个事实。一是，广场舞的实际问题主要是噪声问题。二是，噪声所引发的冲突在此时并没有引发公共舆论对于广场舞的抵制。三是，从政府的角度来看，广场舞甚至不能被归结为一种“不好”的活动。至少它比一些长期以来被大家视为“不良活动”的行为（例如打麻将）要好得多。在这时，主流社会和广场舞的参与者仍像以前一样，觉得广场舞是一种积极的活动。

2. 2013年11月：“为老不尊”“革命记忆”与广场舞的公众形象剧变

图4显示，公共领域中对于广场舞的讨论的第一次爆炸式增长发生于2013年11月。如LDA主题模型的主题2和主题3所示，在这一时间段，“老人”及与之有关的问题在有关广场舞的讨论中占比激增。

就在主流社会和广场舞的参与者仍然还视广场舞为一种“积极的集体活动”时，我国舆论中一股针对老年人群体的敌意正在逐渐累积。一些关于老年人的负面新闻，诸如强行要年轻人让座，或是在大街上假装被撞倒索赔等新闻频繁见诸报端。一篇发布于2013年10月的文章悲叹，当今中国的老年人正在越变越坏：

“在我还是少年的时候，年长的人最喜欢说，你们这些孩子如何如何，言外之意就是我们做事不及他们。在我生活的那座大院里，年长的人不随地吐痰，不乱丢垃圾，不高声喧哗，所以，他们也理直气壮地制止我们扔石子、砸玻璃、打路灯，更不准我们打架骂街……不过，当他们被打倒、受批判或者忙于各类运动时，我们就没人管或者没人敢管了。

当曾经教导我的那些老人已经故去，而我也迈向老年时，情形又大不相同了。吐痰、吵架、骂街、打赤膊、不排队、高声喧哗、攀折花木、不走人行横道，长者的数量在增多；将救人诬为撞人的，也是一把年纪……回想我们这一代和年纪稍长的那一代，成长期间有许多空白，也有很多盲点，最该接受道德哺育、情操导引、汲取文明的时候，不是浩劫，就是反其道而行之，结果，等

---

① The Economist, *Dancing Queens*, October 2013. https://www.economist.com/china/2013/10/26/dancing-queens.. 转引自《广场舞皇后》，2013年10月25日《经济学人》。http://kaoyan.koolearn.com/20140826/831389.html。

到当了父母辈或者祖辈，以身作则，也就无从谈起了，而为老不尊，则更成了一景[①]。”

这篇文章对老年人至少下了两个重要的判定，并且每一种判定都反映出对于某一特定文化结构的援引。该文认为，现在的老年人不像过去的老人那样德高望重。这篇文章给出了一种长者形象的“理想类型”，而这样的理想类型的准则完全来自三种文化结构中“传统结构”里所给出的准则。该文中提到，过去的老人正是通过“以身作则”的方式获得了合法性，因此能够受到年轻人的尊重；而显然，现在的老人背离了这种传统准则中所要求的得体形象，因此他们在年轻人的眼中就失去了声望。作者所得出的第二个判定是，这些老人是因为“被打倒、受批判”和“忙于各类运动”，才形成了今天这般“为老不尊”的品性。此文通过这一假定，将他所见到的中国老人的不良行为有效地与革命时期的集体主义，即社会主义结构中的负面话语联系到了一起。

对于广场舞本身来说，其负面形象的来源不仅仅是媒体将其与“为老不尊”话题的衔接，一个更重要的原因是它“人多势众”“整齐划一”的视觉效果还与革命时期的文艺形式（例如“忠字舞”）非常相像。在 2013 年 11 月以前，人们往往认为广场舞的音乐主要使用流行歌曲[②]或是传统民歌[③]。例如，《经济学人》于 2013 年 10 月 26 日发布的文章中称在广场舞的音乐中“情歌跟西洋风格的歌曲最受欢迎。双人组合凤凰传奇的歌曲是广场舞爱好者的最爱[④]”。然而，在各路媒体发布了一连串对于广场舞的声讨，认为其反映出“为老不尊”“时代浩劫”的社会问题之后，2013 年以后的一篇评论文章这样描述广场舞所使用的音乐：

“晏青秀年少时曾是重庆合川文工团的一员，20 世纪六七十年代由革命歌曲衍生的集体舞风行全国时，热爱跳舞的她是文工团的活跃分子。她回忆说，‘那时我们跳得最多的是《北京的金山上》，其实跟现在的广场舞都差不多，就是年轻时花样还多点[⑤]’。”

---

① 《为何部分中国老人为老不尊?》，2013 年 10 月 25 日《新民晚报》。https：//cul. qq. com/a/20131025/010353. htm。

② 《福建双第华侨农场广场舞展示女侨民风采》，2012 年 3 月 13 日《中国新闻网》。http：//news. sina. com. cn/o/2012-03-13/090624106262. shtml。

③ 《下月 百万市民齐跳广场舞》，2009 年 11 月 19 日《成都日报》。http：//ent. sina. com. cn/x/2009-11-19/03402775178. shtml。

④ The Economist，*Dancing Queens*，October 2013. https：//www. economist. com/china/2013/10/26/dancing - queens. 转引自《广场舞皇后》，2013 年 10 月 25 日《经济学人》。http：//kaoyan. koolearn. com/20140826/831389. html，http：//kaoyan. koolearn. com/20140826/831389. html。

⑤ 《广场舞展示中国大妈快乐自信生活》，2014 年 8 月 24 日《中国新闻网》。http：//news. sina. com. cn/c/2014-08-24/103730734928. shtml。

根据本次研究的访谈和实地观察资料，“广场舞”本身所包含的包罗万象的音乐内容从来都没变过，但是由于公共领域中对它的叙述话语所产生的转变，人们对它的关注点就产生了巨大的变化。广场舞在很多人的眼中就再也不是一种纯粹的公众休闲娱乐活动，而是一种旨在复辟革命艺术的集体行为。表 3 总结了人们对于广场舞的这种认知转变：

表 3　公共领域中生成的对广场舞歌曲符号性特征的感知及其依据

时间	文化结构	广场舞的“风格”（即符号性特征）	对“风格”的理解
2013 年 11 月以前	传统	民歌、传统音乐	“大场面”凸显和谐氛围
	社会主义	流行、通俗歌曲	廉价、实惠、符合人民群众利益
	市场经济	“整齐划一”的舞蹈	契约精神
2013 年 11 月以后	传统	不“虚静”的歌曲	为老不尊、破坏和谐
	社会主义	红色（革命）歌曲	集体主义的怀旧情感
	市场经济	（影响社区的）大音量、强节奏	破坏公共秩序

在 2013 年的下半年，即使在市场经济结构的话语中，广场舞也逐渐被塑造成了一种逐渐失去话语权的不良行为。在 2013 年上半年，就算广场舞与周边社区产生冲突，在媒体报道中，广场舞仍然是公共场地使用权争端中与其他居民具有平等权利的一方。然而，一旦她们的品质被认定为在道德情操上存在问题，那么她们就不再被视为正常地使用公共场地的居民，而是由于道德素质不够而“破坏公共秩序”的特殊群体。因此，她们在对公共秩序和制衡极为重视的市场经济道德话语体系中也失去了自己的位置。这也是为什么大众媒体中对于广场舞的分析往往最终会将其归结为“公共秩序问题”的一种重要的内在逻辑。采用表 1 中的道德话语来解释广场舞的形象变化，其基本情况如表 4 所示。

表 4　两个时期的道德话语运用情况变化

时间	传统结构		社会主义结构		市场经济结构	
	正面	负面	正面	负面	正面	负面
2013 年以前	内在品德与外在合法性的统一	外在合法性与内在品德不相称	理性的集体主义	非理性的集体主义	独立性/自由意志	侵犯自由
	伦理原则与等级秩序	违反伦理原则	平等主义	破坏平等	制衡	基于规范的“人治”
	“和谐”	破坏和谐	“人民群众”（无产阶级）利益	特权阶级或特殊部门利益	正式明确的制度管束	制度缺失
2013 年以后	内在品德与外在合法性的统一	外在合法性与内在品德不相称	理性的集体主义	非理性的集体主义	独立性/自由意志	侵犯自由
	伦理原则与等级秩序	违反伦理原则	平等主义	破坏平等	制衡	基于规范的“人治”
	“和谐”	破坏和谐	“人民群众”（无产阶级）利益	特权阶级或特殊部门利益	正式明确的制度管束	制度缺失

（四）从 2014 年到 2015 年：负面形象的事实

在引起了强烈反响后，广场舞在 2013 年冬天最终被贴上了“非主流”的标签。在这一时期，社会试图反思并处理广场舞所带来的“社会问题”，也找到了一些或被接受，又或被否决的解决方案。本研究此处将以公共领域基于文化结构中的道德话语对两种社会行动者——“被控制者”，即广场舞群体，和“控制者”，即公共领域与政府和立法部门的评价来展开。由于 2015 年以后的文本数量的变化趋势不像之前那样特征鲜明，此处不再展开讨论。

1. 公共领域中的争论：“妇女出了问题”还是“社会出了问题”？

如图 1 所示，两个关于老年人的负面形象的主题，即主题 2 和主题 3 的出现概率自 2013 年首次出现起就始终保持着较高的水平。公共领域中的后续争论试图找出“广场舞问题”的真正起源。一些文章试图找出广场舞存在的合理性，以探寻这一问题的“解决方案”。

一类典型文章采用传统结构和社会主义结构的话语来解释广场舞行为。它们假定，虽然广场舞参与者本身可能真的有问题，但由于她们是集体主义时代的受害者，因此她们本身是无辜的。尤其由于她们是很多人的长辈，依照传统结构中的等级秩序观念，年青一代应该原谅并尊重她们。一些文章这样去解释广场舞参与者的行为：

“广场舞大妈的年龄集中在50至60岁之间，她们年少时都曾经历过集体主义的狂热。改革开放后，她们经历了多重‘断裂’，逐渐进入一种无所适从的状态中。当广场舞这种带有‘准集体主义’性质的群体活动出现时，在这种具备公共性、社交性、集体性的活动平台中，她们的断裂感可以得到消解和弥合，重温‘激情燃烧的岁月’。”①

虽然这些文章也许是出于好意，试图呼吁人们原谅“广场舞大妈”们，但是实质上，这些文字中一个隐含的假定前提是广场舞大妈本身是一个“并非常态”的人群。因此，这样的呼吁实质上对广场舞参与者身上的负面标签起到了进一步的固化作用。

第二类文章则基于与市场经济结构密切相关的公共秩序和公民权利的话语，反过来批判了公共领域中对老年人的批判。这类文章认为，广场舞的问题不单单涉及某个特定人群，而是反映了整个中国社会的规则缺失：

“对一些公共规则的无视，对人己权利边界的无感，并不只是她们的‘专利错误’，更多的是这社会的‘通病’……就说对交通秩序的不遵守、对公众场合噪声污染的忽视，大妈们做得肯定不对，但她们的素质，不会比这个社会的芸芸众生更差②。”

2. 公共领域视野中的政府与立法机关：“合适的”与“不合适的”政策

如图1所示，与噪声和政府治理有关的主题1自2014年起，在文本中始终保持着较高的出现率。自2013年底起，许多地方人民代表大会和地方政府部门相继出台了与社区噪声治理相关的条例。也有一些地方对于广场舞的治理主要通过训练和增派管理人员来完成。这类限制措施最初见于广州市于2013年底颁布的《广州市公园管理条例》③。其他地方政府在2014年开始纷纷效仿广州出台相似的条例④。由于公共领域中对于广场舞的态度巨变，人们很容易就接受了“政府应该管理和疏导广场舞”的观念。许多报纸对于政府行为的评价运用了民

---

① 《教师自费研究广场舞3年 入选重点研发计划》，2015年10月5日《红网-潇湘晨报》。http：//news. sina. com. cn/o/2015-10-05/doc-ifximezx1243744. shtml。

② 《不必特别贬低“广场舞大妈”》，2014年7月11日《新京报》。http：//news. sina. com. cn/pl/2014-07-11/023930501807. shtml。

③ 《广州居民区公园拟禁跳广场舞，违者可罚千元》，2013年11月13日《羊城晚报》。http：//news. sina. com. cn/c/2013-11-13/063928694665. shtml。

④ 《南京市拟为广场舞立规 划分场地控制音量》，2014年10月22日《现代快报》。http：//news. sina. com. cn/s/2014-10-22/135131028094. shtml。

主和自由结构中的道德话语，诸如“完善法律法规”①，“保护公民权利”②，以及维护公共空间的稳定等③。

但政府行为也会由于道德话语的援引不当而被质疑。在2015年3月23日，国务院下属的国家体育总局发布了一套“标准广场舞健身操”，包含12支广场舞蹈④。体育总局称，他们创制这套标准广场舞，是为了通过开发一套动作较为舒缓的舞蹈来保护老年人的身体健康。然而，这套舞蹈却被众多评论文章声讨。许多文章称，标准广场舞会损害广场舞的正常运行。这样的担忧还是由对于“革命艺术”所代表的社会主义结构中的“非理性的集体主义”的潜在恐惧而产生的。一篇评论文章这样评价体育总局的这项措施：

“在一个个性化时代的全民健身，刻板的整齐划一早已过时。虽说这些指定的曲目被赋予了足够多的正能量，但这种功利的世俗迎合，从主观上看，与数十年的八个样板戏很神似。在蹑手蹑脚地行走中，伤害了公众的自由之精神，让思想领地变得空洞苍白⑤。”

2015年的标准化广场舞推广工作最终停止了。几个月以后，国务院重新发布了一系列对于广场舞工作的指导文件。在以各部门2015年9月18日发布的一份题名《关于引导广场舞活动健康开展的通知》为代表的后续文件中，国务院的措辞十分谨慎。很明显，这份通知的许多内容紧扣着三种文化结构中正向的道德话语展开：

“……坚持积极引导与尊重群众意愿相结合。坚持弘扬社会主义核心价值观，加大对广场舞的引导和扶持力度，切实加强基层文化阵地建设。尊重群众意愿，引导群众需求，为群众开展广场舞活动提供便利条件，创造良好发展环境……坚持创新管理与规范服务相结合。牢固树立现代治理理念，按照建设服务型政府的要求，与基层社会管理机制相结合，创新广场舞活动的管理方式。加强法制宣传和社会公德教育，不断提升广场舞工作的规范化水平……加强宣传引导，积极拓宽宣传渠道，充分利用传统媒体及各类新兴媒体，大力宣传广场舞工作的好做法、好经验，树立一批优秀广场舞工作者典型、广场舞领头人

① 《广州居民区公园拟禁跳广场舞，违者可罚千元》，2013年11月13日《羊城晚报》。http：//news. sina. com. cn/c/2013-11-13/063928694665. shtml。

② 《“广场舞公约”值得期待》，2014年1月27日《红网》。http：//news. sina. com. cn/o/2014-01-27/000629352785. shtml。

③ 《温州广场舞晚9点前必须结束 平均音量禁超45分贝》，2014年1月24日《新华网》。http：//news. sina. com. cn/c/2014-01-24/142629336166. shtml。

④ 《统一编排广场舞要避免强制推行》，2015年3月25日《中国青年报》。http：//news. sina. com. cn/pl/2015-03-25/050031641765. shtml。

⑤ 《跳好“三支国标”再谈“广场舞统一”》，2015年3月25日《红网》。http：//news. sina. com. cn/o/2015-03-25/000331641101. shtml。

典型、广场舞团体典型，营造健康、文明、规范、有序参与广场舞活动的良好氛围[①]。”

可能是因为大众媒体中对于标准化广场舞的异议过于强烈，该通知文件在工作原则部分的第一句话就点出，广场舞工作要“尊重群众意愿”，这样的立场与社会主义结构中对于群众的利益和平等主义的强调是高度一致的。同时，这份文件也强调了“加强法制”和“现代治理理念”的重要性，而这两项是市场经济结构中道德话语的非常重要的组成部分。并且，该通知中还提到了通过“树立典型”的方法来开展广场舞的规范化治理，而成为能力和道德上的“优秀典型”正是传统结构中领导者获得合法性的最核心原则。虽然这份文件总体来看写得提纲挈领，并没有给出过多的实际工作细则，但它所提出的“纲领”中隐含的道德话语与三种文化结构均息息相关。

小　结

本章主要采用以结构主义解释学为基础的研究方法，以三种文化结构为分析工具，试图分析广场舞在公共领域中的形象变迁。本章发现，中国社会的公共领域对于广场舞现象的解释均基于当代中国的三种文化结构中的道德话语而展开。道德话语在各个时间段的运用情况的差异导致了人们对于广场舞的理解产生了巨大的变化，使广场舞的形象发生了从正面到负面的转变。在这一过程中，媒体基于传统结构和社会主义结构中的话语，对其外部特征与“为老不尊”话题的对接是导致这一转变过程的关键因素。可以从这一过程中观察到的是，即使整个社会中的人对于同一事物的解释所运用的均为同一套话语体系，但如果对于这一体系中具体内容的调用情况不同，也会导致完全不同的理解和判断。

第四章　广场舞参与者的意义理解

由上文所述，公共领域中对于广场舞的形象变化经历了一个从“正面”到“负面”的过程。与公共领域中对广场舞这一活动的外在符号性特征从“外部”产生理解的方式不同，广场舞群体对于广场舞的意义理解则主要来自她们所朝夕相处的广场舞群体的内部，“广场舞”这一可被观察到的文化形式就是广场舞者所直接参与的群体的符号性特征。

那么，作为直接实践广场舞这一活动的广场舞参与者，她们在舞蹈中体验

① 文化部等：《关于引导广场舞活动健康开展的通知》，2015 年 9 月 18 日。http://culture.people.com.cn/n/2015/0906/c87423-27548549.html。

到的广场舞意义是什么？其看法又与前一章讨论的公共领域内人们对广场舞的理解有何异同？本章通过对广场舞参与者的研究来回答这两个问题。基于研究框架部分所提出的共同体分类，本节指出，与由整个国家或地方社会所构成的“想象共同体”相比，广场舞确实可被视为一种在她们所共享的情境中新近产生的“简单共同体”，其对于群体的理解主要通过在现时声称的群体内——即她们所属的广场舞群体的互动和接触而生成。

群体本身如何获得对于符号性特征的意义？现有的理论认为，当前的群体活动往往是社会上已有的某种结构或意识的复制。以往研究中主要将群体的创设目的及群体符号的意义预设为某类“认为自身与社会其他成员相比具有特殊性，并旨在表现这种特殊性”的一种手段。第一种，沿着“以社会结构因素来解释文化现象”的研究路径的学者认为，在当前的社会中，群体往往通过特定的符号来展现基于特定的结构位置的价值观或利益，例如，探讨工人阶级通过亚文化群体表达抵抗意志①，抑或精英阶级通过组建“核心圈子”来区分成员和表示权力②；第二种，注重群体的审美或品位，认为这些是纯粹的娱乐或精神活动③。第三种，部分学者关注群体对特殊自我认同的表达，关注个体试图表现自己与“主流社会”的差异的方面，而非针对社会问题的回应④。

本次研究的访谈资料对这三种理论预设均构成了否定，这样的研究结果与公共领域中的论断也有较大差异。或者说，广场舞参与者们并不是沿着一条自认为特殊的群体在表现她们的特殊性的道路在建立群体，而是一群自认为是普通人的人在践行一系列她们视为“正常”的价值观和行为的日常实践。首先，若是问及广场舞参与者有关对于歌曲的偏好，则大多数人都会表示完全不在意歌曲的风格，甚至什么样的歌曲都可以。以往研究也证实，广场舞歌曲的风格是一种高度杂糅的结合体⑤。同样来自访谈的证据是，这样的偏好模式与大部分参与者在日常生活中的音乐品位截然不同，并且广场舞参与者与全国的同龄群体相比并不存在某种特定的差异或集中趋势⑥。也就是说，广场上的“舞蹈”并不是日常生活中某种品位或阶层特征的延续或拓展，而是遵循完全不同的机

---

① Stuart Hall and Tony Jefferson，p. 25。

② 米尔斯：《权力精英》（许荣、王崑译），南京大学出版社，2004 年版。

③ Eric Hannerz，*Performing Punk*（New York：Palgrave Macmillan，2015）.

④ David Muggleton，*Inside Subculture*：*The Postmodern Meaning of Style*（New York：Berg，2010）.

⑤ 周怡：《“大家在一起”：上海广场舞群体的“亚文化”实践——表意、拼贴与同构》，载《社会学研究》2018 年第 5 期，第 40—65、243 页。

⑥ 于佳煖：《广场舞参与者的品位分层研究——以上海市中心城区广场舞群体为例》，载《中国研究》2017 年第 1 期，第 37—57、191 页。

制。此外，以往一些研究假定广场舞可能是源自对集体主义盛行的革命时期的怀念①。然而，很多广场舞的参与者在以“文化大革命”为代表的相应时期同样感受到巨大的压力：

“现在的生活和当年肯定是两样的，现在生活多么丰富？现在想干吗就干吗。那时候他指着这条路，你只好走这条路。你走过去了，你就不行了。一句乱说的话，马上说你反动，你说反对的话，把你揪出来了。那时候真的很恐怖的。可以说不敢乱说乱动。”（J000201604）

以上事实均反映出，广场舞群体的产生很可能主要不是以往的某种结构或意识的复制，是一种在凝聚过程中产生了某种新的意识的共同体。本章将采用 Gary Fine 所提出的有关群体生成和互动的理论框架来对广场舞参与者在广场舞群体中的体验作出分析。Fine 指出，在作为先验的准则形式存在之外，文化也是能够被地方的②互动创造出来的。小群体能够生成于特定情境中的互动，并且正是这些在互动中创设的群体联合，形成了被他人称之为“亚文化”的中观层面（meso - level）组织。Fine 指出，小群体中地方性的“独特文化（idioculture）”的创设主要有三个要素：共享的空间（arena），相互间的关系（relations）以及在空间中所经历的共享经历（shared past）③。本研究对广场舞参与者在简单共同体中形成属于自己的文化的过程分析将立足于以上三个要素而展开。本章资料主要来自田野访谈和观察资料。

第一节　小群体的形成情境：潜在成员与展开活动的客观条件

根据 Fine 提出的理论，在阐述广场舞群体中的独特文化的生成过程之前，应该首先指明促进这种群体形成的要素。广场舞的参与者们在参与广场舞之前，往往有压抑和空虚的体验，这在本次研究的受访者当中有普遍性。为了在退休后的生活中寻找意义，一些参与者开始跟着从互联网上下载的视频学习舞蹈，并教其他的妇女一起跳。在这个过程中，由大众传媒所导致的资源获得的便捷性和极低的成本使得每一个成员都能方便地参与到广场舞当中。

一、广场舞参与者：充满“无意义感”的退休妇女

大多数的广场舞参与者都是出生于1940年至1960年的退休妇女。对于她们

① 张兆曙：《个体化时代的群体性兴奋——社会学视野中的广场舞和“中国大妈”》，载《人文杂志》，2016年第3期，第116—122页。

② 此处的“地方的”并不是一个地域概念，而是指与“普遍性（universal）”相对应的一种特殊情境。

③ Gary Alan Fine, *Tiny Public: A Theory of Group Action and Culture* (New York: Russell Sage Foundation, 2012). pp. 162-163.

来说，有两个共同特征导致了她们参与到广场舞当中。

第一个特征是对以往职业生涯某种程度上的不满。很多受访者称，在退休之前，职业生涯比起现在的生活更有压力，也更具有竞争性。与她们在广场舞中所建立的共同体相比，工作场所不是一种能给她们的内心提供平静感的“共同体”：

“单位上班的时候，整天厂里上班，那时候就要凭工时拿奖金、拿工资的，脑子就是在厂里面工作，回家做家务，没有这许多时间的。现在退休（跳广场舞以后）是真好，感觉退休真的真好，有空余的时间，跳跳广场舞，大家交流交流。大家都可以跳，这个是很好的社交真的是很好的。”（J000201604）

第二个特征是退休后待在家里的空虚感，主要来自退休之后与社会的隔离，这也是她们在广场创设“简单共同体”的一个强烈契机。虽然很多人已经退休数年甚至十几年、几十年，但仍然没有成功探索出与工作相对的另一套成熟的生活模式，始终在令自己不甚满意的状态中徘徊。待在家里看电视和玩电脑是这些参与者在接触广场舞之前最常采用的消遣方式。D003受访者抱怨称，在参加广场舞之前，“待在家里实在是闷”，“电视一天到晚地看，看得眼睛又坏了”。（D003201407）

于是，独自在家时，即使她们知道自己的状态并不令人满意，但她们也并不知道通过什么途径才能改善这种状况，就会体验到非常烦闷和无奈的感觉。然而，通过跳广场舞，她们的生活发生了极大的改变。即使很多受访者每天仍然花很多的时间在电视和电脑上，但她们对于生活的态度已然不同：

“其实我们是闲在家里的，一般是不出去的，就是早上一小时，晚上一小时，完了就是在家里看看电脑啊，看看电视啊，在家里都不出来的。但是到晚上大家愿意出来碰个头打打招呼，跳跳舞挺开心的。”（C002201407）

在职业生涯和退休体验之后，广场舞参与者成功建立了新的共同体。根据笔者在2016年的问卷调查，广场舞参与者的出生年在1950—1959年占比最高，占当次问卷调查样本总体的60.71%①。基于相似的生命阶段，不同背景和经济条件的广场舞参与者们聚集到了一起。

二、客观的物质条件：互联网传媒与文化产业

大众传媒和文化产业对于广场舞的流行起到了很大的作用。广场舞的两个最具有吸引力的优势：一是，场地要求低。只要一个队伍能找到一个开放性的空间，她们就能够开始跳舞。二是，对于成员来说只需极低的成本，或不需成

---

① 于佳煖：《广场舞参与者的品位分层研究——以上海市中心城区广场舞群体为例》，载《中国研究》，2017年第1期，第37—57、191页。

本。例如，在少于50人的小型团体中，她们仅需花费200元左右来购买一个音箱和几个U盘，就可以开展活动。对于大型团体，如E广场舞，每人每月5元的缴费足以维持整个团体的运转。

由于网络的普及，用于编舞的资源可以既广泛又迅速地被传播。本次研究中的所有群体都声称，她们都从大众传媒中听说“广场舞”这一活动形式，并且所有的编舞和背景音乐都来自互联网。更重要的是，在2012年左右，许多人因为在大众媒体上看到了对于广场舞的积极宣传，或者是他人的推荐而开始跳广场舞：

“怎么组织起来的？这个也是一个流行的吧，好像我们中国老妈、大妈广场舞在全国各地都有，这边她们就是看到网上都是跳广场舞嘛，有跳舞的老师她觉得蛮好的，刚开始的时候一个人跳，拿着个音箱在广场，跳了嘛那有的人看到就喜欢这个觉得蛮好，就跟着来了。”（C004201407）

“电视里介绍全面要跳广场舞。”（F000201604）

第二节　舞蹈中的互动过程：将意义和价值带回日常生活

在学习跳舞和参与团体的过程中，她们开始发现广场舞的独特吸引力，并变得开始习惯于在广场上跳舞。更重要的是，当群体稳定下来，几乎所有成员都会在群体中寻找到一个稳定的角色，并对自己的角色产生一定的期待。在这一过程中，一些重要的价值观，诸如团结、健康（包括身体的和精神上的），以及友谊等正能量语词开始出现。

一、场所的进入：“广场空间”与“家庭空间”的分离

虽然跳舞地点和居住地在地理位置上非常相近（通常步行不会超过10分钟），但“在家”与“在广场”空间的特征迥异。她们在日常生活中，往往处于一个封闭、安静的空间（多数参与者是待在家中）。而广场舞的空间是临街、开放的，并且很多都处于灯火通明的商业广场上。F广场舞团体位于上海市中心城区，其开展活动的空间是某地标性商业街。该商业街位于上海市中心，是来自世界各地的游客的必经之地。街上每晚灯火通明，人群川流不息。而紧邻这条街的住宅区，也就是广场舞参与者们所居住的地方，则是破旧、宁静的“老公房①”。参与者们说，在这条街上跳舞，可以体验到“与国际大都市接轨”的感觉。每当有外国游客给她们拍照，她们会感到“外国人很欣赏我们”，内心非常自豪（F000201604）。这样的体验，与她们平淡的日常生活完全构成了一组

① 老公房：指八九十年代由政府和国有企业、事业单位投资兴建的住宅。通常比较老旧，面积也较小。

具有强烈冲击力的两极对比。

二、互动过程："简单共同体"的塑造与意义

作为"简单共同体"的小型群体生成其独特文化的第二个要素是成员间的互动。对于广场舞群体的成员来说，互动的过程则显示着个体与集体的事实产生紧密联系的过程。所有的这些过程都是在参与者进入群体以后出现的，而不是被参与者带入群体的。也就是说，并不是参与者的特定动机促成了群体的产生，而是群体本身对参与者的主体性有更重要的塑造和改变作用。

(一) 从"保持健康"到"融入集体"

一开始，广场舞群体的发起者会在一个公共区域或者邻里空间开始跳舞。她们当中的很多人发现，退休后的妇女有很多共同的困扰。D004 是一个 30 人左右的团体的领袖。她在建立她的广场舞团体时，她感到周围有很多退了休的老年人，并且她们"没有事情可做"。因此，她就想"找点事做"(D004201407)。从她的角度来看，群体的发展似乎是一个"自然的过程"：

"刚开始的时候一个人跳，拿着个音箱在广场，跳了嘛那有的人看到就喜欢这个觉得蛮好，就跟着来了。就这样，一开始没什么组织不组织的，就听到有这个跳舞的，大家就自然来了，来了嘛就越来越多。然后第一个跳的人有可能会成为老师了。"(C004201407)

一旦这种"广场上的舞蹈"建立起来，看起来，群体就会自动自发地成长起来。然而，事实上，群体的成长是赖于群体中不同类型的个体的互动才得以形成的。与此同时，广场舞团体经常会不间断地招募新成员。这些领袖们在不知不觉间，也在这一招募过程中扮演了非常重要的角色。

这种主观的过程显示出，如果要了解一种特定的行为，那么就一定要把握住个体在进入群体后的动机变化过程。当个体进入广场舞群体时，她们中的很多人只是想排遣无聊，顺便参加一些体育活动。在几个月的参与过程之后，她们参与广场舞的目的转换为了"参与广场舞群体"本身。一个重要的原因是，她们开始识别"跳广场舞"本身的作用。在被有经验的成员鼓励和指引后，她们开始享受跳舞的过程本身：

"在这里锻炼，一方面锻炼了身体，也好像是在保养眼睛一样，我觉得这样挺好的。所以我对这个跳舞啊特别特别的认真……有的时候我在洗澡，洗好澡稍微夜深了一点，不受影响了吗，有的时候我洗好澡看着那个镜子，有几个动作不熟悉的我还要学学，家里老伴看到就马上说：'你在干什么？发神经病啊？''不是神经病，我有一个动作不会，再练练也在镜子里看看！'我跟他说。老师的鼓励也很重要的，凭良心说，前一两天是不会，那手都不敢拿出来，怕难为情。我们也要自己跳，这个娱乐，要开心。什么都不想了现在，以前是总归要

想，哎哟怎么办，不会啊，难为情啊，现在不难为情了。”（D003201407）

（二）互动秩序的建立

群体的稳定存在是成员长期参与的先决条件。不同的广场舞群体可能有不同的规模，这表明它们可能有不同的达致群体内部稳定性的手段。在本次研究中发现，广场舞群体至少有两种获得群内稳定性的手段。

第一种手段基于群内成员的集体认同的等级性形成，并且采取这种手段的群体最终会发展到比较大的规模。所有成员超过 100 人的大型群体（A，C，E，G 广场舞群体）都具有“核心圈子”与“普通成员”的分工。核心圈子通过各种各样的手段，诸如提供更多的资源或是更高的舞蹈水平，又或是为其他成员的自发志愿服务，将她们自身与其他的成员区分开。核心圈子对于普通成员负有责任，并且普通成员对于核心圈子对于群体的维持和引领报以首肯。

G 广场舞群体就是其中一例。从晚 7 点开始，一个 12 人的核心圈子先跳半个小时非常快速的探戈风格双人舞，从 7 点半到 9 点则是教简单的舞蹈。核心圈子在跳舞时，其他参与者都在旁边围观，等到探戈跳完再加入跳舞的队伍。通过与普通参与者分开时段活动，核心圈子得以划分自己与普通成员的边界。然而，与此同时，普通成员会非常仰慕核心圈子的成员，并且对她们高度肯定。一旦这样的群体成功地招募了一名成员，新成员有很大的概率在两种角色中选择其中一种，认定并稳定于其角色。因此，这类群体会不断扩大，并且群体会始终保持团结。

每一个广场舞群体都希望招募尽可能多的成员，其中的很多群体无法成功地维持在很大的规模。然而，尽管如此，很多小型群体通过很强的友谊纽带来维系群体，这是另一种通过群体的同质性来维持群体内部稳定的手段。F 广场舞群体位于上海城区一条繁华的商业街上，其人数只有 20 人左右，但它曾经的规模是“几百人”。由于群体的分裂与成员的出走，该群体最终稳定在了现在的人数：

“现在队伍多了，最起码有六七个队了，最早的时候只有我们一个，现在一个一个队伍多了。我们刚刚组的时候，好多人，几百个人，后来分散，总公司变成分公司了，自己一个一个立队了，ab 路太多人，几百人怎么跳啊？（我看 ab 路中间还有一个跳舞的，是从你们这里出去的吗？）都是的，从我们总队出去的。如果我们有事，要去比赛，或者人数不够的话，再并在一起。（跟她们关系都好的？）对，好的。”（F011201604）

对于这样的小群体来说，让每个成员都认识团体内部的所有人并不难，因此，它能够维持很多年的稳定。在分裂过程之后，F 广场舞群体现存的成员之间产生了非常紧密的友谊。她们声称，她们会跟广场舞群体中的朋友讨论生活中遇到的一切困难。

（三）共同经历与核心价值：健康，友谊与团结

在互动产生之后，群体的成员就将在自己所属的“简单共同体”中收获共

同的经历，而共同经历正是群体文化赖以形成的第三个要素。从本次研究的访谈资料中可以发现，在共同的历史中，广场舞群体往往也会产生一些共享的普遍价值。在发轫于公众领域的对广场舞最初的各种正面评价中，“健康（包括身体的和精神的），团结和友谊”也许可以被视作各广场舞群体中最终获得认同，并且成为其集体表征的普遍价值。她们对于这些价值的认同往往体现于她们对以往和其他人所共同经历的事件的叙述中，这也说明了共同的经历对于群体成员的重要意义。

广场舞成员所共享的第一种价值是“健康”，这不仅是她们在参与过程中所获得的价值，也来源于她们参与广场舞的原始动机。很明显，每天参加广场舞、能使参与者们保持健康；然而，在身体的健康之外，广场舞对于参与者的“精神状态”也有更重要的作用。在身体的感受之余，“健康”也是一种等价于群体精神的象征，反映着她们在参与广场舞之后所获得的全新的生活态度。例如，即使有时天气下雨或有雾霾，一些广场舞参与者仍然会出去跳舞：

“人多了氛围就不一样，下雨了有的人戴着浴帽撑着伞还要跳。吃完饭大家习惯了要来跳，尽管是一个小时，但很愉快。”（A009201407）

第二种价值是生成于参与者之间的交往的友谊。最常见的情况是，每天站在相近的位置跳舞的人会开始互相交流，并最终成为很好的朋友：

“认识的人很多啊，不认识的都认识了，左右邻居啊什么的天天来都打招呼。(那300多个人你能认识多少个）因为每天我站在这个角上就认这个周围的，但是看见就认识了，有时候一起去菜场买菜。”（E015201407）

在对于健康和友谊的追求之余，还有一种能在每一个广场舞群体中找到的核心价值是团结的精神。很多广场舞参与者非常欣赏她们的群体，并且这样的欣赏会随着她们的参与过程与日俱增。当成员开始参加一个群体时，其他的成员会给她们鼓励与指引：

“现在广场舞的朋友好像聚得多，感情深……其实现在说是广场舞，既然已经有一个这样的团队。一般刚刚跨出的时候很难受，不好意思，真的跨出了，觉得这个团体真的很好……刚跨出的时候，真的不好意思。当然我们有陌生人来跳，我们也很热情的，‘来呀，接着跳呀。’每次都有人热情地来说一下。”（A000201604）

一旦一个群体的团结稳固形成，这个群体就会存在很长一段时间。就算一个团体人数再少，它的成员也不会对其他团体轻易产生认同。A广场舞群体就曾试图合并周边小区中的广场舞团队，也成功动员了几个较小舞队的领舞，带着她们的小团体来与A广场舞群体“会合”。但这些小团体并入A广场舞群体之后，始终只在圈子内互动，并且只关注原来的领舞，而丝毫不关注A广场舞群体的组织者A008，即使她比自己的领袖能动员更多的资源。如果群体本身的存在不是一种重要且独立的力量，那么就很难解释，为什么有的时候同一个广场上同时存在两个以上的团体，但她们往往不会选择相互合并成一个更大的群体。在大多数情况下，在同一个广场上分成几个小团体，却使用相似的音乐，显然是一种并不经济的选择，但大多数群体往往会坚持这样做。

三、对群体符号的意义理解：超越个人风格认知的“集体表征”

回到对于广场舞这一活动的理解问题上，对于广场舞参与者来说，自己所持有的风格到底具备怎样的意义？在访谈与观察过程中，研究发现，绝大部分广场舞参与者对于歌曲风格的这种广泛接纳实际上建立在对于风格的“不在乎”和不关心的基础上。如上文所述，当参与者们跳广场舞时，她们会展现出高度统一的动作，并且会将广场舞视为生活中非常重要的部分。然而，在广场舞中，一旦谈及“风格”，她们则似乎完全不在意音乐和编曲的种类。除了一部分人表示喜欢“节奏欢快”（C003201407）的歌曲，而一部分人喜欢“节奏舒缓”（A003201407）的歌曲以外，她们对于歌曲的其他方面几乎没有想法。

“（问：那这边的歌曲就是什么民歌、流行都有的咯？）欸，都有的。（问：那你在广场舞里最喜欢哪一种歌呢？）我一般也不是说特别喜欢哪种，我基本上都是还可以的。（那这边歌还蛮丰富的哈。）对。”（C003201407）

与此同时，有趣的是，C003在平常会去文化馆，伴着舒缓的音乐“跳形体（一种较为专业的舞蹈训练，会压筋、拉肩等）”（C003201407）；在不同群体内，笔者甚至发现有广场舞参与者在日常生活中喜欢到音乐厅去观摩交响乐、越剧的演出（H011201604，I001201604），对音乐鉴赏表现出很高的热情，但在广场舞中，就对于音乐和舞蹈种类没有任何要求，然而她们在日常生活中的品位呈现出巨大的分化。

事实上，她们对于自己的“风格的意义”的理解方式正体现了她们与自己的“简单共同体”的归属方式——符号性特征是简单共同体在互动中所形成的一种“集体表征”，而非个人层面的某种动机或手段。对于个体来说，她们只能在整体性的群体活动中理解高度抽象的符号。因此，个体只能对她们的“风格”有一个模糊的认知。例如，广场舞参与者仅能将特定的风格识别为“广场舞”的风格，但无法具体描述这种抽象风格的具体元素。因此，从直觉上来说，她们会觉得在群体中得到提升的精神状态和在群体中生成的核心价值，比起具体的音乐形式来说显得更值得关注一些。对于绝大部分的参与者来说，虽然伴随着音乐跳舞是“广场舞”最主要的外在形式，但最终，她们对于广场舞的美好回忆往往会集中于友谊，意义感或就是在广场上振奋的精神状态：

“（你有没有交什么新的朋友之类的？）欸，是的是的。好多地方的都来我们这儿，一般有的人出来，我们一个小区的人还不认识的，有一个乡的，有每个村的，都不一样的，慢慢地大家都认识了。（那你对于跳舞歌曲的内容你在意吗?）我们就是她们教我们学什么，我们就学什么，我们也不在意什么的。（那您觉得跳广场舞这一年来给您的生活带来什么收获呢?）我们吃好晚饭没什么事就出来了，好像跟人家吸毒一样上瘾了，好像有个任务了。”（D006201407）

小　结

本章根据对上海市广场舞群体的研究，基于已有的关于小群体文化生成的理论，讨论了作为小群体的“独特文化”形成的情境及其给参与者带来的意义，广场舞参与者在如此“杂食”的接受过程中也未表现出任何对于自我的特殊性的表达。本研究指出，作为自身所在的小群体的成员，广场舞参与者通过直接的互动，经由共享的空间，相互间的关系以及在空间中所经历的共享经历塑造“简单共同体”的群体认同。

第五章　结论和讨论

至此，本研究已完成了对于两类共同体中的行动者——以评论者为代表的公共领域以及广场舞群体对广场舞的理解分歧及其形成过程。表5总结了两种行动者目前对于广场舞所产生的理解及其相应的生成方式。

表5　公共领域与广场舞群体对于广场舞的不同理解及其特点

	公共领域	广场舞群体
身份归属	想象共同体（中国社会）	简单共同体（参与群体）
理解机制	将抽象的文化结构（传统、市场经济和社会主义文化结构）转化为具体理解	直接在互动中形成“我群”集体的理解（对群体的认同）
符号性特征	不“虚静”的歌曲 影响社区且难以协商的大音量、强节奏音乐 红色（革命）歌曲	风格杂糅、内容多元的歌曲 整齐划一的动作和节奏
意义	为老不尊、破坏和谐 破坏公共秩序 复辟消极的集体主义情怀	群体内部共享的健康、团结与友谊
理解结果	由正面转向负面	正面

总体而言，本研究对于两者对广场舞的不同意义理解的方式和结果作出如

下结论。首先，从理解的结果来看，目前公共领域与广场舞参与者对广场舞意义的诠释方面存在分歧：公共领域对于广场舞的理解偏向负面；广场舞参与者则对其理解持绝对正面立场。公共领域对广场舞的理解经历了从正面到负面的急剧转变过程。虽然这种负面理解并不绝对适用于所有媒体文本，但与最初对于广场舞一边倒的赞誉相比，目前公共领域对广场舞的评价只能用“毁誉参半”来加以形容。其中，对广场舞持批评态度的人往往将广场舞现状定义为一种在道德或社会功能上趋向于负面的集体活动。而广场舞参与者则认为广场舞是一种绝对正面，呼声很高的群众文化活动，这种认识基于她们对广场舞共同体的体验，包括在其群体内部获得的集体良知以及获得共同道德评判的体验和表征。

更重要的是，两者的生成逻辑的差异导致了双方难以对话的现实。第三章对于媒体文本的分析显示，公共领域最初事实上将广场舞解读为一种凸显和谐氛围，彰显人与人之间的契约精神，并符合人民群众的利益的平价集体健身活动。而目前，缘于2013年11月起的一系列将广场舞先后与“为老不尊”“癫狂的集体主义”和“破坏公共秩序”等话语相勾连所产生的负面理解，公共领域中对于广场舞的评价急转直下，而这三种话语与中国社会的三种文化结构密切相关。但第四章表明，2013年11月以后公共领域所产生的这三种解读对于广场舞参与者来说非常陌生。这是因为，广场舞对其参与者来说，更代表一种独立存在的，对于新的共同体的感知。广场舞歌曲内容实际上包罗万象，而广场舞参与者除了年龄有一定的集中性以外，本身并没有非常明显的阶级特性或是特殊的认同，总体上往往认为自己是“普通人”或是“普通工人”。因此，往往是她们在广场上所新生成的共同体导致了她们产生了某种认同，而并非某种她们觉得自己与常人相异的方面驱使她们组建了这些新的共同体。这相对于整个社会已经持有的文化结构和认同来说，实际上是一种新生成的事物，且其程度非常强烈。而公共领域往往对这一“新”的属性的认识比较薄弱，在解释其行为时往往仍将其全部归因于参与者对社会上某一种宏大的价值观（例如，集体主义）的认同，从而在理解逻辑和思维方式上与广场舞参与者存在根本的分歧。而广场舞在持有中国社会的成员身份的同时，对于广场舞的感受更多地来自其“简单共同体”内部所形成的集体表征。这样的理解形成方式差异导致了理解分歧的现实。

其次，从现实意义上来看，本研究对于相关的政策制定、基层治理具有一定的启示作用。从目前的现实看来，公共领域中相当一部分人认为广场舞参与者是价值观异于常人、难以沟通的群体，而广场舞参与者基于早先形成的正面理解，却反过来认为反对跳广场舞的人才是代表着“异常”的“少数人”，甚至觉得近年来身边所出现的逐渐增多的城管和基层管理人员是来“保护自己”，而非“限制自己”的。但事实上，两者其实归根结底都认为自己是普通人，实际上也确实在运用主流的道德话语来自我解释，但却互相认为对方是“异常者”。

当然，本研究也有不足之处。首先，本研究对于中国社会对广场舞的态度是通过公共领域中的舆论来间接测量的，而并不是基于抽样和访谈的直接证据，因此，这些文本的作者的观点表达的情境、动机和目的还有待于进一步的考证，希望将来能够通过访谈相关群体来补足。其次，对于广场舞参与者的意义而言，由于所观察和访谈的群体对于广场舞的总体而言还是数量有限的，因此可能还有更多的群内互动模式及意义塑造的过程有待被挖掘。最后，从理论意义上而言，本研究更多地关注两种行动者被所处的情境形塑的部分，而较少关注参与者的策略性和情境下的理性选择行为。虽然从目前本研究对于广场舞的理解来看，后者可能并不如前者对于与广场舞相关的文化现象及意义理解的分歧所施加的影响那样明显，但也仍然是值得关注的对象。

附录

附录 1　访谈情况统计（按广场舞群体）

群体编号	地理位置	群体建立时间（估计值）（年）	参与者人数（估计值）	观察	个案访谈	焦点小组访谈
A	市区	2012	200	√	17	1
B	市区	2011	30	√	5	1
C	郊区	2011	100	√	8	
D	郊区	2013	30	√	8	
E	市区	2012	300	√	20	
F	市区	2011	20	√	18	1
G	市区	2012	100	√	8	
H	市区	2012	30	√	7	
I	市区	早于 2012	20	√	7	
J	郊区	2015	50			1
K	郊区	2006	30			1

附录 2　两个 LDA 主题模型的一致性和混乱度指标（2 主题到 40 主题）

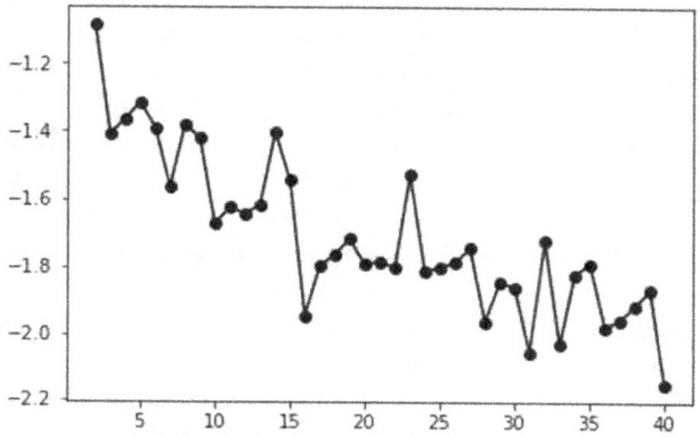

图 1　LDA 主题模型 1 的一致性

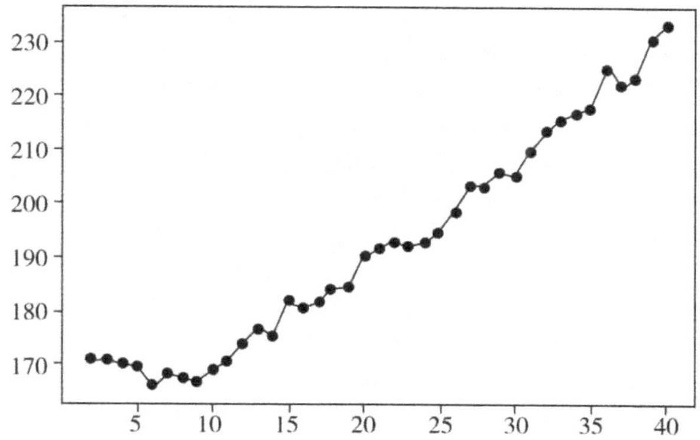

图 2　LDA 主题模型 1 的混乱度

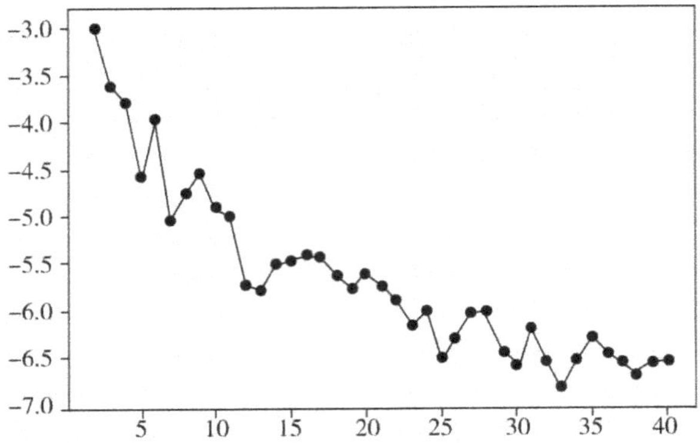

图 3　LDA 主题模型 2 的一致性

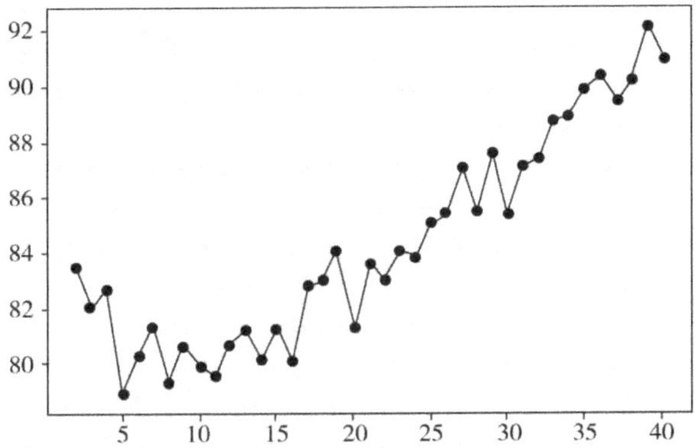

图 4　LDA 主题模型 2 的混乱度